# 日本帝国主義の経済構造

武田晴人
Takeda Haruhito

東京大学出版会

The Economic Structure of Japan's Imperialist Society

Haruhito TAKEDA

University of Tokyo Press, 2024
ISBN 978-4-13-040319-1

# 日本帝国主義の経済構造／目次

# 序章　問題意識と分析方法

## 一　本書の課題と問題意識

本書は、二つの世界大戦に挟まれる「両大戦間期」を主たる対象として、第一次世界大戦による大規模な構造変化を経て、昭和恐慌を挟んだ一九二〇年代から三〇年代にかけての経済構造の変容を明らかにすることを目的とする。一般的にいって、明治後半期に産業革命を経過した日本は、第一次世界大戦を契機に経済構造の大きな変動期を迎えたと考えられている。それがどのようなものであったか、つまり、その変化は、先行する時代の構造的な特質によってどのように規定されていたか、さらには、現代的な経済体制にどのようにつながり、どのような点で異なっているか、こうした問題を考えていくための基礎を得ることが本書の基本的な課題となる。

このような課題に関する筆者の方法的な視点について、本章では、まず資本主義経済の長期的な発展をいかに捉えるかという論点に即して筆者の捉え方を明らかにし、次いで、より焦点を絞って産業革命からの構造変容をいかに捉えるかという段階的変化に関わる視点について、順を追って明らかにしたい。

あらためて言うまでもないことであるが、二一世紀に入ってすでに二〇年以上が経過している今日、一八世紀にイギリスで生まれた資本主義的な経済体制が幕末から数えても一六〇年を超える期間に日本社会にどのような変化をもたらし、どのような影響をこれから与え続けるのかは、歴史的な視点から検討するに値する問題であろう。とりわけ、一九八〇年代に入ると、それまでのマルクス経済学を基礎にした段階論的な把握に対して、(1)「二〇世紀システム論」という形で、経済の段階的な変化のこれまでの捉え方について見直しが進んだ。これによって、それまでの重商主義、自由主義、帝国主義というような段階的な変化の捉え方の有効性が再検討されている。

その一方で、資本主義経済体制そのものが、かつても、そして現在でも市場メカニズムを基本とする確固たる経済システムであるという議論も展開されている。社会主義経済体制が、代替的な経済システムとして、望ましい未来像を提供していると考えられていた時代が去ったといわれる今日、市場経済メカニズムに基礎を置く資本主義経済体制が最善の経済制度であるとの確信を深めている人たちも多いかもしれない。

しかし、そうした評価は歴史の検証を経てはじめて確定されるものであろう。いつの時代にもその支配的な経済制度を支持する人たちは、それが「千年王国」であるかのように語っていた。そして、そうした支配的な経済制度は、気づかない小さな変化の積み重ねを通して、それまでとは全く異なる新しい経済制度を作り出してきた。高い年貢の収奪が際立ち、農民たちの生活上の自由が厳しく制限されていた近世の封建的な経済社会は、よく知られているように、その経済制度が必要としていた領主的な商品経済によって、その基盤そのものを掘り崩されていった。もちろん、変化をもたらした要因はそうした内生的な要因だけとは限らなかったが、自由や豊かさを求める人々の力は着実に変化の条件を整えていった。こうした変化は、外生的なショックや革命的な政治体制の変化がない限りは、ゆっくりとした小さな変化の積み重ねの結果として現れることが多いために、経済体制の変化を段階的な変化として認識することは難しいかもしれない。歴史的な事象は、それが絶え間ない人間の営みである以上、停滞的にみえても、少しずつ変化を続けながらも連続的にみえるものであって、誰にでもわかるような明確な画期を示すような断絶性を見出すことは難しいものなのである。

しかし、そうした連続的な人間の営みも、少し時間を空けた、いくつかの時期の経済の全体的な構造を比較検討することによって、時代的な変化を見出すことはできる。試みに二〇世紀初頭の日本の経済状態を考えてみるとよいであろう。多くの人たちは農業で生計を立て、小学校を卒業できればましとみられたように、一〇歳前後になれば子供たちは家計を維持する重要な働き手、稼ぎ手となった。そうした家族の収入を合わせても人々の生活は貧しく、一二時間を超えるような長時間労働の厳しさが人々の生活を覆っていた(2)。その状態と、現在の経済体制とを市場経済的なメカニズムが作用している限り同一であるというのは、あまりに単純化した現状分析であり、認識手段としての経済学の社会科学としての有効性を自ら否定しかねない。

このように、個々の企業や、消費者の行動原理などのミクロ・コスモスでは変化が乏しくとも、経済体制そのものの基本的なあり方には、確実な変化が生じている。歴史への関心は、変化に敏感になることによって生まれる。そして歴史的な認識は、全体像への関心をもつことによってはじめて有益なものとなる。このような捉え方に立って分析を進めるためには、小さな変化をいかに捉え記述するかという問題と、それらの累積の結果として経済構造全体に生じる大きな変化を捉える分析枠組みが必要になる。小さな変化には、次の時代を先取りするような経済主体の行動の変容が見出されることも少なくないが、部分的に生ずる現象を過大評価して、全体の構造のあり方を見失わないようにすることにも注意しなければならない。

伝統的な経済史学では、次節で詳しく検討するように、経済構造の段階的な変化を捉える「段階論」的な捉え方が有力な仮説として分析の指針となってきた。ドイツ歴史学派に起源をもつ発展段階論は、歴史学派にあっては後進国ドイツにおける経済政策の妥当性の基礎を示すための理論的枠組みであった。イギリス資本主義との経済発展の段階的格差があることは、同時代的な比較のもとに提示されたものであったが、その理論的な考察では、資本主義経済が順を追って経過する段階が時間軸のもとに置かれていた。この考え方は、マルクス経済学の領域では自由主義から帝国主義への段階的差異を論ずるものへと拡張され、その系譜のもとで日本では宇野弘蔵によって重商主義・自由主義・帝国主義という形で定式化された。

しかし、この資本主義経済の段階的な変容に注目する仮説は、その提示された時代的な制約もあって、現在に至る資本主義経済の発展を捉えるうえでは限界に直面している。段階論の再構築が必要なのであるが、そこでは、単線的な段階規定に代わって複線型の段階的発展を想定する考え方も提起されている(3)。再構築のためには、構造変化が発生する過程をより具体的に捉える分析の枠組みが補完的に必要となると筆者は考えている。それが、前述の小さな変化を捉え、その累積的な変化がもたらす意味を捉えることであり、本書では、「遷移」という表現で、特定の段階と捉えられている時期にも進みつつある歴史的な変化にも注目し、その変化が単線型か複線型かというような段階的変化の類型差なのか、あるいは同じ類型のなかの段階的な変化のラグと見なしうるのかを考えていくことにしたい。

もちろん、それが有効であるかどうかは、具体的な分析によってのみ検証しうることであろう。それは、本書の範囲を超える現代資本主義に至る長い歴史を検討することによって果たされることになる。しかし、時代を限定したとしても、時間的な経過によって起こっている変化を知るために、史実に即して具体的な経済体制の特質を構造的に検討する努力を重ねることは、現代経済社会の到達点を確定していくうえで、有用な作業となると考えられる。本書では、そうした意味で構造的な「遷移」をいかに捉えるかを適用可能な範囲で示し、その方法的な含意についての示唆を得ることに努めたい。

## 二　段階的な把握の意味

以上のような方法的な問題意識を前提に、本書では、現代経済社会への移行期ともいうべき両大戦間期を対象として検討していくことになる。この時期の歴史的な事件となる二つの世界大戦と世界大恐慌が、世界史的にみても日本経済の発展に即しても重要な画期であった。そうした画期によって区切られる時代の経済構造を経済史的な発展段階論的把握に即してどのように位置づけるかについては、これまでも長く議論されつづけてきた。それにもかかわらず、論争に決着をみて、定説が広く受け入れられているとは必ずしもいえない(4)。

この問題に関わってとくに日本経済史研究の焦点となってきたのは、一つには独占資本主義の確立ないしは帝国主義段階への移行という段階規定に関わる問題であり、他の一つは国家独占資本主義ないしは現代資本主義への移行に関する捉え方であった。前者は、一九六〇―七〇年代に進展した産業革命期研究を前提とし、その継承の上に日本資本主義の独占段階への移行を解明しようというものである。そして後者は、国家独占資本主義論という現代的問題関心から出発し、その発生史、形成史を明らかにしようというものである(5)。こうした議論は最近では正面から取り上げられることが少なくなったが、歴史の認識を深めていくうえでは無視しえない問題提起を含んでいる。そこで、これらの考え方を再検討することから、現在、経済史の研究に問われている課題の手掛かりを探り、そこから具体的な分析の視角を定めていきたい。

まず、独占段階への移行ないしは帝国主義段階への移行という視角が、これまでの研究のなかで、何を明らかにし、何を明らかにできなかったかが検討されるべきであろう。

すでにふれたように、段階的把握として日本経済史研究において有力な参照基準となってきた宇野弘蔵の段階論(6)は、帝国主義段階の把握において、歴史的な視点でみて産業構造が軽工業中心から重工業中心に移っていくという経験的事実に着目する。この捉え方は、マルクス経済学に固有の生産力の発展が生産関係を変えていくという定式に沿っている。この抽象度の高い捉え方を具体的な分析に用いるために、宇野弘蔵は生産力の発展を産業構造の高度化という観察される事実に注目し、これを出発点に経済構造が変質していく論理を解き明かそうとした。

具体的には、産業構造の重化学工業化が、第一に、資本の有機的構成の高度化、つまり固定資本投資の増大を不可欠の要素とするために、循環的な恐慌を介した資本蓄積機構の高度化という、自由主義段階に典型的にみられるような経済発展のパターンを維持不可能とすること、第二に、その結果、独占形成によって周期的な恐慌の回避を追求すること、第三に、この独占形成が、投資の制限を必要とするために取得された独占利潤そのものが投資の機会を失い、過剰資本化することであった。そして、第四に、その過剰資本が投資の機会を求めて植民地の領有を合目的的な経済政策、対外政策とする一方で、独占の形成そのものが国内市場をいわば「囲い込む」目的で保護的な関税政策を必然的なものとするため、そうして形成される関税障壁を乗りこえるためにも直接的な対外投資が必然化するという関係が形成されることを想定している。

こうした捉え方は、マルクス経済学のなかで育った帝国主義の段階論把握として、経済構造の変質と同時に、有力な先進資本主義国が植民地の領有をめぐって相争い、戦争を繰り返した時代を歴史的な視点から捉える学説を代表するものであった。こうした把握のなかで、経済発展の基盤に生産力の発展があるとの捉え方に立ち、それを具体的に示す指標として産業構造の変化に注目することは、本書でも継承しうる観点と考えている。

これに加えて宇野弘蔵の段階論的な把握では、産業構造の変化に基づく独占形成が、産業革命期の循環的な景気変動を変容せしめたことを明確にしたことも重視されるべきだろう。「慢性不況論」である。それは、経済政策や資本輸出への注目とともに、帝国主義段階と捉えうる時代の資本主義経済に関する観察しうる諸特徴を総合的に分析する枠組みを提示しようとしたものであった。あらかじめ指摘しておくと、景気循環の変容という視点は、その後の研究では必ずしも重視されなかったが、第二次世界大戦後の高成長期など、景気循環の変容の意味を考えるために活かすべき論点であったことは、後述する。

しかし、このような宇野弘蔵を代表とする段階論的な考え方には、帝国主義段階の形成過程に即して、独占の位置づけや植民地支配・資本輸出などに関連して、事実の問題としても、理論的な枠組みの問題としても、問題点が残っていた。

まず、事実の問題としては、植民地領有については、歴史的にみて「帝国主義段階」以前とされる「自由主義段階」にも、さらに遡って「重商主義段階」にもみられた。資本主義の発生期から、先進国は海外植民地の領有にその軍事力と経済力を動員し、争っていたことは否定できない。こうした事実に着目した「自由貿易帝国主義」論は、植民地の侵略とその領有が、資本主義経済の特定の「発展段階としての帝国主義」に固有の特質であるとの捉え方を批判している(7)。したがって、「帝国主義」を対外侵略・植民地領有という側面に注目してその語義を考えるのであれば、「帝国主義」という段階の名付け方それ自体に無理があるということになる。

第二に、理論的には、宇野理論に代表され、ヒルファーディングの『金融資本論』やレーニンの『帝国主義論』に起源をもつ、この理論的な捉え方において、資本蓄積の変質と対外投資との内的関連が想定されていることにも問題がある。

すなわち、前述の論理では、独占形成が過剰資本を生み、それが直接に対外投資に結びつくとしている。しかし、この点に重大な問題がある。なぜなら、独占形成によって生ずる投資機会の制限は特定産業における問題であって、国民経済全体として資本ないしは資金が過剰化するとは限らないからである。たとえば、寡占的な巨大企業は、余裕資金を経営の多角化に用いることもできるし、あるいは資本市場を通して証券等を取得し、新事業分野に資金を供給することもできる。その多角化の手段の一つとして事業の一部を海外に移転することもありうるし、投資する証券のなかに植民地企業の発行する証券や植民地政府の公債が含まれることもありうる。しかし、それは可能性を示しているにすぎず、独占形成から過剰資本の形成が説かれ、そこから必然的に資本輸出が説明されるというような堅固な図式が論理的に成り立つことを意味していない。

あるいは、帝国主義段階論を支持する論者は、独占が形成される時期になると、民衆生活の窮乏化により市場が狭隘となる一方、独占体制のもとで国内投資が全般的に制限される結果として経済停滞に陥るため、結局は対外投資に向かわざるをえないと主張するかもしれない。しかし、そのような帝国主義段階の経済構造、経済発展のあり方についての理解は、現在に至る先進資本主義経済が、いくどかのリセッションを伴っていたとしても、大衆消費社会と呼ばれるような「より豊かな」社会を作り出すほどに発展を続けてきたことを説明できない。欧米における帝国主義経済構造の形成期には慢性的な長期不況状態が観察され、所得格差の増大による階級的な対立が顕在化したことは事実であった。しかし、そうした状況は、労働者階級などの組織的な活動を通して体制的な批判が強まった結果、資本主義経済体制は社会政策の採用などによって階級対立を緩和する方向を模索するようになり、一方的な格差拡大が進行することに歯止めをかけることになった。こうした経済主体の組織的な取り組みが経済構造の枠組みを少しずつ変えていった。そうした流れのなかで、第一次世界大戦後には福祉国家の理念などが登場し、社会主義に対抗しうる体制の構築が模索され、その延長線上で第二次世界大戦後には「より豊かな」社会が創り出されることになったと捉えることができる。だとすれば、窮乏化論から対外投資の必然性を説く論理が妥当する時期・事例があったとしても、それを一般的に受け容れて帝国主義を論じることには慎重になるべきだろう。つまり、社会科学的な把握を説得的に展開するためには、資本主義社会が独占的な経済構造をもつ「帝国主義段階」に入ってから停滞的な経済社会に止まり続けるという現実離れした論理を振り回すのは問題があり、それ故に資本輸出・植民地支配が必然的であるという主張は首肯できないというべきだろう。(8) 念のために付け加えておくと、資本輸出に関する右の指摘は、日本の対外侵略や植民地支配を歴史的に分析する意義を損なうわけではない。それは独自の分析課題であり、その重要性は強調してもしすぎることはない。ただ、ここでは国内経済構造と対外関係を直線的に結びつけるような図式からは自由になって分析を試みるべきだということにすぎない。

したがって、ここでは、これまでの研究との共通の議論の場を提供するために「帝国主義段階」という言葉を使うことにするが、その意味するところは、本書では資本輸出の必然性を説明しうるというような、旧来の帝国主義段階論のような理論的な基盤に立ってはいないことを、まずもって明示しておきたい。

そのうえで、改めて産業構造の重化学工業化という先進工業国では普遍的にみられた経験的な事実から出発し、それが資本蓄積のメカニズムにどのような影響を与えたか、どのような構造的な変化をもたらしたかについて検討し、資本蓄積のあり方の変化という視点で資本主義社会の段階的な変化を論じることにしたい。そのために、ここでは、独占形成に注目してきた研究史を尊重し、資本主義経済の基礎をなす市場のメカニズムの変容、資本主義社会の組織性の増大という視点から論点を整理し検討していくことにしたい。

市場メカニズムの変容、組織性の増大に着目するのは、資本主義経済において、市場経済システムが基本的な原理だとしても、その歴史的な変化に即してみたとき、非市場的な調整の仕組みが成長していることが明白だからである(9)。その代表的な存在が企業の成長である(10)。企業という組織の成長は、経済的な資源の配分が市場での競争を介した調整だけではなく、企業内での意思決定の仕組みのなかで行われる部分が増大していることを意味している。しかも、市場での調整でも、非競争的な手段の余地が増加している。長期の相対取引のシステムとか、カルテル的な調整とか、市場と組織の中間領域が拡大していることも事実として認められなければならない(11)。それらの事実に目をつぶり、単に原理的な世界からの一時的な逸脱として排斥し、あるいは市場経済メカニズムにすべて回帰すべきものと考えるのは、現実の経済制度のあり方とその変化の方向を見誤るであろう。市場メカニズムはその発展とともに組織性を高めてきたのである。もちろん、市場における競争的な調整と組織性の増大とを二者択一で捉えるのも適切ではない(12)。市場の発展と組織の発展との双方が、ともに進展していることを承認したうえで、経済システムの段階的な変化を見極めることが要求される。

このような視点から、市場経済の変容を最初に論じたのは、前述の独占段階への移行論であった。独占形成論は、市場の競争的なメカニズムの制限が一般化した時代の到来を明らかにしたという点で重要な貢献をした。しかし、その分析は、独占資本そのものについての分析をそれ以上には進化させなかった。独占を批判し告発するのに忙しかったからであろう。しかし、その意図とは裏腹に、その批判と告発を実効性あるものにするためには、カルテル活動それ自体の分析や独占組織を構成する企業群の内側に踏み込んだ分析が必要であった。そして、独占組織の活動が、経済体制にどのような影響を与えたのかを、功罪ともに公平に分析しなければならない。

このような経済史研究の欠陥を補ったのは、もう一つの接近、すなわち大企業体制を論じた経営史学者の研究であり、その代表者がアルフレッド・D・チャンドラー・Jr.であった[13]。チャンドラーは、アメリカにおける巨大企業の歴史を検討することを通して、その成長が経済的合理性をもち、効率性の追求を実現していることを明らかにし、O・E・ウィリアムソンなどの企業の経済理論に大きな影響を与えた[14]。その議論は、企業という組織が非市場的な領域において経済資源の配分に有用な役割を果たしていることを示すことを通して、現代資本主義経済社会の中核部分に迫りうる捉え方を示していた。しかし、大企業体制に関わる議論では、マイクロな視点から企業組織の成長を例証できたとしても、これを通して経済構造にどのような変化をもたらすのか、つまり組織の成長によって生ずる変化が経済社会全体にどのような変質をもたらすのかについての関心は稀薄であった。企業体制の内側へのまなざしは、その組織の特性に注目する一方で、組織内の重要な要素となる労使関係に関する関心も稀薄であり、成立する大企業が取引先や顧客との関係にどのような影響を及ぼすのか、そして経済社会に関わる政策的な枠組みにどのような関係をもつかを論ずる意図はもっていなかった。それ故に経済発展の全体像には迫りえないという意味では不十分なものであった。

以上のように、一見すると対極的な視点に立つ独占研究と大企業の経営史とは、ともに市場メカニズムの後退を明らかにするという意味では同一の地平に立つものであったが、両者の対話は十分には進展しなかった。

## 三　段階的把握の進化

段階的な把握の研究を踏まえながら、経済構造の変化を捉える新たな分析視角として提起されたのが、「二〇世紀システム」論であった。それは、巨大企業に展開する生産システムの変容――大量生産体制の形成――に焦点を合わせることで、現代資本主義における生産の組織性とその新たな可能性を浮かび上がらせようとした。それは大量生産体制がそれ自体で備えている特質を明らかにするとともに、その市場的な基盤を自ら作り出す構造的な連関を、フォードシステムを典型に据えることによって見出し、資本主義経済体制そのものの変質を論じていると理解することができる。ただし、その名称からも明らかなように「二〇世紀システム」論は、資本主義の発生からの歴史的な変化を段階的に把握する従来の図式に変更を迫るものではなく、むしろ帝国主義段階までの構造的な捉え方を前提にして、二〇世紀に入って進行した新しい局面に対する説明を試みるものであった。それは従来の段階把握が資本主義の没落を暗黙に想定していたことからの決別を意味した。

こうして古典的な段階的把握にとらわれることなく、直面する経済構造の変容を視野に収めようという意欲に満ちた試みは、二つの点で大きな前進を歴史的な認識にもたらしたということができる。第一に、経済学がこれまで明確に分析しえなかった「生産力の発展」を産業構造論のレベルを超えて生産システムの実態把握に踏み出すものであり、より明確に生産力の発展という経済発展の原動力を企業活動に即して捉える可能性を開いたことである。財やサービスの生産組織としての企業の中核的な機能である生産システムを分析することは、これまで十分には果たされてこなかったものであり[15]、企業の経営史研究が経営者職能に関心を集中していた限りでは不可能なことであったし、企業を資本という視点から利潤原理に従う機能的な存在としてのみ捉え、その内側に踏み込まない経済学的な分析の限界でもあった。その限界を突破する糸口が経営学や企業の経済学などの発展との対話に助けられながら可能となった[16]。

第二に、分析の焦点とされる企業、とりわけ大企業の内側に止まらず、二〇世紀システム論は、大企業が作り出す労使関係を基礎として、独占停滞論のような段階的な把握の限界を突破し、経済成長の現実性を明らかにしうる道筋を明らかにした。そこでは、一方で高賃金が高い消費水準に結びつくことによって、耐久消費財を核とする大衆消費社会の到来を説明しうる論理を用意するとともに、そうした構造が、マクロ的には反循環的な景気調整策をベースとして、マイルドなインフレーションを伴う持続的な経済成長に結実することが論じられているからである。繰り返しになるが、ここでの議論の枢要点は、消費拡大にも支えられる成長過程が実現されることであり、それは設備の拡張・改良につながる積極的な活動が企業活動の中枢にビルトインされ、生産力の上昇が経済活動の内生変数となることを意味する。このような議論は、近代経済学の批判者として登場するレギュラシオンなどの学派の見解とも共通する、現代社会の捉え方の一つとなっている[17]。そして、そうした捉え方は、経済成長の歴史を分析するにふさわしい「成長の経済史」の枠組みを提示しているかにみえるものであった[18]。

しかし、二〇世紀システム論にも方法的には、検討の不十分な点が残されている。

第一は、マクロ的な調整を可能とする介入的な経済体制と、その基盤にある大衆の際限ない消費欲求との間に内在する困難についてである。理論的には、経済成長が効率的な生産体制のもとに実現されるとともに、その成果の一部が労働分配率の上昇をもたらすことによって、効率と分配の公正がともに保たれると考えられている。もちろん、このようなメカニズムが自動的に働くわけではない。それは、勤労者たちが自らの消費拡大を実現しうるような労働条件の改善を求める一方で、そうした要求が実現できるような社会的権利を保障するような制度的な枠組みが必要となる。

しかも、歴史的な変化に着目するとき、資本主義社会が直面し、解決を迫られてきた問題はそれほど単純ではない。理論的な想定が意味をもつためには限界のない経済成長が持続しなければならない。なぜなら、労働分配率の上昇は、企業利益の拡大がなければ、企業収益を圧迫することになり、それを避けるためには、効率性の向上による利益率の増大と労働の節約に対応して、これを補塡するような所得機会の確保による持続的な経済規模の拡大が必要となる。しかし、際限のない経済成長の可能性は誰にも保証できるものではない。むしろ地球的な規模での環境の制約や資源の制約の故に、否定的な見解が語られることも多い[19]。このことは、二〇世紀システム論が歴史的な認識としては、その段階的な把握としては不十分であり、二〇世紀システムが歴史的存在であることを認識する手段を欠いていることを意味する。二〇世紀システムはどのように生成し、展開し、そして、どのような歴史的な限界に直面するのかが問われなければならない[20]。

第二は、市場メカニズムの機能についての理解に関わった問題である。明らかに二〇世紀システムは、社会的な分業が深化し、生産の社会性が高まった状態を想定している。そうした分業関係は、企業などの内部に組織化されるか、あるいは市場での取引、つまりは市場メカニズムを媒介にして成立する。市場では競争的な調整と同時に、人為的な介入により、協調的で組織的な調整も行いうる。そのどちらが支配的になるかは、その国民経済のもつ取引の慣行や反独占法制などの制度的要因に依存するが、共通することは、裁量的な財政政策によって分配の公正を維持するという限りでは、市場メカニズムの制限を承認することである。しかし、それだけではない。資本市場に着目すると、二〇世紀システムと呼ばれる時代は資本市場の競争的調整の機能がより本格化し、鮮明になった時代という側面を有している。別の角度から、ヒト、モノ、カネの三要素の市場に注目すると、労働組合の成長と協調的な労使関係によってヒトの市場での賃金等の調整力が低下し、モノの市場では寡占的な競争構造のもとで価格変動による調整が難しくなっていることから、市場経済メカニズムの調整力がカネの市場へと依存する度合いが強まっている[21]。

そして、この点に二〇世紀システム論の問題点が残されている。すなわち、二〇世紀システム論が生産力の問題への接近を果たすためにその関心を生産の現場に向けたことの反面として、資本市場を中心とする市場経済の現実的な機能と、それによる反作用にまで分析が及んでいない[22]。おそらく巨大企業が誕生するという事実一つをとってみても、その基礎に社会的な資金を集中する資本市場の発展が想定されていることは間違いないであろう。その面で市場の機能に依存するところは大きい[23]。しかも、生産の社会性が高まるとともに固定資本の流動性の欠如は、市場の競争的な調整の制約要因となってくるために、この固定資本の制約、マリアビリティーを克服するために、実物資本の実態とは乖離した形で商品としての資金・資本の取引が活発化する。資本市場はそうした変化を推し進めるうえで重要な役割を果たすことになる。そして、そのような資本市場の機能は競争的な調整による効率性の追求を、投資資金へのリターンという単純な指標で判定するような投資行動を優位に置く考えを強めることを求めることになろう[24]。それは原理的には、財政政策の正当性の基礎とは対立するものである。

二〇世紀システム論に関わって、以上述べてきた論点の意味をより明確にするために、歴史の現実に即して少し敷衍しておくことが理解の助けになるかもしれない。

経済成長はいつまで、どのようにして可能か。このような問いかけは、繰り返しになるが、現代資本主義において追求される「成長の持続」は何をもたらすのかという問題に関わっている。しかし、こうした問いかけが最初になされるのは、一九六〇年代初めのことであり、両大戦間期の世界では、失業や貧困の解決が課題であった。世界大恐慌期、構造的な不均衡によって大規模な失業の発生と体制維持の危機に直面した資本主義経済は、ニューディールにせよ、ナチスにせよ、日本ファシズムにせよ、その独特の方式によって景気の回復を果たしたが、そのいずれもが経済の軍事化に依存したものであったことはよく知られている[25]。現代資本主義はその形成の前期において、管理通貨体制の採用による補正的な財政政策を軍事的支出の増大によって実現すること以外には脱出口を見出しえなかったのである。ケインズ政策の先取りといわれた高橋財政は景気の回復に成功したが、本書第7章で詳述するように、分配の不公正を是正できなかった。その理由を明らかにすることは、一五年戦争の時代を解く鍵の一つとなっている。他方で、ニューディール政策が事業信認の欠如の故に景気対策としては有効性を大きく削がれたこと、それ故にアメリカの景気回復がヨーロッパ大戦の開戦後であったことは、補正的な財政政策の限界を明らかにしている。

ニューディールの限界は、H・W・アーントが指摘する事業信認の欠如にのみ帰せられるべきではなく、両大戦間期が国際的に見れば孤立化、ブロック化の時代であったことの方がより重視されるべきであろう。第一次世界大戦の総力戦のショックが国民経済レベルのアウタルキー構想から「経済圏」構想＝ブロック化に向かうとき、その閉鎖系経済への志向は独占に基づく組織化には適合的であり、それに基づく産業の救済と育成・保護が、結果としての経済の成長と基盤としての生産性の上昇をもたらした。しかし、その成果が単なる失業対策を超えて、二〇世紀システムを特徴づけるような消費社会の出現に直ちには向かわないのは、それが一方で経済の軍事化という消耗を伴っていただけでなく、体制的な危機の成熟度に応じており、たとえば日本では融和に代わる強権的な統合が体制維持装置として機能しうる余地を残していたからである。一方の極にある強権的な統合が軍事的な冒険主義に走り、対外的な経済不均衡の解決を経済圏の拡大に求めたとき、第二次世界大戦は避けがたいものであった。その意味では、現代的な構造への転換は未完であった。

なぜなら、これらの体制は、対外的な不均衡に対して対内的な均衡を優先するが故に、国際的な経済対立を深める可能性をもつという意味で、そのままでは持続可能なものではなかった。垂れ流される不均衡を国際的な協調によって処理する必要があったからである。国際的な短資の移動が攪乱要因となり、構造的な不均衡を世界経済にもたらすことは、再建金本位制下の一九二〇年代にすでに観察されていた歴史の現実であり、二〇世紀システムはこれをＩＭ

F体制のもとで一定の枠内に封じ込めることで解決しようとしてきた。第二次世界大戦末期の三国通貨同盟に起点を置く大戦後の国際金融体制は、先進資本主義国間の不均衡を同調させることによってこの問題に一時的な解決をもたらすものであり、二〇世紀システムの本格的な展開に基礎を与えるものであった。それは、抑制された資本移動を許容するような国際的な枠組み(26)のもとで主要国の順調な経済成長を可能にするものであった。

しかし、その試みは、四半世紀の安定期を経て、ドル体制の崩壊とともに明白に崩れ、資金移動の激しい国際市場での動きは、カジノ資本主義とすら俗称されるまでになっている。とはいえ、それは「商品化された資本」の取引の場である資本市場に本来的に備わっているものであり、投機的な資本移動に対する、それまでの賢明な抑制が国際的な金融市場の広がりのなかへ解き放たれたものにすぎない。その結果、二〇世紀システムが安定するうえで不可欠な要件となっていた国際協調の枠組みが崩され、むしろ、資本市場は不均衡を拡大する累積的な悪循環のなかに利潤機会を見出すものとなる。

他方で、優先された対内的な均衡の追求は、経済成長を前提としてその成長の成果の一部を労働者に分与することで大衆消費社会の実現を目指し、次第に暴走しはじめる。歯止めを失った消費への渇望は顕示的な消費の様相を示しつつ南北間の格差拡大が可能な限り、北側の先進諸国で追求された。

以上のように、一方での絶えることのない局地戦による軍事的な消耗と大衆消費社会の賛美のなかに隠された大量の資源浪費と環境破壊を伴う「過剰富裕化(27)」は、西側社会での冷戦体制下で通貨価値の安定を実現する国際協調に基礎を置くものであった。しかも、その体制は、国内的にみれば、福祉国家の追求のもとに所得の上昇に基礎を置く階級融和が、持続的な成長構造を経済システムに要求するが故に、そしてインセンティブシステムとしての個々の経済主体の欲望の解放を必要とするが故に、歯止めのない消費社会を生み出すという矛盾を抱えていたのである(28)。そうした要求は、効率性の追求と市場における経済活動によってのみ満たされるが故に、経済体制の市場化の徹底を求め、結果的には経済体制（二〇世紀システム）そのものの基礎となっていた裁量的な財政政策を可能にする政府の役割自体を否定し、分配の公正よりも効率に傾斜し、市場の競争的配分のみ肯定的に評価する逆行現象を生むことになった。こうした動きは、しかし、二一世紀に入ってＳＤＧｓの提唱などのもとで、際限なき利潤追求への反省の動きを生み、資本主義経済体制のあり方について新たな体制への転換の模索が始まることになった。

こうして資本主義経済は二〇世紀システムへと推展しながら、新たな展開を模索する段階に入っている。この動きを視野に入れて、古典的な段階把握とも接続しうるような方法的な模索が必要となっている。そのためには、資本主義とか市場経済、あるいは自由主義段階か帝国主義段階かというような「大括り」の捉え方に止まるのではなく、より細かくさまざまな制度変化をもたらすような経済主体の行動変容を追う必要がある。一次的に捉えうるのは、ミクロの世界に止まるかもしれないが、そこで見出される変容が積み重なって、「コマ送りの写真」のように構造的な変化につながりうる発見がある。経済学的な分析方法を用いるとき、そうした変化を捉えるため、対象に踏み込むためには、歴史的な現象を「切り取る」ことが有効と考えられてきた。しかし、それだけでは視野の限定性によって分析結果の特殊性に制約されることもあり、見出された結果の普遍性を方法的に保証することには問題が残る。つまり、「切り取られた」対象の構造的な位置づけなどが明確にされる必要がある。

変化の兆しが見出されるとしても、その重要性がいかに判断されるかについては、歴史制度分析の問題提起に手掛かりを探ることができるように思われる。この分析方法は、歴史的経路依存を強調することによって、経済システムの多様性を認めるという限りで「複線型」の経済発展論の類型に親近性があるが、複数の制度の補完性による構造的安定を明らかにできる特徴がある反面で、その描く姿は静態的で変化を説明しにくくなっている。この有力な方法的問題提起を前進させるために必要なのは、制度的補完性によって構造の支柱になっている「制度」（経済主体の行動原理を含む）だけではなく、それと相反したり、その補完性を掘り崩す可能性をもつ要因にも注意を払うことであろう。

つまり、制度的に補完性がある「安定的な構造」が捉えられるとしても、それは観察者によって論理的な要請に基づいて選択された要素間の補完性にすぎず、そこから排除されている多様な経済的・社会的・政治的要素が、その補完的関係を補強するのか、弱体化するかは明らかではない。また、定型化された経済主体の行動は、そこからの逸脱を常に内包している。このような経済主体の行動変容は、経済人という仮定や経済的利益を最大化するように行動するという経済学的な前提が当てはまらない領域にまで及ぶこともしばしば起こる。この場合、経済主体の行動原理が変容することもありうる。

他方で、そうした行動の場としての市場の特質についても、再考が必要になる。この点は、シュンペーターの企業家活動論を批判したカーズナーの主張に示唆がある。カーズナーは、企業家活動には「均衡というなめらかな循環」に向かう傾向（「均衡化影響力」）をもつと指摘しているが、その立論の前提となっているのは、その基礎として市場、あるいは経済システムが均衡状態にはないことである。それ故に、彼は、「その世界で生じている不断の変化は、市場参加者が典型的に気づかないだろう新しい状況をたえず引き起こすのである。しかし、同時に、このような不均衡は、つねにこのようにして創造された機会を発見する傾向を生み出すのである。一つの価格に向かう傾向はたえず阻害される——しかし、たえず再開されるのである」と述べて、不均衡状態の持続性こそが企業家的発見の原動力であり、また結果であると強調する。[29] つまり、カーズナーは市場の均衡が実現することを認めていない。

このカーズナーのように「市場の無知」を前提として不断の変化をもたらす主体としての企業家活動を議論する方が、時間とともに変容を遂げていく経済実態の歴史的な理解にはなじみやすい。市場が常に不均衡状態にあり、企業家はその不均衡の中から機敏に機会を見出していく存在と見なされれば、これに注目することによって経済構造の変化をもたらす動因を捉えることができると考えられるからである。[30] そこでは、問題を発見し、その解決手段を模索し、これを実施するための場を提供する制度として「市場」を捉えることとなろう。

しかも、そうした変化をもたらす動因としての企業家活動は、もはや特定のヒーローの出現のような形では想定されていない。もちろん、特定の個人が重要な役割を果たし、その個人の貢献に多くを依存する可能性を否定するものではない。しかし、現実の革新が遂行される過程で主体として考えられているのは、不均衡な状態から少しでも自らの状態を改善しようという動機に動かされて企業家活動を行う企業であり、企業家である。彼らが市場を介して、その新たな模索のための対話を遂行することが市場と競争の機能として想定されている以上、そうした意味で企業家活動の連鎖を描くことが歴史的な叙述の役割ということになろう。(31)

企業家活動が企業という組織を形成するなかで展開すると考えた場合、そのなかで行われる「発見」の行為は、「市場の発見的な機能」としてだけ論じうるわけではないことは承認されるであろう。むしろ「市場」とは別に「組織の発見的な機能」を想定する方が、分析の焦点としては明快であり、大企業時代への展開を説明するうえで重要であろう。つまり、ある限定された専門知識は、特定の関係者たちに共有されうることを認め、それ故に発見の行為が組織の内部、また特定の分野ではより促されるということも視野に入れることが重要な視点となる。

たとえば、企業が連続的な生産工程を内部に抱えている場合、これを構成する生産の個々の工程間の不均衡は、組織によって発見され改善される方が、市場に委ねるより迅速で適切な解を得られる可能性がある。(32)市場のプロセスはその解決に重要な役割を果たすとしても、同時に企業という組織は、そうした問題の発見をより容易にする仕組みであったと考えれば、その内部の生産の仕組みを問い、あるいは、その系論として企業間関係がそうした「発見」にどのような役割を果たすか、さらには政府の政策的な介入はこれにどのような影響を行使するか、政府は市場でのプレーヤーとしてどのような役割を果たすかが理解可能になると考えられる。(33)そうした形で接近しうるのは、企業という経済主体だけではない。政府も能動的な主体となり、消費者も同じように変化をもたらす積極的な役割を果たしうる。

構造変化に帰結するような経済主体の行動変容は、それぞれの主体のもつ独自の判断基準などによって左右されるとともに、市場の本来的な不均衡な状態に基づいている。そのために、構造的に安定しているとみえる状況も、観察可能か否かを別にして、遷移を繰り返すことになる。[34] ちょうど特定の植生をもつ林野が、徐々にその構成を変えていくように、その様相は変化を遂げることがある。大きく変化した前後での比較によって段階的な構造変化を認識することは歴史研究にとって必要なステップであるが、その変化が生じている見逃されがちな要素に目をこらすことがますます必要となっていることを肝に銘じて方法的な視点を研ぎ澄ませていくことが求められている。もちろん、このような方法の有効性を実際の研究によって確かめることは、本書の守備範囲を超えているが、それを念頭に置いて、これまでの段階論的な把握の図式化に束縛されずに現実の歴史過程を検討することにしたい。

## 四　対象となる第一次世界大戦後

前節までの資本主義経済の発展過程に関する研究史の方法的検討を踏まえて、本節では、第一次世界大戦後、一九二〇年代の日本経済の分析に絞り込んで、これまでの研究を再検討しつつ、対象に即した分析方法を提示することにしたい。[35]

### 1　日本近現代史における一九二〇年代

日本経済史研究における一九二〇年代に関する問題関心には、すでにふれたように、一九六〇―七〇年代に進展した産業革命期研究を前提とし、その継承の上に日本資本主義の独占段階への移行を解明しようという視点と、もう一つは、国家独占資本主義論という現代的問題関心から出発し、その発生史、形成史を明らかにしようというものとがあった。この二つは相互に絡みあう問題関心として、一九二〇年代史研究の分析視角を大枠で規定してきた。

この視点は、歴史学研究全般についても共通しうるものであり、むしろ、経済史研究に先行して進展した政治史・運動史研究の分野において「大正デモクラシー」に関する研究に見出すことができる。一九七〇年代末まで大正デモクラシー研究は、戦後民主主義に関する実践的な問題関心との緊張関係のなかで、一方で明治期の天皇制支配体制の再編成を問題とし、他方で大正デモクラシーの可能性を問うことによって一九三〇年代の「ファシズム」的国民統合への暗転を視野に収めていた。そこでは、単に政党内閣の成立という政治構造の上層だけではなく、そうした政治体制の転換を支える「草の根」の民衆運動が昂揚していたことが明らかにされていた。そして、そうした民主化の動きが昭和恐慌期に大きく暗転し、テロとクーデターの企てのなかで軍部が発言権を増したことが、戦時体制に向かって強権的な政治体制が支配的になっていったと捉えてきた。連続した時期の、異なる特徴に注目しながらその変容過程を明らかにするという限りで、経済史研究の二つの問題関心のあり方と、大正デモクラシー研究も共通する性格をもっていたと思われる。

しかし、そこには微妙なズレが存在し、この時期の全体像を再構成していくうえできわめて重要な問題点があるといってよい。その端的な表現が時期設定のズレに表われている。政治状況を中心に時期区分すれば、一九一〇年代半ば以降約一〇年余に高揚期を迎える大正デモクラシー期は、「大正時代」として出現し、主に景気循環に即して区分された一九二〇年代という設定とは明白にズレている。もちろん、護憲三派内閣から五・一五事件まで続く政友会と憲政会・民政党が交替で政権を担う政党内閣の時代は、固有の時代としてみることはできる。(36) それは「憲政の常道」としての安定期として大正デモクラシーの時代の後半を特徴づけるが、他面で民衆運動への弾圧の開始によって、「草の根」の支柱を失っていく過程でもあったから、これを連続的に理解するかどうかは、意見が分かれるだろう。

これに対して経済史研究では、一九一〇年代と区別して一九二〇年代は一つの固有の時代と捉えることが多い。問題関心に沿って時期が区分されるのは当然のことであり、また、問題の局面が異なれば変化にラグが生じるのも自然なことであろう。五年程度で構造的遷移が続いていたとみることによってより適切な評価を下すことも可能であろう。したがって、この時期設定のズレを無理に一致させようと試みることは無意味である。しかし、大正デモクラシー研究の問題関心にもう少し立ち入ってみれば、そこでは、支配体制の再編の問題が日本帝国主義の形成、日本資本主義の独占段階への移行を前提として論じられていたことは明白である。(37) それ故、大正デモクラシー研究の豊富な成果は、経済史研究の主要な課題である帝国主義経済の分析、とりわけ独占分析との鋭い緊張関係のなかで活かされねばならないはずである。ところが現実には、一九二〇年代の日本資本主義に関する研究の多くが、そうした歴史学全体の課題との関連を明示することなく、専門分野のなかで独立に積み重ねられてきた。もちろん、支配体制の再編成の問題を経済構造の変化との関連で解明しようとする試みは、上からのブルジョア革命論など国家論的視角から、(38) あるいは、労働者・農民などの運動史分析から行われている。しかし、そこでは、経済構造の変化にとって基軸的な概念となる独占の問題が必ずしも明快には位置づけられてこなかったし、その立ち入った分析も不十分であった。

他方、その後の産業史的な実証分析の展開は、個別産業における独占形成の問題を明らかにしつつあるとはいえ、それが支配体制とのかかわりでどう位置づけられるのかについては、多くの場合、積極的な規定を欠いていた。(39) その結果、各分野での研究の進展にもかかわらず、諸研究の有効な連繋が妨げられてきた。一九七〇年代後半から八〇年代にかけて若手研究者を中心に豊富な成果をあげた戦間期の経済史研究が、そうした時期設定に表出する分析方法において、対象に即した禁欲的な態度を示すことが多いために、現実的には、全体像に対する無関心のままに受容され、政治史、運動史などの問題関心には十分に応えられなかった。そして、このような問題点は、その後も改められることもなく、現在に至るまで両者の対話が途絶えがちなまま固有の領域の研究のみが積み上がってきた。

もちろん、独占の形成・展開をそれ自体として分析することは、きわめて重要な課題である。しかし、それは、日本帝国主義分析のなかで位置づけられるべき課題である限り、独占的な産業構造の形成によって生み出される経済構造、階級構造の変容とは無縁でありえないし、「帝国主義」概念の包含する政治支配体制、国家権力の問題へと展開しうる視野をもたねばならない。個々独立の研究成果が、それぞれ独立の問題関心から生まれてきている以上、全体像を再構成していく手掛かりを探るためには、改めて分析視角の再検討から始めねばならないであろう。

## 2　日本における帝国主義経済構造の分析視角と課題

一九二〇年代を中心とする日本経済史研究の関心が、多くの場合、独占論に関連していることは改めて指摘するまでもないことであろう。その意味では、方法的再検討は、独占資本主義分析のそれとして果たされるべきであるかもしれない。一九二〇年代史研究の中心的な課題が広い意味で独占分析にあることについて筆者も異論はない。しかし、ここではあえて「帝国主義」という概念を持ち出して、この時代の経済構造分析の方法を再検討するには、それなりの理由がある。

前節でもふれたように、「帝国主義」概念は、元来きわめて多様な内容をもつために、分析の道具として用いるとかえって混乱を招く危険がある。それは一方で、世界体制の問題であり、帝国主義戦争・植民地支配のもとで内外の民衆を抑圧する体制を意味し、他方で、資本主義の特定の段階における経済構造、資本蓄積のあり方を内容とする概念でもあった。つまり、それは、国家権力のあり方に関わる政治的概念であると同時に経済的概念でもある。したがって、帝国主義分析の方法を論じる場合には、この二面性に留意しなければならない。そのことを十分に認識したうえで、本書では、筆者の関心に従って帝国主義の経済的な内実に限定して分析を進めたい。この二面性をもつが故に、帝国主義分析の方法的再検討を課題として設定することは、政治史研究が問題としてきた「帝国主義」国家権力とその支配の特質などの論点との連関を明らかにしうる視座を経済史研究の側から提示しうる可能性をもつからである。そして、そのような連関を明らかにしうる論点を提示することに努めなければならないと考える(40)。それが帝国主義分析の方法を論ずる基本的な理由なのである。

## （1） 対外関係と資本輸出

このような課題に沿って研究史を振り返るとき、第一に関心を向けるべきは、植民地支配などの対外関係と資本輸出の関係についての研究である。

政治的な意味での帝国主義政策の展開と経済構造分析を結びつけようとする試みは、「対外侵略戦争の必然性」を問う形で、主として対外関係を重視して行われてきた。そのなかで、政治指導や軍部の独自な動きを別にしたとき、[41]最も有力な説明は、資本輸出論を中軸とするものであった。[42]さらに一九七〇年代末には、帝国主義世界体制における日本の構造的位置を論じ、その特質を「金融的に従属する」「β型帝国主義」と捉え、世界体制の崩壊のうちに日本の中国侵略の必然性を論じようとするものも登場した。[43]この後者の代表的見解については別に論じた機会があったので再論を避けるが、[44]その研究史上の意義は対外関係の重要性を強調したことにあったといってよい。

対外関係を重視する見解が、日本帝国主義研究のなかで重要な役割を果たしてきた理由には、第一に、日本が後進資本主義国として帝国主義世界体制の一環に組み込まれていく過程で、早熟的に帝国主義的対外政策を展開していったという事情があると思われる。この後進性に規定された帝国主義的対外政策の展開と国内経済構造との乖離という事実が、皮肉な言い方をすれば、「帝国主義」を世界体制として論じる傾向を生み、政治史的概念として再発見させたのである。もう一つの理由は、レーニン「帝国主義論」[45]を出発点とする、国内産業の独占的支配を前提とした資本輸出、それに基づく世界市場の分割という図式化であった。この図式は、世界体制としての帝国主義の特徴を表現するうえできわめて有効であったし、帝国主義列強間の対立の構造を際立たせるものであった。しかも、経済的内実を独占と資本輸出という二つの事実によって明示していたから、帝国主義的経済構造を分析する焦点を示すと考えられたのである。[46]宇野弘蔵の段階的把握も、このような図式を継承し洗練化させようとしたものであった。しかし、問題は、すでに指摘したように、この図式では独占と資本輸出の関連が明瞭ではなかったために、多くの場合には対外関係を代表する資本輸出の意義が一方的に強調され、独占分析の構造的位置が不明確になってきたことである。

このような図式に従って、日本経済史研究において、資本輸出論を中軸とした帝国主義分析を最も典型的な形で提示したのは、西川博史の「綿業帝国主義論」であった(47)。西川は、「最近の日本帝国主義をめぐる顕著な研究動向もいまだ明確な目的意識に支えられた課題の統一性と生き生きとした論争点を共有するまでにいたっていない」との問題意識から、「日本帝国主義分析は、帝国主義世界体制の有機的一環に位置する日本資本主義の発展の「具体的＝経済的現実」を解明すること」が課題であり、言いかえれば、「後進資本主義国日本の世界史的規定下に実現される資本蓄積の構造的特質を、特有な帝国主義国の「個別具体性」として、資本主義的世界の有機的連環のうちに把握しなければならない」と主張した(48)。この問題意識はきわめて正当なものであったし、また、一九二〇年代の帝国主義世界体制が当該期日本帝国主義のあり方を規定した側面を重視した点で、重要な問題提起であった。

しかし、そこには、方法的にみて重大な問題点があった(49)。西川は帝国主義の「生産力的基盤」を一般に重工業に求めることに疑問を提出し、産業貿易構造に基軸的な位置を占める産業に求めるべきだと主張し、一九二〇年代の日本においては、紡績業がこれにあたると述べている(50)。「生産力的基盤」という概念が必ずしも明確ではないが、一九二〇年代の日本資本主義における紡績業の位置を考慮するとき、それは単に産業貿易構造上に占める量的比重の高さを指すものではない。それでは、その「基軸性」とはいかなる意味であろうか。西川の論旨に即していえば、紡績業は、独占→過剰資本形成→資出輸出という展開が典型的にみられた部門であり、これを支える対外競争力を備えていたことに帰着するように思われる。つまり、ここでは帝国主義の経済的内実が、つきつめれば、資本輸出と同義に捉えられているということになる。

筆者は、帝国主義において資本輸出が重要な特質であることを否定するつもりはない。しかし、重要な点は、資本輸出を可能ならしめ、必然化した経済構造全体の特質であり、その全機構的な資本蓄積のあり方が、いかなる意味で帝国主義のそれとして規定しうるかであると考える。その分析を欠いたまま、単に紡績業において独占→過剰資本形成→資本輸出という展開がみられたことを明らかにしたとしても、帝国主義分析としては不十分である。確かに、資本輸出を論ずることは、対外的な帝国主義政策との関連を説く近道であるかもしれない。そして、資本輸出が国内のいかなる経済的利害と結びついているのかを明らかにすることを通して、内外の構造的連関を論じることも、ある程度までは可能であろう。(51) しかし、帝国主義的経済構造の特質、その資本蓄積の特質が、資本輸出に表現されるとしても、資本輸出国の経済構造を帝国主義的であると断定することはできない。その意味では、独占論を基軸として、帝国主義的経済構造とは何か、その資本制的蓄積の特質規定を何に求めるのか、が改めて問われねばならないのである。(52)

西川説では、右のような視角は不十分と言わざるをえない。それは、西川が問題を産業貿易構造に限定し、そのなかで基軸的位置にあるとされる紡績業に関心を集中させたことに表れている。(53) 独占と資本輸出との関連を典型的に説きうるのは在華紡に限られるかもしれない。それは、紡績業が国際競争力を備えた産業として、東アジア市場に君臨しつつあったからであろう。しかし、そうした形で産業構造を論ずることは、国際分業体制のなかで日本がどのような位置にあるかを明らかにするうえで有効だとしても、それだけでは帝国主義的経済構造の特質把握としては一面的であろう。(54) この時期の経済構造全体を説明するためには、綿糸紡績業だけに関心を集中するのは重大な問題を見落とす危険がある。一九一〇—二〇年代の景気循環に着目すると、紡績業だけでその変動の特質を説明できないことは明白だからである。それ故、具体的には、二〇世紀初頭に独・米・英などが実現していった鉄鋼業主軸の産業構造の歴史的位置を帝国主義との関連でどう把握するかが問題となるはずである。確かに、この時期には依然として相互に補完性の強い国際分業体制が形成されていたことは事実であったが、同時に、その同質性によって生じた世界市場での対抗関係も、帝国主義段階の世界編成を規定する特質だったと思われるからである。

こうした問題を論じるためには、ひとまず各国の資本主義的発展を国民経済的な枠組み内部における構造的特質として明らかにしていく方向で検討することが必要であろう。別の角度からいえば、「帝国主義」が内外の民衆に対する抑圧体制であるとすれば、その対外的側面だけでなく、対内的な抑圧体制として意味を明らかにすることが重要であり、そのためにはその前提となりうる経済構造分析が不可欠なのである(55)。

## （2）国内経済構造に関わる研究

そこで、国内経済構造に関する研究について振り返ると、帝国主義的経済構造の形成について、産業構造の変化などの国内的要因を重視している論考として『講座　帝国主義の研究6　日本資本主義』をあげることができる(56)。共著者の一人である山崎広明によれば、同書は「日本帝国主義の経済構造の第一次大戦から満州事変期にかけての推展の過程をあとづけ、……日本の対外軍事進出の経済的基礎を解明すること」を目的とし、「産業構造、国際収支、経済政策（財政）の三つを重点項目として取り上げ」ている。そして「産業構造概観図によりながら基軸部門を抽出し」、「これら基軸部門における企業間の競争構造と対外政策の関連の解明に力を注」ぐとされている(57)。

ここでは、「帝国主義的対外武力進出の経済的基礎として」資本輸出が捉えられ、それと「国内の経済構造、とくに産業構造との関連を、帝国主義論の論理を念頭におきつつ追究する」という方法がとられている(58)。具体的には、複数の基軸産業に関して、市場条件、企業間競争構造、利潤率、独占形成、過剰資本、対外投資について順次検討することを通して、当該期の対外投資のあり方を国内的な条件変化のなかで明らかにしようと試みている。

その分析の特徴は、独占と資本輸出との関連についての分析を精緻化したばかりではない。一つには、西川とは逆に、重化学工業を「帝国主義の物質的基盤」と捉え、第一次世界大戦期の民間重化学工業の勃興について「独占的な資金集中者である財閥がそれ（重化学工業部門）を包摂しはじめた」と評価し、「これによって日本は帝国主義にふさわしい産業構造を具備するにいたった」と指摘したこと(59)、さらに、過剰資本形成のメカニズムについて、財閥資本内部での資金循環という視角を入れ、独占的産業部門を包摂する財閥資本の場合、その蓄積構造からみて独占利潤が「過剰資本化する可能性はきわめて小さかった」などの評価を加えたことであろう。[60] このように同書は、対外投資と国内経済構造との関連を実証的に明らかにしていくうえで、きわめて重要な貢献をしたと考えてよい。

しかし、その方法は不明確であった。念頭に置かれている「帝国主義論の論理」がはなはだあいまいであり、重工業の位置づけも産業構造論として明示的ではなかったからである。[61] 西川と同じようにレーニン的な図式が念頭に置かれているとすれば、それはすでに指摘されているように国内経済構造と資本輸出との関連を論理的に説明しえてはいない「図式」であったし、また、宇野弘蔵『経済政策論』に示される段階論的把握であるとすれば、宇野説においてドイツを典型として固定資本の巨大化による制約を基礎に説かれる金融資本的蓄積様式と、タイプ論的に示される政策論の間には、山崎らが考えているような直接的な連関はないと考えるべきではないかと思われる。[62] こうした問題点は、たとえば過剰資本形成についても主として産業構造に問題を限定したため、財閥資本内部での問題を追加したとはいえ、帝国主義的経済構造がどのような資本制的蓄積の特質をもつのかという積極的な規定を欠いているなど、分析を一面的にしたと思われる。

山崎説の問題点については、橋本寿朗よりすでに別の形で批判されている。[63] 橋本は、重化学工業化に関して「帝国主義が達成した生産力水準の形成という世界史的意義」を強調し、これによって生み出された帝国主義的産業構造が資本蓄積様式を金融資本的蓄積へと変質させる基礎となったと主張する。[64] 橋本説は、山崎らの『講座帝国主義の研究6』の視角を重化学工業化の意義を強調する方向で徹底されたといってもよい。その場合、橋本の議論で重要な点は、こうした生産力の変化に関し、「帝国主義は生産関係と生産力の関係を一国的に総括するという面が強いのであって、そのもとで生産力の発展は世界史的傾向を一国的に実現して行く」ことを指摘し、このような帝国主義的産業構造の形成定着のなかで、その独占体制への組織化の問題を重視したことにあるといえよう。[65] この「一国的」視角と独占による「組織化」という論点とは、橋本説の骨格を成す枢要点であるが、第一の点は、帝国主義が世界体制であると同時に帝国主義国家として立ち現れることの意味を経済構造の面から明らかにすべきだということを示していると思われる(66)。他方、「組織化」論は主として蓄積構造の特質を示すものと理解されるべきであろう。

橋本による批判は、その時点では組織化に関する議論が未成熟であり、国家独占資本主義における組織化との区別も不明確なままであったが、その後、『大恐慌期の日本資本主義』において、全面的に展開されることになった。同書における橋本説の明快さは、その分析視角が国家独占資本主義論に関わる問題関心から設定されているためと考えられるが(67)、その提示された論点は第一次世界大戦後に帝国主義的経済構造を本格的に形成した日本の特殊性を理解するうえで重要であった。つまり、第一次世界大戦後の、世界史的にみた新たな事態の展開のなかで、日本は自ら帝国主義経済構造を形成するとともに、「現代的な制約」による歪曲を受けた問題群を視野に入れた対応が求められていた。それ故、この重畳する変化の過程のもつ特殊なあり方を明確にするために、帝国主義分析の側からも分析方法を明確化する必要がある(68)。

なお、「組織化」に関わる論点に関連して、橋本寿朗は、独占体制に関する高村直助説を批判しつつ「独占組織」の分析が焦点だとしている。ただし、その批判によると、国家独占資本主義のもとでは、「独占組織」が副次的要因になるとも述べている(69)。つまり、古典的帝国主義と国独資では独占体制への組織化に関して独占組織の果たす役割が異なっていることを主張していた(70)。橋本は「二重の後進性」という規定によって、日本では国独資体制下で本格的独占が成立すると主張しているが、高村の市場占有率を基準とする独占論について、橋本は、第二次世界大戦後の独占禁止法のもとで戦後の独占体制を論じていた研究環境を反映したものと認識したことにあると推測される。これに注意を払えば、一九三〇年代と第二次世界大戦後との段階的な差異が、少なくとも独占組織に関わる限り存在すると受け止めておくべきだろう。つまり、一九三〇年代には独占規制の法制度に変化があるとはいえ、少なくとも独占の自由が保障されており、それ故に産業組織に独占組織がどのような影響を与えるかは、その時代の日本帝国主義分析の枢要な論点として独占組織の活動があると考えておきたい[71]。「組織化」に関わる論点の整理はなお課題を残しているが、独占組織に関わって橋本説が提示した分析視角を活かしつつ、可能な限り筆者なりの論点整理を試みたい。この点にこだわるのは、後に述べるように、日本における帝国主義経済構造の定着と国家独占資本主義への移行について、筆者と橋本とは若干の評価の差があり、その相違には、方法的な視角の違いが介在しているように思われるからである。

橋本は、一九三〇年代において、国家独占資本主義のもとではじめて帝国主義的経済構造が定着するという点に日本の後進性が表現されると主張した[72]。言いかえると、日本では帝国主義的経済構造がそれ自体としては本格的に成立することなく、国家独占資本主義における国家による「組織化」の補完によりはじめて金融資本的蓄積様式にもその内実が与えられるというのである。もっとも明示された限りでの橋本説では、金融資本的蓄積様式とは産業構造の重化学工業化の定着とその独占組織による組織化を基準とする視角が強いから[73]、その実現を一九三〇年代とみることに異論を唱えることは実証的に困難であるかもしれない。しかし、この論理では、重化学工業化がなぜ金融資本的蓄積様式の基本的な要素であるかは、明示的ではない。産業構造の変化が資本蓄積のあり方に影響を与えることは間違いないだろうが、産業諸分野における独占組織の設立、産業の組織化の進展は、重化学工業部門において典型的に現れるとしても、たとえば西川博史が強調したような綿工業部門における独占形成が、循環的な恐慌の発生を抑制する方向に働き、景気循環を変容せしめることも十分に認められる。橋本が依拠していた宇野理論に沿って問題を明示すれば、資本蓄積のあり方の変容は、自由主義段階における循環的恐慌を介した資本蓄積の高度化は帝国主義段階に入ると恐慌回避策によって「慢性的不況」状態を示すというように、景気循環の形態変化に表れることになる。第一次世界大戦期、一九二〇年代、一九三〇年代の景気循環のあり方の差異に注意を払って、段階的変化を明らかにすることを等閑に付すことは適切ではない。別の角度から説明すると、重化学工業化が金融資本的蓄積様式の内実を与えるというのは、独占組織の成立と、日本の場合には国家によるその補完によるという論理に支えられているのであり、重化学工業化という外見的な特徴の観察によって確定的な結論が得られるわけではなく、それによって景気循環の形態変化が生ずることにまで検討が及ぶ必要がある。大事なことは、景気循環の形態変化によって観察しうる資本蓄積のあり方に、どのような変化が生じるかということである。このことは、繰り返し強調しておこう。

これに加えて、資本蓄積のあり方を論じるのであれば、労資関係に注目する必要がある。橋本も重視する国家独占資本主義論的な視角では、労資関係の変質とその調整メカニズムの変化が重要な論点であった。ただし、この点がとりわけ国独資論的な視角から問題にされるというのは奇妙なことであると言った方がよい。宇野理論の場合、労働力商品化の困難という点が理論展開の要に位置しているのであるから、段階論的な把握においても、金融資本がこの困難をどう処理するのかが説かれねばならないはずである。しかし、段階論に依拠すると思われる研究のなかで、各国の金融資本分析を行ったものには、こうした視角は稀薄であった(74)。

## 3　金融資本的蓄積の特質とは何か

以上のような研究史の反省のもとに、以下では、帝国主義および金融資本的蓄積と国家独占資本主義とを区別することも視野に入れた方法的な視点を見出すことに努めたい。

ここではその手掛かりとして、帝国主義段階において産業資本段階とは異なるどのような資本制的蓄積の構造的特質が形成されるのかを、ひとまず国家の枠組みを前提とした「一国的」な視角から、国家の政策との関連を念頭に置いて考えてみたい。その際、帝国主義段階の資本制的蓄積の特質を「金融資本的蓄積」と呼ぶことにする。経済史研究の実証的研究が進むにつれて、それらの研究では、金融資本概念の不明確さ、とりわけ、その実体的概念としての不明確さのために、帝国主義分析のキー概念を独占資本とすることが多くなった[75]。しかし、金融資本は、資本主義の発展に対応する資本のタイプとして商人資本、産業資本と並ぶ概念であり、すぐれて体制的概念として論ずべきものである[76]。つまり、実体として何が金融資本であるかを問題にするのは、検討すべき課題に即した方法ではなく、帝国主義段階において実現されることになる、産業資本段階とは異なる資本制的な蓄積の段階的特質を明らかにする必要がある。そうした意味で独占資本や独占体を用いることもできるが、それでは個別産業における独占組織や独占資本との区別があいまいにされる危険がある。帝国主義段階の資本主義は、生産過程の個別性や固定資本の制約を資本の流動化によって部分的にせよ打破し、個別資本の蓄積の限界を社会的資金の動員によって克服し、市場経済メカニズムによる激しい景気循環を資本の組織化＝独占組織の活動によって抑制することで発展しえたところに特徴があり、それを表現するものとしては、むしろ金融資本概念の方が適切ではないかと考える。また、独占概念が一般には産業部門における市場支配を目的とする組織的活動を重視して構成されるために、そのもとに編成される労資関係についての分析が不十分となることが多い点も考慮し、あえて金融資本概念を用いることにする。ただし、繰り返し強調しておけば、問題は何が金融資本の実体であるか――たとえば三井などの財閥は金融資本か――ではなく、金融資本的蓄積とはどのような構造的特質を内容とするものであり、日本資本主義は、いつごろどういう特徴を付与しつつそれを自らのものとしたのか、なのである[77]。

### （1）　独占と労資関係

筆者は、一九七九年の歴史学研究会近代史部会報告において、第一次世界大戦期の日本資本主義を論じた際に、「有機的構成の高度化＝固定資本の巨大化を基礎に、その所要資金を調達するために社会的資金動員機構が株式を中心とする資本市場の拡大という形で創出されるとともに、他面で資本の集中集積を通じる独占が形成されることが帝国主義移行期の特質であり、そうした特質は重化学工業部門に典型的に現れた」として、重化学工業部門を資本制的蓄積の変容を体現する部門として強調した。その場合に資本制的蓄積の変容――つまり、本書でいう金融資本的蓄積の特質について、「投資規模の拡大とともに個々の産業資本の自己蓄積を超える資本調達が必要となって社会的遊休資金を貨幣・資本市場を通じて動員する機構が形成されるとともに、この投資の巨大化が固定資本の制約を介して産業部門での独占形成に連繫していることが留意されねばならない」。この捉え方は、この時点での筆者の捉え方が、宇野弘蔵の帝国主義段階論を基準にしており、それ故にすでに記述したような意味では「重化学工業化」という産業構造上の変化に囚われているという問題点があることを印象づけるものであった。ただし、この報告では、右の文章に続けて「このことは、独占組織の活動が、恐慌を槓杆とする『相対的過剰人口』の形成によるドラスティックな資本賃労働関係の再編成を歪曲せしめることによって、独占資本自身の労働力の管理統轄機構の再編を余儀なくさせるという意味で、労資関係の変容をもともなうものであったことが重要である」と述べており、産業構造の変化が及ぼす変化を重視することを視野に入れたものであった[78]。つまり、資本調達の変化、独占の形成、労資関係の変化の三点に注目して帝国主義的経済構造の形成を論じ、独占を基軸概念として金融資本的蓄積への進展を明らかにするという分析視角をとることによって、西川説に代表される対外関係・資本輸出論に傾斜した帝国主義分析の不十分性を若干でも補おうと考えたのである。

右の三点を中心に論じることは、日本では金融資本的蓄積がどのように形成され、帝国主義的経済構造がいつごろ定着するかを明らかにするうえで、いまだ有効性をもちうると考えている。問題は、分析視角の設定のなかで労資関係の変容の問題について、独占との関係が明確には示されていなかったために、階級構造論との関連を展望しうるものとはなっていなかったことであった[79]。そのため、金融資本的蓄積の特質把握がやや現象的で表面的なものとなった。この点をさらに掘り下げて分析方法を論じたのが「一九二〇年代史研究に関する覚書」であった。「覚書」は、まず、「独占と労資関係」について以下のように論じている。

すなわち、産業革命期以降の資本主義は、ギルド的な熟練に根拠を置く労働者の抵抗を機械の導入によって無力化し、労働力商品として自らの蓄積機構のなかに包摂するに至った。そこでは、労働力市場の繁閑と賃金の変動に表現される労働力商品化の内包する限界を、恐慌を介して処理していくことが可能であった。それが産業資本的蓄積の基本的特質であったといってよい。産業資本段階の基軸産業である紡績業では、機械化により単純不熟練労働力化が進み、婦女幼年工を主軸とする労働力編成が生み出された。このことは、資本による労働者支配を容易にし、その自律性を強めるうえできわめて重要であった、要求された労働力は、代替可能な不熟練労働力であり、養成期間も短く、労働の質の維持にもそれほど多くの注意を払う必要がなかったからである。国家が労働者保護立法を通して労働力の資本による無政府的な消耗に歯止めをかけようとする動きをみせたのは、そうした資本蓄積のあり方が支配的だったからである。

以上のような産業資本的蓄積は、重工業部門の拡大による産業構造の変化のなかで大きく変質させられることになった。重工業部門の巨大な固定資本の制約が、資金の動員と資本の流動化とを要請すると同時に、それによってますます巨大化する重工業部門は恐慌の影響を緩和するために独占組織による市場の安定を求めるからである。こうした変化は、当該期の労働力のあり方の変化と不可分の関係にあった。重工業が産業構造の内部で基軸的地位に占めることは、産業資本段階の紡績労働者に代わって重工業労働者が資本蓄積全体に決定的な影響力をもつことを意味している。そして、この基軸部門の変化は、そのもとにある労働力の質的な差異によって資本賃労働関係の再生産のあり方を変質せしめる契機となると同時に、産業資本段階を通じて徐々に進展してきた労働者の階級的結集に基づく組織的抵抗を通して帝国主義的経済構造を形成する前提条件を作り出すからである(80)。

産業資本段階の重工業労働力は、重工業部門の生産力水準の低位性に規定されて、依然として古い型の熟練をも内包し、しかもそれが部分的には間接的雇用形態のもとに統括されるという面を残していた(81)。しかし、その生産力的発展は、こうした旧型の熟練に対応する生産工程を徐々に変質させ、鉄鋼業などが巨大な設備を要する装置産業化のなかで工程内での分業化、専門化が進み、これに対応する新たな質の熟練労働力を要請するに至った[82]。この要請は、重工業部門に残存していた間接雇用を最終的に解体し、企業内養成のシステムを導入することによって充足される。旧型の熟練が労働者個人に帰属する部分が大きかったとすれば、新しい型の熟練は企業別の差異を残しつつ企業内に客観化されていくのである。

この労働力の質的な変化は、重工業資本にとってその生産力的発展を支える条件であると同時に、一つの制約要因でもあった。というのは、資本はこの新しい労働力を少なくとも基幹的な部分については自らの支配下に維持する必要があったからである。もはや、景気循環に応じて自由に吸収排除を繰り返すことを許すような代替可能な不熟練労働力としての性格をもちえなかったからである[83]。もちろん、重工業部門の労働力編成は新型の熟練工を基幹部分として、その周辺に補助労働に従事する膨大な不熟練労働者を配置するものであり、重工業部門が不均等に発展することによって全体として就業構成における重工業部門の地位を高めていくのである。しかし、労働力の質に関わる制約が以上のようなものだとすれば、資本にとっては、市場関係の安定化による操業度の均一性を維持することが、労働力の質の面からも重要な意味をもつことになったということができる。つまり、重工業部門はそうした意味でも独占組織による市場の支配、価格の安定化という契機を内包するものだったということができるのである。理論的な枠組みとしては、このような形で新たな労資関係を伴いつつ独占が形成されると、循環的な恐慌が回避され、景気循環が形態的に変容することになると考えられる。

しかも、新しい熟練を備えた労働者は、技術修得の基礎となるべき、ある程度の教育水準が前提とされることもあって、間接雇用の解体により労資の対抗関係が鮮明になるなかで、ますます階級的自覚を深めうる位置を与えられた。その結果、労働力編成の変化に応じた担い手の変化を伴いながら労働者の組織的抵抗が増大したが、それは、不況期の人員削減・賃金切下げを困難にし、好況期の賃上げ圧力となって資本蓄積の制約要因となった。そればかりか、一般に争議による設備の一時的な運転休止などは鉄鋼業などの巨大な固定資本を擁する産業では、紡績業などとは比較できないほどの損失につながるものであった。それ故、重工業資本は自らの労使関係の安定策を、労働者の主体的な抵抗に対抗して実現していかざるをえないのである。こうして、重工業の発展は、資本の流動性の制約に対処するために価格変動を抑制するように市場メカニズムへの介入を不可避とするとともに、その生産力的基盤となる労働力の質的な特質と労働者の主体的な成長に伴う組織力の増大とに対処するためにも、激しい景気変動による雇用調整という手段を放棄せざるをえなくなった。

このような安定策の根拠は、独占組織の活動によって保障される独占利潤に求めることができる。(84) つまり、独占利潤の一部を分与することにより、資本は基幹的な熟練工を企業内に取り込むべく努め、差別的な賃金体系や企業内福利施設などの労務対策によって、景気変動によって増減しうる周辺不熟練労働部分と基幹部分とを分断していく。(85) その場合、独占資本の狙いは、第一義的には基幹熟練工の温存維持による企業内化であるが、それに加えて、組合運動にくさびを打ち込み、社会主義運動との親近性・結合を切断していくことにあったことも留意すべきであろう。つまり、相対的な高賃金を保障することによって、労働者の関心を自らの労働条件の改善という経済的要求の枠内に集中させ、体制的な危機につながりうる政治的活動を抑え込むことが求められたからである。

独占体制下の分断的な労務政策は、重工業部門がその突出した生産力水準の故に不均等に巨大化する傾向をもつことから、雇用量の増大に伴って自国労働者をその世代的再生産につれて基幹熟練工として取り込み、不熟練な周辺部分を海外からの移民によって補充する傾向を生み出した。(86) かくて、賃金の二重構造にみられる労働力市場の重層化が進み、下層の労働力市場に対する低賃金不熟練労働力の外部からの流入という圧力を通して「慢性的」な失業状態をも呈していくのである。

## （2）国家の役割

以上のような独占資本下の労資関係の基幹部分における一応の安定化は、独占的産業構造を前提とする帝国主義的経済構造の基本的な性格を示すと想定しうる。しかし、このような経済構造の体制的安定は、独占組織の強さによって規定されると同時に、それを補完する国家の諸政策を不可欠のものとするものであった。

元来、金融資本的蓄積の示す組織性は、基軸部門の独占資本に表出するものであり、私的資本の組織化は、部分的性格を免れうるものではない[87]。産業部門の独占的編成といっても、それは上位企業による協調であり、独占間競争やアウトサイダーに対する競争をも含みうるものであった。しかもそれは、再生産構造の基軸を成すいくつかの部門にみられるだけであり、そうした限界を超えて不況業種や中小企業部門にまで産業の組織化が及ぶのは、国家の経済過程への介入が全面化する戦時統制や国家独占資本主義の場合である。労働力に対する方策もその意味では部分的であり、独占組織を前提とした独占資本のみが、分断策の根拠をもちうる。しかも、重工業部門の新しい熟練の性格が企業内分業体制に規定されたものであるために、労働力の再生産条件も企業内に封鎖される傾向をもっていた[88]。分断的な労務政策は個別資本的な対応の枠組みを脱しえないものだったのである。

それ故、金融資本的蓄積の組織性がもつ限界は、さまざまな形での社会問題を生み出し、その処理を国家に委ねねばならなかった。分断されて劣悪な労働条件に押しとどめられる傾向にあった不熟練労働者――たとえば臨時工など――や、非独占部門の労働者に対しては、国家の労働政策を中心とする政策的対応が必要となった。それに加えて独占部門の収奪にさらされる農業部門や中間的諸階層に対しても政策的対応が必要であり、それによって諸階層の運動が体制的な危機に転化することを防止する必要があった。その意味で、帝国主義段階は、諸利害を調整しつつ国民的統合を実現しうる新たな支配体制の構築が必要であった[89]。

事実、社会主義運動との親近性をもつ運動は、周辺部分の労働者、農業などに表出してくる傾向があった。ドイツ最大の自由労組の基盤が印刷工などの非独占的産業にあったことはその例であろう[90]。また、一八八九年のイギリスの大争議や、九〇年代以降のドイツ労働運動の活発化は、大不況期以降形成されはじめた独占的産業構造とそれに伴う労資関係の変容の結果であり、同時にこれを契機として一層の分断策が進められ、帝国主義的経済構造を定着せしめることになったと思われる[91]。

こうした動向に対する国家の政策的対応の狙いは、第一義的には治安対策であった。繰り返しになるが、その理由は、資本蓄積の基本的条件が前述のような独占形成と基幹部分における労資関係の安定化によって一応充足されていたからである。したがって問題は周辺的な動揺をいかに調整するかにあった。つまり、国民的な統合をどうやって保持するかを第一義的課題として、その枠組みのなかで具体的な政策が実施された。故にそれは、それぞれの資本主義国の歴史的・社会的条件によって多様な側面をもつことになった。しかし、共通すると思われる特徴を列挙すれば、一つには、労働運動を社会主義運動と切断し、体制内化させることに努め、また一つには、財政を通じる再分配機能を喧伝することによって経済的不平等を是正するポーズをとり、また、これと表裏をなす形で選挙法改正により広範な政治参加を形式的には認めていくことを通して体制内での改良の可能性に関心をつなぎとめていくことなどであった。つまり、数々の労働立法、社会政策は、金融資本的蓄積の示す組織化の部分性を国家が補完することによって、全体として帝国主義的経済構造を維持する役割を果たすものだった。

もちろん、国家の政策的対応は、右に述べたものに限られるわけではない。帝国主義的経済構造の基軸となる独占的産業構造の定着に関して、保護関税により国内市場の確保を保障し、独占組織の活動の基盤を与えたことが何よりも重要であることは多言を要しない。労資関係の変容も、国家が独占組織成立の条件を与えることによってはじめて、その実質をもちうるからである。帝国主義が、国家的な枠組みの内においてまず論じられねばならないのは、ここからも明らかであろう。

さらに、海外市場の確保を含む帝国主義的対外政策も金融資本的蓄積にとって不可欠の要件であった。それは帝国主義国の産業構造の同質性に規定されて競争的、攻撃的な性格を付与される一方、帝国主義世界体制下の国際分業関係、帝国主義国家の補完的位置に規定されて協調的な側面をも有するものであった[92]。基軸国の補完的な構造に基づく通商面での協調を基礎として、国際金本位制が多角的貿易網に基づく多角的決済機構として展開する根拠を与えられ、世界経済の統一性を支えることになった。それによって世界貿易の量的な拡大がもたらされ、基軸国の経済的拡大の余地を広げ、相互間の対立関係を緩和することにもなった。その意味では、帝国主義的対外政策を攻撃的、侵略的性格とのみ考えるのは一面的である。対外政策は、世界経済における各国の位置と国内の経済状況の多元化の様相によって多様性をもちえたのである。その点では、国内政策と同様に、支配体制の再編による国民的統合という課題に密接な関連をもつものであった。しかし、ともかくも、こうした体制維持政策は、帝国主義世界体制が補完性の強い産業構造をもつ帝国主義国によって構成され、これを基盤に国際金本位制が各国の不均等発展を、一応調整する機能を果たし世界経済の拡大を支えていた限りでは、実現可能なものであった[93]。

### (3) 第一次世界大戦の衝撃

第一次世界大戦による古典的帝国主義体制の解体は、金融資本的蓄積に新たな制約を課すことになった[94]。大戦中の各国経済の不均等発展、とりわけアメリカの地位の上昇は、世界編成の全面的再編を決定的とし、戦時の国際貿易の混乱により帝国主義諸国の産業構造は一層同質性を強めた。また、戦時統制の経験は、食糧・原料の自給の必要を再認識させ、戦時体制維持のためには労働者への大幅な譲歩により「城内平和」を実現することが不可欠であった。

大戦中の物価騰貴に伴う賃金上昇圧力のもとで、労資の力関係は資本の譲歩により大きく変化した。総力戦体制の遂行という至上目的のもとで、革命の脅威を予防するためにとられた諸措置は、労働者の既得権と化し、賃金の上昇、労働条件の改善に結びついたが、そうした動きは、大戦後のヴェルサイユ体制のもとで普遍化される傾向にあった[95]。

ワイマール体制に典型的にみられた労資の「同権化」という方向は、各国が労働者を体制内に止めておくうえで重要な課題となった。

このことは、見方を変えれば、金融資本的蓄積の根幹となっていた独占利潤の確保の基盤が弱体化したことを意味していた。しかも、各国の不均等発展により産業構造の同質化が進展したため、対外競争は一段と激化する条件が生み出されていた。こうした制約を打破する方法は、一九二〇年代には、独占体制の再編強化と産業合理化策しかなかった。財政金融を通じる諸方策は再建金本位制の脆弱性に起因する対外的な制約を逃れえなかったからである。つまり、資本は、労資関係の変容による新たな制約を、大戦前の帝国主義的経済構造の再建によって、金融資本的蓄積のもつ私的な組織化のレベルで克服しようとした。しかし、それが成功しうる条件はすでに失われつつあった。そのため、各国の産業政策は、関税等による自国産業保護により、弱体化した資本蓄積の基盤の修復に努めねばならなかった。その結果、関税引上げ競争による悪循環が生まれ、関税障壁を超えるために、同質的な経済構造をもつ諸国間で直接投資が本格化した。自国産業の保護政策は、失業の増加による国内体制の動揺を回避するうえでも必要であった。こうして経済的ナショナリズムが支配的になるに及んで、古典的帝国主義世界体制が産業構造の同質性と補完性との微妙なバランスの上に保持していた統一性は解体される運命となった。古典的帝国主義世界における国際分業体制は崩壊し、多角的貿易網と多角的決済機構とは寸断されていったのである。

そのことは、帝国主義諸国間の通商面での対抗関係ばかりでなく、後進地域との関係でも、農業問題、世界農業不況という形で表出した。大戦中の各国農業の不均衡な発展と、食糧自給化傾向に基づく農業保護政策が、農産物世界市場での需給関係を崩してしまった。農業政策が食糧問題として意識されたのは、総力戦の経験に基づき国民経済の自立性を物的な面でも高めようとするアウタルキー政策の帰結であったが、さらに重要な点は、「農民保護政策によってロシアにおける労農同盟による社会主義革命の自国への波及を防遏すること」であった。(96) その意味では、農業を含めた自国産業の保護政策は、一方で金融資本的蓄積機構の弱体化の補強策であり、他方、第一次世界大戦期以降の帝国主義国の体制的動揺に対応して、多元化する諸階層の利害状況を国民的に統合する方策でもあった。

以上のように、労資の「同権化」に象徴される第一次世界大戦以降の資本蓄積に対する新たな制約条件は、大戦を契機とする各国資本主義の不均等発展と世界経済の統一性の喪失という国際的な枠組みのなかで、金融資本的蓄積の限界を露呈させた。利害状況の多元化のなかで国民的統合をはかり体制を維持するためには、資本の一層の譲歩が必要であり、ひとまず国内経済の均衡安定化が要求された。しかし、そのための諸方策は再建金本位制の枠組みによって狭い限界を区切られていた。対内均衡と対外均衡を同時に達成することは、ますます不可能となり、各国が対内政策を重視するために世界経済の統一性回復は困難となり、その結果、対外均衡を各国の協調的な政策によって再建することは一層難しくなった。

一九二〇年代後半に帝国主義世界が相対的安定を実現しえたのは、以上のような世界経済の構造的不均衡のなかで、アメリカが自動車産業に主導された繁栄を謳歌するという一段と進んだ産業構造を基礎に、各国通貨の一応の安定をドル撒布によって実現し、再建金本位制がこれによってともかくも表層的な調整機能を果たすかにみえたからである(97)。しかし、関税引上げによる国内独占の再編強化の動きによって、通商面での統一性回復、円滑な貿易の拡張には大きな制約があったし、そのうえドル撒布による通貨の安定が一時的で機構的に確立したものではなかったために、この一応の安定は底の浅いものであった。

大恐慌を契機として帝国主義国がブロック化と管理通貨体制を基礎とするインフレ政策によって、この困難を克服しようとしたのは、労資関係に国家が介入することによって金融資本的蓄積のもつ組織化の部分性の限界を克服し、他方、こうした国民経済の狭い限界をブロック形成によって打開し、対外均衡の達成を容易にしようとしたためであり、その限りで、一国的な性格に規定される面が強かった(98)。しかし、そうしたブロック化による再分割によっても、対外決済の多面的な性格に対応する決済手段の確保は不可欠であり、対外均衡の達成には一定の限界があった。そのことが、国内政策にも少なからぬ制約条件となった。この対外的な制約を脱して、財政面からの需要創出政策などの国家独占資本主義政策がその機能を十分に発揮しうるためには、各国通貨の安定性を保障しうる機構が必要であり、それには、一九三六年の三国通貨同盟から第二次世界大戦後のＩＭＦ体制の展開を待たねばならなかったのである。

## 五　一九二〇年代の日本帝国主義――調停法体制の形成

さて、前節までの方法論的な整理によって、第一に、帝国主義的経済構造と金融資本的蓄積の特質を労資関係を中心に政策との絡みあいのなかで捉えること、第二に、日本では帝国主義的内実の形成が第一次世界大戦後にずれこんだことによって、第一次世界大戦後の世界史的な条件変化に伴う新たな対応を含む、いわば重層的な構造変化を蒙ったことを考慮し、その区別、相違点をあらかじめ明確にしておくことが重要であると考えられる。

それでは、日本帝国主義の経済的内実の形成過程を、以上述べた帝国主義的経済構造と金融資本的蓄積という分析視角からみた場合、どのように把握しうるであろうか。結論的にいえば、ほぼ一九二〇年代半ばころに、日本においても帝国主義的経済構造がそれなりに定着し、金融資本的蓄積の特質を具備するようになったこと、そして、これに照応した形で、支配体制の再編成が一応完了したと考えることができると思われる。その理由は、具体的には、産業諸部門での独占組織の形成、労資関係の変化と、これに対応する諸政策の実施に求めうる(99)。詳しい分析は、すべてではないが肝要な点については、本書の各章でも行われることになるが、本章では大づかみの概観を示すことで、方法的な視点の有用性を明らかにしておきたい。

## 1　独占的産業構造の形成

帝国主義的経済構造が形成されはじめるのは、おおむね日露戦後といってよいであろうが、その変化は、重工業部門の国際競争力の低位性に規定されて、きわめて緩慢であった。しかし、紡績・製糸を主軸とする産業構造は、電力などの新興産業や、造船・金属製錬などが技術的な変化を伴いつつ大規模な固定資本を要する産業部門として展開しはじめることによって、徐々に変化しはじめていた。こうした変化は、第一次世界大戦期の温室的な条件のなかで、部門間の不均等をみせながら一挙に加速された。その点については第1章で詳しく論ずるが、「第一次大戦期の日本資本主義は、日露戦後の発展の軌道に沿いつつ、大戦という特殊条件に支えられながら、膨大な戦時利潤を基礎とする金融緩慢を背景に、株式ブームに象徴される資本市場の構造変化、財閥コンツェルンの成立を典型とする『独占的』資本構造の形成、『国家独占』との結合にもとづく『自前』の資本輸出機構の成立、労資関係と階級構成の変容、地主制の『構成的意義の低下』という特徴的な変化をみせた」のである[100]。その意味で、第一次世界大戦は帝国主義経済構造の形成にとって重大な転換点であった。

しかし、大戦中の大規模な構造変化は、その温室的条件の消滅によって修正再編を蒙ることになった。大戦中に新規参入をみて流動化していた競争構造は、大戦後の国際競争圧力のもとで一層熾烈なものとなり、激しい競争を介して合併集中が進み、カルテルによる市場統制が図られることになった[101]。各産業部門における独占組織の形成とその具体的な活動については、一九二〇年恐慌期の救済融資を契機として、第5章で詳述するように第一次世界大戦前には、紡績業を除けば一時的かつ部分的性格の強かった諸カルテルの活動は、一九二〇年代に主な産業で一応定着するに至った。鉱山業では、一九二一年設立の石炭鉱業連合会が二六年に撫順炭輸入協定を結んで統制力を強め、他方銅では、一九二一年設立の水曜会が二七年の二四木会成立で市場支配力を固めた[102]。また、各製造工業では、日本製紙連合会が一九二〇年より生産制限を実施したほか、同年日本羊毛工業会が成立し、二三年にはセメント連合会が設立され、主に減産協定による市場制圧を試みた。さらに二六年に製粉、製糖でも生産制限が本格化し、鉄鋼業でも条鋼分野協定が成立して関東鋼材連合会が活動を開始し、銑鉄共同組合が結成されるなど、カルテル的統制が拡大していった[103]。このほか、電力・造船など独占組織が成立しなかったものの独占的な産業組織が形成維持された部門もあり、また、電線業のように上位企業が大口需要者である逓信省の指定納入者になることによってその独占的地位を固めたものもあった。こうして、製造価格ベースでみて二〇年代の主要な産業部門と思われるもののうち、清酒、織物など在来産業的色彩の強いものを除き、かなりの産業部門で独占組織が形成された[104]。

独占組織の活動が、石炭・羊毛など一九二〇年恐慌期に開始されながらも二〇年代半ばに再編強化されたものがあることを含めて、これらのカルテルは、ほぼ二〇年代半ばに出揃い、以降カルテル規制は恒常的な性格をもつようになった。二〇年代前半は、いまだ恐慌後の集中過程にあり、また、二二年ころまでの設備投資の継続によって市況が比較的堅調な部門もあったうえに、震災の復興需要を見込んで新親参入が発生する産業もあるなど、全般に競争構造が流動的だった[105]。また、震災復興に資するために関税が一時減免されたことは、対外競争圧力を強め、競争力の弱い資本に打撃を与えた。その意味では、一九二三年の関東大震災は、産業部門の組織化に大きな影響を与えたのである。

このような主要産業における独占形態に対応して、大戦以降、部分的に行われていた関税引上げ政策は、一九二六年の関税定率法の改正によって、産業保護政策として定着した[106]。

この時期の独占組織の機能については、「カルテルは市場価格引上げ機関としてよりは、むしろ国家的助成に支えられた輸入防遏のための共同機関として機能した」と評され[107]、また、重化学工業部門の独占組織はその「形式を整えたにとどまった」とも言われている[108]。確かに、第3章で明らかにするように、先進国のダンピング的な輸出攻勢に圧倒されて、市場価格は重化学工業品を中心に低落傾向にあった。そのため国際競争力の脆弱な日本の諸産業は、国内市場の確保が第一の課題であったといえよう[109]。二六年の関税改正に支えられた独占組織の活動は、生産の数量的な拡大のなかで自給率を好転させることによってこれを実現した(110)。その主要な手段は、生産制限と、銑鉄共販の「外銑相場追随主義」や産銅水曜会の価格規制のように、国際価格を基準とする市価統制であった。重要なことは、こうした価格統制が、海外相場の変動と国内需要の動向に規定されながら生じる国内価格の投機的な変動を封じることによって、市価の安定を達成したことなのである(111)。この市価の安定と市場の統制を前提にして、各資本が賃金の「高位安定」という制約を個々の合理化努力により克服していくことが可能だったからである。ここに独占の成立の意義があると思われる。世界経済が前述のように構造的不均衡のもとでまがりなりにも相対的安定期を迎え、基軸国の産業独占が再編強化され、関税引上げに対抗するダンピング的な国際競争が激しく展開されはじめた劈頭に、日本はこれに対抗する体制を関税引上げと主要産業のカルテル化によって不十分ながらも整えていたと言うことができる。

## 2　資本構造と金融市場

独占的な産業構造に対して財閥資本は、自らの傘下産業企業や商社がカルテルの構成員として重要な役割を果たすことを通して、カルテルによる横断的組織化を縦断的に結合していった。それは単純に、コンツェルンを主とし、カルテルを従とするという形で捉えうるものではなかった(112)。むしろ、カルテル活動によって当該産業での資本蓄積を安定化しつつ、その基盤の上に立って財閥資本が多様な投資活動を展開したのである(113)。

財閥資本の蓄積基盤は、この時期には金融部門へと傾斜していった。銀行ばかりか保険・信託へとその金融的力量を増大させていった財閥資本は、これにより集められた社会的な資金や傘下企業の余裕資金を背景に集中過程の主導権を握っていった。とくに重要な点は、第一次世界大戦期以降、コンツェルン組織を整えた三井、三菱、住友などの有力財閥が、本社部門における金融資産の操作によって独自に資金を獲得して内部資本市場を基盤に企業成長を実現したことであった(114)。こうして生じた金融的な力量の多寡が、二流財閥の没落と、三井、三菱、住友の支配的地位の確立との明暗を分けた。もともと、日露戦後からの二流財閥の動向は、その大戦期の急成長が銀行の設立や有力銀行への借入金依存、あるいは株式市場への依存に支えられたことに示されるように、日本資本主義の蓄積構造が金融資本的蓄積へと転換しはじめたことを象徴するものであった(115)。一九二〇年恐慌は、これら二流財閥の金融的限界を露呈させ、その没落整理のなかで産業諸部門における支配関係が変化していったのである。その典型的事例を鈴木商店系企業にみることができよう。資本構造のこうした変化は、日銀の救済活動が二〇年恐慌後の整理を不徹底したため、二七年の金融恐慌を一応の画期として完了したと考えられる。産業諸部門の独占形成に対応して二流財閥系の諸資本は、カルテルの主要企業の一つとなることによって、あるいはまた、財閥資本の傘下に組み込まれることによって、独占的大企業としての地位を確保し、財閥資本を中心とする縦横の組織化の一翼を担うことになったのである(116)。

一九二〇年恐慌後の整理の不徹底さは、右のような資本構造の変化が遅れたこととともに、日銀を頂点とする重層的金融構造の再編を二七年の金融恐慌にまで引き延ばしたことにも現れた(117)。固定貸の増大によってすでに破綻状態に近かった朝鮮・台湾両銀行はもとより(118)、地方をまきこんだ大戦期の投機ブームの崩壊によって五大銀行を除く諸銀行は、程度の差こそあれ経営状態の悪化は免れえぬところであった、とりわけ、二〇年恐慌はブーム期の激しい投機の反動として流通部門の諸資本や中小商人への打撃が深刻であったことが特徴であり、その結果、全国的な商品流通網の再編の契機ともなったが、それによって地方諸銀行の受けた影響はきわめて大きかったからである。日銀の救済出動後の金融市場は、こうした破綻を糊塗するために生ずる「後ろ向き」の資金需要が根強く、全般に逼迫感を強め、とくに地方金融市場ではそうであった。

全般的な高金利状態を反映して、財閥銀行の高利潤が生み出され財閥資本の蓄積基盤となったが、カルテル活動によって財閥傘下の主要産業である鉱山業でも利益率が一〇％前後に回復していた。これに対して対外競争圧力のもとで全体として過剰設備にあえいでいた重工業部門の投資資金需要は小さかった。そのため、財閥資本内部で蓄積資金に余裕が生じ、それを銀行を介して活用することが図られたが、その一部はコール市場を通して台湾銀行等に貸し付けられて二〇年恐慌後の破綻の弥縫に費やされることになり、またその一部は、三井銀行を典型として、二〇年代に最大の投資部門となった電力業の拡張資金として資本市場・金融市場を介して注入された(119)。この前者のような「後ろ向き」の資金需要の連鎖が立ち切られ、金融構造の再編成が促進される画期が二七年の金融恐慌であった。これによって、財閥系銀行を中核とする資金集中機構は、大戦の負の遺産を一応清算したのである。

この時期の電力案は、電鉄部門を含めて、その投資規模の大きさと所要資金の巨額さとによって、大戦中に形成された社会的資金の集中機構を媒介として発展する代表的な部門となった(120)。そして、大量の資金を吸収して拡大を遂げる電力業は、その投資需要に関連する産業の成長を促し、また電力料金の低下による工場電化の進展を通じて、この時期の主導産業として産業構造の高度化に重要な役割を果たした(121)。

とはいえ、その有機的構成の高さと外部資金依存度の高さ、資金コストの増大、さらには料金問題にみられる公共性の制約などによって、電力業は、相対的にはそれほど高収益部門ではなかった。むしろ、高金利水準を示す金融市場のもとで、資金吸収のために高資金コストを甘受したことが圧迫要因となって、収益性は悪化する傾向すらあった。そのために、戦時高利潤を持ちこして多額の資金的余裕をもっていた紡績資本などからみると、必ずしも有利な余裕資金運用先とはならず、この余資は投資先を失って過剰資本化する傾向にあった。つまり、電力業を主導部門とする一九二〇年代の産業的蓄積の特徴的な構造が、紡績資本における「過剰資本」形成を規定していたのである(122)。こうして財閥の内部資本市場とともに株式・社債などの有価証券の流通市場を介して、資本の流動性を高める機構が日本資本主義の蓄積構造にビルトインされていった。

## 3　労資関係

独占的産業構造の形成とこれに対応する資本構造の変化、金融構造の再編と並行して、金融資本的蓄積の特質を成す労資関係の変容も進展した。その起点は、日露戦後の大争議に見出すことができる。財閥資本の産業基盤となっていた鉱山業や造船業では、日露戦後に、生産工程の変化に対応して親方制的な労資関係が解体しはじめた。

鉱山業では、飯場制度の解体が生産工程の近代化――とりわけ採鉱作業の組織化の要請によって本格化し、飯場制度改革を焦点として一九〇七年の足尾・別子などの大争議が惹起された[123]。飯場制度にみられる間接的管理は、大鉱山の場合には一九二〇年代初めころまでに基本的機能を喪失したが、それは金属鉱山では製錬部門の拡大を契機とする生産の大規模化と生産技術体系の変化が進展し、日露戦後の不況過程における合理化要請のもとで、石炭部門を含めて坑内作業の組織化が進んだからである[124]。

造船業でも一九〇七年争議を画期として、その後の生産工程の技術進歩のもとで労務管理方式が変質しつつあった[125]。それは、この技術進歩が作業の分業化・専門化のもとで、新しい質の労働力を必要とするようになり、企業内養成制度が創出されていったからである。このように、経済発展を牽引する主導部門・基軸部門において財閥系企業など有力企業では、その生産力的な発展に応じて熟練の変質と労務管理方式の変化が進んだ。こうして財閥系企業を中心に金融資本的蓄積への変容が具体化していった[126]。

日露戦後からのこうした動きは、大戦中の物価騰貴のなかで、労資の対抗関係を鮮明にし、労働者の意識を覚醒して、一九一七―二二年の「大争議段階」と呼ばれる労働運動の高揚期を生み出す基礎条件となった[127]。この点については、第2章で詳しく論じられるが、大戦期には、労働力市場の逼迫と戦時高利潤に基づく資本の支払能力の増大とを背景に、名目賃金の引上げが実現され、労働者の組織的抵抗はその限りで成功を収めた。この間、労働者の階級的結集の焦点は、治警法一七条撤廃と普通選挙実現という政治的要求に傾斜していったが、戦後には、これに国際労働会議代表派遣問題が加わり、そのために労働運動はきわめて活発であった。米騒動とロシア革命の影響に加えて戦後には労働者の地位向上が世界的な趨勢となるなかで、労働運動の活発化は、労資関係を変容せしめる決定的な契機となったのである。

日露戦後から労働力の質的変化に伴い徐々に変質しはじめていた労資関係は、大戦中の雇用の急増と労働力市場の流動化という事情のもとで、不熟練労働力の大量動員に示されるように労働力の量的確保が優先されたことから、分断的支配による安定とは全く別の道を歩んでいくかにみえた[128]。しかし、労働運動の本格化と賃金面での資本の譲歩とは、資本蓄積の新たな制約要因を作り出していた。二〇年恐慌は物価下落による実質賃金の上昇、人員整理に対する労働者の抵抗という形で、この制約要因を一挙に顕在化させた。そのため、労働運動に対して、八時間制の導入や工場委員会制の採用という譲歩の姿勢をみせながら、資本は過剰雇用の切捨てによる合理化整理を進めた。この要請は、大戦中の熟練不足による労働生産性の低下などの事情もあり、対外競争圧力のもとできわめて切実なものであった。そのため、資本の攻勢は熾烈であり、労働運動は二一年の三菱・川崎争議の敗北を転機に後退を余儀なくされた。しかし、この労資関係の動揺は、一方で合理化要請に伴う労働力の質的な向上の必要もあり、また、大戦中の熟練不足の経験もあって、基幹的な熟練工を温存するために賃金加給等によって対応することを余儀なくさせるなど、過剰雇用の切捨ての結果、賃金の二重構造にみられる分断的支配を成立せしめていくのである[129]。こうして、ほぼ一九二〇年代半ばには独占的大企業での労資関係の一応の安定と労働組合の排除が進み、また、官営企業や海員などの組合の右傾化のもとで、総同盟、評議会がそれぞれその運動の基盤を中小経営の労働組合に移していくのである[130]。また、労働力市場の二重構造化に対応し、下層の低賃金労働力の補充が朝鮮人労働者の流入増加という形で果たされていったのである。

こうして、大戦から一九二〇年恐慌後の労資関係の動揺を経て、独占的産業構造の形成に照応して、日本では、金融資本的蓄積の特質と呼びうるような、独占的大経営での労資関係の基幹部分での安定と分断的な支配が成立したのである。このこと自体は、世界史的にみれば遅れた特質を日本が備えていたことを示すものにほかならなかった。その理由は、大戦期の総力戦体制の経験の深刻さという点で決定的な相違があったために、労資の「同権化」が実質的にではなく、観念的に導入され、労資関係の具体的なあり方に関わる争点となるよりはむしろ、それをスローガンとする政治闘争に戦闘的な労働運動が傾斜し、その結果、労働者の組織的な運動が分裂に追い込まれ、その発言力が低下していったためではないかと思われる。

## 4　調停法体制

前述のごとき労資関係の変容に対応した国家の政策的な枠組みも、一九二〇年代の半ばに形成されたと考えられる。労働政策を中心にみれば、第一に、工場法体制の変質が重要であり、労働運動の高揚のなかで、これに対応する治安対策の立法強化へとつながっていった[131]。第二に、労働組合法制定問題であるが、それは前述のごとく一つの政治的争点として登場した面が強く、ＩＬＯ代表権問題をめぐる処理のなかで労働組合の存在が事実上承認されるに及んで、その制定の客観的根拠が稀薄化していった。昭和恐慌期の法案提出を除いて、独占資本家が概してこの問題に冷淡であり、対応が消極的であったのは、自らの統轄下にある労使関係が、そうした枠組みを必要としなかったとみるべきであろう[132]。その意味では、組合法制制定問題は日露戦後以降に動揺をみせはじめた天皇制国家の支配体制の再編方向をめぐる政治的な争点であり、組合法によって金融資本的蓄積の前提条件を与えるというよりは、むしろ逆に、金融資本的蓄積の形成を前提としてその周辺部分へどう対応していくかという問題となっていた。極論すれば、それは、労資関係の枠組みを国家が介入して法的に与えるというよりは、むしろ治安対策上の問題として処理されることになったのである。この点は、労働組合法が不成立となるなかで、労働争議調停法が制定されたことにも示されている。

つまり、体制的な動揺を醸成するような労働争議に対して現実的な解決策を規定していくことは、争議が小規模分散化していくなかでも、支配体制の維持のために不可欠だったからである。

ところで、母法となるべき実体法を欠いた調停法による紛争の現実的解決という方向は、帝国主義的経済構造を補完する国家の諸政策のなかで、きわめて日本的な特徴であった。紛争の事実上の解決を所轄の警察署長など行政機構の末端に位置する官僚層による和解に委ねるこの方式は、「共同体思想が新たな法制度の名を借《ママ》りて再編成され」たものとして評価されている。それは、「大正デモクラシー」の政治社会的帰結であり、「調停法体制」とも呼ぶべき制度的枠組みを作り上げた(133)。すなわち、一九二二年の借地借家調停法、二四年の小作調停法、二六年の商事調停法など一連の立法に示されているものである。注意すべきは、この枠組みは、「共同体思想」そのものではなく、調停法という法的枠組みを必要としたこと、そして、それによって調停は、伝統的な共同体的な枠組みを超えて、行政機構などに配置される人々をも動員して実現されるものであったという限りで、伝統的な秩序意識とは、外見的な同一性にもかかわらず、異質のものへと展開していた。もちろん、「調停法体制」と総括しうるためには、その法的枠組みを明確にしていくと同時に、それが紛争解決に果たした現実的な機能を具体的に検討していかなければならない(134)。それによって、労働争議や小作争議の現実的な解決に果たした調停法の役割を明らかにすることによって、諸運動の特質も逆に照射しうると思われるからである。

とくに、小作調停法は、日本資本主義における農業問題の特殊性に関わり、小作争議の高揚への対応策としてきわめて重要であった(135)。労農同盟によるロシア革命の成立という現実のまえに、農民対策が、支配体制の再編、国民的統合の実現に不可欠であったことは言うまでもない。その場合、日本農業が稲作中心であるために世界農業不況の影響からは一面で切断されていたことが、農業問題にやや異なった様相を与えた。しかし、米騒動を契機とする植民地米移入体制の整備を前提とした米価安定策の実施のもとで、全般的には米価の下げ圧力が強まり、地主制下の農業生産力上昇が天井にぶつかったことも相まって、農業問題は深刻化しつつあった。

一九二〇年恐慌が地方経済に与えた打撃は、商品流通網の再編に伴い米穀商を兼ねる地主層の地位を不安定にしたと思われるし、株価暴落による資産運用面への影響などの回路を通して、地主経営への圧迫要因となった。影響の程度は、各経営の商品経済への組み込まれ方、資本主義的な経済とのつながりの度合いによって異なっていたと考えられるから、個別的な差異を残していたが、先進地城ほど深刻だったと考えられる[136]。その点は地帯構造との関連を含めて吟味すべき問題であるが、ともかく、二〇年代後半には近畿の先進地帯を中心に小作争議が増加し、その紛争解決が課題となった。小作人の運動が、他の社会運動との関連で変質していくなかで、日露戦後の地方改良運動によって再建が企てられてきた農村内の社会的秩序が再び動揺し、紛争解決の能力を失っていった[137]。そのために、地主、小作人ともに小作調停法成立に期待するところが大きかったという。こうして、小作官を主軸とする官僚機構の支配が、「調停法体制」として下降し、支配体制の再編成を支えていくのである。

### 5　支配体制の再編

日露戦後以降、日比谷焼打事件から米騒動へと連なる都市下層の民衆による騒擾と、大経営の労働争議とを両極として重層的に展開しはじめた諸階層の運動は、明治憲法体制によって定置された天皇制的支配秩序に動揺をもたらした。大戦中の就業構造の大規模な変化のなかで、こうした運動を支える諸階層の利害はますます多様化しつつ、運動相互に影響を与えた。労働運動・農民運動や、中間的諸階層の運動も、その独自な利害を主張し、その結果として大正デモクラシー状況を作り出していったのである。

しかし、そうした動きは、一九二〇年代半ばにかけての帝国主義的経済構造の定着のなかで、金融資本的な組織化にその基幹部分を抑え込まれ、周辺的な紛争の解決を「調停法体制」と呼ぶべき方策に委ねる形で萎縮していくことになる。諸運動の離合の環となっていた男子普通選挙（普選）の実施という政治的要求は、一九二六年に普選・治安維持法体制として実現され、諸階層の運動は、議会へ代表を送り込むことを目標とするような形で議会主義への期待を強めていく。いわば、普選の実施によって、擬似的にせよ大衆民主主義的な状況を作り出すことを通して、議会を統合の象徴としながら、天皇制国家は国民的統合を実現していった。その場合に重要な点は、そうした統合に抵抗し、こぼれ出てくる運動に対しては治安維持の名のもとに厳しい弾圧が加えられたことと同時に、こうした国民的統合のあり方が、明治憲法体制によって定置された天皇制支配の枠組みを、その根本においては変えなかったということであろう。[138]普選による議会民主主義といっても限定されたものであったし、軍部や官僚の独自な位置には手がつけられなかった。制度的枠組みに抵触する可能性のある実体法を制定せずに、「調停法体制」を通して官僚的な支配が末端にまで下降し、伝統的な村落秩序を再編しつつ結合することを通して、支配体制は再編強化され、ファシズム的な統合への道を準備していったのである。それは、帝国主義的経済構造の定着と金融資本的蓄積の形成に対応し、その組織化の部分性を、天皇制国家がその独特の方策をもって補完していったことを示していたのである。[139]

さて、最後に本書の全体の構成を簡単に説明しておこう。

まず第1章では、第一次世界大戦の衝撃について、産業構造の変化を起点にブーム下の金融緩慢、財閥のコンツェル化、過剰資金の形成による「自前」の資本輸出、労資関係の変化などを中心に明らかにする。第2章では、このうちとくに重要な労資関係の変化を急激な労働力需要の増加のもとで生じた賃金上昇の実態、労資関係の動揺と再編を論じ、第一次世界大戦の衝撃が資本賃労働関係の変容をもたらしたことを明らかにする。

第3章から第6章は主として、一九二〇年代を対象とし、第3章では日本の経済発展を制約した国際環境について世界貿易の変容に即して明らかにし、日本が厳しいダンピング圧力にさらされていたことを論じる。第4章では、一九二〇年恐慌と二九年恐慌、これに挟まれた二〇年代の景気動向を検証し、重化学工業部門が景気循環に与えた影響が増大する一方で、綿紡績業の収益率の低下傾向からマクロの好況とミクロの不況が併存する状態にあり、そうした形で景気循環のあり方が変容したと論じる。第5章は第一次世界大戦期から経済構造の変動に対応した政策的な試みを跡づけ、物価対策などの景気調整政策や社会政策的租税政策が着手される一方、一九二〇年恐慌に際して積極的な救済介入によって産業の組織化の起点を作ったこと、さらに欧州の産業政策に学びながら、重点産業への保護政策が新たな展開をみせたこと、そして財政政策面では在外正貨の蓄積を基盤として対外不均衡の調整と財源不足の補塡とが同時に達成されたことなど、この時期に進展した経済政策の変容を明らかにした。これに対して第6章では大企業部門において組織的面での進化が進む一方、企業間関係におけるカルテル活動などを介した組織化が進展したことを明らかにした。

最後の第7章では昭和恐慌下の経済社会の変化と恐慌からの脱出過程を検討し、景気回復過程が国民生活の改善をもたらさない回復の二面性があったことを明らかにしている。終章は全体の総括と政治経済史研究に対して本書の主張がもつ意味を展望的に明らかにする。

（1）同じ時期に登場する「一九四〇年体制論」も重要な問題提起を含んでいるが、長期的な視点での資本主義経済体制の変容を論じるという視点は稀薄である。
（2）こうした歴史的現実は、さまざまな記録に残っているが、その一例として渋谷定輔『農民哀史――野の魂と行動の記録』（勁草書房、一九七〇年）を参照されたい。
（3）たとえば、橋本寿朗「「経済発展段階論」と日本経済史――ME技術革命と世界経済史の「大転換」（経済史と現代）」『社会経済史学』五八巻一号、一九九二年）は、明確に複線型で経済発展を捉えることを提起している。また、歴史制度分析も、同様に複線的な発展経路があることを承認する立場に立っているということができる。
（4）論争については、たとえば、宮島英昭「独占資本主義成立論争」、長島修「現代資本主義、国家独占資本主義」（石井寛治・原朗・武田晴人編『日本経済史3　両大戦間期』東京大学出版会、二〇〇二年）および、武田晴人「解説・近代の経済構造」（武田晴人・中林真幸編『展望日本歴史18　近代の経済構造』東京堂出版、二〇〇〇年）を参照されたい。なお、本節は、武田晴人「はしがき」（前掲『日本経済史3』）を基礎に加筆修正したものである。

（5）　武田晴人、前掲「解説・近代の経済構造」六頁以下参照。

（6）　宇野弘蔵『経済政策論』弘文堂、改訂版一九七一年。なお、宇野段階論の研究史上の意義については、橋本寿朗『大恐慌期の日本資本主義』（東京大学出版会、一九八四年、序章）および、武田晴人「日本における帝国主義経済構造の成立をめぐって」（『社会科学研究』三九巻四号、一九八八年）を参照。

（7）　毛利健三『自由貿易帝国主義――イギリス産業資本の世界展開』（東京大学出版会、一九七八年）、竹内幸雄『イギリス自由貿易帝国主義』（新評論、一九九〇年）などを参照。これに関連する最初の問題提起は、J. Gallagher and R. Robinson, "Imperialism of Free Trade", *Economic History Review*, VI. 1, 1953 である。

（8）　なお、付言すれば、経済政策面での保護関税から対外投資を説明する論理は、植民地のほとんどが関税設定のできない、つまり主権を奪われている史実を思い起こせば、植民地への対外投資の説明としては不適切である。おそらくこのような論理が適合する具体的な事実は、先進資本主義国間で相互に行われた直接投資については当てはまり、それによって相互の経済的利害の対立を部分的には説明できるであろうが、その限りで合理的な説明となっているにすぎない。

（9）　より正確にいえば、資本主義はその発生史においては、農村社会の共同性、あるいは都市内部の共同体的な関係の海のなかに浮かんでいる島のような存在であった。そうした非資本主義的なセクターの存在が、自由主義段階において景気循環に応じた失業の避難場所を提供し、その社会的な安定を保証していたのである。したがって、ここで非市場的な関係の増大を、市場メカニズムに参加するプレーヤーとしての組織の量的な増加と、その規模の拡大に求めているときには、非資本主義的なセクターが資本主義経済の発展とともにますます市場メカニズムのなかに取り込まれていくなかで、それとは原理的には異なり、市場における競争には依存しない調整メカニズムが発展してくることに注目しているのである。

（10）　政府機関の地位の増大も、あるいは最近における非営利組織の増大なども視野に入れれば、こうした変化は市場原理が強調されている現在においても継続しているということができる。

（11）　独占による分配の不公正を批判するあまりに市場経済メカニズムが本来的に「結果の不平等」を伴うものであり、独占による弊害として指摘されるものの一部は、そうした市場の本来的な性格に由来することを忘れてはならない。この点では、マルクス経済学も近代理論もともに市場メカニズムのもつ効率性の実現可能性に傾斜した批判を展開してきたことが、現代経済の構造的な特徴を見誤らせた基本的な要因であったように思われる。こうした理論が強調する、経済主体の自由に委ねるべき市場が、競争を通して効率性を実現しつづけるためには、常に競争的構造の維持のために国家の市場への介入を要請し、営業の自由をその根本において制限する必要があることに注意すべきであろう。

(12) これについては、武田晴人「企業間関係から見た企業の将来」(日本経済新聞社『「21世紀の日本企業像」研究会報告書』一九九六年)で、ラフなスケッチを提示したことがある。

(13) A・D・チャンドラー『競争の戦略――GMとフォード・栄光への足跡』(内田忠夫・風間禎三郎訳、ダイヤモンド社、一九七〇年)、同『経営者の時代――アメリカ産業における近代企業の成立』(鳥羽欽一郎・小林袈裟治訳、上・下、東洋経済新報社、一九七九年)。

(14) O・E・ウィリアムソン『市場と企業組織』(浅沼萬里・岩崎晃訳、日本評論社、一九八〇年)。

(15) 産業史の分析では、有沢広巳編『現代日本産業講座』(岩波書店、一九六〇年)以来、技術史的な視点の重要性が指摘されてきており、そうした研究史上の伝統に沿って部分的にではあるが、生産の仕組みそのものについての論述が試みられてきた。しかし、それ以外、多くの研究は、なぜ生産力が発展してくるのかという基本的な問題には正面から取り組んでこなかったように思われる。

(16) 二〇世紀システムとの対照で引合いに出されることの多い産業集積論について若干のコメントを付しておくことが必要であろう。産業集積論は、しばしば大量生産体制の対極にあるものとして引合いに出されるが、その意味するところは、論者の思い入れにもかかわらず、二〇世紀システムの基礎となる大量生産と大きく変わるところはない。少なくとも、そこでは完全に特定の個人に還元できるような匠の技が集積を支えているという事例は少なく、また規模の経済性という視点から差異を強調するのは適切ではない。ある特定の商品群にはその適正な量産規模があり、その結果、企業の規模という点からは巨大企業とは比較にならない零細性を示すことがありえる、という意味で規模の経済性に従っている。しかも、集積論のコアになる柔軟な分業の仕組みを内包した生産者の集合体としての「産地」が実態として示していることは、ある特定の商品を生産する場合には、ますます生産の組織性、生産の社会化が必要であるという、言い古された原理に従っているという点では同一である。したがって、その組織性、社会化が企業という組織の内側なのか周辺なのかという違いを強調しすぎることは、適切とは思われない。差異を強調するまえに、まずはその共通する側面を明確にしておく必要があろう。

(17) レギュラシオンについては、とりあえず、山田鋭夫『20世紀資本主義――レギュラシオンで読む』(有斐閣、一九九四年)などを参照されたい。

(18) これに関連して、比較制度分析という新しい方法的な提起にも言及すべきであろう。しかし、比較制度分析は、経済発展のダイナミズムを説明する論理を欠いている難点がある。つまり、この分析手法が特定の経済社会のある段階で安定的な経済・社会制度の組み合わせが実現されることを合理的に説明できるとしても、そうであるが故に、その安定性は何によって、どのような理由で崩されるのか、ある組み合わせから次の組み合わせに移るのはなぜかということの手掛かりは示されない。結果論的な視点から、新しい構造が観察されたとき、これへの転換には合理的理由があるという論理構成に陥る危険がある。だとすれば、それは歴史的なダイナミズムを因果的な関係を辿ることで明らかにする歴史研究の方法としては限界がある。私たちが直面している問題は、比較制度分析によって描かれた構造的な特質に留意しつつ、その構造がどのように変化していくのかを説明する論理である。かつて、向坂逸郎は山田盛太郎の『日本資本主義分析』を評して「発展がない」と書いたが、そうした批判を比較制度分析に向けるのも適切ではない。論理的な枠組みとして、制度の組み合わせとして構造を描く点で、比較制度分析は旧講座派的な構造論にきわめて近い特質をもっているが、問題なのはそうした構造分析に変化のダイナミズムをいかに組み込むかという歴史研究の方法であって、それはわれわれ自身の問題として解決すべきことである。

(19)　橋本寿朗は、その遺著となった『デフレの進行をどう読むか――見落された利潤圧縮メカニズム』(岩波書店、二〇〇二年)において、一九九〇年代に日本経済が陥った困難を「賃金圧搾メカニズム」にあると指摘し、労資の協調に基づいて労働分配率を引き下げ、企業の投資原資を確保する必要があることを強調している。数年来の橋本の主張の核心部分ではあるが、この主張は、そうした処方箋によって再び成長の軌道へと導こうとしている限りでは、二〇世紀システム論のもつ限界をそのまま端的に表明しているものというべきであろう。

(20)　橋本寿朗が、第二次世界大戦後の日本の経済発展に関連して提示した「発生・洗練・制度化」という説明の論理は、それがとりあえず一回限りの歴史から帰納されたものという限りで普遍的な論理として未検証であり、また、その初発の変化の要因を外生的なショック――占領改革ないしはアメリカナイゼーション――に求める限りでは、何らかの外生的なショックが加わることによって、それまでの補完的な制度の組み合わせが転換しうるとする比較制度分析と大きな差を見出しにくいものである。橋本は、そうした限界を自覚的に克服するために、企業者活動の能動的な意味を問うことを目指していたかに窺われるが、残念ながらその試みは、その突然の死去によって、入口を示しただけの未完のままに終わった(橋本寿朗『戦後日本経済の成長構造――企業システムと産業政策の分析』有斐閣、二〇〇一年)。その継承はわれわれの手に委ねられている。

(21)　この点についての試論的な検討として、武田晴人「資本市場の発展とその意義に関する覚書」(『経済論叢』一八〇巻一号、二〇〇七年)を参照されたい。

(22)　過剰資本と資本輸出との関連で述べたように、二〇世紀システム論の系譜的な基礎となっている伝統的な段階把握の限界の一つは、資本市場の機能を無視して、特定産業の過剰資本と対外投資を直結させたことにあった。それと同様の限界を二〇世紀システム論はいまだ克服しえていないのである。宇野理論では「資本の商品化」は資本主義経済の発展の究極的な到達点として原理的に説明されるが、その「資本の商品化」は歴史の段階的な把握ではどのように活かされるのかが問われている。

(23) 従来の独占論とは異なり、商品や労働力に関しては、カルテルや労働組合によって市場機能に人為的な介入が加わることが多くなってきたことが独占段階以降の資本主義社会の特徴だとしても、投資資金の調達については、その時期に本格的に市場の機能が利用されはじめるというズレがあることに注意すべきであろう。もちろん、それはそうした市場が誰にでも利用可能ではなく、特定の、名声を得た企業にのみ一般には利用可能だという意味では、参入の自由を想定する市場とは異なる意味をもっていることは言うまでもない（武田晴人、前掲「資本市場の発展とその意義に関する覚書」参照）。

(24) 一九八〇年代以降の「株主反革命」の進展やコーポレートガバナンス論の流行はそうした傾向の反映というべきであろう。

(25) H・W・アーント『世界大不況の教訓』（小沢健二ほか訳、東洋経済新報社、一九七九年）参照。ニューディール政策が景気回復政策として有効であったという人口に膾炙した評価が歴史的な現実に沿ったものでないことは、銘記されるべきであろう。

(26) 「抑制された」というのは、二〇世紀末にかけて国際的な金融の自由化が進展して、資本移動が完全に自由になったことによって、通貨価値の維持のための資本移動の制限等に代わって、自由な為替市場に委ねられることとなり、その結果、通貨の安定性が損なわれる危険性を伴っていることと、構造的な差異があることに留意してのことである。

(27) このような捉え方を提示したのは、馬場宏二『富裕化と金融資本』（ミネルヴァ書房、一九八六年）であった。

(28) 欲望の際限のない追求については、三和良一が「経済学は欲望をどのように捉えてきたか」（『青山経済論集』七〇巻二号、二〇一八年）、同「経済史は欲望をどのように捉えてきたか」（『青山経済論集』七三巻一号、二〇二一年）などで精力的に検討している。

(29) L・M・カーズナー『企業家と市場とはなにか』（西岡幹雄・谷村智輝訳、日本経済評論社、二〇〇一年）六〇頁。この点は、ミーゼスにおいてはより一層明瞭であり、「均衡循環経済という実現不可能な状態」が企業家活動によってもたらされるということはありえないことになる（同、一八頁）。

(30) ここでは、橋本寿朗が「創造的適応」といったことの含意については、割愛する。この点について詳しくは橋本「市場の無知、企業者活動、そして創造的適応」（『一橋ビジネスレビュー』四九巻三号、二〇〇一年）参照。

(31) このような理解に立つとき、われわれの問題関心と理論的な基礎は、カーズナーやミーゼスの企業家論とも確実に距離を置くことになる。なぜなら、企業家活動の意味を理解し、それを因果的な連鎖のなかで歴史的に叙述することに関わって、ミーゼスは、企業家的な発見の行為は人間存在そのものの本性として前提とし、その動機を問うことは理論的には無意味なことと考えており、しかもこのような方法的な「個人主義」に基づく限り、企業家活動が展開しうる場としての市場の意味は説明しえても、企業という組織がどのようにして企業家活動の推進主体となりうるのかを説明することはできないからである。

(32)　わかりやすい例として、こうした問題発見のプロセスを「トヨタ・システム」がビルトインしていることを想起すればよいであろう。発見のプロセスそのものを制度的な枠組みの工夫によって促進することは、組織や制度の設計いかんによって可能性をもつということになろう。

(33)　このような企業という組織がもつ「発見的な機能」を考えるうえで手掛かりになるのが、ペンローズの企業成長論とチャンドラーの大企業組織に関わる議論である。エディス・ペンローズ『企業成長の理論』日髙千景訳、ダイヤモンド社、二〇一〇年。

(34)　「遷移」という捉え方については未熟な点があることは自覚している。大事なことは、段階論的な把握の荒削りな歴史認識を豊富化させるためには、変化をもたらす要因に注意を払い、変化そのものの内実を正確に捉えるように努めることである。分野が少し異なるが、松沢裕作が近著『日本近代村落の起源』(岩波書店、二〇二二年)の「あとがき」において「私にとって歴史を書くということは、人びとの、一見すると小さな決断の積み重ねが、いつのまにか何か仕組みのようなものを作り上げ、次の小さな決断の方向を決めてゆく過程を書くこと」と述べていることに通底するように思う。

(35)　本節は、一九二〇年代を主たる対象時期とする日本資本主義史研究の方法、分析視角について、筆者なりの一つの「思い込み」を覚書としてまとめた、武田晴人「一九二〇年代史研究の方法に関する覚書」(『歴史学研究』四八六号、一九八〇年)に加筆修正したものである。なお、日本帝国主義分析の方法については、さまざまな問題提起が行われてきたが、一九七〇年代までの研究史整理については、長岡新吉「日本における帝国主義研究の問題点」(社会経済史学会編『社会経済史学の課題と展望』有斐閣、一九七六年)を参照されたい。

(36)　旧稿では、一九二〇年代後半期の政治体制の位置づけについての認識不足があった。

(37)　たとえば、金原左門『大正デモクラシーの社会的形成』(青木書店、一九六七年)七―一六頁を参照せよ。

(38)　具体的には、後藤靖「近代天皇制」(『講座　日本史』第九巻、東京大学出版会、一九七一年)、星埜惇『社会構成体移行論序説』(未来社、一九六九年)、中村政則「近代天皇制国家論」(『大系　日本国家史4』東京大学出版会、一九七五年)などをあげることができよう。ただし、その後、このような視点に基づく研究は前進をみせなかった。

(39)　たとえば、武田晴人「産銅独占の成立」(『三井文庫論叢』一二号、一九七八年)は、少なくとも、後に述べるような意味での独占的産業構造との関連、あるいは財閥資本による組織化との関連で分析の結論を総括すべきであったが、その視角を欠いたために、分析の意図がきわめて不明確になったと考えている。いずれ再論する機会を設け、研究の位置づけについて私見を述べてみたいと思う。

(40) 長岡新吉は、戦後の近代史研究が「帝国主義とは何よりもまず世界体制の問題であり、歴史的範疇としてはそれはなによりもまず政治的概念である」ことを明らかにしたと評価しつつ、その結果、帝国主義対外政策の遂行と国内の経済構造との関連を明らかにしていく分析視角が十分な展開をみないという「研究史上の不幸」を生み出したと述べている（長岡新吉「日本における帝国主義研究の問題点」社会経済史学会編『社会経済史学の課題と展望』有斐閣、一九七六年、一四七頁）。その点にはとくに異論はないが、問題は右のような研究動向が、単に帝国主義概念の経済的内容をあいまいにし、それと帝国主義政策との関連を不明確にしたばかりでなく、政治的概念としても、世界体制の側面に傾斜し帝国主義国家の国内支配の特質を軽視することによって、一面的なものになったことのように思われる。

(41) こうした固有の領域の研究については、たとえば、加藤陽子『それでも、日本人は「戦争」を選んだ』（朝日出版社、二〇〇九年、のちに新潮文庫、二〇一六年）などを参照されたい。

(42) 最近の研究として、この問題を包括的に取り上げたのは、石井寛治『帝国主義日本の対外戦略』（名古屋大学出版会、二〇一二年）である。

(43) 山崎隆三編『両大戦間期の日本資本主義』上・下、大月書店、一九七八年。

(44) 武田晴人「β型帝国主義論をめぐって――山崎隆三編著『両大戦間期の日本資本主義』を中心に」（『歴史学研究』四八二号、一九八〇年）。

(45) レーニン『帝国主義――資本主義の最高の段階としての帝国主義』岩波文庫、一九五六年。

(46) この点については、馬場宏二「『帝国主義論』のプラン」（『社会科学研究』二一巻五・六号、一九七〇年）一一二―一二三頁、同「不均等発展の問題――金融資本と帝国主義（一）」（『社会科学研究』三三巻六号）一六二―一六四頁、渡辺寛「レーニン『帝国主義論』」（宇野弘蔵監修『講座 帝国主義の研究1』青木書店、一九七三年）二四〇頁、西口章雄「ロシア資本主義発展論と帝国主義」（入江節次郎・星野中編著『帝国主義研究Ⅱ　帝国主義の古典的学』御茶の水書房、一九七七年）五三五―五四七頁、などを参照されたい。

(47) 西川博史「一九二〇年代日本資本主義の貿易・産業構造――日本帝国主義分析の一試論」（『北大経済学研究』二五巻三号、一九七五年）、同「日本帝国主義と綿紡績独占体」（『歴史学研究』一九七七年別冊特集）。

(48) 西川博史、前掲「一九二〇年代日本資本主義の貿易・産業構造」一九八―二〇三頁。

(49) 西川説については、武田晴人、前掲「β型帝国主義論をめぐって」において批判的に言及したことがある（同論文、三五—三六頁)。

(50) これまでの研究が重化学工業化の展開について十分な吟味もせずに、帝国主義的経済構造の形成を論じていたのに比べれば、西川の議論は十分傾聴に値するものであった。しかし、問題は西川による実証ではなく、その批判が重化学工業化に関する数量的把握に関するものに終始し、これに内在する資本蓄積の構造的変化を論じる点で十分ではなかったことにある。もっともその原因の一つは重化学工業化を主張する論者の側の方法的無自覚さにあったというべきなのではあるが。

(51) 長岡新吉も「日本帝国主義の立体像を鮮明にする作業」として、「資本輸出が特定の経済構造につながるいかなる経済的利害と結合していたか、を明らかにすること」が重要だと提唱している(前掲「日本における帝国主義研究の問題点」一五一—一五三頁)。しかし、それによっては、なお、日本がいかなる意味で帝国主義なのかを明らかにしえないのではないかという疑問が残る。

(52) その意味では、石井寛治が帝国主義的対外政策と国内経済構造の乖離を認めたうえで改めて「日本帝国主義がその経済的内実を固めていく過程」を論ずべきだとしている点は注目すべきであろう(石井寛治『日本経済史』東京大学出版会、一九七五年、二三九頁)。もっとも、ここでは「経済的内実」について具体的な規定を欠いており、橋本寿朗がすでに指摘しているように、独占論に限定されていると思われる点は問題点であろう(橋本寿朗「戦間期における重化学工業の展開」日高晋ほか編『マルクス経済学　理論と実証』東京大学出版会、一九七八年、二一〇頁)。

(53) 日本資本主義発展の「具体的＝経済的現実」を重視すべきだと主張する西川博史が、国家主導型と呼ばれる対中国投資(借款や満鉄など)の現実を軽視しているのは、奇妙なことである。おそらく、「具体的」に論じているのは産業貿易構造のあり方であり、それが帝国主義との関連を説くときには前提にされているからであろう。その限りでは、国内的な構造を重視しているともいえようが、西川の示した分析方法では産業貿易構造をいかに実証的に解明したとしても、それによって帝国主義を論ずることはできず、結局、資本輸出に最終的な基準を求めざるをえないのである。したがって、もし資本輸出を中心に論ずるのであれば、逆に資本輸出の具体的なあり方に即して分析方法を再構成すべきではないかと思われる。後にふれるように帝国主義国の対外政策は、その世界経済における位置と国内の経済的政治的条件によって個性的なものとなるのであるが、そのために、資本輸出も同様にきわめて個性的で多様な性格を付与されるといってよい。したがって、それは個別具体的に分析される以外にないのではあるまいか。その意味で筆者は資本輸出論を基軸に帝国主義分析の方法を構成することには疑問をもたざるをえないのであるが、少なくとも、西川のように在華紡によって日本帝国主義の経済的内実を代表させ、他の資本輸出の意義を軍事侵略の物質的基盤の確保に限定する(西川、前掲「日本帝国主義と綿紡績独占体」一五二頁)のは賛成しがたい。

(54) 橋本寿朗、前掲「戦間期における重化学工業の展開」二〇六頁参照。
(55) 従来の帝国主義研究が資本輸出論に傾斜したことが、大正デモクラシー研究に示される政治史研究の問超関心とのズレを生んだとすれば、行論のごとく課題を設定しなおすことは無駄ではないと思われる。
(56) 宇野弘蔵監修『講座 帝国主義の研究6 日本資本主義』青木書店、一九七三年。
(57) 同前、一―二頁。なお「国際収支」は「対外経済関係の集約的表現」として「一方で日本資本主義の世界経済のなかでの地位を確定するとともに、他方で日本の対外経済進出のあり方を明らかにする」ものとし、「経済政策」は「日本資本主義における国家の地位の重大さにかんがみて、その経済的機能を国家独占資本主義論を念頭におきつつ明らかにせんとするものである」と述べられている。
(58) 同前、九頁。山崎広明の論理構成が、西川のそれときわめて類似性の強いものであることは明らかであろう。しかし、その具体的分析は行論で示すように明確な相違があるのである。
(59) 同前、二一、二五、六二頁。
(60) 同前、一六―一七、一二七頁。
(61) 山崎は「古典的帝国主義の理論によれば、独占形成→過剰資本形成→資本輸出という関連が想定される」（同前、一五頁）と述べているが、そのことと産業構造分析との関連は不明確であり、結果的には各産業について個々に想定される「関連」の有無を確認するに止まっているように思われる。
(62) 段階的把握の論理構成については、馬場宏二、前掲「不均等発展の問題」を参照されたい。
(63) 橋本寿朗、前掲「戦間期における重化学工業の展開」二一三―二一四頁。
(64) 同前、二〇五頁。
(65) 橋本寿朗「重化学工業と独占」（『社会科学の方法』一〇七号、御茶の水書房）一五頁。
(66) 一九七〇年時点では、橋本のこれらの論点は明確には示されていなかったが、その後の一連の研究によって「現代資本主義」の分析に関わるキー概念の一つとされることになった。
(67) 念のため付け加えると、橋本寿朗は、このような国家独占資本主義概念を用いた分析方法を、『大恐慌期の日本資本主義』をもって「卒業した」と述べている。
(68) 旧稿「一九二〇年代史研究に関する方法的覚書」の執筆時点で、橋本寿朗は、のちに『大恐慌期の日本資本主義』に結実する論文の執筆を開始しており（「重化学工業化と資本の組織化」『社会経済史学会第四九回大会報告集』）、旧稿が提示した論点の多くは、橋本との日常的で度重なる討論に示唆を受けている。そのために、旧稿の問題提起がその後の研究に貢献したとすれば、文責が筆者にあることは言うまでもないが、それは橋本の功績に帰せられる面が大きいと考えるべきであろう。

(69) 橋本寿朗、前掲「重化学工業と独占」一三頁。

(70) 橋本寿朗、前掲「戦間期における重化学工業の展開」において、橋本は、「三〇年代の帝国主義産業構造の定着とその独占組織による組織化が日本帝国主義分析にとって枢要な論点をなす」と述べて、日本の場合には、国家独占資本主義においても独占組織による組織化が重要だとしている（二一一頁）。この点は、橋本の硫安に関する分析（「硫安独占体の成立」『経済学論集』四五巻四号、一九八〇年）では、一方で財閥商社の役割を強調しつつ、他方で三〇年代の競争構造の変化や政策的介入、農業との利害調整などの論点を強調する形で、国家独占資本主義においても、独占組織の分析が重要であることは、認めている。

(71) この点については、確かめるすべは橋本の死去によって失われているが、一九三〇年代と第二次世界大戦後の日本経済を、ともに「国家独占資本主義」あるいは「現代資本主義」として同一の発展段階と捉えるにしても、その間に、重要な「遷移」が生じていることも見逃すべきではないだろう。なお、橋本は、のちに『両大戦間期　日本のカルテル』（御茶の水書房、一九八五年）を取りまとめるに際して、産業の組織化という独占体制の問題を、「市場メカニズムの部分的修正」として捉えることを提唱している。

(72) 橋本寿朗、前掲「戦間期における重化学工業の展開」二〇九頁。

(73) 橋本は、前掲「重化学工業化と資本の組織化」を発表以後には、労働力の質的な変化とこれに伴う労資関係の世界史的な転換による制約を強調するようになった。したがって、筆者の批判にも留保が必要であろうが、橋本は自ら提示した新たな視角によってもなお金融資本的蓄積様式の内実形成を一九三〇年代だと考えているから、結論からみると、後述する筆者の評価とは相違があるように思われる。

(74) この点については、すでに中西洋から詳細な批判が提示されている（『日本における「社会政策」・「労働問題」研究――資本主義国家と労資関係』東京大学出版会、一九七九年、九八頁以下）。

(75) たとえば、高村直助「独占資本主義の確立と中小企業」（『岩波講座 日本歴史18』岩波書店、一九七五年）を参照せよ。

(76) 金融資本概念の理論的検討については、武田晴人『日本経済の発展と財閥本社――持株会社と内部資本市場』（東京大学出版会、二〇二〇年）も参照。

(77) ここでは、金融資本的蓄積と帝国主義的経済構造との区別が必ずしも明確ではないことを認めねばならない。ただ、あえて整理すれば、前者は資本蓄積の中核的部分に関するものであり、不均衡発展などを含む（たとえば、社会的資金の集中によって巨大化する重工業独占体と、そのもとでの分断的・重層的な労資関係の再生産）動態的把握である。これに対して、後者は、社会的資金の集中機構、独占的産業構造を前提として、金融資本的蓄積の限界、その組織化のもつ部分性を補完する国家の諸政策を含む構造的把握に力点を置いたものと言うことができる。

(78) 武田晴人「日本帝国主義の経済構造――第一次大戦ブームと一九二〇年恐慌の帰結」（『歴史学研究』一九七九年別冊特集、青木書店）一四二―一四三頁。

(79) この点は、一九七九年大会席上の討論で橋本哲哉から厳しい批判を受けたところである（「帝国主義の構造と民衆・討論要旨」『歴史学研究』一九七九年別冊特集、一七二頁）。この批判に対する筆者なりの解答が一九八〇年に執筆した、武田晴人、前掲「一九二〇年代史研究の方法に関する覚書」であった。

(80) ここに示した論点のうち、労働力の質に関する問題については、橋本寿朗、前掲「重化学工業化と資本の組織化」に示された橋本の見解によっている。

(81) 徳永重良『イギリス賃労働史の研究――帝国主義段階における労働問題の展開』（法政大学出版局、一九六七年）七頁。

(82) 同前、六五―九〇頁。この新たな質の熟練を徳永は、旧型の万能的熟練と区別する意味で半熟練と呼んでいる。なお、熟練の質的変化については、武田隆夫編『帝国主義論』上（東京大学出版会、一九六一年、戸原四郎執筆）も指摘している（二一二頁）。

(83) これに関しては、ドイツの混合企業について「高度の熟練工のようにすぐには調達できない労働者を一定数だけ常時確保しておくことが、可能であるとともにますます必要であった」との指摘がある（武田隆夫編、前掲『帝国主義論』上、二一四頁）。

(84) 労資関係の安定と独占利潤との関係を一方的に規定することは適切ではない。むしろ、それは相互規定的であり、良質の労働力の確保が、資本の集中運動の中核となりうる地位を当該企業に与えていく面も重要だったと思われる。もちろん、安定策が恒常化しうる根拠は独占利潤の成立にあったことは言うまでもないが、そうした構造を単に抽出するだけでは動態的な把握が不十分に終わるのではないかと考える。

(85) 具体的には、徳永重良、前掲『イギリス賃労働史の研究』、および武田隆夫編、前掲『帝国主義論』上、さらに戸塚秀夫・徳永重良編『現代労働問題――労資関係の歴史的動態と構造』（有斐閣、一九七七年）などを参照されたい。

(86) たとえば、ドイツにおけるポーランド人、一八九〇年以降のアメリカにおける東南欧移民などがあげられるであろう。

(87) この点については、馬場宏二「株式会社の問題――金融資本と帝国主義（二）」（『社会科学研究』三二巻一号）が、「株式会社形態は、ふつう、より巨大な資本を要する産業部門のなかの巨大な企業をつかみ、多くは独占組織として、新しい生産力を擁するに至った。経済の支配的領域を握ったのである」と述べ、資本の商品化が「商品経済特有の部分性を示す」（九六頁）ことを通じて金融資本は、「数的には限られたが、再生産の基軸を握り、そのもとに新たな生産力を包摂することを通じて、資本主義に新たな段階をもたらした」（一〇六頁）と指摘している。

(88) こうした企業内封鎖性を強調したものとして、相沢与一『イギリスの労資関係と国家――危機における炭鉱労働運動の展開』（未来社、一九七八年、一八―一九頁）がある。

(89) 帝国主義段階の役割については、加藤栄一「資本主義の発達と国家」（大内秀明・柴垣和夫編『現代の国家と経済』有斐閣、一九七九年）が簡潔な要約を行っている。もっとも、加藤の場合には、帝国主義段階における「資本制的生産の自律性」の弱体化と「社会関係の重層化」から一般的に国家の役割を位置づける面が強く、焦点が労資関係だとされつつも、実は国家の役割の変化が、労資関係のいかなる段階的変化に規定されているのかについては不明確なところがあるように思われる。

(90) 武田隆夫編、前掲『帝国主義論』上、二二〇頁参照。

(91) この点では、ルール炭鉱業が一八八九、一九〇五、一九一二年と大争議を経験した理由に、「資本家は、労働市場の企業別封鎖に失敗した」ことや、プレミアム制度による労務管理が残存したことなどが指摘されていることが対照的事実として興味深い（野村正實「ルール炭鉱業における労資関係の展開Ⅳ――ドイツ革命の史的前提」『岡山大学経済学会雑誌』一〇巻一号、一九七八年）。この研究は、のちに同『ドイツ労資関係史論――ルール炭鉱業における国家・資本家・労働者』（御茶の水書房、一九八〇年）にまとめられている。

(92) 加藤栄一、前掲「資本主義の発展と国家」一一一―一一五頁。

(93) こうした評価は、帝国主義国間の対抗の側面や、世界経済の拡大の裏側に植民地に対する過酷な収奪があったことを軽視していると受けとられるかもしれないが、それが筆者の本意ではない。第一次世界大戦後の帝国主義世界体制との対比を重視した場合に、古典的帝国主義世界のもっていた統一性や、その協調的側面を明確にしておくべきだと考えているにすぎない。

(94) この点については、宇野弘蔵監修『講座 帝国主義の研究2　世界経済』青木書店、一九七五年、岡本友孝「現代資本主義における国家の役割」（大内秀明・柴垣和夫編、前掲『現代の国家と経済』）、および戸塚秀夫・徳永重良編、前掲『現代労働問題』を参照されたい。

(95) 戸塚・徳永編、前掲『現代労働問題』および加藤栄一『ワイマル体制の経済構造』（東京大学出版会、一九七三年）を参照されたい。

(96) 農業問題については、渡辺寛「世界農業問題」（宇野弘蔵監修、前掲『講座 帝国主義の研究2　世界経済』所収）を参照。

引用は一九一頁。

(97) これについては、馬場宏二『世界経済——基軸と周辺』(東京大学出版会、一九七三年)第三章、第四章を参照されたい。

(98) 一九三〇年代の世界経済については、H・W・アーント、前掲『世界大不況の教訓』を参照されたい。

(99) 本章の主たる目的は、一九二〇年代史研究の課題の焦点、その分析視角を帝国主義分析としてどう定めうるかにあったのであるから、日本に即して概観図を提供することは必要ではないかもしれない。しかし、筆者の主張をより鮮明にしておくためには、そうした分析視角によって、ともかくも具体的論点を整理し、個別的な研究分野の関連についての一応の見通しを明らかにしておくべきだと思われるし、それに対する具体的な批判を通して方法の問題についての論議も豊富化しうると考えてのものである。

(100) 武田晴人、前掲「日本帝国主義の経済構造」一五四頁。

(101) この間の産業部門の展開については、宇野弘蔵監修、前掲『講座 帝国主義の研究6 日本資本主義』第二章Ⅰ、Ⅱ(山崎広明執筆)を参照されたい。

(102) 独占組織の動向については、美濃部亮吉『カルテル・トラスト・コンツェルン』下(改造社、一九三一年)および小島昌太郎『我国主要産業に於けるカルテル統制』(雄風館、一九三二年)などの古典的研究があるが、有力産業部門を広く対象とした研究として、橋本寿朗・武田晴人編、前掲『両大戦間期 日本のカルテル』を参照されたい。なお、銅については、武田晴人、前掲「産銅独占の成立」がある。

(103) 鉄鋼については、長島修の「日本における鋼材カルテルの成立」(『経済論叢』一一九巻一—二号、一九七七年)など一連の研究(のちに長島『戦前日本鉄鋼業の構造分析』ミネルヴァ書房、一九八七年)がある。また、岡崎哲二「銑鉄共同組合」、同「関東鋼材販売組合と鋼材連合会」(橋本寿朗・武田晴人編、前掲『両大戦間期 日本のカルテル』)は、現在までの鉄鋼カルテル研究の到達点となっている。

(104) 山崎広明が作成した一九二九年の「産業構造概観図」(宇野弘蔵監修、前掲『講座 帝国主義の研究6 日本資本主義』一二四—一二五頁)によると、生産額一億円以上の産業は鉱山、軽工業、重化学工業合計で、一九が数えられている(軍工廠、官営八幡製鉄所を除く)。このうち、カルテル的統制を指摘しうるものは綿糸以下一〇部門で、それ以外は、広幅綿織物、清酒、広幅および小幅絹織物、印刷などであった。

(105) この例としては、セメント産業をあげることができよう。セメント産業では、一九二二年末ころから市況にかげりがみえ、生産過剰状況を呈してきたのにもかかわらず、震災に際し、秩父・宇部の二社が参入した結果、競争が激化し連合会の設立をみた(美濃部亮吉、前掲『カルテル・トラスト・コンツェルン』下、一六三頁および、橋本寿朗「セメント連合会」

橋本寿朗・武田晴人編、前掲『両大戦間期　日本のカルテル』参照）。

(106)　関税改正の意義については、三和良一「一九二六年関税改正の歴史的位置」（逆井孝仁ほか編『日本資本主義　展開と論理』東京大学出版会、一九七六年。この論文は、のちに三和『戦間期日本の経済政策史的研究』東京大学出版会、二〇〇三年に収録）を参照されたい。

(107)　宇野弘蔵監修、前掲『講座 帝国主義の研究6　日本資本主義』一六六頁。

(108)　橋本寿朗、前掲「戦間期における重化学工業の展開」二一一頁。

(109)　この事実をもって日本の重工業部門の脆弱性を強調することはたやすい。世界的にみればその矮小性や相対的な技術の低位性は免れがたいところであろう。しかし、重工業史研究のなかに、単に当該部門の脆弱性を検証することをもって事足れりとしているものがあるのは、疑問と言わざるをえない。そうした研究の多くは山田盛太郎『日本資本主義分析』（岩波書店、一九三四年）の規定を引合いに出すのだが、同書に示される二部門定置説は、日本資本主義の国民経済的な再生産構造という視角からみて、顚倒的であり脆弱であるにせよ、第一部門が展開することが必須の条件と考えていたのである。したがって、もし、この視角を継承するのであれば、重工業部門の再生産構造上の位置とその段階的変化こそが問題にされるべきであり、単純に軍事的性格と直結させたり、脆弱性をことさらに強調するだけでは不十分だと思われる。

(110)　一例として、電機工業については、長谷川信「一九二〇年代の電機機械市場」（『社会経済史学』四五巻四号、一九七九年）を参照されたい。

(111)　鋼材カルテルの指定商社制と外注追随も同様の効果をもったと考えられるが、これについては長島修、前掲「日本における鋼材カルテルの成立」を参照されたい。なお、長島が、一九二六年段階に形成される右のような市場統制機構を、独占的流通機構の確立と評価し、これと区別して独占の本格的成立を一九三四年の日鉄トラストに求めている点は、独占の捉え方としては厳格に過ぎ、若干疑問を感じざるをえない。何をもって独占の成立を論じうるかという独占分析の基準が明確化される必要があろう。

(112)　コンツェルンを主軸とする把握を典型的に示したのは柴垣和夫『日本金融資本分析』（東京大学出版会、一九六五年）である。これについては不十分ながら、武田晴人「産銅独占の成立」（一八三―一九四頁）で関説したことがあるが、より詳しくは、橋本寿朗、前掲「硫安独占体の成立」（四四―四八頁）を参照されたい。

(113)　この時期の財閥資本の動向については、松元宏『三井財閥の研究』（吉川弘文館、一九七九年）、「財閥資本の蓄積構造」（東京大学社会科学研究所編『昭和恐慌』東京大学出版会、一九七八年）、旗手勲『日本の財閥と三菱』（楽游書房、一九七八年）、麻島昭一「一九二〇年代の住友財閥に関する一考察」（『専修大学経営学論集』二四号、一九七八年。のちに宮本又次・

作道洋太郎編著『住友の経営史的研究』実教出版、一九七九年に収録）がある。筆者の見解については、武田晴人、前掲『日本経済の発展と財閥本社』（東京大学出版会、二〇二〇年）を参照されたい。

(114) この点については、前掲、武田晴人『日本経済の発展と財閥本社』参照。

(115) 具体例として、古河財閥については武田晴人「日露戦後の古河財閥」（東京大学『経済学研究』二一号、一九七八年）、「第一次大戦後の古河財閥」（『経営史学』一五巻二号、一九八〇年）、「古河商事と大連事件」（『社会科学研究』三二巻二号、一九八〇年）などを参照されたい。

(116) この点については、山崎広明が第一五回経営史学会大会共通論題「大正期における中規模財閥の成長と限界」に関するコメントで提示した「中規模財閥の概念」に示唆を受けている。なお、山崎の見解は『経営史学』一五巻一号、一二二頁に紹介されている。

(117) 金融構造については、朝倉孝吉編『両大戦間における金融構造』（御茶の水書房、一九八〇年）所収の諸論文、とくに、伊牟田敏充および石井寛治の論考を参照されたい。

(118) 朝鮮・台湾両銀行の経営悪化に関しては、伊藤正直「一九一〇―二〇年代における日本金融構造とその特質」（『社会科学研究』三〇巻六号、一九七九年、二一―一九頁）を参照されたい。

(119) 三井銀行の動向については、浅井良夫「一九二〇年代における三井銀行と三井財閥」（『三井文庫論叢』一一号、一九七七年）を参照されたい。なお、資本市場との関連では、志村嘉一が、金融市場における資金の偏在を指摘したうえでその構造的な連関を明らかにしている（『日本資本市場分析』東京大学出版会、一九五九年、とくに第二章、第三章）。

(120) これについては、志村嘉一、前掲『日本資本市場分析』後編を参照されたい。

(121) この点に関し、重電機市場を通じる投資需要を重視した研究に、長谷川信、前掲「一九二〇年代の電機機械市場」が、また、工場電化との関連を重視した研究に、松島春海「重化学工業化の過程」（『社会経済史学』三五巻三号、一九七〇年）がある。

(122) 資本輸出については、満鉄を基礎とする市場圏の確保、権益の維持とともに原料資源の確保に果たした国家の主導的役割を位置づける必要があろう。対外競争力の低位性に制約されていた重工業部門にとっては、植民地的収奪による低廉な原料の確保が大きな意味をもっていたし、相対劣位にあったとはいえ、日本の重工業生産力の水準は対外的な原料資源の依存なくしては維持しえなかった。他方、国際的な資源確保競争の焦点は、この時期には石油に移行していたが、日本の要求する石炭や鉄鉱石については主要帝国主義国が比較的恵まれた国内資源を有していたために、相対的には国際的な制約が小さかったように思われる。石原産業を介するマレイ鉄鉱石の取得には、そうした事情も影響していたと思われる。したがって、問題は、資源の取得と重工業製品とのそれぞれについての世界的な競合関係、競争構造という点からも考える必要があると思われる。

(123) 足尾に関しては、二村一夫「足尾暴動の基礎過程」(『法学志林』五七巻一号。のちに二村一夫『足尾暴動の史的分析――鉱山労働者の社会史』東京大学出版会、一九八五年に収録)、別子については、大野盛直「別子労働争議の研究」(『愛知大学地域社会総合研究所研究報告』Aシリーズ第一号、一九五四年)などを参照されたい。なお、これらについては、武田晴人『日本産銅業史』(東京大学出版会、一九八七年)でも検討している。

(124) この時期の金属製錬の動向については、武田晴人「日本産銅業における買鉱制度の発展」(『社会経済史学』四二巻四号、一九七七年)を参照されたい。この論文は、のちに加筆修正のうえ、武田、前掲『日本産銅業史』に収録されている。

(125) この時期の造船業に関しては、西成田豊「日露戦後期における財閥造船企業の経営構造と労資関係」(1)—(4)(『龍谷大学経済経営論集』一八巻一—四号)が詳細な分析を行っている(のちに、西成田『近代日本労資関係史の研究』東京大学出版会、一九八八年に収録)。また、中西洋「第一次大戦前後の労資関係」(隅谷三喜男編著『日本労使関係史論』東京大学出版会、一九七七年)も参照されたい。

(126) 筆者とは異なって、金融資本を実態的概念と考え、財閥資本を日本型金融資本と評価する場合でも、その金融資本への転化を分析するにあたって、単に資金運用やコンツェルン的支配を経営組織面から論じるだけでなく、その統轄下にある労資関係の変化を組み込む必要があると思われる。財閥史研究の課題とすべき論点の一つではあるまいか。この点では、加藤幸三郎が、鉱山業における賃労働のあり方に注目すべきだとの提言を行っていることは、重視すべきだと思われる(『シンポジウム日本歴史19　日本の帝国主義』学生社、一九七五年、二〇〇頁)。なお、旧稿では、「財閥資本が自ら金融資本的蓄積を体現する資本へと展開していった」と表現していたが、金融資本を実体的な概念と誤解される懸念があるため、改めた。

(127) この時期の労働問題については、二村一夫「労働者階級の状態と労働運動」(前掲『岩波講座 日本歴史18』)、および中西洋、前掲「第一次大戦前後の労資関係」を参照されたい。

(128) もっとも、労働力の移動防止のためにとられた賃金の加給方式自体が、分断的支配を可能とするような賃金構造の形成を促したことも見逃しえないであろう。

(129) 中西洋、前掲「第一次大戦前後の労資関係」五二―五三頁。

(130) この点については、二村一夫、前掲「労働者階級の状態と労働運動」および、一九八〇年歴史学研究会大会近代史部会における安田浩報告「日本帝国主義確立期の労働問題」(『歴史学研究』一九八〇年別冊特集、一九八〇年)が関説している。

(131) 工場法体制については、隅谷三喜男「工場法体制と労使関係」(隅谷編著、前掲『日本労使関係史論』)を参照されたい。

なお、工場法に関しては、一九二五年の施行に伴い夜業禁止が必至となり、繊維産業の合理化を促したこと、また、これと並行して鉱夫労役扶助規則の改正における保護鉱夫問題が石炭鉱業の合理化と密接な関連を有していたことに注目すべきであろう。なお、後者については、田中直樹・荻野喜弘「保護夫問題と採炭機構の合理化」(社会経済史学会編『エネルギーと経済発展』西日本文化協会、一九七九年)を参照されたい。

(132) 西成田豊、前掲『近代日本労資関係史の研究』を参照。

(133) 藤田省三『転向の思想史的研究』(岩波書店、一九七五年)一二―一三頁。

(134) 制度的枠組みについては、利谷信義・本間重紀「天皇制国家機構・法体系の再編」(原秀三郎ほか編『大系 日本国家史5』東京大学出版会、一九七六年)がある。しかし、支配体制の再編とのかかわりでより重要な問題は、そうした制度的枠組みが具体的にどう機能していったかではないかと思われる。その意味では、政策史分析が、労働組合法問題に典型的に示されるように立案に携わった官僚の意図や政策理念、これに対する諸階層の対応という形で法案制定過程に重点が置かれているのは、研究としては不十分ではないかと考える。鈴木邦夫が自作農創設維持政策に関して、その実施過程の分析が立ち遅れていると指摘していたが(「農民運動と自作農創設」『土地制度史学』八五号、一九八〇年、一七頁)、同様のことは、労働争議調停法、小作調停法についてもあてはまるように思われる。

(135) 小作調停法については、小倉武一『土地立法の史的考察』(農林省農業総合研究所、一九五一年、第二編第二章)、安達三季生「小作調停法」(『講座 日本近代法発達史』第七巻、勁草書房、一九五九年)、金原左門「小作調停法実施状況の政治的分析のための覚書」(『法学新報』七二巻九・一〇号、一九六五年)がある。

(136) この点では、一九二〇年恐慌における製糸・養蚕業への影響も、具体的に検討しておく必要があろう。

(137) この点に関しては、庄司俊作が村落の共同体的な秩序をむしろ重視した見解を明らかにしている(「小作争議と地主制の後退」『土地制度史学』八三号、一九七九年)。

(138) この点については、大石嘉一郎が、「原敬は……明治憲法体制の枠内での政党支配力の強化をはかったにとどま」ったと指摘し、普選実施後の政党内閣制のもとでさえ、「天皇制支配体制は、ブルジョア的変容をうけてむしろ強化された」と主張している(高橋幸八郎・永原慶二・大石嘉一郎編『日本近代史要説』東京大学出版会、一九八〇年、一六二頁)。

(139) なお、本章は対外的な連関を捨象する面が強く、それによって国内的な体制として、あるいは一国的な体制としての帝国主義の意味を明らかにしようとしたために、概観図を示すに際し、貿易構造やこれに大きな比重を占める紡績・製糸などの部門の位置づけ、地主制の評価など残された課題も多い。これらの点は分断的産業貿易構造と評される産業資本確立期の把握との関連などから、さらに検討を要するものであることは言うまでもない。

# 第1章　第一次世界大戦ブーム下の構造変容



## はじめに

本章の課題は、第一次世界大戦期の日本資本主義の展開過程を検討することによって、帝国主義的経済構造がどのような特質をもって形成されてきたのかを、資本制的蓄積のあり方を中心に、資本輸出・植民地などの論点を見通しつつ、以下の各章の分析につながる問題の所在を明らかにしていくことである(1)。

両大戦間期の研究については、序章で検討したとおりであるが、そこで明らかにした本書における分析視角に沿って、ここでは経済構造論のレベルで国内的な問題を中心に第一次世界大戦期の日本経済の構造変容を論ずることにしたい。その含意するところをやや詳しく述べれば次のとおりである。第一に、国際的契機・対外関係を産業貿易構造を通ずる国際分業関係に一面化するのではなく、産業構造論のレベルでいかなる意味で帝国主義的性格をもつに至ったのかを、国民経済的な自立性を重視しつつ検討しなければならないと考えるからである。というのは、一般的には、二〇世紀初めころから帝国主義諸国は産業貿易構造を同質化する傾向をもったと考えられ、それ故に世界市場で激しい競争関係を展開するに至った。帝国主義国による植民地支配に目を奪われ、これらの点を見落とすことは、帝国主義世界体制を補完性の強い分業体制とみることによって帝国主義諸国間の利害対立を説く鍵を失うばかりか、一九三〇年代の経済ブロックの形成過程を解明することも不十分となるであろう。そこで、帝国主義が世界体制であると同時に、とりわけ帝国主義国家として出現することに留意して、国民経済的な自立性の枠組みをさしあたり分析の前提としなければならないと考える。

しかし、このような分析視角は産業構造論のレベルに止まる限り、いわゆる「重化学工業化」の評価をめぐる難問を解決できない。というのは、産業構造論に基づいて産業構成に注目し、産業発展の量的な基準によって判定することは、構造的な変化の質的な側面を見落とす危険があり、それを避けるためには、定量化しえない基準を明確に設定した評価が必要になるからであり、その基準について共通の理解が成立しているわけではないからである。そこで、本章では産業構造の重化学工業化を論じる意味を、次のように考えていきたい。元来、重化学工業化が帝国主義形成期の問題として論じられてきた理由は、産業構造における構成上の量的な問題ではなかった。重工業の発展によって生じる経済機構の変化とは、資本の有機的構成の高度化＝固定投資の巨大化を基礎に、巨額の投資に要する資金を調達するために社会的資金動員機構が株式を中心とする資本市場の拡大に伴って創出されるとともに、他面で資本の集中・集積を通じる独占が形成されることであった。こうした変化が帝国主義移行期の特質であり、そうした特質は重化学工業部門に典型的に現れた。その意味で重化学工業部門は、資本制的蓄積のあり方の変容を体現する部門であったが故に、帝国主義的経済構造を論じるうえで重要な論点と考えられてきた。したがって問題は重化学工業化という産業構造上の現象それ自体にあったのではなく、資本制的蓄積の変容という点にある。これが経済構造論のレベルで国内経済体制を中心に論ずるというときに含意した第二の点である。その場合に、資本制的蓄積の変容とは、投資規模の拡大とともに個々の産業資本の自己蓄積を超える資本調達が必要となって社会的遊休資金を金融・資本市場を通じて動員する機構が形成されるとともに、この投資の巨大化が固定資本の制約を介して産業部門での独占形成に連繋していることが留意されねばならない。しかもこのことは、独占組織の活動が、市場経済メカニズムの部分的修正に踏み込むことによって周期的恐慌の発現を抑制し、景気循環のあり方を変容させることになる。そして、この景気循環の変容は、恐慌を槓杆とする「相対的過剰人口」の形成によるドラスティックな資本賃労働関係の再編成を歪曲せしめることによって、独占資本自体に労働力の管理統轄機構の再編を余儀なくさせるという意味で、労資関係の変容をも伴うものであったことが重要である。これが第三の要点である。これらの契機を通して帝国主義移行期の資本主義は、産業資本確立期とは異なる経済構造へと推展していくことになった。とくに、第三の労資関係の変化は、再生産構造分析を階級構造論のレベルまで含んで果たしていくための鍵を明らかにするものである。

階級構造を明らかにすることによって、経済諸政策や支配のあり方に接近する手掛かりをつかむことができる。このような関心は、日本の対外関係、とりわけ資本輸出や植民地支配に関連する問題群を視野に収めることになる。しかし、その全面的な分析は、政治史研究や社会史研究などの共同作業を必要とする。経済過程からの決定論的な説明の妥当性は、史的唯物論的な方法的な視角からは容認されるかもしれないが、歴史的な現象を説明するうえでは限界があると考えている。それ故、本章ではすでに述べてきたような分析視角に沿って、資本蓄積のあり方の変化、独占形成、労資関係の変化などの帝国主義的経済構造の国内的な側面に力点を置いた分析を通して全面的な分析に必要な要素を明確にしていくことに努めたい。問題とすべき論点のなかで、景気循環については主として第3章に委ねていること、労資関係については第2章で詳しく分析することなどもあって、本章の分析は限定的である。また、国内の経済構造の変容から直ちに対外進出の基盤を論じることには疑問があるが、それに関連する歴史的な現実については、可能な限り現実的、具体的な諸契機を含め具体的分析のなかで経済構造に位置づけて論及していきたい。

## 一　産業構造変化の国際的条件

### 1　輸出拡大を契機とする産業発展

第一次世界大戦は、その初期における混乱と停滞を経て日本に未曽有の好況をもたらした。それは、国際収支の大幅な黒字に象徴される経済環境の変化によって日本の経済構造を変容させる重要な契機となった。経済拡大の条件は、周知のとおり欧州向け軍需品輸出とアジア市場への代替的輸出の拡大、輸入途絶下の内需拡大などの市場面からもたらされた。国際収支は海運業の活況により貿易外収支面からも天井を高められ、日本は、日露戦後の入超構造＝正貨枯渇の危機を脱した。

しかし、これらの事情を一般的に確認することだけでは大戦期日本の資本主義的経済構造の展開過程を正確に把握したとは言いがたい。事情はもう少し複雑であり、国際的条件が日本の急膨張を促進した側面ばかりでなく、逆にこれを歪曲した側面も考慮しなければならない。この点については、先駆的には橋本寿朗が高村直助との論争の過程で明らかにした点に重なるものだが(2)、その後、橋本は総合的な資本主義経済分析を公刊しているから(3)、それらの成果を参照しつつ議論を進めることにしたい。

まず貿易面からみると、輸入途絶と価格高騰によって、それまで苦境にあえいでいた造船・鉄鋼などの重工業部門ばかりでなく、電気機械、肥料などの新産業が勃興期を迎えた。その一方で、資材設備の輸入途絶という同じ事情が重化学工業を中心とする設備投資の拡大を制約する条件となった。機械・設備材料の輸入状況は表1－1が示すとおりで、第一次世界大戦開戦以前から一九一五年にかけて輸入が急減し、それまでの主要供給源であった欧州からの輸入が期待できなくなった。これに対して、一七年からアメリカからの輸入増加がみられたとはいえ、輸入の回復は大

**表 1-1　機械および部品・建設材料の輸入額（1912-26 年）**　（1,000 円）

| | 機械および部品 | | | | 建設材料 | | | |
|---|---|---|---|---|---|---|---|---|
| | 計 | イギリス | フランス | アメリカ | 計 | イギリス | ドイツ | アメリカ |
| 1912 | 28,465 | 14,265 | 181 | 6,912 | 7,044 | 975 | 1,343 | 3,954 |
| 1913 | 34,375 | 17,024 | 243 | 7,389 | 7,686 | 1,443 | 2,222 | 3,496 |
| 1914 | 24,495 | 13,269 | 248 | 4,954 | 3,258 | 313 | 845 | 2,027 |
| 1915 | 9,064 | 5,043 | 166 | 2,940 | 822 | 86 | 46 | 678 |
| 1916 | 16,270 | 7,018 | 612 | 7,880 | 1,041 | 90 | 6 | 788 |
| 1917 | 29,838 | 9,866 | 338 | 17,551 | 9,513 | 96 | 2 | 9,317 |
| 1918 | 58,531 | 9,821 | 515 | 46,753 | 16,924 | 60 | 39 | 16,417 |
| 1919 | 89,222 | 16,144 | 2,005 | 66,866 | 24,377 | 50 | − | 24,242 |
| 1920 | 110,571 | 31,565 | 1,203 | 73,536 | 23,029 | 73 | − | 22,828 |
| 1921 | 119,882 | 43,983 | 1,527 | 63,612 | 19,813 | 251 | 206 | 19,312 |
| 1922 | 114,371 | 42,203 | 2,679 | 57,311 | 19,509 | 191 | 1,407 | 15,566 |
| 1923 | 102,241 | 36,241 | 2,534 | 41,936 | 13,601 | 230 | 2,907 | 9,523 |
| 1924 | 128,523 | 35,736 | 2,884 | 64,683 | 17,517 | 1,554 | 2,584 | 11,956 |
| 1925 | 88,996 | 25,278 | 4,885 | 37,762 | 7,631 | 1,226 | 1,889 | 2,695 |
| 1926 | 90,470 | 25,411 | 2,399 | 42,074 | 9,550 | 666 | 3,336 | 3,747 |

出典）朝日新聞社編『日本経済統計総観』（1930 年）293-294 頁より作成.

戦末期まで待たねばならなかった。

こうした制約のために、膨大な企業計画が株式発行などによる資金調達を基礎に企図されたが、その実現は困難であった。計画どおりに実物投資に結実させるために必要な資材・設備を供給する力量を日本の重化学工業は十分にはもっていなかったからであった。産業資本確立期の日本資本主義の構造的特質である生産手段生産部門の脆弱性が、大戦期に設備投資の拡大・生産力上昇にとって制約要因として機能したのである。[4] そのために、価格は一段と急騰し、投資計画を水増しされた水準に押し上げ、投資規模を巨額化させていった。

もちろん、国内の機械工業の拡大にも目を見張るものがあった。表1-2のように、工場数・職工数、生産高などの各種の指標でみると、それぞれの分野で一定の前進がみられている。そのなかで、鉄道車両や工作機械などでは工場数の増加が小さく、新規参入の困難が推測されるが、生産額では鉄道車両で三倍、工作機械で六・六倍であった。生産品の種類に示されているように、それぞれの分野で進展がみられたことも指摘しておく必要がある。[5] しかし、同表からも明らかなように、第一次世界大戦期のブームを利して急拡大した造船

**表 1-2　第一次世界大戦期の機械工業**

| | 造船業 | | | | 鉄道車両工業 | | | |
|---|---|---|---|---|---|---|---|---|
| | | 1914 年 | 1917 年 | 1918 年 | | 1914 年 | 1917 年 | 1918 年 |
| 工場数 | 工場 | 37 | 44 | 70 | 工場 | 9 | 9 | 11 |
| 払込資本金 | 万円 | 2,600 | 4,750 | 11,282 | 万円 | 350 | 350 | 527 |
| 職工数 | 人 | 42,100 | 88,463 | 93,528 | 人 | 4,400 | 6,400 | 6,539 |
| 工場敷地 | 千坪 | 610.0 | 880.0 | 928.8 | 千坪 | 121.0 | 128.0 | 122.6 |
| 原動機馬力数 | | 15,900 | 23,000 | 39,410 | | 不明 | 3,000 | 3,000 |
| 生産品の種類 | | 2～3千トン乃至5～6千トンの貨物船建造増加し，鉄材騰貴により木造船の製造増加せり | | | | 大型機関車の製作進み，部分品のほとんど全部内地にて制作．なお軽便鉄道用小型機関車の製作増加 | | |
| 生産力 | 万トン | 18 | 80 | 98 | 台数 | 120 | 250 | 280 |
| 生産高 | 万円 | 2,300 | 15,000 | 40,500 | 生産高 | 850 | 850 | 2,540 |

| | 発電機など電機機械 | | | | 工作機械・同部品 | | | |
|---|---|---|---|---|---|---|---|---|
| | | 1914 年 | 1917 年 | 1918 年 | | 1914 年 | 1917 年 | 1918 年 |
| 工場数 | 工場 | 26 | 34 | 41 | 工場 | 27 | 31 | 29 |
| 払込資本金 | 万円 | 926 | 1,670 | 2,685 | 万円 | 143 | 438 | 775 |
| 職工数 | 人 | 5,258 | 12,880 | 12,486 | 人 | 1,908 | 4,285 | 3,524 |
| 工場敷地 | 千坪 | 49.4 | 92.1 | 233.7 | 千坪 | 20.4 | 32.5 | 35.5 |
| 原動機馬力数 | | 1,500 | 2,052 | 7,650 | | 752 | 1,580 | 1,550 |
| 生産品の種類 | | 容量大なるものおよび特殊品の製造するに至れり，発電機2～3千 KVA から2万 KVA 以上 | | | | 長大なるものまたは精緻なるものの生産増加し，大なる千万重量大なるスロッティングマシン等製作 | | |
| 生産力 | 万円 | 950 | 3,700 | 不詳 | 台数 | | | 5,000 |
| 生産高 | 万円 | 850 | 2,300 | 5,760 | 生産高 | 250 | 700 | 1,650 |

| | 繊維工業等の製造機械・加工機 | | | | 電線製作 | | | |
|---|---|---|---|---|---|---|---|---|
| | | 1914 年 | 1917 年 | 1918 年 | | 1914 年 | 1917 年 | 1918 年 |
| 工場数 | 工場 | 39 | 41 | 56 | 工場 | 8 | 12 | 15 |
| 払込資本金 | 万円 | 359 | 405 | 961 | 万円 | 292 | 462 | 762 |
| 職工数 | 人 | 2,340 | 4,240 | 7,461 | 人 | 2,150 | 4,500 | 4,836 |
| 工場敷地 | 千坪 | 31.5 | 43.8 | 81.6 | 千坪 | 54.5 | 67.3 | 62.0 |
| 原動機馬力数 | | 600 | 1,200 | 2,980 | | 2,260 | 3,810 | 3,848 |
| 生産品の種類 | | 幅広綿織機の製造増加．毛織機，梳毛機，ラミー紡績機，その他部品などの製作進歩 | | | | 電話線 400 対のものより 600 対に進み，電力線は1万Vより 2.5 万Vのものを製作するに至れり | | |
| 生産力 | 万円 | 400 | 1,100 | | | | | |
| 生産高 | 万円 | 260 | 600 | 2,480 | 生産高 | 1,000 | 2,600 | 4,170 |

出典）臨時産業調査局『時局の機械工業に及ぼしたる影響』（調査資料）9 号，44 号，1918-19 年．

注）1914 年は 8 月 1 日現在，17 年は 7 月 1 日現在，18 年は 12 月 1 日現在．

業と比べると、いずれも見劣りするものであった。

こうして大戦中に重化学工業では鉄鋼と造船の二産業が不均衡に急拡大することになった。産業構成の重化学工業化率を化学・鉄鋼・非鉄金属・機械工業の合計比率で代表させると、一九一〇年の二一・三%から二〇年に三二・八%

となり、重化学工業化の急進を確認できる。[7] 先進国と同質的な産業構造を具備するように大きく前進したのである。[6] 二産業の不均衡な発展は、たとえば機械工業において一九一五―一八年の生産増加の三分の二が船舶によって占められるなど際立っていたが、[8] その原因は、①日露戦後期にこの二産業は技術的には世界水準に到達していたといわれ、相対的には投資制約条件が緩和されていたこと、②産業資本確立期の軍工廠によるワンセット体制への志向が日露戦争によって決定的に破綻した結果、[9] 民間重工業としての造船と鉄鋼が国家市場（軍需）と結合しつつ一定の展開を遂げていたことなどであった。このような条件があったことが、第一次世界大戦における軍需輸送の発生と貿易拡大の輸送需要増加による船舶需要の急拡大に対応することを可能にした。船舶不足による海上運賃の高騰は、一六年四月には一四年七月の一〇倍に達し、これによって活況を呈した海運業からの船舶発注の増加による造船業の拡大、さらにその材料となる厚板など鉄鋼需要の拡大へと連鎖的な産業発展を促した。[10] しかし、その鉄鋼業においても船鉄交換条約に示されるように造船用鉄鋼需要に対応しえず、劣悪な生産条件をもつ新資本の参入による「拡大」という面があった。

この点は、生産性の停滞という指標でも確認される。官営八幡製鉄所では一九一四年から一八年にかけて労働生産性が約二割ほど低下しており、コークス使用率の悪化などの効率低下が記録されている。また、民間の製鋼企業でもこれを上回るほどに効率低下が発生していた。[11] また、一九一八年六月現在稼働中の製鉄工場一四三のうち九二は単純製銑企業で「大部分は再生銑、木炭銑等を生産する零細な企業であり、大戦中の輸入途絶、異常な価格騰貴という条件のもとでのみ存続可能」と評価されていた。[12]

こうした限界は大戦期の重化学工業部門全般にみられたものであり、「染料工業、ソーダ工業とも、大戦期は、一面ではその本格的発展の端緒ではあったが、他面でヨーロッパ化学工業の供給困難という条件下で劣悪な製品をもってそれに一部代替したにとどまった」[13]。それ故、一九一五年の染料医薬品製造奨励法、一七年の製鉄業奨励法などのように、市場条件からみれば絶好の発展期に政府が積極的な保護助成策を採用せざるをえなかったが、その効果には限界があった。(14)

しかし、こうした制約条件のもとでもう一つ重要な点は、すでに大戦前に一応の基礎を固めていた先発企業にとって相対的に有利な蓄積条件が生まれたことである。日露戦後の不況下で稼働率を落としていた先発企業は、稼働率の上昇による生産費の低下と生産拡大によって価格急騰の果実をいちはやく手中にした。そのため、市場や資金調達の条件からみれば新規参入が容易になっており、新興産業である重電機・肥料をはじめとして、既存の造船・紡績・産銅などの部門でもきわめて流動的な競争関係が展開していた(15)にもかかわらず、造船・紡績・産銅・石炭などの部門ですでに高いシェアを誇っていた先発企業の位置はそれほど大きく変化したとは言いがたかった。(16)投資制約により新規参入者が出遅れていた。重要な点はこうした条件が先発企業に膨大な戦時利潤による高蓄積を可能にしたことである。鉄鋼業において「戦前より五〇〇〇トン以上の能力を有した七工場の平均投資額が新設工場のそれと隔絶した水準にあ」ったことはそれを例証する。(17)この高利潤が戦後恐慌を乗り切って独占的地位を確保していく先発企業の優位性の根拠の一つとなると同時に、のちにみるように、この高利潤のために重化学工業部門が財閥の資本蓄積に無視できない部門となった。

さらに、投資が制約されたことによって生産力的発展が不十分であったために、急激な労働力需要の拡大をもたらしたことが重視されねばならない。大戦初期には稼働率の上昇が生産性の上昇をもたらし、生産拡大が労働力需要の拡大を相対的には抑えていた。しかし、大戦景気の進展とともに熟練労働力の争奪戦が激化する一方で、不熟練労働力が多量に追加された結果、労働生産性が低下することによって賃金コストを上昇させる要因を生み出した。しかも急激な労働力需要の拡大は労働力市場を逼迫させ賃金水準を上昇させる要因となった。賃金コストは、これによりさらに上昇することになった。その過程については後に論ずるが、大戦を画期とする労働力市場の構造変化、産業別就業構成の変化には、大戦期の特殊な条件が作用していたことに注意すべきである。

## 2　国際金融の機能停止と商品投機

第一次世界大戦期の国際的連関を国際金融面からみておこう。この点では、大戦中の国際金本位制の崩壊、国際決済機構の混乱のなかで、伊藤正直が詳細に検討したように(18)、日本銀行を基軸とする貿易金融への積極的な援助策が国内金融の異常な緩慢化を醸成したことが第一に重要である。しかも、第二にこの国際金融機構の機能停止と、その条件に規定されつつ生じた銀価格の急騰とが、国内の商品投機に決定的な要因となった。

図1-1　綿業市況の推移

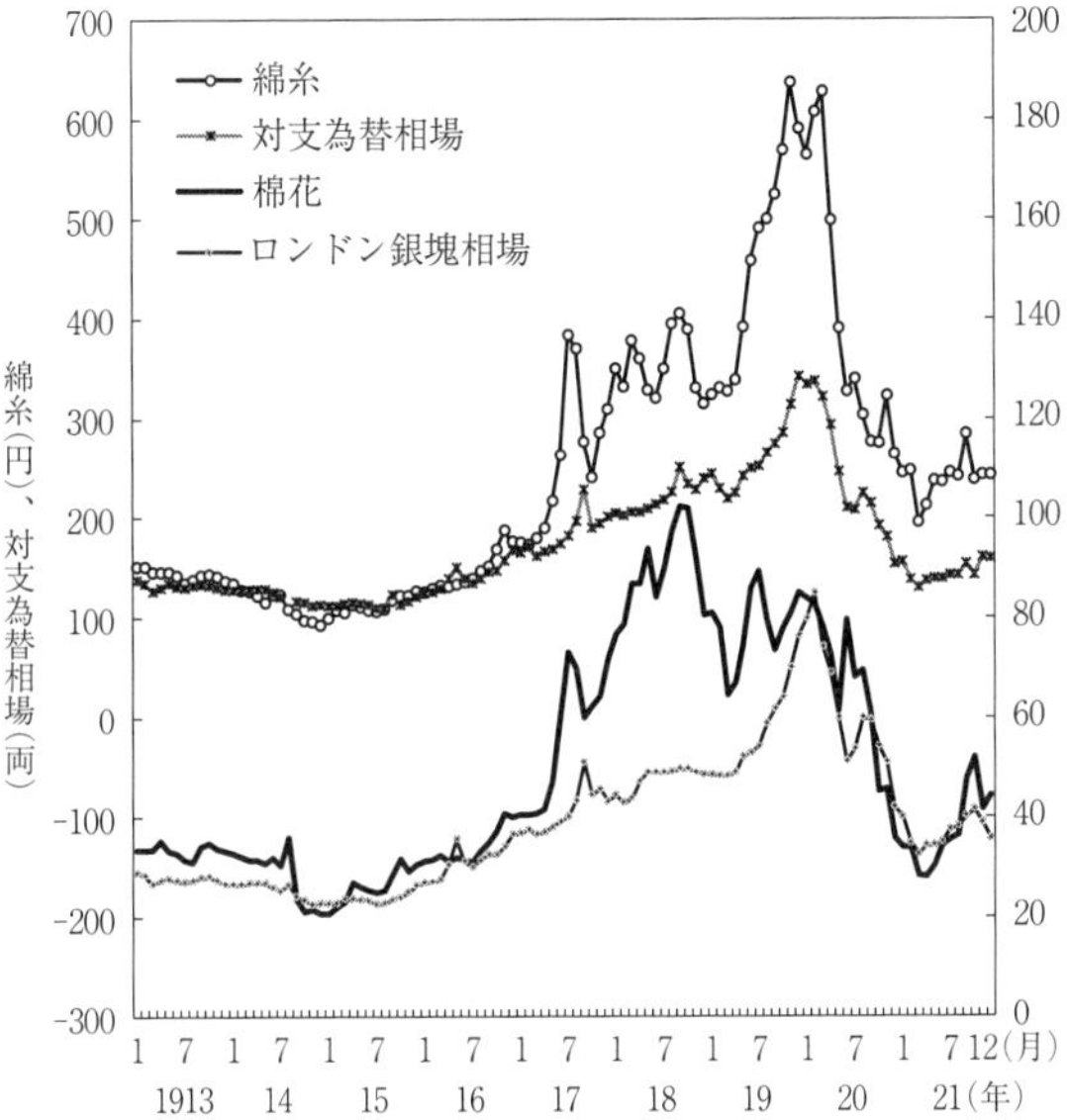


出典）前掲『日本経済統計総観』423-426, 1175頁.

その典型は綿糸相場であり、インド・カウンシビル売出し制限（一九一六年一二月）とアメリカの金本位停止（一七年九月）とによって発生した棉花輸入代金決済の困難、アメリカ棉（一六―一七年）、インド棉（一八年）の不作、銀為替の騰貴などの原因によって棉花価格が高騰し、他方、銀価格上昇が中国を中心とする綿糸布輸出市場の拡大の見通しを与えることによって、激しい綿糸相場の投機取引が展開することになった。

この関連は図1－1から読みとれると思われるが、やや立ち入って説明しておくと、綿糸価格が急騰傾向に入った一九一七年には生産が頭打ちとなった。その理由は、一六年末には在庫が大きく減少する一方で輸出が堅調という好条件にもかかわらず、一七年にインド棉花輸入量が増加せず、この原料面からの制約から生産拡大が抑えられたことである。一七年中の印度棉花輸入減は買付期間を考慮すれば一六年中には何らかの理由で輸入制約が発生したことが推測される。対インド決済メカニズムが大戦の影響で混乱したことが理由であり、その結果、供給制約による原料価格の高騰が綿糸価格上昇を引き起こす重要な要因となった。

第一次世界大戦による混乱のためにロンドン金融市場では、ポンド手形の入手難から銀などの正貨現送による決済の必要が生じ、それが前述のインド・カウンシビルの売出し制限などの一連の措置につながった。これに加えて大戦期の各国が金銀などの正貨の輸出を禁止するなどの条件を背景として補助貨材料、決済手段としての銀需要が急増し、銀価格が急騰を続けた。最大の需要地はインドを中心とするアジアであり、インドでは輸出拡大に伴う国内資金供給が増加して国内通貨であるルピー銀貨の増発が進み、中国では上海などで銀が騰貴した[19]。この傾向はアメリカの金本位制停止によって一層深刻となり、アメリカは一九一八年四月にピットマン条例を制定して銀の公定価格制（「釘付操作」）を採用し、これに基づいて二億オンスの銀をイギリスに売却して対インド決済を支援したが、銀価格の騰勢を抑えることはできなかった。こうして、大戦中の国際金融面での特殊条件が銀価格騰貴を通じて、綿糸相場に好材料を与え投機をあおる結果となった。この銀価格の騰貴が、上海を中心とする中国市場に主たる輸出先を求めていた日本綿糸にとって、輸出の有利化の見込みを綿糸市場に与えることによって投機をあおる最大の要因となったからである[20]。付け加えると、このような銀価格の動きは休戦反

| 固定資本 対前年比 | 大阪清算綿糸取引高C | 投機指標 C／A |
|---|---|---|
| % | 1,000 梱 | % |
| 100.2 | 595 | 44.0 |
| 108.8 | 506 | 33.3 |
| 107.8 | 882 | 52.9 |
| 108.0 | 1,475 | 85.8 |
| 90.7 | 1,495 | 77.6 |
| 97.9 | 3,550 | 184.5 |
| 113.4 | 5,240 | 290.6 |
| 116.3 | 6,634 | 345.3 |
| 131.0 | 6,891 | 379.3 |
| 131.5 | 8,051 | 444.6 |
| 120.2 | 5,718 | 256.6 |

表1-3　綿糸紡績業の動向

| | 綿糸生産量A | 原料棉花消費量 | | 紡績錘数 | | 操業率 | 職工数B | 労働生産性A／B | 紡績会社 |
|---|---|---|---|---|---|---|---|---|---|
| | | | うち印棉 | | 対前年比 | | | | 金額 |
| | 1,000梱 | 1,000俵 | | 1,000錘 | % | % | 1,000人 | 梱／人 | 100万円 |
| 1912 | 1,352 | 1,447 | 920 | 2,177 | 100.3 | 91.2 | 99.2 | 13.6 | 96.4 |
| 1913 | 1,518 | 1,631 | 1,087 | 2,414 | 110.9 | 89.8 | 107.3 | 14.1 | 104.9 |
| 1914 | 1,666 | 1,834 | 1,375 | 2,657 | 110.1 | 89.1 | 114.4 | 14.6 | 113.1 |
| 1915 | 1,720 | 1,888 | 1,398 | 2,808 | 105.7 | 87.7 | 115.2 | 14.9 | 122.2 |
| 1916 | 1,926 | 2,092 | 1,485 | 2,876 | 102.4 | 95.9 | 121.1 | 15.9 | 110.8 |
| 1917 | 1,924 | 2,111 | 1,476 | 3,060 | 106.4 | 93.1 | 123.2 | 15.6 | 108.5 |
| 1918 | 1,803 | 1,984 | 1,133 | 3,228 | 105.5 | 91.0 | 121.9 | 14.8 | 123.0 |
| 1919 | 1,921 | 1,981 | 942 | 3,488 | 108.1 | 91.1 | 132.3 | 14.5 | 143.0 |
| 1920 | 1,817 | 1,955 | 1,207 | 3,814 | 109.3 | 83.7 | 143.7 | 12.6 | 187.3 |
| 1921 | 1,811 | 1,992 | 1,365 | 4,161 | 109.1 | 76.0 | 140.6 | 12.9 | 246.3 |
| 1922 | 2,228 | 2,364 | 1,492 | 4,518 | 108.6 | 87.8 | 173.5 | 12.8 | 296.1 |

出典）前掲『日本経済統計総観』739-742頁.
注）操業率は平均運転錘数と設置錘数の比率.

動を経た戦後ブーム期にまで続き、二〇年二月に銀貨が暴落すると、綿糸価格も三月を頂点に暴落することになった。

もちろん綿糸相場の投機は国際的な銀相場の上昇だけによるものではなかった。綿工業の第一次世界大戦期の動向を注視すると、表1－3のように、綿糸の生産量は一九一三年の一五二万梱から一六―一七年には一九〇万梱に増加し、これに伴って原料消費量も増加している。それは操業率の上昇、職工数の増加、労働生産性の改善などによるものであり、生産性の低下が観察された重工業に比較すれば良好な産業発展を示していた[21]。しかし、前例のない好況にもかかわらず、設備の増加のテンポは緩慢で、これに対応して紡績会社の固定資本設備は高収益による償却の進展もあって一九一七年にかけて減少した。この傾向が反転するのは戦後ブームから一九二〇年恐慌期以降であった。前掲図1－1の価格動向と対比して大戦期の綿糸紡績業の実質的な拡大が限定的であったことは明白であり、その結果生じる供給制約が表1－3右端の「投機指標」に示されるように、一九一八年から年間生産量を大きく上回るような清算取引が行われることとなり、その水準は二一年にかけて生産量の四倍を超える先物取引という投機相場となった。こうして投資の制約による設備拡張の遅れによって生じた供給不足のなかで、銀貨の上昇などを材料とした強気の相場が創り出された。綿製品のコスト分析によれば、投機による製品価格の上昇が高利潤の源泉となったことが示されている(22)。この高利潤について、高村直助は、三大紡と中小紡と、そして紡績業と織物業との利潤率格差を生んでいることを強調している(23)。確かに大紡績企業が高級品などの市場において競争優位を得ていたことがこの高利潤の源泉の一つであったことは疑いない。しかし、この高利潤の相当部分が当時の特殊な条件に依存していたことは見逃すべきでない。

（%）

<table>
<tr><th colspan="2">1918</th><th colspan="2">1919</th><th colspan="2">1920</th><th colspan="2">1921（年）</th></tr>
<tr><th>上期</th><th>下期</th><th>上期</th><th>下期</th><th>上期</th><th>下期</th><th>上期</th><th>下期</th></tr>
<tr><td>109.1</td><td>115.9</td><td>108.9</td><td>135.2</td><td>171.5</td><td>49.2</td><td>30.7</td><td>57.0</td></tr>
<tr><td>51.9</td><td>61.6</td><td>61.1</td><td>77.1</td><td>94.4</td><td>33.7</td><td>19.4</td><td>30.3</td></tr>
<tr><td>60.7</td><td>68.0</td><td>50.2</td><td>47.6</td><td>54.7</td><td>36.8</td><td>23.2</td><td>21.3</td></tr>
<tr><td>68.6</td><td>28.5</td><td>15.4</td><td>27.5</td><td>12.2</td><td>-</td><td>6.8</td><td>3.0</td></tr>
<tr><td rowspan="2">37.3</td><td rowspan="2">44.5</td><td>39.8</td><td>43.3</td><td>29.1</td><td>18.6</td><td>10.4</td><td>4.8</td></tr>
<tr><td>55.2</td><td>65.4</td><td>62.2</td><td>55.4</td><td>49.1</td><td>38.0</td></tr>
<tr><td>42.7</td><td>36.1</td><td>-</td><td>12.6</td><td>24.3</td><td>14.4</td><td>9.1</td><td>7.3</td></tr>
<tr><td rowspan="2">54.2</td><td rowspan="2">47.0</td><td>27.0</td><td>44.3</td><td>56.2</td><td>18.7</td><td>-</td><td>3.2</td></tr>
<tr><td>22.3</td><td>3.0</td><td>1.8</td><td>8.0</td><td>-</td><td>-</td></tr>
<tr><td>14.5</td><td>15.1</td><td>16.2</td><td>15.0</td><td>13.3</td><td>15.9</td><td>18.1</td><td>16.4</td></tr>
<tr><td>11.7</td><td>14.5</td><td>14.7</td><td>15.5</td><td>16.2</td><td>16.2</td><td>16.7</td><td>17.0</td></tr>
<tr><td>12.0</td><td>10.3</td><td>9.0</td><td>9.8</td><td>11.6</td><td>13.8</td><td>14.1</td><td>13.7</td></tr>
<tr><td>10.4</td><td>10.7</td><td>14.7</td><td>14.5</td><td>13.9</td><td>13.9</td><td>9.7</td><td>10.1</td></tr>
<tr><td>160.5</td><td>191.6</td><td>100.8</td><td>67.4</td><td>49.8</td><td>31.6</td><td>20.2</td><td>20.3</td></tr>
<tr><td>134.5</td><td>140.5</td><td>100.2</td><td>107.2</td><td>76.6</td><td>42.8</td><td>23.4</td><td>16.8</td></tr>
<tr><td>68.9</td><td>70.3</td><td>39.0</td><td>31.7</td><td>22.5</td><td>17.0</td><td>2.4</td><td>14.6</td></tr>
<tr><td>32.5</td><td>33.9</td><td>54.4</td><td>88.4</td><td>158.9</td><td>57.0</td><td>14.4</td><td>1.5</td></tr>
<tr><td>49.5</td><td>55.2</td><td>43.9</td><td>44.4</td><td>49.4</td><td>26.0</td><td>16.3</td><td>18.5</td></tr>
</table>

このように大戦景気の特徴の一つである激しい商品投機も当時の国際的条件による規定性を免れえなかった。しかも、商品投機は綿糸ばかりでなく米・大豆粕などの商品にも伝播し、世界的な物価上昇のなかで、日本にも急激な物価上昇を引き起こして大戦ブームを「価格景気」として性格づけることになった。その意義は、物価騰貴の全般的影響を別とすれば、操業短縮（操短）実施に追い込まれた事態に示されるように生産力的発展の条件が不十分であった

**表 1-4　業種別主要株式会社対払込資本金利益率（1913-21 年）**

| | 1913 | | 1914 | | 1915 | | 1916 | | 1917 | |
|---|---|---|---|---|---|---|---|---|---|---|
| | 上期 | 下期 | 上期 | 下期 | 上期 | 下期 | 上期 | 下期 | 上期 | 下期 |
| 紡績 | 40.7 | 35.9 | 30.8 | 21.5 | 28.0 | 34.8 | 50.6 | 89.1 | 107.1 | 113.0 |
| 織物 | 18.5 | 19.6 | 5.9 | 12.2 | 26.4 | 31.5 | 51.0 | 43.0 | 39.2 | 79.3 |
| 製紙 | 16.0 | 18.0 | 15.0 | 17.6 | 21.5 | 20.9 | 45.5 | 50.7 | 52.7 | 56.8 |
| 鉱業<br>石炭<br>石油 | 18.6 | 21.9 | 18.8 | 18.4 | 47.8 | 34.9 | 53.8 | 72.7 | 46.6 | 44.0 |
| 窯業 | 25.9 | 19.9 | 16.0 | 10.1 | 7.9 | 15.3 | 7.5 | 47.8 | 61.5 | 63.7 |
| 肥料 | 17.8 | 15.8 | 14.5 | 15.1 | 37.4 | 21.2 | 35.1 | 38.7 | 60.0 | 42.4 |
| 化学 | 5.6 | 15.0 | 8.8 | 23.0 | 30.2 | 39.2 | 83.4 | 69.1 | 138.1 | 78.0 |
| 電灯・電力 | 10.0 | 4.3 | 9.9 | 10.1 | 10.6 | 10.7 | 12.0 | 13.5 | 12.7 | 13.9 |
| 電気鉄道 | 29.4 | 8.0 | 8.2 | 7.5 | 7.2 | 10.5 | 5.5 | 10.5 | 10.5 | 11.4 |
| ガス | 12.7 | 11.2 | 9.8 | 9.4 | 8.0 | 8.8 | 10.4 | 10.8 | 12.0 | 5.0 |
| 鉄道 | 7.0 | 9.3 | 8.0 | 8.9 | 7.3 | 7.7 | 8.1 | 9.3 | 10.2 | 11.5 |
| 海運 | 34.0 | 33.6 | 31.6 | 31.8 | 47.3 | 57.3 | 96.3 | 111.8 | 178.8 | 255.8 |
| 造船<br>機械金属 | 9.1 | 13.4 | 13.4 | 12.8 | 10.5 | 11.2 | 29.2 | 39.8 | 70.5 | 124.2 |
| 製糖 | 20.5 | | 29.7 | | 49.0 | | 39.0 | | 100.4 | |
| 総合 | 12.7 | 15.0 | 15.2 | 15.2 | 23.0 | 21.7 | 36.1 | 47.2 | 52.7 | 57.8 |

出典）東洋経済新報社編『経済年鑑』大正 7 年版，12 年版より作成．
注）年次によって集計対象数が異なる．

紡績企業に価格上昇による膨大な戦時高利潤を残したことにある。この戦時高利潤が一九二〇年代の在華紡投資の基礎になったことを考えれば、この投機的価格上昇のもった意味はきわめて大きかったといってよい。

ところで、大戦中の価格上昇が市場拡大と相まって各資本に戦時高利潤を残したことは、表1-4によって一応の概況を知ることができるであろう。主要株式会社の業種別利益率（対払込資本金）では、大戦前から四割前後の安定的高収益を示していた紡績業に加えて、海運、造船・機械金属、化学、製糖などが一〇割を超える利益率を記録し、織物、製紙、窯業、肥料などが急速にこれを好転させていった。この「戦時高利潤」は、独占的な産業組織の形成に基づくものではないが、大戦を画期とする経済構造の変容に与えた影響はきわめて大きく、この点について金融市場との関連を中心に次節で検討したい。

## 二　金融緩慢と株式ブーム

### 1　株式ブームと株主層

一方における資本の高利潤と、他方における一九一六―一七年からの米価上昇・蚕糸業好況による農村経済の繁栄を背景に銀行預金が増大し、さらに貿易金融円滑化のためにとられた日本銀行（日銀）の積極的な貸出政策が通貨の追加的供給を拡大していった結果、極度の金融緩慢状態が生まれた。需要の拡大に対して生産的投資の拡大が投資制約条件の影響下で相対的に遅れていたから、資金需要の拡大が預金などの資金供給の増大に遅れる傾向があり、銀行の預貸率が顕著な改善をみせた。そのため、一九一五年半ばから一六年にかけて市中金利が公定歩合を下回るという変態的金利体系を生み、日銀も公定歩合を実勢に適合させるために一六年から三度にわたり引き下げざるをえなかった。金利低下に示される金融緩慢に、為替銀行のコール吸収の積極化により短期金利から上昇傾向を示すとはいえ、大戦終結直前の日銀の金融引締めまでつづく大戦期の特徴的事実だといってよい。これが投機の温床となり、金融の市場の遊資・過剰資金が株式投機や商品投機に注入されると同時に、特殊銀行債を通じてのちにみるとおり、資本輸出に結びついていた。

とくに、企業利潤の好転↓高配当↓株価上昇という関連のなかで未曽有の株式ブームが起きたことに注目しなければならない。事業計画の急増に示される投資ブームが株式ブームに結びついて発生し、株式発行市場が不完全な形とはいえ急速に拡大した(24)。その前提は第一に日露戦後からの重工業・電力・金属製錬などの部門における投資規模の増大と、第二に鉄道国有化により花形株の一つであった鉄道株が株式市場から後退し、取引所株・紡績株などを中心とする株式投資がその余剰資金をもって種々の産業株へと広がりをみせはじめていたことなどの事情であろう(25)。

こうして大戦期には株価上昇に誘引された資金が株式投資に結びつき、産業側からみれば、それに依存した資本調達が旺盛となった。これが株式ブームを考えるうえで第一に重要な点である。大阪鉄工所・川崎造船所などの造船資本や久原鉱業など、一見すれば「旧財閥」の外側からブームに乗った資本が華やかに登場したようであるが(26)、そればかりではなく、北海道炭礦汽船・王子製紙・日本郵船など三井・三菱系の諸企業も増資のたびに株主数を増加させ、株式会社制度による社会的資金の動員を行いつつあった。この点を表1-5によって、主要株式会社の株主数と株主一人当たり資本金の推移を中心にみれば、業種ごとの相違があるとはいえ、全体としては株主数の増加率が高く、大戦中の資本金の増加が株主層の増大に支えられていた事情を明らかにしうる。とくに重化学工業部門で船舶造船、化学、窯業など一人当たり資本金がむしろ減少しているものがあることは、広範な株主層の存在に支えられて、重化学工業資本が株式発行による資金調達を実現し急拡大を遂げていったことを物語るといってよい(27)。

第二の重要な点として、この株式ブームを支えた株主層についてみると、データとその処理のうえで若干問題が残されてはいるが、表1-6のように東京・大阪の二都市を中心とする地域的な分布は、一九一七―一九年間に大きな変化をみたとはいえない。しかし、主として第一次世界大戦後のブーム期には、それまで例をみなかったような株式ブームが地方都市で発生し、株式の場外現物取引が活発になったことが指摘されている(28)。そのため、全国的に株主数および所有株数の増加がみられており、とくに兵庫を除くと東京・大阪を中心とする大都市所在府県よりも、北海道・東北・北陸・中国・四国・九州などの周辺地域での増加率が上回っていたこと、それと対照的に華族層の所有が停滞していたことが判明する。この点は、府県別の所有株式数と一九一七―一九年の増加率によって作成された撒布図(表1-7)によっても確認できる。一七年と一九年では集計される株式会社数などが異なっているために、変化

## 表 1-5　主要株式会社資本金と株主数

| 業種別 | 対象者数 | 株主数（人） | | 公称資本金（百万円） | | 株主1人当たり資本金（円） | | 増加比率（1920/1914）（%） | | |
|---|---|---|---|---|---|---|---|---|---|---|
| | | 1914年 | 1920年 | 1914年 | 1920年 | 1914年 | 1920年 | 株主数 | 資本金 | 同1人当たり |
| 特殊銀行 | 6 | 16,219 | 28,479 | 130.5 | 340.0 | 8,046 | 11,939 | 176 | 261 | 148 |
| 普通銀行 | 3 | 6,218 | 13,708 | 23.0 | 130.0 | 3,699 | 9,484 | 220 | 565 | 256 |
| 紡績 | 10 | 19,777 | 38,134 | 75.3 | 235.8 | 3,807 | 6,183 | 193 | 313 | 162 |
| 織物 | 7 | 3,686 | 13,164 | 19.4 | 120.0 | 5,263 | 9,116 | 357 | 619 | 173 |
| 取引所 | 2 | 6,612 | 17,896 | 19.0 | 85.0 | 2,873 | 4,750 | 271 | 447 | 165 |
| 製糖 | 8 | 11,242 | 41,979 | 80.8 | 260.1 | 7,187 | 6,196 | 373 | 322 | 86 |
| 電気電灯 | 10 | 21,024 | 40,029 | 167.4 | 466.5 | 7,960 | 11,654 | 190 | 279 | 146 |
| ガス | 1 | 4,689 | 6,395 | 45.0 | 45.0 | 9,597 | 7,037 | 136 | 100 | 73 |
| 鉄道 | 11 | 17,705 | 32,301 | 264.9 | 632.0 | 14,962 | 19,566 | 182 | 239 | 131 |
| 船舶造船 | 10 | 16,285 | 81,092 | 90.5 | 342.7 | 5,555 | 4,226 | 498 | 379 | 76 |
| 化学 | 8 | 4,755 | 18,445 | 31.8 | 109.2 | 6,688 | 5,920 | 388 | 343 | 89 |
| 窯業 | 3 | 1,386 | 5,121 | 4.1 | 13.0 | 2,958 | 2,539 | 369 | 317 | 86 |
| 製造工業 | 15 | 8,587 | 30,331 | 59.8 | 248.1 | 6,958 | 8,180 | 353 | 415 | 118 |
| 鉱業製錬 | 6 | 10,633 | 27,839 | 70.2 | 221.0 | 6,602 | 7,939 | 262 | 315 | 120 |
| 合計 | 100 | 148,818 | 394,913 | 1,081.7 | 3,248.4 | 7,269 | 8,226 | 265 | 300 | 113 |

出典）野村徳七商店調査部編纂『株式年鑑』大正4年版，同10年版より作成．
注）1．両年度に共通して記載されている大株式会社を対象として集計した．
　　2．旧稿「日本帝国主義の経済構造」表2の公称資本金・1920年集計値の誤りなどを修正した．

## 表 1-6　株式所有の地域的分布

| | 所有株式数（個人・法人合計） | | | 300株以上所有株主数 | | | 備考 |
|---|---|---|---|---|---|---|---|
| | 1917年末 | 1919年末 | 増加率 | 1917年末 | 1919年末 | 増加率 | |
| | 1,000株 | | % | 人 | | % | |
| 華族 | 1,831.9 | 1,979.4 | **108.1** | 116 | 116 | **100.0** | |
| 北海道 | 50.3 | 105.9 | 210.5 | 39 | 69 | 176.9 | |
| 東北 | 196.2 | 346.1 | 176.4 | 165 | 266 | 161.2 | 東北6県 |
| 関東 | 269.2 | 461.5 | 171.4 | 230 | 396 | 172.2 | 東京・神奈川を除く |
| 東京 | 3,751.5 | 6,460.9 | 172.2 | 1,286 | 1,831 | **142.4** | |
| 神奈川 | 446.0 | 693.2 | **155.4** | 193 | 281 | **145.6** | |
| 北陸 | 365.6 | 664.9 | 181.9 | 211 | 304 | **144.1** | |
| 東山 | 592.0 | 923.3 | **156.0** | 241 | 359 | 149.0 | 岐阜・長野・山梨 |
| 東海 | 663.9 | 1,043.6 | **157.2** | 520 | 732 | **140.8** | 愛知・静岡・三重 |
| 大阪 | 1,939.9 | 2,991.3 | **154.2** | 821 | 1,047 | **127.5** | |
| 兵庫 | 737.0 | 1,624.9 | 220.5 | 372 | 554 | 148.9 | |
| 近畿 | 485.5 | 728.3 | **150.0** | 374 | 546 | **146.0** | 大阪・兵庫を除く |
| 中国 | 217.7 | 383.7 | 176.3 | 178 | 323 | 181.5 | |
| 四国 | 129.7 | 246.0 | 189.6 | 125 | 188 | 150.4 | |
| 九州 | 458.2 | 805.5 | 175.8 | 326 | 543 | 166.6 | 沖縄を除く |
| 沖縄・台湾・朝鮮等 | 145.4 | 259.9 | 178.7 | 44 | 138 | 313.6 | |
| 外国人 | 65.8 | 167.3 | 254.1 | 62 | 118 | 190.3 | |
| 合　計 | 12,346.0 | 19,885.7 | 161.1 | 5,303 | 7,811 | 147.3 | |

出典）ダイヤモンド社『全国株主要覧』大正7年版，9年版より，上巻所載の300株以上所有株主について集計．

注）各年版所載の株主の約3分の1を大正としている．太字は平均以下の伸びに止まった地域．

**表 1-7　地域別所有数とその伸び率**

| | 1917年の株式所有規模 | | | | | | |
|---|---|---|---|---|---|---|---|
| 伸び率 | 2万株未満 | 2-5万株 | 5-10万株 | 10-20万株 | 20-50万株 | 50-100万株 | 100万株以上 |
| 90% 未満 | 沖縄 | | | | | | |
| 90-100% | 朝鮮 | | | | | | |
| 100-110% | | | | | | | 華族 |
| 110-120% | | 石川，福井，徳島 | | | | | |
| 120-130% | | 鳥取 | 山口 | 滋賀 | | | |
| 130-140% | | 香川，青森 | | | 山梨 | | |
| 140-150% | | 茨城 | 山形，静岡，佐賀，鹿児島 | | 三重，京都 | | |
| 150-160% | | | | | 神奈川 | | 大阪 |
| 160-170% | 千葉 | | 群馬，埼玉 | 福岡 | 新潟 | | |
| 170-180% | | 高知 | 広島 | | 愛知 | | 東京 |
| 180-190% | | 宮城 | 長崎，和歌山，長野 | 岐阜 | | | |
| 190-200% | | 大分 | | | | | |
| 200-220% | | 福島 | 北海道，栃木 | | | | |
| 220-250% | 岩手，秋田 | | 富山，岡山 | | | | |
| 250-300% | 奈良，宮崎，熊本，台湾 | | 外国人 | | | 兵庫 | |
| 300-400% | | | | | | | |
| 400% 以上 | 島根，愛媛，その他 | | | | | | |

出典）表1-6と同じ.
注）1917-19年の伸び率.

が過大に示されている問題が残るとはいえ、表の中央から左下にかけての株式数の少なかった地域が急激に株式ブームにまきこまれていた。

こうした地方を含めた株式投資の拡大がいかなる産業部門の資本調達に結びついていたかを例示したのが表1-8である。構成からみれば銀行株と鉄道・電力などの公益事業株を中心に、西日本の二地域四県では紡績株の比重が高いことが明らかである。しかしその増加率からみれば、海運、造船、金属・機械、化学などがわずか二年間に三―一〇倍の伸びをみせており、地方的な資金をまきこんだ株式ブームと、それによる資金動員機構の創出過程が重化学工業株と密接な関連をもっていたことが示されている。しかも、投資先企業の地域別でみると植民地株（台

表 1-8　1919 年の株式所有の業種別構成

（株，%）

| | | 東北（秋田，山形，宮城，福島） | | | 東山（長野，岐阜） | | | 近畿（和歌山，奈良） | | | 中国（岡山，広島） | | |
|---|---|---|---|---|---|---|---|---|---|---|---|---|---|
| | | 所有数 | 構成比 | 対 17 年増加率 | 所有数 | 構成比 | 対 17 年増加率 | 所有数 | 構成比 | 対 17 年増加率 | 所有数 | 構成比 | 対 17 年増加率 |
| 合計 | | 284,355 | 100.0 | 179 | 399,239 | 100.0 | 172 | 192,341 | 100.0 | 183 | 232,256 | 100.0 | 171 |
| 地域別 | 中央株 | 145,417 | 51.1 | 203 | 244,553 | 61.3 | 155 | 131,358 | 68.3 | 171 | 99,602 | 42.9 | 168 |
| | 地方株 | 104,463 | 36.7 | 148 | 73,553 | 18.4 | 159 | 53,047 | 27.6 | 157 | 118,651 | 51.1 | 173 |
| | 植民地株 | 34,475 | 12.1 | 205 | 81,133 | 20.3 | 281 | 7,936 | 4.1 | 191 | 14,003 | 6.0 | 180 |
| 業種別 | 特殊銀行 | 71,969 | | 127 | 32,822 | | 120 | 20,202 | | 176 | 17,832 | | 236 |
| | 普通銀行 | 35,769 | 39.1 | 200 | 18,027 | 14.5 | 206 | 9,765 | 16.1 | 46 | 16,128 | 15.3 | 165 |
| | 保険 | 3,485 | | 150 | 7,166 | | 149 | 980 | | - | 1,600 | | - |
| | 紡績 | 4,432 | 4.5 | 118 | 19,043 | 7.9 | 168 | 43,824 | 24.5 | 235 | 59,165 | 29.7 | 187 |
| | その他繊維 | 8,360 | | 253 | 12,428 | | 180 | 3,269 | | 186 | 9,810 | | 157 |
| | 食品 | 23,595 | 8.3 | 160 | 15,251 | 3.8 | 110 | 4,814 | 2.5 | 178 | 4,577 | 2.0 | 94 |
| | 鉄道・電鉄 | 7,554 | 2.7 | 245 | 25,721 | 6.4 | 114 | 33,168 | 17.2 | 231 | 29,331 | 12.6 | 129 |
| | 電力・ガス | 48,632 | 17.1 | 168 | 108,190 | 27.1 | 161 | 44,602 | 23.2 | 178 | 52,555 | 22.6 | 166 |
| | 海運 | 11,867 | 4.2 | 320 | 25,244 | 6.3 | 416 | 6,379 | 3.3 | 178 | 13,969 | 6.0 | 140 |
| | 造船 | 1,090 | 2.1 | 273 | 2,487 | 5.8 | 91 | 6,970 | 4.4 | 799 | 4,120 | 3.2 | 308 |
| | 金属・機械 | 4,817 | | 741 | 20,928 | | 327 | 1,542 | | 335 | 3,290 | | 1,175 |
| | 化学 | 13,751 | 5.0 | 466 | 16,734 | 4.5 | 213 | 3,333 | 2.4 | 425 | 2,901 | 1.5 | 181 |
| | 窯業 | 701 | | 141 | 1,030 | | 38 | 1,431 | | 92 | 620 | | 66 |
| | 製紙・木材 | 23,684 | 8.3 | 277 | 41,134 | 10.3 | 517 | 911 | 0.5 | 477 | 980 | 0.4 | 563 |
| | 鉱業 | 13,120 | 4.6 | 219 | 41,892 | 10.5 | 146 | 7,668 | 4.0 | 806 | 8,282 | 3.6 | 260 |
| | 土地・取引所 | 9,020 | 3.2 | 179 | 9,652 | 2.4 | 99 | 3,033 | 1.6 | 153 | 7,146 | 3.1 | 121 |
| | その他 | 2,506 | 0.9 | 358 | 1,490 | 0.4 | 363 | 450 | 0.2 | - | 150 | 0.1 | - |
| 備考 | | 特銀のうち 45,951 は農工銀行 | | | 濃飛濃工銀行 12,465 は 17 年に対象外のために増加率計算より除外．製紙・木材のうち 25,672 は樺太関係，海運のうち 17,510 は朝鮮汽船 | | | 四十三銀行 17,388 は，同左．鉄道のうち 14,158 は南海鉄道 | | | 岡山農工（10,325），岡山ガス（2,320），芸備鉄道・中国鉄道（17,770）の合計 30,415 も除外． | | |

出典）　表 1-6 に同じ．
注）　増加率は対 17 年比．

湾の製糖、朝鮮の鉄道・拓殖・海運、樺太の製材・製紙、および満鉄など）が無視しえない位置にあり、株式ブームのなかで格好の投資対象となっていた。このことは、株式ブームが大戦中の対植民地資本輸出に連繫していたことを明らかにしている。

## 2　株式市場拡大下の産業資金調達

しかし、第三の重要な点として、この株式ブームを基礎とする資金調達機構が大戦期の全産業部門に利用可能であったわけではなく、むしろ産業部門間の不均衡を拡大する結果をもたらしたことにも注目しなければならない。前掲表1‐4において電力・鉄道などが大戦期でも一一・五割の利益率を示し、相対的には低収益部門となったことが明らかにされているが、そのために株式ブームに乗り遅れて投資が遅延した。これらの部門はその固定投資の巨額さと公益事業としての性格から安定した資金を大量に必要とする部門であり、すでに大戦直前（一九一一―一四年）の資産規模上位一〇〇社を対象とする「大企業総資産」の推移に占める増加寄与率が高く（表1‐9）、投資資金需要の基軸部門の一つになりつつあった。しかし、大戦中の相対的低収益に規定されて株式・社債による資金調達が十分に実現できず、とくに電力は一九一四―一九年の増加寄与率が七％台へと落ち込んだ。その結果、国内電気機械工業が大型化、高電圧化に対応しえないという設備調達上の困難と相まって「電力飢饉」を招来し、鉄鋼不足とともに産業発展に対する構造的隘路を形成した。そして、このために大戦終了後、アメリカを中心とした機械輸入が開始されると、電力業では大規模な新規参入を引き起こしつつ、一九二〇年代前半にかけての高い設備投資水準が実現されることになり、一九二〇年代の経済発展をリードする部門となっていった。

以上のような大企業部門の資産増加の実態を、対象範囲を少し広げて部門別に示すと、表1‐10のようになる（九二―九三頁参照）。この集計では、財閥直系企業などを含まない株式上場企業が対象となっているが、それによると、一九一四―一九年には紡績、造船、肥料などの投資増加が大きく、一九二〇年代には造船が低迷したこと、代わって電気・電鉄事業部門が製造業を上回る投資部門となった。この点は後にふれることにして、第一次世界大戦期の特徴に注目すると、大戦期には製造業において設備投資額よりも流動資産投資が大きかった(29)。

それは大戦期の物価上昇によって原材料や製品の在庫価格が上昇したことを反映していた。言いかえると、第一次世界大戦期には重工業部門への実物投資が進展するとともに、その規模を超えて投機的な価格上昇を背景とする在庫投資が発生していたということであろう。

このような投資行動の資金源泉について表1-11で確認すると（九四頁参照）、必要資金の八割近くが自己資金で賄われており、積立金、利益金・繰越金、償却金などの比率が後の時期に比べてきわめて高かったことを示している。銀行からの長期負債の比率はかなり少なく、投資額と調達額を対照すると、五割を超えた流動資本投資の相当部分が自己資本によって賄われていたことが知られる。ただし、念のために付け加えておくと、これらの大企業が調達した資金のうち、払込資本金などの外部市場からの調達額は全体の三割に満たなかった。大戦期の高収益によって生じた潤沢な内部留保が企業成長にとって大きな意味をもっていたのであり、株式市場の活況も、このような企業の財務状態を反映したものであった。

（寄与率）

| 14-19年 | | 19-29年 | |
|---|---|---|---|
| 100万円 | % | 100万円 | % |
| 250 | 9.8 | 166 | 2.7 |
| 15 | 0.6 | 68 | 1.1 |
| 192 | 7.5 | 49 | 0.8 |
| 372 | 14.6 | 105 | 1.7 |
| 69 | 2.7 | 110 | 1.8 |
| 87 | 3.4 | 258 | 4.1 |
| 30 | 1.2 | 137 | 2.2 |
| 106 | 4.2 | 341 | 5.5 |
| 377 | 14.8 | 548 | 8.8 |
| 160 | 6.3 | 1,310 | 21.1 |
| 464 | 18.2 | −77 | −1.2 |
| 198 | 7.8 | 2,557 | 41.1 |
| 2,550 | 100.0 | 6,223 | 100.0 |

## 三　財閥コンツェルンの成立

### 1　持株会社設立の要因

以上明らかにした株式会社の簇生・株式ブームのなかで、

表1-9　産業別大企業総資産の推移

| | 総資産額 | | | | | | | | 増加額 | |
|---|---|---|---|---|---|---|---|---|---|---|
| | 1911年末 | | 1914年末 | | 1919年末 | | 1929年末 | | 11-14年 | |
| | 100万円 | % | 100万円 | % | 100万円 | % | 100万円 | % | 100万円 | % |
| 鉱業 | 59 | 5.1 | 103 | 6.4 | 353 | 8.5 | 519 | 5.0 | 44 | 9.9 |
| 金属 | 6 | 0.5 | 12 | 0.8 | 27 | 0.7 | 95 | 0.9 | 6 | 1.3 |
| 鉄鋼 | 27 | 2.3 | 35 | 2.2 | 227 | 5.5 | 276 | 2.7 | 8 | 1.8 |
| 輸送機器 | 35 | 3.0 | 61 | 3.8 | 433 | 10.4 | 538 | 5.2 | 26 | 5.8 |
| 電機・一般機械 | 6 | 0.5 | 9 | 0.6 | 78 | 1.9 | 188 | 1.8 | 3 | 0.7 |
| 化学 | 25 | 2.2 | 34 | 2.1 | 121 | 2.9 | 379 | 3.7 | 9 | 2.0 |
| 窯業 | 9 | 0.8 | 18 | 1.1 | 48 | 1.2 | 185 | 1.8 | 9 | 2.0 |
| 紙パルプ | 29 | 2.5 | 35 | 2.2 | 141 | 3.4 | 482 | 4.6 | 6 | 1.3 |
| 繊維 | 180 | 15.6 | 233 | 14.6 | 610 | 14.7 | 1,158 | 11.2 | 53 | 11.9 |
| 鉄道 | 351 | 30.4 | 388 | 24.3 | 548 | 13.2 | 1,858 | 17.9 | 37 | 8.3 |
| 海運 | 116 | 10.1 | 138 | 8.6 | 602 | 14.5 | 525 | 5.1 | 22 | 4.9 |
| 電気 | 102 | 8.8 | 240 | 15.0 | 438 | 10.6 | 2,995 | 28.9 | 138 | 30.9 |
| その他とも合計 | 1,154 | 100.0 | 1,600 | 100.0 | 4,150 | 100.0 | 10,373 | 100.0 | 446 | 100.0 |

出典）中村青志『わが国大企業の形成・発展過程』（産業政策研究所，1976年）74-77頁．

明治末にコンツェルンとしての組織形態を整備していた三井に続いて、三菱・住友がコンツェルンとしての組織を整備し[30]、藤田・古河が銀行を新設するなど事業経営を多角化するなかでコンツェルン化を進めていった[31]。三池築港という一大事業を契機に、事業経営全体の効率的な資本運用を進めるために比較的早期に管理統轄機構の整備に着手した三井を別として、三菱以下資産規模ではそれに次ぐ同族的な事業経営体が続々と一九一〇年代から二〇年代前半にかけてコンツェルン組織を形成したことも、大戦中の日本資本主義の急激な発展と密接な関連をもっていた[32]。

もっともその歴史的前提となる条件はすでに日露戦後期において醸成されていた。その条件とは第一に、その時期に傘下事業のなかで造船、金属製錬・加工などの部門で投資の規模が巨額化し各部門での自己金融的蓄積に一定の限界が現れてきたこと、第二に、一九〇七年恐慌後の不況過程で株式の取得による支配網の拡大、有価証券投資の増加が漸次的にみられたことなどである。そのために財閥としての統一的な資金運用機構と管理統轄機構が必要性を増していた。

これに加えて、大戦直前の所得税改正、一九一八年の戦時利得税創設などによる所得税負担の増大が、事業部門の独立による株式会社化という税負担軽減の方向を誘導した。この税制改正は日露戦争中の非常特別税による増税を恒常化させ、軍事費を中心に増大する財政支出を税収面から支えるものであったが、法人所得に対する課税である所得税第一種では、株主二一人以上の株式会社の所得税率がそれ以下の株式会社および合資・合名会社よりも低率であったことが受取配当所得免税の租税制度のなかで、事業部門の独立、本社＝持株会社機能の分離を促進した(33)。こうした性格は戦時利得税においても継承されたが、軍事経費膨張を基軸とする帝国主義的財政の膨張が法人に対する所得税の急増に示されるように租税構造それ自体を変えると同時に、これを負担する資本に対して以上述べたような新たな対応を迫る重要な契機となった。

しかも、戦時の高利潤はその膨大さ故に、財閥系企業全体としての統一的な資金運用機構を成立させるうえで重要な役割を果たした。山崎広明が指摘するように(34)、戦時高利潤を背景に三井・三菱・住友の各事業において重化学工業部門が蓄積基盤として無視しえぬ部門になっており（表1－12）、しかも、直営事業の利益とは別に、投資目的で行わ

（1,000円）

| 流動資産増加 | | |
|---|---|---|
| 1914-19 | 1920-24 | 1925-29 |
| **895,059** | 203,820 | 570,507 |
| 59,093 | △ 11,070 | 8,992 |
| 554,646 | 201,818 | 228,017 |
| 229,202 | 16,681 | 28,393 |
| 146,670 | 19,272 | △ 29,186 |
| 26,036 | 7,582 | 62,747 |
| 12,556 | 20,930 | 28,007 |
| 11,356 | 23,521 | △ 3,606 |
| 65,793 | 33,151 | 46,101 |
| 53,246 | 43,249 | 83,555 |
| 9,788 | 37,433 | 12,007 |
| 50,649 | 205,841 | 302,855 |
| 29,855 | 121,214 | 130,831 |
| 9,620 | 52,121 | 84,372 |
| 11,174 | 32,506 | 87,652 |
| 230,671 | △ 192,769 | 30,643 |
| 1914-19 | 1920-24 | 1925-29 |
| 62.0% | 99.0% | 40.0% |
| 25.6% | 8.2% | 5.0% |
| 16.4% | 9.5% | -5.1% |
| 2.9% | 3.7% | 11.0% |
| 1.4% | 10.3% | 4.9% |
| 7.4% | 16.3% | 8.1% |
| 5.9% | 21.2% | 14.6% |
| 1.1% | 18.4% | 2.1% |
| 5.7% | 101.0% | 53.1% |
| 25.8% | -94.6% | 5.4% |

『日本金融の数量分析』（東洋経済新報社,

**表1-10　大企業部門の産業別投資動向（1914-29年）**

| | 投資増加 | | | 設備投資額 | | |
|---|---|---|---|---|---|---|
| | 1914-19 | 1920-24 | 1925-29 | 1914-19 | 1920-24 | 1925-29 |
| 総計 | 1,392,937 | 2,180,498 | 2,674,185 | 494,749 | 1,959,895 | 2,058,250 |
| 石炭 | 120,535 | 58,113 | 45,963 | 61,903 | 68,712 | 24,033 |
| 製造業小計 | 859,000 | 936,453 | 850,932 | 300,945 | 732,679 | 625,561 |
| 紡績 | 304,270 | 314,366 | 159,875 | 72,550 | 295,887 | 134,538 |
| 造船 | 186,040 | 62,313 | 7,477 | 39,370 | 43,041 | 36,663 |
| 肥料 | 49,163 | 76,671 | 104,375 | 23,127 | 69,089 | 41,628 |
| セメント | 32,388 | 90,034 | 102,131 | 19,832 | 69,101 | 74,128 |
| 製粉 | 14,385 | 39,417 | 9,843 | 3,019 | 15,906 | 13,449 |
| 製糖 | 158,662 | 131,823 | 157,890 | 91,915 | 98,509 | 111,386 |
| 製紙 | 92,177 | 143,472 | 227,774 | 39,004 | 100,222 | 144,209 |
| 麦酒 | 21,916 | 78,358 | 81,567 | 12,128 | 40,924 | 69,560 |
| 電気・電鉄小計 | 129,524 | 1,283,543 | 1,759,253 | 78,694 | 1,063,345 | 1,421,262 |
| 電灯 | 79,396 | 741,121 | 1,075,520 | 49,361 | 613,211 | 910,163 |
| 電力 | 14,778 | 358,801 | 353,183 | 5,158 | 298,963 | 268,742 |
| 電鉄 | 35,350 | 183,621 | 330,550 | 24,176 | 151,171 | 242,358 |
| 海運 | 283,878 | △ 97,610 | 18,037 | 53,207 | 95,159 | △ 12,606 |
| 構成比 | 1914-19 | 1920-24 | 1925-29 | 1914-19 | 1920-24 | 1925-29 |
| 製造業小計 | 61.7% | 42.9% | 31.8% | 60.8% | 37.4% | 30.4% |
| 紡績 | 21.8% | 14.4% | 6.0% | 14.7% | 15.1% | 6.5% |
| 造船 | 13.4% | 2.9% | 0.3% | 8.0% | 2.2% | 1.8% |
| 肥料 | 3.5% | 3.5% | 3.9% | 4.7% | 3.5% | 2.0% |
| セメント | 2.3% | 4.1% | 3.8% | 4.0% | 3.5% | 3.6% |
| 製糖 | 11.4% | 6.0% | 5.9% | 18.6% | 5.0% | 5.4% |
| 製紙 | 6.6% | 6.6% | 8.5% | 7.9% | 5.1% | 7.0% |
| 麦酒 | 1.6% | 3.6% | 3.1% | 2.5% | 2.1% | 3.4% |
| 電気・電鉄小計 | 9.3% | 58.9% | 65.8% | 15.9% | 54.3% | 69.1% |
| 海運 | 20.4% | -4.5% | 0.7% | 10.8% | 4.9% | -0.6% |

出典）東洋経済新報社編『事業会社経営効率の研究』（東洋経済新報社，1932年），藤野正三郎・寺西重郎 2000年）より作成．

**表 1-11　大企業部門の資金調達と投資**（1914-29 年）

（1,000 円）

| 全業種合計 | 1914-1919 | 1920-1924 | 1925-1929 | 1914-1919 | 1920-1924 | 1925-1929 |
|---|---|---|---|---|---|---|
| 自己資金 | 725,806 | 1,503,780 | 1,288,888 | 79.3% | 69.0% | 48.3% |
| 払込資本金 | 251,278 | 1,046,000 | 836,320 | 28.7% | 47.9% | 31.2% |
| 積立金その他 | 141,430 | 161,152 | 139,996 | 15.1% | 7.4% | 5.3% |
| 利益金・繰越金 | 153,827 | 33,323 | 26,098 | 16.4% | 1.5% | 1.0% |
| 償却 | 179,272 | 263,305 | 286,474 | 19.1% | 12.1% | 10.8% |
| 外部負債 | 194,513 | 670,184 | 1,369,857 | 20.7% | 31.0% | 51.6% |
| 流動負債 | 130,672 | 328,902 | 364,119 | 13.9% | 15.1% | 13.7% |
| 長期負債 | 63,841 | 341,281 | 1,005,739 | 6.8% | 15.9% | 37.9% |
| 合計 | 920,319 | 2,173,963 | 2,658,746 | 100.0% | 100.0% | 100.0% |
| 投資額 | 938,876 | 2,173,286 | 2,647,432 | 100.0% | 100.2% | 99.9% |
| 固定資本 | 416,960 | 1,785,669 | 2,039,685 | 44.5% | 82.1% | 76.7% |
| 流動資本 | 517,718 | 371,317 | 575,050 | 55.2% | 17.1% | 21.6% |
| その他 | 4,198 | 16,300 | 32,697 | 0.4% | 0.7% | 1.7% |

出典）　前掲『事業会社経営効率の研究』（東洋経済新報社，1932 年）より作成.

**表 1-12　財閥参加企業の事業部門別利益金**

（1,000 円）

| 三井（1918 年上期） | | 三菱（1917 年上期） | | 住友（1918 年上期） | |
|---|---|---|---|---|---|
| 三井物産 | 19,199 | 鉱山部 | 3,994 | 住友銀行 | 2,840 |
| 三井鉱山 | 9,574 | 炭坑部 | 342 | 別子鉱山 | |
| 三井銀行 | 2,755 | 営業部 | 2,807 | | |
| | | 地所部 | 565 | | |
| | | 銀行部 | 1,473 | | |
| 小計 A | 31,529 | 小計 A | 9,181 | 小計 A | 2,840 |
| 芝浦製作所 | 4,112 | 造船部 | 8,751 | 住友製鋼所 | 1,189 |
| 日本製鋼所 | 2,466 | | | 住友伸銅場 | 1,200 |
| 電気化学 | 935 | | | 住友電線製造所 | 505 |
| 小計 B | 7,514 | 小計 B | 8,751 | 小計 B | 2,894 |
| B/A | 23.8% | B/A | 95.3% | B/A | 101.9% |

出典）　三井・住友については，山崎広明・柴垣和夫・林健久『講座 帝国主義の研究 6』（青木書店，1973 年），三菱については，旗手勲『日本の財閥と三菱』（楽游書房，1978 年）150-151 頁.

れていた有価証券投資による配当収入を急増させていた。たとえば三井合名では、合名全体の収入に占める割合は一五％前後であったがその金額は二五〇万円という「相当の額」に達していた[35]。また、三菱では、合資会社の有価証券投資は直系会社以外にはきわめて少額であったが、これとは別に岩崎久弥が猪苗代水力電気株二五二万円（額面、以下同じ）、東京海上株一七七万円、横浜正金株一〇三万円、日本郵船株八七万円（以上『全国株主要覧』大正九年版より持株数を基礎に算出）など一〇〇〇万円近い株式を所有しており、その配当収入も一つの基盤として岩崎家が三菱合資会社に巨額の貸付を行うという資本構造をもっていた。このように個々の財閥の間には相違があったとはいえ、大戦中の高利潤、高配当は、財閥の資本蓄積基盤を重工業部門の比重増加、投資収入の増大などによって多様化させつつ拡大していったのであり、そのことが本社機能の分離・充実による有機的連関をもった資本運用、管理統轄機構の整備を必要とさせたと考えられる(36)。

## 2　財閥組織の機能と二流財閥の位置

以上述べた諸条件に促されて財閥はコンツェルンとしての組織形態を整えていくことになった。直営事業部門の独立と株式会社化、株式投資の拡大による関連事業への進出とそれらに対する重層的な支配構造の成立、これらの事態は、財閥本社が株式所有による支配集中のメカニズムをコンツェルンとしての組織形態をとるなかで自らのものとしていったことを示している。しかも、住友・三井の両銀行の株式公開の事例が示すように、両財閥は銀行株の公開によって巨額のプレミアムを取得した。この一連の株式発行に伴う金融的操作は、銀行部門の預金増大とともに、有力財閥が金融部門を通して封鎖的資本所有構造をもつ本社および直系事業部門の資金基盤を強化していったことを示すといってよい。重要なことは、財閥コンツェルンが自ら重化学工業部門を蓄積基盤として部分的に包摂しつつ、保有する株式などの金融資産の操作などによって内部資本市場を基盤とする持株会社機能を備えるようになったことである。こうして財閥は、新たな資本蓄積のあり方を代表する資本となったと考えることができる。そしてこの財閥コンツェルンの成立は、一九二〇年代に進展する各産業部門でのカルテル化の中軸となる有力企業の経営基盤が確立したことを意味した。

**表 1-13　第一次世界大戦期の大株主，その持株数と評価額**（1916・19 年）

（1,000 株，1 万円）

| 氏名 | 1919 年 | | 1916 年 | | |
|---|---|---|---|---|---|
| | 持株数 | 評価額 | 順位 | 持株数 | 評価額 |
| 宮内省 | 843.6 | 23,396 | 1 | 552.5 | 18,892 |
| 大蔵省 | 1043.0 | 17,733 | 2 | 1,030.0 | 15,138 |
| 三井合名 | 579.3 | 4,514 | 4 | 388.7 | 4,722 |
| 岩崎久弥 | 212.1 | 4,263 | 5 | 217.6 | 1,794 |
| 久原房之助・久原鉱業 | 581.1 | 2,944 | 3 | 181.0 | 4,824 |
| 大倉喜八郎 | 270.2 | 2,337 | 9 | 147.2 | 1,353 |
| 三井鉱山 | 220.4 | 1,908 | 39 | 102.8 | 555 |
| 住友吉左衛門 | 231.9 | 1,545 | 123 | 9.9 | 273 |
| ゼネラル電気 | 67.5 | 1,432 | 15 | 40.8 | 1,060 |
| 川崎芳太郎 | 164.3 | 1,393 | 14 | 72.2 | 1,121 |
| 山口達太郎 | 215.5 | 1,353 | 12 | 104.8 | 1,126 |
| 津田信太郎 | 73.6 | 1,273 | 20 | 56.9 | 964 |
| 若尾幾造 | 206.1 | 1,234 | 6 | 213.8 | 1,549 |
| 寺田甚与茂 | 75.7 | 1,137 | 32 | 49.7 | 640 |
| 川崎貯蓄銀行 | 129.6 | 1,099 | 37 | 53.1 | 594 |
| 安田善次郎 | 160.2 | 1,086 | 42 | 114.2 | 548 |
| 合名会社保善社 | 251.4 | 1,042 | 744 | 10.1 | 30 |
| 不動貯蓄銀行 | 104.9 | 1,039 | 58 | 31.9 | 448 |
| 安部幸之助 | 179.7 | 1,032 | 17 | 116.4 | 1,023 |
| 日比谷平左衛門 | 76.6 | 1,002 | 26 | 59.5 | 719 |
| 野村徳七 | 82.9 | 969 | 7 | 104.8 | 1,453 |
| 末延道成 | 35.2 | 950 | 79 | 32.6 | 385 |
| 塚本同族 | 67.5 | 946 | 35 | 34.3 | 629 |
| 廣海二三郎 | 97.9 | 940 | 151 | 24.2 | 233 |
| 山口吉郎兵衛 | 236.4 | 939 | 140 | 13.5 | 251 |
| 日本生命 | 87.6 | 911 | 34 | 66.0 | 634 |
| 前田利為 | 71.5 | 857 | 32 | 44.6 | 644 |
| 大阪商船 | 169.3 | 841 | | 75.6 | ? |
| 島津忠重 | 88.3 | 826 | 27 | 57.3 | 699 |
| 渋沢同族 | 141.1 | 808 | 25 | 78.3 | 742 |

出典）　武田晴人『大正九年版『全国株主要覧』の第一次集計結果』8（東京大学経済学部日本産業経済研究施設研究報告 43，東京大学出版会，1986 年，63 頁）第 21 表より作成．

ただし、三大財閥の覇権が第一次世界大戦期に成立したと評価するのは適切ではない。第一次世界大戦期には、靏見誠良・橘川武郎らが指摘したように(37)、有力財閥の外側に鈴木商店、久原鉱業などの急成長する企業グループがあり、古河や藤田などが持株会社を設立し、事業部門を株式会社として分社化するなどの「二流財閥」の発展も無視しえない存在であったからである。確かに第一次世界大戦期には、三大財閥の地位を脅かすような企業が株式市場で資金調達を基盤に急成長を遂げていた。それは「コンツェルン形成運動」と評価することを許すような際立った特質であったという橘川の主張は傾聴に値する。

これらの企業成長の基盤となる株式市場が全国的なブームにわいていたことは前節でみたとおりであるが、この点を『全国株主要覧』に記載されている所有株式の評価額・株数の上位社のリストからみると、表1-13のとおりで、宮内省や大蔵省などを別にすると、三井合名・岩崎家などに次いで、久原・大倉や川崎造船所の川崎芳太郎などの名前を見ることができる。一九一九年の三井合名四五一四万円は三井物産・三井鉱山などの非公開株式会社を含まないので、これを三井合名の記録と対照すると合名所有有価証券額は一億五五一七万円余である(38)。また三菱合資会社の所有有価証券額は一九年には一億三四一五万円を記録している(39)。したがって、同表では三大財閥の地位はかなり過小評価になっていることに注意を要する。また、直系企業である古河鉱業・古河商事、古河銀行が非公開であった古河合名の一八年上期末の有価証券保有額は四八〇〇万円余りに達するから(40)、この表は株式所有が大きい個人・法人について大株主を網羅しているわけではない。しかし、株式市場を利用した資金調達によって成長を遂げた企業群の地位を知るうえでは有益であろう(41)。

久原については、一九一九年に休戦反動による株価の低下によってやや地位を落としているとはいえ、一六年に株式保有評価額が表示されているなかでは第三位に位置しており、三井合名の直系企業への出資額六〇七〇万円の八割近い水準にあるなど、その高い成長は目を見張るものがある。

しかし、このような成長がみられた要因としては、次の点を留意する必要がある。第一は、追上げを図るこれらの企業に対して、三大財閥では三井を典型として株式市場を利用した事業拡張に相対的に消極的であったことである(42)。この保守性は、三井では直系事業における利益の再投資が優先された結果であったが、それでも傍系企業の増資などの資金需要については、保有株の一部を売却して株価上昇の果実を売却益として取得するなどの活況を呈する株式市場から十分な恩恵を受けていた。しかし、投資利回りからみると、内部留保を重視して配当が抑制されて利回りが必ずしも高くない直系企業を優先し、高収益の傍系企業や新規事業投資については慎重であった。このことが、新興企業群の参入の余地を与えていたということになる。経済規模の急拡大が、財閥が事業投資分野においてカバーできない隙間を大きくしていたことが、コンツェルン形成運動が活発化する背景にあった。

それ故、第二に、投資拡大のテンポが鈍化し、株式市場が活気を失っていくと、このような株式会社制度を利用した積極的な企業成長戦略は限界に直面することになる。つまり、大戦期のブームは商品投機と同様に短期的で一過性のものであった。前掲表1-11によると、一九二〇年代に入ると大企業部門では投資規模が小さくなる一方で、資金調達では外部負債比率が上昇した。そして、古河・藤田などの二流財閥や鈴木商店、久原鉱業などの経営不振によって、これらの追上げを図っていた企業群の勢いが失われた(43)。その後、一九三〇年代に入って、三大財閥が財閥批判などを背景に新規投資に消極的になるなかで、日本鉱業、日本窒素、日本曹達などの新興財閥が間隙を突いて急成長をみせるまで、財閥の相対的な地位はむしろ高まった。

第三に、こうしたなかで、企業資金の供給ルートが株式市場から社債市場や金融市場に移動すると第一次世界大戦期の成長企業モデルは、有効性を失いつつあった。これらの要因によって、「二流財閥」の成長は一過性のものに止まった。

## 四　過剰資金と資本輸出

### 1　過剰資金と「自前」の資本輸出

第一次世界大戦期に極度の金融緩慢が生じたことはすでに指摘したが、これにより金融市場で過剰化した資金は、財政剰余金による正貨買い上げなどによって吸収される一方、有力銀行預金と預金部資金とが結合され、実質的には段祺瑞政権への政治借款であった「西原借款」などの形で資本輸出にも向けられた。しかもこの過剰資金は、すでにみたように株式ブームのなかで植民地会社への株式投資とも結びついていた。

大戦期の資本輸出は、英・仏・露三国の戦時公債引受けと対中国借款がその中心をなし、とくに後者は「西原借款」に代表される日本興業銀行・台湾銀行・朝鮮銀行の三特殊銀行による借款のほか、横浜正金銀行、東亜興業、中日実業など多様なルートを介して行われた。このような資本輸出は、貿易収支の大幅な受取超過となったことによって国内通貨供給量が増大し、この供給増が物価の安定性を損なうことを危惧した政府・日本銀行の金融政策上の理由によって後押しされていた。のちに明らかにするように（第5章参照）、この金融政策は、財政剰余金による正貨買い上げという「金不胎化政策」を主としていたが、資本輸出もこれを補完する意義を有していた。

この時期の資本輸出の特徴として、ここでは、第一に、国際収支受取超過を前提とした「自前の」資本輸出であり、それまでの輸入外資の転貸と全く異なり、国内資金を源泉とするという性格をもつこと、第二に、それまでの預金部資金を原資とする資金創出ルートに加えて、特殊銀行四行と五大銀行を中心とする民間有力銀行一四行の計一八銀行による海外投資銀行団が成立したことによって民間資金に依存した資本輸出創出ルートが形成されたことに注目しておきたい。国家の主導下に展開した資本輸出の以上の特徴は、この時期の資本輸出が「大戦前とは段階的差異を有する」[44]と評価され、財閥を中心とする民間資本の蓄積が資本輸出においても国家機構との密接な連繫をもつに至ったことを意味していた。

その事情を最も典型的な事例である「西原借款」について簡単にみておこう[45]。「西原借款」の基盤となった勝田主計らの政策構想については、大森とく子[46]、鐚見誠良[47]らの研究によって明らかにされているので詳細は省略するが、借款供与に際して大森が指摘したように、通貨圏問題と並んで鉄鉱石確保＝鉄自給策が重要な経済問題として考慮されていた。この製鉄原料問題は大戦中の発展が明らかにした産業構造上の隘路の一つであった鉄鋼不足＝「鉄飢饉」に連繫していた。

以上の構想に関わる問題に加えて、さらに、借款原資の調達方法に注目すると、「西原借款」八口一億四五〇〇万円のうち一億円は日本興業銀行債の発行により、市場資金を吸収することでほぼ調達された。この市場資金の吸収を可能にしたのは、政府の元利保証という全面的な援助を前提として、財閥系銀行を中心に結成された海外投資銀行団の協力であった。興銀債一億円が二度に分けて発行された一九一八年下期において、第一、三井、住友、三菱などの各銀行の所有公社債が三〇〇万円以上の急増をみせていることは、これらの海外投資銀行団に参加した各行が有利な投資対象として興銀債消化に積極的に協力したことを推定させる。大戦中の国際収支受取超過を背景とする異常な金融緩慢という条件により生まれた民間の過剰資金が、こうして国家主導下の資本輸出に動員された。この資本輸出に対する民間資金の動員は、海外投資銀行団を介して「西原借款」以外の借款にもみられたものであり——たとえば横浜正金経由の幣制改革借款、東亜興業の諸投資などであり、銀行団は興銀債「消化機関という性格をこえて対中国投資を行」う目的をもっていたのであるが(48)——財閥による直接的な投資活動とあわせて、大戦前の資本輸出のあり方とは決定的に異なる特徴だと考えられる。

## 2 資本輸出の意義

以上のごとき資本輸出の変化がもっていた意義はどのようなものであろうか。すでに日露戦後期に鉄道国有化に伴う交付公債所有の負担軽減を狙ったといわれる国債利子免税(一九〇九年)の見返りに、有力銀行は一九一〇年に国債引受けシンジケートを結成して財政面で国家機構と結合を深めつつあった。これに加えて、大戦期には主として国家の「政治的必要」に基づく資本輸出の面でも有力銀行が国家機構と新たな結合を遂げたということに注目すべきである。とくに、この点では財閥における銀行の位置と役割が重要であった。コンツェルン化にあたって外部資金の導入による財閥の資金基盤の強化に重要な役割を演じた銀行は、大戦期の高利潤によって生じた余裕資金を政府保証に依拠しながら資本輸出する機能をも担ったからである。しかも、国家財政を基盤とする特殊銀行・軍工廠・製鉄所などの「国家資本」が日本資本主義の再生産構造において不可欠の構造的位置にあったことを考慮すれば、国家財政が歳入面で法人所得税に依存する度合いが強くなってきたことにも注意すべきであろう。したがって、このような変化がもっていた意義は、「独占的」銀行資本を直接的な媒介としながら、さらには租税構造の変化を通して、帝国主義国家機構が財閥を中心とする資本蓄積との相互依存関係を深化させたことを表現している。

しかし、若干の留保をつければ、すでに述べたことからも明らかなとおり、この過剰資金を独占利潤に基づく典型的な意味での過剰資本というように、欧米帝国主義に関する歴史的観察から導き出された「帝国主義論」のそれと同じものと規定することは適切ではない。それは大戦中の特殊な条件に規定されて過剰化した資金が資本輸出されたというべきであり、それ故、こうした条件が大きく変化した一九二〇年代には一定の限界をもたざるをえなかった。この時期の日本の金融・資本市場は、政府保証なしには資本輸出を実現できるほどには成熟しておらず、政府保証を必要とする限りで、市場による資金配分が対外投資に結びつけるためには限界があった。

## 五　賃金の上昇と労資関係の変化

### 1　物価上昇と労働力市場の「売り手市場化」

第一次世界大戦期を特徴づける現象の一つは、激しい物価の騰貴であった（図1-2）。軍事物資を中心とする世界的な物価上昇を背景に、輸入途絶による需給の著しい不均衡が全般的な内需の旺盛・輸出の増大により一層拡大し、急激な物価騰貴を引き起こした。大戦初期から鉄鋼・銅などの軍需関連品が急騰し、さらに一九一六年後半から一七年初めにかけて米をはじめとする生活物資が上昇傾向に入った。これは、一九一五年八月のボンド＝ドル「釘付操

図1-2　物価指数・賃金指数の推移

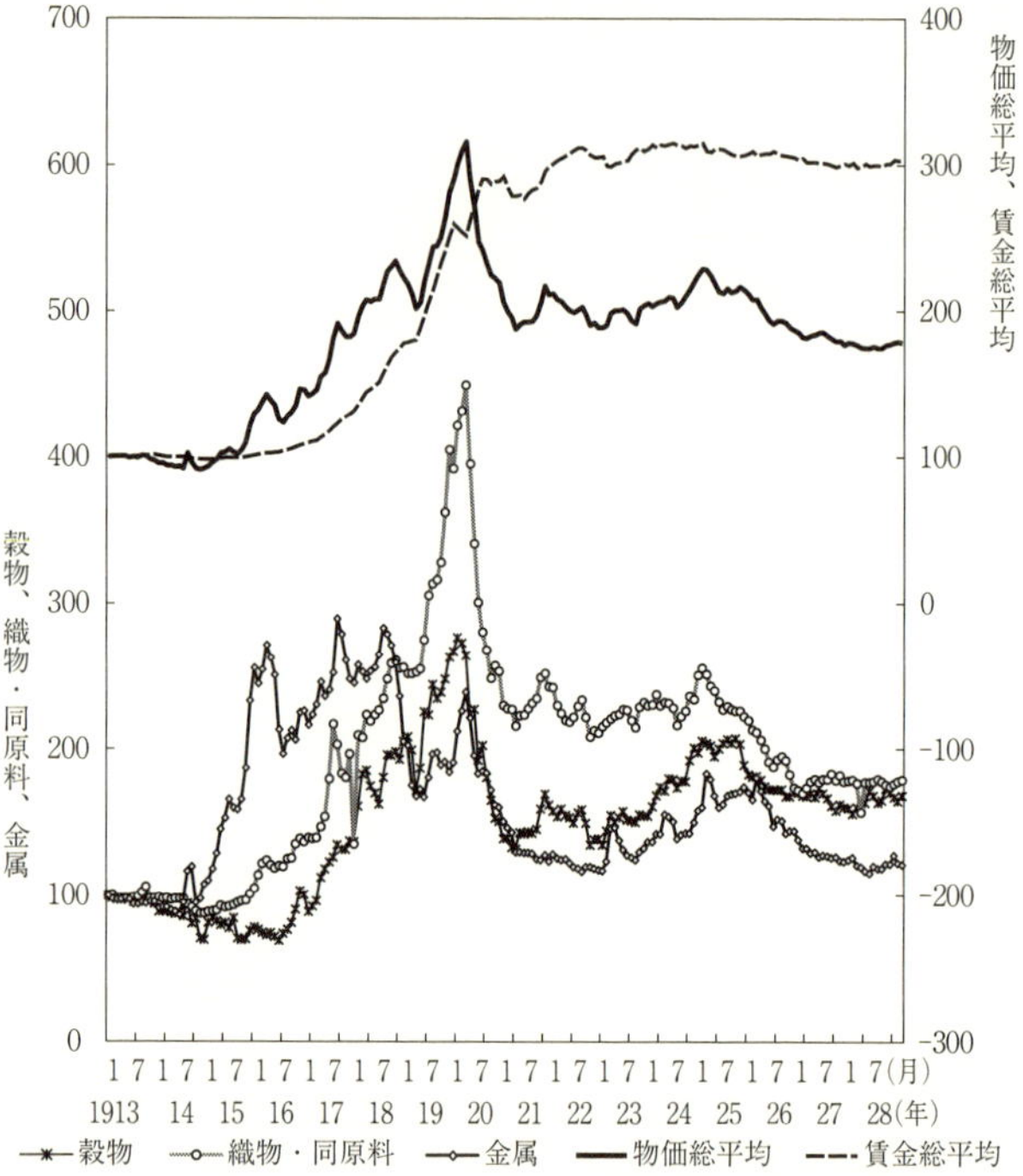


出典）　武田晴人「日本帝国主義の経済構造」『歴史学研究』1979年別冊特集，151頁．

作」によって同年一一月ころから急騰しはじめたアメリカの物価動向に対して、一年余り遅れて日本の物価水準が上昇していったことを示している。その原因は、対外決済円滑化のために採られた日本銀行の積極的な貸出政策とともに、第二節で指摘したような国際金融上の混乱に規定されて発生した商品投機にあった。一九一六年から一七年にかけて綿糸を中心とする投機が各種の相場商品に拡大するなかで、一七年からの急激な物価上昇が引き起こされた。

この急激な物価騰貴は、企業部門に膨大な戦時高利潤をもたらしたが、他方で実質賃金の低下により困窮化した労働者民衆の広範な抵抗を呼び起こした。とくに一九一七年ころから生活物資である穀物・その他食料品などの価格上昇が本格化した結果、一七年六月以降には労働争議が頻発し、その対抗のなかで労賃水準が物価を追いかける形で上昇した。労賃水準の引上げを可能にしたのは、労働者の攻勢的争議という主体的条件に加えて、資本の側に高利潤を基礎とする支払能力の増大と高利潤を維持するためには争議による休業を回避したいという妥協的な態度とがあったことであろう。しかも、この労資双方の対応の変化には、米騒動とロシア革命という内外からの衝撃が与えた影響がきわめて大きかっ

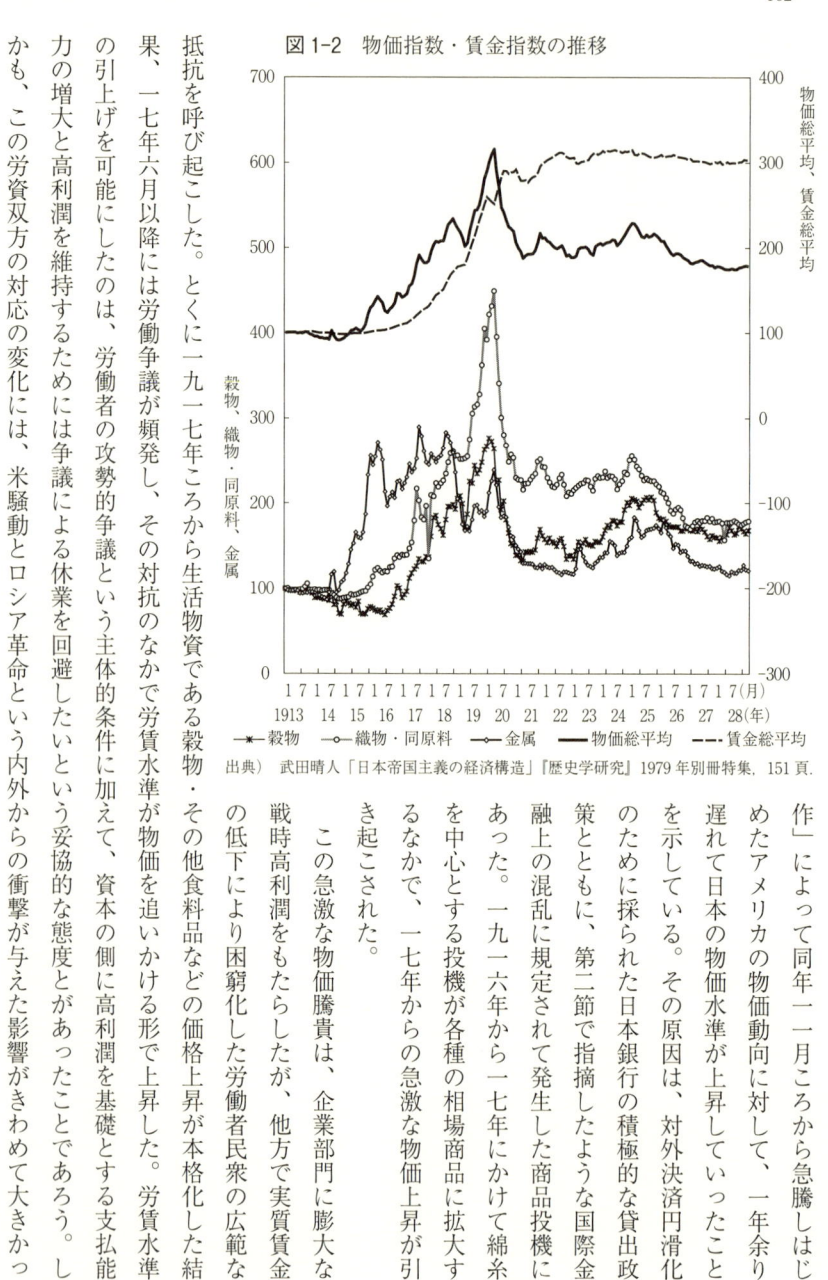

**表 1-14 「副業的」労働移動（1917・1919 年）**

| | 男 | | 女 | | 1919/1917 | | 平均賃金 | | 備考 |
|---|---|---|---|---|---|---|---|---|---|
| | 1917 人 | 1919 人 | 1917 人 | 1919 人 | 男 % | 女 % | 1917 銭 | 1919 銭 | 平均賃金を例示した県（出稼先） |
| 農業出稼 | 11,401 | 11,191 | 24,746 | 24,894 | 98 | 101 | 80 | 120 | 新潟（近県） |
| うち養蚕 | 3,126 | 3,797 | 11,917 | 13,680 | 121 | 115 | 70 | 120 | 新潟（長野・福島） |
| 製糸 | 7,709 | 9,834 | 79,353 | 94,593 | 128 | 119 | 40 | 65 | 新潟（近県） |
| 紡績 | 3,239 | 3,855 | 17,419 | 24,116 | 119 | 138 | 35-40 | 60-70 | 新潟（関東） |
| 機業 | 642 | 896 | 4,810 | 5,935 | 140 | 123 | 60 | 130 | 愛知（県内） |
| 土木建築 | 7,346 | 7,902 | 1,039 | 856 | 108 | 82 | 100-150 | 150-200 | 富山（全国） |
| 酒造 | 34,200 | 35,060 | 154 | 299 | 103 | 194 | 80 | 150 | 兵庫（県内） |
| 各種工場 | 5,978 | 7,048 | 2,691 | 4,859 | 118 | 181 | 100-130 | 150-230 | 福岡（県内，大阪） |
| 漁撈・林業 | 71,923 | 85,686 | 2,999 | 5,036 | 119 | 168 | 150-190 | 230-320 | 富山（製炭）の例 |
| 鉱山 | 9,327 | 12,151 | 3,893 | 5,511 | 130 | 142 | 200 | 300 | 福岡（県内，佐賀） |
| その他 | 23,489 | 23,813 | 4,358 | 4,954 | 101 | 114 | - | - | |
| 合計 | 175,254 | 197,436 | 141,462 | 171,053 | 113 | 121 | - | - | |

出典）農商務省『副業的季節労働移動ニ関スル調査』，1922 年．
注）副業の内容は資料上の規定による．

たことは言うまでもない。第一次世界大戦期の労資関係の変容については、詳細は第2章において検討されるので、ここでは行論に必要な範囲で要点を述べるに止めたい。

まず、右のような対抗を直接的に規定した条件の背景に、労働力需要の急増によって生じた労働力市場の急速な逼迫があり、労働力市場が「売り手市場」化したことにより労働運動が労働者側に有利に展開したことが重要であろう[49]。とくに、戦後ブーム期には養蚕業・織物業などが活況であったことから農村地方経済内部でも労働力需要が急増していた（表1-14）ため、農村・農業から都市・工業へという労働力移動が制約され、また、都市・工業内部でも輸入再開によって投資が本格化したために一段と労働力需要が増大していたから、労働力市場を一層緊張させることになった。戦後ブーム期に賃金水準がテンポを早めて上昇していった背景には以上の条件が存在したのである。

### 2　就業構成の変容

このような労働力市場の変動は、労賃水準上昇の客観的条件を与えると同時に、産業資本確立期の分断的な労働力市場から、全国的に統一的な労働力市場が端緒的に形成されつつあったことを表現し、その結果、原朗の明らかにしたように、就業構成の大規模な変容をもたら

**表 1-15　階級構成の変化**

(%)

| | | 1914 | 1920 | 1930 | 1940（年） |
|---|---|---|---|---|---|
| 経済的支配階級 | | 2.0 | 2.0 | 1.9 | 1.8 |
| 中間層 | | 29.8 | 28.3 | 27.8 | 26.1 |
| 被支配階級 | | 68.2 | 69.7 | 70.3 | 72.1 |
| 中間層 | 農林漁業 | 64.1 | 57.4 | 59.8 | 50.3 |
| | 商工業自営 | 24.3 | 31.3 | 23.2 | 30.9 |
| | 独立技能者 | 11.6 | 11.3 | 17.0 | 18.8 |
| 被支配階級 | 農林漁業 | 60.7 | 53.1 | 46.0 | 42.6 |
| | 商工業自営 | 7.8 | 9.1 | 9.5 | 11.0 |
| | 労働者 | 31.5 | 37.8 | 44.5 | 46.4 |

出典）原朗「階級構成の新推計」（安藤良雄編『両大戦間の日本資本主義』東京大学出版会，1979 年）346 頁.

した。その要点は「一九一四年から一八年までの第一次大戦期において農業人口の急減と製造業の急増により就業構成が一変し」たことである。[50] これを反映して階級構成にも一定の変容がみられた。原の推計結果（表1－15）は、中間層の広範な残存という特徴的な構成を明らかにしており、それ自体として戦前日本の階級構成の特徴を示したものと考えられる。しかし、同時にその中間層内部で農林漁業者の減少と商工自営業者の増加という構成変化が示されたこと——この点は第三節で明らかにした株主層の広範な存在との関連などを示唆される[51]——さらに、一九一四—二〇年に被支配者階級内部において労働者構成比の顕著な増大がみられたこと、などが明らかにされている。とくに、後者については労働者構成比の増加のテンポが一九二〇年代および三〇年代よりも大戦期の方が早かったことも注目できる。その限りでは、原の推計に依拠してもなお、大戦期の日本資本主義の急速な発展が階級構成に与えた影響の大きさを重視しなければならない。

ところで、大戦期に端緒的に形成された労働力市場の統一性は、一九二〇年恐慌を経ることで歪曲され、重工業大経営における工場委員会体制に象徴される協調的労使関係の成立を前提として、大経営常用工を中心とする閉鎖的労働力市場が成立したこと、これと臨時工・中小商工業労働者・雑業層などを含む労働力市場とが分断されていったこと、そして、重要な点は、この労働力市場の二重構造化、協調的労使関係の形成が、労資関係の構造的な変化を表現するものだったことであろう。

また、以上の過程は基幹的な男子労働力が労働者家族を形成し、高率小作料＝低賃金という相互規定関係から一応自立した再生産を行いうる条件が成立したことを意味する。しかも中村政則が指摘したように、国家財政収入に占める地租と所得税の構成変化は、国家財政が「独占資本への依存度を強めていった」ことを表現している。依然として分厚い低賃金労働力が朝鮮人労働力に補充されつつ存在し、租税負担構造においても中間層重課・資本軽課構造が維持されていたとはいえ[52]、これらの変化は、中村によれば、「資本蓄積様式の転換を示唆する一つの重大な局面変化が」、「地主制の構成的意義の低下」のうちに生じていることを明らかにしている[53]。そして、かかる構造的位置の後退は、暉峻衆三が指摘したように[54]、地主・小作関係の対抗に資本制的再生産の理念を持ち込むことによって、その対抗を激化させたこととあわせて、大戦中の資本主義の急速な発展が、地主制に与えた影響として重視されねばならない。

## 六　一九二〇年恐慌とその帰結

### 1　恐慌の発生

一九一九年七月のポンド下落により拡大した貿易の入超、日本銀行の再度の金利引上げなどに示される経済環境の変化のなかで、商品投機の重要な要因であった銀価格が一九二〇年三月初旬にロンドン市場で暴落し、これを引き金として三月一五日の株式暴落を起点に日本資本主義は激しい恐慌に見舞われることになった。詳しい恐慌過程の分析は、第3章に譲るが、ここでは第一次世界大戦期の構造変容の意義を明らかにすることに必要な範囲で言及しておきたい。

恐慌の激しさに、綿業総解合《そうとけあい》や久原商事・古河商事などの貿易商社の破綻に示される大規模な流通過程の再編をもたらし、他方、日銀を頂点とする国家金融機関による救済を不可避とした。しかし、救済により徹底した整理が回避されたとはいえ、戦時利潤を持ち越し経営基盤を強化していた三井・三菱・住友の財閥資本や巨大紡績資本と、大戦ブームに乗って急拡大を目論んだために投機的経営状態を免れえなかった久原・鈴木・古河などとの格差は決定的となった。それらも救済融資と戦時利潤の食い潰しによって再建を模索することになったが、それはきわめて困難であった。これに対して豊富な自己資金をもつ巨大紡績資本は資金面での自律性を強める一方、一九二〇年代の中心的な投資部門となった電力業は、財閥銀行・信託などの援助を受けつつ資本市場を介して巨額の資金を吸収して拡大した。大戦期に急拡大した造船と鉄鋼も一九二〇年恐慌によって著しい打撃を受け、世界的な船腹過剰と八八艦隊計画の挫折による需要急減に見舞われた造船業は電気機械などの部門へと多角化を志向し、他方、激しい国際競争にさらされた鉄鋼業は価格低落下での内需堅調に支えられて官営製鉄所と民間鉄鋼企業との相互依存関係を深めながら数量的には拡大するという特徴的な展開をみせた。こうした産業構造・資本構造の変化のなかで、日銀の救済融資条件に促されて、財閥系企業を基軸として各産業でカルテル化が進み、独占的産業組織が本格的に成立した。石炭、セメント、銅、鋼材などのカルテルがその例といえよう。しかし、この独占形成過程は、再開された激烈な国際競争の圧迫と大戦中の競争構造の流動化とを前提として、実質賃金の「高位安定」という制約を課せられた諸資本が死活の競争戦を通して個別資本レベルで合理化を模索していく過程であった。

以上、要約すると、第一次世界大戦期の日本は、日露戦後の発展の軌道に沿いつつ、大戦という特殊条件に支えられながら、膨大な戦時利潤を基礎とする金融緩慢を背景に、株式ブームに象徴される資本市場の構造変化、財閥コンツェルンの成立を典型とする「独占的」資本構造の形成、「国家独占」との結合に基づく「自前の」資本輸出機構の成立、労資関係と階級構成の変容、地主制の「構成的意義の低下」という特徴的な変化をみせた。これらの特徴的な変化は、日本資本主義が産業資本確立期とは段階的に異なる再生産構造をもつに至ったことを示すと考える。そして、この構造変化こそが、日本帝国主義が帝国主義的経済構造をその内実として形成していったことを表現しているのである。こうして、第一次世界大戦期は日本資本主義の再生産構造に新たな展開を迫る重大な転換点となった。

## 2　国家の経済的役割の変質

最後に、その意義を国家の経済的役割、経済諸政策の特徴点にふれながら、一九二〇年代を展望しつつまとめておこう。第一に、諸産業に対してカルテル化を助長し、これを保護する目的をもって、一九二六年の関税定率法の改正に代表される関税引上げが行われたことが重要である。この一連の「保護関税」政策は大戦期に進展した産業構造の変化を定着させるための重化学工業保護の性格をもつとともに、産業部門における独占成立に重要な役割を果たした。これに関連して第二に、八幡製鉄所の鋼材販売、石炭購入、満鉄の撫順炭販売をめぐる財閥商社の位置とそれを槓杆とする鋼材・石炭でのカルテル活動が重視されねばならない[55]。国営企業との結合を通じて財閥商社はカルテル結成の基軸となり、あるいはカルテル内での優位を保持していたからである。しかも、八幡製鉄所は、第三次拡張計画によって「官需充足工場から民間への鉄鋼供給工場へ」とその性格を転換しつつあり[56]、ワシントン体制下の軍備削減のなかでその構造的位置を変えていった。ここには国営事業などが私的な独占組織と緊密な結合関係をもつに至ったことが示されている。第三に、労資関係・階級構成の変化に対応して、労働政策が一九一九年の治警法一七条適用緩和を起点に新たな展開をみせた[57]。それは、労働組合法案を一つの焦点としつつ、労働争議調停法制定、治警法一七条撤廃という形で労資協調体制に照応する宥和方針として表現されたが、同時に治安維持法に代表される弾圧方針と一体化した政策体系として推進され[58]、普選・治安維持法体制のなかで労働市場の二重構造＝重層性を構造的に定置することになった。第四に、これを補完するものとして植民地政策が新たな展開をみせた。つまり、労資協調体制の帰結である実質賃金の「高位安定」を解消し、階級対抗の激化を防止するために、一方で植民地米移入による米価の安定が図られるとともに、他方でその飢餓的移出と表裏の関係にある植民地からの朝鮮人労働力の大量移入によって低賃金基盤を補強するという日本帝国主義の強圧的過酷な植民地政策が必然化したということである。このうち、植民地朝鮮からの労働力の流入は賃金が騰貴しはじめる一九一七年と恐慌後の二二年を画期に急増傾向にあり[59]、大戦中の経済構造の変化が植民地領有に新たな意義を付与したものとして注目しなければならない。しかも、対植民地資本輸出について付言すれば、山本有造の推計[60]による植民地の対「本土」収支中、「証券・事業投資」受取超過額は、台湾で一九一七年、朝鮮で一八年をそれぞれ画期として急増しており、植民地が資本輸出に占める意義の増大と、これに表現される植民地の構造的位置の変化が明らかである。第五に、資本輸出に関する国家の役割と位置については、一九二〇年代の対中国投資の双璧たる在華紡と満鉄とが論じられねばならない。紡績資本の典型的な過剰資本輸出とされる在華紡については、高村直助の研究では、大戦期における紡績資本の高利潤と中国民族紡績の急拡大を背景としつつ、賃金格差の拡大による日本紡績業の競争力の喪失——これは恐慌期の銀価格崩落で一挙に顕在化する——と、寺内内閣の援段政策に基づく関税引上げ承認、夜業廃止必至という労働政策の進展という具体的な条件が作用していたと指摘されている[61]。その意味では、国家の果たした役割と大戦期の経済構造の変化との影響がきわめて重要な意義をもっていたのである。他方、満鉄については、その投資資金は政府の外債肩代わり分を除けば、普通株の払込徴収・増資を基調とし、社債・手形借入金を通して財閥系銀行と密接な結びつきをもちつつ民間資金を動員する形で調達された[62]。大戦期とは形態が異なるとはいえ、国家機関を媒介として財閥資本が資本輸出に深い関連をもっていたことが明らかである。また、漢冶萍・裕繁公司など鉄鉱石確保を目的とする借款は、脆弱な国際競争力しかもちえなかった日本鉄鋼業に、半植民地収奪に基づく「低廉な」原料を確保することによってこれを下支えする役割を担ったものであり、資本輸出における国家の主導性と独占的な地位をもつ国営企業・国家機構の構造的意義が依然として重要であったと考えられる。海外投資銀行団は新四国借款団に参加することで対中国借款の主体としての位置を形式的に維持し、対外的には回収不能となった大戦中の対中国投資の元本と果実を、国家財政の負担によって——それは資本軽課・中間層重課の租税負担構造を通して民衆からの租税収奪によって——実質的に回収した。したがって、この「西原借款」の処理は、資本輸出をめぐる「国家独占」と「私的独占」との結合と評価されるような、やや後向きの形態を含んで維持されたといってよい(63)。しかし、同時に、「西原借款」の落とし子である満蒙五鉄道利権の本契約化交渉の破産が示すように、対外的には「西原借款」が一九二〇―三〇年代における中国民衆の日本帝国主義に対する抵抗を呼び起こし、日中両国間の矛盾を激化させていく要因の一つとなったことも見逃しえない。

以上のように、一九二〇年代は、大戦期の大規模な構造変化を起点として、これに規定されつつ、その変化に応じた新たな政策体系と支配構造を日本帝国主義が構築していく時代であった。

(1) 本章は、一九七九年の歴史学研究会近代史部会で行った報告(「日本帝国主義の経済構造――第一次大戦ブームと一九二〇年恐慌の帰結」『歴史学研究』一九七九年別冊特集)を基礎に加筆修正したものである。

(2) 橋本寿朗「重化学工業と独占」(『社会科学の方法』一〇七号、一九七八年。のちに同『重化学工業化と独占』東京大学出版会、二〇〇四年、第1章第2節に収録)。なお、事実の指摘として、第一次世界大戦期に重工業の未熟性が設備投資の制約になったことは、高橋亀吉『大正昭和財界変動史』が「当時の日本は、重工業の発達未だ幼稚であって、建設材料及び産業機械の大部分を輸入に依存していた。しかるに、欧米諸国はこれら品目の輸出を制限し、国内自給も極めて困難であった結果、折角内外からの大戦需要が激増したにも拘わらず、戦時中における生産設備の新設拡張は比較的僅少に止まった」と記述している(東洋経済新報社、一九五四―五五年、上巻、七九頁)。

(3) 橋本寿朗『大恐慌期の日本資本主義』(東京大学出版会、一九八四年)、および大石嘉一郎編『日本帝国主義史Ⅰ』(東京大学出版会、一九八五年)など。

(4) 橋本寿朗、前掲「重化学工業と独占」および『大恐慌期の日本資本主義』四四頁。ただし、この点については、石井寛治「産業・市場構造」(大石嘉一郎編、前掲『日本帝国主義史Ⅰ』所収)は、紡績機械において、第一次世界大戦期に国産化が遅れた理由について、製造技術獲得の困難性というよりは、「機械は一切和製品を使わない」方針の紡績資本や輸入機を取り扱う商社の利害に基づく面が大きかったのではないかとの注目すべき見解を表明している(一一二頁)。一概に重工業部門の低位性を強調してこれにより説明ができたとすることには問題があるということであろう。紡績機械以外の製造設備については同様の指摘が可能であるかは議論の余地があるが、他面で、紡績機械製造の未熟性は明白であろう。ここでは、投資に制約があった要因に重工業部門の未熟さがあったという基本的な主張は維持しておきたい。

（5）機械工業の発展については、沢井実『日本鉄道車輌工業史』（日本経済評論社、一九九八年）、および同『マザーマシンの夢――日本工作機械工業史』（名古屋大学出版会、二〇一三年）が代表的なものであり、参照されたい。

（6）本文とは異なるデータであるが、三和良一・原朗編『近現代日本経済史要覧』補訂版（東京大学出版会、二〇一〇年）一一頁。

（7）一九一一―一三年の製造業に占める重化学工業の生産額比率二三・五％から一四―一八年には三七・六％に増大している（橋本寿朗、前掲『大恐慌期の日本資本主義』二一頁、原資料は篠原美代平編『長期経済統計9　鉱工業』東洋経済新報社、一九七二年）。

（8）橋本寿朗、前掲『大恐慌期の日本資本主義』三二頁。

（9）佐藤昌一郎「国家資本」（大石嘉一郎編『日本産業革命の研究――確立期日本資本主義の再生産構造』東京大学出版会、一九七五年、上巻所収）参照。

（10）橋本寿朗、前掲『大恐慌期の日本資本主義』三〇―三九頁、海上運賃の高騰は三一頁による。

（11）村上勝彦「重工業」（大石嘉一郎編、前掲『日本帝国主義史Ⅰ』）二四一頁注100。原資料は日本鉄鋼史編纂会編『日本鉄鋼史』一九五〇年、二巻五号。

（12）橋本寿朗、前掲『大恐慌期の日本資本主義』三六頁。原資料は、飯田賢一・大橋周二・黒岩俊郎編『現代日本産業発達史Ⅳ　鉄鋼』（交詢社出版局、一九六九年）一九六頁。

（13）橋本寿朗、前掲『大恐慌期の日本資本主義』四一頁。

（14）このような政策の採用は、日本に特異のものではなかったことは、第5章を参照。

（15）宇野弘蔵監修、山崎広明・柴垣和夫・林健久『講座 帝国主義の研究6　日本資本主義』（青木書店、一九七三年）五九頁。

（16）橋本寿朗、前掲「重化学工業と独占」参照。上位集中度だけでは競争関係の変化を十分に表現しえないから、高村直助が主張する「大戦末独占確立説」には賛同しえない。

（17）飯田賢一ほか編、前掲『現代日本産業発達史Ⅳ　鉄鋼』一九六頁。

（18）伊藤正直「一九一〇―二〇年代における日本金融構造とその特質――対外金融連関を軸とする一考察」（『社会科学研究』三〇巻四、六号。のちに『日本の対外金融と金融政策――1914-1936』名古屋大学出版会、一九八九年に収録）。

（19）「世界銀市場の大勢」（『東洋経済新報』七七六号、一九一七年）。

（20）「綿糸市場狂騰の原因」（『東洋経済新報』七八〇号、一九一七年）。

（21）綿糸紡績業に即してみると、一九一八年一月から綿糸商の要請に応えて第八次操業短縮に踏み切ったことが、供給不足に輪をかけた可能性があることを見逃すべきではないだろう。これについては、高村直助「資本蓄積（1）軽工業」（大石嘉一郎編、前掲『日本帝国主義史Ⅰ』）一五七―一五八頁参照。

(22) 橋本寿朗、前掲『大恐慌期の日本資本主義』五〇―五一頁。

(23) 高村直助『日本資本主義史論――産業資本・帝国主義・独占資本』（ミネルヴァ書房、一九八〇年）第8章。初出は「独占資本主義の確立と中小企業」（『岩波講座 日本歴史18』一九七五年）。

(24) 志村嘉一『日本資本市場分析』（東京大学出版会、一九六九年）第3章。

(25) 野田正穂「鉄道国有化と証券市場の構造変化――わが国における私有鉄道の発達と証券市場の形成」（『経営志林』上、八巻二号、一九七一年、下、九巻四号、一九七三年）。

(26) 靎見誠良「第一次大戦期重化学工業化と〝新興〟財閥の資金調達機構」（『経済志林』四二巻三号、一九七四年）。

(27) 宇野弘蔵監修、前掲『講座 帝国主義の研究6 日本資本主義』五八頁参照。

(28) 日本銀行調査局編『日本金融史資料』（明治大正篇、二二巻、一九五七年）四六七頁。

(29) 武田晴人「戦間期日本企業の資金調達と投資行動――産業別企業財務データベースに基づく再検討」（『金融研究』三一巻一号、二〇一二年）を参照。

(30) 財閥の組織改革の経過とその理由については、武田晴人『日本経済の発展と財閥本社――持株会社と内部資本市場』（東京大学出版会、二〇二〇年）を参照。

(31) 古河については、武田晴人「日露戦後の古河財閥」（『経済学研究』〈東京大学〉二一号、一九七八年）を参照。

(32) 経済企画庁調査局調査課『三菱財閥における資金調達と支配』（一九五八年）を参照。関連して、武田晴人『日本産銅業史』（東京大学出版会、一九八七年）、および前掲『日本経済の発展と財閥本社』を参照。なお、三井については、一九一四年のシーメンス事件によって三井物産の幹部職員が辞職を余儀なくされたことが、その後の組織設計に影響を与えた可能性がある。この点については、三井文庫の吉川容研究員から示唆を受けた。

(33) 所得税制の変遷については、大蔵省編『明治大正財政史』第六巻（財政経済学会、一九三七年）、および大蔵省調査資料『所得税法人税制度史草稿』（一九五五年）を参照。

(34) 宇野弘蔵監修、前掲『講座 帝国主義の研究6 日本資本主義』二五頁（山崎広明執筆）。

(35) 松元宏『三井財閥の研究』（吉川弘文館、一九七九年）一六九頁。

(36) 旧稿「日本帝国主義の経済構造」では、重工業部門における投資制約が強調されすぎたきらいがある。第一次世界大戦期の変化としては、産業構造の重化学工業化が進展するなかで、この変化以上に株式市場の活況を利用した金融資産操作が実現していったことに注目すべきであると考えられる。

(37) 靏見誠良、前掲「第一次大戦期重化学工業化と〝新興〟財閥の資金調達機構」、橘川武郎『日本の企業集団――財閥との連続と断絶』(有斐閣、一九九六年)第2章参照。橘川説の初出は、「第一次世界大戦前後の日本におけるコンツェルン形成運動の歴史的意義」(『青山経営論集』二二巻一号、一九八七年)。

(38) 武田晴人、前掲『日本経済の発展と財閥本社』一〇七頁。

(39) 同前、一〇九頁。

(40) 武田晴人「第一次大戦後の古河財閥」(『経営史学』一五巻二号、一九八〇年)四六頁。

(41) なお、一九一六年の大株主では、第八位から一一位までに、小池国三、黒川幸七、竹原友三郎が含まれており、これらは志村嘉一が大戦期の株式市場の特徴として投機的性格の強い証券業者の存在を指摘していることに対応し、一九年には休戦反動によって五一位以下に転落している(武田晴人『大正九年版『全国株主要覧』の第一次集計結果』東京大学経済学部日本産業経済研究施設研究報告43、一九八六年、六二―六三頁)。

(42) この時期の財閥の動向については、武田晴人、前掲『日本経済の発展と財閥本社』を参照。

(43) 二流財閥については、伊牟田敏充「両大戦間における日本の企業金融――鉄鋼業とコンツェルン金融を中心に」(『経営史学』一二巻一号、一九七七年)、武田晴人、前掲「第一次大戦後の古河財閥」、同『鈴木商店の経営破綻――横浜正金銀行から見た一側面』(日本経済評論社、二〇一七年)などを参照されたい。

(44) 伊藤正直、前掲『日本の対外金融と金融政策――1914-1936』五三頁。

(45) 「西原借款」については、鈴木武雄監修『西原借款資料研究』(東京大学出版会、一九七二年)に基本的な情報が収録されている。

(46) 大森とく子「西原借款について――鉄と金円を中心に」(『歴史学研究』四一九号、一九七五年)。

(47) 靏見誠良「円為替圏構想とその現実――第一次大戦期における帝国日本の対外政策」(『経済学雑誌』〈大阪市立大学〉六七巻三号、一九七二年)。

(48) 伊藤正直、前掲『日本の対外金融と金融政策――1914-1936』七四頁。

(49) 二村一夫「労働者階級の状態と労働運動」(『岩波講座 日本歴史18』岩波書店、一九七五年)。

(50) 原朗「階級構成の新推計」(安藤良雄編『両大戦間の日本資本主義』東京大学出版会、一九七九年)三六〇頁。

(51) たとえば、伊藤武夫「第一次世界大戦期の株式市場と地方役資家」(『経済論集』〈新潟大学〉二五号、一九七八年)を参照。この論文は、一九八四年に続編が『立命館産業社会論集』三九号に発表されている。個人株主の分厚い存在については、志村嘉一、前掲『日本資本市場分析』において先駆的に指摘されたところであるが、より詳細な分析は、武田晴人、前掲『大正九年版『全国株主要覧』の第一次集計結果』を参照。
(52) 神野直彦「馬場税制改革案」(『証券経済』一二七―一二八号、一九七九年)。
(53) 中村政則『近代日本地主制史研究――資本主義と地主制』(東京大学出版会、一九七九年)一八三―一八八頁。
(54) 暉峻衆三『日本農業問題の展開』上、東京大学出版会、一九七〇年。なお同書下巻は一九八四年。
(55) 佐藤昌一郎「戦前日本における官業財政の展開と構造――官営製鉄所を中心として」(Ⅰ)―(Ⅱ)(『経済志林』三巻三―四号、一九六六七年)、桜井徹「南満州鉄道の経営と財閥」(藤井光男ほか編『日本多国籍企業の史的展開』大月書店、一九七九年)。
(56) 佐藤昌一郎、前掲「戦前日本における官業財政の展開と構造」(Ⅲ)六〇頁。
(57) 上井喜彦「第一次大戦直後の労働政策」(労働運動史研究会編『黎明期日本労働運動の再検討』労働旬報社、一九七九年)。
(58) 三和良一「労働組合法制定問題の歴史的位置」(安藤良雄編、前掲『両大戦間の日本資本主義』所収)。
(59) 戸塚秀夫「日本における外国人労働者問題について」(『社会科学研究』二五巻五号、一九七四年)。
(60) 山本有造の推計による(山澤逸平・山本有造『貿易と国際収支』東洋経済新報社、一九七九年)。
(61) 高村直助『近代日本綿業と中国』(東京大学出版会、一九八二年)第4章参照。
(62) 桜井徹、前掲「南満州鉄道の経営と財閥」。
(63) 能地清「第一次大戦期国家財政の一断面」(能地清遺稿・追悼集編集委員会編『日本帝国主義と対外財政――能地清遺稿・追悼集』一九八五年、非売品)五六頁。

# 第2章　労資関係

## はじめに

本章の課題は、第一次世界大戦期の賃労働のあり方を労資関係に焦点を合わせて検討することである。問題の所在を明らかにするために、この時期の労働問題研究に関するこれまでの論点を述べておきたい。

主要な論点の一つは、一九一七年を画期とする労働争議の急増の意味を捉えることであった(1)。その場合、民衆運動史や反体制運動史の視点からは、日露戦後の都市民衆騒擾の頂点ともいうべき米騒動を契機に、諸階層の利害状況の分化・分裂に伴い、労働運動・小作争議などの運動がそれぞれ固有の主張を掲げつつ組織性を高めていったことが注目されてきた(2)。とくに労働運動は大規模な争議が労働組合の関与によって発生し、短期間に団体交渉権獲得要求を掲げるまでに成長し、これを通して諸運動の中核的位置を占めた。しかも、この労働運動の成長を推進力の一つとしながら、普通選挙に結実するデモクラシー要求を結集軸として、諸階層の運動のゆるやかな連帯が可能となっていた。したがって、問題はこうした運動状況にあって労働運動が独自の位置を占めえた根拠が何であり、また、その限界がどこにあったかを明らかにすることである。そのためには、この時期の労資関係の変化をもたらした諸条件を明らかにしていかなければならない(3)。

この点では、労働力市場の急拡大＝「売手市場化」、生活費の暴騰による実質賃金の低下などの労働条件の悪化、ILOに象徴される国際的条件の変化などの重要性が繰り返し指摘されている。これらの条件に基づいて労働運動が高揚し、労働者組織の拡大と活性化による労働争議の頻発が労使関係再編の契機となった。間接的管理体制から直接的管理体制への転換が進展し、工場委員会制に象徴される「協調的」労使関係が形成されていったのである(4)。こうした把握は大筋で承認してよいであろう。

しかし、労働力市場や実質賃金の動向には、後述するように通説的理解では説明できない問題点が残されており、そこに、大戦期の労資関係の動揺を説明する鍵の一つを見出すことも不可能ではないように思われる。第一次世界大戦の衝撃が日本資本主義の蓄積構造の変容に重要な意味をもっていたとすれば、先行する諸研究を継承しながら、改めて大戦期の労資関係を論ずることも無意味ではないであろう。帝国主義的経済構造の形成について、賃労働の側面から検討を加えることで新たな論点を提示できると思われるからである(5)。

## 一　労働力市場の拡大

### 1　就業構成の変化

第一次世界大戦期が就業構成の大規模な変動期であったことは第1章でもふれたが、梅村又次の推計によれば(6)、一九〇六—四〇年間の各五年平均でみると、一九一五—二〇年に就業構成の変化率が、第一次・第二次産業ともに最大であった。とくに農林漁業者の減少は八・四％ときわめて大きく、これに対応して機械器具工業の八三％を筆頭に製造工業全体で三二％の増加を示し、就業者が第一次産業から第二次産業へと大きく移動した。戦前期の階級構成を推計した原朗は（第1章表1-15参照）、一四—二〇年の階級構成について「全体として中間層・被支配者層の構成比はむしろ安定的であった」と評価しているが、その推計結果によっても、中間層内部における農林漁業者の減少と商工自営業者の増加、被支配階層内部における農林漁業者の減少と労働者の増加という、この時期の構成変化は、一九二〇年代、三〇年代よりも急速であったことが確認されている[7]。第一次世界大戦の影響はそれほど広範なものであった。

第二次産業の就業者数の増大は、労働者数の増加と自営業者などの中間層の増大の両面から生じていた。就業者数は製造工業で三三〇万人から五〇四万人と一七四万人増加し、このほか鉱業、土木建築業で各九万人、ガス・電気業で四万人の増加となっていた[8]。増加数の八七%が製造工業であったが、この間、官営工場を含めた工場労働者数は一九六万人から三一一万人と一一五万人増加していたから、増加の三分の一が職員などの中間層と自営業者や雑業的労働者の増加によるものであったと推定される[9]。原朗推計から自営業者などを拾うと、鉱工業自営二五万人、鉱工業職員一七万人、自営業（鉱工業）二四万人の増加が算出され、それぞれの増加率は一・五倍前後で労働者の増加率（一・五六倍）と大差なかった。第二次産業の就業者数の増大は、工場労働者の急増によるものであったと同時にその周辺にも労働力市場が拡大した結果でもあった。

表2-1　労働者の部門別構成

(1,000人)

| | 日本（1914） | | 日本（1920） | | ドイツ（1907） | |
|---|---|---|---|---|---|---|
| 重化学工業 | 624 | 29.5% | 907 | 35.6% | 3,421 | 39.8% |
| 　鉱山・金属 | 432 | 20.4% | 529 | 20.7% | 903 | 10.5% |
| 　機械器具 | 99 | 4.7% | 257 | 10.1% | 700 | 8.1% |
| 軽工業 | 756 | 35.8% | 1,024 | 40.1% | 3,585 | 41.7% |
| 　繊維 | 568 | 26.9% | 820 | 32.1% | 857 | 10.0% |
| 土木建築 | 733 | 34.7% | 621 | 24.3% | 1,587 | 18.5% |
| 合計 | 2,113 | 100.0% | 2,551 | 100.0% | 8,593 | 100.0% |

出典）『工場統計表』1914年，『本邦鉱業の趨勢』1914，20年，『工場監督年報』1920年，武田隆夫編『帝国主義論』上（東京大学出版会，1961年）212頁．
注）鉱山・金属には官営工場を含む．土木建築（日本）は原推計による．

就業構成の変化の特徴については梅村をはじめとして多くの研究があるので、ここでは土木建築労働者を含めた労働者の構成について、〇七年のドイツと対比した特徴を指摘するに止めたい。表2－1のように、製糸・紡績女工を中心とする繊維工業、鉱山業、日雇労働者を中心とする土木建築業など、日本では特定の部門への労働者の集中が顕著であった。しかし、第一次世界大戦期に機械器具の増加、土木建築の減少がみられ、全般に重化学工業の比重が増大して、〇七年のドイツに類似した構成に近づきつつあった。それは、大戦期の日本における労働者の量的拡大の意味を示唆するものといえよう。

## 2 労働力需要の増大

就業構成の変化は、製造工業における労働力需要の増大を起動力としていた。その点を立ち入って検討すると、時期および部門により多少の相違が認められる。

梅村推計による就業者ベースでは、製造工業男子で一九一四―一五、一七―一八年にそれぞれ三〇万人増加し、女子で一四―一五年に三一万人増加したほかは、ほぼ各年とも一〇万人前後の増加をみせている[10]。しかし、このうち大戦初めの増加は、一三―一四年に就業者数が減少していたことの影響が大きかった。工場労働者（一〇人以上工場）についてみると、一三―一四年に男子で五万七〇〇〇人、女子で五〇〇〇人減少し、一三年の工場労働者数九一万六〇〇〇人を超えるのは一六年になってからのことであった[11]。少なくとも、一四年には経済界の混乱に対応して労働力市場も縮小し、失業増加による生活難が表面化していた。とくに、「各工場トモ一般ニ生産費節約ノ為メ高給ノ男工ヲ解雇シ低給ノ女工ヲ使用スルニ至レル結果」、男子労働力において失業増加が大きかったのである[12]。そのため、たとえば一四年一二月下旬に東京市商工会は、失業者救済のための土木事業を行うことなどの要望を決議し、関係官庁に陳情していたほどであった[13]。

労働力需要は、一五年に入ると回復基調に転じるが、この場合も需要増大のテンポは女子労働力において高く、大阪府の調査によると（一五年五月末現在）、一万一六〇九工場の労働者数は前年同期比で約一・六万人（一二・三％）増加していたが、うち一・一万人は女子（二〇％増）で、男子（六％増）をはるかに凌いでいた。これも低賃金の女子労働力が好まれたためという。こうして「男子ナラバ二十二三才迄ノモノハ賃銀ノ低キヲ意トセザルトキハ何処カニ就職ノ途アレドモ三十歳前後ノモノハ殆ンド職ヲ見出スコト能ハズ、之ハ全ク賃銀ノ不廉ノモノ、需要無キヲ証スルモノ」という状況が依然として続いていた[14]。開戦から一年余り、労働力市場は急速な縮小を含めて、労働者にとってきわめて不利な状況であった。

労働力市場において、需要の急増に対応して逼迫感が強まってくるのは、一五年夏以降のことであった。海外からの大量の軍需品注文がきっかけとなって工業界が急速に活気を取り戻し、一転して労働力市場は「売手市場」の様相を呈しはじめた。この点を部分的な史料であるが、東京の職業紹介成績から確認しておこう。表2－2によれば、紹介事業の拡大に伴い求人数は増加傾向にあったが、求職者は一五年をピークに一八年まで減少し、求職倍率は急速に好転した。しかも、求人申込のうち一割を占めるにすぎなかった「職工」は、一六年から三割を超え、工業部門の労働力需要増大が労働力市場を様変わりさせたことを如実に示していた[15]。

**表 2-2　職業紹介成績（1911-21 年）**　（1,000 人）

| （年） | 求人数 | うち男子 | 求職数 | うち男子 | 求職倍率 | うち男子 |
|---|---|---|---|---|---|---|
| 1911 | 1,768 | 1,619 | 896 | 869 | 1.97 | 1.86 |
| 1912 | 6,124 | 5,776 | 6,089 | 5,926 | 1.01 | 0.97 |
| 1913 | 5,587 | 5,220 | 5,932 | 5,767 | 0.94 | 0.91 |
| 1914 | 5,386 | 5,030 | 7,965 | 7,785 | 0.68 | 0.65 |
| 1915 | 6,460 | 6,062 | 9,211 | 8,997 | 0.70 | 0.67 |
| 1916 | 5,532 | 7,979 | 6,961 | 6,746 | 0.79 | 1.18 |
| 1917 | 10,977 | 9,892 | 5,765 | 5,420 | 1.90 | 1.83 |
| 1918 | 11,406 | 10,188 | 4,722 | 4,451 | 2.42 | 2.29 |
| 1919 | 13,036 | 11,222 | 5,798 | 5,501 | 2.25 | 2.04 |
| 1920 | 21,458 | 19,019 | 14,850 | 14,457 | 1.44 | 1.32 |
| 1921 | 91,491 | 80,804 | 70,435 | 67,509 | 1.30 | 1.20 |

出典）東京市社会局『東京市職業紹介所紹介成績』（1927 年 3 月）2-3 頁.
注）女子の求職数は，20 年まで 400 人を超えず，表は男子労働者の動向を表現している.

大戦半ばからの労働力需要の増大は、同種産業内における「職工争奪」の激化をもたらすと同時に、都市雑業層などから工場労働者への転職を促すなど労働力市場を流動化させていった。一七年九月末の調査によると、鉱工業労働者の「前職」は、ブームの中心になった造船・鉄工業や鉱山業において「同種鉱工業」からの転職者が比較的多く、全体の四割を超えていた（表2－3）。もともとこれらの部門では「渡り職工」「渡り坑夫」といわれるような労働者らの横断的労働力市場が存在していたことも背景となっていたが、労働

（人，%）

| 内務省調査 | | | | | |
|---|---|---|---|---|---|
| 染織 | | 造船鉄工 | | その他 | |
| 138,660 | 45.8 | 44,805 | 20.4 | 24,540 | 29.3 |
| 14,334 | 4.7 | 12,335 | 5.6 | 6,068 | 7.2 |
| 73,282 | 24.2 | 96,119 | 43.7 | 14,519 | 17.3 |
| 13,566 | 4.5 | 21,749 | 9.9 | 8,515 | 10.2 |
| 25,338 | 8.4 | 23,591 | 10.7 | 12,159 | 14.5 |
| 37,378 | 12.4 | 21,424 | 9.7 | 17,928 | 21.4 |
| 302,558 | 100.0 | 220,023 | 100.0 | 83,729 | 100.0 |

者状況調』（刊行年次不詳）による.
上の鉱山・工場および新設工場.

力需要の増大がとりわけ熟練労働力不足として出現し、同種産業内の移動率を高めたと考えられる。この点は、すでに三菱神戸造船所の事例によって具体的に示されている。中西洋によれば、同所の新規雇入者は一六―一七年に五〇〇〇人前後に達したが、その約六分の一は川崎造船所からの移動者であった[16]。こうした同種産業内の激しい労働力争奪は、賃金の名目水準を押し上げる条件となった。

都市における工業労働力の賃金上昇圧力が強まるにつれて、労働力の追加的供給の多くは、都市下層から農村へ依存することになった。一五年末には、たとえば東京で「例年ナレバ本所、深川付近ノ木賃宿ニ飢寒ヲ凌ギ兼ヌル労働者少カラザル時節ナレドモ、近来各工場ヨリ日々多数ノ雇傭申込アルコトトテ就職頗ル容易ニシテ糊口ヲ凌グ能ハザルガ如キモノ殆ンド無シ」という状況が報告されていた。また、大阪でも職工の欠乏から「最近陸揚人夫其他ヨリ之〔職工〕ニ転スルモノ多ク為メニ貨物ノ陸揚頗ル渋滞スルニ至レリ」と報告されていた[17]。労働力需要の増大に伴い、都市下層の不熟練労働力の「職工化」が進むなかで、従来以上に農村からの労働力流出に依存せざるをえなくなっており、「農民ノ職工化」が急速に進んだ[18]。東京職業紹介所の求職者について、来所時の上京後経過期間をみると、一五年には四分の一を占めた「三年以上」が一六年から一七年には約一割に減少し、反対に「一ヵ月以内」が二八%から四六%に急増した[19]。都市の潜在的失業者のプールといわれる雑業層は、急激な労働力需要の増大に対応するには不十分であり、農村から都市への急速な労働力移動を不可避としたのである。

これに加えて、労働力市場の逼迫感を強めたのは、とくに女子労働力において工場法による保護規定が施行され、若年者の保護を目的とした就業の制限が

表2-3　職工の前職調査（1917年）

| | 農商務省調査 | | | | | | | |
|---|---|---|---|---|---|---|---|---|
| | 新設工場 | | 拡張工場 | | 合計 | | 鉱山 | |
| 農業 | 103,430 | 40.8 | 72,504 | 36.9 | 309,951 | 31.8 | 101,946 | 27.7 |
| 商業 | 12,529 | 4.9 | 8,290 | 4.2 | 51,509 | 5.3 | 18,772 | 5.1 |
| 同種鉱工業 | 80,321 | 31.7 | 54,771 | 27.9 | 331,357 | 34.0 | 147,437 | 40.1 |
| 他種鉱工業 | 11,419 | 4.5 | 18,581 | 9.5 | 83,748 | 8.6 | 39,918 | 10.9 |
| その他 | 45,899 | 18.1 | 42,365 | 21.6 | 101,907 | 10.5 | 40,819 | 11.1 |
| 無職 | | 0.0 | | 0.0 | 95,225 | 9.8 | 18,495 | 5.0 |
| 合計 | 253,598 | 100.0 | 196,511 | 100.0 | 973,697 | 100.0 | 367,387 | 100.0 |

出典）農商務省工務局『時局ノ職工ニ及ボシタル影響』1919年，内務省警保局『各種工場鉱山労働

注）農商務省調査は1917年10月調べ，内務省調査は1917年9月末調べ，対象は従業員数500人以

表2-4　東京・大阪への流入者の出身地域別構成　（%，人）

| | 東京（男女計） | | | | 大阪（1919） | | 現住人口比率 | |
|---|---|---|---|---|---|---|---|---|
| | 1919 | 1920 | 1921 | 1920a | 男 | 女 | 東京 | 大阪 |
| 北海道 | 3.4 | 1.8 | 2.3 | 1.6 | 0.3 | 0.1 | 1.20 | 0.87 |
| 東北 | 11.7 | 12.6 | 12.6 | 12.5 | 0.8 | 0.4 | 4.54 | 0.59 |
| 関東 | 41.7 | 38.3 | 33.0 | 30.1 | 2.0 | 0.6 | 5.29 | 1.05 |
| 東山b | 11.0 | 16.6 | 14.2 | 22.0 | 1.1 | 0.5 | 6.54 | 1.86 |
| 東海c | 6.4 | 8.4 | 6.6 | 9.0 | 2.3 | 1.3 | 2.75 | 3.38 |
| 北陸 | 4.6 | 3.8 | 5.1 | 3.9 | 6.9 | 8.0 | 2.87 | 29.46 |
| 近畿 | 8.9 | 8.0 | 8.6 | 7.8 | 53.5 | 36.1 | 1.34 | 45.12 |
| 中国 | 3.8 | 4.2 | 5.4 | 5.0 | 11.6 | 12.9 | 1.31 | 20.33 |
| 四国 | 2.1 | 1.8 | 2.8 | 2.1 | 12.1 | 13.4 | 0.91 | 34.34 |
| 九州 | 5.0 | 4.2 | 8.4 | 4.8 | 9.1 | 26.7 | 0.75 | 15.70 |
| 全国計 | 100.0 | 100.0 | 100.0 | 100.0 | 100.0 | 100.0 | 2.77 | 32.78 |
| 調査数（人） | 5,978 | 15,482 | 29,234 | 8,089 | 49,692 | 33,794 | 15,482 | 83,486 |

出典）『東京府職業紹介所紀要』1920/21年，22年，『東京市社会局年報』1920年，「雇傭関係成立前の事情」（大阪市役所労働調査課『労働調査報告』9輯）による．

注）1．東京は紹介所来所者の調査であるために移動人口を反映する度合いが強いが，大阪は職工として在籍する者の原籍であるため移動の累積結果を示している．

2．aは農村出身者，bは新潟，山梨，長野，cは静岡，岐阜，愛知．

3．現住人口比率は，職工原籍地府県の現住人口1万人に対する調査職工数．東京と大阪では対象数が違うので両地域の比率をそのまま対照することには意味がない．

4．全国合計には「その他」を含む．

実施されたことであった。そのため、一五歳未満の女子労働力に依存する割合の大きかった繊維工業では女工募集の困難が増加した。繊維工業における一五歳未満女工の比率は、一六年の一九・五%（一〇万五〇〇〇人）から一八年の八・二%（一二万人）に低下していった[20]。そのため、通勤女工比率が高いと推定される中小工場に比べ、大規模な製糸工場や紡績工場では広い地域に対して募集活動を強化しなければならなかった。しかも、広域募集に対して県外者の募集活動を制限する府県規則が少なくとも一三府県で制定されており、募集業務を制約していたために、女工不足は一層強くなったと推測される[21]。もちろん、工場法の制定は労働能率の向上を通して労働力需要の増大を緩和する意義をもっていたが（後述）、大戦期に女子労働力の不足がたびたび問題となる理由の一つは、若年労働力保護の実施にあったと考えられる。

言うまでもなく、「農民ノ職工化」は都市近郊から始まったが、募集の広域化もあって次第に全国化していった。一九―二〇年ころの東京では職業紹介所来所者の一二%が東北諸県、一五%前後が東山諸県などの出身者で、高等小学校卒業以上の学歴を有する二〇歳代の男子が過半を占めていた（表2-4）。ただし東京職業紹介所の来所者（男子）の年齢別を、一九一三―一七、二〇―二一年についてみると、二〇―二九歳が五〇%前後で、これに一七年までは一五―一九歳および三〇―三九歳が一五―二〇%となっていたが、二〇―二一年には二〇歳未満が二―三%に激減し、その分、三〇歳以上が比率を増加させていた[22]（表2-5）。大阪については、工場在籍者の原籍地調査から推定される出身地域は近畿諸県が過半を占めるとはいえ、中国・四国・九州の出身者がそれぞれ一割前後に達し、西日本全域に及んでいた。とくに注目すべきことは、現住人口比率では四国の三県、北陸の三県、山陰の二県と、鹿児島（女子）の流出者比率が高かったことであろう（表2-6）。労働力市場の拡大は、明らかに周辺の後進的で賃金水準の低い地域をまきこんで都市への労働力の集中を促していた[23]。

移動の広域化のなかで次に注目すべきことは、都市に流入する男子労働力について、二〇年の東京の調査（表

2-7）では農村出身者の四分の一が戸主（うち有配偶者六七％）、同じく四分の一が長男（同七八％）で、次男・三男の流入という特徴を見出しえないことである。有配偶者が全体の四九％に達することを考慮すれば、この時期の労働力移動には「出稼型」というよりは「挙家離村」という性格が強かったといえよう。一九二〇年七月の大阪における調査も、対象となった男子工場労働者六五七人のうち、郷里における家族構成から長男と推定される者（兄弟のいない男子、兄のいない男子）が二八六人（四四％）に達することを明らかにしている[24]。大戦前についての同様の統計を欠くので、大戦期の特徴とは断言できないが、大戦期の労働力需要の急増は、農村の広い範囲にわたって「挙家離村」を促すほどの吸引力をもっていたのである。

さらに、労働力の追加的供給は植民地朝鮮からの労働力流入によ

**表 2-5　東京職業紹介所来所者の来歴**　(%)

| 年齢別 | 1913 | 1914 | 1915 | 1916 | 1917 | 1920 | 1921 | 参考** |
|---|---|---|---|---|---|---|---|---|
| 15歳未満 | 1.2 | 1.6 | 0.9 | 1.2 | 0.4 | 0.0 | 0.1 | - |
| -20歳未満 | 20.0 | 17.1 | 18.3 | 13.2 | 19.3 | 2.1 | 3.2 | 25.5 |
| 20-29歳 | 55.9 | 44.8 | 52.1 | 52.9 | 46.5 | 50.1 | 52.9 | 48.6 |
| 30-39歳 | 15.7 | 21.6 | 17.3 | 19.7 | 19.2 | 26.1 | 21.8 | 27.2 |
| 40-49歳 | 5.6 | 9.2 | 7.0 | 8.1 | 10.0 | 15.5 | 14.6 | 2.4 |
| 50-59歳 | 1.8 | 4.9 | 3.4 | 4.0 | 4.0 | 5.0 | 4.7 | 0.3 |
| 60歳以上 | 0.3 | 0.8 | 1.0 | 0.9 | 0.6 | 1.2 | 2.7 | |
| 総数 | 2,603 | 8,789 | 8,489 | 6,259 | 5,322 | 15,192 | 78,614 | 5,944 |
| 教育程度* | 55.4 | 56.7 | 62.8 | 52.1 | 不詳 | 54.1 | 71.2 | 不詳 |

出典）農商務省商工局『内外職業紹介業ニ関スル調査』1919年，『東京府職業紹介所紀要』1920/21年による．

注）1. * 教育程度は高等小学校卒以上の比率，** 参考は1914年大阪の比率．
2. 男子のみの統計．

**表 2-6　対現住人口比率の高い府県**
（万分比）

| 東京 | | 大阪 | | | |
|---|---|---|---|---|---|
| 男女計 | | 男 | | 女 | |
| 山梨 | 8.9 | 大阪 | 119 | 鹿児島 | 66 |
| 群馬 | 6.6 | 奈良 | 65 | 大阪 | 53 |
| 新潟 | 6.3 | 香川 | 54 | 香川 | 40 |
| 栃木 | 6.2 | 滋賀 | 49 | 富山 | 35 |
| 千葉 | 6.0 | 徳島 | 46 | 島根 | 34 |
| 茨城 | 5.9 | 鳥取 | 43 | 徳島 | 33 |
| 埼玉 | 5.9 | 石川 | 36 | 滋賀 | 31 |
| 長野 | 5.9 | 愛媛 | 35 | 奈良 | 29 |
| 東京 | 4.5 | 福井 | 35 | 高知 | 29 |
| 宮城 | 4.1 | 富山 | 31 | 福井 | 24 |
| 平均 | 2.8 | 平均 | 17 | 平均 | 32 |

出典）表2-4に同じ．

**表 2-7　農村出身者の地位（1920-22 年）**

（人，％）

| （年） | | 戸主 | 長男 | 次男 | 三男以下 | その他 | 計 |
|---|---|---|---|---|---|---|---|
| 1920 | 有配偶者 | 1,411 | 1,620 | 567 | 350 | 35 | 3,983 |
| | 単身者 | 673 | 437 | 1,951 | 973 | 72 | 4,106 |
| | 小計 | 2,084 | 2,057 | 2,518 | 1,323 | 107 | 8,089 |
| | 構成比 | 25.8% | 25.4% | 31.1% | 16.4% | 1.3% | 100.0% |
| 1921 | 有配偶者 | 1,047 | 964 | 1,109 | 668 | 394 | 4,182 |
| | 単身者 | 1,075 | 2,396 | 2,963 | 2,383 | 596 | 9,413 |
| | 小計 | 2,122 | 3,360 | 4,072 | 3,051 | 990 | 13,595 |
| | 構成比 | 15.6% | 24.7% | 30.0% | 22.4% | 7.3% | 100.0% |
| 1922 | 有配偶者 | 2,765 | 1,027 | 963 | 426 | 497 | 5,678 |
| | 単身者 | 2,540 | 3,791 | 5,710 | 3,355 | 2,467 | 17,863 |
| | 小計 | 5,305 | 4,818 | 6,673 | 3,781 | 2,964 | 23,541 |
| | 構成比 | 22.5% | 20.5% | 28.3% | 16.1% | 12.6% | 100.0% |

出典）『東京府職業紹介所紀要』1920/21 年，22 年による．

**表 2-8　朝鮮人労働者職業別人員調（1917 年）**

（人）

| | 鉱山 | 染織 | 造船機械 | その他 | 合計 | 他府県よりの転入 | 新規渡来者 |
|---|---|---|---|---|---|---|---|
| 北海道 | 884 | 0 | 0 | 0 | 884 | 178 | 706 |
| 東京 | 0 | 16 | 14 | 80 | 110 | 44 | 66 |
| 大阪 | 227 | 410 | 165 | 43 | 845 | 387 | 458 |
| 兵庫 | 35 | 259 | 499 | 21 | 814 | 39 | 775 |
| 長崎 | 219 | 0 | 0 | 0 | 219 | 175 | 44 |
| 秋田 | 218 | 0 | 0 | 4 | 222 | 42 | 180 |
| 岡山 | 17 | 269 | 0 | 2 | 288 | 25 | 263 |
| 広島 | 117 | 221 | 596 | 7 | 941 | 158 | 783 |
| 福岡 | 707 | 15 | 1 | 71 | 794 | 379 | 415 |
| 熊本 | 6 | 0 | 0 | 108 | 114 | 111 | 3 |
| その他 | 241 | 55 | 47 | 172 | 515 | 297 | 218 |
| 合計 | 2,671 | 1,245 | 1,322 | 508 | 5,746 | 1,835 | 3,911 |
| 男 | 2,632 | 435 | 1,315 | 497 | 4,879 | 1,795 | 3,084 |
| 女 | 39 | 810 | 7 | 11 | 867 | 40 | 827 |

出典）内務省警保局「各種工場，鉱山労働者状況調」48 丁による．
注）職工 500 人以上および新設工場を対象とする 1917 年現在の調査．

っても実現された。大戦期に、日本人の中国を中心とする海外進出が活発化する一方で、低賃金労働力の給源としての植民地の意義が高まった。朝鮮人の多くは北海道・九州の炭坑や、関西の染織・造船機械工場に就業していた。一九一七年の職工五〇〇人以上工場と新設工場を対象とする調査では（表2-8）、朝鮮人労働者五七四六人について府県・業種別などが判明する。全体の八五％が男子で、六八％が「新渡来者」であった。また、四六％が北海道・福岡などの鉱業に、二三％が広島・兵庫などの造船機械工業に、二二％が大阪・岡山・兵庫・広島の染織工業に就業していた[25]。この当時、朝鮮人労働者の募集には総督府の認可を必要とし、一七年上期には認可申請は二一件、募集人員男子四二三〇人、女子二三七〇人で応募決定は約二〇〇〇人であった[26]。

こうして新しく労働力市場に投入された労働力を含めて、きわめて流動性の高い市場が存在していたのである。

### 3　休戦反動後の労働力市場

第一次世界大戦の終了は、戦時の温室的な条件下での産業発展を中断させ、一九一八年末には失業の増大が懸念されるに至った。三菱合資の調査は「開戦前我国ノ労働者総数ハ約八十万ニ過ギザリシガ現今ニ於テハ工業ノ勃興ニ連レテ約百四十五六万ニ膨脹セリ、其内約五六十万ノ労働者ハ本年末ヨリ大正八年初メニ掛ケテ職ヲ失ウニ至ルベシ」と予想していた[27]。実際、部門によっては休戦を契機に人員整理を始めたが、この懸念は翌一九年春からの戦後ブームの中で現実のものとはならなかった。休戦によって事業休止・縮小のために解雇者が増加したとはいえ、新たにブームに乗って雇用を拡大する産業も多かったからである。その結果、女子労働力の需要が増大する一方で、男子労働力を中心に産業間の労働力移動が生じた。表2-9によれば、一九一八—一九年に男子工場労働者数は微増に止まったが、そのなかで機械器具工業の減少と染織工業の増加とがほぼ均衡していた。また鉱山労働者についても、雇用の停滞のなかで金属鉱山坑夫数の急減と石炭坑夫の急増という対照的な動きが認められる[28]。

このことは、二つの意味をもっていた。一つは、戦後ブームに際し労働力市場は大戦末期以降の逼迫感を持ち越したことである。労働力の追加的供給に限界が生じ、米価上昇による農家経済の改善のなかで農村内でも労働力の

**表2-9　休戦後の労働力移動**（1918-19年）

（1,000人）

| | | 1918 | 1919 | 増減 |
|---|---|---|---|---|
| 工場労働者（男子） | 染織 | 133 | 157 | 24 |
| | 機械器具 | 281 | 255 | △26 |
| | 化学 | 120 | 120 | 0 |
| | 小計 | 669 | 672 | 3 |
| 鉱山労働者 | 金属 | 161 | 101 | △60 |
| | 石炭 | 287 | 348 | 61 |
| | 小計 | 465 | 465 | 0 |

出典）内閣統計局『労働統計要覧』1930年版, 42, 52頁.
注）工場労働者（男子）は常時15人以上使用工場の職工数. 小計にはその他も含む.

確保が難しくなっていた。大戦ブームによって農村部では、「報酬ノ少キ農業労働者ガ田園ヲ去リテ工場地ニ集中スル勢」であったが、一九年下期の報告では、「新潟附近ニ於テハ戦前作男一年四十五円ニテ傭ヒ得タルモノ戦後ニ迨《およ》ビテハ一年八十円乃至百円に倍蓰シ而モ農繁期ニハ臨時心付ヲ給シテ尚労力ヲ得ルコト能ハズ」という状況になった(29)。農商務省の『副業的季節移動労力ニ関スル調査』は一九一七―一九年の農業者の移動数が、男子で一〇万人から一〇・六万人と報告しており、女子が一二・二万人から一四・二万人に増加したのに比べて男子はほとんど増えなかったことを明らかにしていた(30)。そのため、たとえば関西では瀬戸内地方の中小造船工場で失業が増加する反面、紡績業で雇用が拡大し、また筑豊の炭坑地帯が大量の労働力を吸収するなど、産業部門による相反する労働力需要の動きのなかで、なお依然として絶対的には高水準にある移動率のために、各企業は労働者不足を当面の問題として解決しなければならなかった(31)。それが、戦後ブームによる激しい物価上昇のもとで賃金などの労働条件を改善させる客観的条件を成していた。

しかし他方で、部門間移動の容易な労働力は相対的に熟練度の低いものであったことは容易に想像される。これに対して、大戦ブームの基軸部門であった機械器具工業では労働力市場は明白に軟化しつつあった(32)。この点に休戦反動後の労働力市場の変化のもう一つの意味がある。機械器具工業における労働者数減少二万人のうち一万四〇〇〇人は職工数五〇〇人以上の大工場で生じていた(33)。労働力市場は大工場における人員整理を中軸に労働者側に不利化していった。これらの産業の労働者は大戦以降の労働運動の中心的担手であったが、移動という消極的な抵抗を通して自らの労働条件を改善することができた。しかし、休戦後には移動によって実質的に良い労働条件を得られる可能性は狭まっていた。それは、労働者意識の急激な変化のなかで労働運動を活性化させる条件となったと思われる。積極的に、経営内で労働条件の改善を企てることが必要となっていた(34)。

これに比べると、主として紡績業の活況に主導されて需要が増大していた女子労働力の場合には、移動による抵抗の余地が十分に残されていた。しかも、農家経済の好転は「家計補充的」な就業の必要を小さくしていた。勤続年数一年未満が五割以上と、製糸女工に比べても際立って移動率の高かった紡績女工の場合[35]、募集の広域化によって新たな労働力の吸収に努めたとはいえ、賃金などの労働条件の改善によってはじめて必要な労働力を確保しうるほど、労働力市場は女工の側に有利になっていたのである。

## 二　労働条件の改善

### 1　労働条件改善の経営的条件

一九一五年夏以降の労働力需要の拡大によって、それまで試みられてきたさまざまな定着策や、労働力確保のための経営的努力は破綻に瀕した。日露戦後から勤続年数に応じた付加給や退職金制度が職員層から職工層へと拡がりつつあり、労働者の定着率は高まっていた[36]。その結果、機械（器具）工業などでも勤続年数の長い労働者層が形成されつつあった[37]。しかし、大戦ブームのもとで労働力不足に対処するために各企業が競って有能な職工の争奪を繰り返したことから、目前の賃金の多寡によって容易に経営間を移動する労働者数は増加していった。移動率の高さは、募集活動の活発化を通して募集費などの経費を増大させた。しかも、高い移動率を前提に操業を支障なく継続するためには、絶えず追加労働力を確保しておかなければならなかったから、雇用量を適切な水準に調節することを困難にした。常に不足に直面するために過剰な採用計画、募集計画を必要としたからである。それは、各企業に労働力不足の感を一層強めた。

これに加えて、不足する労働力の必要量を確保するためには、労働者の熟練度によって選別する余裕がなかったことも、経費増大の要因となった。熟練度の低さのために労働生産性が停滞ないし低下し、労賃コストを押し上げたからである。このように、労働者の募集難はさまざまな面から企業経営にとって重大な制約要因となっていた(38)。

募集難による経費増大に対して、各企業は定着策の強化や、企業間の協調による争奪防止協定を結ぶなどの対策を講じた(39)。たとえば、北九州では主要会社・工場の二四社が協議し、一七年六月に工親会を組織して「職工争奪ヲ禁」じたという(40)。しかし、この組織も有効な争奪防止策を実現できず、多数の工場は期限内に生産計画を達成できなかった。そのため、各企業が労働力不足の解消策として採用しえた方法は、賃金その他の臨時給与の支給増加によって、つまり直接的な労務費の増加を許容することによって、ともかくも必要な労働力を確保することであった。賃金上昇の経営側からみた条件がこれである。

しかも、重要なことは、各企業がこのような経費増大に対応しうる条件を備えていたことであった。製品価格の上昇による膨大な利益が各企業の支払能力を高めていたからである。小野田セメントを例にとると（表2-10）、一五年を底に一樽当たり利益が増加する一方、労賃コストの上昇が遅れたことから、利益と工賃の比（C／B）は一四四％から一七年に三二％に低下した。同様のことは、三菱の鉱山業・造船業でも生じ、利益金に対する賃金比率を一八年まで急速に低下させた（表2-11）。このことは、正確な表現ではないが、大戦期に「労働分配率」が悪化したこと、したがって、それだけ企業利潤が増大し、経営的余裕が生じていたことを物語っていた。大戦ブーム下での企業の高利潤と労働者の生活水準の改善の遅れとの対照性は、労働者が賃金増額要求を噴出させるに十分な理由であった。企業にとっても、労働力不足に苦しみ、あるいは労働争議によって操業を休止するよりは、賃金支払を増加させても高率操業を続け利益拡大を目論む方が望ましかった(41)。

さらに、女工の場合には、工場法施行に伴う労働条件の漸次的な改善が労働生産性の上昇に結びつき、賃金上昇圧力を緩和していた。この間の労働生産性の上昇については、高村直助の研究で明らかにされている(42)。若干の事例を補足しておくと、神奈川県では絹織物工場で就業時間を二時間短縮して一四時間とした結果、女工一人一時間の生産性

**表2-10**　小野田セメントの製造原価・単位当たり利益と工賃（1913-22年）

（円，%）

| | 製造原価 A | 1樽当たり利益 B | 同工賃 C | C/B |
|---|---|---|---|---|
| 1913上 | 2.705 | 0.413 | 0.355 | 86.0 |
| 1914上 | 2.595 | 0.205 | 0.283 | 138.0 |
| 1915上 | 2.222 | 0.190 | 0.273 | 143.7 |
| 1916上 | 2.130 | 0.202 | 0.233 | 115.3 |
| 1917上 | 2.581 | 0.761 | 0.241 | 31.7 |
| 1918上 | 3.818 | 0.713 | 0.299 | 41.9 |
| 1919上 | 5.195 | 0.498 | 0.435 | 87.3 |
| 1920上 | 6.120 | △0.188 | 0.593 | - |
| 1921上 | 5.831 | 1.494 | 0.642 | 43.0 |
| 1922上 | 4.836 | 0.352 | 0.608 | 172.7 |

出典）『小野田セメント100年史』(1981年) 217，229頁．
注）同社決算では，償却が損金に含まれるために，これを考慮して償却前利益と工賃を対比すると，工賃比率は1915年上期に80%と大きく低下するが，経年の変化に大きな差はない．

**表2-11**　三菱鉱山・造船の企業利益と支払賃金比率（1915-23年）

（%）

| | 三菱鉱業（鉱業部） | 三菱造船（造船部） |
|---|---|---|
| 1915 | 198.3 | 236.3 |
| 1916 | 189.1 | 190.5 |
| 1917 | 207.8 | 71.2 |
| 1918 | 136.6 | 56.6 |
| 1919 | 169.4 | 139.0 |
| 1920 | 210.2 | 306.9 |
| 1921 | 585.8 | 274.8 |
| 1922 | 497.2 | 189.3 |
| 1923 | 590.3 | 169.0 |

出典）『三菱社誌』各年より作成．
注）年支払賃金を年間益金で除した百分比率．

は〇・三五反から〇・四五反に上昇し、また綿織物工場でも一時間の時間短縮の結果、一日平均出来高が八・九二反から九・八四反に増加した[43]。大分県の製糸工場では一匁繰糸に必要な時間数が一〇・二一分から一七年には七・七分、一九年以降は六分台に低下した[44]。そのため、募集費を含めた労務費負担の増加を、ある程度吸収することが可能であった。こうして、名目賃金の上昇を可能とする条件が成熟しつつあった。

## 2　賃金の上昇

### (1)　名目賃金と実質賃金

この時期の賃金の推移について、十分に信頼に足る統計は少ない。大川一司らの研究によると、この時期の名目賃金について三つの推計系列が得られる（図2-1）。都市の消費者物価指数の推計と合わせて名目および実質賃金の推移をみると、一九〇八年以降、実質賃金が停滞的に推移していたなかで、大戦初期の一三―一五年に実質賃金が上昇したことが知られる。米価を中心とする生活関連物資の価格低下によって、大戦初期の労働力市場の悪化は雇用労働者にとっては日露戦後恐慌以来の若干の労働条件の改善に結びついていた。

これに対して、一六年以降については推計によって微妙な差異がある。[45] 名目賃金が上昇しつづけたこと、一六年に実質賃金が低下したこと、一九年以降に実質賃金が上昇したこと、この間に実質賃金は大戦前の水準を上回っていたことなどが共通している。しかし、一六—一八年にA系列では低落していった実質賃金は、B、C系列では上昇と下落とが交互に生じていた。こうした不整合は、推計の基礎となる統計の調査範囲や、賃金率か日収かの区分のあいまいさにもよるものと思われる。[46] そこで、より具体的な事例に即して賃金の動向を検討しておきたい。

『大阪府統計書』による府下工場の男子賃金は、表2-12のように、その動向に大きな企業間の差異があった。大戦ブームへの対応の時期の違いが、一五—一六年の大日本人肥以下の各社と大阪鉄工所、住友伸銅所の賃金上昇に相

図2-1　賃金推移

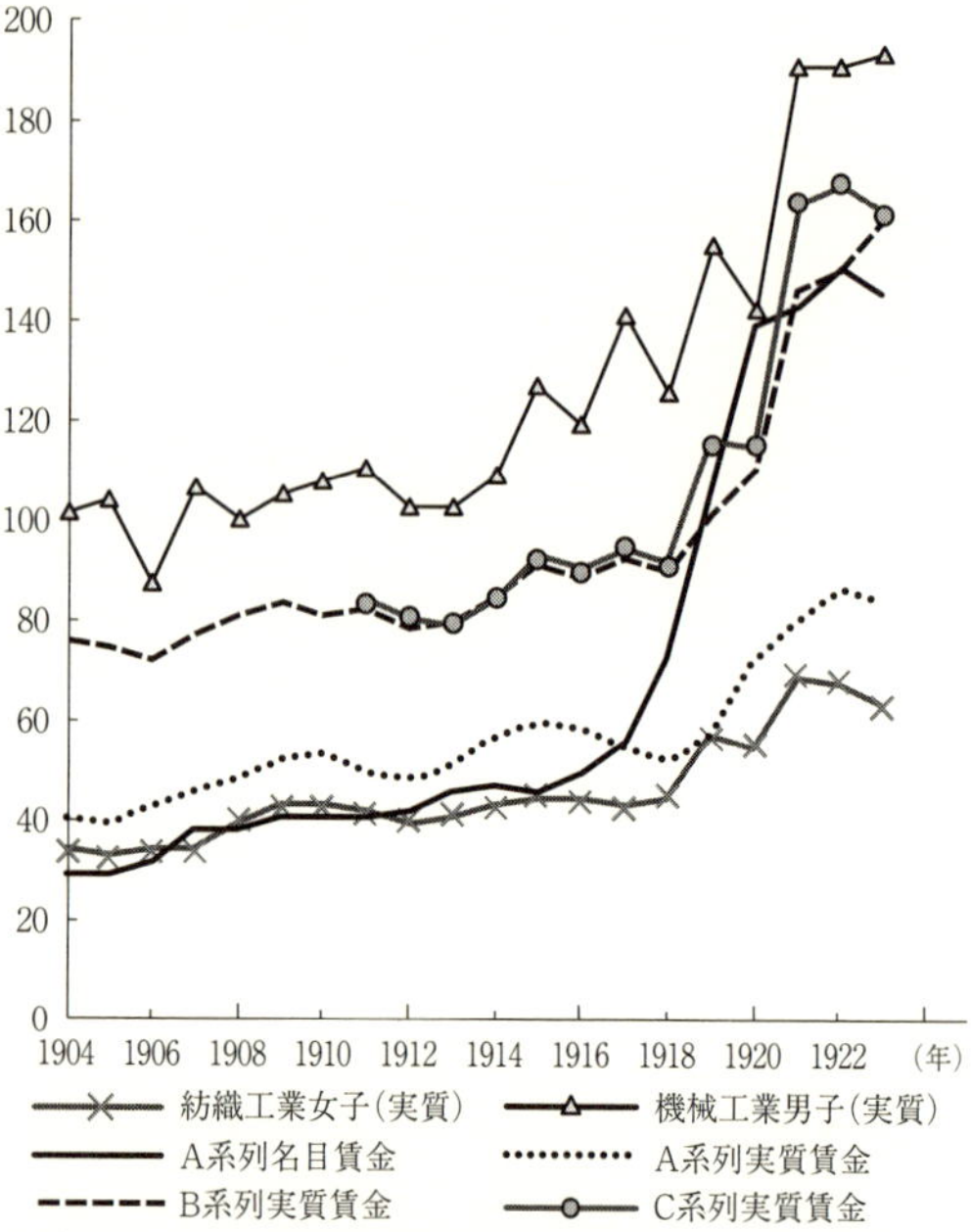


出典）大川一司ほか編『長期経済統計4　物価』東洋経済新報社，（1967年）243-249頁．

注）A系列は男女平均賃金および1934-36年＝100とした指数，B，C系列は男子賃金を都市消費者物価指数で1934・36年価格に換算した賃金額（単位銭）．機械工業男子および紡績工業女子も同じ．

表2-12　大阪府下工場の男子賃金（1915-20年）（銭）

| | 1915 | 1916 | 1917 | 1918 | 1919 | 1920 |
|---|---|---|---|---|---|---|
| 大阪鉄工所 | 78 | **90** | 78 | 92 | | **180** |
| 大阪電灯製作所 | 65 | 69 | 72 | **122** | 100 | |
| 川北電企 | 68 | | 71 | | 197 | |
| 住友伸銅所 | **100** | **115** | **158** | 185 | **271** | **332** |
| 大阪電気分銅 | | 73 | **90** | **123** | **216** | |
| 大日本人肥 | 62 | 64 | 66 | **105** | 114 | |
| 大阪窯業 | 63 | 59 | **79** | 70 | **180** | 180 |
| 大日本麦酒 | 48 | 49 | **72** | 85 | **258** | 187 |
| 大日本精糖 | 60 | 60 | 63 | | 137 | **151** |

出典）『大阪府統計書』各年より作成．

注）空欄は不明，太字は消費者物価の対前年上昇率を上回る賃金上昇を示したもの．

違をもたらしたことが推定されるが[47]、そのなかで、一七年から全般的に賃金上昇のテンポが早まったこと、そして、その上昇のテンポは物価上昇率を上回ることもしばしばみられたことが確認される。三菱系企業の場合には、もう少し詳細な賃金統計が得られるが、たとえば三菱長崎造船所の場合、出頭人員一人当たり賃料は一七年中に大幅に上昇した[48]（図2-2）。同様のことは、三菱系の鉱山などでもみられ、一人平均賃金は一六年まで停滞的で一七年から急騰した（表2-13）。その上昇のテンポは物価上昇率にほぼ見合っており、一六年に生じた実質賃金の低下を取り戻しつ

**図2-2　三菱造船所（長崎）の賃金推移**

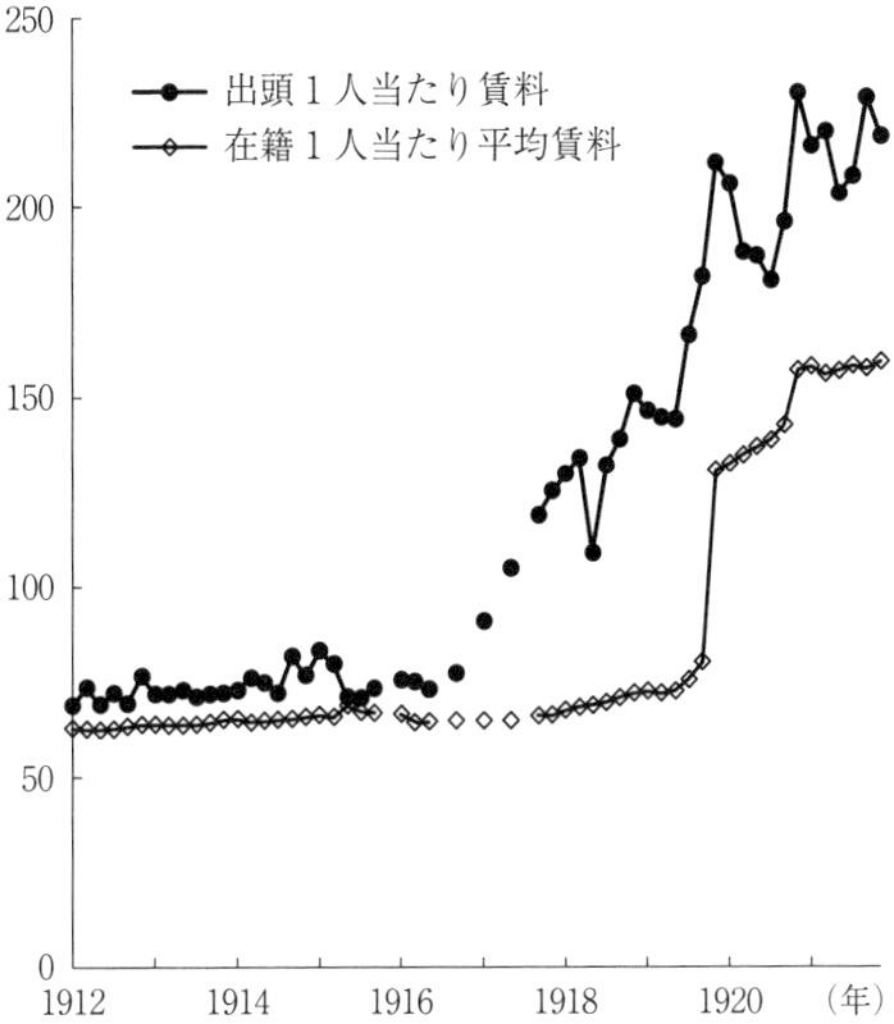


出典）　三菱合資会社『月報』各月による.
注）　無線部分は資料欠．縦軸の単位は銭.

**表2-13　生産費と平均賃金（三菱鉱業）**

| （年） | 電気銅 | | | | 石炭 | | | |
|---|---|---|---|---|---|---|---|---|
| | 平均原価 | | 1人平均賃金 | | 平均原価 | | 1人平均賃金 | |
| 1912 | 518.8 | 100.0 | 48.9 | 100.0 | 2.69 | 100.0 | 49.3 | 100.0 |
| 1913 | 538.1 | 103.7 | 51.2 | 104.7 | 2.84 | 105.6 | 50.2 | 101.8 |
| 1914 | 516.5 | 99.6 | 48.2 | 98.6 | 3.06 | 113.8 | 48.9 | 99.2 |
| 1915 | 522.3 | 100.7 | 49.5 | 101.2 | 3.13 | 116.4 | 50.1 | 101.6 |
| 1916 | 637.3 | 122.8 | 50.2 | 102.7 | 3.05 | 113.4 | 50.0 | 101.4 |
| 1917 | 670.7 | 129.3 | 59.9 | 122.5 | 4.05 | 150.6 | 53.8 | 109.1 |
| 1918 | 812.1 | 156.5 | 82.8 | 169.3 | 7.17 | 266.5 | 72.9 | 147.9 |
| 1919 | 942.7 | 181.7 | 104.5 | 213.7 | 10.32 | 383.6 | 135.5 | 274.8 |
| 1920 | 999.4 | 192.6 | 149.7 | 306.1 | 11.72 | 435.7 | 218.2 | 442.6 |

出典）　三菱合資会社『年報』各年による.

つあった。

### (2) 米騒動と労働争議の頻発

右にみたような名目賃金の上昇は、労働分配率の悪化、労働力市場の売り手市場化を背景としつつ、頻発した労働者の運動によって実現された。物価上昇による実質賃金の低下に対して労働者は、大戦ブーム期の業務の繁忙を好機として残業の増加、出稼日数の増加によって対応したという(49)。しかし、残業の増加は、重筋労働の多い職種では疲労の蓄積から出勤率の低下をきたすことも多く、労働者の所得水準を向上させるには限界があった。

こうしたなかで、一九一六年度産米の出回り時期を控えて、一六年一一月から米価は急騰し、一七年夏には大戦直前の最高値であった一二年七月の石当たり二三円を超える勢いをみせた。前年一〇月を基準に七月まで八ヵ月間で六三％弱の急騰であった(50)。東洋経済新報社の調査によれば、その他の食料品の価格はまだ安定していたとはいえ、衣料品などの急騰もあって短期間に生計費が急上昇していた。その結果、大戦初めの実質賃金の改善によってひと息ついていた労働者の生活難は、きわめて深刻なものとなった。大戦ブームの本格化のなかで幾分なりとも生活条件が改善され、ブームの恩恵を多少とも受けていたかにみえた労働者にとって、この状況の暗転は、彼らを労働運動にかりたてるに十分なものであったといえよう。

一九一七年六月以降、賃金増額を主たる要求とする争議が急増したことはすでに知られている(51)。そして、労働力市場の逼迫感が強まるなかで、一連の労働者の運動は賃金の引上げを実現していった。それは、一六年から一七年前半にかけての実質賃金の低下を回復する程度のものであったとはいえ、工場労働者の賃金動向（前掲図2-1のB、C系列）に如実に反映した。具体的な事例でみても（表2-14）、三菱長崎造船所では平均賃金が一六年一一―一二月の八〇銭から一七年末には一円二五銭に、同じく神戸造船所では平均賃金が一円四銭から一円四〇銭にと増加していた(52)。こうした賃金増加は、能率給的要素を加味し、あるいは出勤率向上をも狙った企業側の労務管理方針のなかで、奨励加給金などの割増賃金の形で実現することが多かったようである[53]。それはあくまでも臨時手当としての性格をもつものであった。

賃金の引上げは、労働運動の影響力の差、各企業の経営状況の差によって個性的なものであったが、そのなかで注目すべき点は、賃金の引上げが職種間の格差をもっていたと同時に、工場労働者の賃金水準を都市下層社会から離脱させうる可能性をもっていたことであった[54]。三菱神戸造船所を例にすれば、前述の定雇職工賃金の上昇がみられた同じ期間に、同所の日雇人夫賃金は八三銭前後で目立った上昇はなかった[55]。このことは、都市の職人的賃金を基礎とする実質賃金推計（A系列）が一八年まで低落傾向にあったことを考慮すると、この時期に、労働力の急速な吸収によ

**表2-14　三菱系企業の平均日給（1912-20年）**　（銭）

| （年） | 三菱造船 | | 三菱倉庫 | 三菱製紙 | 三菱鉱業 | |
|---|---|---|---|---|---|---|
| | 長崎 | 神戸 | | | 金属 | 石炭 |
| 1912 | 69.2 | 83.1 | 124.0 | 46 | 48.9 | 49.3 |
| 1913 | 72.9 | 87.5 | 136.0 | 50 | 51.2 | 50.2 |
| 1914 | 74.9 | 88.1 | 148.0 | 47 | 48.2 | 48.9 |
| 1915 | 71.1 | 83.2 | 137.0 | 48 | 49.5 | 50.1 |
| 1916 | 73.1 | 87.4 | 125.0 | 49 | 50.2 | 50.0 |
| 1917 | 102.5 | 121.9 | 171.0 | 52 | 59.9 | 53.8 |
| 1918 | 108.8 | 144.3 | 164.0 | 64 | 82.8 | 72.9 |
| 1919 | 144.1 | 165.6 | 233.0 | 77 | 104.5 | 135.5 |
| 1920 | 187.0 | 249.5 | 343.0 | - | 149.7 | 218.2 |

出典）三菱造船，倉庫，製紙は三菱合資会社『月報』，三菱鉱業は同『年報』による．

注）1．鉱業以外は，各年6月中，ただし16年は7月，17年は前年12月と当年12月の平均値，鉱業は年平均値．
2．製紙，鉱業，長崎は「出頭人員1人平均賃料」，神戸は定雇職工についての同前，倉庫は専属仲仕「1人1日平均賃料」．

**表2-15　日雇人夫賃金の対前年比上昇率（1916-20年）**

| | 1916/14 | 1917 | 1918 | 1919 | 1920 |
|---|---|---|---|---|---|
| 70% 以上 | 1 | | 1 | 3 | |
| 60% 以上 70% 未満 | | 1 | | 1 | 2 |
| 50% 以上 60% 未満 | | | 1 | 4 | 1 |
| 40% 以上 50% 未満 | | 2 | 5 | 2 | 5 |
| 30% 以上 40% 未満 | | 2 | 4 | 5 | 3 |
| 20% 以上 30% 未満 | 2 | 3 | 4 | | 1 |
| 10% 以上 20% 未満 | 5 | 4 | | | |
| 0% 以上 10% 未満 | 4 | 2 | | | 2 |
| マイナス | 2 | | | | |

出典）『帝国統計年鑑』各年次．

注）1．小樽，秋田，宇都宮，東京，横浜，新潟，松本，名古屋，神戸，大阪，広島，高知，福岡，熊本の14都市の上昇率．
2．数値は都市数．1920年は20年上期の賃金を基準．
3．1916年は1914年に対する上昇率．

って底の浅さをみせつつあった都市の雑業的な周辺的労働者にとって、就業機会の拡大が賃金上昇に結びつく条件が工場労働者に比べて相対的に弱かったことを示している。組織的な運動の欠如と、農村からの追加的な労働力の供給が、その制約条件であった。その結果、都市における工場労働者と他の雑業的労働者の生活条件はこの間に格差が拡大しつつあったといえよう。それは、最後の大規模な都市民衆騒擾となった米騒動の基盤を成していた。

一九一八年に入って引続き暴騰を続けた米価は、七月には三〇円台に突入し、大戦開始以来の最安値であった一五年九月の二・六倍に達した。(56) 賃金引上げが不十分であった都市下層の民衆にとって、この空前の米価暴騰は直接に生活の不安に結びついた。他方で、企業の高収益・高配当が続き、船成金などの派手な振舞いが世上をにぎわすなかで、民衆の不満は極点に達した。(57)

米騒動の衝撃は、生計費補助や米価補給金などの形で直接・間接に工場労働者の労働条件を改善させた。しかし、むしろ重要な点は、米騒動を契機に全般的な賃金上昇がみられたことであろう。賃金上昇は米価など生活資材の価格急騰によって男子労働者の実質賃金を下げ止めるには至らなかったが、他方で、女工の賃金の大幅な上昇や、それまで地域間格差の大きかった日雇人夫賃金の上昇率が、全国的に高まるなかで平準化したことなどの特徴をもっていた(表2-15)。それは、地方都市、農村をも広範にまきこんで大戦ブームが全国化していったことの反映でもあったが、同時に米騒動を契機にして商品経済がより一層深く地方・農村に浸透し、国内消費の増大によるブームの拡大の発火点ともなった。(58) 米騒動後、戦後ブームにかけて引続き暴騰した米価が、再び都市民衆の大規模な暴動を起こさなかったのは、(59) このころから労働力の追加供給の限界が顕在化しつつあったことも加わって、生活費の上昇に見合った全国的な賃金上昇がともかくも実現されていたからであった。

地方経済とりわけ農村経済の活況は、農家経営の維持と不可分の関係にあった出稼女工の賃金上昇に反映していた。一七年から上昇傾向に入った製糸・紡績の女工賃金は、一八年下期から急テンポで上昇していった。(60) 長野県の調査が明らかにしているように、これより先、一六年ころから募集費が高額化し、女工募集が困難となっていた（表2－16）。移動率の相対的に低い製糸女工に対して、紡績女工の場合にはこの困難は一層深刻なものがあったと推測して誤りないであろう。こうした追加供給の限界は、休戦後も持続された製糸・紡績業の労働力需要の増加傾向によって加重され（前掲表2－9）、女工賃金を早いテンポで引き上げる条件となっていった。農家経済の好転は、女工の労働条件の劣悪さが知れわたるにつれて、労働力供給の増加を抑制する方向に働いていたし[61]、そのなかで農村内での労働力需要の増加が賃金引上げに結実していったことから、女工の労働条件を改善する客観的な条件が成熟しつつあった。もっとも、前貸（前渡金）や寄宿制度によって、女工の賃金は生活給的色彩が薄く、労働力市場の逼迫から賃金の引上げが続く限りは、女工の組織的な運動が生まれる条件は小さかった。

### （3）　八時間制の採用

大戦ブームの終了後、国内需要の増大のなかで、激しい物価上昇を伴いながら戦後ブームが出現した。この間、女工賃金がすでにみたような条件のもとで上昇を続けたが、他方、男工賃金の上昇も続いた。とくに大きな意味をもったのは、一九一九年九月以降の八時間制採用に伴う賃金制度の変化であった。第一回の国際労働会議の第一議案となった「八時間労働制問題」は、当初、労資双方にとって、それほど関心をひきつける問題ではなかった。資本家側が反対を唱えたことは事実であるが、労資間の争点は依然として賃金問題にあったからである[62]。ところが、九月後半の二週間にわたって発生した川崎造船所争議に際して[63]、川崎造船所が解決の便法として賃金算定の基準となる所定労働時間に八時間制を採用したことから、この年末にかけて、関西地方の機械工場を中心に八時間制が急速に普及することとなった。『工場監督年報』によると、八時間制実施工場数は一九年八月以前の一〇から、

表2-16　長野県製糸工場の職工募集費（1913-22年）

（円）

| | |
|---|---|
| 1913 | 5.80 |
| 1914 | 4.77 |
| 1915 | 3.95 |
| 1916 | 7.54 |
| 1917 | 9.11 |
| 1918 | 11.45 |
| 1919 | 21.90 |
| 1920 | 23.02 |
| 1921 | 18.55 |
| 1922 | 14.60 |

出典）木村清司『労働者募集取締令釈義』（清水書店，1926年）37-38頁．
注）入場旅費を除く．

九月に二六、一〇月に一八三が新たに加わり、年末には三二五工場に達した。このうち、地域別では阪神地方所在工場一七〇（五二％）、業種別では機械器具工場一六七（五一％）と、川崎造船所の八時間制実施が労働力市場を介して同種の付近工場に与えた影響が如実に示されていた。(64)

しかし、平均二時間の就業時間短縮を実現したという、この「八時間制」の実施は、「実質的ニ観察スルトキハ所謂就業時間ノ短縮ハ有名無実ニシテ賃銀算定ノ時間的基準ヲ変更シタニ過ギ」なかった。(65)川崎造船所の争議は、戦後ブームの物価上昇を背景に「現日給七割の臨時手当を本給に繰入れ、更に右本給に対して五割の歩増を附すること、但し其他諸名目の歩増は従前通りのこと」の三条を内容とする賃金引上げが労働者から要求されたことに端を発していた。これに対して川崎造船所は、国際労働会議の八時間労働制問題が早晩日本に対しても実施を迫られるものとの判断に立ち、「将来に職工の管理を有利に展開せしむるには職工の意表に出つるを得策」とし、「職工をして自発的に要求を撤回せしめたる後、実質に於ては職工の要求と多くの逕庭《けいてい》なき賃銀の値上を、八時間労働制実施に伴ふ賃銀制の改正として発表」したのである。(66)したがって、八時間制といっても、当面は二時間の残業が付されており、従来の一〇時間制の本給に臨時手当七割を繰り入れて八時間に対して支給することを原則として、日給の低い者について七―二〇％の賃金引上げを追加した。(67)このように、問題の焦点は、賃金の引上げにあり、時間短縮問題にはなかった。この点は、川崎造船所だけでなく、一九年一〇月までに大阪府下で八時間制を採用した一〇七工場のうち、純粋の八時間労働制を採用したものは八工場にすぎず、七四工場では残業が付されていたことからも明らかであろう。(68)

このような実態を伴うとはいえ、八時間制採用の動きが、景気後退の影響も加わって労働時間の短縮に結びついたことは表2‐17が示すとおりであった。

加えて、就業時間の短縮による賃金制度の変化は、前掲図2‐2の三菱造船所平均賃金の変化に示されるような賃金の引上げに結びついた。(69)そして、この賃金改定は、大戦期に実施された付加給を本給に算入した限りで、大戦中の賃金上昇を固定化するものであった。機械器具工業労働者にとって、労働力市場が軟化するなかで、物価騰貴を背景に増加した争議がこうした成果をもたらしたことは、労働者組織に対する信認をつなぎとめるうえで重要な意味をもっていた。

他方で、こうした賃金の改定は、企業経営に重大な制約を課する可能性を秘めていたことも重視しなければならない。しかし、時間短縮に伴う労働生産性の上昇は、休戦反動以降、人員整理と経営合理化の方向を追求し、相次ぐ賃上げ争議で不安定化した労使関係の再編を意図していた企業にとって、望ましいものであった。実際、川崎造船所の調査では、八時間制実施前後で出勤率が八月の七四%から一〇月には八二%、一一月には八四%と向上し、就業日数も一九日から二一日へと増加していた。そのなかで、たとえばスチームパイプの生産能率が二三%、製鋲能率が二九%、打鋲能率が四〇%と向上し、時間短縮による賃金コストの上昇を十分に補っていた(70)。

しかも、重要なことは、川崎造船所の八時間制の採用が、経営の主導によって実現されたことであった。「将来に職工の管理を有利」にするため、職工の要求を撤回させて実行されたことは、この争議に際して経営側が、労働条件の決定にあたって、あくまでも自らの規制力を維持し、争議団の要求を容認した形での解決を避け、主導権を堅持しようとする配慮が働いていたことを示していた。労働者の団結権が事実上承認され、労働組合の指導による争議を介して労働条件を改定することが現実のも

**表 2-17　労働時間の推移（1919・22 年）**　（工場数，%）

| | 染織工場 | | | | 機械器具工場 | | | |
|---|---|---|---|---|---|---|---|---|
| | 1919 年 | | 1922 年 | | 1919 年 | | 1922 年 | |
| 7 時間 | 1 | 0.0 | 2 | 0.1 | 2 | 0.0 | 30 | 1.2 |
| 8 時間 - | 117 | 1.2 | 28 | 1.4 | 78 | 1.5 | 85 | 3.3 |
| 9 時間 - | 174 | 1.8 | 66 | 3.3 | 203 | 3.8 | 258 | 10.1 |
| 10 時間 - | 845 | 8.7 | 673 | 34.1 | 2,941 | 55.2 | 1,806 | 70.4 |
| 11 時間 - | 837 | 8.6 | 271 | 13.7 | 859 | 16.1 | 61 | 6.3 |
| 12 時間 - | 5,048 | 52.0 | 795 | 40.3 | 1,106 | 20.8 | 196 | 7.6 |
| 13 時間 - | 498 | 5.1 | 111 | 5.6 | 78 | 1.5 | 8 | 0.3 |
| 14 時間 - | 2,191 | 22.6 | 11 | 0.6 | 52 | 1.0 | 1 | 0.0 |
| 15 時間 - | 3 | 0.0 | 14 | 0.7 | 7 | 0.1 | 21 | 0.8 |
| 合計 | 9,714 | 100.0 | 1,971 | 100.0 | 5,326 | 99.9 | 2,566 | 100.0 |

出典）農商務省『工場監督年報』大正 7 年版，302-307 頁，大正 11 年版，51 頁より作成．

のになりつつあったことに対して、経営側は歯止めをかけねばならなくなっていた。労働条件をめぐる労資の対立を調整し、その解決をどのような方法に求めるかが、労資の争点となりつつあったといえよう。

### (4) 賃金上昇の帰結

労働者の組織的な抵抗を介して実現された賃金の引上げは、大戦前半に悪化した「労働分配率」を改善した(前掲表2-10・2-11)。それは、生産費の上昇要因となって、企業利潤の制約条件となっていった。

しかし、より重要なことは、こうした平均賃金の上昇が、賃金水準の全般的な上昇であったと同時に、企業内に大きな賃金格差を形成しつつあったことであろう。大阪市の調査によると、機械工場の男工と染織女工の賃金分布は図2-3のとおりで、一九一七—一九年に賃金上昇とともに賃金格差は拡大しつつあったことが示されている[71]。しかも、この賃金格差は後年の年功的賃金の形成とは異質のものであった。「常備賃金・実収賃金」の年齢別分布(表2-18)は、女工の場合にはほとんど年齢に比例した賃金上昇を認めがたく、男工では実収賃金において若干の正の相関を認めうるものの、むしろ二〇歳代で広範な賃金格差が存在し、高齢化するにつれて縮小することの方が顕著な特徴であった。勤続賞与などの手当、付加給付が勤続年数を基準とすることが多かったことから[72]、男子実収賃金において年齢の上昇に対応した賃金上昇がみられたが、全般的にみれば年功制的な賃金体系が形成されていたとは言いがたいのである。絶対的な熟練労働力不足は、定着率が低く勤続年数の短い熟練労働者に対しても高賃金を得ることを可能としていた。一〇歳代後半から三〇歳まで同一年齢層において六倍を超える賃金格差が存在し、しかも、高等小学校卒業を基準とすれば五年以内に最高級の賃金の格付を得られる者が出たところに、大戦期の熟練労働者の性格が表出している。他面、高年齢層に高賃金取得者が少なかった理由には、万能的熟練をもつ労働者が小工場主として独立し、工場労働者から離脱したことも影響していたと考えられる。しかし、そのためには独立に必要な、ある程度の資金の蓄積も必要であったから、その前提は彼らの熟練であると同時に、高い賃金であった。こうして企業内・産業内における賃金格差が拡大していった。労働力市場の逼迫によって、不熟練労働者の賃金にも強い上昇圧力が加わり、その上昇率が相対的に高まって「各職種賃銀が接近する傾向」にあったといわれるが[73]、その内実は「労働者諸層の状態の統一性」が「強化」されたという評価とは反対の方向に動いていた。

賃金格差形成の結果、大戦期に部分的ながら生活水準が向上したと感ずる労働者が生み出されていった。この点は、表2-19のように生活実感としては、職工生活状態の調査結果が紹介されているとおりで、機械工業を例外として船

図2-3　賃金格差の形成

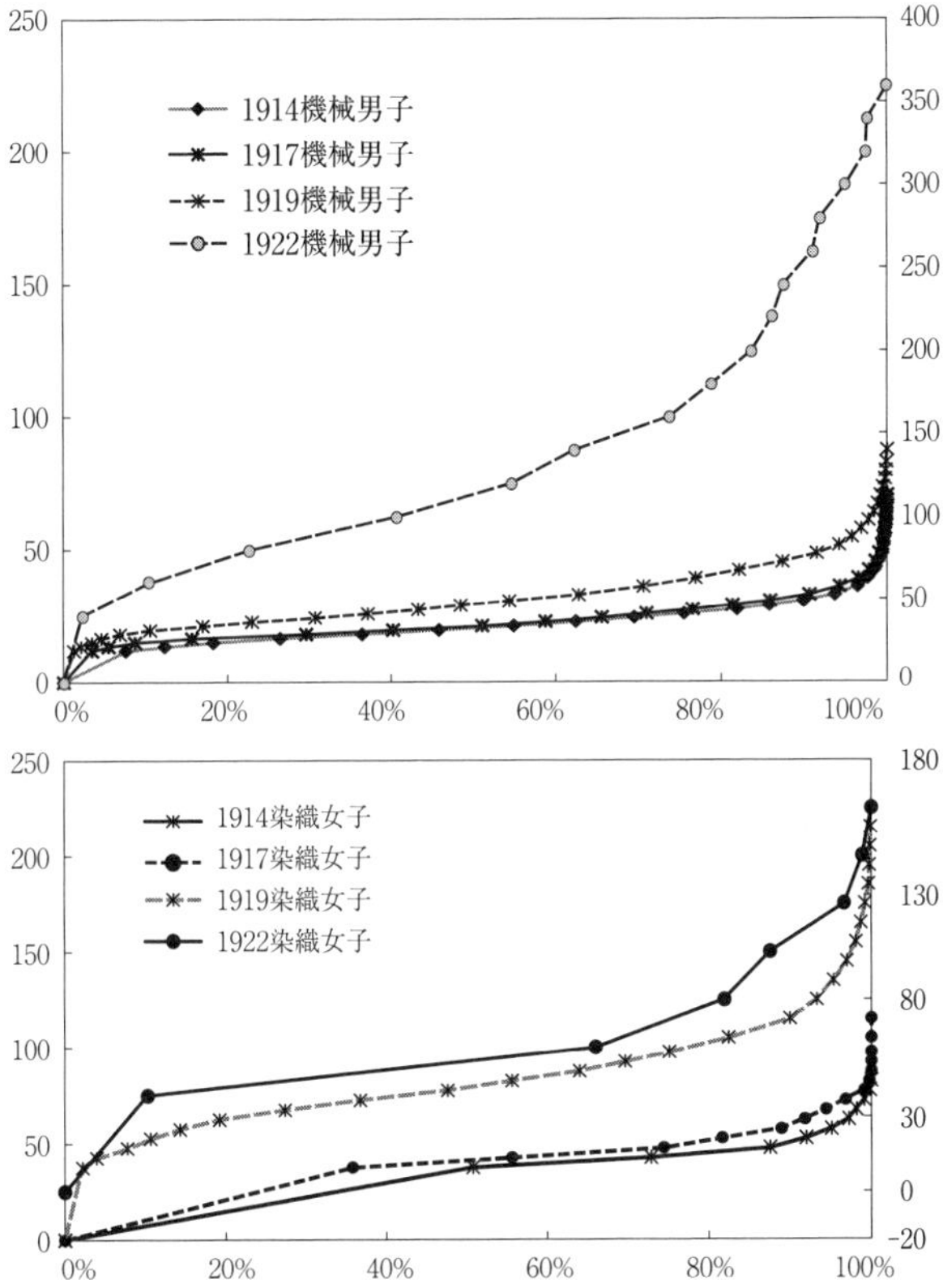


出典）1914，17，19年は大阪市役所労働調査課『労働調査報告』第4輯，1920年，9-27頁による常傭賃金日額．1922年は『要綱調査資料第一』（東京大学経済学部図書館所蔵）による3月中月収額．したがって，22年は直接に他年次と比較するのには問題があるが，参考として，月就業日数を25日として対比した．横軸は各20銭区分の賃金者数の累積比率．単位は左は銭，右は円（月給額）．

**表 2-18　賃金と年齢の分布**

（人）

| | 常傭賃金 | | | | | | | | 実収賃金 | | | | | | |
|---|---|---|---|---|---|---|---|---|---|---|---|---|---|---|---|
| 年齢 | -14 歳 | 15- | 20- | 25- | 30- | 35- | 40- | 年齢 | -14 | 15- | 20- | 25- | 30- | 35- | 40- |
| 男子 | | 10 | 2 | 1 | | | | 50 銭未満 | | 2 | 2 | | | | |
| | 2 | 62 | 16 | 12 | 11 | 9 | 3 | 50 銭以上 | 1 | 17 | 3 | 1 | | | |
| | 2 | 65 | 71 | 29 | 8 | 3 | 6 | 90 銭以上 | 1 | 63 | 29 | 12 | 6 | 1 | |
| | | 36 | 36 | 20 | 12 | 5 | 1 | 130 銭以上 | | 34 | 34 | 15 | 3 | 4 | 4 |
| | | 16 | 27 | 7 | 1 | 4 | 2 | 170 銭以上 | | 28 | 30 | 18 | 7 | 8 | 3 |
| | | 3 | 8 | 5 | 3 | 2 | 1 | 210 銭以上 | | 11 | 30 | 15 | 7 | 4 | 4 |
| | | 8 | 11 | 4 | 1 | 1 | | 250 銭以上 | | 11 | 15 | 7 | 8 | 2 | 1 |
| | | 3 | 22 | 7 | | | | 290 銭以上 | | 4 | 24 | 5 | 1 | 2 | |
| | | 3 | 4 | 4 | 2 | 1 | 1 | 330 銭以上 | | 5 | 8 | 6 | 1 | 1 | |
| | 4 | 206 | 197 | 89 | 38 | 25 | 14 | 計 | 2 | 175 | 175 | 79 | 33 | 22 | 12 |
| 女子 | | 6 | 1 | 1 | | 1 | | 50 銭未満 | | | | | | | |
| | 3 | 16 | 17 | 7 | 4 | | 2 | 50 銭以上 | 1 | 5 | 3 | 2 | | | |
| | | 1 | 9 | 2 | | 1 | 1 | 70 銭以上 | | 9 | 12 | 6 | 3 | 1 | 3 |
| | | 3 | 2 | | | | | 90 銭以上 | 1 | 4 | 7 | 1 | 2 | 1 | |
| | | 2 | 3 | 4 | 1 | | 1 | 110 銭以上 | | 3 | 5 | 4 | 1 | | 1 |
| | 3 | 28 | 32 | 14 | 5 | 2 | 4 | 計 | 2 | 21 | 27 | 13 | 6 | 2 | 4 |

出典）「雇傭関係成立前の事情」（大阪市役所労働調査課『労働調査報告』9 輯，1920 年 7 月）の調査結果.

**表 2-19　職工生活状態（1917 年 10 月調べ）**

| | 工場数 | 人員 | 生活に余裕が生じた | 賃金は増加したが生活難 | 時局のため生活難 |
|---|---|---|---|---|---|
| 製糸 | 2 | 1,285 | 100 | 0 | 0 |
| 紡績 | 12 | 21,766 | 25 | 71 | 4 |
| 製麻 | 1 | 1,641 | 30 | 54 | 15 |
| 織物 | 2 | 3,526 | 13 | 74 | 13 |
| 機械 | 19 | 9,699 | 43 | 53 | 1 |
| 船舶 | 1 | 3,251 | 62 | 31 | 8 |
| 器具 | 5 | 3,655 | 75 | 22 | 3 |
| 金属 | 12 | 4,499 | 71 | 25 | 4 |
| 製薬 | 1 | 168 | 15 | 32 | 54 |
| ゴム | 4 | 1,453 | 25 | 71 | 4 |
| 肥料 | 1 | 1,185 | 31 | 61 | 8 |
| その他 | 14 | 4,292 | 34 | 64 | 2 |
| 合計 | 74 | 56,420 | 40 | 56 | 5 |

出典）農商務省商工局『時局ノ工場及職工ニ及ボシタル影響』（1919 年）50-52 頁.

船・器具製造・金属の重工業で「生活に余裕が生じた」とする者の方が「賃金は増加したが生活は困難になった」と回答した者より多かったことに、ここでは注目しておきたい[74]。労働者の貯蓄額が戦後ブーム期に急増したことも（表 2-20）、階層間格差を伴った労働者の生活条件の変化を示していた[75]。かくて、その生活意識や労働者意識において異なる多様な層を労働者内部に作り出していった。それは、労働者の組織的活動に、分断と切崩しの余地を残すような弱い環をもたらすことになったのである。

## 三　労資関係の動揺

### 1　間接的管理体制の解体

賃金をめぐる労資紛争が、労働者の組織化の進展のなかで労働側に有利に解決されていったことは、労資関係が大戦を画期に変容していく重要な条件となった。高揚する労働運動に直面して企業は新たな対応策を要請された。それは、大戦期の労資関係の動揺に対する資本主義的再編の方向の模索でもあった。その場合、焦点は、経営的には間接的管理体制の解体に基づく新たな労使関係の構築であり、体制的には工場法と治安警察法を基盤とする労働政策を修正し、労働者の権利要求をどこまで容認するかであった。

前者は、各企業の労使関係において、大戦前まで重要な役割を果たしていた親方層が、中間管理層としての労働者の掌握力を完全に失ったことによるものであった。たとえば、鉱山業において作業請負を基盤とする飯場制は、日露戦後の争議を通して労働者の募集、生活管理へと機能を縮小して存続していた。しかし、大戦期の激しい労働移動と募集費の暴騰が飯場の経営基盤を狭めていった。しかも、労働者の不満を抑えるために経営側は飯場頭の「中間搾取」への規制を強めていた。こうして存立基盤を失っ

**表 2-20　労働者貯蓄状況調査（1914-21 年）**

| | 貯蓄者数（人） | 総額（1000 円） | 1人当たり貯蓄額（円） | 貯蓄者比率（%） |
|---|---|---|---|---|
| 1914 年 | 325,951 | 4,149 | 12.73 | 51.2 |
| 1915 年 | 387,699 | 5,097 | 13.15 | 53.2 |
| 1916 年 | 462,339 | 6,923 | 14.97 | 54.0 |
| 1917 年 | 532,393 | 8,574 | 16.10 | 54.8 |
| 1917 年 10 月 | 244,020 | 6,543 | 26.82 | |
| 1918 年 12 月 | 270,073 | 5,241 | 19.41 | |
| 1919 年 12 月 | 308,123 | | 26.29 | |
| 1920 年 12 月 | 388,832 | 17,017 | 43.77 | 43.0 |
| 1921 年 12 月 | 631,095 | | 44.88 | 42.0 |

出典）1914-17 年は内務省調べ，17 年 10 月以降は工場監督年報による．

た頭役は、大戦期に労使関係の枠組みから次第に排除されることになった[76]。また、重工業大経営でも、労働力移動の激化のなかで親方職工の地位は低下し、間接的管理から直接的管理へと移行していったといわれる[77]。友愛会を中心とする労働組合運動の担い手として、いわゆる「平職工」が積極的に進出したことが、こうした労使関係の動揺を物語っていた。

日露戦後から始まった生産過程の合理化、技術の改良によって新しい職種の職工が登場し、現場での地位と役割が増大していたが、その結果、経営側の直接的な生産過程掌握の必要も高まっていた。したがって、大戦期の親方職工の後退は、職場の直接的管理を促進することになった。もちろん、直接的管理がこの時期に完成したわけではなかった。部分的に勤続年数の長い労働者が存在したとしても、全般的には高い移動率のために、労働者を掌握することには困難が大きかったからである。

間接的管理体制の解体は、中間的管理層の後退によって、労資の対抗関係を鮮明にし、労働者意識を高め、労働運動を活性化させる条件を伴っていた。労務管理が弛緩し労使関係が動揺するなかで、経営側は労務担当職員の地位を独立させ、あるいは労働問題についての調査研究スタッフの充実に着手した[78]。争議による損失日数の増加、賃金上昇による生産費の上昇、さらにはＩＬＯへの対応の必要など、労働問題への本格的な対応策が必要となっていたからである。

このような変化は、労働争議や労働運動に対する評価、認識の変化に基づいていた。三菱合資会社の『時局ニ関スル調査報告』は回を追うごとに労働問題に関する報告量が増加していたが、その「同盟罷業」に対する言及は一九一八―一九年で明らかに変化していった。争議が急増した一七年下期には[79]、「本年ニ於ケル罷業ハ賃銀値上即チ経済問題ニ起因シ其ノ手段モ亦論議ノ上ニ於テ其主張ヲ貫徹スルノ傾向著シク、従来ノ暴動的行動ハ漸次其跡ヲ絶ツニ至レリ」と報告されている。同盟罷業の性格変化を認め、その理由の「一半ハ労働者側ニ於ケル連絡ト組織ガ幾分秩序ヲ有スルニ至リシ」ことに求め、他の一半の理由を「最近ニ至ル迄不道徳視セシ罷業ヲ以テ雇主ニ対スル要求ノ形式トシテ止ムヲ得ザル事或ハ当然ノ事ト看做」すように労働者の意識が変化したことに求めていた。とくに後者については、「従前我国ノ一般観念ハ労働問題ヲ主従的道徳ト関連セシメテ同盟罷業ヲ道徳ニ反スル罪悪ト看做シ一切ノ経済的事情ヲ度外視セシタメ常ニ被傭者側ハ不利ナル地位ニ陥リ、多クハ失敗ニ帰セリ」という、「主従的」労資関係の動揺と捉えていた。そうした情況変化を指摘していた限りで、この報告は労働運動の昂揚を新しい事態と考えていたが、同時に、労働運動の限界をも強調していたことに特徴があった。[80] 翌一八年上期の報告では、[81] 労働者の多くが「主従的」な「旧思想ヲ脱セズ同時ニ労働者ノ団結甚ダ強固ナラズ」という理由から、「一度企業者ノ高圧的手段」がとられると「施コスニ策ナキ状態」となり「裏切リスル者」が出ることが多く、「今日ノ如キ労働者ニ取リテ其地位ヲ改善スベキ絶好ノ機会ナルニモ拘ラズ大ニ之ヲ利用スル能ハズ徒ラニ資本家ニ屈服セザルヲ得ザルニ至ル」と述べられている。労働組合による労働者の組織化の不十分さが、その運動の弱さとして指摘されていた。こうした認識は、一八年下期にも、日本の労働運動を欧米との対比で「未ダ進歩セルモノト言フベカラズ」との評価につながっており、欧米の労働運動が「精神的及物質的生活ノ向上ヲ図ランガ為メ労働時間ノ短縮乃至政治生活ニ参与セン事ヲ要求スル傾向」にあることに対する遅れとして指摘されていた。[82] このように、三菱合資の報告は、一八年までの争議の増大を「主従的」労資関係の動揺と労働者の組織化の進展の結果と捉えながら、なお、欧米の労働運動と対比した労働者意識の転換の遅れ、組織化の不十分性を指摘していた。しかし、一九年に入るとこの評価は明らかに変化した。同年下期報告は次のように指摘している。

……従来此種ノ紛擾ハ多ク官権ノ高圧的裁断ニ依リテ労働者ノ泣寝入ニ終ル例ナリシモ、近来労働者ノ勢力漸増スルト共ニ其方法ノ時宜ニ適セザルコト明カトナリ、他方民主的思想モ亦澎湃《ほうはい》トシテ我国ヲ襲ヒ、其一反映トシテ普通選挙ノ如キ実際的政治運動ノ開始セラルルアリ、加フルニ社会ノ不平分子ノ指導煽動ヲ以テセシカバ、我労働界ハ未ダ曽テ経験セザル強烈ナル刺戟ヲ受ケテ資本家、企業主等ニ対スル観念ヲ急変シ、其権利ノ伸張擁護ニ資スル為メ或ハ言論機関或ハ実際運動団体ヲ組織シテ参政権要求ノ示威運動ヲ試ムル等頗ル複雑ナル色調ヲ帯ビ来レリ(83)

こうして、日本の労働運動がその限界を突破し、「泰西ト比肩セントスルノ域ニ進ミタリ」との評価が与えられることになった。この評価が三菱合資という資本側を代表しうる組織内で認識されていたことは重要であろう。そのため、労働問題を「産業界前途ノ暗礁」と捉え、労資関係の再編を積極的に進めることが課題となっていった。協調会の設立はその一つの表現であったが(84)、一九年の川崎造船所争議における、労働者の要求を先取りした経営側の対応も、急成長する労働運動に対応しながら、労資関係の再編成の主導権を奪回するための試みだったのである。そして、労働者の運動が賃金を中心とする経済問題の解決を要求する限り、その運動をいまだ労働運動としては不十分なものと評価し、一転して労働者の権利要求の一層の明確化を重大視したところに、再編の方向をめぐる経営側の考え方の一端が示されたのである。

他方、労働運動の急成長は、労働問題に対する政府の対応にも修正を迫るものであった。労働者保護立法として制定され、一六年から施行された工場法は、婦女子・幼年者の保護を主たる目的としていたため、労働条件の改善などについて一般的に規定するところは少なく、まして、労働者としての権利を認め、労資関係の調整を図るような制度的枠組みを欠いていた。工場法による保護は、治安警察法に基づく労働者の組織と運動に対する弾圧と不可分に結びついていた(85)。したがって、工場法が前提とする労資関係を「〈主従関係〉的労資関係」として捉えるかどうかはともかく、その内実は、労働者の組織と運動を否定したうえで、「工場主」の「職工」に対する一方的な保護に基づくものであった。それは、理念的にいえば、労働者を「もの言わぬ」「社会的に無力」の「被保護者」と捉えていたのである。

しかし、こうした枠組みを超えて労働運動は急成長し、労働組合の公認や団体交渉権を要求するに至ると、労資の紛争解決の手段に関する制度的な枠組みは修正されざるをえない。労働者が労働条件の改善のために同盟罷業に訴え、労働者としての権利を要求したことは、天皇制国家の支配原理に対する一つの反抗であったといってよい。とくに、労働運動が社会主義的理念への強い親近性を示すように急進化していくとき、労資関係の再編は体制的な問題として政府当局に新たな対応を迫った。労働政策の変質は、すでに指摘されているように一九年の治警法一七条の適用緩和を画期として、団結権を事実上承認する方向へ進展した[86]。協調会を中心に新たな労資間のイデオロギー的支柱が模索されるのに対応して、労働組合法案、労働委員会法案などが検討され、労働者の権利要求にどこまで応えるか、それによって、労働争議の頻発をどのようにして抑制しうるかが論議されることになる。労資関係の再編の方向をめぐってさまざまな動きが噴出し、試行錯誤が繰り返されることになった[87]。

## 2　団体交渉権獲得運動の挫折

労資関係の再編をめぐる争点の一つは団体交渉権の承認の問題であった[88]。一九二一年に労働側から「団体交渉権獲得運動」として提起されたこの問題は、二〇年恐慌後の労働力市場の不利化のなかで[89]「もはや労働組合の団体的取引に依存する以外には現在の労働条件を維持することすら不可能である[90]」という認識を背景としていた。

しかし、この要求は、一方で工場委員会制度の導入によって、労働条件などについて労使双方が協議、懇談し、両者の意志疎通を図ることが経営側の主導のもとに進展すると、次第にその影響力を失ってしまった。労働側が必ずしも統一した内容の要求を掲げえぬままに、横断的労働組合の交渉権要求を後退させていったのに対して、争議対策として経営側は工場委員会制度を提示し、労働運動の切り崩しに成功したのである(91)。

しかし、他面で団体交渉権獲得運動が短期間に収束していった理由は、工場委員会制の導入による形式的な参加の実現であったと同時に、大戦期の労働運動が抱えていた運動としての弱さ、限界に求められなければならない。それは、運動の中核にあった友愛会が発足以来強調したスローガンであった「人格承認要求」に根ざすものであったと考えられる。

一九一二年八月、友愛会が誕生し、労働者の組織化のなかで労働者自らの修養と地位向上を目的として活動を開始したとき、その主張の要点は「人格の承認」であった。それは、「労働者が資本家の奴隷たる時代は既に過ぎた。労働者といえども自主の人である、同じく陛下の赤子である(92)」という表現に象徴されるように、天皇制国家の一員としては対等の資格をもつ人間としての認知を要求するものであったといってよい。したがって、この要求は、この年一月、『東洋経済新報』が社説で「一の卑賤な階級として労働者を蔑視したる従来の習慣的感情を一掃し、労働階級にも対等に其人格を認め、対等に其価値を認識すること」の必要性を強調し、さらに進んで労働者に「社会的昇進の道」を開き、集会・結社の自由を与え、労働保護の諸立法を制定し、政治上の自由をも与えることが、労働問題の解決策であると指摘した(93)ことに照応し、こうした政治的自由をも見通した社会的地位の改善を目指していたと考えられる。そして、そのことが、この時期以降の労働者の運動が普通選挙法制定を一つの焦点とする大正デモクラシー運動の一翼を担うことを、可能としていたのである。

しかし、この「人格承認要求」は、労働者としての権利要求を萌芽的に含むとはいえ、それとは異質のものを含んでいた。同じ人間であることを認めさせることは、労働者が組合を組織し、集団的な取引を通して労働条件の改善を図れるようにすることを必ずしも意味していないからである。いわば、個人としての「市民的な」権利要求という性格を濃厚にもつことが、この要求の特徴であった(94)。それ故に「人格承認要求」は当初、労働者の内面に向かって品性の修養を求め、個人としての自覚を促し、社会の一員として十分な資質を備えることが必要だと強調していた[95]。そして、社会に対しては「人間として生きたい」という欲求を満足できる、「安んじて労働し得るやうなる境遇を生み出すこと」を根本的解決策として提唱していた[96]。それは、衣食住という「肉体的生活」を最低限保障し、生活困難と不安から解放された生活を充足しうる賃金の獲得を意味していたし、それが「人格承認要求」という形をとる限り、個々の人格をもつ労働者がそれぞれに満たされることが必要であった。もちろん、生活水準の向上がそれだけで「人格」の承認を意味するわけではなかった。「人並み」の生活を得ることで、同じ国家、同じ社会の一員として認められるための条件が整うにすぎない。これを基礎に、企業内にあっては一方的に保護される弱者であり、「主」に従う者としての地位から、経営者との人格的な平等を前提に対等に話し合う労働者として自立し、あるいは、社会的には天皇制国家の他の成員と同じように権利が認められ、政治に参加することができるようになることが希求されていた。所属する集団の一員として、他の成員と同等であることが求められていた。それは、労働組合が組織と団結の力をもって、経営者と対等に労働条件を話し合うこととは、異質の内容をもっていたのである。

友愛会が労働者組織として成長し、労働組合の実質を備えていくなかで、「人格承認要求」は労働者を組織化するうえで十分な役割を果たし、賃上げ要求が組合の主導する争議のもとで貫徹される限り、労働組合は組合員の期待に応えられた。もちろん、指導者層は「社会改造」を目標とするまでに成長し、その方向をめぐってさまざまな意見の対立をも生み出していくが、労働運動の大衆的基盤は右のような意識にあったのである。したがって、賃金の上昇によって生活水準が改善されるような労働者層が出現するなど賃金格差が形成され、労働者の生活意識や労働者としての意識に多様化が進むと、労働者を組織化していくための基盤は弱体化した。団体交渉権獲得運動が、賃金格差の形成や解雇者と勤続者との分断などによって労働者内部の一体感が失われるなかで、その影響力を弱めるのは、「人格承認要求」を突きぬけるに足る新たな目標を労働者組織の基盤にまで浸透させられなかったことも原因と考えられる。

工場委員会制を中心とする「労資協調」的な労務政策が、労働者に発言の機会を与え、労働条件の決定に参加する形式を擬制することによって、容易に満足させられるような限界を労働運動は内包していた。その限界が、一九二〇年代の労資関係の再編に重要な意味をもっていたのである。

（1）二村一夫「労働者階級の状態と労働運動」（『岩波講座 日本歴史18』岩波書店、一九七五年）。

（2）日露戦後から民衆運動の動向については、古典的には宮地正人『日露戦後政治史の研究――帝国主義形成期の都市と農村』（東京大学出版会、一九七三年）が「都市民衆騒擾期」という捉え方を提示している。このような捉え方を批判的に継承した新しい研究としては、藤野裕子『都市と暴動の民衆史――東京・1905-1923年』（有志舎、二〇一五年）がある。これらの都市での民衆の不満爆発の一方、農村部では小作争議が、農業生産力の上昇が頭打ちになるなかで生じ、さらに都市の中間層では、租税重課や住宅問題の深刻化などの都市問題も発生していたことは、よく知られている。

（3）この点に関連して、安田浩・西成田豊の研究（安田「日本帝国主義確立期の労働問題」『歴史学研究』一九八〇年別冊。西成田「労働力編成と労資関係」『一九二〇年代の日本資本主義』東京大学出版会、一九八三年。同「一九二〇年代日本資本主義の労資関係――重工業労資関係を中心に」『歴史学研究』五一二号、一九八三年）は、一九二〇年代中葉に視点を定めて協調的労資関係や労働運動の体制内化のさまざまなタイプを検出した重要な成果であるが、ここで問題となるのは、こうした結果論的な総括ではなく、大戦期の労資関係の実態であり、若干視点が異なる。なお、付言すれば、このうち安田の研究は、金原左門の大正デモクラシー研究（『大正デモクラシーの社会的形成』青木書店、一九六七年）に触発されて、単に労資関係の変化だけではなく、それを通して第一次世界大戦期から一九二〇年代にかけての支配体制の変容に迫ろうとした意図をもっていたことは、銘記しておきたい。

（4）兵藤釗『日本における労資関係の展開』東京大学出版会、一九七一年。

（5）武田晴人「一九二〇年代史研究の方法に関する覚書」（『歴史学研究』四八六号、一九八〇年）。

（6）梅村又次「産業別雇用の変動――一八八〇―一九四〇年」（『経済研究（一橋大学）』二四巻二号、一九七三年）。

（7）原朗「階級構成の新推計」（安藤良雄編『両大戦間の日本資本主義』東京大学出版会、一九七九年）三四六―三四七頁。

（8）梅村、前掲「産業別雇用の変動」一一二―一一三頁。

（9）原、前掲「階級構成の新推計」三四四頁。こうした就業者数の増加のなかで、鉱工業を自営する者が増加したことは、大戦ブームのなかで熟練職工が「独立シテ小工業ヲ営ム者等続出」し、その結果、機械工業などで労働力不足が一層深刻化したことを示していた。労働者のなかには、工場労働者として年期を積み万能的な熟練を身につけた後、小工場主として独立することを夢みる者が少なくなかったのである（引用は、三菱合資会社『時局ニ関スル調査報告』第一一回〈一九一七年上期〉労働、三頁）。

(10) 梅村、前掲「産業別雇用の変動」一一二—一一三頁。

(11) 内閣統計局『労働統計要覧』一九三〇年版、一五頁。

(12) 前掲『時局ニ関スル調査報告』第二回（一九一四年）九四頁。

(13) 同前、および同前、第三回（一九一四年一〇月—一五年四月）一〇七頁。

(14) 同前、第四回（一九一五年五—七月）八三—八四頁。

(15) 農商務省商工局『内外職業紹介業ニ関スル調査』（一九一九年）一四〇頁。職業紹介事業については、西成田豊『近代日本の労務供給請負業』（ミネルヴァ書房、二〇一五年）を参照。

(16) 中西洋「第一次大戦前後の労資関係」（隅谷三喜男編『日本労使関係史論』東京大学出版会、一九七七年）八二—八三頁。なお、その他の事例では、メリアス業では「職工ノ帰途ヲ要シ高賃銀ヲ以テ之ヲ誘拐スル等奪取盛ニ行ハレツツアルノ有様ニテ同組合事務所ハ之ガ協定ニ忙殺サレ」（前掲『時局ニ関スル調査報告』第五回〈一九一五年八—一〇月〉七五頁）とあり、また九州の炭坑でも、一時に数百人を「奪ヒ去ル」こともあって坑夫のなかには「先ヅ一坑主ヨリ身仕度金ヲ取リ次ニ他ノ坑主ヨリ更ニ多額ノ身仕度金ヲ得テ前坑主ニ返済シ此ノ如クシテ順次ニ高キヲ追ヒ其ノ差額ヲ以テ座食シ日ヲ送ル者」も出た（同前、第九回〈一九一六年六—九月〉三三二—三三三頁）。これに対して砲兵工廠など官業では「予算ニテ拘束セラレ居ルヲ以テ民間ノ賃銀ト競スル能ハズ」（同前、第一〇回〈一九一六年一〇—一二月〉労働、三頁）、一六年上期常傭賃金は前年同期に比べて砲兵工廠では六銭の減少となった（同前、第九回〈一九一六年六—九月〉三三三頁）ことから、労働者の確保が難しかったと報告されている。

(17) 前掲『時局ニ関スル調査報告』第六回（一九一五年一一—一二月）一三三—一三四頁。

(18) 同前、第七回（一九一六年一—五月）三八〇—三八一頁。なお、これについては中西洋、前掲「第一次大戦前後の労資関係」八二—八三頁に紹介されている。

(19) 前掲『内外職業紹介業ニ関スル調査』一三八頁。

(20) 農商務省『工場監督年報』各年による。

(21) 職工募集について募集斡旋に関する規則を制定している府県はほとんど全国にわたっているが、このうち一九一五年現在で、県外者の募集活動を制限していたことがわかるのは、青森、宮城、群馬、山梨、富山、石川、福井、和歌山、鳥取、島根、広島、宮崎、鹿児島であった（農商務省商工局『工場及職工ニ関スル庁府県令』一九一七年）。こうした規制は、一九二四年に労働者募集取締令が制定され、労働者の移動の自由を原則として承認するまで残っていた（木村清司『労働者募集取締令釈義』清水書店、一九二六年、五五―五九頁）。

(22) 東京職業紹介所の来所者（男子）の教育水準については、高等小学校以上の学歴を有するものが五五％前後に達していた（前掲『内外職業紹介業ニ関スル調査』一三七―一三九頁、および『東京府職業紹介所紀要』一九二〇／二一年、二五―二七頁）。

(23) 農商務省農務局『副業的季節移動労力ニ関スル調査』（一九二三年）によると、鹿児島では、大阪・北九州の各種工場や福岡・佐賀の炭坑への出稼者の賃金は、他県の出稼者の賃金と明確な格差があり、また紡績女工では賃金水準に大きな格差は認められないが、愛知、新潟などからの出稼女工賃金が一七―一八年に上昇するのに対し、鹿児島では一八―一九年にずれるなどの差があった。もちろん、こうした賃金格差によって労働力移動をすべて説明しうるわけではない。農村労働力の流出は全国一律に生じたわけではなかった。大戦期には広い範囲にわたって労働力流出がみられたとはいえ、それは、流出地域の農村構造、農業生産のあり方にも大きく影響されたことは否定できないからである。この点については、清水洋二「農業と地主制」（大石嘉一郎編『日本帝国主義史Ⅰ　第一次大戦期』東京大学出版会、一九八五年）を参照されたい。

(24) 「雇傭関係成立前の事情」（大阪市役所労働調査課『労働調査報告』第九輯、一九二二年）一七六―一七八頁。

(25) 内務省警保局『各種工場、鉱山労働者状況調』四八丁。

(26) 前掲『時局ニ関スル調査報告』第一一回（一九一七年上期）二頁。なお、この時期以降の朝鮮人労働者の流入については、戸塚秀夫「日本における外国人労働者問題について」（東京大学『社会科学研究』二五巻五号、一九七四年）を参照。これに対して日本人労働者の流出については、断片的ながら一八年上期について「麻尼刺ヘノ入港船ノ如キハ毎便二三百人ノ内地労働者ヲ見ザルナキ状況ニテ今日已ニ『ドバ』ニ一万人麻尼刺ニ二千人ノ本邦労働者アリ」（前掲『時局ニ関スル調査報告』第一三回〈一九一八年上期〉二頁）との報告が残されている。

(27) 前掲『時局ニ関スル調査報告』第一四回（一九一八年下期）労働、一八頁。

(28) こうした労働力の移動は、労働力の地域分布にも影響を与え、とくに鉱山労働者については、一九一四―二〇年に坑夫数二万人以上、伸び率五〇％以上の道府県は、北海道、福岡、長崎、佐賀、福島の炭坑地帯を抱える一道四県で、このうち、福島以外では一七―二〇年にも坑夫数の大幅増加を示していた。これに対して、秋田、栃木などの金属鉱山の比重の高い県では、一七年まで増加したとはいえ、その後急減したために一四―二〇年に減少を記録するなどの地域差があった。工場労働者については、大戦中の数値が得られないので同様の比較は困難であるが、一八年以降、機械器具工業労働者数が減少したにもかかわらず、石井寛治の研究にも明らかなとおり、重化学工業の比重の高い県が高い増加率を示していたのである（石井寛治「産業・市場構造」大石嘉一郎編、前掲『日本帝国主義史Ⅰ』一三七頁第14表参照）。このことは、とくに戦後ブーム期に鉱工業労働力の需要増大が西日本においてより激しかったことを意味しているように思われる。

(29)　前掲『時局ニ関スル調査報告』第一四回、労働、三頁、第一六回（一九一九年下期）労働、四頁。

(30)　前掲『副業的季節移動労力ニ関スル調査』五三頁。

(31)　注(28)参照。なお、北九州では一八年下期から小倉一二師団のシベリア出兵の影響を受けて労働力不足が一層深刻化したと報告されている（前掲『時局ニ関スル調査報告』第一四回、労働、二頁）。

(32)　大阪市の一二八工場についての「職工移動調査」では、一九年中に機械工業男子において雇入二万二七一三人、解雇二万四二二一人で、一五〇八人の解雇超過であった（前掲『時局ニ関スル調査報告』第一六回〈一九一九年下期〉労働、三頁）。また、一九年中の年齢別労働者の増加率は、一二歳未満三八％、一二―一四歳一四％、一五―一九歳九・五％、二〇歳以上二・七％で、この点からも戦後ブームが成年男子労働力にとって需要増加に限界があったことが窺われる（『工場監督年報』一九一九年、七頁）。

(33)　『工場監督年報』一九一八年、三二―三五頁、同一九一九年、二三―二五頁。

(34)　念のため付言しておけば、労働力市場が労働側に有利であったことを否定するわけではない。ここで問題としているのは大戦初期に実質賃金の上昇によってブームの恩恵を多少とも受けた工場労働者が、経営間を移動する消極的な抵抗から、一七年以降に体験した争議という組織的な抵抗に、より高い賃金と生活水準の改善を求める自らの要求の実現を託すことになったことなのである。

(35)　農商務省「工場労働者ニ関スル調査」（『工場監督年報』一九一八年付録）によると、紡績女工の勤続年数別比率は六ヵ月未満二九％、一年未満二二％、二年未満二〇％であった。これに対して製糸女工は順に一五％、一六％、二〇％で一年未満の累積比率で二〇％近いひらきがあった（二九六―二九九頁）。

(36)　この点については、兵藤釗、前掲『日本における労資関係の展開』二七〇―二九八頁、間宏『日本労務管理史研究』（御茶の水書房、一九七八年、第四章）などを参照。

(37)　『職工問題資料』（A一六三、A一六四号、一九一五年）には五〇社余の勤続年数調査の結果が公表されており、これによると、一九一〇年の農商務省調査に比べて「確かに著しく延長せることを認める」と結論づけられていた（A一六四号、一〇頁）。

(38) 前掲『時局ニ関スル調査報告』第一四回（一九一八年下期）労働、三―四頁は「労働者争奪ノ弊」として「一、経営者ヲシテ平時不必要ナル高キ募集費ヲ要セシメ、二、労働者ヲシテ自己ノ能力ヲ過信セシメ不当ノ労働条件ヲ雇主ニ向テ強要セシムル事、三、却テ労働者ノ能率ヲ減少セシムル事、四、労働時間ノ延長少年労働者ノ使役等法規ニ違背スル行為ヲ醸成セシムル事等」を指摘し、具体例として「阪神地方ニ於ケル諸工場ニ於テハ……各会社共ニ職工ノ引留策ニ腐心シ遠ク中国四国或ハ九州地方ニ迄モ社員ヲ派出シテ職工ノ募集ニ全力ヲ注ギ」、そのため職工周旋料が五円前後、旅費等を含めた募集費が一人当たり一五―二〇円に達した、と報告していた。また、「某炭坑ノ如キハ一個月間ニ漸ク千二百人ノ坑夫ヲ募集シ得タルニ月末ニハ千二百五十名ノ転坑者ヲ出シ結局五十名ノ欠員ヲ生ゼシ」（三頁）と報じられており、こうした激しい移動に企業経営が対応することの難しさを示していた。

(39) 兵藤釗、前掲『日本における労資関係の展開』三二六―三二九頁。

(40) 前掲『時局ニ関スル調査報告』第一三回（一九一八年上期）労働、二頁。

(41) 前掲『時局ニ関スル調査報告』第一四回（一九一八年下期）は、「同盟罷業」について「其原因錯綜シテ単ニ米価暴騰ノミニ帰スベカラズト雖モ米価及一般食料品ノ激騰ガ其原因ナリシハ否認スベカラザル所」と述べ、大戦ブームのなかで「工業ノ中ニハ戦時特別ノ恩恵ヲ蒙リ厖大ナル利益ヲ収メタルモノアリ斯カル変態的過渡期ノ常トシテ労働者ニ対スル分配ノ不公平益々甚シキヲ加ヘ平素経営者ニ対シテ抱懐スル不満ト生活難トハ相合シテ賃銀増給及ビ其他種々ナル要求ヲ提出スルニ至リタリ」と報告していた（労働、六頁）。

(42) 高村直助「資本蓄積（1） 軽工業」（大石嘉一郎編、前掲『日本帝国主義史Ⅰ』所収）一五九頁第5表、および一七六頁第14表を参照。

(43) 『工場監督年報』一九一六年、一三一―一三九頁。

(44) 「労働者保護法の工場生産能率に及ぼせる影響」（『労働時報』一九二四年三月号）。

(45) たとえば石井寛治、前掲「産業・市場構造」の第15表や清水洋二「農業と地主制」の第5表は、本章図2－1でいうA系列の推計と同一の統計を基礎としているので、B、C系列を重視する本章とは評価にズレが存在する。このズレの意味については本文でできる限り検討する。

(46) 実質賃金の算出については本来ならば生計費を用いるべきであり、この時期の生計費についてはいくつかの試算も存在する。たとえば、「賃銀ニ関スル調査並ニ賃銀、生活費、及一般経済界ノ相関関係」（大阪市役所労働調査課『労働調査報告』四輯、一九二〇年）や、上田貞次郎・井口東輔「日本に於ける生計費および実質賃銀」（『日本人口問題研究』三輯）がある。後者は森喜一『日本労働者階級状態史』（三一書房、一九六一年、二六〇頁）などにも利用されているが、生計費の推計期間が短く、推計結果が消費者物価指数の動向と大きな差がないので、とりあえず図2‐1の方法によった。
(47) 一九一六―一七年の大阪鉄工所の数値には疑問があるが、理由は不明である。
(48) 三菱神戸造船所については、中西洋、前掲「第一次大戦前後の労資関係」（第Ⅱ‐2図、四八頁）に、図2‐2と同様の結果が示されている。
(49) この点については、西成田豊「第一次大戦中・後の財閥系造船企業の労資関係――三菱長崎造船所の労働争議分析」（『一橋論叢』九〇巻三号、一九八三年）三九―四一頁参照。
(50) 東洋経済新報社編『日本の景気変動』（一九三一年）上巻第三篇一三頁の深川正米平均相場による。
(51) 二村一夫、前掲「労働者階級の状態と労働運動」一〇三頁。要求内容別件数・人員については前掲『労働統計要覧』二五二―二五五頁。
(52) 三菱合資会社『月報』六七号（一九一六年一二月）造船七、一五頁。同七三号（一九一九年三月）一一五頁。
(53) 付加給の具体例としては大阪府の一七年一〇月の調査がある（『工場監督年報』一九一七年、一八―二〇頁）。
(54) 兵藤釗、前掲『日本における労資関係の展開』四七三―四七五頁。兵藤は「下層社会」からの離脱を一九二〇年代のことと指摘している。
(55) 注(52)に同じ。
(56) 注(50)に同じ。
(57) 注(41)参照。なお米騒動については、井上清・渡部徹編『米騒動の研究』第二巻（有斐閣、一九五九年）を参照。
(58) 国内市場拡大については、石井、前掲「産業・市場構造」を参照。なお、石井論文では賃金上昇の限界が強調されており、本章の評価とは多少意見の相違がある。
(59) 従来の研究は、この問題を必ずしも説得的に説明しえていないように思われる。たとえば安田浩は「労働者階級が下層社会的一体性のなかに存在していたことが……『都市民衆騒擾』として現出させた条件の一つ」と述べているが、その論理によって米騒動を説明しうるとすれば、安田が大戦後半から都市下層の「所得の上昇を想定」し、「労働者諸層の状態の統一性」が強化されたことを強調する時期に、何故に「民衆騒擾」が現出しなかったかを説明しなければならないはずであろう（安田浩「日本帝国主義確立期の労働問題（一九八〇年度歴史学研究会大会報告）」『歴史学研究』一九八〇年別冊特集）。
(60) 女工賃金については、高村直助、前掲「資本蓄積（1）軽工業」第3表、第14表を参照。なお、紡織女工の実質賃金が大戦前の水準に一八年まで低迷し、以後急騰したことは、男工賃金とは異なる特徴として注目しておかねばならない（図2‐1）。

(61) 一九一五年の三菱合資の報告には、工業教育会宇野主事の説明として「近時一般知識ノ発達ニ伴ヒ身体ニ有害ナル紡績職工トナルヲ否ムノ風アリテ山間僻地ニ至ラザレバ応募者ヲ得ル能ハザルノ現状」とあり、募集効率の向上のため、募集人への依頼を廃して自家社員、さらには職工の父兄へ依頼するなどの方法を採用していたという（前掲『時局ニ関スル調査報告』第一〇回〈一九一六年一〇―一二月〉労働、一一―一二頁）。また、一九年七月の『大阪毎日新聞』の報道として女工の募集難が問題となり、「低廉なる賃銀に安んじて最も苦痛と罹病率との多い紡績業に従う女工が日に日に減少するのは又当然の事」と論評され、「地方の好況」と「地方庁が出稼制限の方針を採った事等」が不足に拍車をかけたと伝えられていた（『日本労働年鑑』大原社会問題研究所、大正九年版、五八四頁）。

(62) 資本家側が八時間労働制問題について動き出したのは、一九年八月上旬からで、とくに大阪を中心とする繊維工業界が反対の意見を強く表明していたが、労働者側では「何等の反対あるなく少数の団体では資本家に共鳴して八時間尚早説を出す」などの状況で、「時間問題よりも生存問題に捕はれて居た」と評されている（前掲『日本労働年鑑』大正九年版、二九一―二九三頁）。各種の意見については、同八五五頁以下参照。

(63) 川崎争議については、同前書、九六―一〇三頁参照。このほか、大前朔郎・池田信『日本労働運動史論――大正10年の川崎・三菱神戸両造船所争議の研究』（日本評論社、一九六六年）、および武田晴人『事件から読み解く日本企業史』（有斐閣、二〇二二年）第7章を参照。

(64) 『工場監督年報』一九一九年、七〇―七四頁。

(65) 同前、七〇頁。

(66) 三菱合資会社労務審議会『調査報告六　八時間労働ニ関スル件』（東京大学経済学部所蔵）一一三―一一四丁。

(67) この低賃金層の賃金引上げは、経営側の提案であったという。この点については中西洋、前掲「第一次大戦前後の労資関係」一一二―一一三頁参照。

(68) 前掲『日本労働年鑑』大正九年版、二九三頁。

(69) 三菱造船所は、所定労働時間九時間制を採用した（前掲、三菱合資会社労務審議会『調査報告六』一四七丁）。

(70) 同前、一一五―一一六丁、付表。前掲『時局ニ関スル調査報告』第一六回、二四―二五頁。

(71) 別の調査による大阪市内職工収入は、男子では一四年七月末に四〇―六〇銭が四四％で、六〇―八〇銭二五％、四〇銭以下一三％となっていたのに対し、一九年七月には六〇―八〇銭二六％、八〇―一〇〇銭二四％、一〇〇―一二〇銭一五％、一二〇―一五〇銭一〇％となっており、賃金の分布が大きくなっていた（前掲『時局ニ関スル調査報告』第一六回〈一九一九年下期〉労働、一一頁）。川崎造船所の一九年争議で低賃金層の増給が図られたことも、賃金格差の拡大を反映したものと考えられる。
(72) 兵藤釗、前掲『日本における労資関係の展開』二八六、三三八頁。
(73) 安田浩、前掲「日本帝国主義確立期の労働問題」一二八頁。
(74) この点は、石井寛治、前掲「産業・市場構造」によってすでに指摘されている。
(75) 『工場監督年報』によると、一人当たり貯蓄額は一八年末の一九円余から二〇年末には四四円弱に増加した。また、一九一七年の調査によると、大戦前との比較で上層の職工の生活費は大戦中に物価上昇による影響を被ったものの月収を超えることはなく、大戦前に月二円（月収の五・六％）であった貯蓄金は、大戦後五円（同八・五％）に達していた。もちろん、中・下層の職工にそうした余裕はなかった（同書、一九一七年、一五一―一六頁）。
(76) 市原博「第一次大戦後の産銅業労資関係の展開――古河足尾鉱業所を素材として」（『歴史学研究』五二二号、一九八三年）二一―四頁。武田晴人『日本産銅業史』（東京大学出版会、一九八七年）第二章第四節、第三章第三節を参照。このほか飯場制度の研究史については多数の研究があるが、これについても同書を参照されたい。
(77) 兵藤釗、前掲『日本における労資関係の展開』第二章。
(78) 同前、四三四―四三九頁。
(79) 前掲『時局ニ関スル調査報告』第一二回（一九一七年下期）労働、七頁。
(80) 同前。
(81) 同前、第一三回、労働、六頁。
(82) 同前、第一四回、労働、九頁。
(83) 同前、第一六回、労働、一頁。
(84) 協調会については、法政大学大原社会問題研究所編／梅田俊英・高橋彦博・横関至著『協調会の研究』（柏書房、二〇〇四年）などを参照。
(85) 隅谷三喜男「工場法体制と労資関係」（前掲『日本労使関係史論』）参照。なお、隅谷は「〈主従関係〉を基底とする〈工場法体制〉が労働運動の活発化によって維持困難になり、〈治警法と工場法〉体制が出現する」と主張しているが、この両者が、ともに労働者の組織と運動の原則的な否定の上に成立していたことは変わらないと思われるし、後者の「基底」とされる「家族主義」の登場は、治警法の運用の変質とともに本格化したと考える方が妥当ではないかと思われる。
(86) 上井喜彦「第一次大戦直後の労働政策」（労働運動史研究会編『黎明期日本労働運動の再検討』労働旬報社、一九七九年）。
(87) 三和良一「労働組合法制定問題の歴史的位置」（安藤良雄編、前掲『両大戦間の日本資本主義』）、安田浩、前掲「日本帝国主義確立期の労働問題」参照。
(88) 団体交渉権要求に対する対応については、武田晴人『事件でたどる日本企業の歴史』(有斐閣、二〇二二年)も参照。
(89) 恐慌後の労働力市場については関説する余裕はないが、農商務省工場課の調査による月別の「全国職工需給状況」では、二〇年一—三月の雇入超過七万五〇〇〇人に対し、一転して、五、六月とも四万人の解雇超過となった(前掲『時局ニ関スル調査報告』第一七回〈一九二〇年上期〉三—六頁)。なお『工場監督年報』一九二〇年、二〇—二三頁も参照。
(90) 兵藤釗、前掲『日本における労資関係の展開』三七七頁。
(91) 同前、三七七—三九三頁。
(92) 『友愛新報』一号、一九一二年(労働運動史料委員会『日本労働運動史料』第三巻、東京大学出版会、一九六八頁)。
(93) 『東洋経済新報』五八四号、一九一二年(同前書、一七〇頁)。
(94) 言うまでもなく、ここでの個人としての「市民的な」権利要求は、前述の「陛下の赤子」という表現に示されるように、天皇制国家の支配原理を根幹から否定するような性格のものではなく、権利要求としても限界があったのである。
(95) 鈴木文治「労働者自覚論」(『労働及産業』五六号、一九一六年、前掲『日本労働運動史料』第三巻、三二九—三三二頁)。
(96) 鈴木文治「労働者に代りて天下に訴ふ」(『労働及産業』三九号、一九一四年、同前書、三三七頁)。

# 第3章　国際環境

## はじめに

第一次世界大戦を契機とする各国経済の不均衡発展が[1]、一九二〇年代における世界経済の構造的不均衡を醸成した最大の要因であったことは、第1章のまとめでも展望的に述べたとおりであった。大戦中にアメリカと日本は、連合国の兵站基地として「漁夫の利」を収めたが、一九二〇年代に両国が辿った軌跡はきわめて対照的であり、その最後の、そして唯一の「勝利者」はアメリカであった。アメリカの急速な産業発展は、一九二〇年代後半に資本主義世界が相対的安定をともかくも実現しえた基礎条件を作った。それは、大衆消費社会化に適合的な耐久消費財を中心とする産業構造の、いわば現代的展開の端初を切り拓くことによって、アメリカの国際的優位を軌道づけたからである。

しかし、他方でこの「安定」は、再建金本位制の脆弱性に示されるように、みせかけの底の浅いものであった。このことは、戦債賠償問題を焦点とする各国通貨の「安定」が、アメリカの「気まぐれな」資本輸出に支えられたために、為替不安が短資移動という増幅装置を媒介に拡大される傾向にあったことに表現される。その原因は、世界農業不況にみられる多角的貿易網の動揺、貿易構造の大規模な編成替えが、基本的には拡大均衡の条件をもちえなかったことに求められるであろう。大戦中の不均衡発展が、大戦前にすでに懐胎されていた各国資本主義の産業構造の同質性を強め、世界経済の統一性の根拠を失わせたからである。その場合、同質性とは、一方で重化学工業化の進展による先進資本主義国間の競争の激化と――とくに、アメリカの巨大な重化学工業生産力が、ヨーロッパとの水平的な分業関係を崩しつつ輸出市場に威力を振るうようになったことが重要であったが――そして他方で、ロシア革命の衝撃のもとで、各国内では多様化し統合軸を失った諸階層の利害状況に対応して、自国産業の保護政策を展開したことによって促進され、とくに、先進国が農業部門を抱え込み、その保護に政策的な力点を置くに至ったことに表れる。

しかも、こうした先進国の産業構造の同質化が、重化学工業化と農業保護のもとで進展するのと並行して、大戦を契機に戦域外の周辺国、たとえばカナダ、オーストラリア、中国、インドでそれぞれ進んだ輸出主導の経済発展や工業化の進展は、後進農業国における先進国工業製品の市場を狭め、工業国化というレベルでの「同質化」を推進したのである。その結果、世界市場における貿易の多角的な結合関係の維持には多くの制約が課せられ、世界経済の構造的不均衡が拡大されることになった。

一九二〇年代以降の日本資本主義を分析するためには、以上のような特質をもった、この時期の世界経済との関連をあらかじめ明らかにしておく必要があろう。世界経済の構造的不均衡が日本に与えた制約条件がいかなるものであり、そのなかで、日本資本主義の発展をどう位置づけうるのかを明確にすることは、それだけでも厖大な実証的研究を要する。そこで、本章では後段に展開される各章の分析を念頭に置きながら、これに関連する限りで一応の概観図を提供することにしたい。したがって、ここでは世界経済をそれ自体として分析するというよりは、その編成のあり方を、主として多角的貿易網のあり方に即して検討し、これに関わる日本の対外関係の特質を明らかにすることに、主たる課題を限定しておくことにしたい(2)。

# 一　世界経済の再編成

## 1　世界貿易の動向

### (1)　世界貿易の規模

一九一〇―二〇年代の世界貿易の特徴の第一は、価格体系の激しい動揺のなかで、その規模もまた大きく変動したことである。必ずしも満足すべき統計に恵まれているとは言いがたいが、国際連盟の統計によれば、世界貿易は一九一三年の三七八億ドルから二九年の六八一億ドルへと約八〇%増加した。しかし、これは大戦を契機とする価格面での変化の与えた影響が大きく、数量的には約三五%の増加に止まっていた[3]。一般的には、こうした事実を前提に、世界貿易の統計が得られる一九二〇年代半ば以降には、第一次世界大戦前や第二次世界大戦後の最良の時期と比べても、さほど遜色のない良好なテンポで世界貿易が拡大していたといわれている[4]。

しかし、こうした通説的な評価は、第一次世界大戦の影響を看過していると言わざるをえない。大戦開始以後の一〇年間については通貨為替関係の混乱などもあって、世界貿易の規模を確定することは困難であるが[5]、国際連盟の調査によると、貿易価格指数が一九一九―三〇年について表示されている二五ヵ国中一六ヵ国が、二〇―二一年にそのピークを記録している[6]。つまり、大戦期の物価上昇を背景に戦後の復興ブーム期にかけて、世界貿易が名目的にはかなり増大していたことが推定しうるのである。この点については、やや乱暴な仮定をおいて一九二〇年前後の世界貿易額を推計することによって確認できる[7]。試算によると、一九一九、二〇、二二年の世界貿易額は、それぞれ四七〇億ドル、六三〇億ドル、四〇〇億ドルと推定され、二〇年の数値は二九年の名目額（六八一億ドル）と大きな差はない。二〇年代を通してみると、後半期の名目的拡大を過大評価できないのである。

図3-1　世界貿易額の推移

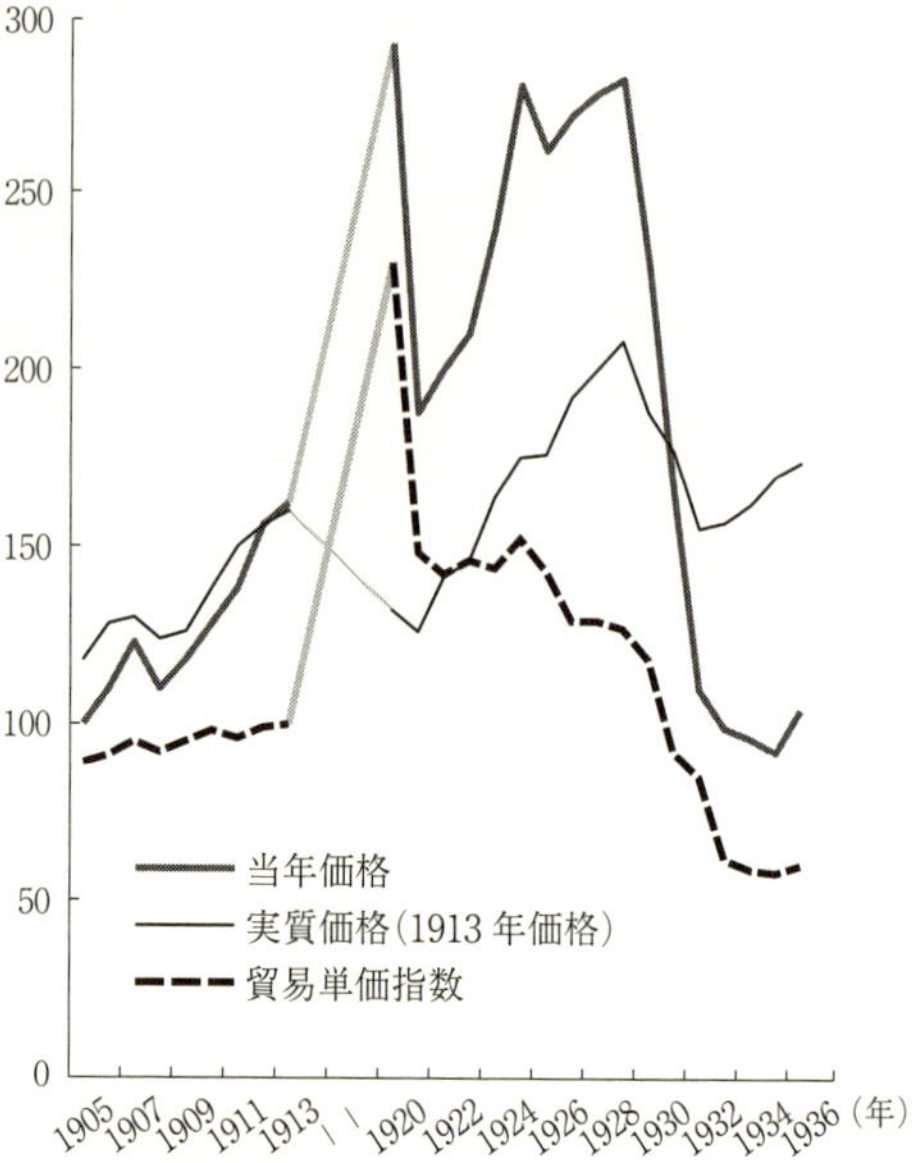


出典）*Statishes Jarrbuch fur das Deutsche Reich 1938*, S. 136.
注）単位：億RM.

同様の推計は『ドイツ統計年鑑』でもみられるが、その結果を示す図3-1によれば、事態は一層明確となるであろう。一九二〇年の世界貿易額は二〇年代のピークを示し、二九年もこれに及ばなかった。貿易単価指数が示すように、大戦期に急激な価格上昇に伴う世界貿易の拡大がみられ、二〇―二二年に戦後恐慌に伴う激しい収縮が起きた。その後、二五年まで、価格面での停滞のなかで数量的な回復が進み、かなり早いテンポで世界貿易は拡大した。しかし、二五年以降、相対的安定期には、依然として早いテンポで数量的な拡大がみられたものの価格面で漸落基調に入ったことから、世界貿易の拡大テンポは鈍化した。二〇年代半ばからの貿易単価指数の下落傾向は、世界大恐慌期の数量的な減退のもとで下げ足を早め、世界貿易の急激な縮小をもたらした。

以上のように、一九二〇年代の世界貿易は、大戦期の水膨れ的拡大を前提に、戦後恐慌期に急激な縮小を記録し、以後、主に数量的な回復によって拡大を遂げたとはいえ、一九二〇年水準に達したときには、未曽有の世界大恐慌に遭遇して再度の収縮過程を辿った。ここに、一見すると相対的安定を裏付けるかのように順調な拡大をみせたと評価される世界貿易が内包した、深刻な問題を窺うことができる。

### (2)　主要国の市場シェア

以上のような限界のなかで、一九一〇―三〇年代前半に主要国の世界貿易上の地位は、表3-1のような変化を示した。一九一三年に最大のシェアを誇ったイギリスは、大戦後の二〇年にはアメリカにその地位を譲り[8]、二〇年代前半の高い輸入水準のもとで、総額では一時首位を回復したとはいえ、輸出の伸び悩みから後半には再び二位に転落した。しかも、イギリスは英領マレーなどの大英帝国圏内の諸国についてさえ、アメリカに圧倒されるに至っており[9]、シェアの変化以上にその貿易不振は深刻であった。

主要国の貿易シェアの変動のなかでもう一つ注目すべき点は、アメリカ、イギリス、フランスなどが徐々にシェアを落としていたのに対して、ドイツが二〇年代に急速な回復を遂げていたことである。ドイツの進出は輸入が先行してシェアを上昇させた結果とはいえ、輸出でも二五年にはフランスに追いつき、二〇年代後半にも着実なテンポで拡大していった。ドイツ経済からみれば、この回復が戦前水準には及ばなかった限りで依然強い制約を課せられていたことに変わりはなかったが、それだけに世界市場での復権への圧力は強かった。相対的安定期におけるドイツの世界貿易への急速な復帰は、主要工業国間の競争関係を激化させることを通してのみ可能であった[10]。

以上のような主要国の貿易拡大のテンポの相違は、各州・各国の貿易相手地域別の変化を通して世界市場の構成を変容させつつあった。まず、主要国の貿易相手地域別構成の変化（表3－2）からみると、アメリカおよびカナダの対ヨーロッパ輸出依存度の低下と対アジアの上昇、これと対応してアジア三国（インド・中国・日本）の輸出地域において、対ヨーロッパ輸出の低下、対北米輸出の上昇という変化をみせていることが注目できる。つまり、太平洋を挟む地域間の貿易面での結合が強まったのであるが、そのこと自体がイギリス、ドイツを中心とするヨーロッパ工業国を基軸に編成されていた世界市場の構造変化の開始を端的に表現していた。

しかし、ヨーロッパ諸国からみた場合にこの変化は、アジア市場からの後退、アジア市場との結びつきの稀薄化を意味したわけではなかった。イギリスの対アジア輸出依存度は大戦前に及ばなかったが、一九二〇年代後半には上昇しつつあり、さらに重要なことは、大戦前にはヨーロッパ域内貿易への依存度がきわめて高かった大陸諸国が、そろ

**表 3-1**　世界貿易に占める主要国のシェア（1913-34 年）

（%）

| | 輸入 | | | | | | 輸出 | | | | | | 合計 | | | | | |
|---|---|---|---|---|---|---|---|---|---|---|---|---|---|---|---|---|---|---|
| | 1913 | 1920 | 1925 | 1927 | 1929 | 1934 | 1913 | 1920 | 1925 | 1927 | 1929 | 1934 | 1913 | 1920 | 1925 | 1927 | 1929 | 1934 |
| イギリス | 16.5 | 21.1 | 17.8 | 15.8 | 15.3 | 17.3 | 13.9 | 19.2 | 12.4 | 11.0 | 10.9 | 10.9 | 15.2 | 20.2 | 15.2 | 13.3 | 13.2 | 14.2 |
| アメリカ | 9.1 | 15.7 | 13.2 | 12.3 | 12.3 | 8.2 | 13.3 | 27.3 | 16.0 | 15.2 | 15.9 | 11.5 | 11.2 | 21.1 | 14.6 | 13.7 | 14.0 | 9.8 |
| ドイツ | 13.1 | 5.2 | 9.3 | 10.0 | 9.1 | 8.9 | 13.1 | 4.1 | 7.0 | 7.8 | 9.9 | 9.1 | 13.1 | 4.7 | 8.2 | 8.9 | 9.5 | 9.0 |
| フランス | 8.3 | 10.4 | 6.6 | 6.1 | 6.5 | 7.7 | 7.2 | 6.4 | 7.2 | 6.9 | 6.1 | 6.4 | 7.8 | 8.5 | 6.9 | 6.5 | 6.3 | 7.1 |
| イタリア | 3.6 | 4.0 | 3.3 | 3.1 | 3.3 | 3.3 | 2.6 | 2.0 | 2.4 | 2.6 | 2.4 | 2.5 | 3.1 | 3.0 | 2.9 | 2.9 | 2.8 | 2.9 |
| カナダ | 3.2 | 3.3 | 2.9 | 3.3 | 3.6 | 2.6 | 2.4 | 3.6 | 4.4 | 4.0 | 3.6 | 3.6 | 2.8 | 3.4 | 3.7 | 3.6 | 3.6 | 3.1 |
| インド | 3.6 | 3.8 | 2.8 | 2.7 | 2.6 | 2.4 | 4.2 | 3.1 | 4.8 | 3.7 | 3.6 | 3.1 | 3.6 | 3.5 | 3.8 | 3.2 | 3.1 | 2.7 |
| 日本 | 1.9 | 3.5 | 3.2 | 3.0 | 3.6 | 4.4 | 1.7 | 3.2 | 3.0 | 2.9 | 3.6 | 4.5 | 1.8 | 3.4 | 3.1 | 2.9 | 3.0 | 4.4 |
| 中国 | 2.1 | 1.9 | 2.5 | 2.1 | 2.3 | 2.6 | 1.6 | 1.6 | 2.2 | 2.0 | 2.0 | 1.6 | 1.9 | 1.7 | 2.3 | 2.1 | 2.2 | 2.2 |

出典）1. 1913，25，27 年は League of Nations, *Memorandum on International Trade and Balances of Payments 1912–1926*, Geneva, 1927, vol. 1, pp. 12-13.

2. 1929，34 年は，*Statistisches Jahrbuch fur das Deutsche Reich 1938*, Berlin, 1938, S. 139, 1920 年は本文注(7)を参照.

**表 3-2**　主要国の輸出貿易における地域別シェア（1913-35 年）

（%）

| 相手地域 | 対ヨーロッパ | | | | | 対北アメリカ | | | | | 対アジア | | | | |
|---|---|---|---|---|---|---|---|---|---|---|---|---|---|---|---|
| 輸出国 | 1913 | 1920 | 1925 | 1928 | 1935 | 1913 | 1920 | 1925 | 1928 | 1935 | 1913 | 1920 | 1925 | 1928 | 1935 |
| アメリカ | 60.4 | 54.3 | 53.0 | 46.3 | 45.3 | 16.4 | 11.9 | 13.4 | 18.0 | 14.4 | 6.2 | 10.6 | 9.9 | 12.8 | 16.4 |
| イギリス | 34.7 | 37.9 | 35.5 | 39.4 | 37.4 | 10.3 | 9.1 | 10.5 | 11.5 | 10.6 | 25.2 | 25.7 | 21.6 | 22.4 | 17.4 |
| ドイツ | 75.2 | 82.3 | 72.1 | 74.8 | 73.3 | 7.7 | 6.5 | 7.3 | 7.2 | 4.5 | 6.4 | 4.4 | 9.0 | 7.7 | 9.3 |
| フランス | 69.0 | 65.7 | 67.3 | 64.0 | 53.8 | 6.6 | 8.8 | 7.5 | 7.2 | 5.2 | 3.9 | 4.2 | 4.8 | 5.3 | 5.9 |
| イタリア | 63.7 | 71.9 | 65.0 | 62.4 | 60.6 | 11.1 | 8.1 | 10.6 | 11.0 | 8.4 | 5.4 | 4.8 | 5.9 | 8.7 | 4.7 |
| オランダ | 88.0 | 71.6 | 79.4 | 75.2 | 78.4 | 4.5 | 5.3 | 5.7 | 4.4 | 5.6 | 5.7 | 17.9 | 9.8 | 13.2 | 8.0 |
| ベルギー | 81.7 | 84.9 | 70.4 | 70.3 | 72.5 | 3.5 | 4.1 | 10.5 | 10.3 | 7.5 | 5.3 | 4.4 | 6.3 | 7.4 | 6.5 |
| カナダ | 54.7 | 43.3 | 49.3 | 47.1 | 48.2 | 38.9 | 47.1 | 37.0 | 37.7 | 37.5 | 1.1 | 1.9 | 5.9 | 6.4 | 3.9 |
| インド | 58.0 | 40.6 | 49.7 | 51.2 | 51.7 | 9.5 | 15.2 | 10.6 | 12.7 | 11.0 | 25.3 | 33.8 | 30.2 | 25.2 | 27.1 |
| 中国 | 25.3 | 17.1 | 20.4 | 19.2 | 25.6 | 9.2 | 12.3 | 18.7 | 13.4 | 24.4 | 65.4 | 70.3 | 60.7 | 67.2 | 45.6 |
| 日本 | 23.3 | 10.1 | 6.8 | 8.1 | 10.5 | 30.0 | 30.1 | 44.5 | 43.3 | 21.8 | 43.8 | 51.3 | 43.4 | 42.3 | 52.2 |

出典）1. 1913-25 年は League of Nations, *Memorandum on Balances of Payments and Foreign Trade Balances 1911–1925*, Geneva, 1926, vol. 1, pp. 165-166.

2. 1928 年は League of Nations, *Memorandum on Internatipnal Trade and Balances of Payments 1926*, Geneva, 1928, vol. 1, pp. 56-57.

3. 1935 年は League of Nations, *Review of World Trade 1936*, Geneva, 1935, vol. 1, p. 66.

って対アジア市場への輸出を拡大していたことである。周辺工業国を含めてヨーロッパ諸国のアジア市場への関心は強くなっていたといえよう。

これらの点は、各州の貿易相手国別構成——つまり、当該州域市場における主要国のシェア——の変化をみることを通して、主要国間の競争関係の推移として捉えなおすことができる（表3-3）。ヨーロッパ市場では一九二〇年代後半にシェアを落としたとはいえ、アメリカはなお戦前水準を維持していたのに対し、イギリス、ドイツの交差する動向の中で両国とも戦前水準を回復しえなかった。それだけ、二〇年代には周辺工業国の地位が上昇し、これに加えてドイツの拡大によって競争が激化していた。北アメリカでは、イギリス・ドイツ両国の凋落が大きく、代わって日本の地位上昇が目立っていた。アジアでは、アメリカ・イギリス両国のシェアの大幅な変動がみられ、アメリカが戦前に倍するシェアを獲得したのに対して、イギリスは一三%ポイント近くもシェアを後退させた。

**表3-3　各州貿易に占める主要国のシェア（1913-28年）**　(%)

| | | ヨーロッパ | | | 北アメリカ | | | アジア | | |
|---|---|---|---|---|---|---|---|---|---|---|
| 相手国 | | 1913 | 1925 | 1928 | 1913 | 1925 | 1928 | 1913 | 1925 | 1928 |
| 輸入 | アメリカ | 13.2 | 16.1 | 13.4 | 16.4 | 11.8 | 16.2 | 7.2 | 14.4 | 15.6 |
| | イギリス | 8.4 | 9.2 | 7.7 | 16.8 | 11.2 | 10.1 | 31.5 | 19.9 | 18.9 |
| | ドイツ | 17.5 | 9.2 | 11.5 | 8.2 | 3.4 | 4.5 | 6.2 | 4.2 | 5.2 |
| | フランス | 5.7 | 5.8 | 6.2 | 6.4 | 3.4 | 3.5 | 1.1 | 1.2 | 1.4 |
| | 日本 | 0.6 | 0.4 | 0.5 | 4.2 | 7.6 | 7.4 | 6.2 | 9.9 | 8.5 |
| 輸出 | アメリカ | 5.3 | 6.4 | 6.3 | 5.6 | 7.6 | 7.7 | 12.5 | 26.6 | 23.6 |
| | イギリス | 13.7 | 14.7 | 13.3 | 27.6 | 24.8 | 19.7 | 16.0 | 12.5 | 12.4 |
| | ドイツ | 16.9 | 9.9 | 10.7 | 12.2 | 8.0 | 7.9 | 6.2 | 3.6 | 4.0 |
| | フランス | 6.1 | 4.3 | 5.1 | 5.4 | 4.7 | 4.0 | 7.0 | 0.5 | 0.6 |
| | 日本 | 1.0 | 1.2 | 1.1 | 2.2 | 4.2 | 5.1 | 7.2 | 9.3 | 7.7 |

出典）表3-2の出典1，2に同じ．

言いかえると、ヨーロッパ市場への輸出依存度を低下させていたアメリカは、一九二〇年代後半に当該市場でのシェアを落としたとはいえ、なお戦前水準のシェアを維持し、アジア市場で戦前に倍するシェアを獲得していた。他方、イギリスは全般的に落調傾向を示すなかで、とくにアジア市場での後退が大きく、これに対してドイツは戦前水準には及ばないものの、各市場でシェアを高めていた。とりわけ、この両国の対照性を示す点は、アジア市場においてドイツのシェア拡大が対アジア輸出依存度の低下のな

表 3-4　主要貿易相手国別数（1913-35 年）

| | | 1913 | | 1924 | | 1929 | | 1935 | |
|---|---|---|---|---|---|---|---|---|---|
| 輸出相手国別 | アメリカ | 17 | 0 | 17 | 0 | 17 | 0 | 18 | 0 |
| | イギリス | 22 | 10 | 26 | 14 | 25 | 12 | 30 | 14 |
| | ドイツ | 11 | 10 | 7 | 7 | 14 | 13 | 12 | 11 |
| | フランス | 7 | 2 | 2 | 2 | 3 | 1 | 3 | 1 |
| | 日本 | 0 | 0 | 1 | 0 | 1 | 0 | 0 | 0 |
| | その他 | 9 | 5 | 7 | 6 | 9 | 5 | 7 | 4 |
| | 小計 | 66 | 27 | 60 | 29 | 69 | 31 | 70 | 30 |
| 輸入相手国別 | アメリカ | 17 | 2 | 27 | 6 | 25 | 6 | 19 | 2 |
| | イギリス | 28 | 7 | 18 | 5 | 10 | 3 | 20 | 10 |
| | ドイツ | 14 | 10 | 13 | 13 | 16 | 16 | 17 | 17 |
| | フランス | 1 | 1 | 1 | 1 | 2 | 1 | 2 | 1 |
| | 日本 | 2 | 0 | 1 | 0 | 1 | 0 | 2 | 0 |
| | その他 | 5 | 5 | 7 | 5 | 9 | 2 | 8 | 2 |
| | 小計 | 67 | 25 | 67 | 30 | 63 | 28 | 68 | 32 |

出典） 1. League of Nations, *Balance of Payments and Foreign Trade Balances 1910-24*, vol. 1, pp. 142-181.
2. League of Nations, *International Trade Statistics 1935*, Geneva, 1936, pp. 302-345.

注） 1. 各国の各年貿易相手国のうちより，その第 1 位を占める国およびシェアが 20% を超える国を抽出して集計した．したがって，アメリカの 1913 年輸出相手国として表示された 17 は，アメリカを第 1 位の輸出相手国とするか 20% 以上を輸出する相手国とする国が 17 ヵ国あることを示す．
2. 各年の右の欄は，ヨーロッパ諸国のみの数．

かで進んでいたのに対し、イギリスは全く逆に対アジア輸出依存度を高めつつも、そのシェアが縮小していたことであろう。日本もアジア市場でのシェアを高め、イギリスの後退に拍車をかけていた。二〇年代後半には低下気味ではあったが、日本のシェアは一九一三年に比べて三%ポイント前後上昇していたからである。しかも、それは日本の対アジア輸出依存度が一三年水準に維持されたままで達成されたことであり、日本の世界貿易に占める地位の向上に対応したものだった。このように各市場では主要国のシェア変動を伴いつつ、その編成が徐々に変貌しつつあった。

### （3） 基軸国の地位

ところで、世界貿易の編成をみるうえで、いま一つ重要な点は、以上のごとき主要国間の競争関係のなかで、各国が多かれ少なかれイギリス・アメリカ・ドイツの三国を基軸とした構造のなかに位置づけられていたことである。各国の貿易相手国について、その第一位にある国、あるいは第二位以下でも二割以上のシェアをもつ国を抽出すると、そのほとんどがこの三国となる。年次別にその数を示したのが表3-4であるが、輸出相手国としては、一九二〇年代に入って第四位のフランスの後退によって三国への集中が一層顕著となった。三国のうち、アメリカが主要輸出相手国になっていた国はすべてが非ヨーロッパ地域であったのに対し、ドイツはほとんどがヨーロッパ諸国であり、イギリスは両々相半ばするという相違があった。

他方、輸入相手国としても三国の地位は圧倒的であったが、一九一〇―二〇年代に英米の地位の逆転がみられた。しかも、アメリカはヨーロッパ諸国にも食い込み、輸出同様にヨーロッパ中心のドイツに次ぐ地位を得ていた。すでにふれたように、ヨーロッパの輸入に関してアメリカのシェアは大戦前の水準を維持したにすぎなかったが、そうしたシェアの動向が示す以上に、アメリカからの輸入に規制される側面がヨーロッパ市場でも高まっていた[11]。

しかし、より重要な点は、その他諸国が一九一三年の輸出相手国においてフランスを除けば、合計しても三国のうちの一国分にも達しなかったことである。ここに世界貿易が、巨大な生産力水準を擁するこの三国を基軸とする特殊な構成をもっていたことである。つまり、すでに指摘したヨーロッパ周辺工業国をも含めた競争構造は、イギリス・アメリカ・ドイツ三国の対抗を基軸に成立しており、そうした複数の「基軸国」の存在が、競争の激化のもとで世界市場をともかくも編成しうる条件を与えていたのである。付言すれば、それら三国を中核とする世界経済において、日本は軍事的・政治的には存在感を高めていたとはいえ、経済的にはいまだ極東の「小国」であった。

## 2　主要品目別貿易の動向

### (1)　世界貿易の品目別構成

一九二〇年代の世界貿易の競争的特質と、イギリス・アメリカ・ドイツ三国の基軸的地位は、実物面でみればそれら三国の抱える巨大な重化学工業生産力に基づく輸出と、これに裏付けられた輸入によって支えられていたとみてよい。この点を確認するために、世界貿易の品目別構成の推移を概観し、主要品目における競争構造を明らかにしていくことにしたい。

イェーツの推計に従って、大分類の品目構成を示したのが表3－5である[12]。推計時点が限られるため、前項で指摘

表 3-5　世界輸出貿易の品目別構成（1913-37 年）

（100 万ドル，指数 1913 年 = 100）

| | 当年価格 | | | | | 1913 年価格 | | | | 単価指数 | |
|---|---|---|---|---|---|---|---|---|---|---|---|
| | 1913 | 1929 | | 1937 | | 1929 | | 1937 | | 1929 | 1937 |
| 食料品 | 5,535 | 8,456 | 153 | 6,251 | 113 | 7,543 | 136 | 7,366 | 133 | 112 | 85 |
| 小麦・小麦粉 | 854 | 1,060 | 124 | 711 | 83 | 1,022 | 120 | 721 | 84 | 104 | 99 |
| 米 | 250 | 407 | 163 | 294 | 118 | 289 | 116 | 251 | 100 | 140 | 117 |
| 砂糖 | 461 | 719 | 156 | 432 | 94 | 851 | 185 | 700 | 152 | 85 | 62 |
| 原料品 | 4,040 | 6,490 | 161 | 4,920 | 122 | 5,173 | 128 | 4,467 | 111 | 125 | 110 |
| 棉花 | 918 | 1,405 | 153 | 881 | 96 | 945 | 103 | 917 | 100 | 149 | 96 |
| 羊毛 | 525 | 690 | 131 | 718 | 137 | 623 | 119 | 623 | 119 | 111 | 115 |
| 木材・パルプ | 592 | 995 | 168 | 860 | 145 | 828 | 140 | 728 | 123 | 120 | 118 |
| 燃料・鉱物 | 2,673 | 5,104 | 191 | 4,923 | 184 | 4,139 | 155 | 4,026 | 151 | 123 | 122 |
| 鉄・鋼 | 435 | 800 | 184 | 700 | 161 | 655 | 151 | 418 | 96 | 122 | 167 |
| 石油・同製品 | 263 | 1,172 | 446 | 1,126 | 428 | 746 | 284 | 952 | 362 | 157 | 118 |
| 製造工業品 | 6,855 | 12,325 | 180 | 9,128 | 133 | 8,865 | 129 | 7,310 | 107 | 139 | 125 |
| 金属製品 | 567 | 1,022 | 180 | 898 | 158 | 840 | 148 | 540 | 95 | 122 | 166 |
| 機械 | 586 | 1,298 | 222 | 1,103 | 188 | | | | | 222 | 222 |
| 輸送機械 | 301 | 1,102 | 366 | 922 | 306 | 1,900 | 100 | 1,615 | 85 | 367 | 361 |
| 電気製品 | 163 | 571 | 350 | 508 | 312 | | | | | 351 | 367 |
| 化学 | 697 | 974 | 140 | 979 | 141 | 760 | 109 | 735 | 106 | 128 | 133 |
| 繊維 | 2,502 | 3,890 | 156 | 2,220 | 89 | 2,461 | 98 | 2,210 | 85 | 158 | 105 |
| 合計 | 19,103 | 32,375 | 170 | 25,222 | 132 | 25,720 | 135 | 23,169 | 121 | 126 | 109 |

出典）P. L. Yates, *Forty Years of Foreign Trade*, 1959, London, pp. 222-225.
注）単価指数は，当年価格指数 ÷ 1913 年価格指数により算出．単価上昇の影響を示す．

した大戦期から二〇年代前半にかけての変化を窺いえないが、一九一三―二九年を一〇―二〇年代、二九―三七年を三〇年代の動向としてみれば、次のような特徴が指摘できる。

　名目価格でみると、先の国際連盟統計とは若干異なり、一〇―二〇年代に七〇%増加、三〇年代に四〇%の減少を示すが、食料品・原料品と燃料・鉱物および製造工業品では増加率に大きな開きがある。しかも、これを一九一三年価格表示を用いて数量的な実質増加率を合わせて考慮すると、名目・実質ともに顕著な増大を示した燃料・鉱物を挟んで[13]、食料品・原料品と製造工業品とでは一〇―二〇年代にきわめて対照的な動きを示していることが知られる。つまり、食料品では全体に数量的拡大と価格停滞が――米を例外として――進んでおり、原料品でも最大品目である棉花をはじめ、木材などで同様の傾向がみられた。これに対して工業品では、金属製品の取引が拡大しているとはいえ、全体としてみれば数量的には停滞的で、貿易の拡大は主に価格の上昇に依存していた。

食料品など第一次産品の価格停滞は、その輸出に依存する後進地域の経済的困難——世界農業問題——を表現するものであった。これに対して製造工業品では、繰り返し強調しておけば、輸出単価上昇に伴い名目的拡大がみられたとはいえ、この間に数量的には市場の目立った拡大はなかった。それは、一方では農業不況によって工業品輸入市場である後発国経済の発展が制約された結果であったが、他方で、工業国の自給率上昇によって工業諸国間の貿易拡大に限界があり、世界市場の円滑な拡張が制限されていたことの帰結でもあった。しかも、工業品価格の上昇といっても実際には、第一次世界大戦期の大幅な上昇の後、一九二〇年代には下落しつつあったことにも留意しておかなければならない。つまり、二〇年代の製造工業品貿易は、戦後恐慌以降には工業諸国間の競争が激化し価格が下落するなかで、数量的には戦前の規模を上回るほどには拡大しなかった。むしろ、市場の拡大に制約があったからこそ、世界市場で価格の強い下げ圧力が生じていた。この点は、大戦を契機とする主要工業国生産力の飛躍的拡大と対比するとき、注目しておかなければならない。こうした二〇年代の特徴は、メイズルス（A. Maizels）による工業品貿易の研究に明らかにされているように[14]、一八九九—一九一三年の工業品貿易が価格の緩やかな上昇を伴いつつ数量的にも拡大していたことと対比すると、きわめて明瞭なものとなるであろう。それは相対的安定期のもつ限界を貿易面から示すものであった。

以上のような特徴を示す一九二〇年代の世界経済について、より具体的に知るために、主要品目の市場構成の変化を日本との関連に引きつけて考えていくことにしよう。

### （2）小　麦

まず、食料品の代表として小麦を取り上げ、その国別生産および純輸出入を表3-6に示した。周知のように、最大の生産地は国別ではアメリカ、地域別ではヨーロッパであったが、ヨーロッパは同時に最大の輸入地域（純輸出の

**表 3-6**　小麦の生産と純輸出（1911-33 年）

| | 生産 | | | | 純輸出 | | | |
|---|---|---|---|---|---|---|---|---|
| | 1911-13 年平均 | 1921-25 年平均 | 1929 | 1933 | 1913 | 1925 | 1929 | 1933 |
| ヨーロッパ | 53,986 | 57,251 | 59,023 | 78,003 | | | | |
| ドイツ | 3,765 | 2,687 | 3,349 | 5,604 | △2,007 | △1,467 | △18,529 | △234 |
| フランス | 8,863 | 7,914 | 8,705 | 9,861 | △1,554 | △1,211 | △1,446 | △778 |
| イギリス | 1,588 | 1,649 | 1,354 | 1,699 | △5,346 | △4,901 | △5,630 | △5,684 |
| ロシア・ソ連 | 20,600 | 24,870 | 20,110 | 27,730 | 3,199 | 343 | 0 | 748 |
| 北アメリカ | 24,146 | 32,065 | 30,310 | 22,069 | | | | |
| 合衆国 | 18,782 | 21,886 | 22,022 | 14,397 | 2,774 | 1,982 | 2,058 | △39 |
| カナダ | 5,365 | 10,179 | 8,288 | 7,672 | 3,277 | 6,792 | 5,741 | 5,233 |
| 中南米 | | 7,040 | 6,404 | 9,840 | | | | |
| アルゼンチン | 4,002 | 5,535 | 4,425 | 7,787 | 2,812 | 2,993 | 6,613 | 3,929 |
| ブラジル | | | | | △438 | *△542 | △746 | △850 |
| アジア | | *12,000 | 11,780 | 12,882 | | | | |
| 中国 | | | 1,302 | 1,429 | 111 | △30 | △292 | △1,061 |
| 日本 | 643 | 732 | 830 | 1,099 | △170 | △464 | △733 | △511 |
| インド | 9,576 | 9,141 | 8,729 | 9,591 | 1,211 | 180 | △349 | △51 |
| オセアニア | 2,652 | 3,676 | 3,639 | 5,019 | 1,168 | 2,803 | 2,228 | 3,254 |
| アフリカ | 2,734 | | 3,710 | 3,368 | **50 | | 404 | 528 |
| 合計 | 102,861 | 113,432 | 115,000 | 131,180 | **17,060 | 16,428 | 19,137 | 15,344 |

出典）*Statistisches Jahrbuch fur das Deutsche Reich, 1928, 1932, 1934.*
注）1. 純輸出のうち△印は純輸入，ただし，カナダ，アルゼンチン，オセアニア，アフリカおよび 1913 年イギリスは輸出量，ブラジルは輸入量を示す．合計欄は世界輸出量合計．
2. * 印は 1926 年の数値，** 印は 1911-13 年の平均（*Die Welt in Zahlen* より），空欄は不明．

マイナス地域）でもあった。とくに、ドイツ、イギリスが高い輸入依存度を示し、他方、非ヨーロッパ地域のカナダ、アルゼンチン、オセアニア地域の輸出依存度が高かったのである。

大戦前から一九二〇年代末にかけて小麦生産は約一割増加し、これに応じて輸出数量も拡大していたが、ソ連が世界市場から離脱した間隙をぬって輸出依存度の高い三地域、とりわけ英自治領に含まれるカナダおよびオセアニアが急拡大を遂げた。ソ連は一九三〇年に約二五〇万トンの輸出を記録して以降、世界大恐慌下の農業不況を一層深刻化させる要因となったが、二〇年代には輸出の著減によって大きな影響を与えた。しかし、他方でヨーロッパ市場の主要輸入国も純輸入量を大戦前に比べて減少させる傾向にあり、市場規模は停滞的であった。カナダ、オセアニアなどの輸出拡大は、ソ連の輸出減少を大きく上回っていたから、それだけに輸出国間の競争を激化させる条件となった。

ソ連の後退に次いで市場拡大の効果をもったのは、むしろインドの輸入国化、日本の輸入の著増など、アジア市場の動向であった。前項で指摘した太平洋を挟む貿易の拡大の要因の一つには、小麦貿易のこうした変化があったと考えられる。とくに日本は、非ヨーロッパ世界ではブラジルと並ぶ最大の小麦輸入国として著しい輸入増加を記録していた。それだけに、大戦中に小麦輸出国として発展した、英自治領を中心とする新興農業国の動向に与えた影響も少なくなかったと思われる。

### (3)　棉花・綿製品(15)

棉花の世界生産量は、一九二〇年代末まで着実に増加した。生産の拡大はブラジルなどの新興産地の登場もあってアメリカ以外の地域にみられ、二大生産国であるアメリカとインドのシェアは、主に前者の生産停滞のため、一三年の八二%、二九年の七八%、三三年の七六%と低下傾向にあった。しかし、それでもなお、この両国は世界棉花生産の約八割を集中し、棉花供給に決定的な地位をもっていた。

棉花生産の集中に比して、その消費、つまり綿工業の世界的な編成はきわめて分散的であった。消費財産業として綿工業が各国に展開し、その自給化を図っていたからである(表3-7)。最大の棉花消費国は最大の生産国であるアメリカであり、米棉についてみれば、一九二〇年代にその消費をヨーロッパと二分するまでになっていた。アメリカに次ぐのが、イギリス、ソ連、インド、日本、中国で、この時期にはイギリスの凋落とアジア三国の急成長、とりわけ日本の躍進が目立っていた。日本は、消費拡大に伴い二大棉花生産国との関係が強化され、二〇年代にはとくにインド棉消費上の地位が高まり、さらに三〇年代前半には、両国の国外最大の消費国となっていった。ここに、世界経済における日本の独自な地位が示されている。

もっとも、棉花消費量は高番手化の進んだヨーロッパ綿工業に相対的には小さく表れるから、アジア三国の急成長を過大に評価するわけにはいかない。そこで、紡績錘数から綿工業の世界編成をみると（表3－8）、錘数ではヨーロッパ紡績業がアメリカの三倍に達し圧倒的地位にあり、アジアは一九二九年時点でアメリカの約半分にすぎなかった。とくに、イギリスの優位は一貫しており、ヨーロッパ全体の約五割強を占めつづけていた。これは、綿工業を基軸に世界の工場として発展したイギリス資本主義の歴史的所産であった。しかし、この先進性が、この時期には一つの制約と化しつつあった。紡績機械の種別でみるとイギリスではミュールが支配的で、リング中心のアメリカやアジアとは異なっていた。一九二〇年代にミュールが多い国はむしろ例外的存在であり、ここにもイギリス綿工業の歴史的性格を認めうる。相対的に高い熟練度を要し、男子工中心の労働力編成が要求されたミュールに比べ、リングは低番手用の、不熟練女子労働力の充用を可能にした機械であり、イギリスに対抗して後発国が綿工業を自立させるために、つまりは、低賃金に依りつつ国内向けの低番手糸を大量生産することに適合的であった。しかし、一九二〇年代にはリングによる高番手糸の生産が進んで、高級品市場でのイギリスの優位をも崩す可能性が生まれつつあり、逆にミュールの生産性の低さが制約となっていった(16)。

右のような綿工業の世界編成に対して、その貿易関係はどのような特徴をもっていたであろうか。資料が限られているが、先に紹介したイェーツの推計からも知られるとおり、繊維製品の貿易は縮小傾向にあった(17)。これに対応して、表3－9のように、一九一三―二五年に相当大幅な貿易縮小が生じており、その後についても綿糸が停滞的に推移して大不況で再度縮小した。織物については後半期に関する同様の資料を欠いているが、二五―二九年に最大の輸出国イギリスが数量ベースで一四％減少し、第二位の日本が価格ベースで横ばいであったことを考えると、目立った市場拡大があったとは思われな

（1,000俵）

| インド棉 | | |
|---|---|---|
| 1925 | 1929 | 1933 |
| 1,291 | 1,333 | 726 |
| 183 | 183 | 126 |
| 214 | 252 | 96 |
| 160 | 217 | 162 |
| | | 43 |
| 4,165 | 3,766 | 3,455 |
| 2,347 | 1,880 | 2,268 |
| 1,478 | 1,488 | 996 |
| 340 | 398 | 191 |
| 32 | 35 | 16 |
| 31 | 35 | 16 |
| 33 | 44 | 23 |
| 23,294 | 5,178 | 4,220 |

**表 3-7　棉花の消費（1913-33 年）**

| | 合計 | | | | 米棉 | | | | |
|---|---|---|---|---|---|---|---|---|---|
| | 1913 | 1925 | 1929 | 1933 | 1913 | 1925 | 1929 | 1933 | 1913 |
| ヨーロッパ | 12,621 | 9,598 | 10,912 | 8,923 | 8,420 | 6,351 | 6,524 | 5,236 | 881 |
| 　イギリス | 4,274 | 3,235 | 2,800 | 2,248 | 3,667 | 2,144 | 1,910 | 1,400 | 53 |
| 　ドイツ | 1,728 | 1,211 | 1,378 | 1,212 | 1,312 | 916 | 1,024 | 923 | 231 |
| 　フランス | 1,010 | 1,122 | 1,227 | 1,099 | 806 | 806 | 824 | 766 | 95 |
| 　ロシア・ソ連 | 2,509 | 1,084 | 2,152 | 1,613 | 487 | 309 | 390 | 30 | 21 |
| アジア | 3,765 | 6,509 | 6,720 | 8,136 | 519 | 772 | 1,431 | 2,655 | 3,073 |
| 　インド | 2,177 | 2,440 | 1,997 | 2,635 | 94 | 12 | 52 | 135 | 2,081 |
| 　日本 | 1,588 | 2,459 | 2,766 | 2,900 | 425 | 689 | 1,100 | 1,772 | 992 |
| 　中国 | ? | 1,610 | 1,957 | 2,601 | | 71 | 279 | 748 | |
| 南北アメリカ | 6,565 | 7,014 | 7,897 | 6,902 | 5,677 | 6,063 | 7,006 | 6,189 | 212 |
| 　合衆国 | 5,786 | 6,127 | 7,033 | 6,109 | 5,553 | 5,903 | 6,788 | 6,003 | 67 |
| 　ブラジル | 508 | 533 | 472 | 453 | | – | | | |
| その他地域 | | 173 | 353 | 391 | | 68 | 115 | 90 | |
| 合計 | 22,951 | 23,294 | 25,882 | 24,352 | 14,616 | 13,256 | 15,076 | 14,170 | 4,166 |

出典）表 3-6 に同じ.

**表 3-8　紡績機械設備台数（1913-37 年）**　（1,000 台）

| | 1913 | 1926 | 1930 | | 1937 |
|---|---|---|---|---|---|
| | | | 合計 | うちミュール | |
| ヨーロッパ | 99,505 | 102,928 | 103,900 | 54,247 | 90,084 |
| 　イギリス | 55,652 | 57,286 | 55,207 | 39,271 | 39,938 |
| 　ドイツ | 11,186 | 10,480 | 11,070 | 4,556 | 10,247 |
| 　フランス | 7,400 | 9,511 | 10,250 | 3,545 | 9,932 |
| 　ロシア・ソ連 | 7,668 | 7,246 | 7,624 | 2,252 | 9,900 |
| 　イタリア | 4,600 | 4,833 | 5,342 | 615 | 5,483 |
| 　その他 | 12,999 | 13,572 | 14,409 | 4,008 | 14,584 |
| アジア | 8,384 | 17,519 | 19,808 | 912 | 26,801 |
| 　インド | 6,084 | 8,510 | 8,907 | 871 | 9,877 |
| 　日本 | 2,300 | 5,573 | 7,072 | 41 | 11,853 |
| 　中国 | | 3,436 | 3,829 | | 5,071 |
| 南北アメリカ | 34,260 | 42,075 | 38,850 | 1,789 | 31,996 |
| 　合衆国 | 31,505 | 37,585 | 34,031 | 1,600 | 27,288 |
| 　カナダ | 855 | 1,167 | 1,277 | 184 | 1,129 |
| 　ブラジル | 1,200 | 2,493 | 2,775 | 3 | 2,714 |
| その他地域 | 1,300 | 1,201 | 1,562 | 139 | 2,068 |
| 合計 | 143,449 | 163,723 | 164,120 | 57,087 | 150,949 |

出典）1. 1913, 26 年は, League of Nations, *Memorandum on Cotton*, Geneva, 1927, pp. 7-9.
2. 1930, 37 年は *Cotton Year Book*, Manchester, 1937, p. 28.

い。

市場構成では最大の生産力を有するアメリカの地位が相対的に低いことを特徴とし、第一次世界大戦を挟んで、ヨーロッパ市場ではオーストリア帝国から独立したチェコが輸出国として

表 3-9　綿製品貿易（1913-38 年）

(1) 綿糸　（トン）

| | | 1913 | 1925 | 1929 | 1933 |
|---|---|---|---|---|---|
| 輸出 | アメリカ | | 10,365 | 12,986 | 5,831 |
| | イギリス | 95,300 | 85,971 | 83,838 | 68,471 |
| | オーストリア | 23,992 | 14,837 | 11,321 | 6,703 |
| | チェコ | | 28,480 | 27,294 | 12,673 |
| | イタリア | 14,616 | 16,652 | 24,581 | 28,636 |
| | 中国 | 888 | 9,501 | *19,950 | 32,729 |
| | インド | 90,823 | 16,031 | 11,251 | 7,741 |
| | 日本 | 47,192 | 55,944 | 12,132 | 16,594 |
| | 小計 | 272,811 | 237,781 | 203,353 | 179,378 |
| | その他 | 44,231 | 44,345 | 29,369 | 30,336 |
| | 合計 | 317,042 | 282,126 | 232,722 | 209,714 |
| 輸入 | ドイツ | 33,223 | 62,740 | 33,171 | 15,169 |
| | オランダ | | **31,320 | 33,556 | 15,802 |
| | 中国 | 163,080 | 34,066 | 17,226 | 19,168 |
| | インド | 21,192 | 23,383 | 20,752 | 14,944 |
| | 小計 | 217,495 | 151,509 | 104,705 | 65,083 |
| | その他 | 32,683 | 13,206 | 50,462 | 55,398 |
| | 合計 | 250,178 | 164,715 | 155,167 | 120,481 |

(2) 綿織物　（トン）

| | 1913 | | 1925 | | 1926-28 | 1936-38 年 |
|---|---|---|---|---|---|---|
| | 輸入 | 輸出 | 輸入 | 輸出 | 平均純輸出 | 平均純輸出 |
| アメリカ | 3,755 | 38,247 | 9,395 | 46,725 | 55,000 | 20,000 |
| イギリス | 10,383 | 586,484 | 4,745 | 381,205 | 405,000 | 200,000 |
| ドイツ | 8,581 | 44,025 | 22,904 | 20,491 | | |
| オーストリア | 1,275 | 15,886 | 11,846 | 6,309 | | |
| チェコ | – | | 1,562 | 39,711 | 200,000 | 155,000 |
| ベルギー | 5,827 | 28,189 | 3,650 | 30,541 | | |
| フランス | 1,453 | 44,324 | 1,822 | 43,578 | | |
| 中国 | 183,531 | 2,889 | 139,551 | 12,252 | △90,000 | △45,000 |
| インド | 261,565 | 12,165 | 132,854 | 16,795 | △20,000 | 100,000 |
| 日本 | 8,384 | 10,908 | 1,108 | 104,329 | 185,000 | 315,000 |
| エジプト | 24,515 | 591 | 31,900 | 638 | | |
| 英自治領 | | | | | △315,000 | △330,000 |
| アルゼンチン | 28,952 | | 29,282 | 77 | | |
| 小計 | 538,221 | 783,708 | 390,619 | 702,651 | | |
| その他 | 28,342 | 59,288 | 36,716 | 79,772 | △445,000 | △415,000 |
| 合計 | 566,563 | 842,996 | 427,335 | 782,423 | | |

出典）1. 1913, 25 年は，Cotton, *op.cit.* pp. 68-70.
2. 綿糸 1929, 33 年は，*Statistisches Jahrbuch fur das Deutsche Reich, 1930, 1934.*
3. 綿織物，純輸出（△印は純輸入）は，A Maizels, *Industrial Growth and World Trade*, Cambridge, 1963, pp. 352-353.

注）空欄は不明，* 印は 1930 年，** 印は 1926 年，英自治領にはスカンジナビアを含む．

急成長し、イギリスの地位が後退したほかは、ほぼ戦前の構成を維持していた。むしろ大きな変化は、大戦期に「民族紡の黄金時代」を経験したと評される中国、インドなどアジア市場で生じていた。

アジアは綿製品の最大の輸入市場であり、その中心が中国であった。しかし、一九二五年の綿糸輸入国の第一位がドイツであったことに示されるように、大戦後、中国の綿糸輸入は約五分の一に減少し、綿織物輸入も戦前の七割近くに落ちていた。二八年には綿糸輸出量が輸入をわずかに凌駕し、輸出国化するまでになった[18]。これに対し、インドは綿糸輸出が急減し、また織物輸入も半減したことから明らかなように、綿製品の自給化が進んでいくなかで、綿糸輸入国化していたのである。日本は、二〇年代後半に綿糸輸出が急減する一方で綿織物輸出が拡大し、輸出の高度化が進んでいた。こうして綿製品輸入市場であった中国やインドの輸入減少、自給化傾向の進展は、綿製品貿易の全般的縮小傾向を生み出し、そのなかで織物輸出を急増させた日本が、イギリスの凋落に追い打ちをかける形で市場構成を変えていった[19]。日本の進出は、イギリスとの対抗ばかりでなく、中国、インドの民族紡との対抗関係を深めながら、蘭領インドなどのより周辺的な市場へと触手を伸ばすことによって果たされた[20]。三〇年代初頭の棉花消費における地位上昇と、綿製品貿易における躍進とは、この時期の日本が世界経済に占めた地位の特質の一つを物語るものといえよう。

### （4）生糸・人絹[21]

世界貿易のなかではやや地位が低いが、日本にとって見逃せないのが生糸貿易の動向であり、また、その競合品の性格をもつ人絹の生産・消費の動向であった。中国の生産量の信頼性に問題はあるが、表3-10のごとく、生糸の生産・輸出の両面で日本の地位は圧倒的であり、しかも、大戦前に比べて一段と高まっていた。輸入国としては一九二〇年代の「繁栄」を背景にアメリカが隔絶した地位にあり、大戦前には大きなシェアを占めたヨーロッパ諸国との差が拡大していた。つまり、イタリア糸を主な供給源とするヨーロッパ市場の停滞的な様相とは異なり、日米間の生糸貿易が急成長し、この二国に生産と消費が集中して、両国の世界経済における特殊な紐帯をなしていた。それはなによりも二〇年代のアメリカ資本主義が高い消費水準に支えられた「繁栄」を謳歌したために、代替品である人絹生産の拡大によって生ずる競合が数量面ではまだ顕在化しなかったからである。もちろん、そうした競合は二〇年代後半の生糸輸出価格の漸落に示されるように価格面では明白になっており、日本の輸出を不利化させる要因となった。他

**表 3-10　生糸・人絹の生産と貿易**（1913-33 年）

（1）生糸

（トン）

| 生産 | 1913 | 1922 | 1925 | 1929 | 1933 |
|---|---|---|---|---|---|
| フランス | 350 | 195 | 260 | 195 | 76 |
| イタリア | 3,540 | 3,245 | 4,380 | 4,826 | 3,403 |
| 中国 | 8,515 | 8,675 | 9,099 | 10,193 | 4,629 |
| 日本 | 12,120 | 18,845 | 31,066 | 43,396 | 43,872 |
| 世界合計 | 27,320 | 31,660 | 46,651 | 61,410 | 54,050 |
| 輸出 | | | | | |
| フランス | 2,437 | 360 | 337 | 1,431 | 398 |
| イタリア | 4,526 | 2,095 | 4,125 | 5,967 | 3,479 |
| 中国 | 9,008 | 8,674 | 10,157 | 9,325 | 4,662 |
| 日本 | 12,137 | 20,652 | 26,307 | 34,491 | 31,534 |
| 輸入 | | | | | |
| フランス | 7,169 | 5,757 | 6,172 | 5,734 | 3,160 |
| イタリア | 2,606 | 668 | 256 | 469 | 275 |
| ドイツ | 4,131 | 1,652 | 2,074 | 2,501 | 549 |
| イギリス | 440 | 443 | 374 | 840 | 1,354 |
| スイス | 700 | 600 | 644 | 1,098 | 454 |
| インド | 1,163 | 829 | 601 | 983 | 1,110 |
| アメリカ | 11,816 | 23,003 | 28,923 | 39,494 | 29,316 |

（2）人絹

（トン）

| 生産 | 1913 | 1922 | 1925 | 1929 | 1933 |
|---|---|---|---|---|---|
| ドイツ | 3,500 | 5,710 | 11,800 | 26,472 | 32,801 |
| ベルギー | 2,850 | 2,850 | 5,000 | 7,300 | 4,900 |
| フランス | 2,900 | 2,850 | 6,500 | 16,780 | 25,500 |
| イギリス | 5,205 | 6,960 | 13,500 | 25,810 | 39,140 |
| イタリア | 150 | 2,850 | 13,850 | 32,342 | 37,154 |
| オランダ | | 1,140 | 2,700 | 8,000 | 8,700 |
| スイス | 140 | 860 | 2,400 | 4,700 | 4,165 |
| 日本 | | | 1,451 | 12,247 | 44,690 |
| アメリカ | 710 | 10,660 | 23,542 | 55,338 | 94,589 |
| 世界合計 | 16,155 | 36,170 | 84,690 | 198,910 | 349,680 |

| 輸出 | 1929 | 1933 | 輸入 | 1929 | 1933 |
|---|---|---|---|---|---|
| ドイツ | 8,994 | 7,522 | ドイツ | 9,632 | 10,259 |
| ベルギー | 3,218 | 2,688 | スイス | 1,523 | 3,003 |
| フランス | 6,438 | 10,360 | スペイン | 3,666 | 3,001 |
| イギリス | 4,691 | 7,310 | チェコ | 4,631 | 3,866 |
| イタリア | 19,519 | 19,019 | インド | 3,335 | 3,640 |
| オランダ | 8,848 | 8,324 | 中国 | 8,736 | 4,182 |
| スイス | 3,927 | 4,689 | 日本 | 281 | 230 |
| 日本 | 70 | 4,018 | アメリカ | 9,514 | 3,296 |
| アメリカ | 305 | 503 | カナダ | 1,008 | 797 |
| その他欧州 | 3,504 | 1,529 | その他欧州 | 8,961 | 11,353 |

出典）1. 生産の 1922-33 年は League of Nations, *Statistical Yearbook, 1926, 1934/35.*

2. 貿易および生産 1913 年は, *Statistisches Jahrbuch fur das Deutsche Reich, 1926, 1930, 1934.*

面、ヨーロッパでは人絹工業の発展とともに生糸の生産・貿易は停滞し、日本の対ヨーロッパ絹製品輸出も大きく後退していた。ヨーロッパ市場では、両者の競合代替が顕在化しつつあり、そのために、日本の対ヨーロッパ貿易収支が悪化していった。

人絹糸生産は、大戦前にはヨーロッパ工業国にほぼ集中していたが、二〇年代に入るとアメリカが第一位の生産国となり、ヨーロッパの急速な発展にもかかわらず、世界生産の約三割を占めつづけた。生糸との関係でみれば、生糸生産国であるイタリアが二〇年代初めから、また日本が二〇年代後半から人絹生産を急増させ、とくに日本は三三年にアメリカに次ぐ生産国になっていたことが重要であろう。しかし、三三年に第一位と第二位を占めたアメリカと日本は、人絹貿易という点からみると輸出依存度が小さく、アメリカはむしろ人絹輸入国であった。アメリカは生糸代替品と考えられていた人絹の最大の生産国でありながら、なおその不足を主としてヨーロッパからの輸入にあおぐ状態にあり、そうした深く広い消費需要の存在によって、日本の生糸輸出に対して一貫して唯一最大の市場だった。しかし、二〇年代の生糸貿易の展開が、このような特異な構造をもつアメリカに依存して拡大したことは、日本の位置をきわめて不安定にしていく条件を醸成していた。一方で人絹生産の拡大と、他方で消費需要の急減とによって、この両面から日本の生糸輸出は挟撃される危険をはらんでおり、それが三〇年代に日本に決定的ともいうべき打撃を与えることになった。

### (5)　重化学工業品

鉄鋼をはじめとする重化学工業品の生産が、アメリカ・ドイツ・イギリスの三ヵ国、あるいはフランスを加えた四ヵ国に集中していたことは周知のとおりであり、それが世界貿易におけるこれらの国々の基軸性を裏付けていた。しかし、同時にそうした集中的な生産構造をもちながら、主要国の輸出依存度が概して低いことも特徴であった。

まず、鉄鋼についてみると[22]、表3－11のように上位四ヵ国のシェアは合計八割弱に達し、とくにアメリカの地位は圧倒的であった。第一次世界大戦の結果、ドイツ・イギリスが後退し、フランスが躍進したほか、ベルギーなどのヨーロッパ諸国の鉄鋼業が発展し、上位国のシェアは漸減傾向にあった。ヨーロッパの周辺工業国における鉄鋼業の自立化がその要因であり、そのためもあって、生産に比べて鉄鋼品貿易の比重はますます低下する傾向にあった。

鉄製品の貿易からみると、アメリカはその巨大な生産力に比べて輸出国としての地位が低かった。これは他の産業にもおおむねあてはまるアメリカの特質であった。そのなかで、一九二〇年代にアメリカが銑鉄の輸入国化したこと、しかも、その輸入が二五―二九年に著減したことが注目される。銑鉄輸入量は、アメリカ国内の銑鉄生産に比べれば一％余りにすぎない少量であったが、銑鉄貿易に占める地位は大きく、その減少の対外的影響は無視しえぬものがあった。他方、ドイツ・イギリスも銑鉄の輸出を半減させており、二五年で最大の輸出国であったフランスも減少傾向をみせていた。このように銑鉄貿易は欧米市場では縮小の方向にあったが[23]、二〇年代後半にこれと逆行してアジア市場における銑鉄貿易が拡大していた。インド、中国（満州）、朝鮮の輸移出と日本の輸移入であり、日本は二九年には最大の銑鉄輸入国となっていた。

インド銑鉄は、一九二〇年代初めには一時アメリカに輸出されるものが多かったが（表3-12）、アメリカの輸入関税の設定・引上げの影響もあって、同じアジアの最大の鉄鋼消費国である日本に集中的に積み出されることになった。日本はこれらの輸入銑鉄によって鋼材生産を拡大し、その自給化を進めたが、世界的な銑鉄貿易の縮小のなかで、インド銑鉄からみれば日本への輸出の動向が、その死命を制する状況を作り出していったと考えてよい。

鋼については、鋼材市場の多様性に規定されつつ先進国間の水平分業がある程度進展していたことから、銑鉄に比べると貿易依存度は高かったが、主要三ヵ国では低下傾向にあった。主な鉄鋼生産国は、鋼材の純輸出国であり、世界市場に規定的な役割を果たした。一九二〇年代の鋼材市場は、周知のようにドイツ・フランスを中心とする国際鉄鋼カルテルの統制が試みられた大陸ヨーロッパと、その枠外にあったイギリス、アメリカを中心に構成されていた[24]。

しかし、ここでも注目しておきたい点は、一九二〇年代の鉄鋼輸入における日本の地位である。輸入量からみれば、イギリス・ドイツの方が

（1,000トン）

| 輸入 | | | |
|---|---|---|---|
| 1913 | 1925 | 1929 | 1933 |
| | | | |
| 157 | 448 | 150 | 161 |
| 1,475 | 1,398 | 1,708 | 789 |
| 147 | 222 | 175 | 75 |
| 220 | 290 | 124 | 94 |
| 50 | 51 | 40 | 92 |
| 579 | 325 | 674 | 211 |
| 335 | 400 | 792 | 801 |
| | | | |
| | | | |
| 100 | 327 | 468 | 183 |
| 4,618 | 5,869 | 8,470 | 4,146 |
| 158 | 978 | 1,207 | 829 |
| 2,047 | 2,474 | 2,548 | 818 |
| | | 196 | 147 |
| | | 377 | 105 |
| | 789 | 1,459 | 460 |
| 4,875 | 7,433 | 10,547 | 4,950 |

*tistical Yearbook.*

**表3-11　鉄鋼の生産貿易（1913-33年）**

| | 生産 | | | | | 輸出 | | | |
|---|---|---|---|---|---|---|---|---|---|
| | 1913 | 1920 | 1925 | 1928 | 1936 | 1913 | 1925 | 1929 | 1933 |
| 銑鉄 | | | | | | | | | |
| アメリカ | 31,462 | 36,282 | 37,894 | 38,766 | 31,526 | 292 | 33 | 47 | |
| ヨーロッパ | 45,662 | 21,522 | 36,508 | 45,867 | 53,145 | 2,414 | 1,856 | 1,880 | 739 |
| 　ドイツ | 16,632 | 6,388 | 10,177 | 11,804 | 15,302 | 856 | 227 | 388 | 109 |
| 　イギリス | 10,425 | 8,163 | 6,337 | 6,716 | 7,845 | 1,142 | 569 | 463 | 110 |
| 　フランス | 5,207 | 3,344 | 8,471 | 9,981 | 6,230 | 112 | 710 | 563 | 172 |
| 　ベルギー | 2,485 | 1,116 | 2,543 | 3,857 | 3,207 | 16 | 96 | 121 | 38 |
| アジア | 607 | 486 | 2,308 | 2,612 | 4,491 | | | *903 | *1,030 |
| 　インド | | 312 | 902 | 1,072 | 1,568 | 82 | 381 | 558 | 378 |
| 　日本 | 240 | 352 | 850 | 1,540 | 2,008 | | | | |
| その他とも計 | 78,809 | 59,631 | 76,936 | 88,800 | 91,500 | | | | |
| 鋼 | | | | | | | | | |
| アメリカ | 31,802 | 42,807 | 46,120 | 52,369 | 48,534 | 2,663 | 1,672 | 2,406 | 520 |
| ヨーロッパ | 43,361 | 26,465 | 41,617 | 54,004 | 61,304 | 14,107 | 14,913 | 18,065 | 9,733 |
| 　ドイツ | 17,600 | 8,363 | 12,194 | 14,368 | 18,788 | 5,453 | 3,035 | 4,008 | 1,382 |
| 　イギリス | 7,787 | 10,204 | 7,517 | 8,984 | 12,210 | 3,907 | 3,402 | 3,471 | 1,847 |
| 　フランス | 4,087 | 2,706 | 7,464 | 9,479 | 6,708 | 518 | 3,165 | 3,044 | 2,213 |
| 　ベルギー | 2,467 | 1,253 | 2,549 | 3,905 | 3,168 | 1,534 | 3,058 | 4,067 | 3,048 |
| 日本 | 240 | 888 | 1,200 | 1,954 | 5,654 | | 55 | | |
| その他とも計 | 76,581 | 76,160 | 90,772 | 111,500 | 124,100 | 17,062 | 16,673 | 20,546 | 10,473 |

出典）1. 生産量1913，25年は，*Iron & Steel*, 20年は*Die Welt in Zahlen*, 28，36年は，League of Nations, *Sta-*
2. 銑鉄貿易は，*Statistisches Jahrbuch fur das Deutsche Reich.*
3. 鋼貿易1913，25年は*Iron & Steel*, 29，33年は『世界貿易の現勢』78頁.
注）*印は満州の輸出（対日輸出）を含む.

**表3-12　インド銑鉄の輸出（1920-30年）**　（1,000トン）

| （年） | イギリス | 日本 | アメリカ | その他 | 合計 |
|---|---|---|---|---|---|
| 1920 | 1 | 47 | | | 48 |
| 1922 | 2 | 112 | 3 | 2 | 119 |
| 1923 | 13 | 144 | 23 | 3 | 183 |
| 1924 | 26 | 171 | 133 | 11 | 341 |
| 1925 | 27 | 168 | 156 | 30 | 381 |
| 1926 | 20 | 234 | 40 | 15 | 309 |
| 1927 | 26 | 270 | 64 | 33 | 393 |
| 1928 | 8 | 353 | 52 | 36 | 449 |
| 1929 | 75 | 349 | 85 | 59 | 568 |
| 1930 | 102 | 160 | 107 | 70 | 439 |

出典）*Annual Statement of the Sea = Borne Trade of British India.*

大きかったが、これら純輸出国に対比して日本は輸入国であり、欧米鉄鋼業からみれば域外の最大の市場であった。ヨーロッパ諸国の水平的な分業関係と対比すれば、日本の立ち遅れが独自の市場としての意味を与えていた。ヨーロッパ鉄鋼業にとって、カルテル統制の枠外にある自由市場としての意義は無視しえぬものがあっただけに、日本鉄鋼業がそうした対外的な圧力のもとで自立していくためには困難が大きかった。

化学工業品についても、[25] 鉄鋼と同じように主要三—四ヵ国の生産および輸出における地位は圧倒的であった。しかし、人絹と同じく最大の生産国アメリカが、一九二〇年代半ばまで純輸入国であり、輸出国としての地位はドイツが抜きんでて高かった。しかも、ドイツは二九年には戦前水準にまで輸出シェアを回復していた。化学工業品の場合も水平分業の一定の進展を反映して、主要国は輸入国としても大きな地位を占めていたが、「各国の化学工業品に関する輸入依存度が戦前に比べて大幅に低下[26]」していた（表3－13）。その結果、世界市場の構成は化学工業の展開が遅れたアジア市場の比重が高まり、「アジア市場はこの時期に世界の化学工業品輸入額の一五％を占め、戦前のアメリカ合衆国にかわって最大の市場になっていた[27]」という。その点は、最大の輸出国ドイツでも非ヨーロッパ地域への輸出が拡大したことに示されるとおりであり、たとえば二〇年代後半に日本市場はドイツ化学工業品輸出の約八％を占め、アメリカ、旧オーストリア＝ハンガリー帝国地域に次ぐ輸出相手国であった[28]。

ドイツの優位は染料工業における突出した地位によるものであったが、同時に、一九二〇年代には、比較的新興部門に属する窒素工業でも輸出を拡大し、イギリス、アメリカなどと激しい輸出競争を演じていた。主として硫安市場をめぐるこの競争が、日本の化学工業としては中軸的な地位を獲得しつつあった窒素肥料工業の発展に大きな影響を与えたことは、すでに明らかにされているとおりである[29]。

最後に機械をみておこう[30]。化学工業品が一九二〇年代におけるアメリカの輸出国化を特徴としていたのに対し、機械輸出では大戦前の三国拮抗状態からアメリカが抜け出し、イギリス・ドイツとの差を拡大していた。もともと機械生産におけるアメリカの地位は高かったから、これに対応した輸出国としての地位を得たにすぎないが、すでにみてきたように、他産業におけるアメリカの生産および輸出上の地位と比べると、機械工業の特徴として重視してよい。

## 表3-13　化学工業品の生産と貿易（1913-33年）

（100万マルク）

| | 生産 | | | | 輸出 | | | | 輸入 | | | |
|---|---|---|---|---|---|---|---|---|---|---|---|---|
| | 1913 | 1924 | 1927 | 1935 | 1913 | 1925 | 1929 | 1933 | 1913 | 1925 | 1929 | 1933 |
| アメリカ | 3,400 | 8,400 | 9,450 | 6,800 | 312 | 637 | 781 | 320 | 520 | 700 | 652 | 199 |
| ドイツ | 2,400 | 3,000 | 3,600 | 3,700 | 848 | 959 | 1,424 | 697 | 490 | 240 | 305 | 162 |
| イギリス | 1,100 | 2,150 | 2,300 | 1,950 | 503 | 670 | 726 | 348 | 290 | 340 | 459 | 218 |
| フランス | 850 | 1,300 | 1,500 | 1,600 | 297 | 475 | 510 | 286 | 250 | 270 | 316 | 162 |
| 日本 | 150 | 450 | 550 | 1,300 | 57 | 93 | 70 | 52 | 100 | 200 | 298 | 99 |
| 世界合計 | 10,000 | 18,900 | 22,000 | 21,000 | 3,174 | 4,545 | 5,478 | 2,494 | 2,770 | 3,080 | 5,400 | 2,600 |

出典）生産および輸出は『世界経済の現勢』149, 153頁．輸入は同161頁および *The Chemical Industry*, p. 42.

## 表3-14　機械の生産と貿易（1913-33年）

### (1) 機械

（100万ドル）

| | 生産 | | | 輸出 | | | | 輸入 | | |
|---|---|---|---|---|---|---|---|---|---|---|
| | 1913 | 1925A | 1925B | 1913 | 1925 | 1929 | 1932 | 1913 | 1925 | 1933 |
| アメリカ | 6,775 | 12,059 | 8,465 | 681 | 1,280 | 2,022 | 365 | 28 | 58 | 9 |
| ドイツ | 2,800 | 2,900 | 1,933 | 738 | 735 | 1,428 | 741 | 101 | 99 | 31 |
| イギリス | 1,602 | 3,010 | 2,007 | 721 | 898 | 1,110 | 415 | 121 | 221 | 110 |
| その他欧州 | 1,935 | 2,375 | 1,593 | 350 | 668 | | | 1,449 | 1,361 | |
| 日本 | 47 | 215 | 143 | 4 | 12 | 1,097 | 375 | 66 | 121 | |
| 英自治領 | 396 | 862 | 574 | 42 | 82 | | | 262 | 435 | |
| 世界計 | 13,555 | 22,059 | 14,705 | 2,537 | 3,675 | 5,688 | 1,897 | 2,646 | 3,304 | |

出典）1. League of Nations, *Mechanical Engineering*, vol. 1, Geneva 1927.
2. 輸出の1929, 32年は *Statistisches Jahrmuch fur das Deutsche Reich.*

注）1913年は金マルク，他はRM，1925Aは当年価格，1925Bは13年価格表示.

### (2) 電気機械

（100万マルク）

| | 生産 | | 輸出 | | | | 輸入 | |
|---|---|---|---|---|---|---|---|---|
| | 1913 | 1925 | 1913 | 1925 | 1929 | 1933 | 1913 | 1925 |
| アメリカ | 1,400 | 6,800 | 112 | 353 | 509 | 136 | 5 | 10 |
| ドイツ | 1,300 | 2,100 | 331 | 357 | 579 | 221 | 15 | 22 |
| イギリス | 600 | 1,400 | 156 | 352 | 268 | 130 | 54 | 103 |
| その他欧州 | 633 | 1,240 | 88 | 299 | 428 | 225 | 200 | 387 |
| 日本 | 90 | 360 | 2 | 11 | | | 15 | 61 |
| 世界計 | 4,110 | 12,070 | 689 | 1,385 | 2,293 | 848 | 567 | 119 |

出典）1. 1913, 25年は長谷川信「1920年代の電気機械市場」および *The Economic Forces of the World.*
2. 1929, 33年は(1)と同じ.

アメリカの輸出国としての地位が相対的に弱かった電気機械でも、大戦期の急拡大を背景に二五年にはドイツ、イギリスと肩を並べるに至り、三国間で激烈な輸出競争を展開していた（表3－14）。

機械市場の構成は、他の重化学工業品と同じくヨーロッパ市場の比重が後退気味で、日本、インド、オセアニアなどで輸入が拡大していた。これに対して電気機械市場は一九二五年では依然としてヨーロッパ中心の市場構成を維持していたが、二〇年代後半にイギリスの輸出国としての地位が落ちたことが注目され、また、輸入では第一次世界大戦を挟んで、オセアニア、日本などが四倍を超える輸入増加をみせて市場拡大に寄与していた。

以上のように、重化学工業品市場はその生産の世界的にみた高い集中度を反映して、アメリカ、ドイツ、イギリスの対抗を主軸とする構成をもっていたが、同時にその需要自体が工業国に偏在することによってヨーロッパ中心の市場が大きく、かつまた、主要国の貿易依存度が低く、しかもなお低下する傾向にあるという特徴をもっていた。そのなかで、一九二〇年代にはアジア、オセアニアなどで急速な市場拡大が進み、重化学工業品の世界貿易に無視しえぬ地位を得つつあった。とくにヨーロッパ市場が一面で水平的な分業関係を展開しつつ、他面できわめて競争的であり、保護主義的政策の展開と自給率上昇とによって、その市場規模が限界づけられていたことは、新市場に対する主要輸出国の競争圧力を強めた。大戦を挟む一九一〇―二〇年代の製造工業品貿易の数量的停滞は、したがって、右のようなヨーロッパ市場の停滞に規定されたものであり、二〇年代の世界貿易全体の回復拡大を限界づけたのである。日本は新市場のなかでも最も重要な市場の一つとして、欧米の輸出圧力を直接に受ける地位にあった。世界的にみて早いテンポで成長を遂げていたとはいえ、日本の国際競争力は劣位にあり、市場拡大とのズレを埋める産業的な発展には、固有の困難が伴ったのである。(31)

## 3　多角的決済網とアジア市場

### (1)　多角的決済網

アメリカ・イギリス・ドイツの三国を基軸としつつ、他面で周辺国の進出によって多極化の様相を呈していた世界貿易は、その多角的決済機構を基本的には大戦前の型に再建しつつあった。しかし、すでにふれたとおり、世界貿易におけるアメリカの地位上昇を反映して、決済網は一定の変容を受けており、その本来的な意味での再建・安定を実現することはできなかった。この点を、藤瀬浩司の研究[32]によって示したのが図3-2である。一九〇九年と二九年を対比すると、世界貿易の多極化が進展したことは明らかであり、アジア、アフリカ、中南米などの後進地域の地位が上昇し、先進地域との貿易量が顕著な増加をみせたほか、アメリカと各地域との取引、とくにその他ヨーロッパ、英自治領、後進地域との貿易量の拡大も目立った。

図3-2　世界貿易における決済網

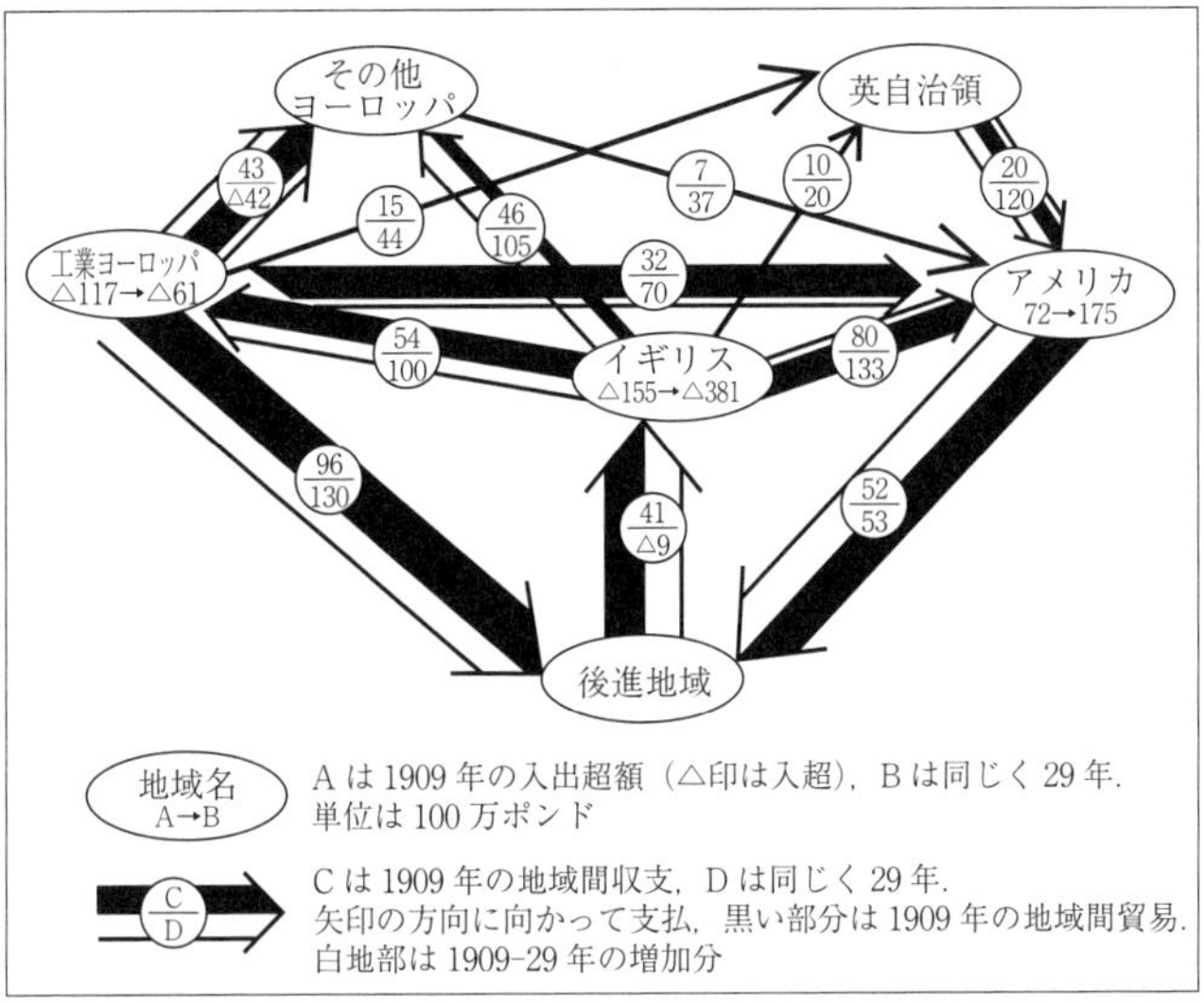


出典）　藤瀬浩司「二〇世紀最初の三分の一世紀における世界市場の構造」(『調査と資料』61 号，名古屋大学，1976 年）より作成.

　貿易収支からみると、イギリスと後進地域、工業ヨーロッパとその他ヨーロッパの間で収支が逆転し、大戦前の決済網の連鎖の再建に制約条件となった。しかも、アメリカは唯一の入超地域である対後進地域貿易において、その量的拡大とは乖離して入超幅が戦前水準を維持しており、そのために同国の出超がますます巨額化していた。これに、イギリスの入超拡大、工業ヨーロッパの入超縮小を含めると、各地域の貿易収支はきわめて不均等な動きを示しており、大戦前にロンドンを国際金融センターとして編成されていた決済機構それ自体を変容させずにはおかないような変動が生じつつあったと考えられる。

もちろん、こうした決済機構は、貿易収支の動向ばかりでなく、資本移動によって支えられるものであったが、大戦前にその主役を果たしたイギリスには過大な負担であった。イギリス経済の地盤沈下とともに、ロンドンの国際金融上の機能も弱体化し、ポンドはその世界的な撒布によって決済の連鎖を支える力を半ば喪失していた。これに代わって巨額の出超国アメリカの資本輸出が、ヨーロッパの復興と世界経済の相対的安定をもたらす役割をともかくも果たした(33)。しかし、アメリカ経済の対外依存度の低さや、その産業・金融構造の特異性に規定されて、ドルは本来の意味での基軸通貨の機能を果たしたとは言いがたかったのである。

アメリカからの資本輸出によって復興軌道に乗ったヨーロッパ債務国は、戦債の返済や賠償支払いの実行のためにも、輸出拡大を通して国際収支を好転させていく必要があった。しかし、ヨーロッパ市場はすでにみたように、保護主義的政策のもとで輸入抑制的であり、市場の拡大が制限されるなかできわめて競争的であった。一九二七年のジュネーブ会議が関税引上げ競争を抑制するよう謳いあげたのもそうした事実を背景としているが、そうした方向は理念的には承認しえたとしても、全く現実的ではなかった(34)。むしろ大陸ヨーロッパを中心に関税障壁を前提とした国際カルテルが結成され、域内の競争を制限する方向に動きはじめていた(35)。ヨーロッパ市場で輸出シェアを伸ばすことは、それだけに困難になっていた。しかも、アメリカの国際競争力は全般に強力であったから、同国への直接的な輸出拡大は望み薄であった。南北アメリカ市場は、アメリカの経済圏に強くまきこまれつつあり、ヨーロッパ諸国の進出余地は小さかった。それ故、ヨーロッパ諸国にとって、アメリカへの生ゴム、錫などの原料輸出によって拡大しつつある東南アジアを中心とするアジア市場が一つの焦点となった。しかし、それも後述のような限界があり、結局輸出拡大による債務の返済には大きな制約があった。したがって、世界経済の安定のためには引き続きドルの撒布＝アメリカの資本輸出が継続されねばならなかったが、それは通常指摘されているように、アメリカ金融市場の特殊性に規定されてきわめて不安定な基盤しかもちえなかった[36]。しかも、貿易収支の不均衡に基づく為替関係の動揺は、この時期から活発化する短資の移動によってかえって増幅される傾向にあった。各国が金本位制への復帰を政策基調とするなかで、国際金融体制はそうした不安定要因を抱えこんでいた。再建金本位制下の相対的安定とは、こうした底の浅いものであった。

しかし、同時に一九二〇年代の特徴として重視しておかなければならないのは、ヨーロッパ諸国を中心に、その経済的安定がなんらかの意味でアメリカの資本輸出への依存を条件に、国際収支の危機を回避することによって可能になったことである。ドイツがその典型であろうが、その依存の度合いによって各国資本主義が全般的危機のもとで「安定」を実現しうる制約条件も異なっていた。一九二〇年代の日本が民間外債の募集を通してニューヨーク金融市場へ依存したことも、右のような構造の一環と見なしうる。しかし他面、第5章で詳しく示すように、在外正貨の取り崩しによってそれをある程度まで回避しえたことも事実であり、交戦圏外の戦勝国として大戦期に正貨を蓄積した日本が、欧州交戦国とは異なる遺産を継承し、それだけに戦後危機を本格的に経験しないままに、一九二〇年代の「発展」を享受したことに、その独自性が示されている[37]。

### (2)　アジア貿易の連環

世界経済における日本の位置を明確にするために、以上のごとき多角的決済網におけるアジア貿易の構造的連環を検討しておこう。(1)と同様に藤瀬浩司の研究に従って、中国、インド、日本を中心とするアジア域内貿易と、欧米工業国との連環を示したのが図3-3である。

貿易拡大のテンポからみると、アメリカとアジア三国、およびアジア三国間の拡大が顕著であり、この間に世界貿

図 3-3　アジア貿易の連関

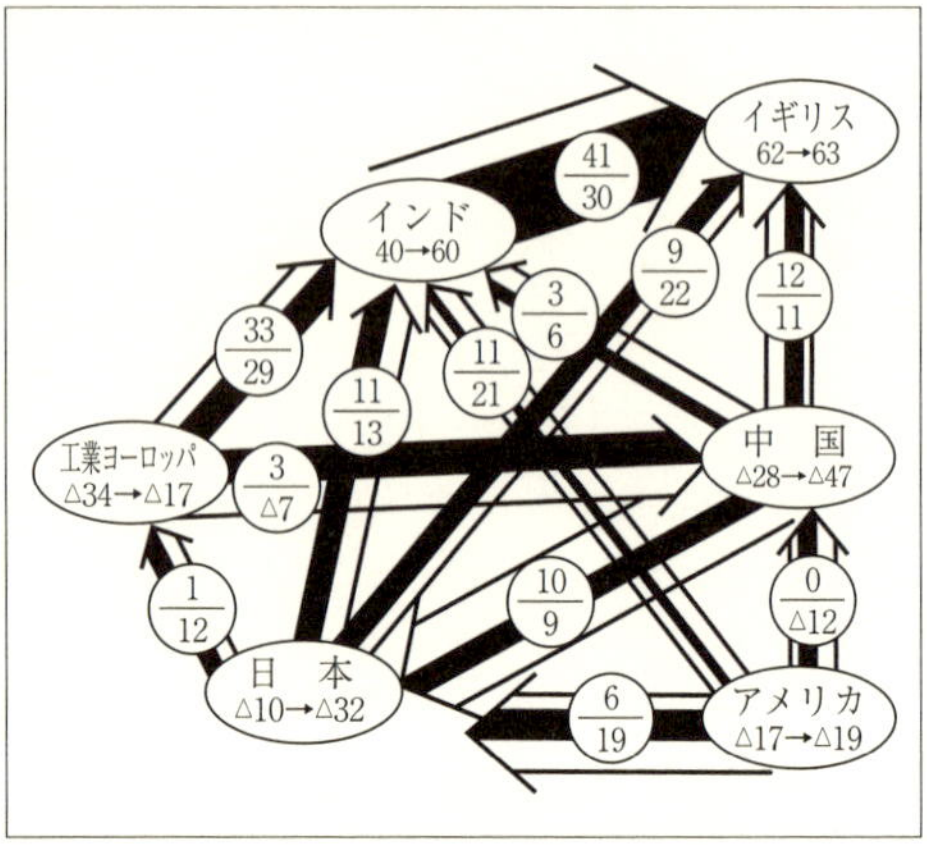


出典）図 3-2 に同じ.

易が約二倍に拡大していることと対比すれば、ヨーロッパとの関係が弛緩していたといえよう。しかも世界貿易の連環が、部分的にはともかく戦前的な支払方向を再現するところが多かったのに対し、アジア三国をめぐる収支は、中国とアメリカおよび工業ヨーロッパとの間で逆転したのをはじめ、貿易の拡大とは反対に収支差額が減少するものが目立っていた。

具体的には、中国が工業ヨーロッパとアメリカに対する出超を一九二〇年代末には失って、図示された五地域すべてに対して入超に転じたことは、一九二〇年代の中国が置かれた位置の困難さを如実に示していた。インドについては、工業ヨーロッパからの受取りが減少したために、また対イギリス支払いも減少して、世界貿易の結節点としての役割が制約されつつあったことが知られる。日本は、対中国、対アメリカ貿易の急拡大にかかわらず、その受取りの停滞が目立ち、これに対して、対イギリス、対工業ヨーロッパ貿易の停滞とそこへの支払いの急増が顕著であった。つまり貿易拡大のテンポと収支差額の増加率とに著しいアンバランスがあり、入超を拡大する方向にあった。域外からみれば、工業ヨーロッパの対インド支払いの減少、対中国受取りへの転化、対日受取りの著増を通して入超を圧縮する方向にあったことが際立っているが、それは輸出圧力の増大と同時に、食糧自給策の推進などに伴う輸入の抑制に規定されたものであった。その結果、大戦前のイギリス→工業ヨーロッパ→アジア後進地域→イギリスという決済網を構成する最も重要な環の機能を制約することになったといえよう[38]。

アメリカとの貿易拡大が与えた影響も大きかった。アメリカの「繁栄」に支えられた対米輸出の拡大に牽引されて、東南アジアの第一次産品輸出国の地位が上昇し、その輸入市場としての地位も高まった。具体的には米、綿織物などの輸入拡大であったが、それはアジア域内貿易の拡大に貢献するところが大きく、対アジア市場でのアメリカの入超によるドル撒布が、ヨーロッパ諸国の輸出拡大を通して決済の連鎖を補強するには限界があった。とくに、イギリスが、産業構造からみれば特殊に綿業部門の大きい帝国主義国として最大の綿製品市場であるアジア市場に対して保持していた貿易関係が弱体化したことが、決定的であった。民族紡の成長と日本の進出がそれをもたらした。しかも、アメリカは対アジア輸出を二〇年代後半に増大させており、その結果、工業ヨーロッパなどの輸出拡大を制約する要因となっていたし、対米生糸輸出を通じて、アメリカの「繁栄」に連なる日本も、綿製品輸出の拡大と国内市場の掌握＝自給率上昇とによって、対抗的側面をもっていたのである。[39] アジア市場のかかる条件は、日本からみれば、対米出超の伸び悩み、対欧入超の急増、対アジア貿易への制約として現れたといえよう。その経済成長を通して、世界市場で主要品目の輸入市場としての地位を高めていた日本は、アジア市場へのドル撒布の対ヨーロッパへの回流の迂回路の地位にあったことによって、いわば多角的決済網が二〇年代に蒙りつつある構造変化の歪みを最も典型的に示す位置に立っていたのである。

## 二　日本の貿易構造

### 1　品目別構成

一九二〇年代の日本の貿易構造については、すでにいくつかの研究が存在し、それぞれに統計的な工夫を重ねた処理が施された実証が積み重ねられている。[40] ここではそれらを踏まえて、前節でみた世界経済の再編成のなかで、日本の貿易構造がどのような特徴を付与されたかをみておこう。

**表 3-15　時期別・大分類別貿易額と収支（1905-34 年）**

（100 万円）

| | | 1905-09 | 1910-14 | 1915-19 | 1920-24 | 1925-29 | 1930-34 |
|---|---|---|---|---|---|---|---|
| 合計 | 輸出 | 1,969 | 2,656 | 7,500 | 8,094 | 10,463 | 8,060 |
| | 輸入 | 2,232 | 2,922 | 6,166 | 10,276 | 11,542 | 8,413 |
| | 収支 | △263 | △266 | 1,334 | △2,182 | △1,079 | △353 |
| 食料品 | 輸出 | 228 | 284 | 717 | 531 | 763 | 665 |
| | 輸入 | 375 | 368 | 633 | 1,320 | 1,636 | 875 |
| | 収支 | △146 | △84 | 84 | △789 | △873 | △210 |
| 原料品 | 輸出 | 183 | 222 | 397 | 490 | 621 | 332 |
| | 輸入 | 805 | 1,445 | 3,285 | 5,009 | 6,426 | 4,947 |
| | 収支 | △622 | △1,223 | △2,888 | △4,519 | △5,805 | △4,615 |
| 原料用製品 | 輸出 | 894 | 1,337 | 3,253 | 3,635 | 4,598 | 2,543 |
| | 輸入 | 418 | 529 | 1,531 | 2,034 | 1,772 | 1,364 |
| | 収支 | 473 | 808 | 1,722 | 1,601 | 2,826 | 1,179 |
| 全製品 | 輸出 | 624 | 783 | 2,967 | 3,332 | 4,312 | 4,302 |
| | 輸入 | 610 | 561 | 671 | 1,835 | 1,634 | 1,156 |
| | 収支 | 14 | 222 | 2,296 | 1,497 | 2,678 | 3,146 |
| 雑品 | 輸出 | 40 | 30 | 166 | 106 | 169 | 218 |
| | 輸入 | 24 | 17 | 46 | 76 | 74 | 71 |
| | 収支 | 6 | 13 | 120 | 30 | 95 | 147 |

出典）日本銀行『明治以降本邦主要経済統計』より作成.

まず、品目別（大分類）の貿易収支の推移を五年ごとに通計した表３－15によってみると、すでに指摘されていることではあるが(41)、原料品輸入と原料用製品・全製品の輸出という「加工貿易」のパターンは、大戦前から一貫して続いていたとみられる。この基本的なパターンが貿易収支の動向に対して規定的な影響を与えたが、その度合いは一九二〇年代に変化した。つまり、原料品入超に対する製品（半製品を含む）出超の比率は、一九一〇年を挟む各五年間が七八％から八四％と収支改善の方向を辿っていたが、大戦中の出超期を除くと、二〇年代前半も八三％とほぼ八割前後の水準にあった。しかし、二〇年代後半には九五％まで上昇し、「加工貿易」に伴う入超傾向はかなり改善されており、入超の基本的な要因とは言いがたい性格を帯びるようになっていた。

この点は、山本有造の研究によっても確認しうる(42)。山本は、原料品および工業品の輸入と工業品輸出との収支を「工業貿易収支」と呼んで、その動向を検討している。食料品のうち加工食品をも含み、また雑品のうちからも雑工業品を含めるなど、表３－15とは異なる分類をしているため、収支額は異なっているが、「工業品収支（七ヵ年移動平均)」は、大戦前より一貫した改善傾向を示し、二〇年代末には黒字に転じた。半製品から全製品へと輸出がシフトすることによって「工業貿易収支」は改善される傾向にあり、その入超は構造的というよりはむしろ、過渡的性格をもっていたのである。

もちろん、一九二〇年代の日本貿易において、それとは別に生糸の対米輸出拡大が原料用製品の出超要因として決定的であったことは、重視しなければならない。これが世界貿易における日米間の特殊な紐帯を成し、アメリカ貿易の拡大をアジア市場の拡張に連繫させる迂回路を成したことはすでにふれたとおりである。しかし、生糸価格が低迷し、その交易条件が悪化した(43)二〇年代後半に「工業貿易収支」が着実に改善されていたことも重要な点であり、生糸輸出の基盤に支えられながら、綿工業が綿糸から綿織物へと加工度を高めた輸出構造へ転換し、他方、国内の各産業部門が自給率を上昇させて製品輸入を漸減せしめることによって、収支構造の改善に貢献していたのである。

ところで、以上のような「加工貿易」型の収支動向に加えて、貿易収支の入超に重大な影響を与えたのは食料品貿易であった(44)。一九一〇年代前半までは、前期に比べて収支改善が顕著で、貿易拡大のなかで「加工貿易」収支同様に入超圧縮に貢献していた。ところが一九二〇年代に入ると大幅な入超を記録し、とくに後半期には「加工貿易」型の収支改善傾向もあって、最大の入超要因となった。

三和良一の分析によって商品群別貿易収支を指標とすれば、米穀・小麦・砂糖の三商品の入超額合計は、一九二〇年代に綿関係入超額に匹敵する一三億円余に達している(45)。これに植民地からの米、砂糖の移入超過二八億円を加えると、この時期の食料品輸移入の急増はきわめて大きく、特徴的な事実であった。

食料品入超は、二〇年代を通して植民地米の増産が図られるなど、朝鮮米、台湾糖の移入の増大によって三〇年代前半には大幅に圧縮される。また、二〇年代後半から小麦粉の対中国市場輸出や精糖輸出が増加するなど、食品工業が輸出産業化する形でも改善されていった。つまり食料品貿易の入超は、一方で植民地を食料基地化する方向でその領有の意義を高めながら、他方で、中国など近隣市場への加工食料品を輸出する食品工業の発展とそれに伴う産業構造の変化を通して改善されつつあった。

以上のように、一九二〇年代には前半期における「加工貿易」型の過渡的入超と食料品入超という二重の要因によって増大した貿易入超が、後半期に主として前者の改善によって圧縮され、さらに三〇年代には、二〇年代後半に入超の規定的要因であった食料品入超が大幅に圧縮されて、全体として貿易収支を顕著に改善させていった。その限りで入超の要因は二〇年代半ばで変化したとみられる。

### 2　地域別構成と収支

貿易相手地域別の構成は通常指摘されているとおり、一九二〇年代にアジア、北アメリカ、オセアニアなどの拡大、ヨーロッパの縮小がみられた。これらは、この時期の世界貿易におけるヨーロッパ市場の比重低下に見合う事態であると同時に、日本が北アメリカ、オセアニア、東南アジアなどとの貿易を拡大することを通して、右のような世界貿易の構成変化に寄与していたことを示すものであった。アメリカとの生糸輸出、棉花輸入、インドからの棉花輸入など大戦前からの取引拡大ばかりでなく、カナダからの小麦、木材などの輸入、オセアニアからの羊毛、小麦の輸入、インドからの銑鉄輸入、東南アジアへと市場を拡大しつつあった綿製品輸出と米の輸入など、そうした貿易拡大が市場構成の変化をもたらす要因となった。

この場合、注目しておくべき点は、輸入面では小麦、木材、羊毛などの輸入が、この時期に産業構造上無視しえぬ地位をもちはじめた製粉、製紙、毛織物などの産業部門の急激な発展に照応していたことであり、これに製糖、製鋼などを加えると、食料・原料輸入の拡大が、品目別でも地域別でも裾野を広げつつ拡大していたことである。市場構成の変化はそうした産業構造上の変化と不可分の関係にあった。他方、輸出面ではとくにアジア市場において蘭領イ

**表3-16　アジア諸国の輸入に占める工業国のシェア（1913-35年）**

| | 英領インド | | | | 英領マレー | | | | 蘭領インド | | | |
|---|---|---|---|---|---|---|---|---|---|---|---|---|
| | 1913 | 1925 | 1929 | 1935 | 1913 | 1925 | 1929 | 1935 | 1913 | 1925 | 1929 | 1935 |
| イギリス | 65.4 | 51.9 | 43.8 | 38.8 | 14.5 | 12.6 | 16.2 | 15.7 | 17.5 | 15.1 | 11.0 | 8.3 |
| ドイツ | 6.6 | 5.8 | 6.7 | 9.2 | | 0.9 | 2.2 | | 6.6 | 7.2 | 10.9 | 8.0 |
| アメリカ | 2.5 | 6.6 | 7.2 | 6.3 | | 3.2 | 3.6 | 1.9 | 2.1 | 6.5 | 12.4 | 6.9 |
| 日本 | 2.5 | 7.7 | 9.4 | 16.2 | 3.5 | 3.5 | 2.6 | 6.4 | 1.6 | 11.0 | 10.9 | 29.9 |
| オランダ | | | | | | | | | 33.3 | 18.3 | 17.8 | 13.3 |
| | フィリピン | | | | 中国 | | | | エジプト | | | |
| イギリス | 10.1 | 5.6 | 3.9 | 2.0 | 16.5 | 9.8 | 9.4 | 10.5 | 30.5 | 25.2 | 21.2 | 22.8 |
| ドイツ | 5.4 | 2.3 | 3.3 | 3.0 | 4.8 | 3.4 | 5.3 | 11.1 | 5.8 | 5.8 | 7.3 | 8.9 |
| アメリカ | 51.2 | 58.6 | 62.9 | 63.5 | 6.0 | 14.6 | 18.2 | 18.9 | 1.9 | 3.6 | 5.0 | 5.2 |
| 日本 | 6.4 | 9.2 | 8.1 | 14.2 | 20.4 | 31.3 | 25.2 | 15.0 | 0.3 | 1.9 | 3.2 | 12.0 |

出典）ブッフライデラー『世界経済と磅，円及弗』（1940年，140頁）付表35より作成．

ンド、海峡植民地、フィリピンなど、それまで関係の薄かった地域が輸出市場としての重要性を帯びつつあった。表3-16から明らかなとおり、第一次世界大戦期の特殊な条件のもとに進展した新市場の開拓が着実に実りつつあった。とはいえ、二〇年代後半のシェアは停滞的であり、イギリスが凋落し、アメリカ、ドイツが急進出する流動的な競争構造のなかで、日本のアジア向け輸出は制約されていたのである。

輸出入両面で地位が上昇した北アメリカ市場は、輸出における生糸の決定的な意義と同時に、アメリカが重化学工業品輸出国としての役割を増大させたのに照応して、輸入が急増したことが重大な影響を与えた。

対ヨーロッパ貿易は停滞的な様相を示したために構成比を落とした。しかし、その動向はイギリスと大陸ヨーロッパ諸国とでは異なっていた。輸出の不振がとくにはなはだしく、生糸、絹織物などの主力輸出品が大幅に減退した結果、大陸ヨーロッパ向け輸出は大戦前水準に止まり、対英輸出が倍増したにもかかわらず、全体として伸び悩んだのであった。これに対して輸入では、二〇年代に入って対英輸入が停滞的であったのに対して、大陸ヨーロッパからの輸入が一九一三―二九年に三倍近い増加を示し、二〇年代後半には輸入地域としての地位を上昇させていた。輸入の中心は鉄類、機械、硫安などの重化学工業品であり、日本がその消費市場としての地位を高めており、世界市場における重要な輸入国と

（100万円）

| | | 収支 | | | | |
|---|---|---|---|---|---|---|
| 1925-29 | 1930-34 | 1910-14 | 1915-19 | 1920-24 | 1925-29 | 1930-34 |
| 4,865 | 3,048 | △229 | 409 | △523 | △367 | 939 |
| 1,124 | 981 | 305 | 427 | 613 | 819 | 5 |
| 783 | 336 | 3 | 43 | △361 | △256 | 454 |
| 500 | 363 | △91 | 29 | △67 | △97 | 183 |
| 5 | 5 | 139 | 235 | 327 | 305 | 162 |
| 1,808 | 927 | △556 | △604 | △944 | △967 | △32 |
| 191 | 178 | 19 | 43 | 6 | △20 | 3 |
| 464 | 370 | △52 | 235 | △99 | △151 | 61 |
| 2,075 | 1,283 | △372 | 655 | △1,346 | △1,338 | △516 |
| 868 | 387 | △392 | 231 | △916 | △562 | △16 |
| 135 | 90 | 197 | 388 | 197 | 128 | 51 |
| 691 | 456 | △215 | △16 | △416 | △635 | △395 |
| 3,675 | 2,965 | 367 | 405 | △76 | 1,020 | △438 |
| 3,298 | 2,685 | 354 | 323 | △82 | 1,143 | △417 |
| 292 | 222 | 18 | 63 | △40 | △165 | △168 |
| 85 | 58 | △6 | 20 | 46 | 42 | 147 |
| 689 | 781 | 18 | △12 | △185 | △399 | △527 |
| 194 | 136 | △23 | △42 | △40 | 48 | 385 |
| 11,542 | 8,413 | △265 | 1,334 | △2,182 | △1,079 | △353 |
| 3,974 | 2,646 | △810 | △85 | △1,771 | △1,775 | △392 |
| | | | | | | |
| 1,630 | 1,495 | 89 | 41 | △271 | △271 | 39 |
| 1,073 | 1,153 | △45 | △33 | △372 | △428 | △455 |
| 2,450 | 1,677 | 283 | 471 | △101 | 272 | 278 |

なっていたことに対応していた。

以上のような市場構成の変化は、地域別の貿易収支に重要な変化をもたらした。一九一〇―二〇年代を通観すれば、大戦期の出超期を別として、対アジア・ヨーロッパ入超、対北アメリカ出超という構造が一貫している（表3-17）。しかし、一九一〇年代前半までは、前者の入超と後者の出超とがともかくもバランスを保っていたのに対して、一九二〇年代には対ヨーロッパ入超が急増し、二〇年代初めの輸入急増に伴う対アメリカ貿易の入超化と相まって、入超が巨額化した。対アメリカ貿易が改善をみせた二〇年代後半にも、対ヨーロッパ入超は同水準で継続し、戦前の両者の均衡が失われて、ほぼ対アジア入超と同額の入超となった。しかも、対オセアニア入超も巨額化し、第一次世界大戦以後、一貫して増大していた。

とくに一九二〇年代の特徴として強調しておかねばならないのは、対ヨーロッパ貿易の大幅入超化であった[46]。一九一〇年代前半には、イギリスを除く大陸

表3-17　地域別貿易（1910-34年）

| | 輸出 | | | | | 輸入 | | |
|---|---|---|---|---|---|---|---|---|
| | 1910-14 | 1915-19 | 1920-24 | 1925-29 | 1930-34 | 1910-14 | 1915-19 | 1920-24 |
| アジア | 1,117 | 3,442 | 3,635 | 4,499 | 3,987 | 1,347 | 3,033 | 4,158 |
| 中国 | 610 | 1,358 | 1,651 | 1,944 | 986 | 305 | 931 | 1,039 |
| 関東州 | 122 | 421 | 403 | 527 | 789 | 118 | 378 | 764 |
| 蘭印 | 22 | 191 | 309 | 403 | 545 | 113 | 162 | 376 |
| 香港 | 143 | 242 | 333 | 310 | 167 | 4 | 7 | 6 |
| インド | 118 | 534 | 609 | 841 | 895 | 674 | 1,138 | 1,553 |
| 海峡植民地 | 42 | 131 | 122 | 171 | 181 | 23 | 88 | 116 |
| その他 | 70 | 575 | 221 | 313 | 431 | 122 | 340 | 320 |
| ヨーロッパ | 567 | 1,171 | 674 | 737 | 767 | 939 | 515 | 2,019 |
| イギリス | 145 | 628 | 286 | 306 | 371 | 537 | 397 | 1,202 |
| フランス | 224 | 413 | 297 | 263 | 141 | 26 | 25 | 99 |
| ドイツ | 59 | 0 | 19 | 56 | 61 | 274 | 16 | 435 |
| アメリカ | 865 | 2,547 | 3,324 | 4,696 | 2,527 | 498 | 2,142 | 3,401 |
| 合衆国 | 836 | 2,381 | 3,144 | 4,441 | 2,268 | 482 | 2,058 | 3,226 |
| カナダ | 23 | 87 | 78 | 127 | 54 | 4 | 23 | 118 |
| 中南米 | 6 | 80 | 102 | 127 | 205 | 12 | 60 | 56 |
| オセアニア | 76 | 232 | 254 | 290 | 254 | 58 | 244 | 438 |
| アフリカ | 7 | 106 | 127 | 242 | 521 | 30 | 148 | 167 |
| 全州合計 | 2,656 | 7,500 | 8,094 | 10,463 | 8,060 | 2,922 | 6,166 | 10,276 |
| 英帝国計 | 522 | 1,911 | 1,753 | 2,199 | 2,253 | 1,332 | 1,996 | 3,524 |
| 植民地 | | | | | | | | |
| 朝鮮 | 185 | 498 | 836 | 1,358 | 1,534 | 96 | 457 | 1,107 |
| 台湾 | 189 | 319 | 445 | 645 | 698 | 233 | 352 | 817 |
| 帝国対中貿易 | 759 | 1,951 | 2,129 | 2,722 | 1,955 | 475 | 1,480 | 2,230 |

出典）『日本貿易精覧』『日本外国貿易年表』より産出.
注）1. 英帝国計は，イギリス，イギリス自治領，イギリス植民地と日本の貿易額.
2. 帝国対中貿易は朝鮮，台湾と関東州・中国の貿易.

ヨーロッパに対して日本の貿易はほぼ均衡しており、ドイツなどへの入超、フランス、イタリアなどへの出超が相殺しあっていた。しかし、大戦後、絹織物など主力輸出品が、人絹工業の発展に押されて伸び悩む一方で、大陸ヨーロッパ諸国からの輸入は急テンポに拡大した。その背景には、すでにふれたような、大陸ヨーロッパ諸国の輸出圧力の増大があったとみられる。つまり、競争的なヨーロッパ市場では、日本の入り込む余地がますます小さくなる一方で、域外への輸出圧力が増大して日本が圧迫を受けていた。日本の貿易相手地域としてのヨーロッパは、構成比を落とし、その重要性を

**表 3-18　1929 年の貿易構造**（地域別・主要品目）

（100 万円）

| 先進地域 | 輸入 | | | 輸出 | | |
|---|---|---|---|---|---|---|
| | 食料品 | 原料品 | 工業品 | 食料品 | 繊維品 | その他製品 |
| イギリス | | | 鉄類 23(18)<br>硫安 17(15)<br>機械 34(6)<br>毛織物 15(9) | | 絹・人絹 10(8) | |
| 大陸<br>ヨーロッパ | | | 鉄類 47(18)<br>硫安 23(0)<br>機械 31(2)<br>毛織物 15(10) | | 生糸 13(57)<br>絹人絹織物 12(12) | |
| 北アメリカ | 小麦 50(10) | 棉花 276(64)<br>石油 17(7)<br>木材 72(-) | 機械 42(1)<br>鉄類 37(8)<br>自動車 32(-) | ビン・缶詰 11(1) | 生糸 761(126)<br>絹人絹織物 24(6) | 陶磁器 16(3) |
| 後進地域 | | | | | | |
| 中国 | 豆類 75(7) | 採油原料 26(-)<br>油粕 73(29)<br>石炭 34(4)<br>鉱石 11(-)<br>棉花 34(16) | | 小麦粉 25(-)<br>精糖 27(15)<br>水産品 11(-) | 綿織物 165(25) | 紙類 20(-)<br>石炭 12(7)<br>機械 11(-) |
| その他アジア | 米 18(47)<br>砂糖 30(16) | 生ゴム 33<br>鉱石 12<br>石油 17<br>棉花 231<br>木材 13 | 鉄類 16(3) | | 絹人綿織物 48(9)<br>メリヤス 17(7)<br>綿糸 17(7)<br>綿織物 190(1) | 石炭 10(15) |
| その他 | 小麦 15(2) | 棉花 22<br>羊毛 99 | | | 綿織物ほか 68(1) | |

出典）『日本貿易精覧』『日本外国貿易年表』より作成.
注）各地域の貿易品目で 1000 万円以上を掲出. 品目の右側の数値が貿易額.（　）内は 1913 年の貿易額.

低下させていたかにみえるが、実は、そうした見かけ上の変化とは逆に、日本貿易の入超傾向がヨーロッパ市場との密接な関連のもとに生み出されていた。

品目と地域に分けた検討の結果を、行沢健三らの研究にならって[47]マトリックス表示して総括しておこう（表3－18）。輸出では若干の食品と生糸、絹製品の先進国向け輸出と、加工食品、綿製品、雑工業品のアジア向け輸出[48]の二極構成を基本構造として、ヨーロッパ市場のウェイト低下と後進地域市場の横への拡大が進んだ。輸入ではヨーロッパからの工業品輸入、アメリカからの工業品および原料品（小麦を含む）、後進地域からの食料原料品の輸入という構成を示すが、とくに工業品輸入においてアメリカの地位が上昇し、また、オセアニア州の急増も目立っていた。総じて一九二〇年代は対先進国工業品輸入・生糸絹製品輸出、対後進地域食料原料輸入・綿製品輸出という大戦前の貿易構造において、輸入面で後進地域的、輸出面で先進国的な性格を示して特異な地位にあった北アメリカが、輸入面で先進国的性格を明確にすることを通して、二極的構成から三極的構成へと日本の貿易構造を推転させる過渡期であったといってよいであろう。

地域別構成の最後に植民地貿易について簡単にふれておくと、表3-19のように、日本の輸出・移出、輸入・移入のそれぞれに占める朝鮮・台湾の貿易の比重は、一九一〇年代から三〇年代前半にかけてゆっくりと高まっていった。その間、前掲表3-17に示されるように対植民地収支は、食料品の輸入などのために赤字であり、輸出市場としてはいまだそれほど大きくはなかった。これに加えて、表3-20にあるように、朝鮮・台湾の対中国貿易収支をみると、いずれも一貫して赤字であり、とりわけ二〇年代の朝鮮の赤字が大きかった。帝国全体でみると、植民地は日本が対中国貿易で稼ぎ出す外貨の相当部分を支払いに充てる必要が生じるような貿易連関の中にあった。この対外支払いも、植民地領有の費用であった。

**表3-19　植民地貿易の地位（1910-34年）**　（100万円, %）

| | 1910-14 | 1915-19 | 1920-24 | 1925-29 | 1930-34 |
|---|---|---|---|---|---|
| 輸出・移出 | | | | | |
| 貿易額総額 | 3,030 | 8,317 | 9,375 | 12,466 | 10,292 |
| 朝鮮 | 6.1% | 6.0% | 8.9% | 10.9% | 14.9% |
| 台湾 | 6.2% | 3.8% | 4.7% | 5.2% | 6.8% |
| 輸入・移入 | | | | | |
| 貿易額総額 | 3,251 | 6,975 | 12,200 | 14,245 | 11,061 |
| 朝鮮 | 3.0% | 6.6% | 9.1% | 11.4% | 13.5% |
| 台湾 | 7.2% | 5.0% | 6.7% | 7.5% | 10.4% |

出典）表3-17より算出.

**表3-20　帝国の対中国収支（1910-34年）**　（100万円）

| | 日本 | 朝鮮 | 台湾 | 合計 |
|---|---|---|---|---|
| 1910-14 | 306 | △15 | △15 | 276 |
| 1915-19 | 429 | △55 | △12 | 362 |
| 1920-24 | 614 | △232 | △46 | 336 |
| 1925-29 | 820 | △282 | △24 | 514 |
| 1930-34 | 184 | △86 | △31 | 67 |

出典）『日本貿易精覧』『日本外国貿易年表』より算出.

### 3　先進国ダンピングによる輸入拡大

対ヨーロッパ入超の主因は、工業品輸入が急テンポで拡大したことであった。その原因の一つは、三和良一が明らかにしたように第一次世界大戦を経て日本の需要構造が大きく変化したのに対して、産業構造の対応が遅れていたことである。[49] 本章の初めにもみたとおり、二〇年代の日本は重要な貿易品目のいくつかで、輸入市場としての地位を高めていたことがこれに照応する。こうした国内的な条件に加えて、すでにふれたように、ヨーロッパ工業国が域外に対して競争的であり、価格を下げつつ輸出圧力を強めていたことの影響をみておかなければならないであろう。

輸出入単価の動向からみると、一九二〇―二二年に激しい低落を示した後、二五年にかけて回復、二〇年代後半に漸落する。それは、関東大震災の影響によって二四、五年に為替の激しい動揺があったことを除けば、ほぼ世界貿易価格の動向に見合ったなだらかな屈折を示した。二〇年代半ばの為替の動揺＝円安は、輸入単価を押し上げることでこの時期の入超を過重にしたうえ、その解消局面で輸入単価の急速な引下げを通して、対外的な競争圧力を強めたのである（図3－4）。

さらに立ち入って、主な品目についてみると（表3－21）、工業品、原料品などで、二〇年代後半から輸入単価が下落するものが目立っている。インド銑鉄に代表されるような輸入価格の下落が恐慌期にかけて、日本の産業に重圧となってその自立を妨げたこと、そして、その反面でそれが半製品、原料品である場合には、安価な原料取得を通して、下流の産業の成長を促す役割を果たしたことに注意しなければならないであろう。国際価格の動向は、そうした二面的な意味をもっていたのである。

一九二〇年代後半の輸入単価の下落が、世界貿易の一般的な傾向に照応するものだとしても、それは日本に対して具体的にどのような形で影響を与えたであろうか。すでに橋本寿朗の研究で明らかにされているように、[50] 硫安ではアメリカ・イギリス・ドイツの三国間の激しい売込競争が展開し、時期を追って主たる輸入先を変えながら輸入価格が低落し、国内硫安市場に圧迫を加えていった。

輸入国間の競争に伴う右のような動きは、鉄鋼についてもみられる（図3－5）。大戦直後までの主たる鋼材輸入先はアメリカであったが、ヨーロッパの復興に伴って、まずベルギー、次いでドイツが日本市場に急速に進出した。この進出は、輸入国別の単価動向が示すように、アメリカに比べたベルギー、ドイツの低価格によると推定され、アメリカからの輸入は、特定の高価格品目に限定されたように考えられる。つまり、輸入相手国間の競争を通じながら、日本の重化学工業品輸入価格が低落し、それが国内価格を規制し、国内産業の発展を条件づけていった。

同様の傾向は、この時期に輸入拡大が目立った食料品のなかで、小麦についても認めることができる。小麦の主たる輸入先はアメリカ、カナダ、オーストラリアであったが、一九二二―二四年にオーストラリアが低価格を武器に急速に輸入量を増大してアメリカを追い越し、これに二年ほど遅れてカナダが追いかけ、二〇年代後半にはカナダの価

図 3-4　貿易単価指数の推移

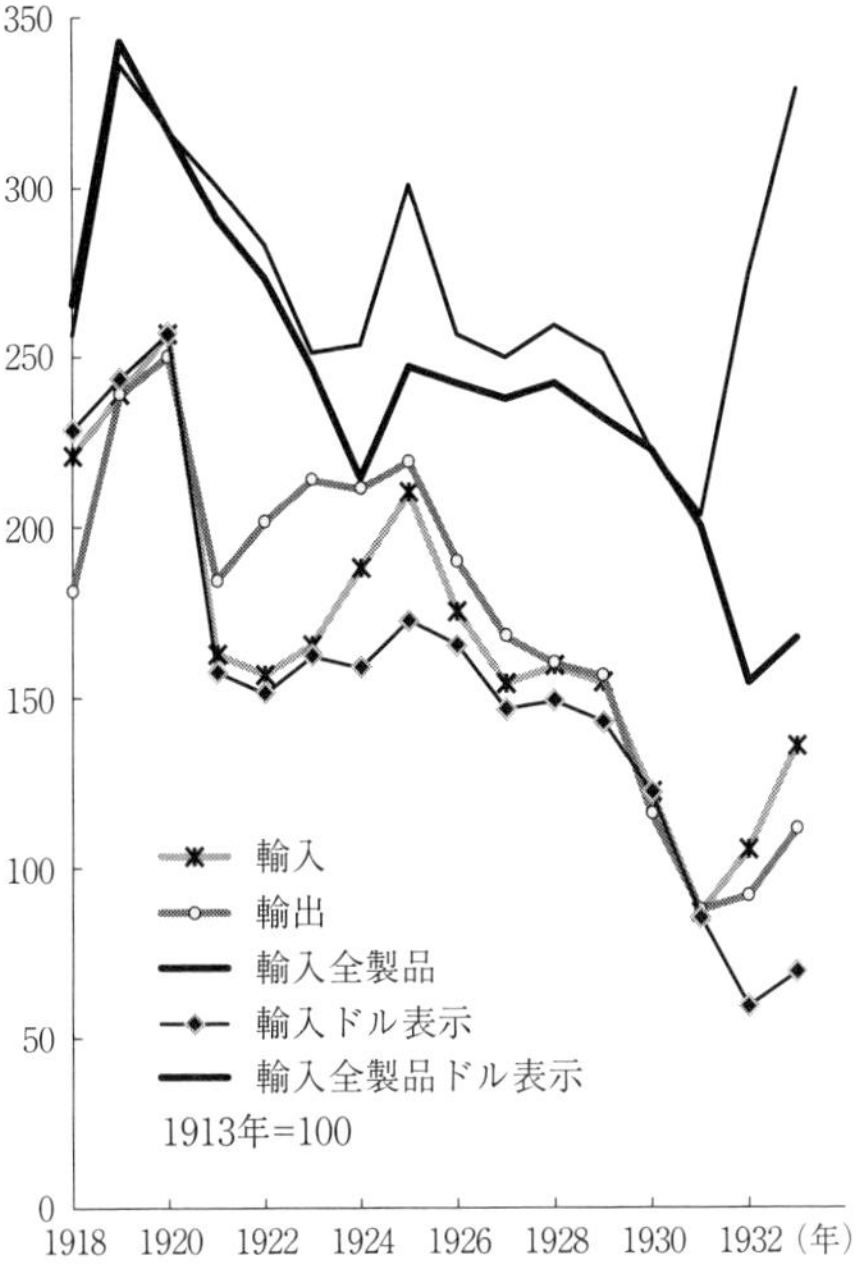


出典）『日本貿易精覧』698-701 頁より作成.

表 3-21　輸入価格の下落（1913-31 年）　（円／担）

| | 鋼製品 | 銑鉄 | 粗硫安 | 人造染料 | 小麦 | 砂糖 |
|---|---|---|---|---|---|---|
| 1913 | 4.48 | 2.35 | 8.61 | 19.84 | 4.39 | 6.90 |
| 1920 | 12.22 | 6.98 | 16.55 | 67.98 | 9.94 | 20.38 |
| 1921 | 11.32 | 4.85 | 8.34 | 42.63 | 6.41 | 13.96 |
| 1922 | 6.14 | 3.25 | 8.22 | 21.77 | 6.57 | 10.00 |
| 1923 | 5.96 | 3.03 | 10.28 | 14.82 | 6.43 | 10.82 |
| 1924 | 6.06 | 3.13 | 9.46 | 15.56 | 6.32 | 12.58 |
| 1925 | 6.19 | 3.16 | 9.78 | 16.12 | 9.13 | 11.82 |
| 1926 | 4.77 | 2.64 | 9.11 | 13.56 | 7.97 | 11.06 |
| 1927 | 4.66 | 2.66 | 7.86 | 13.20 | 6.94 | 10.80 |
| 1928 | 5.33 | 2.61 | 7.65 | 12.81 | 6.19 | 10.23 |
| 1929 | 5.55 | 2.34 | 7.58 | 13.37 | 5.80 | 8.21 |
| 1930 | 5.61 | 1.69 | 5.87 | 14.60 | 5.15 | 6.37 |
| 1931 | 5.30 | 1.64 | 4.25 | 13.41 | 2.74 | 4.72 |

出典）『日本貿易精覧』より算出.

格面での優位のなかで、同国のシェアが拡大していった。その間、二五年をピークに輸入単価は急速に下落し、製粉原料として国内製粉業の発展、小麦粉の輸出拡大にも貢献することになった（図3－6）。このように輸入価格の低落は、日本の産業に対して二面的な影響を与えたとみてよいが、そうした世界市場での価格動向を積極的に捉え、産業発展に利用していった典型は、いわゆる原棉操作によって知られる日本綿業であった[51]。高番手化の要請に応じつつ、安価な原料の確保によってその競争力を一段と強めていった日本綿業は、以上のごとき世界市場の競争的な動向のなかで、日本の産業部門が示した対応の積極面を典型的に表現した。

ところで、日本の輸入価格の低落は輸出国にまで遡ると、どのような条件のもとでもたらされたものであろうか。重化学工業品の輸入相手国であったドイツについてみると、ドイツの対日輸出の八割前後が完成品であり、しかも、

図3-5　鋼材の輸入と単価

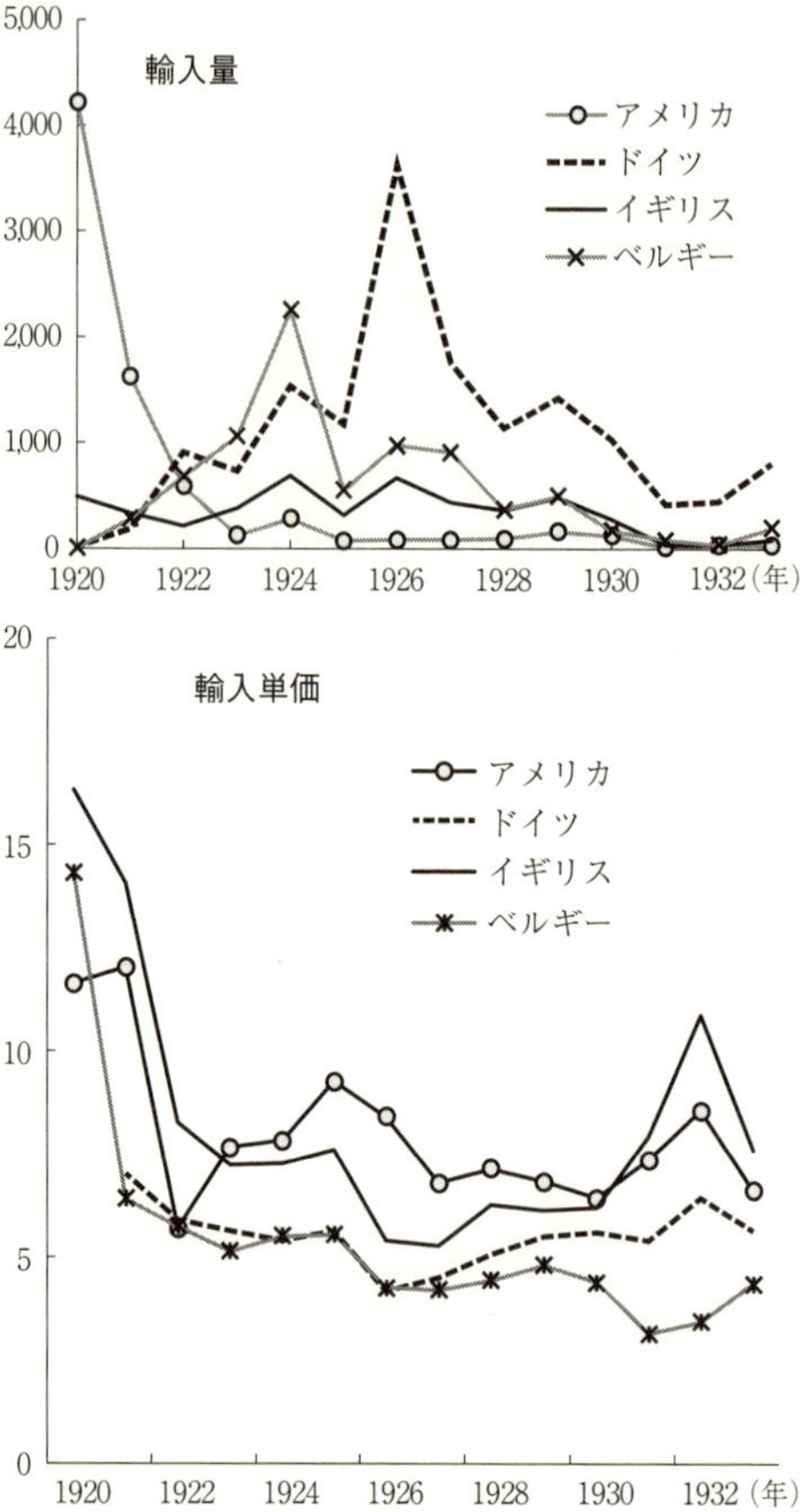


出典）『外国貿易年表』より作成.
注）1. 鋼材は条・竿・Tアングルの合計.
2. 輸入量の単位100万担，単価は円／担.

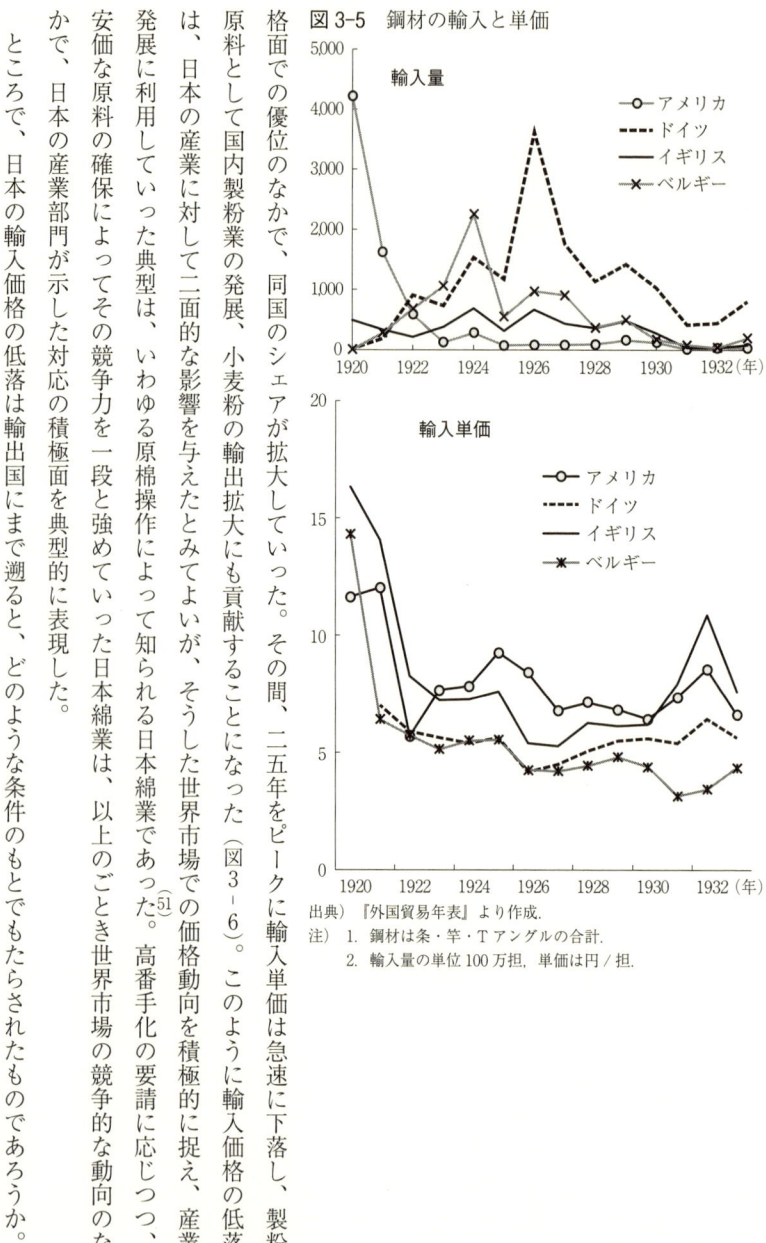

図3-6　小麦の輸入と単価

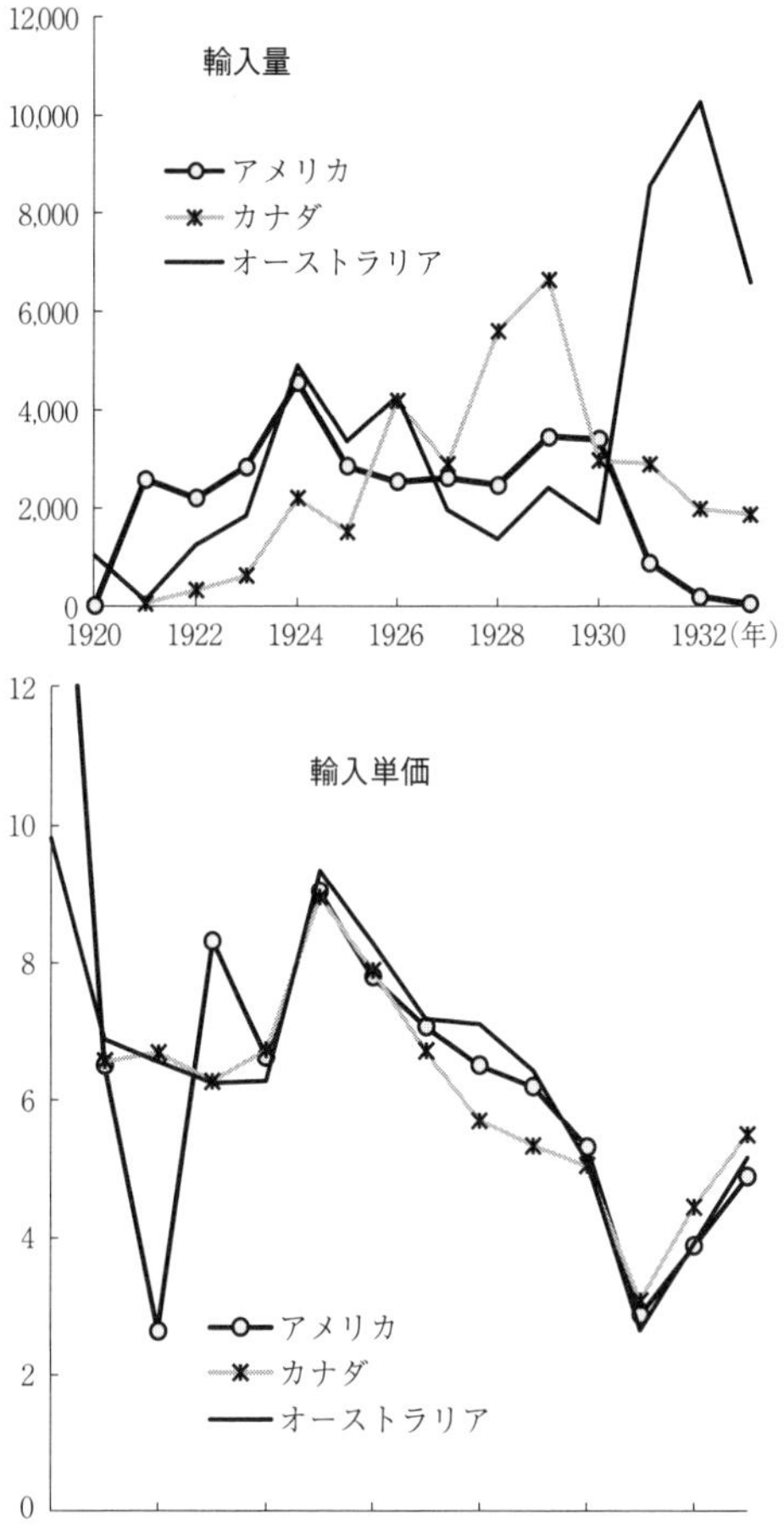


出典）図3-5に同じ.
注）単位は前表と同じ.

鉄鋼、硫安が一九二〇年代後半には一五―二〇％、機械、その他の化学品が一〇％前後と重化学工業品が圧倒している。ヨーロッパ市場中心の同国の貿易構造を反映して、対日輸出の比重は硫安を除くとそれほど大きくはない。しかし、代表的な商品の輸出単価、輸出数量の推移をみると、図3－7のとおりである。太い実線で示される対日輸出単価は、破線で示されるドイツの全輸出単価に比べて動揺が大きく、細い実線で示される対日輸出量と、機械、化学製品、電気機械、鉄鋼などで、かなり明確な逆相関を示している。つまり、輸出単価の下落に伴って対日輸出が増大した。しかも、そうした単価の動向は、ドイツの他地域向け輸出全体の比較的なだらかな単価の動向とは乖離して生じていた。鉄鋼を別にすると、二〇年代後半におしなべて対日輸出単価の下落が生じていたことも特徴的であり、この時期の輸出拡大が、ダンピング的性格をもつものであったことを推定しうると思われる。対日輸出圧力とは、そうし

図 3-7　ドイツの対日輸出

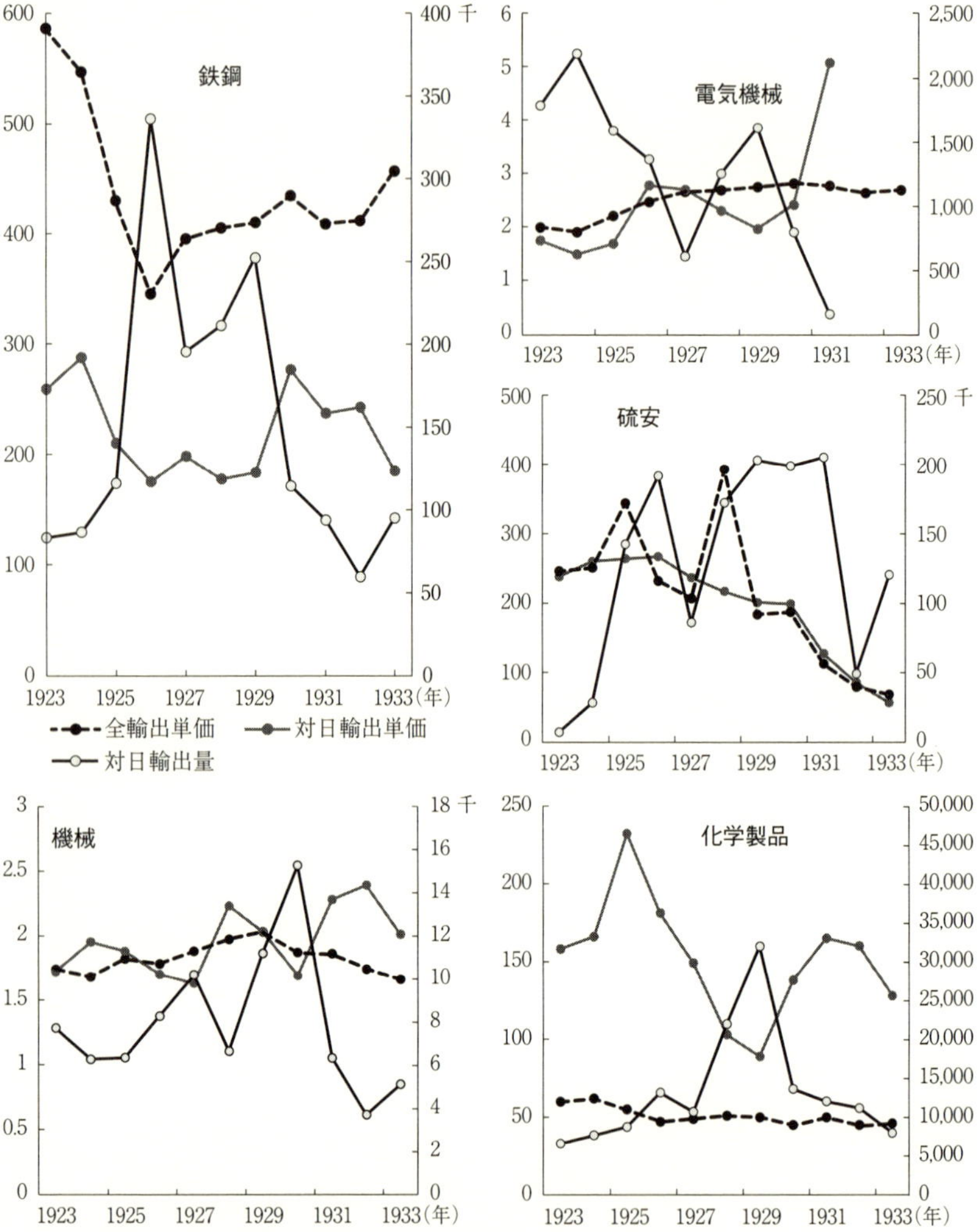


出典）*Statistisches Jahrbuch für das Deutsche Reich* より作成.

注）1. 数量は右目盛，単位は電気機械 1,000 トン，他は万トン.

2. 単価は左目盛，単位は鉄鋼 RM/1,000 トン，硫安 RM/kg，他は RM/トン.

**表 3-22　カナダの小麦輸出（1927-31 年）**

（1,000 ブッシュ，ドル）

| 輸出相手国 | イギリス | | ドイツ | | 日本 | | 総計 | |
|---|---|---|---|---|---|---|---|---|
| | 量 | 単価 | 量 | 単価 | 量 | 単価 | 量 | 単価 |
| 1927 | 179,985 | 1.399 | 6,524 | 1.538 | 6,740 | 1.356 | 248,497 | 1.421 |
| 1928 | 188,657 | 1.298 | 12,698 | 1.410 | 9,919 | 1.112 | 266,902 | 1.319 |
| 1929 | 229,801 | 1.131 | 16,002 | 1.237 | 21,371 | 0.954 | 370,459 | 1.157 |
| 1930 | 113,224 | 1.234 | 5,523 | 1.294 | 8,471 | 1.018 | 177,006 | 1.219 |
| 1931 | 131,679 | 0.811 | 5,684 | 0.827 | 7,604 | 0.692 | 217,243 | 0.817 |

出典） Canada Department of Trade and Commerce Bureau of Statistics, Trade of Canada 1931, Ottawa 1932, p. 570. 単価は 1 ブッシュ当たりドル.

**図 3-8　関税率の推移**

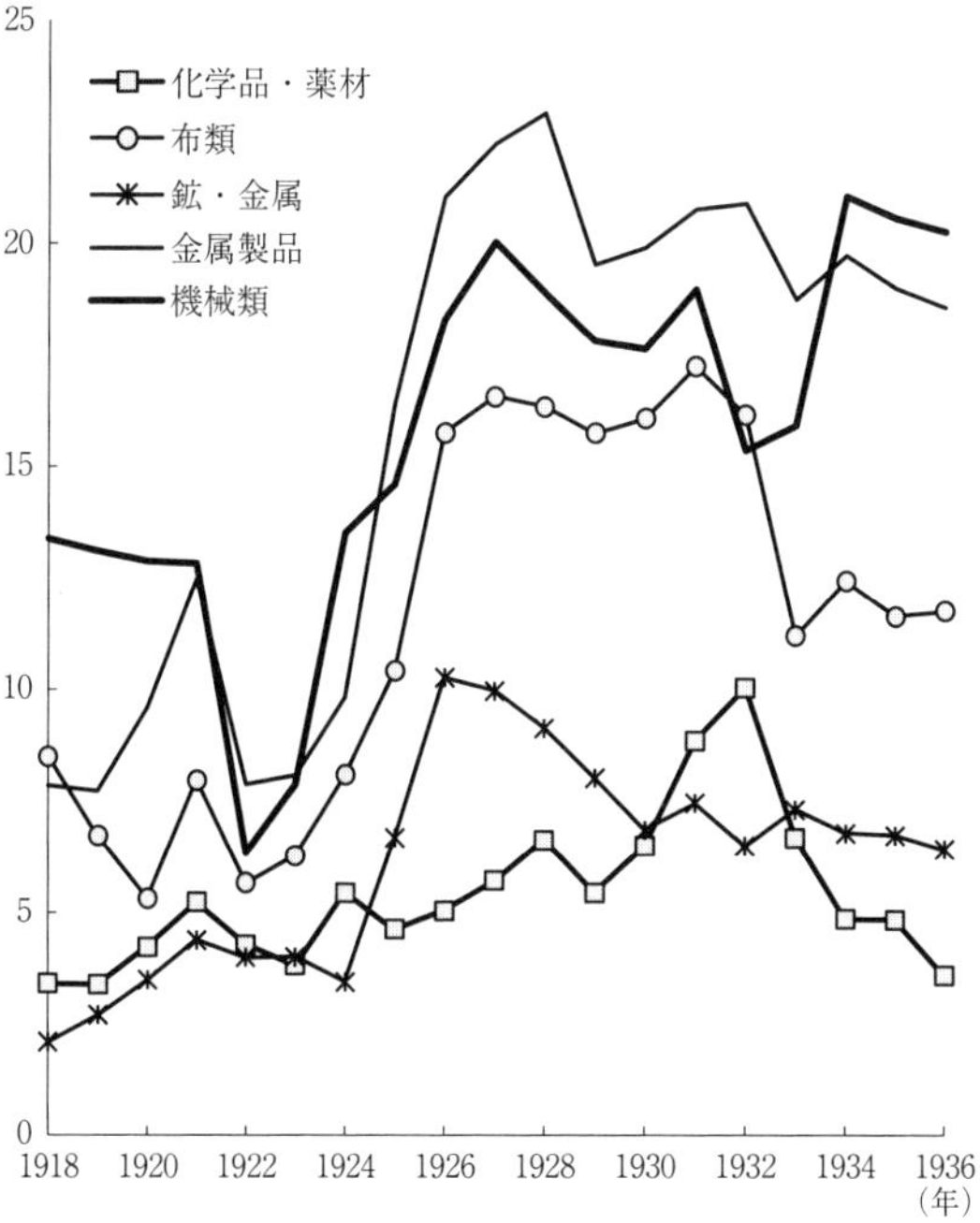


出典） 大蔵省税関部『日本関税・税関史資料』（1960 年）より作成.

た性格のものであった。イギリスの対日輸出も、ドイツほど明確ではないが、機械・鉄鋼を中心に輸出価格の引下げによって日本の輸入価格に対する下げ圧力を強めていた。

小麦を例にとると、すでにふれたように、二〇年代後半にシェアを伸ばしたのはカナダであった。カナダの小麦輸出単価は表3-22のとおりで、日本の輸入価格引下げがカナダにおいて、対欧輸出とは格段の差をもつ低価格の輸出によって実現されていたことは明らかであろう。

以上のごとく、競争的な世界市場を反映して、日本の輸入拡大品目の多くは欧米諸国など輸出国のダンピング的性格をもつ輸出攻勢にさらされ、輸入増をみたものであった。ここに、そうした制約条件を世界市場から受けつつ、自立を図らねばならなかった日本の産業諸部門の固有の困難が示されているといえよう。一九二〇年代とは、こうした競争的な世界市場に制約されつつ、一面でそれを利用して日本が産業構造を変容させつつあった時代であった。

もちろん、そうした構造変化は容易ではなかった。しかし、ここで注目しておきたいのは、ヨーロッパからの競争圧力が強められた二〇年代後半に、日本は域外の重要市場としてその地位を高めながらも、他方、二六年の関税改正を一つの転機として、各部門の自給率を高め、裾野をひろげつつあった産業諸部門の定着に奏功していったことであった。

表3-23　1926年関税率改正品の輸入依存度（1921-29年）　(%)

| | 1921 | 1922 | 1923 | 1924 | 1925 | 1926 | 1927 | 1928 | 1929 |
|---|---|---|---|---|---|---|---|---|---|
| 毛織糸 | 24 | 48 | 48 | 38 | 41 | 34 | 36 | 25 | 17 |
| 人絹糸 | 58 | 72 | 88 | 35 | 23 | 34 | 6 | 1 | 2 |
| 鉄釘類 | 61 | 63 | 55 | 60 | 21 | 19 | 17 | 16 | 17 |
| 鉄道車両 | 12 | 7 | 14 | 13 | 11 | 4 | 4 | 5 | 3 |
| 電機機械 | 14 | 27 | 16 | 28 | 15 | 14 | 7 | 7 | 8 |
| 紡績機械 | 58 | 72 | 57 | 41 | 28 | 30 | 32 | 30 | 33 |
| 内燃機 | | | 21 | 31 | 29 | 20 | 14 | 10 | 17 |

出典）『日本貿易精覧』『工業統計50年史』より作成.

国内産業保護策となる関税改正の効果は、図3-8に示される。重量税が多かった日本の関税率は、第一次世界大戦期の価格高騰によって低税率となっており、一九二〇年代に入って価格の回復とともに実効税率は上昇したが、一九二〇年代半ばの関税改正によってかなりの高税率となったことが知られる。その効果は、関税改正が行われた主要品目の輸入依存度を示す表3-23によってより明確に知ることができる。

関税保護によって輸入圧力を緩和し、自国産業の保護を進めたことは――それ自体としては、一九二〇年代の世界経済において各国が採用した保護策と軌を一にするものであったが――他方で、輸入原料安によって国際競争力を強めていったことと相まって、産業構造の変容に一定の役割を果たしたとみてよい。そうした条件の与える制約の程度が、産業部門によって異なっていたことは当然であった。対外競争圧力の強さや、輸入原料の利用度など、産業によって異なっていたから、産業部門の発展のあり方にも不均衡が生じたといえよう。大戦前の分断的産業構造と分裂的貿易構造とは、日本資本主義がその内的連環を通して、そうした不均衡を調整していくメカニズムを確立期において欠いていたことを示している。一九二〇年代は、その点でも過渡的性格をもっていたと思われるが、ともかくも、そうした基盤の上にあったことに加えて、二〇年代に不均衡な発展が促されるような国際的な条件が存在し、それが日本資本主義のあり方を規制する条件の一つとなったのである。

（1）戦間期の世界経済については、大島清編『世界経済論――世界恐慌を中心として』（勁草書房、一九六五年）、楊井克巳『世界経済論』（東京大学出版会、一九六一年）、宇野弘蔵監修『講座 帝国主義の研究――両大戦間におけるその再編成2』（青木書店、一九七五年）、H・W・アーント『世界大不況の教訓』（小沢健二ほか訳、東洋経済新報社、一九七八年）などを参照した。

（2）一九二〇年代の対外関係については、主として貿易面からの検討が進められているが（後掲注(40)参照）、これについての論及は、本章の論旨に関わる範囲内で注記するに止めたい。

（3）宮崎犀一ほか編『近代国際経済要覧』（東京大学出版会、一九八一年）一一三頁。

（4）こうした主張の多くは、両大戦間を視野に入れて一九三〇年代との対照性を強調するために提示されていることに注意しておかねばならないが、二〇年代の世界貿易の拡大について積極的に評価することが通説であることに変わりない。たとえば、A・G・ケンウッドほか『国際経済の成長――一八二〇―一九六〇』（岡村邦輔ほか訳、文真堂、一九七九年）二〇二頁を参照。

（5）一九二〇―二四年については、馬場宏二らが、ウォイチンスキー(W. S. Woytinsky)の推計を用いて、二〇年恐慌下の動向を論じているが、二〇年代後半の数値との連続性を欠いている（楊井克巳、前掲『世界経済論』一八五頁）。

（6）League of Nations, *Memorandum on International Trade and Balance of Payments 1926–28*, Geneva, 1930, vol. 1, pp. 48–49. *Review of World Trade 1930*, Geneva, 1931, pp. 63–65.

（7）推計の方法は、一九一九、二〇、二二年についてはLeague of Nations, *Memorandum on International Trade and Balance of Payments 1910-24* 所載の各国貿易額を、一九一九、二〇年については同じく、*Memorandum on Currency 1931-21* から知られる当年度対ドルレート（年平均）でドルに換算した。また、貿易額が当年価格と一三年価格の両方で示されている国については、この換算率も用いてドル表示に直した。右の方法が採用しえないものは、二四年平価によるものとして集計してある。

（8）一九二〇年については、前注(7)に示す文献に基づく筆者の推計による。

（9）League of Nations, *Memorandum on International Trade and Balance of Payments 1926-28*, vol. I, p. 63.

（10）第一次世界大戦後のドイツについては、工藤章『二〇世紀ドイツ資本主義——国際定位と大企業体制』（東京大学出版会、一九九九年）および戸原四郎『ドイツ資本主義——戦間期の研究』（桜井書店、二〇〇六年）を参照されたい。

（11）この点は、一九三〇年代との対比でいえば、イギリスが地位を回復し、アメリカを若干上回ったことに、スターリングブロック形成の効果を見出しうると同時に、二〇年代が、アメリカの一時的な世界市場における優位の実現期ともみられよう。橋本寿朗が、アメリカの「過剰進出」と呼んだ事態は、こうした事実に端的に表現される（橋本寿朗「戦間期日本資本主義分析の方法」『歴史学研究』一九八二年、五〇七号、三三頁）。なお、三〇年代に入ってのイギリスの回復はスターリングブロック形成の効果として注目しておくべきであろう。

（12）P. L. Yates, *Forty Years of Forieng Trade*, London, 1959, pp. 222-225.

（13）燃料・鉱物の急増の主因は、石油であった。

（14）A. Maizels, *Industrial Growth and World Trade*, Cambridge, 1963, pp. 88-89.

（15）主として以下の文献による。League of Nations, *Memorandum on Cotton*, Geneva, 1927; M. Ludwig, *The Cotton Industry in World Economy*, Manchester, 1958; Imperial Economy Committee, *Industrial Fibres*, London, 1936.

（16）この評価は、ミュールの技術発展や生産性などについて過小なものになっている可能性がある。現時点での評価については、阿部武司『日本綿業史——徳川期から日中開戦まで』（名古屋大学出版会、二〇二二年）を参照されたい。

（17）M. Ludwigの推計では、大戦前に比して消費は微増、輸出は九八億ヤードから七七億ヤードへと減少していた（前掲 *The Cotton Industry in World Economy*, pp. 111-201）。

（18）こうした変化は、単に民族紡の拡大というよりは、日本の在華紡進出によるところが大きかったと思われる。

（19）留意すべき点は、世界的にみて綿製品自給化が進むなかで、日英両国が突出した輸出力を保持し、世界市場で交錯する動きを示したことであり、それは両国の産業貿易構造の類似性を示すものであった。

(20)　一九三〇年代に急拡大する東南アジア市場への日本製綿製品の進出については、台湾総督府外事課編『織物市場としての蘭領印度』（一九三五年）など同時代の調査記録のほか、籠谷直人『アジア国際通商秩序と近代日本』（名古屋大学出版会、二〇〇〇年）などの研究を参照。

(21)　主として以下の文献による。League of Nations, 前掲 *Memorandum on Cotton*、同、前掲 *Industrial Fibres*、山崎広明『日本化繊産業発達史論』（東京大学出版会、一九七五年）、小野征一郎「昭和恐慌と農村救済政策」（安藤良雄編『日本経済政策史論』下、東京大学出版会、一九七六年）、League of Nations, *Natural Silk Industry*, Geneva, 1927; *The Artificial-Silk Industry*, Geneva, 1927. 8.

(22)　主として以下の文献による。League of Nations, *Memorandum on Iron and Steel Industry*, Geneva, 1927; Günther Kiersch『国際鉄鋼カルテル——その機構と運用の実際』（鉄鋼新聞社、一九五五年）、小島精一『鉄鋼業論』（千倉書房、一九四三年）、秦恒雄ほか『印度及濠洲鉄鋼業の解剖』（民族科学社、一九四三年）。

(23)　銑鉄貿易のかかる動向は、主要国の銑鋼一貫化の進展に照応するものと考えてよいが、それでもヨーロッパ周辺国では、銑鉄輸入が大戦前を大きく上回ったことが認められること、さらに、アジア市場の特異な動向に注意すべきであろう。

(24)　カルテル活動については、Günther Kiersch、前掲『国際鉄鋼カルテル』などを参照。

(25)　主として以下の文献による。League of Nations, *The Chemical Industry*, Geneva, 1927、工藤章「IGファルベンの成立と展開(1)(2)」（『社会科学研究』二九巻五、六号、一九七八年）。工藤論文は、のちに同『現代ドイツ化学企業史——IGファルベンの成立・展開・解体』（ミネルヴァ書房、一九九九年）に収録されている。

(26)　工藤章、前掲「IGファルベンの成立と展開（2）」、七九頁、同、前掲『現代ドイツ化学企業史』一一九頁。

(27)　同前、八〇頁。

(28)　同前、八三頁表21による。

(29)　橋本寿朗「一九二〇年代の硫安市場」（『社会経済史学』四三巻四号、一九七七年）参照。

(30)　主として以下の文献による。League of Nations, *Mechanical Engineering*, Geneva, 1927; *Electrical Industry*, Geneva, 1927; British Electrical & Allied Manufacture's Association, *The Electrical Industry in Germany*、長谷川信「一九二〇年代の電気機械市場」（『社会経済史学』四五巻四号、一九七九年）。

(31)　両大戦間の製造工業生産と輸入とを比較検討したヒルガートは、両者の相関について、「世界の平均値以上に製造業生産高を増加させえた国は、製造品輸入額もまた一般的に世界の平均値以上に増大させている」と述べており、なかでも日本、イタリアなどで、輸入増加のテンポより生産増加のテンポが早かったと指摘している（F・ヒルガート『工業化の世界史——

一八七〇―一九四〇年までの世界経済の動態』山口和男ほか訳、ミネルヴァ書房、一九七九年、一〇八―一〇九頁)。
(32) 藤瀬浩司「二〇世紀最初の三分の一世紀における世界市場の構造」(『調査と資料』六一号、名古屋大学、一九七六年)。
(33) これについて、藤瀬は「再建」を支えた条件として「合衆国のアジア貿易での巨額のドル放出とヨーロッパとくにイギリスのこの吸収」と「合衆国のヨーロッパ、とくにドイツへの資本輸出」をあげている(同前、五四頁)。
(34) ジュネーブ会議については、外務省『国際経済会議報告書』(一九二七年)を参照。会議の決定が全く無意味であったとはいえない。たとえば「二七年八月の独仏通商協定のような二国間協定や自主的措置により、関税引上げの傾向は一時阻止された」(A・G・ケンウッドほか、前掲『国際経済の成長』一六八頁)といわれている。しかし、それは部分的に止まったのである。
(35) G・ロバシィ(長谷川幸生ほか訳)『国際カルテル――国際連合報告書』(文真堂、一九八〇年)を参照。
(36) アメリカの資本輸出の性格については、本章注(1)に掲げた世界経済に関する研究を参照されたい。
(37) 以上のごとき条件下の外資導入が、「金融的従属」として論じられる内容と質的に異なっていることは明白であろう。その意味で、山崎隆三が、戦前日本資本主義の基本的な特質を外資依存に求めることには、首肯しがたい(山崎隆三編著『両大戦間期の日本資本主義』上下、大月書店、一九七八年)。この議論については、浅井良夫「従属帝国主義から自立帝国主義へ――外資導入を中心とした日本の対外経済関係一八九五―一九三一年」(『歴史学研究』五一一号、一九八二年)によって批判しつくされたと思われる。なお、武田晴人「β型帝国主義論をめぐって――山崎隆三編著『両大戦間期の日本資本主義』を中心に」(『歴史学研究』四八二号、一九八〇年)も参照されたい。
(38) 藤瀬浩司、前掲「二〇世紀最初の三分の一世紀における世界市場の構造」五六頁。
(39) これに加えて、二〇年代後半の銀貨の動揺・下落が、アジア市場の拡大を制約した点に注意しておく必要がある。
(40) 主な文献をあげると以下のとおり。吉信粛「独占資本主義の確立と外国貿易」(松井清編『近代日本貿易史3』、有斐閣、一九六三年)、林健久「慢性入超と金解禁の挫折」(『講座 帝国主義の研究6――両大戦間におけるその再編成』青木書店、一九七三年)、三和良一「第一次大戦後の経済構造と金解禁政策」(安藤良雄編『日本経済政策史論』上、東京大学出版会、一九七三年)、海野福寿「貿易」(『体系 日本史叢書14』山川出版社、一九七五年)、塩沢君夫ほか「戦前日本資本主義の貿易構造――統計的分析」(『調査と資料』六一号、一九七六年)、行沢健三・前田昇三『日本貿易の長期統計――貿易構造史研究の基礎作業』(同朋舎出版、一九七八年)、山沢逸平・山本有造『貿易と国際収支』(東洋経済新報社、一九七九年)。
(41) たとえば林健久、前掲「慢性入超と金解禁の挫折」二三三頁。
(42) 山沢逸平・山本有造、前掲『貿易と国際収支』二一七―二一九頁。

(43) 交易条件については、海野福寿、前掲「貿易」を参照。
(44) これについては、三和良一、前掲「第一次大戦後の経済構造と金解禁政策」が指摘しているが、たとえば、慢性入超から金融的従属を論じる論者は、全くふれておらず、二〇年代の固有の問題を見過ごす結果となっている。
(45) 三和良一、前掲「第一次大戦後の経済構造と金解禁政策」二八一―二八三頁。
(46) 対ヨーロッパ貿易については、従来、その構成比の低下から、二〇年代には「日本資本主義の再生産構造に対するかつての独自の意義を少なくともその大きさにおいて、もはや失うにいたった」(吉信粛、前掲「独占資本主義の確立と外国貿易」六八頁)といわれている。しかし、その指摘はやや一面的であり、対欧入超の増大の位置づけを欠いている点で問題が残っている。
(47) 行沢健三・前田昇三、前掲『日本貿易の長期統計』。表示の方法は異なるが二五年については、同書を参照されたい。
(48) アジア向け輸出については、籠谷直人、前掲『アジア国際通商秩序と近代日本』、大森一宏『近現代日本の地場産業と組織化――輸出陶磁器業の事例を中心として』(日本経済評論社、二〇一五年)などを参照。
(49) 三和良一、前掲「第一次大戦後の経済構造と金解禁政策」二九四―二九五頁。
(50) 橋本寿朗、前掲「一九二〇年代の硫安市場」および、工藤章『イー・ゲー・ファルベンの対日戦略――戦間期日独企業関係史』(東京大学出版会、一九九二年)を参照されたい。
(51) 綿業における競争力については、山崎広明「日本綿業構造論序説――日本綿業の発展条件に関する一試論」(『経営志林』五巻三号、一九六八年)、および阿部武司、前掲『日本綿業史』参照。

# 第4章　景気循環

## はじめに

　本章の課題は一九二〇年と二九年の恐慌を対象として、そこに表現される当該期の経済構造の特質を、とくにこの二つの恐慌に挟まれる一九二〇年代のそれを中心に解明し、「恐慌を画期とする経済構造の段階的変化」(1)を明らかにすることである。あるいは景気循環の分析を通して、二〇年代の日本資本主義の蓄積構造の特質を、世界史的な連関のなかで一国史的な個性を重視しつつ解明することといってもよい。もとより恐慌過程の全面的な分析は、筆者の能力をもってしては十分に果たしえないことをあらかじめ断っておかねばならない(2)。またこの課題に対して、後進資本主義国としての日本の景気循環を分析する方法が、自覚的に措定されているわけでもない。そのため、本章ではとりあえず第一に、国際的連関を重視し、日本資本主義の周辺性に規定された国際的要因の影響を重視したい。また第二に、日本資本主義の後進性に規定されつつ段階的変化を示す蓄積構造の特質を明らかにするために、その生産力編成のあり方を示す産業構造の具体的態様に注目し、産業的蓄積の基軸をなす綿業と、この時期にその比重を徐々に高めつつあり、ブームの主導産業部門となった重工業とを視野に入れ、これに国際収支、貿易構造に決定的な影響力をもつ製糸業、さらに国内消費の動向を規定する農村、農業の動きを、米を中心に論ずることにしたい。このように産業貿易構造に占める位置に応じて、複数の産業部門を取り上げて景気循環に与える影響を論じることは、第一の論点である国際的要因の影響を日本に即して明らかにするうえでも不可欠の分析視角といってよい。

しかし、そればかりではない。右の論点を提示することは、一九二〇年と二九年の恐慌に関する問題として考える場合には、通説的な理解に対して、やや逆説的な表現ではあるが、二〇年恐慌における国際的な連関の重視と、二九年における国内的要因の重視とが分析の焦点になることを意味する。一九二〇年恐慌は戦後ブームの過熱化、とりわけその投機的性格に特徴があり、二〇年恐慌を経験したアメリカ、イギリスと相前後して同質的な景気循環を示した。その点について、これまでの研究が十分に分析の手を伸ばしていたかは不明確であるが、それを措くとすれば、通常、この投機の構造を中心に主として国内の未曽有のブームのあり方が論じられてきた。その重要性を筆者も否定するわけではないが、注目しておきたいのは他の時期とは異なり、恐慌の発端がアメリカやイギリスよりも先行していたことである。世界経済の循環のなかで、なぜ日本にいちはやく景気後退の徴候が表れたかは、二〇年恐慌を考えるうえで不可欠の論点と考えられる。他方、二九年恐慌、いわゆる「昭和恐慌」については、通常、国内における金解禁政策の展開を前提に、世界大恐慌の影響を受けたことを主因として説明されてきた。二〇年恐慌が、概して内からの説明に終始していたとすれば、二九年については専ら外からの説明に終始してきたということができるが、この捉え方では二七年の金融恐慌以降の国内経済過程の実態的な基調変化が軽視されてきたように思われる。そこで、本章の検討では先にあげた諸部門を視野に入れつつ、二九年前後の国内経済の動向にとくに注意を払っておきたい。本章で「やや逆説的」と表現するのは、おおむね以上のごとき論点を含んでいるのである。

## 一　一九二〇年

## 1　大戦ブーム

第1章で論じたように、第一次世界大戦は開戦当初の一時的な混乱の後、ヨーロッパ諸国からの輸出急減と戦時需要の拡大、国際金融網の麻痺による世界的な物価上昇とによって、戦場域外のアメリカやアジアの諸国に前例のない好況をもたらした(3)。アメリカ、日本などは産業構造の高度化を進め、また中国、インドなどの帝国主義列強の圧力が緩和した地域では、民族資本の勃興による「黄金時代」を記録した。日本資本主義はこうした事情を最も典型的に示した例の一つであった。

大戦ブームは対外競争圧力が稀薄化し、国内産業に市場を開放したばかりでなく、絶対的な供給不足による価格暴騰を介して、化学など、新興産業における企業ブームを引き起こした。市場拡大はヨーロッパ交戦国への軍需品輸出増加や、アジア市場への全般的な輸出拡大によってももたらされた。その影響は時期により、また部門によりそれぞれであったが、概していえば大戦前期には軍需品を中心に金属、化学薬品などの価格景気を端初として、これに一年余り遅れてアメリカの好景気に基づく生糸輸出の拡大や、ヨーロッパからの供給が途絶したアジア市場の経済的活況のもとで「民族資本の勃興」との競合を含みつつ綿糸布などの輸出が拡大するなど、主に輸出に主導された経済の拡大という様相を呈していた(4)。つまり大戦勃発は、直接的に対欧輸出拡大および対欧輸入急減という形で市場拡大をもたらしたばかりか、アメリカやアジア市場への繊維製品輸出の拡大という迂回路を通して、日本資本主義に未曽有のブームを引き起こすことになったのである。

右の点は、一九一四年下期まで低調であった輸出が一五年に入って拡大し、例年入超期の上半期にも若干の出超を記録したことをはじめ、一五年六月より一七年末まで連続三一ヵ月にわたって出超を記録したことに示される(5)。生糸輸出は一五年まで伸び悩んだが、一六年から拡大に転じて、綿布輸出額も順調に増加し、とくに大戦後半期には加速度的に増加した。綿糸輸出額も一五年を底に拡大し、綿糸布合計輸出額は一五年の約一億円から、一七年には二・三億円、一八、一九年には四億円に達する急増を示した(6)。注意すべきは、こうした輸出拡大が数量的な拡大ばかりでなく、激しい輸出価格の上昇の結果でもあったことである。

品目別の価格推移は、第1章図1-2に示したとおりであるが、軍需関連の色彩の濃い金属価格が開戦当初から急騰したのに対し、繊維製品関係は一五年末に開戦前水準を回復して一六年より急騰し、さらに一年遅れて穀物価格が上昇に転じた。この物価上昇の品目別ズレは、大戦ブームを性格付けるうえできわめて重要な意味をもった。物価上昇は、それまで欧米からの輸入に圧倒的に依存していた部門で「モノ不足による狂乱物価」として生じ、これと並行して、金属などの軍需資材関連部門で投機的上昇を含む国際価格の動きに引きずられて生じた。しかし、そうした部門を除くと、一五年末までは日本の物価水準は比較的安定し、海外の動向とは乖離していた。一六年に入ると繊維製品輸出の拡大が輸出価格の上昇を伴って生じ、物価水準を引き上げていったが、その経路は二様であった。一つは、アメリカの大戦ブームが本格化するなかで「英米為替」が「釘付け」されたため、ヨーロッパ交戦国の物価上昇がアメリカにも波及し、その結果、日本の対米輸出価格が上昇したことである。今一つは、開戦以来の国際金融の混乱のなかで金決済が困難となり、銀価格が一五年後半より急騰したため、主として銀貨圏に属するアジア諸国の活況＝物価上昇に伴う輸出の拡大が、対上海為替の急騰を介して輸出価格を引き上げたことである。これに対して、米を中心とする穀物価格は右のような国際的影響が小さく、生糸輸出の拡大と農村織物工業の発展を介して、農村経済が活況化するなかでようやく上昇に転じるという、より迂回的な経路を辿った。

物価上昇の品目別動向の差は、生活関連物資の価格上昇が相対的に遅れたことを意味し、そのために大戦前半期には賃金上昇圧力が小さく、企業利潤が一層増大して企業計画ブームを促進することになった。しかし、他面で一六年下期から穀物価格が上昇に転じ、日本の物価水準がアメリカのそれを追う形で国際水準にサヤ寄せされてくると、賃金上昇が不可避となってブームの基調に変化をもたらすことになった。もちろん、賃金の上昇が直ちに景気拡大を制約したとは言いがたい。実質賃金の回復は、大戦後半期に入っても目立ったほどではなかった。しかし名目所得の増加は、消費拡大に大きな影響を与えうる条件が成熟しつつあることを示していた。これに農村経済の好転が加わって、大戦後半から戦後ブーム期にかけて国内消費の拡大が景気上昇を加速化させていくことになった。つまり開戦以降、軍需に先導された価格景気を発端として輸出主導の好況に突入した日本は、大戦後半期からブームの浸透とともに、内需拡大という要因によってさらに押し上げられていった。

内需の拡大は、一方で企業計画の乱立のなかで投資財需要の拡大となって現れた。しかし他方、国内の重化学工業はこれに十分に対応しえず、輸入調達が困難ななかで設備投資の拡大は制約された(7)。供給不足による価格昂騰は、投資計画の水増しや不十分で粗悪な生産設備の増加など、新興事業の基盤を脆弱なものとした。また、投資計画の実現が遅れ繰り延べられた投資需要が、戦後ブーム期に輸入資材によって実現できることになったために、戦後ブームを過熱化する要因となった。もちろん投資制約条件の存在は、大戦ブーム期に産業構造の変化が全く生じなかったことを意味するわけではなかった。しかし重要な点は、主として重化学工業部門に価格景気によってブームを主導する条件が生み出されたと同時に、それ故に、その名目的拡大を過大評価しえない側面をもっていたことである。

内需の拡大は、むしろ大戦後半期から消費資材を中心に顕在化した。たとえば綿糸についてみると、国内綿糸生産高に対する輸出の比重は一九一四—一五年の三四%から、一六年以降三〇%台を割り、一八年には二三%にまで低下した(8)。生糸の場合にはやや遅れて一八年から輸出依存度が低下し、大戦末から戦後ブームにかけて生産拡大が輸出ばかりか、むしろ織物業の発展に牽引された形で進んでいた(9)。食料品工業の急速な拡大も、国内消費の拡大によるところが大きかった。製粉、製糖などがそうした典型とみてよい。

ところで、紡織部門にみられる内需拡大に伴う変化は輸出構造に影響を与えたが、生糸・綿糸に次ぐ重要輸出品であった鉱産物（石炭・銅）が大戦後半から内需の拡大に伴って輸出依存度を低下させ、むしろ輸入産業化していったことも同様の影響を与えた。それだけ、戦後ブーム期の入超幅は加重されることになった。

物価上昇のもとで投資制約条件が存在し、他面、輸出の拡大による国内金融の異常な緩慢化が進んだことを背景に、企業の高利潤→高配当→高株価の連関のなかで、株式ブームが実態とは乖離した投機的性格を帯びることになった。大戦後半期から、経済の実物的拡大を大幅に超える投機的なブームが始まったのである。とくにブームの投機的性格は、綿糸を中心とする商品投機がなによりも激烈であったことに示されている。

商品投機によって物価が累積的に上昇していった理由は、第一に、すでに第1章でもふれたが[10]、内外の需要拡大に対して生産拡大のテンポが立ち遅れたことであった。その要因の一つは設備面での制約であり、今一つは、自然的な条件に左右される原料供給の拡大のテンポの問題であった。輸出価格の上昇に示される海外相場の昂騰が同じ事情で生じ、しかも国際金融面の制約が輸入原料の先行不安を通してこれに拍車をかけ、金融緩慢のもとで投資的な資金需要を超えた市場資金の撒布が続いたことがこれを支えた。重化学工業部門の脆弱性の故に「投資が投資を呼ぶ」ような循環的な拡大が制約されていたのに対し、「投機が投機を呼ぶ」形で商品投機が激化し、生糸、米などに拡大していった。

この点を商品投機の中心であり、投機ブームの先導的役割を果たした綿糸市場についてみると（前掲第1章表1-3）、通常指摘されるように紡績機械の輸入困難のために、綿糸生産は一六年から高操業率のもとで頭打ちの傾向にあり、内需拡大と相まって前述のとおり輸出の拡大を制約するようになっていた。詳しくは、第5章第3節で再論するが、大阪清算綿糸取引高は一三―一八年には一〇倍に増加し、年間生産を大きく上回るに至った。その場合、織物業の発展による旺盛な内需が仲間取引に従事する問屋筋の強気を下支えしたことは疑いない。金融の緩慢化とあわせて、それは投機の国内的な条件を形成した。しかしそればかりでなく、凶作の影響もあって棉花が騰貴し、これに輸入決済資金面での困難や大戦中の船舶不足などの条件が加わって、綿糸相場を押し上げる条件となった。しかも大戦中の激しい銀貨騰貴は、民族紡に対する労賃面での競争条件の不利化を緩和しながら、日本綿糸の輸出価格を引き上げることになった。[11] こうして対外的には棉花および銀相場に規定されながら、綿糸価格の激しい騰貴が生じた。

以上のように大戦ブームは、その半ばに基調の変化を含みながら輸出に主導された価格景気として、日本を未曽有の好況に導いた。しかしそれは、投資面での制約があったことから投機的性格を色濃くもち、図4－1が示すように、企業投資の大きな部分が在庫投資（流動資産投資）につぎ込まれることになった。そうした条件が休戦反動を経て戦後ブームにかけての一層の拡大を強く規定することになった。

図4-1　重要株式会社の経営指標

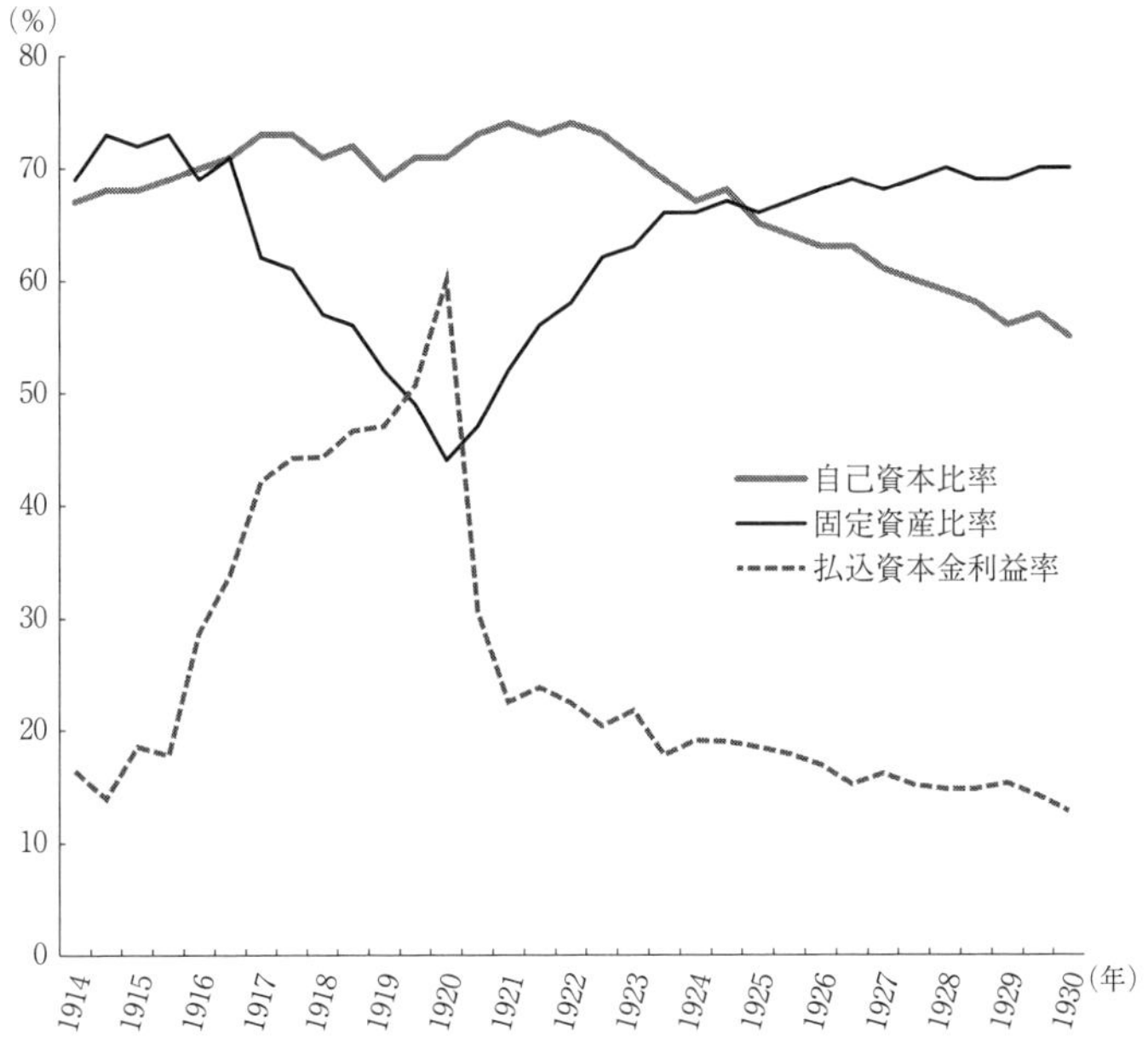


出典）東洋経済新報社『事業会社経営効率の研究』（1932年）より作成.

## 2　休戦反動と戦後ブーム

第一次世界大戦の終了に伴う反動は、大戦のブームが初発から軍需に先導された性格をもっていただけに、軍需関連部門を中心に深刻な影響をもたらした。そうした事情は、日本だけに止まらない。むしろ大戦中の追加的な需要＝軍需の消滅は、関連品目の価格の激しい下落を世界的にもたらし、その影響が加重されて日本にも現れたとみてよい。たとえば、戦中の最高と休戦反動期の最低とを比較した主要商品類別の下落率は、アメリカの場合、金属・金属製品の四八%、化学・薬品の三一%、衣料一七%の順に平均五・四%を記録し、大戦中の物価上昇が不均衡に生じたのを反映して、その反動も軍需関連部門を中心に生じていた。(12) そうした国際的な動向は直接的に日本の物価にも反映し、軍需関連品目や輸入途絶下の温室的条件で高価格をほしいままにしていた化学・金属などで激しい価格下落が生じた。具体的には一九一八年九月から翌一九年三月までに銑鉄価格が約五分の一に、鋼材は三分の一、染料は六分の一などの下落を示した。(13) かくて、軍需および大戦中の特殊な条件のもとで勃興した新産業が大打撃を受け、ブームの主役から退くことになった。綿糸、生糸にも反動の影響は及んだ。アメリカの景気沈滞が棉花相場や生糸輸出価格に影を落とし、国内的にも休戦反動に伴う企業破綻などから金融が引締まりをみせ、商品投機を沈静化させる方向に作用したからである。こうして休戦を契機に翌一九年三月にかけて景気沈滞が浸透していった。

しかし、こうした事態と踵を接して、景気回復の兆しもみえはじめていた。大戦中の最高を記録した一六年に比べて一七、一八年と二年続きで作柄がやや不良であったことも影響して、休戦反動にもかかわらず米価は高水準にあり、農村経済の好況感を持続させていたし、物価の全般的な低落のもとで賃金水準の下落は緩慢であったことから実質賃金が引き上げられ、消費水準の持続的上昇を可能としていた。こうした事実を背景に、大戦後半期からみられた消費支出増加に基づく内需拡大の傾向は、景気の早期底入れを可能とする条件となった。しかも綿糸相場は、第八次操短による生産減退のもとで一八年末には在庫高が一・六万梱（阪神倉庫在庫）と大戦中のピーク時（一八年二月）の五分の一にまで急減したことを背景に、(14) 一九年に入ると棉花安・銀安にもかかわらず堅調な回復をみせた。さらに重要な点は、事業計画資本高の推移に示されるように一八年下半期にも引続き企業投資が旺盛であり、とくに大戦中の諸制約が解除され、輸入設備による投資の実現が可能となる見通しのもとで、電力事業などで新計画が企てられたことである。もちろん企業計画も景気沈滞の浸透のもとで、一九年二月には前月比約五割減を記録する落ち込みをみせた。しかし三月には、電力業で約五〇〇〇万円を超える事業計画があったことから反転し、月を追って拡大の一途を辿ることになった[15]。

右のような国内的条件のもとで、休戦反動の影響は一九年三月までには底入れの様相を呈したが、四月以降、アメリカの戦後ブームの開始に引き寄せられて生糸市況が回復し、対米、対中国向け輸出の拡大を梃子に、日本は戦後の「熱狂的」なブームに入っていった。

戦後ブームは、投資需要の拡大が本格化して輸入を激増させたこと、軍需部門の後退によってブームをリードする主軸部門に転換が生じたこと、輸出拡大を契機とするとはいえ経済拡大の主因が内需にあったことなどの点で、大戦ブーム期とは性格を異にしていた[16]。とくに重要な点は、投資の本格化が入超を介して金融市場に圧力を加えた点であり、そのために商品投機拡大の可能性が金融面から抑え込まれていたことであった。もっとも、それが直ちに投機の沈静化をもたらしたわけではなかった。すでに知られているとおり、「休戦の動揺期をつうじて（東西組合銀行の…引用者）預金高がはるかに貸出高を上回って」[17]おり、銀行信用が拡張しうる余地があった。しかもアメリカの金本位復帰を契機に正貨の流入が始まり、日本銀行を介する政府の積極政策が金融面からの制約を緩和していた。こうした事情は復興需要拡大の見通しのもとで、アメリカを中心に戦後ブームが発生し海外相場が強調を示すなかでは、むしろ商品投機を激化させる方向に作用した。こうして一九年九月ころから大戦ブームを上回る熾烈な商品投機が発生し、物価が急騰したが、その拡大のテンポが急であっただけに反動も大きく、二〇年恐慌の鋭角的な景気後退を準備することになった。

商品投機の中心は綿糸布市場であったが、この時期にはそれが、たとえば生糸、米、大豆粕、土地、株式にまで広がり、しかも全国的な規模で展開したことに特徴があった。綿糸の場合、インド棉価格が大戦期を下回る水準に止まっていたのに反し、戦後ブームによる物価上昇を反映してアメリカ棉価格が急騰していたことが投機拡大の条件となった。戦後ブーム期の物価上昇率は、アメリカでも建築材料七八％に次いで衣料七〇％、家具・調度品六八％と生活関連の民需部門で短期に激しい物価上昇が生じたことを示しているが[18]、日本でも同様であった。日本の場合、類別では織物衣料類七八％、穀類四三％、金属類一六％と大戦期と対照的な上昇を示し、なかでも生糸が一九二％、綿糸が九五％と、一年余の間に急激な上昇を記録した[19]。それは繰り返し強調しておけば、旺盛な内需による市場の逼迫感を背景に、アメリカの戦後ブームに伴う激しい物価騰貴に引きずりこまれたからであった。言いかえれば、アメリカ経済が「平時経済へ転換」するに際して供給の立ち遅れによる激しい物価の騰貴を経験したことは、日本など周辺諸国に対して、より強い価格上昇圧力となって波及していったのであった。綿糸投機は銀貨の急騰にも刺激されていた。それは、輸出価格の上昇と輸出市場の活況を意味したからである。しかも、国内織物業の発展を前提に綿糸輸出拡大が量的に制約されてくるなかで、アジア市場の価格動向が思惑的色合いを強めながら、銀為替を介して増幅されて国内価格を刺激していた。

戦後ブームは右のような投機の構造をもつことによって、いわば「空《から》景気」（バブル）としての性格を一面でもっていた。しかし、それればかりではない。大戦ブームと異なり、輸入機械資材による設備投資が可能であったからである。この時期の企業計画の中心は、大戦中の製造工業から電力、紡績、銀行などの部門に移った。製造工業の「事業計画資本高」は、軍需部門から民需部門への「平時転換」という内容変化を含んでいたため、一八―一九年の伸び率でみれば前記三部門には及ばなかったが、これに次ぐ巨額に達していた[20]。投資需要の拡大を主導する部門は、休戦反動を契機に転換しつつあったのである。このうち紡績業は、大戦中に紡績機械の調達難から設備投資が制約されていたことに加えて、休戦反動にもかかわらず綿糸価格が比較的安定していたことから、投資計画が早くからスタートしていた。他方、電力業は大戦末の電力飢饉を背景に、大型機器の輸入に基づく投資計画が樹立された。第1章でふれたように、この時期、電力業は依然として他部門に比べて低い利益率を余儀なくされていたが、投資の確実な増加と軍需関連部門の凋落に代わる投資先として、ようやく主役の座を獲得しようとしていた。もっとも、この間の投資計画の急増には、株式ブームをあてこんだ投機的性格が随伴していたことにも注意しなければならない。株式投機を介して投資資金需要を急増させたからである。しかも、物価上昇に伴い設備資材価格も急騰し、投資資金を膨張させた。この時期には、投資拡大が供給の隘路を打開するというよりは、むしろこれを増幅し、輸入の一層の増大をもたらす傾向にあった。

かくて投資の拡大は、輸入激増を招いた。一九年の貿易収支は上期入超・下期出超という大戦前の「常態」に復帰していたが、九月に生糸輸出の伸び悩みなどのために入超を記録したことも重なって、通年で約七五〇〇万円と一四年以来の大幅入超となった。入超の増大は、大戦中「釘付け」されていた英米為替がアメリカの金本位復帰とともに変動制へ移行し、一九年下期中に大幅なポンド下落が生じたことによっても加速された。ポンド下落はイギリスの競争力を強化し、イギリス製品の世界市場への進出を早め日本の輸出市場を狭めたばかりか、対英支払いを増加させることを通して、入超額を巨額化させたからである。ちなみに対英輸入額を四半期別にみておけば、一九年第1四半期を基準として、第4四半期には約二・二倍、二〇年には各期を通して二・七倍という輸入増を示し、対米輸入が一九年中には最大で一・四倍に止まり、二〇年中一・七倍であったことと対照的であった[21]。そのうえ、戦後ブームの需要増加を見込んだ「思惑的」な輸入もあって入超は一層大幅となり、二〇年に入ると二月に九六三五万円、三月に一億三五四六万円と空前の額に達した。

入超の拡大は、大戦中に在外資金を蓄積し国際収支の天井を高めていた日本にとって、直ちに制約を課したわけではなかった。一九年下期にはアメリカから約二億円の金が輸入され、金融的な制約を緩和していたからである[22]。しかし一九一九年を通して、大戦前の大幅入超期にも匹敵する貿易収支の悪化が見込まれるようになると、政府も金融政策面から景気の過熱に警戒的な態度をとらざるをえなくなった。その第一の表現が、一九年一〇月の日銀金利引上げであった。金融市場は投資・投機の両面で資金需要が拡大し、銀行の預貸率も六月ころから急速に悪化しはじめていた。そのため、すでに八月には翌日払コール金利が目立って上昇するなど、金融逼迫の徴候が表れていた(23)。日本銀行の金利引上げはこうした実勢を追認する側面をもっていたが、同時に異常な投機による物価上昇にブレーキをかけようとの意図も含まれていた。それは、暴利取締令の制定、生活物資の輸出制限などの対策に加えて、一一月に再度の金利引上げという一連の措置のなかに示されていたと考えられる。つまり大戦ブーム期には投資に制約があり、しかも、一方的な出超が続いたことから顕在化しなかった投資と投機の資金需要の競合関係が、戦後ブーム期にはブームの過熱化とともに明確化し、金融市場を逼迫させ金利を上昇させた。

それに呼応して、第5章で改めて論じるように、物価対策を主眼として政府が投機抑制に乗り出し、金融面から制約を加えようとした。物価上昇は米騒動以来、各階層の運動が活発化し、とりわけ労働力市場の逼迫を背景に労働側が攻勢的であっただけに、第2章で示したように賃金水準が上昇した。この金利上昇と賃金の引上げは、企業の蓄積条件に重大な影響を与えるものであった。とくに後者について付言すると、商工省調査によれば、労賃水準は一八年一二月から翌年同月にかけて四七％余の上昇を示した(24)。同じ期間の物価上昇率は約三一％であったから、この労賃上昇は実質賃金の上昇を意味したが、投資が生産性の上昇に十分に結実する以前に生じた事態であっただけに、資本蓄積に重要な制約を課すことになったと考えられる。物価対策を主眼とする政府の一連の措置(25)は投機に水をさす反面で、輸出制限などによって入超幅を拡大し、さらに労賃上昇圧力を緩和できず、実質賃金を引き上げることになった。しかも年末の資金需要期を控えた再度の金利引上げは、貿易金融の引締めや企業資金の逼迫を通して徐々に浸透し、金融コストの上昇を介して資本蓄積への制約を強めていった。このように一九年下期には、表面的にはブームが熱狂的様相を呈していくなかで、すでに投機に対する制約や蓄積条件に対する制約が明確化し、景気の転換点に達していたということができる。

以上のような国内的条件とともに重視されねばならないのは、アメリカの戦後ブームの推移であろう。その要点を記すと、アメリカが一九年六月に金本位に復帰して以来、大戦中に累積していた周辺諸国の対外資産がニューヨーク市場を通してアメリカからの多量の金流出を生み出した[26]。日本もその一つであったが、この金流出がアメリカ連銀の信用拡張を制限し、秋以降の引締め政策の展開のなかでアメリカの戦後ブームに転換を迫った。それは、日本に対して投機的拡張の要因を喪失せしめる意味をもった。

アメリカのブームにかげりがみえはじめた影響は、まず第一に商品価格の動向に反映していった[27]。大阪綿糸先物価格は一九年一一月中に七〇〇円近い最高値を記録した後、上げ渋りはじめ、天井を打った感じがあった。米価も同様に一一月以降横ばいとなり、年末から下げはじめた。横浜生糸価格は二〇年一月から漸落をみせ、商品投機が限界に達したことを示していた。海外相場の停滞が、投機思惑を支えていた条件の一つを稀薄化させたのである。第二の影響は、アメリカのブーム期の輸出が一九年下半期に入ると対欧輸出の伸び悩みのなかで基調の変化を経つつあり、相対的に非ヨーロッパ圏への輸出圧力を強めつつあったことである[28]。そのため、投資需要の活発化のなかで日本は巨額の対米入超を記録し、アメリカからの金輸入を停止せざるをえず、金融逼迫に拍車をかけることになった。さらに二〇年一月から三月に「正貨は入超の代価として海外に流出し」て金融逼迫は一段と強まった。この間に日本銀行は引き続き引締め方針をとったこともあって銀行などの貸出態度が警戒的になり、「信用取引は殆ど杜絶の有様」となった[29]。こうして内外の諸条件からみて、一九年末から二〇年初頭にかけて日本は、戦後ブームが短命なうちに終息することが不可避というべき状況に達していた。投機の崩壊による恐慌の勃発は目前であった。それでも、二〇年二月中旬までは銀相場が急騰を続けるなどの思惑に好材料も残っていたから、大幅入超・金利上昇のもとで三月初旬まで、表面的には「熱狂的」なブームの様相を呈していた。

## 3　一九二〇年恐慌

二月中旬に八九ペンス二分の一の最高値を記録し、以後八五ペンス弱で保合いを続けていたロンドン銀塊相場は三月の第二週に突如、前週比一〇ペンス余り一割以上暴落した。(30)これと直接に連繋したことを実証することはできないが、その直後の三月一五日に東京株式相場の大崩落があり、これを発端として日本は一九二〇年恐慌に突入していった。もちろん、この株式市場の大崩落以後直ちに恐慌状態が出現したわけではなかった。商品市場への影響は緩やかでやや遅れた。アメリカが依然表面的にはブーム状況を続けていたからである。しかし四月初旬に増田ビルブローカーの破綻を契機に再度の株式暴落があり、以後、商品市場の暴落が続いて銀行取付け・企業破綻が相次ぎ、六月以降は英米の戦後恐慌勃発によって、日本は深刻な恐慌状態へ陥った。

その経過において注目すべき点は、一九二〇年恐慌が世界的な連関のなかでみれば日本に先行して発現し、(31)いわばそれが基軸国の輸出市場不安の一端をなすことによって、その景気後退の要因をなし、反射的に日本における恐慌の一層の激化を招いたことである。ここに、一九二〇年恐慌の際立った第一の特徴があった。その点は、日本の世界経済に占める地位の上昇を示すといってもよいが、むしろ大戦ブームから戦後ブームにかけての景気循環の同質性——とりわけ戦後ブーム期の復興需要に対する供給の立ち遅れに基づく投機的拡大という同質的な経済活況——が、周辺的な資本主義国に対して、より激しい形をとって表出したことに注目しておく必要がある。(32)

一九二〇年恐慌の特徴の第二は、ブームの投機的性格に規定されて、その激しい破綻が流通部門の再編成に帰結したことである。投機が各種の商品に及び、地方都市の商人をもまきこんで展開しただけに、その影響も広範で全国的な規模で生じた。中小商社の破綻や地方銀行の取付け休業がかつてないほどの規模で生じたが、そうした状況を典型的に示したのが、綿業における総解合《そうとけあい》であった。解合の経過は第5章においてもふれるが、解合による綿糸商の損失分担を示す表4-1によれば、ほとんどすべての著名な綿糸商が例外なく投機思惑に参加していた。それだけに打撃

表 4-1　綿業解合引受実績　(1,000円)

| 提供店別 | 提供糸価額 | 損失分担額 | 製造会社別 | 金額 | 生産順位 |
|---|---|---|---|---|---|
| 岩田商事 | 8,272 | 1,243 | 鐘紡 | 5,771 | 3 |
| 伊藤忠 | 6,746 | 1,169 | 大日本紡 | 5,590 | 2 |
| 不破栄次郎 | 4,039 | 640 | 大阪合同紡 | 5,233 | 4 |
| 戸田栄商店 | 2,864 | 474 | 東洋紡 | 4,225 | 1 |
| 田村政次郎 | 2,372 | 404 | 倉紡 | 3,859 | 6 |
| 前川商店 | 2,062 | 359 | 富士瓦斯紡 | 2,691 | 5 |
| 野村糸店 | 2,014 | 353 | 福島紡 | 2,187 | 7 |
| 竹中商店大阪支店 | 1,959 | 345 | 日の出 | 1,296 | |
| 日本綿花船場支店 | 1,781 | 319 | 岸和田 | 1,287 | 8 |
| 日本綿花本店 | 344 | 82 | 長崎 | 1,238 | |
| 八木商店 | 1,009 | 210 | 相模 | 848 | |
| 横浜生糸大阪支店 | 956 | 205 | 日清紡 | 619 | 10 |
| 浅野物産 | 711 | 156 | 明治 | 618 | |
| 伊藤三綿 | 535 | 142 | 大分 | 547 | |
| 東洋棉花 | 382 | 90 | 近江帆布 | 496 | |
| 豊島商店 | 838 | 185 | 和歌山 | 427 | 9 |
| その他 | 2,837 | 1,124 | その他 | 2,789 | |
| 合計 | 39,721 | 7,500 | 合計 | 39,721 | |

出典）大阪綿糸商同盟会編『戦後ニ於ケル綿業界動揺ノ回顧』(1921年) 53-63頁.

も大きかったが、大戦期の高利潤を内部留保して資金的に余裕のあった大紡績資本と借入に依存した投機商、さらには地方機業家とではその打撃の程度は異なっていた。泉南地方に関する事例研究が示すように、解合は地方機業家に負担の一部を転嫁しつつ進行し(33)、資金力の差がその浮沈を決定づける要因となり、概して投機商の破綻は地方の商人層をも含んだ広汎なものとなった。また、大戦中に借入金依存で急成長した貿易商社の経営基盤の弱さや、その投機的性格も顕著であったから(34)、二〇年恐慌はそれらの投機的経営の整理を通して、貿易・国内商業の両面にわたって流通機構の再編成を促す契機となった。

右の事態は、あらゆる商品部門に激しい物価下落が生じたことに示されるように、恐慌が全面的に激烈に日本資本主義を襲ったことを示すものとみられる。しかし二〇年恐慌を契機とする再編成は、二重の意味で不徹底なものとなった。そのことが、二〇年恐慌の第三の特徴であった。つまり中小商社などの破綻が全面化したのに対して、鈴木商店の例に典型的に示されるように、日本銀行の救済融資が金融構造の再編成を不徹底に終わらせ、台湾、朝鮮の両特殊銀行や十五銀行のような特殊な地位にある有力金融機関に関連する企業経営の破綻を弥縫し、二〇年代後半にまで問題を繰り延べることになったからである。さらに、激しい投機の破綻による恐慌状態の出現にもかかわらず、投資需要は電力部門を中心に二一―二二年ころまで比較的高い水準にあった[35]。これは、ブームの短期的性格によって実物投資が結実する前に景気の転換に際会したこと、しかも電力不足や軍拡の継続などによって、関連部門に対して投資意欲を刺激するような条件が保たれていたことなどによる。そのため恐慌による過剰設備の廃棄や整理が、必ずしも徹底的に行われるような事情にはなかった。二〇年恐慌は、投機破綻に伴う流通金融面の再編成と、現実資本の整理との両面で不徹底たらざるをえなかった。それは、一九二〇年代の景気循環を規定する決定的な条件となった。

## 二　不均衡成長と「不況感」

### 1　不均衡成長下の独占形成

一九二一年秋ころまでに、二〇年恐慌の直接的な影響は一段落した。二〇年三月から下落を続けていた物価は、穀物・織物などが底を打ったことを反映して、二一年四月ころから反転漸高をみせた。それは主として恐慌下に激増した在庫が、一年余の間に整理されたことに基づくものであった（図4－2）。海外市況もアメリカの物価が六月から反騰しはじめたことによって、立ち直りの気配をみせた。こうした景気の底入れ状況によって日本では同年秋には「空ブーム」が生じた。しかし、翌二二年二月の石井定七商店の破綻、さらには一〇月の日本商工銀行の休業を契機とする銀行取付けが相次いで、図4－3の株価動向に示されるように、本格的な景気回復には遠く、深刻な不況基調下に推移することになった。

同時に、二〇年恐慌以降、金融恐慌に至る「不況から不況」によろめいていたともいわれる時代にあって、破綻現象として指摘される事実が中小商社の破綻、地方銀行の休業など、流通・金融面を中心とした表層的な性格が強かったことにも注意する必要がある。高田商会の破綻や後の鈴木商店の破綻も含めて、[36] 一連の商社破綻は大戦期からの借入金依存による投機的拡大のツケが回り、恐慌後も余震が続いていたことを示している。他方、地方銀行の動揺は、こうした投機商の破綻に連繫することによって資金回収の困難に直面した銀行群が、金融構造再編成の遅れのなかで

図 4-2　在庫と投資

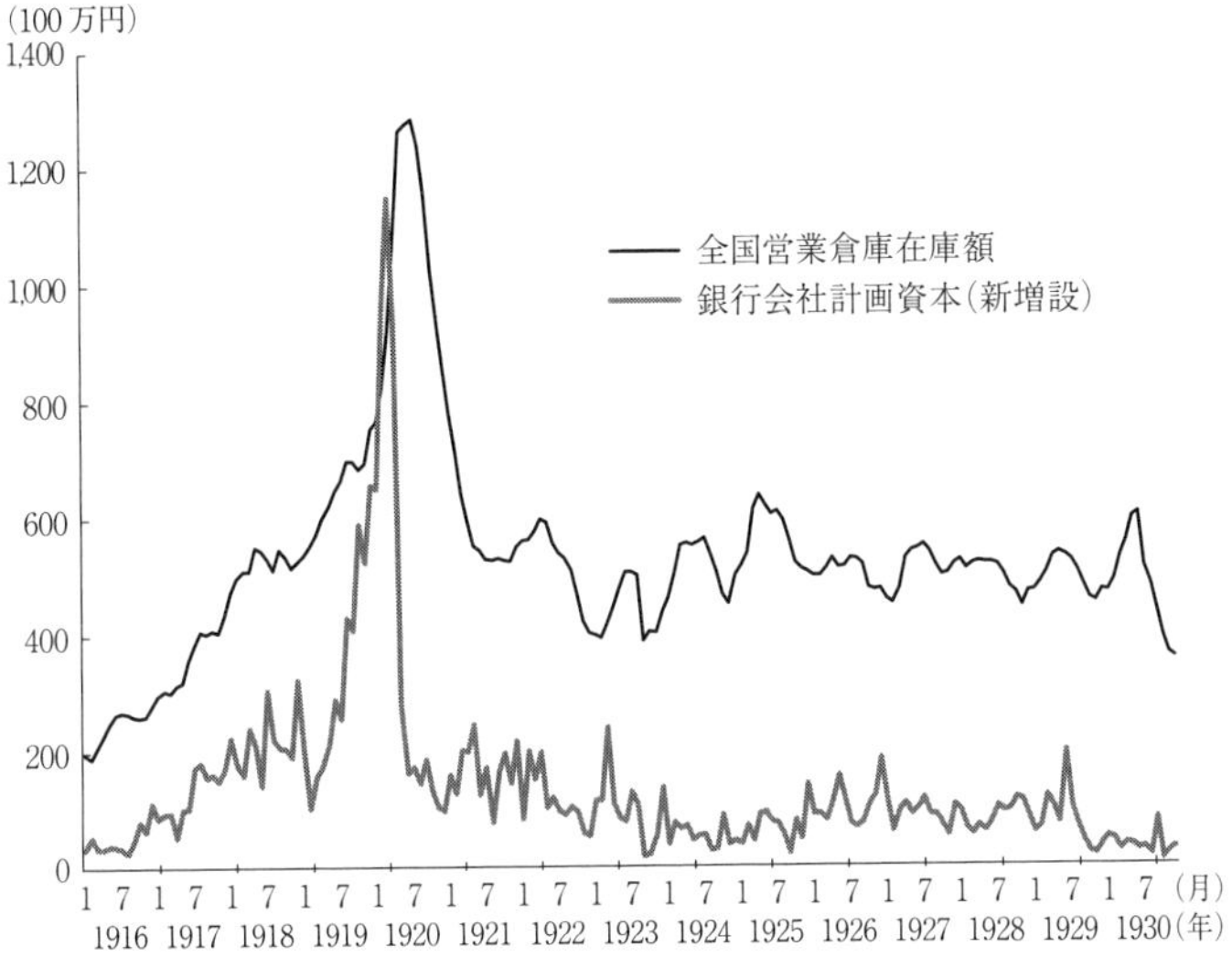


出典）東洋経済新報社編『日本の景気変動』上巻第三編，1931年，図4-2は，112，117頁，図4-3は，77-79頁，図4-4は，71-73頁，図4-5は，66-71頁より作成．

図 4-3　株価の推移

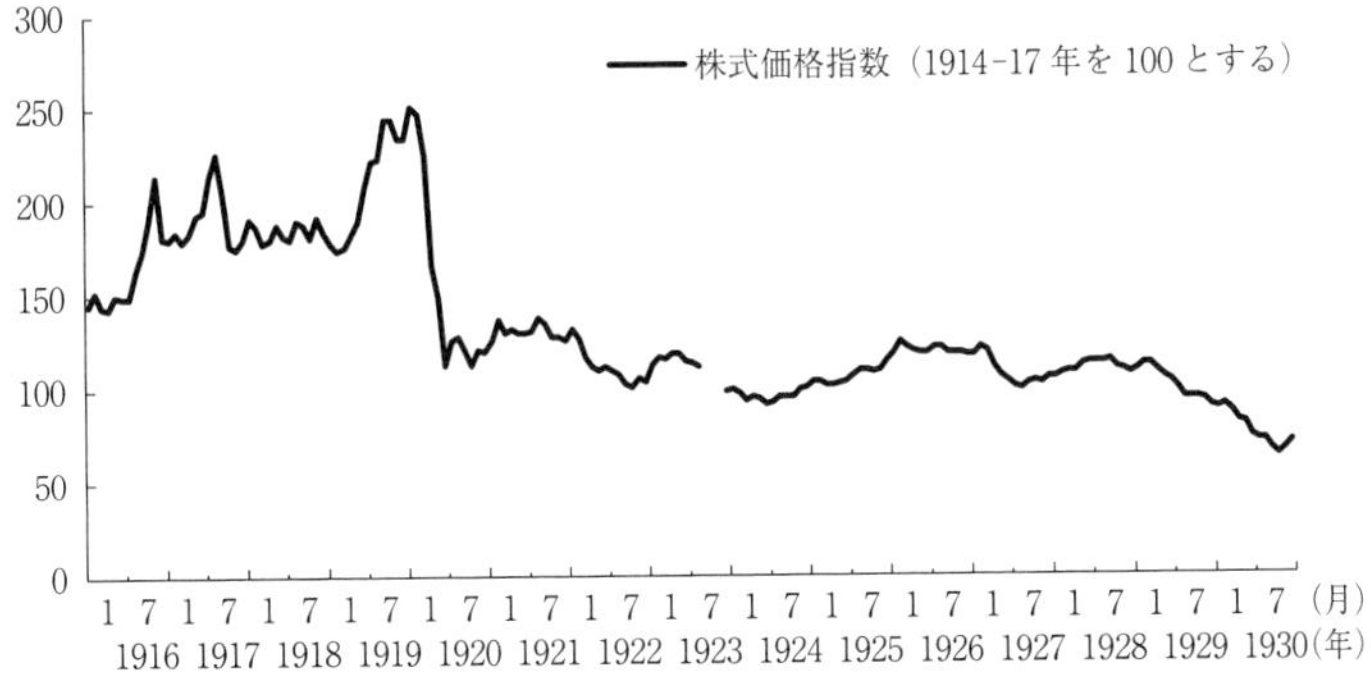

図 4-4　金利の推移

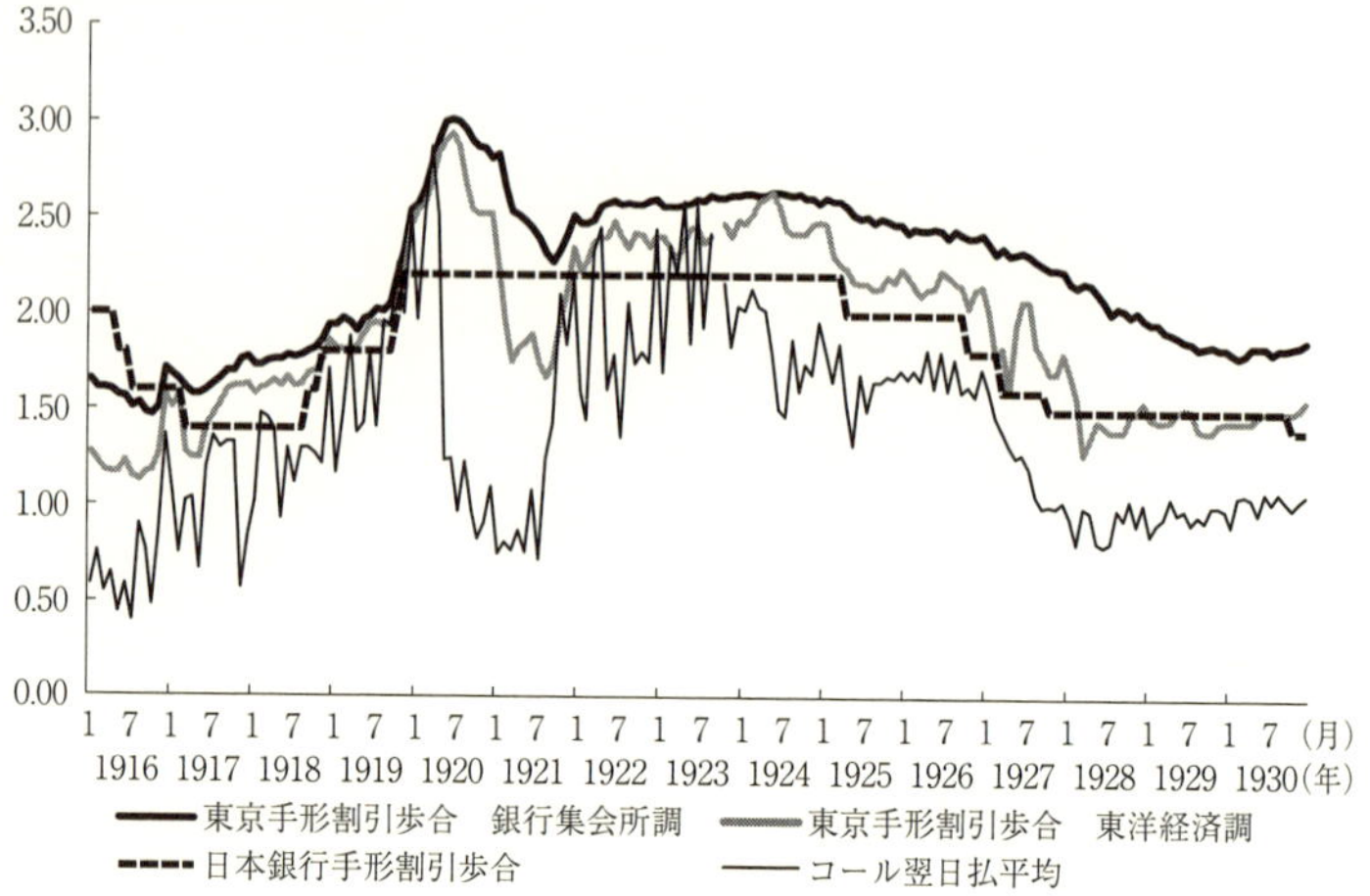


図 4-5　銀行預貸率

小波乱を繰り返していたことを示している。下位銀行の経営難は、金融機関相互の資金の偏在を表現しており、そのために金利は高水準を維持していた(37)(図4-4)。

金融面の問題に関しては図4-5によって、二〇年恐慌を挟んで預貸率が急速に悪化するなかで、東京・大阪「銀行集会所組合銀行」の預貸率と「全国手形交換所社員銀行」のそれとの間に格差が生じ、貸出中にコールローンを含んでいることもあって、大都市所在銀行に資金が吸収されていたことが知られよう。この時期には、恐慌期の預金集中を背景として資金的に余裕のあった財閥系大銀行と、資金固定化のなかで余資の安全確実な運用先を求めていた地方有力銀行とを出し手として、都市二流銀行や植民地銀行にコール資金が流入し[38]、救済融資によって弥縫された経営破綻を徹底的な整理の手から逃れさせる役割を演じていた。資金需要の偏在、金融構造の重層化は、短資を中心とした金利高をもたらして金融市場を畸型化したし、それは下位銀行の預金吸収や借入にかかる資金コストの割高を不可避とし、収益性の格差を定置することによって、五大銀行の覇権確立の前提条件となった。

経営が傾いた企業への不良貸しのために、金融機関の中には高金利によって預金を集めるものもあった[39]。図4－6に示されるように、三井銀行と古河銀行を例にとると、有力銀行と、二流財閥の古河の経営する銀行では大きな金利格差が生じていた。それは銀行経営の基盤を大きく損なうものであったことは言うまでもない。台湾銀行や朝鮮銀行などがコール資金により資金繰りをしていたこととあわせて、そうした行動が金利を高止まりさせていた。こうして生じた金融部門の不安定性は、毎年数行が廃業に追い込まれる中小銀行経営の不安定性だけでなく、鈴木商店などの経営実態への疑念なども人々を連鎖的な取付けに走らせるに十分であった。しかし、このような形で重層化した金融構造は、その内部に弱い環を抱え込んだまま延命させられていた。

これに対して、産業諸部門での整理も不徹底であったが、ワシントン会議以降、軍拡の中断による重工業部門の不振のなかで、集中合併などを含めた緩やかな再編過程を辿りつつあった。その場合、再編を規定した条件は、対内的には相対的高金利水準と労賃水準の高位安定であり、対外的には国際競争圧力の強さにあったといってよい。とくに国際的条件に関して部門間に大きなひらきがあり、このために、表4－2が示すように、諸部門間の成長テンポを不均衡にした[40]。

部門間成長の不均衡は、一面で大企業と中小企業の格差として、他面で前者内部での旧型重工業の不振と電力業および関連部門の急成長という形で出現した。周知のように二〇年代は生産の数量的拡大が全般的に生じていたが、対

図 4-6　三井銀行・古河銀行の金利水準

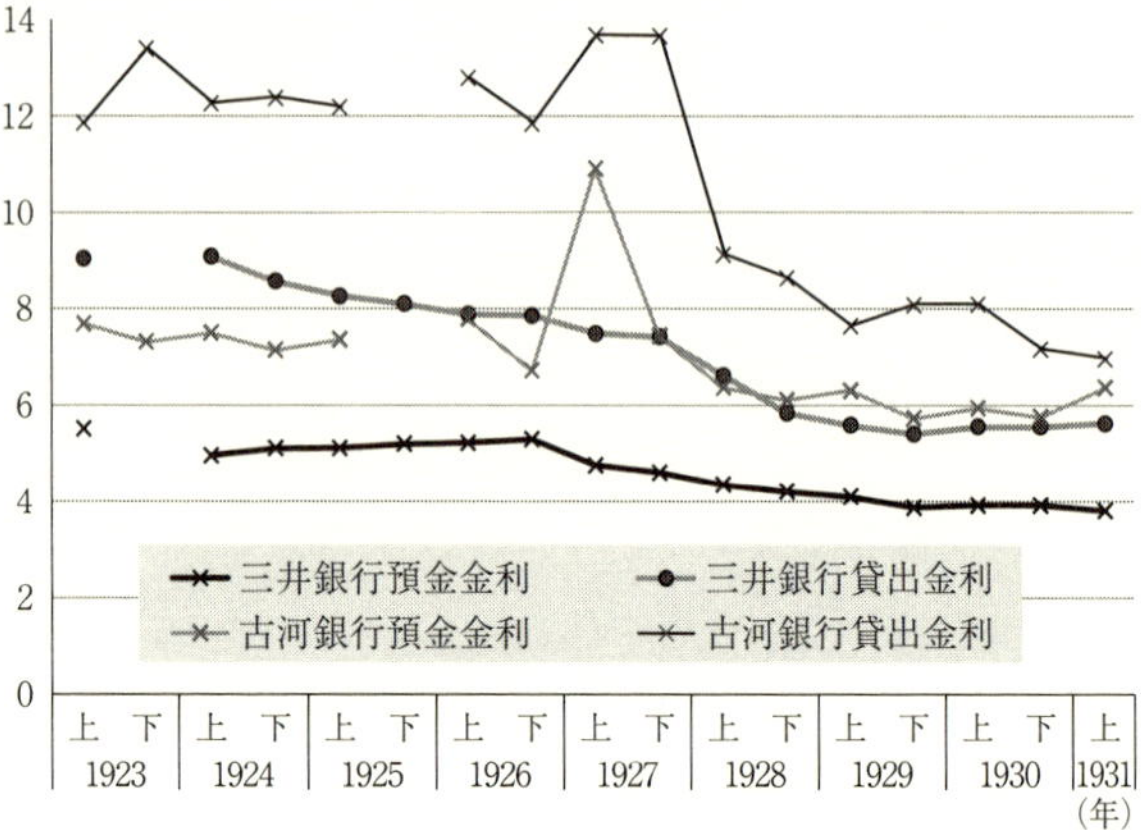


出典）橋本寿朗『大恐慌期の日本資本主義』（東京大学出版会，1984 年）130 頁．

表 4-2　産業別平均成長率（5 年平均）　(%)

| | 1905-10 | 1910-15 | 1915-20 | 1920-25 | 1925-30 | 1930-35 |
|---|---|---|---|---|---|---|
| 工業総合 | 5.2 | 4.8 | 9.3 | 3.9 | 6.2 | 8.8 |
| 紡織 | 6.1 | 7.3 | 4.1 | 4.9 | 6.3 | 7.8 |
| 金属 | 8.7 | 9.2 | 10.7 | 5.4 | 10.1 | 12.5 |
| 機械器具 | 2.1 | 15.3 | 28.1 | 0.2 | 9.1 | 11.7 |
| 窯業 | 13.3 | 4.8 | 5.7 | 10.8 | 3.0 | 9.0 |
| 化学 | 8.1 | 10.0 | 8.8 | 8.0 | 10.9 | 12.6 |
| 製材木製品 | 8.5 | 2.9 | 4.6 | 12.6 | 5.8 | △0.8 |
| 食料品 | 3.8 | 1.2 | 7.9 | 2.2 | 0.4 | 1.5 |
| 煙草 | 1.9 | 0.7 | 5.3 | 0.2 | 1.3 | 0.1 |
| その他工業 | 4.6 | △3.5 | 2.2 | 3.5 | 3.1 | 5.7 |
| 電力（発電量） | 31.1* | 17.8 | 17.6 | 14.4 | 11.7 | 9.3 |
| 石炭生産量 | 6.3 | 5.5 | 7.8 | 1.5 | △0.1 | 3.9 |
| 鉄道貨物輸送（トンキロ） | 9.8 | 9.4 | 12.0 | 2.1 | △0.5 | 5.0 |

出典）中村隆英『戦前期日本経済成長の分析』（岩波書店，1971 年）128 頁．
注）*印は 1905-07 年の 3 ヵ年平均．

外競争圧力によって価格の動向が異なっていたために、価額ベースで示される産業諸部門の生産拡大に不均衡が生まれた。それは各産業の競争構造に大きな相違があったことを意味し、独占組織による再編成に対して多様な局面を生み出した。重要なことは、全般に対外競争圧力による価格下落が景気回復の重大な制約要因であったと同時に、その打開策となる独占組織の市場規制の成否によって、産業間の蓄積条件に大きなひらきが生じたことである。

政府支出や個人消費の拡大とともに、成長部門によって創出される内需が関連産業の生産を拡大していくためには、産業構造の内的連関が不可欠であった。しかし、それは対外競争を介して蚕食され、成長部門に牽引された有機的連関に基づく全般的な拡大には、強い制約が課せられていた。とくに産業構造の同質化に伴って、こうした圧力は鉄鋼・化学などの大戦期に急拡大した部門に強く厳しいものがあった。大戦好況をリードした重化学工業部門の不振は、その構造的な位置が高まっていただけに景気回復に決定的な影響を与えた。産業構造の変化は、こうした形で景気変動のあり方を変えることになった。重工業部門の不振という制約のもとで、とりあえずは非鉄金属、石炭、セメントなどの周辺的な産業から独占的市場規制が開始され、徐々に需要構造の変化に応じた国内市場の確保が目指されていった。したがって、市場の安定化を介して景気回復にインパクトを与える力量には限界があり、各産業間の状況の差に基づく景況感のバラツキもあって、景気の動向に微妙なアンバランスを与えたのである。

この間、日本の産業構成は、一九二九年まで生産額で上位を占める産業には下位からの急上昇とランク外への転落を示すものが数多くみられるなどの、産業間の不均衡発展が生じていた。このような変化は、二九―三七年に順位に変動はあるものの、比較的安定していたこととは対照的であった（表4-3）。この事実は二〇年代までの産業構成の変化の基礎の上に三〇年代の発展が開花したことを示唆しているが、二〇年代には貿易収支の改善傾向にみられる過渡的な性格とともに[41]、先進国型の産業貿易構造へと同質化が進展し一九三〇年代の内部循環的な拡大の基礎を作り出したことは認められてよい。

しかも、個々の産業部門では、対外競争圧力の強い制約下にあり、その制約は、関東大震災に伴う経済的混乱のなかで一段と強められた。一般的にいえば震災後の復興需要は、臨時の追加的需要として景気回復に好条件になることが期待されうるものであった。しかし現実には、逆に景気の回復を遅らせたといってよい。その原因の第一は、復興の早期実現、供給ネックの形成による物価の騰貴などを抑制するために一時的に関税障壁が緩和された結果、巨額の入超が発生し、国際収支が著しく悪化したことであった。第二に、輸入の拡大によって復興需要の波及効果は予想外

**表 4-3** 産業構成の変化：工場統計・鉱山統計などによる主要製品別生産額 (100 万円)

| 1914 年 | | 1919 年 | | 1929 年 | | 1937 年 | |
|---|---|---|---|---|---|---|---|
| 綿糸 | 204 | 生糸 | 780 | 生糸 | 795 | 鉄鋼 | 1,645 |
| 生糸 | 158 | 綿糸 | 763 | 鉄道 | 750 | 綿糸 | 1,054 |
| 鉄道 | 152 | 小幅織物 | 453 | 綿糸 | 678 | 鉄道 | 909 |
| 軍工廠 | 149 | 石炭 | 442 | 電力 | 658 | 電力 | 835 |
| 小幅織物 | 92 | 鉄道 | 401 | 広幅織物 | 526 | 広幅織物 | 735 |
| 石炭 | 80 | 小幅絹織物 | 397 | 鉄鋼 | 378 | 生糸 | 510 |
| 清酒 | 70 | 海運 | 378 | 清酒 | 301 | 工業薬品 | 505 |
| 鉄鋼 | 69 | 鉄鋼 | 372 | 石炭 | 245 | 石炭 | 379 |
| 非鉄金属 | 64 | 軍工廠 | 315 | 軍工廠 | 208 | 軍工廠 | 355 |
| 電力 | 57 | 船舶 | 312 | 製紙 | 190 | 毛糸 | 335 |
| 小幅絹織物 | 52 | 広幅織物 | 312 | 印刷 | 186 | 人絹糸 | 332 |
| 製糖 | 49 | 清酒 | 240 | 毛織物 | 176 | 製紙 | 326 |
| 原動機 | 29 | 電力 | 183 | 製糖 | 158 | 清酒 | 316 |
| 製紙 | 29 | 製紙 | 151 | 小麦粉 | 146 | 肥料 | 311 |
| 毛織物 | 28 | 毛織物 | 122 | 肥料 | 132 | 電気機械 | 296 |
| 印刷 | 26 | 肥料 | 111 | 広幅絹織物 | 130 | 人絹織物 | 285 |
| 小麦粉 | 25 | 製糖 | 104 | 工業薬品 | 115 | 印刷 | 259 |
| 肥料 | 25 | 撚糸 | 101 | 製材 | 112 | 非鉄金属 | 241 |
| 広幅織物 | 20 | 非鉄金属 | 98 | 非鉄金属 | 102 | 船舶 | 225 |

出典） 山崎広明ほか『講座 帝国主義の研究 6』（青木書店，1973 年）に基づき 1937 年を『工場統計表』および『本邦鉱業の趨勢』（石炭および非鉄金属），大川一司ほか編『長期経済統計 鉄道と電力』（東洋経済新報社，1965 年）よりデータを補足して作成．期間を通しての比較を可能とするために山崎氏の分類を一部修正し（官営製鉄所と銑鉄，鋼をまとめて鉄鋼としたなど），生産額を訂正したものがある．

**図 4-7** 日本銀行貸出の推移

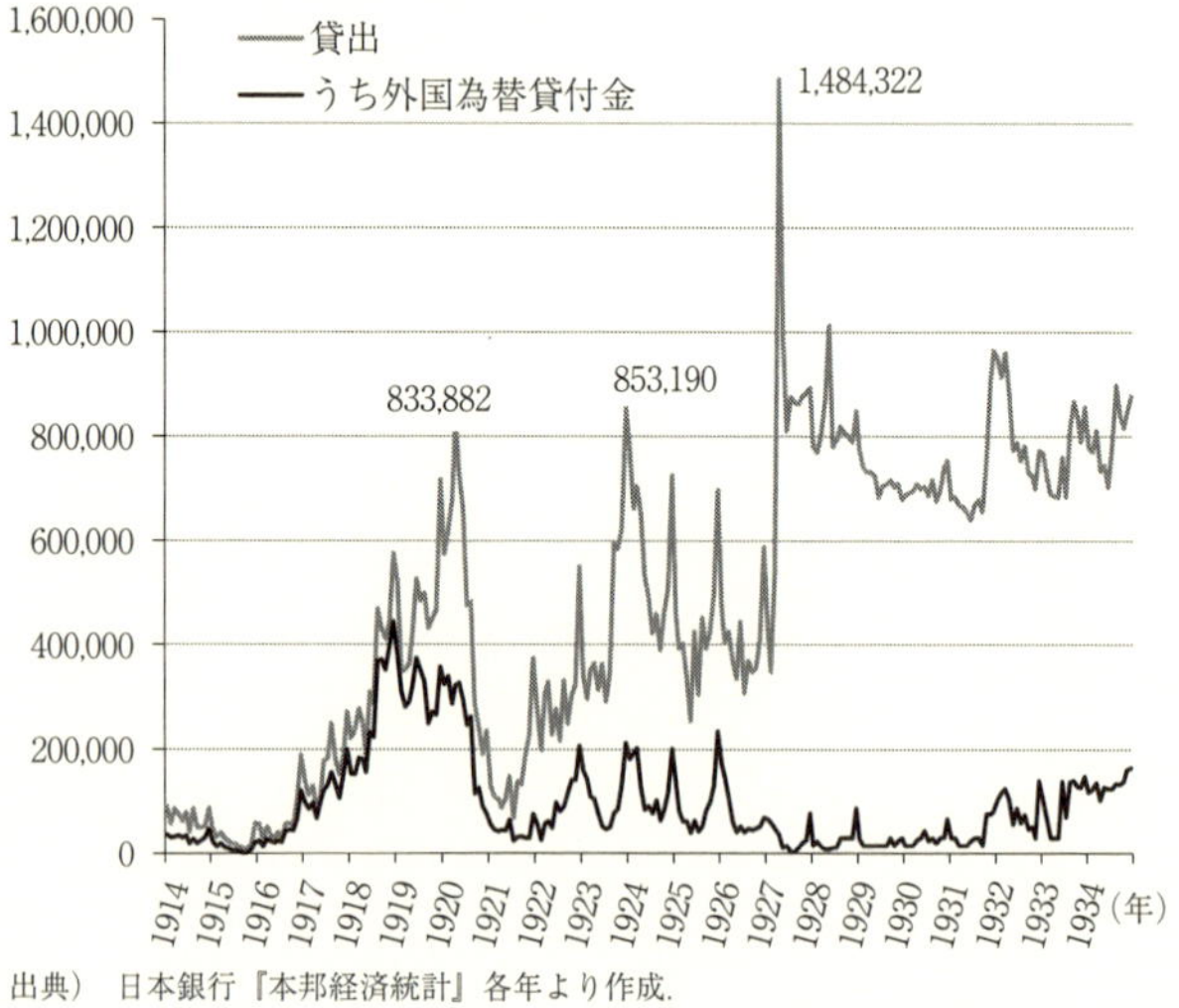


出典） 日本銀行『本邦経済統計』各年より作成．

に小さく、結果的には新規参入や設備拡張が過剰投資に帰結したからである(42)。第三に、「震災手形」に象徴される再度の救済融資は、破綻に瀕していた金融機関に延命の好機を与えた。こうして関東大震災は、過剰投資を呼ぶことを介して恐慌後の産業部門の再編成を一層必要なものとさせると同時に、金融構造の再編成を遅延させ、産業の再編の進行を制約する条件を強めた。大戦以後、膨張傾向にあった日銀券発行高は、二三年末には二〇年ブーム絶頂期のピークを超え、同じく一般貸出も急膨張して二〇年三月を大きく超える水準にまで達した(43)。

一九二〇年恐慌に際して実施された日本銀行の「滞貨金融」は、第5章でも論ずるように産業の組織化を促す面をもっていたとはいえ、融資のかなりの部分が不良債権化して金融機関の収益を悪化させ、一九二〇年代における日本経済の病根を形成することとなっていた。これに加えて、関東大震災の発生、そして二七年の金融恐慌に際して日本銀行の救済融資は積み上げられていった（図4-7）。すなわち、第一次世界大戦期の貿易金融中心の貸出は一九二〇年恐慌期以降、次第に国内民間貸出が圧倒的な比率を占めるようになっていた。しかも、一九二〇年恐慌期には比較的短期に貸出が回収されていたのに対し、震災期、金融恐慌期の貸出の回収は進まず、高水準を記録しつづけることになっていた。一九二〇年恐慌期の救済融資のうち、大企業向けの融資は早期回収に成功したが、その一方で、救済の連鎖を生んだ側面があった。しかも、その「成功」は関東大震災・金融恐慌では再現せず、日銀貸出の回収速度は遅く回収率も低かった。

産業諸部門では収益の悪化に対応した合理化の努力が続けられた。産業部門別の労働者一人当たり生産額の推移を推計した表4-4によると、一九二〇年代後半に賃金上昇が抑え込まれているなかで、労働者一人・一時間当たりの生産額は三〇年代には及ばないものの、機械工業を例外として、着実な改善を示していた。

このように一九二〇年代の産業発展は、産業ごとの蓄積条件の差異によって様相を異にした。そのなかで、前掲図4-1からも窺えるように、大戦期に膨張した流動資産投資を回収しつつ、固定設備への投資が進展していた。それが労働生産性の上昇など実質的な経済活動の改善につながっていた。しかし、自己資本比率が低下し、借入金への依存度が上昇傾向にあったと推定されることは、高金利のなかで企業の経営拡大に限界があったことを示しており、そうした制約もあって、収益性は一貫して低下傾向にあった。つまり、実質的な経済拡大とともに企業の経営状態には問題が多かったということであろう。

## 2 「慢性不況」と「不況感」

一九二〇年代は「慢性不況」期といわれることも多いが、他方、前述の事情のもとで不均衡成長が展開していた。また国際的にみると、経済の実質成長率は欧米工業国に比べても高く、一九一一・一二年から二六・二九年の期間における製造業生産高の年平均成長率は七・六％で、この間のアメリカの二倍に達した[44]。しかし反面で、二〇年代を通して前掲図4-2の計画資本高に象徴されるように、設備投資は低調で好況感からはほど遠く、いわばマクロの好況とミクロの不況の並存する状況下にあった。こうした事実は、産業部門の不均衡成長に表出する構造変動下に生じた過渡的な事態という側面もあわせもっていたが、より具体的に、日本における資本蓄積構造を規定した諸要因に即して、この間の景気動向をみておくことが必要である。

すでにふれたとおり一九二〇年代の資本蓄積を制約した条件は、第一に恐慌期に労賃水準の下方修正が不十分で実

| 年当たり増加率（%） | |
|---|---|
| 6.8<br>12.5 | 賃金指数は女工賃金による |
| 11.5<br>10.8 | 賃金指数は女工賃金による |
| −7.5<br>1.5 | 生産額は一般機械および電気機械の合計額 |
| 12.1<br>7.2 | |
| 9.2<br>8.2 | |
| 20.1<br>10.3 | |
| 3.3<br>−5.8 | 生産は産銅量，単位トン，1時間当たりはkg |
| 4.2<br>7.6 | 生産は出炭数量，単位1,000トン，1時間当たりはkg |

昭和5年．①の労働人員指数1930年
ヵ月を乗じて年延べ労働時間数（時・
時間当たり生産額を求める．この数

**表 4-4　産業部門別労働者1人1時間当たり生産額の推移（1926-34年）**

| | | 実収賃金指数 | 時間当たり実収賃金指数 | 実質生産額（1,000円） | 1人1時間当たり生産額（銭） | 同指数 | |
|---|---|---|---|---|---|---|---|
| | | | | | | 26年基準 | 29年基準 |
| 製糸 | 1926 | 100.8 | 100 | 363,567 | 36.2 | 100 | |
| | 1929 | 94.2 | 98 | 450,852 | 44.3 | 122 | 100 |
| | 1934 | 61.3 | 69 | 488,520 | 79.9 | 221 | 180 |
| 紡績 | 1926 | 100.0 | 100 | 598,536 | 77.3 | 100 | |
| | 1929 | 96.4 | 104 | 640,994 | 106.3 | 138 | 100 |
| | 1934 | 61.2 | 71 | 796,824 | 171.8 | 222 | 168 |
| 機械 | 1926 | 100.0 | 100 | 362,859 | 183.3 | 100 | |
| | 1929 | 102.3 | 100 | 388,139 | 170.4 | 93 | 100 |
| | 1934 | 96.6 | 87 | 704,668 | 185.3 | 101 | 108 |
| 船舶 | 1926 | 100.0 | 100 | 123,455 | 34.3 | 100 | |
| | 1929 | 101.6 | 99 | 204,912 | 48.5 | 141 | 100 |
| | 1934 | 98.4 | 92 | 271,100 | 68.3 | 199 | 141 |
| 金属品 | 1926 | 100.0 | 100 | 671,690 | 214.2 | 100 | |
| | 1929 | 103.7 | 103 | 943,884 | 277.7 | 130 | 100 |
| | 1934 | 98.0 | 94 | 1,583,040 | 410.6 | 192 | 148 |
| 化学 | 1926 | 100.0 | 100 | 739,841 | 262.0 | 100 | |
| | 1929 | 101.7 | 101 | 1,114,150 | 453.5 | 173 | 100 |
| | 1934 | 94.6 | 93 | 1,768,114 | 737.2 | 281 | 163 |
| 金属鉱業 | 1926 | 100.0 | 100 | 67,365 | 0.496 | 100 | |
| | 1929 | 104.8 | 105 | 75,069 | 0.546 | 110 | 100 |
| | 1934 | 91.0 | 92 | 67,002 | 0.416 | 84 | 76 |
| 石炭鉱業 | 1926 | 100.0 | 100 | 31,427 | 47.4 | 100 | |
| | 1929 | 105.2 | 105 | 34,258 | 53.7 | 113 | 100 |
| | 1934 | 95.7 | 96 | 35,925 | 77.4 | 163 | 144 |

出典および作成方法）①日本銀行『労働統計総覧』，②『長期経済統計　鉱工業』，③『労働統計実地調査報告』
10月と③の産業別労働人員を基礎に各年の平均労働人員を算出し，これに①の平均就業日数，労働時間，12
人）を計算する．生産額は②により34-36年価格ベースの実質生産額を掲出し，これを延時間で除し，1人1
値を基礎に年平均増加率を複利法により算出した．

質賃金の上昇に帰結したこと、第二に第3章で明らかにされたように、重化学工業部門を中心に国際競争圧力が強まり、とくに二〇年代後半には物価の低落傾向が生じ、競争力の不十分な日本の産業にとって過大な負担を課したこと、第三に金融構造の畸型化による高金利水準が続いていたことにあった。

第一の点は、政府日銀の救済活動が資金撒布を介して経営破綻を弥縫し、賃金上昇圧力を吸収しうる「合理化」整理の時間稼ぎをしたことによって、投機破綻後の物価の下落を対外的にみれば小幅に押しとどめたこと、それを前提に労働者の組織的圧力が賃金の切下げを制約したこと、恐慌下の労働力の排出が若年・未経験の低賃金層を切り捨て基幹的な熟練工を温存することによって、結果的に賃金水準を高めたことなどが関連して考慮されねばならない。そうした条件のもとで、二〇年代には図4－8に示されるように、名目賃金水準は横ばいを続けた。このことは反射的に物価の下方修正、国際的にみた割高の解消を困難とし、輸入圧力を強め、入超傾向を助長したということができる。

しかし、恐慌後に物価と賃金の動向が乖離したことによって実質賃金が上昇したことは、消費水準を引き上げることに寄与する面も大きかった。総需要の変動に対する寄与からみると、表4－5のように、二〇年代前半には民間消費支出の役割が大きく、これを下支え要因として二〇年代中葉には、輸出増による需要拡大が生じていた。消費関連産業の成長の基盤には[45]、こうした事情があったといえよう。もちろん右の事実は、雇用の停滞や二重構造の形成を考慮すれば過大に評価することはできない。しかし、大戦ブーム半ば以降の消費水準の上昇が、少なくとも二〇年代中葉まで景気動向に重大な役割を果たしていたことは疑いない。

制約条件の第二点については、第一の点に関連して物価の割高が競争圧力を加重し、海外相場の漸落基調が生じた二〇年代後半に、実質賃金水準を引き上げたことに留意しておかねばならない。しかし、なによりも重要な点は、繰

（100万円）

| 海外輸出 | 合計 |
|---|---|
| △258 | 629 |
| △919 | △1,767 |
| 323 | 927 |
| △204 | △507 |
| 481 | 1,286 |
| 607 | 859 |
| 287 | 130 |
| △4 | 66 |
| 52 | 269 |
| 267 | △165 |
| △814 | △2,399 |
| △457 | △1,696 |
| 437 | 725 |
| 626 | 2,315 |

1974年）各年，各項目

り返しになるが、対外競争圧力が産業部門によって大きく異なっていたことであり、とくに大戦中に急成長した重化学工業に対して熾烈だったことである。もっとも、海外相場の下落は他面で世界農業不況を背景に原材料部門で大き

図 4-8　名目賃金指数の推移

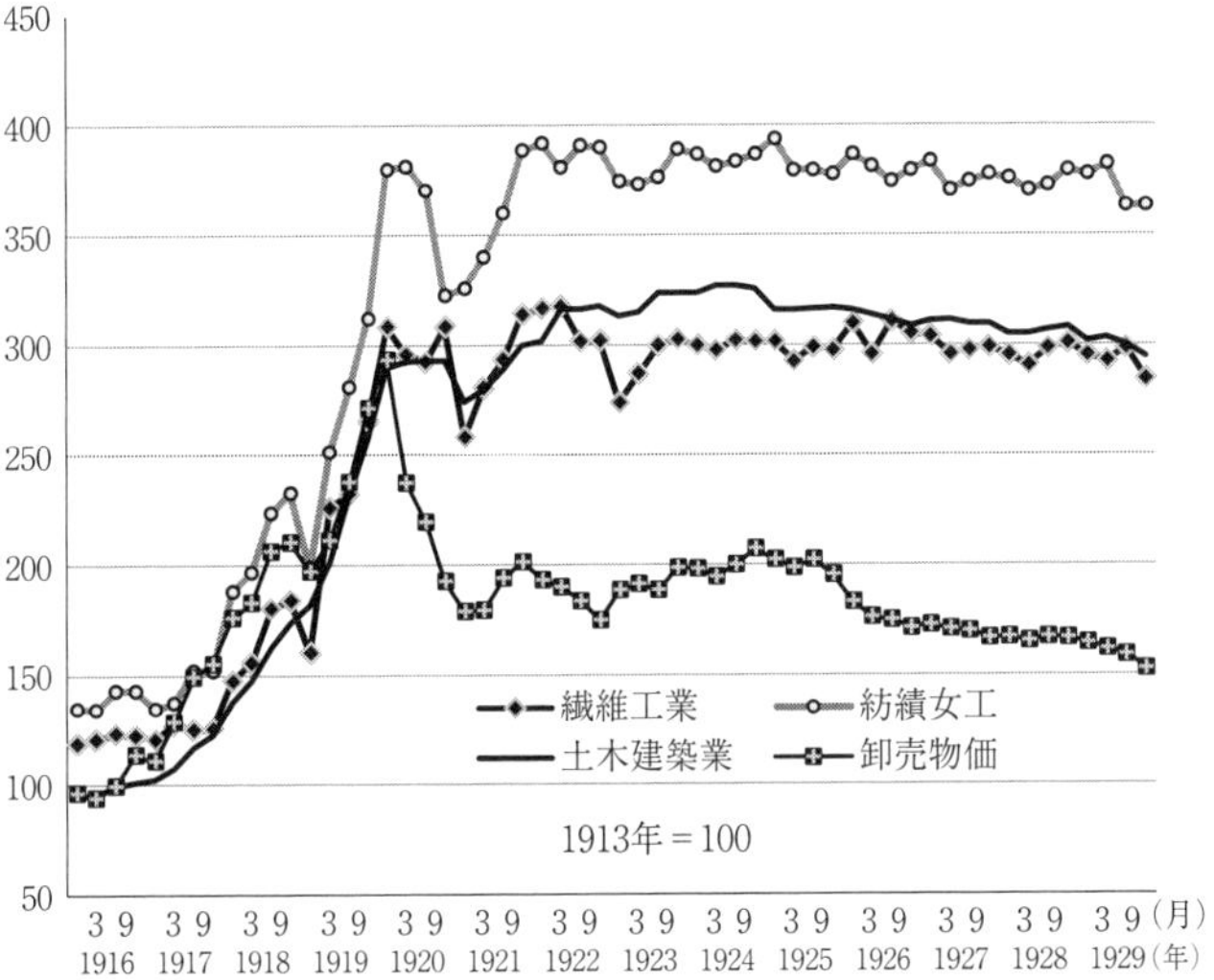


出典）商工省大臣官房統計課編『商工省賃金統計　明治三〇年乃至昭和四年』（1930 年）による．

表 4-5　総需要の変動（当年価格，1920-33 年）

| | 民間 | | | | | | | | 政府 | | | | |
|---|---|---|---|---|---|---|---|---|---|---|---|---|---|
| | 消費 | | | | 投資 | | | | 消費 | 投資 | | | |
| | 食料 | 衣服 | その他 | 計 | 農業 | 設備 | 建設 | 計 | | 軍事 | 設備 | 建設 | 計 |
| 1920 | 305 | △744 | 463 | 24 | 109 | 46 | 188 | 343 | 204 | 86 | 32 | 202 | 320 |
| 1921 | △390 | 116 | 119 | △155 | △22 | △751 | △85 | △858 | 35 | 53 | 14 | 64 | 131 |
| 1922 | 121 | △126 | 424 | 419 | △25 | 59 | 62 | 96 | 78 | △74 | △18 | 103 | 11 |
| 1923 | 91 | △49 | 164 | 206 | 60 | △195 | △248 | △383 | △34 | △114 | 20 | 1 | △93 |
| 1924 | 256 | 80 | 17 | 353 | △36 | 70 | 417 | 451 | 23 | △49 | 35 | △6 | △20 |
| 1925 | 468 | △142 | 265 | 591 | △6 | △110 | △164 | △280 | △114 | 51 | 7 | △3 | 55 |
| 1926 | △439 | △25 | 81 | △381 | △27 | △18 | 163 | 118 | 60 | △44 | 41 | 47 | 44 |
| 1927 | △315 | 11 | 86 | △218 | 13 | 25 | △57 | △19 | 258 | 4 | 5 | 42 | 51 |
| 1928 | △168 | 160 | 77 | 69 | △2 | 66 | △230 | △166 | 297 | 16 | △17 | 22 | 21 |
| 1929 | △218 | △259 | 50 | △428 | △16 | 82 | 30 | 96 | △76 | △33 | 12 | △4 | △25 |
| 1930 | △647 | △138 | △147 | △932 | △62 | △111 | △118 | △291 | △160 | △13 | △24 | △163 | △200 |
| 1931 | △937 | 30 | △189 | △1,096 | △36 | △183 | △52 | △271 | 233 | 2 | △23 | △87 | △108 |
| 1932 | 51 | △1 | 0 | 50 | △23 | 23 | △87 | △87 | 154 | 134 | 23 | 34 | 191 |
| 1933 | 560 | 119 | 367 | 1,046 | 28 | 233 | 78 | 339 | 207 | 44 | 13 | 44 | 101 |

出典）原朗氏のご教示による作成．原資料は，大川一司ほか編『長期経済統計 1　国民所得』（東洋経済新報社，
とも対前年増加額．

かったから、輸入原材料の価格低下が製糖・製粉などの産業発展の基盤を提供したし、やや事情は異なるが製鋼業でも同様の効果をもたらした。輸入品の価格下落はそうした形で部門間の不均衡な成長を助長することにもなった。

ところで、以上のごとき制約のもとで、産業部門は合理化による企業採算の改善を強制されていた。しかし合理化投資を進めるためには、金融面からの限界が存在した。利潤率の低下に伴う自己資金の不足と、高金利状況下での外部資金導入の困難とがそれであった。これが第三の制約要因であったが、この時期の金融市場は「資金偏在」によって畸型化しており、救済融資による資金撒布のなかで高金利状況を脱していなかった。その原因の一つは、二〇年恐慌後の不徹底な整理によって延命した諸経営が、コールを中心に短期資金をつなぐことに懸命であったからである。後ろ向きの資金需要が根強く存在し、金融の緩和を妨げていた。もっとも高金利は、賃金上昇を反映した所得水準の向上を背景に生保・信託などに資金を集中し、資本市場を多面化することにも役立った。電力業を典型として社債による投資が拡大したのは、そうした条件に基づいていた。しかし、それは機関投資家の資金コストを押し上げる条件となったから、貸出金利の低下をもたらすほどの効果は十分には発揮されなかった。したがって長期資金の借入による拡大は、低収益率と高資金コストに挟撃されることになった。また政府日銀の救済活動による資金撒布も、一時的な市場資金の拡大に結びついたとはいえ、継続的な資金撒布によって金融面からの景気浮揚策が講じられたとは言いがたく、国債発行による資金吸収によって相殺される面もあり、政府支出が継続的に需要拡大を刺激する効果もそれほど大きなものではなかった[46]。そのため、金融市場は部分的に逼迫感を保ちつつ推移し、投資拡大をもたらす条件となりえなかった。こうした事態は、金融恐慌によって解消されるまで続いた。その結果、合理化の進展速度はかなり制限されたものとなった。

企業の合理化を規定した条件は今一つ、その独占組織のあり方にも存在した。市場の統制を介して価格と利潤率の安定化を企図した独占組織は、その有効な活動が実現することを通して企業の合理化への余裕を与えるものだったと

図4-9　産業別企業利益の推移

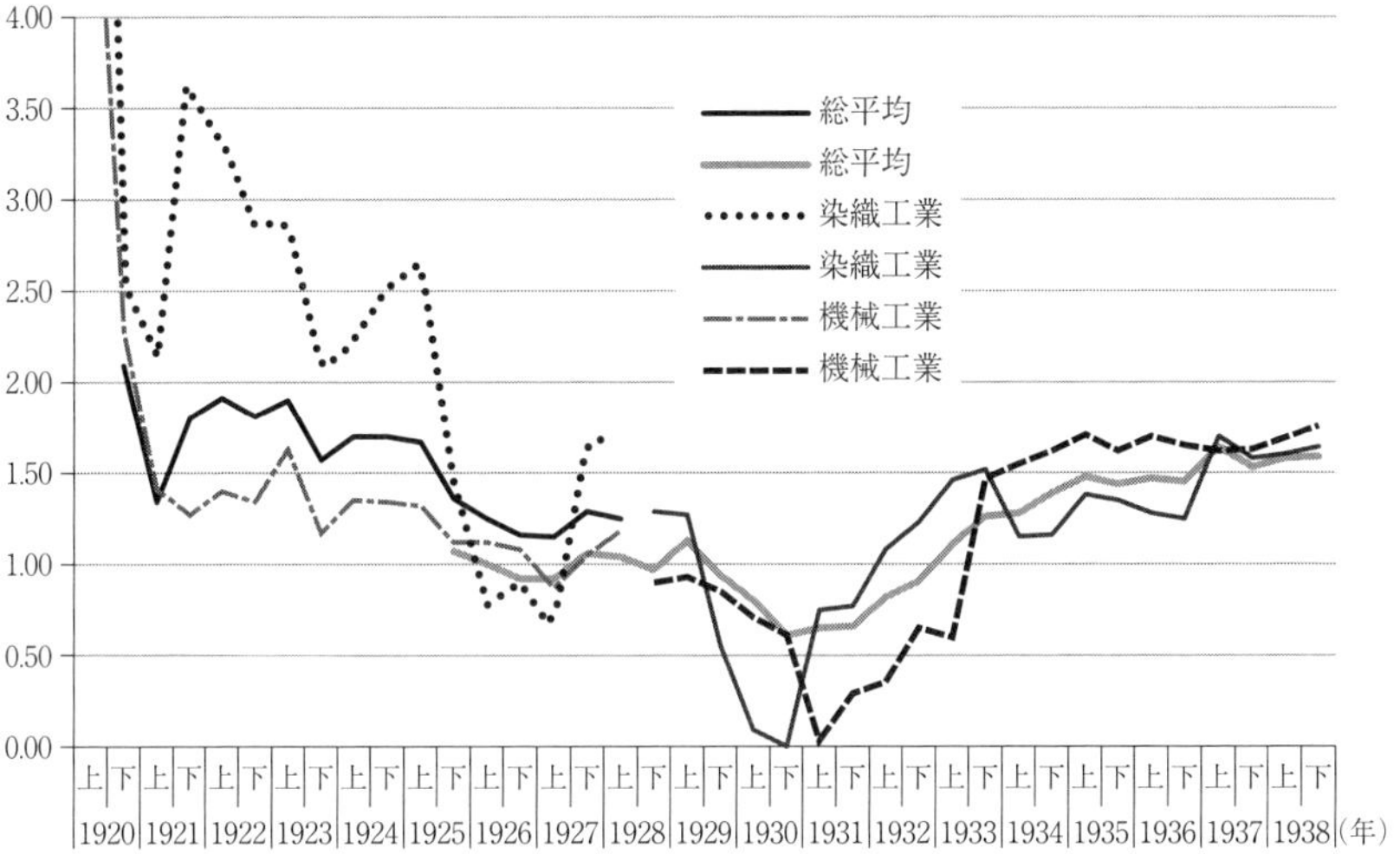


出典）日本勧業銀行『工業会社事業成績調』各年より作成．
注）ただし1925年までは対期末払込資本金利益率，以後は対株主資本利益率．縦軸の単位は割．

考えられる。しかし、少なくとも二〇年代の前半までその活動は不完全であったし、組織的規制が相対的に緩やかであったために、たとえば綿紡績やセメントなどで設備拡大によるシェアアップを志向する動きが出たり(47)、対外競争力の不十分性に規定されて輸入品相場を基準とする価格規制を介して、国内需要を直接に掌握することに努めざるをえないなどの制約が存在した(48)。そのことは価格変動を投機的な動揺から解放することになったとはいえ、価格水準を上方修正することも難しかった。

以上のような事情から、企業利潤率の改善には一定の限界があった。前掲図4-1と部分的に重なるが、図4-9により一九二〇年代について産業部門別の収益率を示すと、この時期に主要企業の収益率が傾向的に低落し、昭和恐慌で底を打つまで回復の兆しをみせなかったことは、「不況感」を強める重要な要素であった。

他面で主要な株式会社の利益率は、概して高位にあったことにも注意しておかねばならない。もちろん、こうした事実の背後に、中小零細経営の低収益=利益率の格差構造が生じつつあったことを見逃しえない(49)。しかし三井合名の調査に従えば（表4－6）社数において約一〇％、資本金額において約七割を占める大株式会社の平均利益率は一〇％前後と概して堅調であり、二六年下期を例にとれば麦酒業の二九％を筆頭に、製糖（三社）一八％、人絹（二社）一七％、紡織（七七社）一六％、銀行（三〇〇社）・製紙（二九社）一五％と続き、不振部門といわれた海運（二〇社）でも八％で、鉄鋼業（二三社）の二％がむしろ例外的という感があった。とくにここで注目しておきたいのは明治期

（社、％）

| 1927 | | 1928 | | 1929 | | 1930 | | 1931 | |
|---|---|---|---|---|---|---|---|---|---|
| 上期 | 下期 | 上期 | 下期 | 上期 | 下期 | 上期 | 下期 | 上期 | 下期 |
| 1,592 | 1,647 | 1,591 | 1,638 | 1,591 | 1,347 | 1,322 | 1,350 | 1,316 | 1,350 |
| 14.4 | 12.5 | 7.3 | 12.8 | 12.2 | 11.1 | 9.1 | 10.6 | 10.5 | 1.8 |
| 10.1 | 10.6 | 12.4 | 10.3 | 7.7 | 6.7 | 欠 | 7.8 | 8.6 | 6.8 |
| 14.5 | 18.0 | 17.3 | 17.4 | 18.7 | 16.8 | 3.0 | 欠 | 9.3 | 9.8 |
| 9.4 | 8.6 | 11.3 | 11.5 | 9.6 | 欠 | 欠 | 2.9 | 6.9 | 9.7 |
| 5.8 | 7.7 | 10.5 | 14.1 | 8.9 | 10.7 | 11.5 | 10.5 | 9.8 | 11.0 |
| 30.6 | 51.9 | 22.3 | 6.5 | 20.2 | 17.1 | 15.3 | 12.0 | 12.5 | 10.5 |
| 18.3 | 18.8 | 15.8 | 欠 | 12.6 | 13.0 | 11.0 | 8.9 | 7.7 | 7.9 |
| 欠 | 4.3 | 欠 | 12.4 | 13.4 | 13.3 | 10.5 | 6.6 | 11.1 | 7.1 |
| 9.8 | 10.2 | 7.9 | 12.6 | 11.5 | 11.4 | 12.0 | 6.6 | 9.8 | 欠 |
| 15.3 | 14.0 | 14.0 | 14.7 | 14.5 | 13.4 | 8.7 | 7.8 | 6.5 | 3.9 |
| 13.0 | 欠 | 6.6 | 10.6 | 13.3 | 11.0 | 3.9 | 0.1 | 1.8 | 3.1 |
| 5.6 | 1.0 | 6.5 | 8.9 | 9.9 | 8.1 | 6.3 | 1.9 | 3.5 | 2.4 |
| 1.8 | 2.4 | 3.4 | 5.0 | 4.8 | 3.5 | 2.3 | 欠 | 欠 | 欠 |
| 16.0 | 16.7 | 17.8 | 18.8 | 18.8 | 14.3 | 6.0 | 5.0 | 1.9 | 3.1 |
| 2.3 | 6.6 | 4.5 | 欠 | 4.2 | 4.6 | 2.0 | 欠 | 欠 | 欠 |
| 9.8 | 10.6 | 11.8 | 11.0 | 11.1 | 8.3 | 7.0 | 5.6 | 欠 | 1.4 |
| 3.9 | 8.8 | 9.0 | 5.6 | 8.5 | 7.6 | 7.0 | 2.7 | 0.9 | 欠 |
| 10.3 | 12.3 | 13.7 | 12.3 | 11.8 | 9.5 | 欠 | 2.3 | 7.8 | 3.2 |
| 23.3 | 25.4 | 23.3 | 25.6 | 20.9 | 16.1 | 13.0 | 12.3 | 9.9 | 10.6 |
| 11.6 | 11.3 | 9.4 | 10.7 | 8.0 | 7.6 | 5.9 | 8.8 | 7.6 | 8.7 |
| 11.4 | 11.1 | 10.1 | 10.1 | 10.1 | 10.1 | 9.0 | 7.9 | 7.7 | 6.8 |
| 13.4 | 12.8 | 12.6 | 11.5 | 11.6 | 11.3 | 11.1 | 10.3 | 9.8 | 8.3 |
| 10.9 | 10.4 | 9.7 | 9.5 | 9.2 | 8.8 | 7.7 | 5.1 | 5.1 | 4.7 |
| 6.0 | 6.3 | 5.4 | 6.8 | 5.4 | 4.3 | 欠 | 欠 | 欠 | 欠 |
| 5.6 | 6.1 | 6.2 | 3.8 | 5.7 | 4.5 | 3.0 | 1.4 | 1.2 | 1.8 |
| 10.8 | 10.7 | 9.5 | 9.8 | 10.6 | 9.2 | 5.4 | 5.3 | 5.8 | 4.0 |

**表 4-6**　主要株式会社払込資本金利益率（1920-31 年）

| | 1920 | | 1923 | | 1924 | | 1925 | | 1926 | |
|---|---|---|---|---|---|---|---|---|---|---|
| | 上期 | 下期 | 上期 | 下期 | 上期 | 下期 | 上期 | 下期 | 上期 | 下期 |
| 集計社数 | 2,772 | 2,431 | 1,417 | 1,627 | 1,555 | 1,767 | 1,657 | 1,726 | 1,793 | 1,630 |
| 銀行業 | 27.8 | 19.3 | 18.5 | 14.9 | 14.5 | 17.0 | 15.8 | 15.5 | 15.4 | 15.4 |
| 信託業 | - | - | 10.4 | 6.8 | 4.5 | 9.9 | 11.4 | 10.0 | 11.2 | 12.9 |
| 紡織業 | 76.3 | 31.3 | 26.3 | 2.5 | 20.1 | 21.3 | 21.7 | 19.9 | 15.4 | 16.0 |
| 毛織物業 | - | - | 26.8 | 欠 | 11.7 | 3.4 | 14.9 | 欠 | 欠 | 10.1 |
| 人造絹糸業 | - | - | - | - | - | 2.2 | 23.5 | 29.0 | 26.8 | 16.6 |
| 麦酒業 | - | - | 30.1 | 8.9 | 41.8 | 38.6 | 41.2 | 36.4 | 32.5 | 29.3 |
| 製糖業 | 55.9 | 44.9 | 29.8 | 27.8 | 29.4 | 25.5 | 21.1 | 18.4 | 14.1 | 18.3 |
| 製粉業 | 66.8 | 17.2 | 10.1 | 1.7 | 21.4 | 22.7 | 19.9 | 18.0 | 15.6 | 欠 |
| 皮革業 | - | - | 10.5 | 7.9 | 14.3 | 17.3 | 4.5 | 13.0 | 12.5 | 欠 |
| 製紙業 | 47.1 | 31.7 | 14.3 | 欠 | 14.3 | 16.1 | 16.5 | 17.6 | 13.1 | 15.0 |
| セメント業 | 27.2 | 20.6 | 31.7 | 13.2 | 14.4 | 5.6 | 7.0 | 8.7 | 10.9 | 13.1 |
| 化学工業 | 49.6 | 14.1 | 6.5 | 欠 | 6.6 | 9.8 | 9.6 | 3.8 | 10.9 | 9.6 |
| 鉄鋼業 | 10.5 | 4.2 | 3.4 | 欠 | 2.2 | 1.6 | 2.3 | 欠 | 1.8 | 2.3 |
| 銅工業 | - | - | 14.5 | 欠 | 16.3 | 17.2 | 12.8 | 14.1 | 13.7 | 15.5 |
| 造船造車業 | 31.3 | 19.9 | 16.2 | 欠 | 13.6 | 11.4 | 9.8 | 7.7 | 8.3 | 18.3 |
| 機械器具業 | 24.5 | 17.8 | 16.3 | 欠 | 16.9 | 14.0 | 13.5 | 12.3 | 10.8 | 10.3 |
| 鉱業 | 16.7 | 15.3 | 7.8 | 5.8 | 6.6 | 6.6 | 7.1 | 7.2 | 6.3 | 7.5 |
| 商業 | 44.5 | 6.9 | 14.9 | 0.8 | 13.1 | 14.6 | 12.9 | 14.0 | 15.3 | 12.3 |
| 百貨店業 | - | - | - | - | - | - | - | - | 19.2 | 19.5 |
| 取引所業 | 24.3 | 15.0 | 14.6 | 10.0 | 11.7 | 12.1 | 12.6 | 14.6 | 16.5 | 14.9 |
| 電灯電力業 | 11.7 | 15.4 | 11.1 | 10.3 | 11.3 | 11.4 | 12.1 | 11.9 | 11.9 | 11.8 |
| 瓦斯業 | 9.0 | 10.1 | 12.5 | 10.6 | 12.1 | 12.3 | 12.9 | 12.9 | 13.9 | 12.2 |
| 鉄道軌道業 | 13.9 | 13.6 | 12.9 | 11.6 | 12.3 | 11.0 | 10.6 | 11.2 | 9.6 | 11.2 |
| 海運業 | - | - | 1.2 | 欠 | 欠 | 2.8 | 2.6 | 4.1 | 7.3 | 6.3 |
| 倉庫業 | 43.5 | 40.6 | 8.9 | 欠 | 8.6 | 10.8 | 8.5 | 8.0 | 6.3 | 4.9 |
| 総合 | 30.4 | 19.1 | 14.1 | 6.0 | 11.9 | 12.5 | 12.5 | 11.6 | 11.4 | 11.7 |

出典）三井合名会社調査課『重要銀行会社営業成績調』より作成．－は記載なし．欠は欠損計上．

以来、景気循環に規定的な地位にあると考えられていた綿業の高利益率であって、それにもかかわらず、当時から「不況感」が支配的だったことである。(50)

その理由の第一は、綿業の蓄積条件の悪化を反映して、同部門の利益率が低落傾向にあったことに求められる。そして同様の利益率の低落傾向は炭坑・肥料など、相対的には低利益率の産業を例外として一般的であった。石炭鉱業連合会の再編強化によって価格の安定をとりあえず実現した石炭業とは異なり、他の部門では海外相場の影響のもとで、価格の低落傾向が強かったからである。しかし綿業の場合には、これに加えて図4－10のように、二〇年代前半に棉花価格が回復するなかで綿糸価格が横ばいに推移し、原料高・製品安による採算条件の悪化が進行していた。綿糸価格の停滞は、銀塊相場の低迷に基づく対支為替の停滞に規定されたものであり、大戦中に勃興した民族紡や自ら進出した在華紡との競合を背景に、綿糸価格の回復が実現しえなかったことを意味した。(51)これに二〇年代半ばから、棉花の下落と銀安が重なった糸価低落が追い打ちをかけ、企業利潤の拡張の余地をますます狭めていったのである。産業構造におけるその量的な比重の大きさからみて決定的な地位にあった綿業の蓄積条件の悪化は、その利益率の漸落を介して「不況感」を支配的なものとしたといってよい。

これに加えて、綿業の景気循環に対する規制力が弱化したことも見逃しえない。大戦中に急拡大した旧型の重工業（鉄鋼、造船）の利益率が惨落し、対外競争圧力のもとで低迷を余儀なくされていたことが、景気の転換・上昇に重大な足枷となっていた。重工業の不振はそれ自体、自ら投資需要を創出しうる主導力の欠如を示していたし、前述のように産業間の有機的な関連が輸入品に圧迫されて制約されていたために、電力を中心とする成長部門に連繫して拡大の契機をつかむには、国内市場の掌握力に限界があったから、逆に不況基調を強めることによって投資意欲を阻害し、拡張的な投資の活発化を妨げる要因となった。それは大戦を契機とする産業構造の変容のなかで、景気循環の基軸となる産業部門が多軸化し、不鮮明となったことを意味した。この間の日本の資本蓄積構造の変容は、景気循環にこうした形で表現されたのである。

産業ごとの競争構造、需要要因の相違に規定されて不均衡な成長が実現され、利益率の低落傾向のもとで「不況感」が支配的となった[52]。それは高労賃・高金利水準、対外競争圧力の制約条件のなかで、企業採算の改善に十分には

図 4-10　主要商品価格の推移

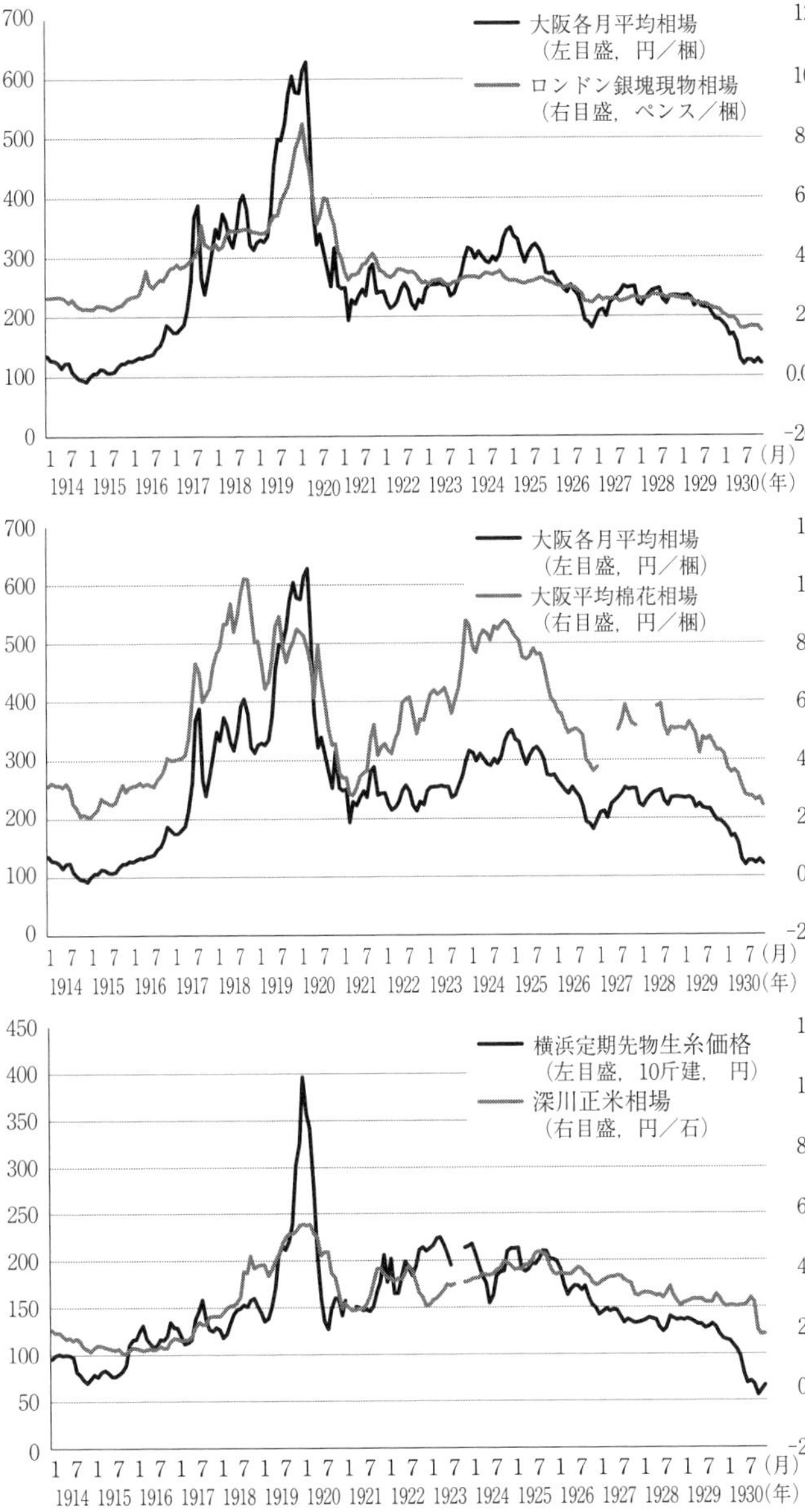


出典）　前掲『日本の景気変動』上巻第三編，22-25頁より作成.

成功しえなかったことを基盤として、投資の全般的拡大を阻み、経済の本格的な活況化を制約したのであった。

「慢性不況」とは、おおよそ右のような事情を指すものと考えられるが、もう一つ重要な点は、二〇年代の半ばに景気の動向に微妙な屈折があったことである。この点は、一面で相対的安定期に入った世界経済の状況変化によるものと考えて大過ないが、国内の諸指標によると次のとおりである。すでにふれたが、表4－5に示されるように、二〇年代前半には消費が拡大したことを反映して米価が持ちなおし、さらに二五年初頭に日銀の金利引下げを契機に株価が回復し、「銀行会社計画資本高」も漸増しはじめた（図4－2）。いわゆる「中間景気」である。しかし、それはきわめて短命であった。というのは、二五年末から生糸、米、綿糸などの主要商品が押しなべて低落し、「中間景気」の前提となった消費支出の拡大、農家経済の改善を限界づけたからである。そのため日銀の金利引下げの効果も乏しく、むしろ「後ろ向き」の資金需要に対する取引を刺激したに止まった。民間消費支出は二〇年代後半に大きく減退し、主として地方農村経済の不振、動揺を準備することによって、金融恐慌による地方銀行の再編の必要性を明確化していくことになったのである。

## 三　一九二九年

### 1　金融恐慌の歴史的位置

一九二七年三月、震災手形法案の審議過程における「片岡失言」を引き金として、渡辺銀行の取付け・休業から金融恐慌が発生した。[53]銀行取付けは当初、東京を中心に左右田、八十四、中田、村井などの都市二流銀行を襲ったが、三月末、台湾銀行（台銀）の整理のため同行の対鈴木商店への新規貸出中止が通告されるに及び、四月一、二日に株式相場の大暴落を招き、信用不安は一挙に全面化することになった。三月から四月にかけて二波にわたる全国的な銀行取付けを経てモラトリアムによって沈静化した金融恐慌は、二九行の銀行を休業に追い込み、預金の払戻し不能などによる預金者への影響を含めて不安定な金融機構を大きく揺さぶり、金融構造再編を促した。その経路は二様であったが、一方では預金者の不安動揺が銀行取付け（預金引上げ）の連鎖を呼び、その範囲が二流銀行から都市大銀行にまで拡大していった。そのため各行は、手元資金の逼迫に日銀借入やコールの引上げによって対処し、金融市場への警戒的な態度を強めた。そうした各銀行の対応は、他方で、コールの最大の取り手であった台銀の経営不安や鈴木商店系手形への不安からも拡大され、金融市場における資金需給関係を極度に逼迫させ、二〇年恐慌以後の経営不振を短期借入の繰り返しによって弥縫してきた企業、銀行の破綻を不可避とした。

このように金融恐慌は銀行部門に対して激しい動揺をもたらし、モラトリアムを契機に沈静化していくなかで、金融構造再編の決定的な契機となった。よく知られていることであるが、第一に五大銀行への預金・貸出の集中がそれであり、とくに預金集中は全国普通銀行の約三分の一に達した[54]。その結果、日銀を頂点とする重層的な金融構造における五大銀行の地位は一段と強化され、都市二流銀行、地方銀行の再編整理を促進することになった。全国普通銀行合計に占める五大銀行の預金額は一九二六年二四・三％から二八年に三三・五％に高まった[55]。弱体化した中小銀行は、廃業するもの、あるいは合併するものが増加し、二六年末に一四二〇行あった普通銀行は、二八年末には八八一行、三〇年末には七八二行へと大幅に減少した。その背景には、金融恐慌後にも有力銀行とそれ以外との経営基盤の格差が表4－7のように続き、前述の古河銀行ほどではないにしても、下位銀行の預金コストが高く、それ故に貸出金利も高いという状態が続いていた。そうした状況のもとで、進展した銀行合同や廃業に関しては、新たに制定された銀行法も大きな影響力をもったが、同法の制定は、政府による規制・監督権限が大きい金融体制が一段と強化される契機となった。

第二の契機は金融市場における変化であって、短資の取り手であった特殊銀行などの破綻によって短資市場を中心

**表 4-7** 銀行の預金コストと利回り（1931-35 年）

| | 預金平均利率 | 経費率 | 預金コスト | 貸出平均金利 | 貸出利鞘 | 証券利回り | 証券利鞘 |
|---|---|---|---|---|---|---|---|
| シンジケート銀行 | | | | | | | |
| 1931 下 | 3.61 | 1.20 | 4.81 | 5.15 | 0.34 | 5.45 | 0.64 |
| 1932 上 | 3.81 | 1.26 | 5.07 | 5.54 | 0.47 | 5.97 | 0.90 |
| 1932 下 | 3.79 | 1.11 | 4.90 | 5.26 | 0.36 | 5.62 | 0.72 |
| 1933 上 | 3.51 | 1.05 | 4.56 | 5.15 | 0.59 | 5.53 | 0.97 |
| 1933 下 | 3.29 | 1.11 | 4.40 | 5.17 | 0.77 | 5.28 | 0.88 |
| 1934 上 | 3.08 | 0.98 | 4.06 | 4.50 | 0.44 | 5.03 | 0.97 |
| 1934 下 | 3.05 | 0.98 | 4.03 | 4.44 | 0.41 | 4.83 | 0.80 |
| 1935 上 | 3.02 | 0.97 | 3.99 | 4.42 | 0.43 | 4.78 | 0.79 |
| 1935 下 | 3.07 | 0.94 | 4.01 | 4.45 | 0.44 | 4.66 | 0.65 |
| その他の普通銀行 | | | | | | | |
| 1931 下 | 3.94 | 1.74 | 5.68 | 6.05 | 0.37 | 5.65 | -0.03 |
| 1932 上 | 3.95 | 1.81 | 5.76 | 6.12 | 0.36 | 5.79 | 0.03 |
| 1932 下 | 3.94 | 1.62 | 5.56 | 5.93 | 0.37 | 5.67 | 0.11 |
| 1933 上 | 3.74 | 1.54 | 5.28 | 5.91 | 0.63 | 5.57 | 0.29 |
| 1933 下 | 3.64 | 1.49 | 5.13 | 5.83 | 0.70 | 5.14 | 0.01 |
| 1934 上 | 3.37 | 1.41 | 4.78 | 5.53 | 0.75 | 5.04 | 0.26 |
| 1934 下 | 3.28 | 1.41 | 4.69 | 5.53 | 0.84 | 5.07 | 0.38 |
| 1935 上 | 3.16 | 1.34 | 4.50 | 5.32 | 0.82 | 4.98 | 0.48 |
| 1935 下 | 3.20 | 1.33 | 4.53 | 5.36 | 0.83 | 4.90 | 0.37 |

出典） 日本銀行調査局『日本金融史資料』昭和編，27 巻，360 頁．

とする高金利状況が解消し、金融の緩慢化が進んだことであった。それは、救済に伴う日銀貸出の急増を背景とし、五大銀行への預金集中が預貸率の改善による遊資増加となって、貸出競争を発生させたからであった[56]。そのため銀行の証券投資への志向が強まり、預証率が顕著に上昇し、資本市場の展開に少なからぬ刺激を与えた。もっとも、それは「低利借替」債の発行という限りで投資拡大への影響を限界づけられていたが、金融コストの低下を介して企業成績の好転を生み出す前提条件となった。他方、右のように依然として民間投資は伸び悩みを脱したとは言いがたかったが、貸出金利の低下は、それまで投資活動を制約していた条件の一つが緩和されたことを意味したから、民間設備投資を部分的に上向きに転じさせた。江見康一の推計によれば[57]、国内粗固定資本形成における民間設備の推移は二五年を底に回復し、二七―二九年には一〇%前後の伸びを示し、とりわけ二九年には設備投資の増大があったことが知られる（表4-8）。設備投資動向は電力投資が二七年で一段落したこともあって、全般的には微弱な回復力しかもたなかったが、生産者耐久設備の増加は、この時期に投資動向に一定の変化があったことを示唆するものとみられる。つまり、二〇年代の民間投資の主軸であった電力業に代わって、製造業の各

**表 4-8　国内粗固定資本形成（1920-32 年）**　（100 万円）

| | 設備 | | | | | 設備投資推計 | | 部門別民間粗固定資本形成 | | | | | |
|---|---|---|---|---|---|---|---|---|---|---|---|---|---|
| | 建設 | 政府 | 民間 | 小計 | 総計 | | 対前年比 | 建設 | 電力 | 私鉄 | 生産者耐久設備 | 船舶 | 純計 |
| 1920 | 1,289 | 534 | 1,434 | 1,969 | 3,258 | 1,185 | | 436 | 311 | 42 | 1,414 | 20 | 2,223 |
| 1921 | 1,264 | 605 | 808 | 1,414 | 2,678 | 1,092 | △7.8 | 486 | 162 | 56 | 792 | 15 | 1,512 |
| 1922 | 1,395 | 527 | 817 | 1,345 | 2,740 | 967 | △11.4 | 486 | 198 | 62 | 802 | 15 | 1,563 |
| 1923 | 1,165 | 437 | 479 | 916 | 2,081 | 675 | △30.2 | 412 | 32 | 74 | 463 | 16 | 997 |
| 1924 | 1,572 | 427 | 544 | 971 | 2,543 | 793 | 17.5 | 449 | 418 | 68 | 530 | 13 | 1,479 |
| 1925 | 1,402 | 487 | 491 | 979 | 2,381 | 761 | △4.0 | 388 | 319 | 64 | 479 | 12 | 1,262 |
| 1926 | 1,612 | 483 | 502 | 985 | 2,598 | 798 | 4.9 | 407 | 471 | 54 | 491 | 11 | 1,435 |
| 1927 | 1,604 | 485 | 574 | 1,060 | 2,665 | 848 | 6.3 | 413 | 427 | 36 | 562 | 11 | 1,451 |
| 1928 | 1,397 | 484 | 617 | 1,101 | 2,498 | 867 | 2.2 | 394 | 118 | 134 | 605 | 11 | 1,263 |
| 1929 | 1,421 | 465 | 683 | 1,148 | 2,570 | 1,094 | 26.2 | 413 | 153 | 111 | 670 | 12 | 1,360 |
| 1930 | 1,135 | 432 | 565 | 997 | 2,132 | 915 | △16.3 | 285 | 176 | 96 | 554 | 10 | 1,122 |
| 1931 | 995 | 413 | 373 | 786 | 1,782 | 646 | 29.4 | 286 | 179 | 40 | 364 | 9 | 880 |
| 1932 | 946 | 566 | 461 | 1,027 | 1,974 | 770 | 19.2 | 321 | 74 | 26 | 451 | 9 | 881 |

出典）江見康一『長期経済統計 4　資本形成』（東洋経済新報社，1971 年）表 2, 10, 50 より作成．

部門で設備の更新改良投資が開始された。さらに二〇年代半ば以降、化学工業などに新参入を伴う設備投資が活発化した。関税改正をにらみながら三井物産、大日本紡などの四社の参入をみた人絹工業や、住友肥料、昭和肥料の参入に刺激されて、二〇年代末に設備の新増設ラッシュを迎えた硫安工業などがその例であろう[58]。しかし、こうした民間投資の動向は、建設投資の落ち込みや政府設備投資の停滞的状況のなかでは景気局面を転換するに至らず、むしろ地方銀行の破綻を契機とする地方産業の不振、農産物価格の下落などのために、全体的には不況色を強めていった。この農業部門の景気沈滞は、政府支出とともに二〇年代の不況下の経済拡大を支えていた条件の一つである個人消費支出の拡大を抑え、二〇年代末の景気下降を予兆するものであった。

以上のように金融恐慌は、二つの意味で転換点となった。一つは、慢性的な不況状態にあった日本経済において、懸案の不良債権が整理されたことによって金融面での不安が解消し、一九二〇年代の資本蓄積上の制約要因の一つであった高金利をもたらした条件が消えた。金利のデータの検証を通して、鎮目雅人は、金融恐慌を契機に「日本の金融システムの動揺が収束した」と評価している[59]。その結果、金利が低下して投資にとってはこれまでに比べて有利な環境が生まれた。生産の数量的拡大が達成される一方、この時期以後、鉄鋼や硫安、レーヨンなどの分野では新規の設備投資が計画され、電力投資の一巡によって低迷をみせはじめた設備投資の落ち込みを下支えする役割を担った。しかしそれは、他方で地方産業の沈滞不振を呼ぶことによって、景気上昇の本格化を妨げた。しかも二〇年恐慌の遺産の他の一つであった労賃水準の高位安定は、合理化投資の展開に伴う生産性上昇によって部分的には制約を緩和されたとはいえ、いまだ資本蓄積に重大な負担となっていた。それは、二九年恐慌に残された課題であった。

## 2　一九二九年恐慌

民政党内閣による金解禁政策実施は、第一次世界大戦期以来の金本位離脱下の対外調整策の行き詰まりを背景として、一九二九年後半、日本経済をデフレ圧力のもとで沈滞へと導くことになった。金融恐慌を挟んで二〇年代半ばから約二割下落した卸売物価は(60)、二八年から二九年上期まで小康状態を保っていたが、その後下期に一割近く低落した(61)。これは主として、円為替がこの間に約一割上昇したことによるものであった。旧平価解禁を見越した円為替投機がその主因であったが、その結果「財界整理」を標榜する金解禁政策のもとで、日本は「安定恐慌(62)」とも呼ぶべき事態に追い込まれていった。物価の下落は、金融恐慌以後不振に陥っていた農村経済への一層の圧迫要因となり、消費需要は冷え込んでいった。しかも先安を見越した資材などの買控えもあって、二九年夏ころから一般的には在庫が増大しつつあり、そのために価格の下げ圧力が強まっていたし、投資需要は十分な回復力をもちえなかった。

さらに銀貨の下落に伴って、アジア市場中心の輸出産業にかげりがみえはじめていたことも、先行不安を醸成する要因となった(63)。一九二八—二九年に七〇両前後で保ち合っていた対上海為替は、二九年春から急落して三—一二月に約二二％切り下がり、翌三〇年七月には二九年三月比約四七％と大幅な低下を記録している(64)。このうち、二九年中の下落の半分は円投機によるものと思われるが、他の半分は世界的な銀貨下落の結果にほかならず、そのためにアジア市場の動揺、輸出の後退が生じた。つまり、金解禁政策のデフレ効果を過重するような対外的な条件が生まれていた。したがって、アメリカの恐慌状態の本格化に伴って対米生糸輸出が大幅な後退を余儀なくされると、日本は対外均衡の条件を失って激しい動揺にさらされることになった。

一九二九年下半期の貿易は一一月まで輸出が対前年同月を上回る水準にあり、他方、円為替の上昇を反映して輸入が抑制され、通年でもかなり大幅な貿易収支の改善が見込まれていた。しかし一一月以降、対米生糸輸出が低迷し、輸出貿易の後退が顕在化しつつあった(65)。それは、株式市場の大暴落を発端とするアメリカの景気後退が、年末に至り棉花、生糸などの商品市場の動揺をもたらし、直接・間接に日本に影響を与えていったからである。とくに生糸は一一月ころからニューヨーク市場在荷が累増し、取引の先行不安が増大しつつあった(66)。そのため横浜生糸相場が、九月の一〇〇斤当たり一三三〇円から一二月には一一六九円と一二%余り低落した。そのなかで前年を上回る輸出が続けられたために、ニューヨーク在荷高は、三〇年一月に約九〇〇万斤と前年同月の八六%増の高水準に達し、翌月には対米輸出の大幅減少を余儀なくされた。日本糸の入荷減によりニューヨーク市場在荷が整理され（一―五月には四〇%減）、市況の崩落を食い止めたものの、その内実は横浜在荷の累増に転化されただけで、ニューヨーク市況の崩壊を直接に国内生糸市場崩落に導く火薬庫を作り出した(67)。

他方、棉花についてもアメリカの棉花輸出が二九年末から先細り感をみせていたが、その結果生じた価格低落に銀貨下落が拍車をかけてインド棉の「割安感」を生み、三〇年に入ると日本の輸入先が大幅にインド棉にシフトした(68)。二月のアメリカ棉輸入は対前年同月比でも、また前月比でも約八万俵の減（約四〇%）を記録し、同月のアメリカの棉花輸出も前年同月比二〇万俵減、前月比三二万俵減となった(69)。アメリカ棉の輸出動向はヨーロッパ、とりわけイギリス綿業の動向に規定されるところが大きかったことはいうまでもない。しかし、これに次ぐ輸入国としての地位を築きつつあった日本で(70)、解禁政策に伴う景気沈滞、輸出貿易の不振に基づく大日本紡績連合会の操短決定と、インド棉輸入の一時的な増加とによりアメリカ棉需要が減退したことは、アメリカ棉花市場に悪影響を与えた。こうした事態の進行のなかで、四月から五月にかけてニューヨーク商品相場の大幅な下落が始まり、日本もその渦中にまきこまれていったのである。

前年来漸落を示していた物価は、六月中に綿糸二二%、生糸二〇%の下落を示したのを典型として[71]、海外相場に追随して急落した。物価の崩落には、他方でセメント、銅などのように、二九年初めから高い在庫水準のもとで生産が維持されたことを重要な要因とするものもあった。綿糸の場合には二九年六―七月の在庫急減を反映して、三〇年初めまでデフレ圧力にもかかわらず、生産が拡大していた[72]。しかし、生産の拡大は在庫を漸増させ、金解禁の実施のもとで輸出環境の悪化が顕在化してくると、金本位制維持のためにとられた一層強力なデフレ政策によって需要の減退に遭遇し、市況の崩落を激化させただけに終わった。そうした意味での商品市場の動揺は、アメリカにおける商品市場の全面的な崩落にやや先行して始まっていたといってよい。二九年末に落着きを取り戻していた綿糸先物相場が、三〇年第1四半期に一三%余り低落し、あるいはセメント価格が三〇年二―三月に約一〇%引き下げられ[73]、それぞれ操短による需給調整が開始されたことが、これを示していた。しかしそれらは、金解禁政策のいわば「延長線上」にある政策展開の帰結という側面ももっていたのであり、世界大恐慌の勃発による国際的な市況崩壊が日本の景気後退を決定的にし、昭和恐慌として発現するのは三〇年五、六月以降のことであった。この意味で、より重要な点は、世界大恐慌による世界市場の急速な縮小が重化学工業品の限界的市場であり、新興農業国の輸出相手国としても地位を高めていた日本に対する競争圧力を強め、その競合を介して国際価格を日本に押しつけていったことであろう。貿易品の価格指数は二九年一二月を基準(=一〇〇)として、輸出品が生糸および東アジア市場の銀貨の動向を反映して、三〇年上期に約二一%崩落して下期に比較的安定したのに対し、輸入品は上期に約一二%の下落に止まったものの下期にさらに一一%余り下落し、国内小売物価への下げ圧力を強めたのであった[74]。これに加えて、三〇年一〇月には米価が二八円から一八円台への大暴落を演じ、恐慌による物価の崩落は米を含めた農業部門全般に及び、全般的な景気の後退が本格化した。それは、長く悲惨な農業恐慌の幕開けでもあった。

その結果、企業利潤も主要株式会社約二二〇〇社の平均払込資本利益率が、二九年上期一〇・六%、下期九・二%、三〇年上期五・四%、下期五・三%と低落し（前掲表4-6）、欠損計上会社数もこの間に九〇社から三一七社に急増し、その累積赤字額も一〇倍となった[75]。資本計画も急減し、「銀行会社新設増資並解散減資」をみると新設増資が急減して、三〇年以降は解散減資額を公称資本金で下回るに至り、払込資本金基準でも、三〇年にはほとんど純増を認めえないほどになった。株式相場が急落したことも言うまでもない。

このように金解禁政策に伴う「安定恐慌」を序曲とする二九年恐慌は、三〇年半ばから激しい動揺・混乱をもたらすことになった。この点は、とりあえず物価低落の鋭角性に象徴的に示されるといえよう。国際連盟の統計を基準に、二九年の高値から三三年三月までの期間中の最安値までの卸売物価の低落率を対比すると（表4-9）、日本は三五%であり、アメリカ、ドイツと同水準の激しい物価下落が生じていた。物価の下落という点では、日本は海外相場の動向にきわめて敏感に対応した。金本位への復帰は、それを強制したといえよう。

しかし表4-9は、同時に世界恐慌期の日本の位置、あるいは二九年恐慌（昭和恐慌）の特徴の一端を示している。表示された諸国のうち日本を除くすべてが、三三年三月に最低点と同水準の低物価に押さえ込まれていたのに対し、日本の場合には三三年三月まで約二〇%反騰し、大恐慌の影響が軽微であったイギリス以下三国より高い水準に回復しているからである。つまり二九年恐慌は、短期に鋭い物価の下落を伴ったとはいえ、世界的にみればその反転も早く、景気の回復をみるという特徴をもっていた。

日本が早い景気回復を実現したことは、工業生産指数の動向からも確認しうる（図4-11）。ソ連を別にして、他の諸国が三三年にかけて軒並み低落したのに対して、日本は三〇年初めと三一年春とに小さな谷を記録したものの、二

**表 4-9　卸売物価指数の推移（1929-33 年）**

| | 1929 年最高 A | 33 年 3 月までの最低 B | 33 年 3 月 C | (A-B)/A | (A-C)/A |
|---|---|---|---|---|---|
| 日本 | 172 | 111 | 134 | 35.5% | 22.1% |
| オランダ | 147 | 72 | 72 | 51.0% | 51.0% |
| イタリア | 499 | 287 | 287 | 42.5% | 42.5% |
| フランス | 660 | 390 | 390 | 40.9% | 40.9% |
| アメリカ | 138 | 86 | 86 | 37.7% | 37.7% |
| ドイツ | 140 | 91 | 91 | 35.0% | 35.0% |
| イギリス | 140 | 98 | 98 | 30.0% | 30.0% |
| オーストラリア | 171 | 122 | 122 | 28.7% | 28.7% |
| スウェーデン | 145 | 105 | 105 | 27.6% | 27.6% |

出典） League of Nations, *World Production and Prices 1925-1932*, p. 78.

**図 4-11　主要国の工業生産指数推移**

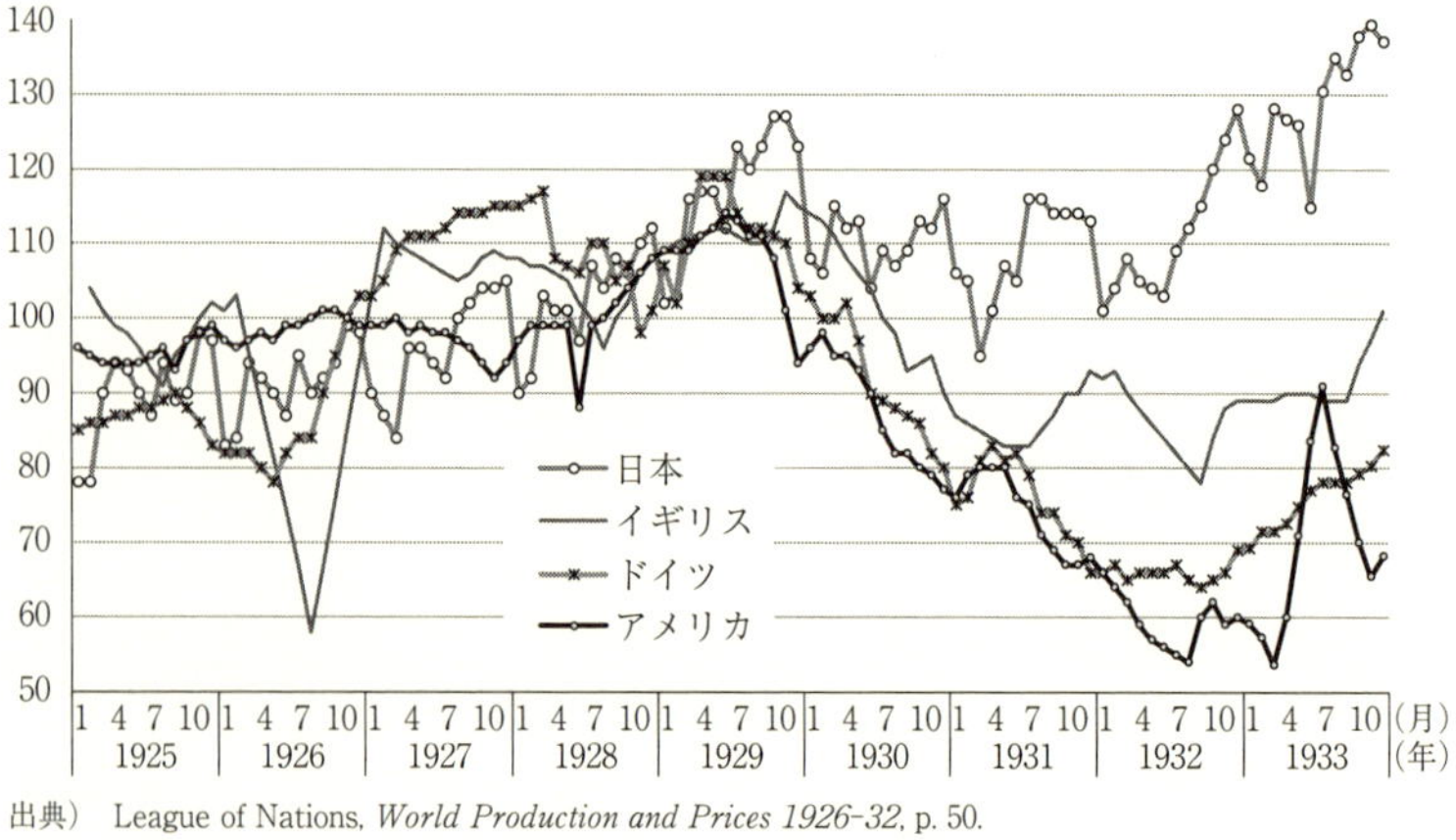


出典） League of Nations, *World Production and Prices 1926-32*, p. 50.

○年代後半の水準を超えたまま三二年から上昇に転じた。大恐慌の広く深く長い下降局面にあって、日本は比較的軽微な景気後退を経験したにすぎないと言えなくもない。それほどに景気の転換も早く、回復のテンポも順調であった。

　工業生産の比較的早い回復は、第一にそして最も重要な要因として、対外的な競争条件の変化、具体的には金再禁止後の円の大幅下落と、三二年の関税引上げによって、産業諸部門に対して著しく有利な市場環境が作り出されたことに基づいていた。国内価格の反騰は、輸入価格の下落を補って余りあるほどの円の下落によって生じた。自給率上昇と価格反騰は、恐慌の影響を相対的に軽微にする役割を果たした。しかも、円の下落は輸出ドライブを強めることによっても、生産回復に貢献した。一九二〇年代の対外競争圧力という最大の制約条件が、こうして恐慌を契機に大きく様変わりしたのであった。

第二に、国内的にみると人絹、硫安などの化学工業を代表的な例として、二〇年代末の設備拡張を背景に、恐慌期にも生産が継続的に拡大していた部門が存在し、景気を下支えする役割を果たしたこと[76]、同時に三〇年秋以降、独占組織の活動によって物価の低落を阻止しながら、在庫調整が行われたことが重要な意味をもった。よく知られていることであるが、東洋経済の調査によれば、三〇年中に急上昇した生産制限率を背景に、秋以降カルテル価格が下げどまり、非カルテル価格との乖離を生んだ[77]（後掲図7－9も参照）。このことは、独占組織の活動が恐慌下に一定の効果を発揮し、景気回復の前提条件を作り出したことを意味する。たとえば二月から操短が実施された綿紡績業では、三〇年下期に阪神在荷高が六分の一に急減した。しかも綿糸国内消費高は、一九二七―二九年を一〇〇として三〇年七月に八九・六まで落ち込んだものの、その後九六―九七前後に維持され、三一年三月には一〇八に跳ね上がり、通年でも基準を約一〇ポイント上回った[78]。つまり、在庫調整が進展するなかで綿紡績業は、底堅い国内需要に支えられて生産の回復を早期に実現した。

以上のように[79]、独占組織が生産制限を介して需給調整を図り、価格を下げどめながら在庫調整を進めたことは、需要拡大の契機を与えられれば生産を拡大し、景気回復に結びつけうる条件が成熟しつつあったことを意味する。しかも重要なことは、前述の人絹を代表例として、恐慌下でも主要企業の利益が高位に安定した産業があったことである。人絹、麦酒、製糖、製粉などがそれである（表4－6）。会社統計表の数値と対比すれば明瞭なように、こうした好調な業績は（部門間の差でもあると同時に）部門内の、三井合名が調査対象とした有力株式会社と他社との利益率に格差が存在したことを示すといえよう。

しかし、このような好調な企業成績の背後で、恐慌期にかなり激しい合理化が実施され、有力企業のコスト低下が図られていたことも見逃しえない。この間に達成された合理化、コスト低下は、合理化投資の余力を残していた有力企業に対して恐慌下での欠損の累積を押さえ、安定した業績をあげる基盤となった。かくして実現された国際競争力の改善は、前述の対外競争条件の変化と相まって、景気回復期の生産拡大・自給率上昇をもたらす基盤であった。

もちろん、合理化が一朝にして達成されたわけではない。むしろ二八—二九年の製造業設備投資の上昇傾向に示されるように、二〇年代末から部分的に合理化・改良投資が進んでいたからにほかならない。そして、それ以上に重要な点は、恐慌期の合理化が大量の解雇者を生み出していたにもかかわらず、概して大きな抵抗なく受容されたことであった。労働側の抵抗は微弱であり、そのなかで名目・実質の両面で賃金の下落が生じた。国際的にみて早期に生産回復を実現したことを一九二九年恐慌の特徴の第一とすれば、その条件の一つともなっていた賃金の低落は、第二の際立った特徴点であり、二〇年代の蓄積構造を規定した条件の変化として、同様に注目されるべきであろう。

賃金下落の要因の第一は、操短などによる実労働時間の短縮などの影響も含めて名目所得の減少が生じていたにもかかわらず、恐慌期の激しい物価の下落がこれを緩和したことに求められる。そのため、合理化に伴う企業内労働力編成の再編も、労働者の組織的な抵抗の弱さのなかで合理化に適合的な労働力の確保と、他者の排除という形で比較的容易に進めることができた。そして、そうした差別的な労働者への対応が、彼らの抵抗の基盤を掘り崩すことにもなった。しかも鉱工業品の物価水準が反転回復していくなかで、穀物などの農産物価格の回復が遅れていたため、賃金引上げへの圧力は小さかった。もちろん三二年以降の賃金下落は、単に生活関連物資の物価水準の低迷にのみ帰せられるものではない。生産回復に伴う雇用増加が低賃金の若年労働力の流入を介して進展するなかで、賃金水準が下落したことも見逃せないからである[80]。企業業績の好転には、こうした賃金下落の意義が大きかったことは言うまでもない。

しかし第二に、賃金下落を支えた要因としてより重要な点は、恐慌下の農村破綻とその長期化を基盤に、三〇年代半ばまで失業圧力が増大したことであった。「推定失業率」の統計によると、[81] 一九二九—三一年に四・三%から六・九%に急上昇し、以後、三〇年代半ばまで二九年を上回る水準にあった。とくに日雇労働者の「推定失業率」の高水準に示されるように、労働力市場は不熟練労働力市場に、より強い圧迫を加えられる状態にあった。かかる事態は、農村流出人口を供給源とし、しかもその供給源たる農村の悲惨さを土壌とする日本資本主義の構造的特質が、「昭和農業恐慌」を介して表出した側面をもつと見なしうる。二九年恐慌の特徴の第三点がここに示される。すなわち、鉱工業生産の比較的早い回復とは反対に、農業恐慌が長期化し、きわめて深刻化したのである。昭和農業恐慌について、第7章で検討するが[82]、農産物価格の下落、農家経済の破綻は、金融恐慌前後から下降局面に入っていた農村経済が、金解禁に伴う「安定恐慌」を経て、世界恐慌下の生糸価格の崩壊を導火線に決定的な打撃を受けたことを示すものであり、そうした基盤の上に、はじめて賃金水準の下方修正を可能とするものであった。

かくして、昭和恐慌を契機として、二〇年代の資本蓄積を制約しつづけた対外競争圧力と賃金水準の高さとが解消し、日本資本主義の再編に必要な条件が作り出されたのである。

(1) 高村直助「恐慌」(『日本産業革命の研究——確立期日本資本主義の再生産構造』下、東京大学出版会、一九七五年)一八五頁。

(2) この時期の恐慌史分析としては、大島清『日本恐慌史論』(下、東京大学出版会、一九五五年)を参照。その後の研究では、橋本寿朗「戦間期の景気循環」(武井邦夫ほか編『景気循環の理論』時潮社、一九八三年)があり、本章の分析もこれに多くを負っている。あるいは具体的な史実の叙述としては、日本銀行調査局編「欧州戦争ト本邦金融界」、「世界戦争終了後ニ於ケル本邦財界動揺史」、「関東震災ヨリ昭和二年金融恐慌ニ至ル我財界」(『日本金融史資料』明治大正編、二二巻、一九五八年)、高橋亀吉『大正昭和財界変動史』(東洋経済新報社、一九五四—五五年)などを参照されたい。

(3) 大戦期の概要についての初出論文は、武田晴人「日本帝国主義の経済構造——第一次大戦ブームと一九二〇年恐慌の帰結」（『歴史学研究』一九七九年別冊）である。

（4）日銀の調査によれば、一九一三―一五年の輸出増のうち約七〇〇〇万円が軍需品、四〇〇〇万円が競争国代用品、一〇〇〇万円が普通品であり、一五―一七年にはそれぞれ軍需品一億六〇〇〇万円（うち銅、銅合金類七〇〇〇万円、亜鉛二〇〇〇万円）、競争国代用品四億二〇〇〇万円（うち汽船九七〇〇万円、綿布八八〇〇万円、綿糸四〇〇〇万円）、普通品二億五〇〇〇万円（うち生糸二億円）であった（前掲「欧州戦争ト本邦金融界」一八二―一九六頁）。

（5）神原周平編『日本の景気変動』下巻（東洋経済新報社、一九三一年）一〇四頁。

（6）三和良一・原朗編『近現代日本経済史要覧』補訂版（東京大学出版会、二〇一〇年）一〇〇頁。

（7）投資制約については、橋本寿朗「重化学工業と独占」（『社会科学の方法』一〇七号。同『重化学工業化と独占』東京大学出版会、二〇〇四年に収録）による。この橋本の主張は、同『大恐慌期の日本資本主義』（東京大学出版会、一九八四年）にまとめられている。

（8）神原周平編、前掲『日本の景気変動』下巻、三一頁より算出。

（9）同前、三八頁より、輸出の対生産量比をみると、一九一三年八六％から一四―一五年に七〇％強に低落、一六―一七年に七七―七八％に再上昇した後、一八年に約一〇％低下して六七％となっている。

（10）橋本寿朗、前掲「戦間期の景気循環」による。

（11）高村直助『日本資本主義史論――産業資本・帝国主義・独占資本』（ミネルヴァ書房、一九八〇年）一八七頁。

（12）河村哲二「一九二〇年恐慌――アメリカを中心としてⅠ」（侘美光彦・杉浦克己編『世界恐慌と国際金融――大戦間恐慌史研究』有斐閣、一九八二年）三五頁。

（13）大島清、前掲『日本恐慌史論』下、一五二頁、第二五表による。

（14）前掲『日本の景気変動』下巻、三五頁。

（15）大島清、前掲『日本恐慌史論』下、八四―八七頁。

（16）この点については、従来、戦後ブームを「空《から》景気」として評価する見解も多いが、ここでは橋本寿朗「戦間期の景気循環」の内需拡大説によっている。

（17）大島清、前掲『日本恐慌史論』下、七七頁。

（18）河村哲二、前掲「一九二〇年恐慌」三五頁。

（19）前掲『日本の景気変動』下巻、二―四頁、綿糸（大阪三品先物）、生糸（横浜定期生糸先物）、同二四―二五頁。それぞれ休戦後の最低から、ブーム期の最高までの上昇率。

(20) 大島清、前掲『日本恐慌史論』下、八六一―八七頁。
(21) 『外国貿易月表』より算出。なお同じ時期に、対インド、対オーストラリア輸入が前年同期比約二・二倍となっていること、対中国貿易が停滞的であったことにも注意しておきたい。
(22) 一九年中の金輸入は、七月以降アメリカから各月約三〇〇〇万円前後（一二月は七〇〇〇万円）の流入があって計二億円を数え、このほか「露領アジア」から計五五〇〇万円、イギリスから計六〇〇〇万円の合計三億円強が記録されている（『外国貿易月表』）。ある調査では、アメリカの金解禁後の金流出先の「主なる国名」は「日本、支那、亜爾然丁並びに印度」であり、「之等の諸国は、米国の金輸出禁止期間中に於て其の連合国に対する債権を、英米為替の釘付せられて居たのを利用して全部米国に移し解禁と共に之を金で持帰った」と記している（横浜正金銀行頭取席調査課『戦後の「磅」為替安定史』一九三三年、三五頁）。また、日本は二〇年上期にアメリカ連銀の要請があって対米金輸入を中断するが、それでも同年中のアメリカ金輸出額三億二〇〇〇万ドルのうち約一億ドルは下期に生じた対日輸出であった。日本への正貨流出がアメリカ金融市場に与えた影響は、このように無視しえぬものがあったといってよい（同書、九七頁）。
(23) 前掲『日本の景気変動』下巻、七三頁。この金融逼迫は、ニューヨーク市場でのコールローン利率が六月に一時急騰したのと重なっていたが、ニューヨーク市場がその後九月まで金利が低下したのに対し、日本では漸騰の状況がアメリカに先行して進んでいた（同書、七五―七七頁）。
(24) 商工大臣官房統計課『賃銀統計表』による。
(25) 政府の施策が、米騒動の経験を踏まえて物価対策に注がれたことは、政策的対応の変化として注目できよう。
(26) 河村哲二、前掲「一九二〇年恐慌」六八―七〇頁。なお前掲『戦後の「磅」為替安定史』も参照。
(27) 同前（七三頁）によると、アメリカの戦後ブームの基調変化が生じたのは一九年第4四半期以降であった。
(28) 同前、六六―六八頁。
(29) 台湾銀行東京支店総務部調査課『我財界恐慌の原因』（一九二〇年）六六頁。
(30) 『ダイヤモンド』各号所載による。三月第一週（六日）のロンドン銀塊相場は八四―八三・二七五ペンスであったが、第二週（一三日）には七五―六九・八七五ペンスに崩落した。
(31) たとえば、一九〇七年恐慌ではアメリカの景気後退による生糸の輸出不振を介して日本の国際収支不安が生じ、金融引締めを契機として景気後退に入るなど、国際的な影響による側面が強かった。
(32) 具体的には、生活関連物資中心の投機の拡大、金流出入を介した金融逼迫の日本における先行性などに注目すべきであろう。

(33) 阿部武司「戦前期泉南綿織物業における『産地大経営』――帯谷商店の分析」(『社会科学研究』三五巻一号、一九八三年。のちに、同『日本における産地綿織物業の展開』東京大学出版会、一九八九年に収録)。
(34) 伊藤正直「一九一〇―二〇年代における日本金融構造とその特質――対外金融連関を軸とする一考察」(『社会科学研究』三〇巻四、六号)。この研究は、のちに同『日本の対外金融と金融政策――1914－1936』(名古屋大学出版会、一九八九年)にまとめられている。
(35) 中村隆英『戦前期日本経済成長の分析』(岩波書店、一九七一年)第五章。
(36) 武田晴人『鈴木商店の経営破綻――横浜正金銀行から見た一側面』日本経済評論社、二〇一七年。
(37) この間の諸金融機関の動向については、朝倉孝吉編『両大戦間における金融構造――地方銀行を中心として』(御茶の水書房、一九八〇年)参照。
(38) コール市場については、伊藤正直、前掲『日本の対外金融と金融政策』二一〇―二一一頁など参照。
(39) これについては、日本銀行調査局編『日本金融史資料』(昭和編、二四巻、一九六〇年)四八七頁、および橋本寿朗『大恐慌期の日本資本主義』(東京大学出版会、一九八四年)第2章参照。
(40) 第一次世界大戦後を不均衡成長期と特徴づけたのは、中村隆英、前掲『戦前期日本経済成長の分析』であった。
(41) この点の詳しい分析は、本書第2章を参照。初出は、武田晴人、「国際環境」一九二〇年代史研究会編『一九二〇年代の日本資本主義』東京大学出版会、一九八三年。
(42) 顕著な例はセメントであろうが、関西を中心とする復興目当ての増産は、関東の被災工場の復旧が比較的早かったこともあって、持続的な需要を見出せなかった。図4－2の在庫額の動向が、一九二三年から二四年夏にかけてむしろ増大気味であることは、季節変動の影響があるとしても、復興需要が需給関係に与えた影響がそれほど大きなものではなかったことを示すといえよう。
(43) 日銀券発行高は一九二〇年三月に一三億七〇〇〇万円近くに達したが、震災後は一四億六〇〇〇万円余りとなった(前掲『日本の景気変動』下巻、一三八頁)。
(44) F・ヒルガート『工業化の世界史――一八七〇―一九四〇年までの世界経済の動態』(山口和男ほか訳、ミネルヴァ書房、一九七九年)六一頁。
(45) 消費財関連の諸工業に注目した研究として、中村隆英『日本の経済発展と在来産業』(山川出版社、一九九七年)などの一連の研究がある。
(46) この点は、日銀券発行高が二〇年恐慌、関東大震災、金融恐慌と階段を上るように増加したものの、その間は発行高が横ばいないし漸減であることが多く、通貨の増発による景気拡大の効果は持続的ではなかったことに注意しておきたい。
(47) たとえば、紡錘数は一九二〇年の三八一万錘から二五年五一九万錘、二九年七〇五万錘と八五%も増加した（三和良一・原朗編、前掲『近現代日本経済史要覧』補訂版、一〇〇頁）。
(48) 具体的には鉄鋼関係の諸カルテル、あるいは銅などがその例であろう。なお鉄鋼カルテルについては、長島修「鋼材カルテル形成史（1）～（3）」（『経済論叢』一一八―一一九巻、一九七六―七七年）、銅については武田晴人「産銅独占の成立」（『三井文庫論叢』一二号、一九七八年）を参照。
(49) 都市化に関わる影響としては、中村隆英が指摘しているような「新在来産業」などの誕生についても、見逃すべきではないことは言うまでもない。人口の都市集中などによって生ずる消費財需要の拡大に対応した供給が、このような零細性を免れない事業によって担われたことは、二重構造の形成を示唆する。低賃金を基盤とする産業成長は、慢性不況下に増加圧力を強める失業の受け皿となったという意味でも重要であることは言うまでもない。新在来産業については、中村隆英・藤井信幸編著『都市化と在来産業』（日本経済評論社、二〇〇二年）を参照。
(50) 明治期の景気循環については、長岡新吉『明治恐慌史序説』（東京大学出版会、一九七一年）、および高村直助、前掲「恐慌」参照。そこでは、綿紡績と織物の検討を介して、恐慌過程を丹念に描き出している。
(51) 在華紡については、高村直助『日本綿業と中国――近代日本綿業と中国』（東京大学出版会、一九八二年）参照。
(52) 一九二〇年代の慢性不況が「企業利潤率の低下傾向に根ざした」「不況意識あるいは不況感」であったことを論じたのは、三和良一である（三和良一「第一次大戦後の経済構造と金解禁政策」安藤良雄編『日本経済政策史論』東京大学出版会、一九七三年、上、三〇二―三一三頁）。
(53) 経過については、大島清、前掲『日本恐慌史論』下を参照されたい。
(54) 加藤俊彦『本邦銀行史論』（東京大学出版会、一九五七年）三〇八頁、および大島清、前掲『日本恐慌史論』下、二八四頁。
(55) 三和良一・原朗編、前掲『近現代日本経済史要覧』補訂版、一一三頁。
(56) 大島清、前掲『日本恐慌史論』下、二八九頁。
(57) 江見康一『長期経済統計4　資本形成』東洋経済新報社、一九七一年。
(58) 山崎広明『日本化繊産業発達史論』（東京大学出版会、一九七五年）、橋本寿朗「硫安独占体の成立」（『経済学論集』四五巻四号、一九八〇年）を参照。
(59) 鎮目雅人『世界恐慌と経済政策――「開放小国」日本の経験と現代』日本経済新聞社、二〇〇九年。
(60) 一九二五年の年平均物価指数は二一六（一三年基準）であったが、二八年には一七六に低落した。正確には、この低落には為替相場の変動による影響が大きかったようである（前掲『日本の景気変動』下巻、二一頁）。
(61) 二九年六月の一七四から、同一二月には一六二となった（同前）。
(62) 橋本寿朗、前掲「戦間期の景気循環」による。
(63) 東京銀行編『横浜正金銀行全史』第三巻（一九八一年）三九五頁。
(64) 前掲『日本の景気変動』下巻、一六頁。
(65) この間の事情についてはとりあえず、井上鎧三『一九三〇年生糸恐慌』（森山書店、一九三一年）を参照。
(66) ニューヨーク月初生糸在荷は、一〇月より各月一〇〇万斤前後の累増を示していた（前掲『日本の景気変動』下巻、四〇頁）。
(67) 一九三〇年一―五月のニューヨーク在荷減三七〇万斤に対し、対米生糸輸出は一月の四〇〇万斤から二月以降二〇〇万斤台に落ち込み、その結果、横浜在荷は一月初めの四二七万斤から五月には八八一万斤に達した。
(68) たとえば、第1四半期の棉花輸入高は、一九二九年から三〇年にかけて米棉五五万俵から四五万俵に一〇万俵減、印棉は四九万俵から五五万俵に六万俵増となっていた。
(69) 東洋経済新報社『経済年鑑』昭和六年度、一六四―一六五頁。
(70) 第3章第2節（3）参照。
(71) 「昭和五年六月日本銀行調査月報」（『日本金融史資料』昭和篇、七巻、一九六三年）四八六頁。
(72) セメント、銅の需給については、前掲『日本の景気変動』下巻、四八、五三頁。綿糸生産については同じく三三頁。三〇年第1四半期の綿糸生産高は、二九年第4四半期より若干下回ったとはいえ、前例のない高水準であった。
(73) 同前、二七頁。
(74) 前掲『経済年鑑』昭和六年度、一二四頁。
(75) 三井合名調査課「重要銀行会社営業成績調」各期による。
(76) たとえば人絹については、山崎広明、前掲『日本化繊産業発達史論』を参照。この生産の拡大は、二〇年代末に新規参入を含めた拡張があったことに対応していた。
(77) 橋本寿朗「産業構造の重化学工業化と資本の組織化」（社会経済史学会編『一九三〇年代の日本経済――その史的分析』東京大学出版会、一九八二年）一四二頁参照。
(78) 東洋経済新報社『経済年鑑』昭和八年度、二二五頁。
(79) 景気回復のより詳細な分析は、注(77)の橋本論文および同氏の「一九三〇年代における日本資本主義の蓄積機構」（『電気通信大学報』三二、三三巻、一九八一―八三年）を参照されたい。同論文は、橋本寿朗『大恐慌期の日本資本主義』の基礎となった論文である。

（80）橋本寿朗、前掲「産業構造の重化学工業化と資本の組織化」一〇六頁。

（81）念のため付言しておけば、示される数値の絶対値が実状と乖離していたであろうことは言うまでもない。資料の出典は『日本労働運動史料』（東京大学出版会、第一〇巻、一九五九年、一九〇―一九一頁）による。

（82）昭和恐慌の本格的な分析は、本章が割愛した昭和農業恐慌の分析をもってはじめて十全なものとなることは言うまでもない。残念ながら筆者の力量をもってしては、これを十分には果たすことはできないが、とりあえずの検討結果については、第7章を参照されたい。

# 第5章　構造変容と政策的対応

## はじめに

両大戦間期の日本資本主義が、どのような発展の跡を辿ったのか、それはどのような特質を備えていたのかを、経済政策に焦点を絞りつつ景気循環との関連で検討することが本章の主題である。

「現代資本主義」の起点となる第一次世界大戦後の資本主義経済システムは、これまでの研究では、第一次世界大戦による総力戦の経験と、世界大恐慌による衝撃とを受けつつ、大規模な構造変化を遂げることで成立したことが強調されてきた(1)。また、序章でも紹介したように、生産システムにおけるフォードシステムの画期性に着目して、産業面でもこの時期の新しい動きを重視する見方が有力な議論として登場している(2)。このような資本主義経済の歴史的・段階的な変化に関わる議論と問題意識を共有しながら、そのような大規模な構造変化につながる経済諸側面の変化の遷移を追うことにしたい。

そのために、産業構造の変容が経済社会に与えた影響を、新たな政策課題への対応を構造的な側面に留意しつつ、同時に循環的な側面では景気変動のあり方への対処にも注目して捉えなおしていきたい。

構造的な問題は、第2章が明らかにした労資関係の変化に連動して生ずる、さまざまな社会問題への対応を意味する。他方で、景気変動を論ずる視点は、しばしば現在の景気対策などと連動して論じられるような、単に経済成長率の高低の変動を規定する要因を抽出し説明することではない。市場メカニズムを基盤とする資本主義経済は、その資本蓄積の構造的な変化を、循環的な景気の変動の形態的な変化を通して表現する。この点は、古典的には、周期的な恐慌が発生した産業革命期、慢性的な不況が観察された独占形成期というように捉えられてきた。これを現代にまで延長すれば、第二次世界大戦後には「高成長」が典型的となる時期を経て、成長率が低位で安定する時期へとつながるだろう。

現代経済社会の景気変動のあり方への転換については、本章の検討課題を超えているが、簡明にまとめれば、世界大恐慌という激しいショックによって失業の増大などから体制的な維持が難しくなった資本主義経済が、強い成長志向によって社会的な摩擦を緩和する方向へと舵をきり、ケインズ主義的な景気調整政策を採用したことが知られている。こうした変化も視野に入れたとき、第一次世界大戦期からの日本では、市場メカニズムに対する人為的な介入が景気の極端な変動を回避し、経済体制の安定性を保証しようとする営為が積み重ねられ、その結果として現代の経済体制が生み出されてきた。そこでは、さまざまな制度的な工夫によって経済構造そのものの変質とともに、反循環的な政策介入が失業の増大や企業の破綻を回避するために行われる。新たな政策介入が一挙に新しい経済構造を作り上げることはないだろうが、その積み重ねられた変化（経済構造の遷移）が構造変化に結実することになる。

景気循環というすぐれて経済的側面に注目しながらも、それに対応してどのような政策が選択されるかを論じるためには、政策の決定過程が諸利害の対立の政治的な処理に委ねられる以上、それらを視野に入れて問題を明らかにする必要があり、その必要を満たすためには、経済学的な分析手段の及ぶ範囲に問題を限定することは適切ではない。景気循環の形態変化をもたらす産業構造の変化や市場における企業行動の組織化の進展を分析すると同時に、諸利害の対立を視野に収めうるような政治経済学的なアプローチが必要となる。このような視角から筆者は、第一次世界大戦期から一九二〇年代末にかけて日本において帝国主義的な経済構造が形成され、これを基礎に「調停法体制」のもとでの紛争の解決に支えられて体制的な安定が実現すると主張した[3]。これに対して、一九三〇年代以降を視野に入れて現代資本主義への移行を論ずる場合に、かかる把握がどのように生かされるかが課題として残されている。

この点について[4]、本章では、一九二〇―三〇年代には経済社会構造の変化に対応して物価対策・失業対策が展開しはじめることに注目して「現代資本主義への移行」、「現代社会への転換」を論じたい。それは、資本主義経済の発展に伴い顕著になる、所得分配の不公正、所得格差の増大に対する労働者・農民の反体制運動の拡大がもたらす社会的な不安に対して、体制の不安定化に対抗する社会政策的な宥和政策が必要であり、他方で、恐慌による大規模な失業の発生を回避して勤労者の生活を安定させることが必要だったからであった[5]。「現代化」という視点から焦点として取り上げられたこうした変化が、資本主義経済の自律性を一段と制約することになったが、それは持続的な成長によって再配分の基礎となるパイの際限のない拡大を求めるものであった[6]。ここでは、この視点を継承して、反循環的な景気政策が日本ではいつ生まれたのかを、景気循環と経済政策との関連を問うなかで明らかにしたい。

## 一　政治経済構造の変容

### 1　政治的枠組みの変容

第一次世界大戦を経て軍事大国化した日本は、その経済的後進性を抱え込んだままで、新たな国際秩序と流動化した政治経済体制への対応を迫られた[7]。対外的には、「一流国」の仲間入りをした国際政治上の地位と、日本の産業の国際競争力、さらに広くいえば国の経済力のギャップが大きく、そのなかで、欧米からは協調的な軍縮とロシア革命・ワイマール体制に象徴される民主化の側圧を受けていた。他方、東アジアでは、侵略を続ける帝国主義国のなかで主役におどりでた日本は、その特殊な権益の擁護・拡張を試みるなかで、支配を試みる地域におけるこれに対する民族運動の抵抗と、列強からの牽制の交錯する国際的な緊張への硬軟両面の対応を余儀なくされていた。このような対外関係は日本国内の政治・経済的な枠組みを、その内部に生まれつつある革新への衝動をにらみながら再編成させるものであった。大正デモクラシーと呼ばれる民衆の政治参加の要求の高揚、ヨーロッパの変革やＩＬＯの活動に刺激されて展開する労働運動・農民運動は、未熟な側面を残していたとはいえ、労働者・農民の政治的・経済的地位の上昇をもたらしていた。もはや政治システムは、そうした人々の要求に配慮せずには動かなくなり、反体制的な運動の体制内化が必要となった。

模索されつつあった新しい政治的枠組みは、一九二〇年代には普通選挙と治安維持法の制定を基盤としつつ、経済的な利害対立・紛争を行政的な介入によって解決する方向で一応の安定がもたらされた。筆者はこれを「調停法体制」と特徴づけた(8)。経済的な紛争解決の枠組みが示され、政治的な参加の道が開かれることによって、それを受け入れるか否か、あるいはその枠組みのなかで自らの利害をどのように主張するかをめぐって運動主体は分裂し、多様なイデオロギーや経済的な利害の差によって民衆の一体感が失われていった。それは、既成政党に対抗して民衆的な要求を代弁すべき諸勢力が、現実の政治の場では力を発揮できないような脆弱な基盤しかもちえない状況を作り出し、体制の変革に大きな制約条件をもたらすことになった。同時に、普通選挙の実現によって生じた「大衆民主主義的な状況」は、政党内閣制（衆議院で多数を占めた政党が内閣を組織するという限りではあるが）の定着によって、政党政治そのものの変質と、あいまいな政策上の争点を誇張していくという政治的な手法を拡大させた(9)。選挙民の多数の支持を得るためには、あらゆる階層に対して多様な公約を振りまかねばならなかったし、後述するような経済的困難のなかで現実に実行できる政策の選択の幅が著しく狭くなっているにもかかわらず、その実質において大きな差のない政策が、議会における、あるいは選挙における争点に仕立て上げられていくのである。そして、選挙公約に反する施策も含めて、実際の諸政策の正当性は、学識経験者らを組織し「衆知を集めて」決定されるという政策立案過程（各種の審議会などによる）を経由することによって保障されていくことになる。

このような前提のもと、昭和恐慌を挟んでこの政治的なシステムは、軍部主導の侵略行動を背景に強権的な統合へと大きく展開していった。政党が固有の支持基盤の殻を打ち破らざるをえなくなったために、現実には多様化して分裂しつつあるさまざまな社会階層の利害状況を、非現実的な「国民的」ないしは「国家的」な利害に訴えて統合しようとする試みが、政党の外部から生まれた。中国大陸における日本の特殊な権益を主張するとき、その主張者がどのような政治的立場にいようとも、このような「国家的」利害が最もわかりやすい形で表現された。それは、特定の理念（イデオロギー）で国民統合を暴力的に実現しようとする試みと大きな差はなかった。求心力を失った政治状況のもとで、政党政治の腐敗が声高に論じられ、ありもしない「民衆」とか「国民」という統一したイメージの中に多様な利害をもつ人々をからめとろうとしていくことになる。そこで登場する「大衆」こそ、政治体制の再編を促す決定的な契機の一つであり、同時に現在に至る政治システムの特徴をなすものであったが、このような状況が日本で生まれたのが第一次世界大戦後であった。こうした「現代社会」への転換に関連する経済面の変化に限って、次に概観しておくことにしよう。

## 2　経済構造の変容

第一次世界大戦をきっかけに日本経済が蒙った際立った変化は、第一に、大戦期の第二次産業の急成長に伴う就業構成の変化であった。急増した工場労働者のなかでは繊維工業の女子労働者の増加数が最も大きかったとはいえ、重化学工業を中心とする男子労働者数の増加率が高く、就業構成からみた第二次産業、とくにそのなかでの重化学工業の比率を大きく上昇させた。この就業構成の変化は、農村から都市への社会的な人口移動をも意味するものであった。

すでに指摘されているように、このような農林漁業就業者の急激な減少は、第二次世界大戦後の高度成長期に匹敵する激しさをもっていた(10)。

しかも、この都市化の進展が、農村と都市との間で双方向の人口移動が続くなかで、不可逆的な性格をもっていたことが重要であった。原朗によれば、「一九二〇年代にはかかる鉱工業の分解力はおとろえて、農業人口はほぼ一定ないし、むしろ商業・サービス等への就業が急速に進展し」、「一九三〇年代前半に鉱工業がふたたび農業人口を蚕食」したという。第二次産業の雇用が伸び悩んだ時期にも全体として都市の人口は大きく減少せず、第三次産業に吸収されるとともに、三〇年代にはさらに第一次産業従事者の減少が進んだ（第1章表1-15参照）。しかも、もう少しきめ細かく職業構成にまで立ち入ってみれば、一九二〇年代の販売従事者、三〇年代の事務従事者の増大という形で、産業間の人口移動のもと、都市での階層分化が進んでいた(11)。こうした就業面での変化は、所得を基準とした大きな格差を伴う階層化の進展を意味し、「就業構成ではとかく「労働者」として一括される鉱工業労働者の内部についてみても」、「六層にわたる階層構成が」一九三〇年には認められた(12)。

第二の重要な変化は、右のような就業構成の変化の主因ともなった産業構造の高度化、すなわち重化学工業化の進展であった(13)。大戦ブームのもとで、その「中進国」的性格を表した日本経済は、一方で綿業を中心とする黄金時代を共有したインドや中国とは異なって、重化学工業部門のこれまでにない成長局面を経験したが、他方で、ほかならぬ重化学工業の立ち遅れが投資を制約する条件ともなり、ブームの終息と軍縮の実現によって産業構造の高度化が停滞することになった。しかし、そうした不利な条件にもかかわらず、二〇年代後半には再び重化学工業部門が、強い輸入圧力のもとで実質的には拡大基調に入るなど、一時の中断を挟んで産業構造の遷移は再び進展した。

以上のような産業構造の変化は、一般的にいえば、一方で固定資本の制約の大きい重化学工業が基軸産業化するにつれて景気循環の自律的な調整を困難にし、その結果、政府による景気調整を不可避とするとともに、価格の急激な変動にみられる市場機構の悪循環に対処する企業間の組織的な行動を拡大する。それればかりか、そうした設備の巨大化は、企業規模の拡大とその内部での階層的な管理組織を成長させていく。関連分野の垂直的統合や同業者の合同・吸収合併による企業組織の巨大化の一方で、事業分野の分離・分社化などによる企業間関係の変化もみられるようになっていく。詳しくは第6章に譲るが、こうして産業構造の高度化とともに大企業の時代が到来し、企業内の分業と協業、そこでの組織的な活動と内部市場の展開が、そうした企業を核とする市場での競争と協調の構図とともに明確化する。こうした組織性は、生産過程での労働の組織性の高まりとともに、労働力の売り手としての労働者の組織性を高め、それらの組織的な抵抗が労働力市場の自律的な調整能力を弱めると同時に、政策的介入の方向にも影響を与えていく。第一次世界大戦の衝撃をきっかけに、日本の資本主義経済は、こうした構造変動の方向を示すことによって「現代社会」へと遷移しはじめるのである。

しかし、このような変化がスムースに進展したわけではなかった。第一の問題として、第一次世界大戦期からの産業構造の変化は、就業構成の変化や所得格差の拡大を背景とした需要構造の変化に一歩遅れをとっていた[14]。そのため、一九二〇年代に入ると、個人消費支出の高水準にみられるような需要拡大が、この間の景気の下支えの役割を果たしたとはいえ、食料品などの輸入増加をもたらし、重化学工業品の競争力不足もあって輸入を増大させ、貿易収支を悪化させていた[15]。一九二〇年代以降、産業構造の高度化を促すため、国内産業を保護しながら貿易収支の改善に努めなければならなかったのは、そうした事情に基づいていた。

しかも、第二に、一九二〇年恐慌をきっかけに相次いだ救済融資によって金融面からの政策介入の影響力が失われる一方で、企業間の業績の不均衡が拡大していた。通貨発行の増大は、国内物価を割高にするとともに、恐慌後の実質賃金の上昇とその硬直性とによって、企業収益を圧迫する要因となっていたし、原材料を含めた費用価格の上昇により企業の国際競争力を弱めていた。したがって、物価の引下げという「正当な手段」での不均衡の是正のために金本位制への復帰が問題となった。それは大戦後の日本経済の歪みを市場機構を通じて調整し、健全で正常な経済状態に戻すうえで必要な措置と考えられていた。しかし、そのために企業破綻や失業の増大などを覚悟しなければならなかった。在外正貨を取り崩しながら金本位制への復帰を先延ばしにした国内均衡優先策がとられることになったのである。

これらは構造変容の時期にさしかかった日本経済が固有に抱え込んだ問題であったが、それだけでなく、この時期には、都市人口の増大に伴って発生した都市問題への対応、社会運動の影響力の増大に対応した治安対策の要請、労働者・農民をはじめとする低所得者層に対する社会政策的配慮の必要など、新しい問題が次々と登場してきていた。労働組合法案や小作法案の立案が始まり、あるいは植民地で「文化」統治と産米増殖計画が推進されたのも「大戦衝撃」を起点とする流れの変化に沿うものであった。それらは財政面を中心とする政府の役割への期待を大きくした。しかも、解決を必要とされる諸課題には相反する処方箋を要するものも多かった。賃金の引下げのために物価の割高を解消しようとすれば商品価格の低下が先行して企業利益を損なうかもしれなかったし、実質賃金の引下げを追求すれば労働者の不満を増大させ労働運動の体制内化に失敗するかもしれなかった。こうした状況のもとで、構造変容に伴って生ずるさまざまな歪みに対処して打ち出されていく諸政策は、一つの体系化された理念に基づいて構想された政策群というよりは、かなり場当たり的で対症療法的な性格のものが多かったのである。しかし、その積み重ねが次第に現代的な資本主義経済社会の扉を開いていくことになった。

## 二　景気調整政策の転換

### 1　物価対策の登場

現代的課題の解決を担ったと考えられる諸政策の発端の一つは、第一次世界大戦期の物価対策の登場にみることができる。それはこの時期の価格暴騰が前例のないほど激しいものであり、とくに大戦半ばの金本位制停止以降に生活必需品の価格暴騰が激化したことを背景としていた。それが一九一八年夏の米騒動を引き起こしたことはよく知られているが、物価対策が具体化するのは米騒動をきっかけとするわけではなく、それより一年近く前の一七年九月のことであった。

物価対策の推移を高橋亀吉の『大正昭和財界変動史』によって追うと[16]、価格騰貴の原因を「愚劣なる輸出奨励策」のためだと批判された政府は、対策として輸入拡大と輸出抑制により需給の不均衡を解消することが必要だとの観点から、一七年九月に暴利取締令を公布・施行し、買い占め・売り惜しみによる物価の高騰を取り締まるに至った。引き続いて戦時船舶管理令による船価・海上運賃高騰の抑制、輸出制限品目の大幅拡大による必需品供給確保策（具体的には一九一七年七―九月に亜鉛鉄板、パルプ、用紙、化学肥料、翌年三月には小麦粉の輸出制限）を実施した（以下、同書一〇九頁）。

この措置について、高橋亀吉は、「特に大正六年下期における物価の思惑的暴騰による国民生活の急悪化は、もはや、自由経済的放任を許し得ない事態になった。ここにおいて、政府は逆に、従来の自由放任を一擲して、強力な物価調節に乗出す」（一〇九頁）こととなったと評している。自由放任を放棄し、物資の需給バランスを回復するという単純な処方箋が書かれたのである。直接的な需給調整による介入という方向は大戦後の一九一九年三月二四日、国民経済調査会が内地米の不足に関する臨時対策に関する決議で、「外米その他の輸入促進、主要食糧品の輸出制限及び禁止、価格の調節、主要食糧の最高価格の公定など」の対策を提案したことにも共通していた（二一〇頁）。

その後、政府の経済運営に対する批判的な世論が形成され、焦点として物価問題が本格化する一九年六―七月ころになると、通貨供給量の調節が論じられるようになった。このような問題が政府批判の論点となること自体が時代の変化を示していたが、物価調節問題が盛んに論じられた背景には、「成金」に象徴される国内の所得格差の増大とともに、七月にアメリカが物価引下げ政策を採用するなど、欧米の物価対策の進展が刺激を与えたものだといわれている。

そこで一般的に論じられていた対策は、従来の需給調整策に加えて、日本銀行の金利を引き上げて通貨供給量を抑制することであった。これに対して、政府は、高橋是清大蔵大臣の言葉を借りると、「物価低落の目的を以て有効なる程度の通貨収縮並に輸出制限をなす時は、其の結果或は事業会社の破綻、労働者の失業、農村の疲弊等に依り全国一般に不景気を招来し、物価騰貴に勝る悪影響を齎す事なきを保せず」(二一一頁)という考え方をとっていた。つまり、物価対策として金利を引き上げたり、需給調整策をとることの効果に疑問を呈し、積極的な経済拡張を促すことが優先されるべき課題だと考えていたのである。

こうした議論に対して高橋亀吉は、「当時の物価調節論は、専ら社会対策見地のものであって、投機抑制の必要を認めたものでは必ずしもなかった」(二一三頁)と批判している。もしこの段階で投機抑制という観点から問題に対処していれば一九二〇年恐慌を特徴づける激しい投機とその破綻は生じなかったというのである。しかし、ここで注目しておきたいことは、そのような景気調整政策上の問題点よりも、右のような積極政策を主張して金利引上げに慎重であった政友会内閣でさえも、物価問題に対して何らかの対応策が必要だと考えていたことである。高橋大蔵大臣も、金利引上げなどによる物価対策の有効性に疑問を呈しながら、「然りと雖も苟も物価騰貴の事実存在し、之が為に国民生活の安定を脅すものあるが如きは、実に憂慮すべき事態」と認めていたし、同様に政友会政務調査会長による『物価調節に関する意見』(一九年九月五日)も、物価騰貴の原因を論じたうえで、「是等事情を綜合して之を考究するときは、今日我国に於ける物価の騰貴は甚しく驚異し悲観すべきにあらず、然れども物価騰貴の為の一部国民の間に生活の不安を来せる事実は之を閑却を許さず、……通貨及物価政策に関し相当の考慮を費やすべきは固より当然の事なりとす」と述べていた（二一七―二一八頁）。

同じく金利政策の有効性に疑問をもち、「金利引上げと同時に、公債発行による資金吸上げ、郵便貯金の利上げ、金輸出特許の緩和、酒造制限、日用必需品の輸出制限及び輸入税撤廃の諸政策とあわせ、総合的に同時に実施すれば効果あるべし」とみていた日本銀行も、一九年八月の意見で、「一般の国民生活は物価騰貴の為め脅威せられ人心恟々として其の堵に安んぜざるが故に、之を自然の成行に放任するときは、形勢の推移する所は真に憂慮すべき情態に陥る」との観点から対策を論じていたのである（二一四―二一五頁）。

物価騰貴による国民生活の不安の増大を経済の順調な拡大を阻害しないような形で実行することに、政友会内閣や日本銀行は腐心していた。そのため、昂進する投機思惑の抑制によって経済の健全な拡大を維持するという観点から、一〇月に入ると政府は二次にわたる日銀金利の引上げ、綿糸の輸出禁止、綿糸布・大豆などの輸入関税減免、投機資金の貸出取締まりなどを実施し、もっぱら投機の抑制に努めることになった。金融引締めや需給調整が投機の基盤を崩すことによって恐慌勃発を準備することになったが、そのような景気調整の決定的な局面でも景気全般への見通しをもった調整政策は依然として視野に入らず、経済運営への批判は、「物価投機に基づく国民生活の脅威と、社会不安の除去に中心点があった」（二二四頁）といわれている。その意図は、政友会内閣の積極政策に批判的だった野党の主張の方に、より鮮明に表れていた。議会での質問に立った浜口雄幸は、労働運動の高揚だけでなく、運動が組織されていない中流階級の人々の不満の増大にも注意を喚起しながら、「斯く如く国民の多数に於て、非常なる不平と不満のある其の所へ、外部から危険なる所の思想が這入って来た時に於いては、其の結果果して如何なる影響を国民思想の上に生ずるのであらうか。若し此の危険思想が国民の不平不満の其の心理状態に於て培養され、宣伝をせられた時に於ては、将来政治上並に社会上に及ぼすべき影響は、果して如何でありましょうか」と述べていた（二二四―二二五頁）。つまり、第一次世界大戦後の経済拡大の方向については、慎重に言及を避けながら、「国民思想」への影響などの治安対策的な観点から社会政策的介入が正当化され、その面から物価対策が論じられていた。ここには、社会主義思潮の高まりを受けて、その一般民衆への影響をも視野に収めた「社会政策的な配慮」が経済政策の方向を見定めていくうえでの重要な基準になりつつあることが表現されていた。

## 2　物価抑制と正貨買い取り

大戦ブームのもとで、政府が本格的な物価対策に慎重であったことは以上みたとおりであるが、高騰する物価に対する抑制に関して政府は、輸出抑制などによる直接的な需給逼迫の緩和策だけでなく、通貨面でもその膨張抑制のための新たな政策展開をみせた。

それは、よく知られているように、大戦期の大幅出超を背景に、「正貨政策」の一環として推進された外債の引受けや対中国投資などの資本輸出とともに、財政資金による在外正貨の買い取りであった[17]。資本輸出が直接的に国内への正貨流入の抑制により過剰な通貨供給を回避する施策であり、西原借款をはじめとする対中国投資は日本が債権国化したことを象徴する出来事であり、中国への影響力の増大を企図していたものとはいえ、これも通貨抑制の効果をも念頭に置いたものであった。これらの点に関連して伊藤正直は、片為替による為替銀行の円資金不足を解消するとともに、「正貨増大→通貨膨張→物価騰貴」という連鎖を抑制するための金不胎化という二つの目的をもっていたと指摘している[18]。伊藤は、この二つの目的のうち後者の通貨調節については、政府資金による買い入れでも代金として円資金が為替銀行などに支払われるために「放出の瞬間には流通高の増加になる」との深井英五の指摘に依拠して、政策効果という面では限定的な評価しか与えていない[19]。確かに、政府が為替銀行から外貨を買い取り、その代金として円資金を支払うという単一の取引を切り離してみれば、深井の指摘は正当なものであろう[20]。しかし、そもそも伊藤が明らかにしたとおり、政府による買い取りは、外為銀行の資金ポジションの改善のために日本銀行がこれ以上円資

**表 5-1　国庫資金各部残高（1913-19 年）**　（1,000 円）

| | 1913 年 | 1914 年 | 1915 年 | 1916 年 | 1917 年 | 1918 年 | 1919 年 |
|---|---|---|---|---|---|---|---|
| 一般会計 | 30,255 | -17,363 | -22,681 | 89,361 | 195,998 | 306,968 | 432,156 |
| 国債整理基金 | 16,177 | 8,527 | 10,847 | 15,812 | 26,061 | 56,945 | 78,066 |
| 専売局 | 38,805 | 34,324 | 51,098 | 40,173 | 47,362 | 53,068 | 12,092 |
| 臨時国庫証券 | | | | | 63 | 45,753 | 33,125 |
| 臨時軍事費 | | 29,149 | 22,196 | 17,600 | 27,509 | 119,600 | 96,696 |
| その他特別会計 | 62,673 | 71,230 | 98,754 | 103,469 | 115,369 | 168,539 | 115,565 |
| 預金部 | 16,989 | 29,047 | 59,248 | 123,334 | 227,368 | 328,084 | 409,387 |
| 雑部他 | 4,814 | 20,557 | 24,057 | 24,607 | 60,749 | 169,239 | 192,762 |
| 合計 | 169,714 | 175,474 | 243,518 | 414,357 | 700,481 | 1,248,193 | 1,369,849 |
| 内訳 | | | | | | | |
| 在外正貨 | 68,919 | 67,071 | 106,922 | 254,268 | 330,118 | 943,780 | 1,031,241 |
| 日銀当座預金 | 39,350 | 28,750 | 54,450 | 100,050 | 283,550 | 164,550 | 190,450 |
| 同特別預金 | 17,215 | 13,226 | 12,202 | 13,452 | 9,859 | 8,323 | 9,895 |
| 金庫保管高 | 44,230 | 66,427 | 69,944 | 46,857 | 76,954 | 131,540 | 138,263 |

出典）日本銀行調査局「大正 3 年度以降国庫資金変遷ノ概況」大正 8 年 9 月より作成.
注）18 年まで各年末の数値, 19 年は 8 月末.

金を供給しつづけると通貨膨張が深刻化するとの懸念のもとに行われた代替措置であった。この代替措置では、買い取りの原資となっている財政資金は、市場から租税等によって吸収された資金である。具体的には、一般会計剰余金一五億円余、預金部資金二・一億円、臨時国庫証券収入特別会計一・七億円の合計約一九億円が買い入れ原資であった[21]。これらは、買い取り資金とならなければいずれは財政支出などに充当されて市場に放出される可能性があった。この点を考慮すれば、中央銀行が正貨を兌換などによって引き取り円資金を為替銀行に供給するのとは異なって、この一連の動きのなかでは政府の買い取り分だけ通貨の膨張が抑制されたことの方こそ重視されるべきであろう。一九一四年から一九年にかけて、政府保有正貨額は四九〇〇万円から一〇・五億円へと約一〇億円に増加したが[22]、同じ期間に政府の日銀預金高は、一億円から一一・四億円へとほぼ同額増加していた[23]。

これとは異なるデータとなるが、国庫資金の残高を示す、表5-1によると、一九一九年八月には一三・七億円の国庫資金残高に対して、政府が保有していた在外正貨は一〇億円を超えていたが、財政面からみると、正貨として保有された国庫金残高は、これを日本銀行や為替銀行に払い下げて円資金に転換しない限り、政府が財源として利用するのは対外支払いに限られることになるから、見かけ上の多額の剰余金にもかかわらず、政府財政は金不胎化政策によって膨張に歯止めをかけられ、支出が繰り延べられることになった。

正貨買い取りによって、財政支出の増加に対する歯止めがかかっていたことを確認することによってはじめて、第一次世界大戦期の税制改革に関わる能地清の以下の指摘が意味をもってくることになろう。すなわち、第一次世界大戦期において「対外金融――とりわけ輸出金融――から要請される円貨決済資金の供給と経費膨張とが」必要となった結果、大戦ブームによって「厖大な自然増収を毎年とげながらも、新たに増税をおこない、一面で、経費膨張を支えながらも、他面で、国内の過剰円資金の吸収と円貨決済資金の供給を行わざるを得ないという矛盾を国家財政に付与した」[24]。政府の厳しい資金繰りの様子は、一九一八年に行われた正貨買い上げ八〇〇〇万円に関して、正金頭取席が、五〇〇〇万円分は「政府資金の都合上しばらく実行困難」と各店に通達していることにも示されている[25]。

こうした貿易の大幅黒字のもとでの金融緩慢に対して、政府は資本輸出や正貨の不胎化政策によって財政支出を繰り延べて通貨供給の増加を抑制し、物価の上昇を抑えようとした。この政策は、それ自体としては誤りではなかったが、それでも投機の発生を抑えるには十分ではなかった。

物価対策としては限界をもった正貨買い取りは、しかしながら大戦後の日本にとって大きな遺産となった。蓄積された政府在外正貨は、一九二〇―三〇年代を画する財政金融政策の構造的な特質をもたらす実態的な根拠となったからである。それは、しばしば指摘されるような政府在外正貨が慢性的な入超構造による正貨流失を補塡し、対外的な不均衡の衝撃を和らげたという意味だけではなく、繰り延べられた支出の復活によって財政政策そのものにも大きな財源をもたらしたという点で、したがって、国際金融面と財政面との両面で第一次世界大戦後の経済政策を特徴づけることになったからである。その点の検証については本章第5節において詳しく論じる。

## 3　社会政策的租税改革論の展開

物価対策にみられる「社会政策的配慮」は、増大する財政支出をどのように賄うかという観点から計画された租税制度の改革にも表出した。大戦から一九二〇年代にかけては、一九二三年に軍縮に伴う「応急的税制整理」を挟んで、一九二〇年に所得税および酒税に関する税制改正、二六年には地方税・国税を通じる抜本的税制改革が実施された。この一連の租税改革を神野直彦は、「この二つの税制改革で注目される点は、一九二〇年の税制改正で「社会政策の加味」を謳い、一九二六年の抜本的税制改革では「社会政策的ノ効果ヲ挙グル」ことを、その改革の「趣旨」として真正面から打ち出した点にある。さらに実現しなかったとはいえ、一九二九年（昭和四年）の第五六議会に田中義一内閣が提出した税制改革案でも「社会政策的租税制度ヲ確立」することがその目的とされていた。このように一九二〇年代に展開された租税政策は、「社会政策」を政策象徴として掲げ、租税政策を社会政策の手段として活用することを提唱していた」と評価している(26)。

「政策象徴」として登場してくる「社会政策」は、一九二〇年の改革に関する議論では、原理的には「富者に重くし貧者に軽くする」という「階層的負担配分の原則を唱え」、その方向での税制改正を追求する姿勢を示したことに特徴があった。もっとも、実際の改正案は、一方で財源の拡大を企図した増税の必要と絡んで「富者に重く」するものであった。富者への増税が問題になったのは、この改革案の背後に、「大戦後の日本の「国力発展」は、軍備拡張、官業拡張、教育振興、社会政策的施策の充実など」、「積極的な国家活動の展開」によって実現されるものとの捉え方があったためであった。財政支出の増大に伴う積極的な国家活動を「富裕階級」への課税を財源に実現しようとしていた。そのために、「担税力に応じて「富者に重く貧者に軽く」課税することを唱えたこの税制改正は、必ずしも

『社会政策』を社会政策的租税政策論の主張に忠実な意味で使用していたわけではない」が、これをきっかけとして、この原則が「租税政策策定の基準として広く受け入れられていくこと」になったという意味で、画期的な意義をもった。(27)

一九二六年の税制改革論も、この原則に従う性格のものであった。積極的な財政運営を志向しながら財源不足に直面していた政府は、他面で中小商工業者の営業税廃止運動に対応して、負担の公平という観点から租税制度を見直す必要に迫られていた。こうして「応能課税原則を基準に税制全般を見直すこととともに、旧中間層の租税負担軽減要請にどう対処するかという、税負担配分上の課題を担って」二六年税制改革が提案されたのである。そこでは「社会政策的ノ効果ヲ挙グル」ことが改革の目標として強調されていた。単に「富者に重く」だけでなく、「中間層の負担軽減」が唱えられたことに新しさがあった。所得税の免税点がきわめて高く、そのためこの面から負担軽減を図ることはできなかったから、問題は中間層の負担を重くしている戸数割や地租付加税、営業税付加税などを軽減できるかどうかに関わっていた。

しかし、二〇年改正が「貧者に軽く」できなかったのと同じように、財源不足から「中間層の負担軽減」は実現できず、逆進性の強い間接税の軽減を一部実施するに止まった。(28) それ自体としては「無産階級」などの「貧者」の租税負担軽減につながる社会政策的な配慮の表現ということができるが、この間接税の減税は経済成長優先の改正案だったと神野は指摘している。つまり、経済発展を展望する観点から、間接税の廃止・減免によって生活必需品の価格を下落させて賃金率を引き下げ、さらに企業への課税強化のなかで内部留保に対して課税を軽減して民間貯蓄を増強し、民間資本形成を促して労働生産性の向上を図る。それによって大戦後に生じた実質賃金の上昇を吸収して産業の国際競争力を回復させ、「国際収支を改善しつつ同時に経済発展をも実現していくことが」目論まれたのである。その意味では、この改革案は、「富者に重く貧者に軽く」という社会政策的な特徴をもつ原則を承認してこれに沿った改革を議論しながらも、最終的には当時の日本経済が抱え込んでいた構造的な弱点をカバーすることによって「健全」な経済状態に復帰することが優先されるような「現実策」へと収斂していった。

これに関連して、第一次世界大戦後の税制改革論議のなかで焦点の一つとされた「両税移譲問題」にも注意を払う必要がある。この問題は、「日露戦後期に定置された税源配分の特質を背景に、……第一次大戦による欧米の所得税制採用のインパクトを媒介にして、農村負担軽減を目的とした社会政策の一環として、所得税中心主義とセットになり、ひとまず官僚サイドから提起されたものであった。この時点での負担軽減は、戸数割を通じた農村全階層を対象にしていたが、第四十六議会で政党が委譲案を採り上げると、財産税の忌避と相俟って減税対象がいったん上方へシフトする。しかし、一九二〇年代の中葉以降、政党の政策選択においても次第に社会政策の重要性が浸透し、『社会政策的減税』が問題になるにつれて、政友会の委譲論自体、減税対象が下方をも含むものに修正されてゆき、ついにはほぼ全階層にわたる減税を一つの特質とする田中内閣の両税委譲案に帰結していくのである。そして、こうした両税委譲論は、義務教育費国庫負担論との対抗からではなく、むしろ、金解禁をめざした緊縮政策の制約をうけて挫折していく」と金澤史男は指摘している。つまり、地方における税源不足という国と地方との関係からみた税制の歪みを是正する意図をもっていたこと、そして、この企図には第一次世界大戦前から政策課題の一つと認識されるようになっていた地方振興問題があったことにも注意を払うべきだろう。そして、この問題の解決も不徹底に終わり、社会政策的な課題に応えることはできなかった(29)。

このように両税委譲論は、社会政策が租税改革面で理念の主張に止まり、実質的な税負担配分の変更という点では大きな意味をもちえなかった。その結果、租税改革では社会政策的配慮に代わって経済発展が優先されたが、これも、当時の経済構造と経済政策の特質が表現されていた。それは生活費の低下による賃金率の引下げという処方箋によって国内産業の発展を志向していたからである。産業成長を阻んでいるのは、需要の不足ではなく、割高な物価、割高な賃金、割高な生産費であった。一九二〇年代には個人消費支出が相対的に高い水準に達したが、それは輸入拡大・貿易収支の赤字をもたらすマイナス要因として捉えられ、したがって減税と同時に「消費節約」によって過大な消費需要の抑制を図ることが追求されていた。都市化を牽引力とした需要構造の変化が産業構造の変容に先行したことが、この時期の貿易入超を規定したことはすでに指摘したが、個人消費の拡大にみられる「都市的な生活」の展開とは逆の方向を、この改革案の枠組みは向いていた(30)。耐久消費財生産が未熟で、まだ旧型の重工業の成長が課題であった当時の日本では、消費需要の喚起による内需拡大に基づいて景気を回復させるというような現代的な政策が実施できる条件を欠いていた(31)。その点では、ここでの経済発展の展望も、金解禁政策にみられる古典的な調整メカニズムの採用と同質のものであった。

## 三　一九二〇年恐慌期の救済策

### 1　投機の破綻

第4章で明らかにしたように、一九二〇年三月一五日の株式市場の大暴落をきっかけとして、「休戦反動」を挟んで大戦期から戦後にかけて続いたブームは崩壊に向かった。この一九二〇年恐慌の特徴は、第一に先行するブームが激しい投機を伴うものであり、恐慌は何よりもその破綻として生じたという点であった。投機は株式だけでなく、綿糸、生糸、米などの商品に及んだ。大戦期が軍需関連の強い重化学工業品でのブームを特色としたのに対して、戦後には、消費財を中心に投機が活発化し、政府が物価対策の観点から投機の抑制のための措置をとることになった。したがって、以下で主として検討する綿・絹の二産業についてみると、そのブームの絶頂期も一九一九年秋から二〇年初めのきわめて短い時期であった。その間に綿糸を例にとれば、二〇ヵ月先に及ぶほどの先物取引が横行し、綿糸の

「実際生産量の数倍ないし何十倍の先物空取引量が投機的に成立した」[32]。伊藤忠商事専務の伊藤竹之助は、「兎モスレバ総テノ人ト一所ニ長襦袢一枚デ踊リ狂フ仲間ニ引キズラレテ行ク危険ヲ敢テ注意セナカツタコトハ顧ミテ忸怩タルモノガアル」と、この間を回想している[33]。この投機に加わった綿糸布商を中心とした流通業者と、これに資金を提供していた金融機関との破綻が、この恐慌の激しさを特徴づけた。

第二の特徴は、一九二〇年春の破綻が、世界的にみれば日本で先行していたことであった。それまでは海外の景気動向が、日本の景気後退のきっかけとして決定的な意味をもっていた。ところが、一九二〇年の三月から四月にかけてはアメリカでも、ヨーロッパでもまだ明確な後退局面には入っていなかった。国内の投機による物価暴騰を抑制することが引締め政策の第一の狙いであり、それ故に、この恐慌は海外に先行して日本経済を襲うことになった。そして、この時間的なズレが、後述するように、この恐慌への対応策にそれまでにない特色を付与することになった。

以上のような特徴をもつ一九二〇年恐慌への対応策については、「業界自らの対策と政府及び日銀の救済策」とがあり、「表面上業者の自衛対策とみられる措置の中にも政府及び日銀の要求や示唆に基づくものが少なくなく、また表面上政府及び日銀の救済措置と見られるものの中にも民間業者の要望に基づくものが少なくなかった」という[34]。その主なものは、①政府および日銀の救済的金融措置（一般金融の緩和、特殊業界への救済、銀行取付けへの対応）、②救済融資を支柱として実現された株式、綿糸市場などの先物取引に対する業界の総解合、③物資供給過剰緩和などの自衛措置で、生産制限のほか、棉花・羊毛・砂糖では輸入契約品の海外市場への転売や輸入契約の取消しが実施された。また、④滞貨処分に対する積極的措置としては、綿糸・生糸・銅などでシンジケートなどの結成による滞貨の棚上げと輸出ダンピングが試みられ、さらに、⑤資金難打開のために業者がシンジケートなどを結成し、その共同責任・連帯責任による融資獲得と業界内の大企業による取引先への融資などが行われた[35]。

これらの諸対策、とくに「業者の共同自衛措置」の多くは、利害の対立から容易ならぬ摩擦を伴い、実現までの協議は難航したが、「一方は政府の救済融資という好餌の誘いがあり、一方には共同自衛の必要の自覚に基づく業者の犠牲精神の発露があって、幾多の曲折ののちはじめて実現されたもの」であった[36]。以下、綿・絹の二産業を中心にその具体的展開と特徴を追っていくことにしたい。

## 2　綿業「総解合」

綿糸布相場の暴落は、長期の先物約定によって幾重にも絡みあっていた綿業関係者の取引の網を一挙に麻痺させてしまった。この混乱について、高橋亀吉は、第一に「高値の先物売買契約が巨額に算していた基礎の上に、市価の暴落を蒙ったこと」、第二に「地方機業地が金融逼迫のためと大損失のため、約定品の引取困難に陥り、ために滞貨が急増」したこと、第三に「市価も輸出は銀塊暴落と、内地市価続落のため前途見透困難なこと」、第四に「商社問屋はますます深刻な金詰りに陥ったこと」が原因と指摘している[37]。こうして投機の破綻による滞貨の累積に輸出不振が加わり、業者の資金繰りは極端に逼迫し、大阪綿糸商同盟会書記長・野尻孝が「戦後ニ於ケル恐慌時代ノ本舞台ハ正ニ綿業界ニ於イテ遂ニ之ガ展開ヲ見ルニ至レリ」と表現するほどの惨状となった[38]。

しかし、綿業者自身も「中心舞台ト見做サレタ綿業界ガ……横浜ノ混乱ト趣ヲ異ニシテ、余儀ナイ犠牲者ノ少数ヲ出シタ外、一般的ニハ同業者間ニ於ケル決済事務ヲ無事結了シ得タノハ誠ニ驚異ノ事」と認めているように[39]、「反動の善後措置が、巧妙に比較的に円滑に進捗したのは綿業界」であった[40]。それは、会社設立ブームの後遺症を払拭しえず、その重荷のために長期の不振に陥っていったイギリス綿業とは対照的な状態のようにみえる[41]。果たしてそうであったのか、もしそうであれば、何が（誰が）どのようにしてこのような「巧妙」で「円滑」な善後措置を可能にしたのか。

当然のことではあるが、市価の暴落に直面したとき、綿糸紡績業者、綿糸布商、機業家、銀行などの関係する諸経済主体の利害は対立し，危機克服への思惑は異なっていた。

最初に救済を求めて悲鳴をあげたのは，東京綿糸布商組合で，紡績業者に対して約定品の引取り延期と五月一日以降の五割操短（生産制限）の実行を要請するとの方針で，各地の同業者に同調を求めた。これに対して，名古屋・京都の同業者が東京案に賛成したものの，大阪で操短要請を三割に圧縮する修正意見が表明された。その結果，この修正案を容れて全国綿糸商団は一致して，約定品の引取り延期と三割操短を，大日本紡績連合会に要請するとともに，綿布商や輸出業者の賛同を求めていった(42)。

紡績連合会は，四月二八日に定期総会開会に先立って委員会を開催し，引取り延期は連合会が一般的に決定すべき事項ではないとの理由で，また，操短は時期尚早であり「失業問題が喧しき今日」の状況からみて応じられないとの理由で，全員一致で綿糸商の要求を拒否する回答を決定した(43)。市場の混乱の原因のほとんどは，糸商同士の投機的な仲間取引の繰り返しによるものであったから，紡績業者が市況の混乱の責任を分担することを拒絶したことは，むしろ当然のことに思われた。

しかし，「時機尚早」という判断は，綿糸相場が三月の六五〇円弱から四月末には四〇〇円を割り，五月一一日には三一九円まで暴落する一方，阪神倉庫在荷高が四月には年初の倍近くに膨れ上がるなど，引き続く市価の暴落と滞貨の累増の前に簡単に崩れ，綿糸商らは救済運動を強めた。そのため，わずか一〇日後の五月六―七日に委員会を開いた紡績連合会は，一ヵ月六昼夜（実質二割）の操短を決定し，一〇日から実施した。それでも綿糸価格の下落と在庫の増加は止まらず，市況の悪化がさらに進んだ。操短実施は決め手とはならなかったのである。

このような状況のもとで危機克服策となったのが，総解合《そうとけあい》，輸出シンジケート，日本銀行の特別融資の三つであり，それらは「輸出シンジケートが結成されねば総解合の見込みが立たず，解合ができねば輸出シンジケートの結成は見込みなく，また，そのためには所要資金の供与が前提条件であった。とともに，特別融資にも前二者がその前提条件」という関係であった[44]。この危機克服策のイニシアティブをとったのは、大手の紡績業者と綿関係の貿易商社であった。

シンジケートの結成は、綿糸商団の前述の要請と前後して動きだしていた。宮島清次郎日清紡績社長が綿糸布シンジケート組織案を立案し、まず東京綿糸商組合に検討を求め、同組合から各地の同業者に参加を勧誘していったのである[45]。この提案は、前述の操短問題を優先するという大阪綿糸商の意見で一時棚上げとなったが[46]、さらに喜多又蔵日本綿花社長、児玉一造東洋棉花専務の斡旋により、五月一四日に大阪綿糸商同盟会、一五日に輸出綿糸同盟会がそれぞれ総会を開いて、シンジケート結成方針を決定した[47]。

この決定が実施されるうえで重要な問題となったのは、滞貨を引き取る際に要する資金の手当てであり、銀行側は融資に「紡績会社が連帯責任」を負うことを要求していたことであった。斡旋仲介役の児玉一造は、大戦中に綿業者が「我利暴慢」を尽くしていたという世評から、綿業界が「一種ノ色眼鏡」でみられていたことが、問題解決の障害であったと回想している[48]。この点は、業界を取り巻く環境としては次に述べる製糸業とは大きく異なっていたと考えられる。彼の言によれば、シンジケート向け融資に銀行団が「商売利息」を要求したのはその現れであり、「内輪をまとめる」ことだけでなく、「関係他方面ノ了解ヲ得」ることにも大変苦労したという。銀行の慎重な態度は、恐慌の混乱下では当然ともみえるが、この資金については日本銀行の特別融資が保証されていたから、綿業界と銀行との関係が必ずしも緊密なものではなかったことを示していた。連帯保証の条件を受け入れるかどうかは、紡績業者の判断にかかっていた。

糸商の取引拒否ないしは引取り能力の不足という状況に至れば、生産制限を実行中といえども手持ちの在庫（製品の売残り）の累増のおそれがあった紡績業者は、五月二八日の紡績連合会委員会で連帯保証に応じ、輸出シンジケートには加盟しないものの、シンジケートによる滞貨処分によって生じる損失の半額を「輸出奨励の意味から」負担することを決定した。この結果、為替銀行団（横浜正金、台銀、朝銀、三井、三菱、住友の六行）から三四〇〇万円、内地銀行団（三四、住友、鴻池、山口、浪速、近江、鹿島の関西系七行）から一三〇〇万円の合計四七〇〇万円が、日本銀行特別融資を前提にシンジケートに供与されることになり、この資金でシンジケートは、紡績会社計二九社から五―六月限り引渡し予定の九万梱余（総額三九七二万円、関係綿糸商三〇本支店）を引き受け、恐慌克服策の第一段階が達成された。

輸出シンジケート結成後の問題は、シンジケートが処分の対象としていない七月以降の約定品についての処理であった。これについては、錯綜した取引のすべてを解け合う（総解合）ことで解決することになった。この総解合の焦点は、個々の取引の解消に際して必要となる解約値合金の決済であったが、各商店が資金繰りに難渋していたときだけに容易なことではなかった。そのため、最終的には輸出綿糸商同盟会（委員：日本綿花、東洋棉花、江商）、大阪綿糸商同盟会（委員：伊藤忠、岩田商事、小島商店）、大阪綿布商同盟会（委員：伊藤万、山本商店、八木商店）の三者による「三派協調」が成立し、その協定に基づいて集中清算方式を採用して値合金支払問題を解決した(49)。

以上述べてきた綿業界の恐慌対策の特徴は、次のように要約することができる、第一は、対応策が大手の貿易商社や紡績会社のリーダーシップのもとで実現したことであった。そうしたまとめ役を業界内に得たことが比較的スムースな対応を可能にした。そして、第二に、紡績業者が混乱の収拾にあたり、単に綿糸布商の組織化（シンジケートの結成、総解合）を促すだけでなく、予想された損失を負担したことである。多数の規模の異なる紡績業者が加盟する紡績連合会ではあったが、その方針決定を左右していたのは、重要な決定に際してしばしば登場してくる「委員会」を構成する大紡績会社であった。どんぐりの背比べ的な状況にあったイギリスとは異なり、日本の紡績業は有力紡績会社への生産の集中が進み、その業界に対する発言力はこの時期には決定的だった。つまり、この恐慌でみられた綿業界の組織的対応には、大紡績会社がリーダーとして果たした役割がきわめて大きかった(50)。

もちろん、総解合まで含めて紡績業者の負担が一方的に大きかったというわけではないようである。綿糸商田附商店の田附政次郎は、シンジケート組織は「窮余ノ一策」であり、結果については「当初ノ期待ニ反」するものが多く、解合についても問屋営業者の立場からみると、紡績業者と機業家との板挟みになって両者から譲歩を強いられ、「其間意外ノ損失ヲ蒙ルコトトナリ」と記している(51)。この証言がどの程度事実であったかを確認する余裕はないが、それまで国内市場で大きな力を発揮していた大阪の綿糸布商が、この恐慌をきっかけに次第にその影響力を落としたことは事実であった。これに対して紡績業者は、輸出シンジケートの損失保証に耐えうるだけの蓄積を大戦中に成し遂げていた。戦時期の巨額の利潤が豊富な自己資金として留保され、自己金融化した大紡績会社の財務的な余裕がこのような対応を可能にしたというのが通常の評価である(52)。その点に異論はないが、シンジケート組織の問題には、もう一つ別の面を指摘しておく必要がある。それは、このような対応の背後に、景気の先行きに関する状況判断の誤りがあった可能性が高いということである。

当時日銀支店長であった結城豊太郎は、「輸出綿糸シンジケートガ海外輸出ヲ標榜シテ組織セラレタルニモ拘ラズ、仮令当時四囲ノ事情容易ニ之ヲ許サザリシニセヨ、当業者ガ糸価ノ恢復ヲ夢ミテ逡巡壱俵ノ海外輸出ヲモ為サズ」、そのため無用の長物とみる者が出たことを「遺憾」と記している(53)。シンジケートの成果については、このほか、岸和田紡績の社長・寺田甚與茂も「何分不幸険悪時機ニ際会シ不結果ニ終タル事ハ甚ダ遺憾」と述べ、倉敷紡績取締役・河原賀市も「仕事夫レ自身ハ失敗或ハ不成績ト思ヒマス(54)」と率直に記している。このように全体としては、「巧妙」「円滑」と評価された恐慌対策のなかで、シンジケートの成果を関係者は予想外の不成績と指摘している。その原因は、シンジケートへの期待が大きかったことにあるように思われる。つまり、損失の半額を負担し、銀行融資の連帯保証に応じた紡績業者にしても、シンジケートに参加した綿糸商にしても、滞貨処理が一定の利益をあげることを期待していたし、また、斡旋役となった輸出商は前年秋に物価対策の観点から実施された綿糸輸出禁止措置によって狭められた事業機会の再拡張を狙って動いていた。このような「甘い期待」が組織化を成功させたもう一つの要因であった。そして、この期待とは裏腹に、輸出はすぐには行われず、シンジケートの滞貨引受け額三九七二万円に対して、その損失は一六八二万円という惨憺たる結果となった[55]。言うまでもなく、「甘い期待」は一九二〇年恐慌が日本で先行し、シンジケートの組織化の時点では国内よりも海外市場が堅調であったことに基づいていた。その海外市場に滞貨を売り逃げるという可能性を追求したことが、シンジケートの結成から総解合へという綿業界の素早い対応の背景にあったと推定されるのである。

### 3　帝国蚕糸の設立

一九二〇年一月に最高値を記録した生糸価格は、三月まで上昇基調を辿った綿糸とは異なり、三月にかけて一六%、四月には前月比一八%、五、六月には同じく二四%ずつという暴落を記録した。比較的早い下落基調への転換とともに、六月にはその下落幅が綿糸の一六%に比べて大きく、世界的な景気後退の影響が強かったことが特徴であり、後者はアメリカへの高い輸出依存度が主因であった。

高橋亀吉は、蚕糸業界の善後措置の特色を、第一に、その危機の発生も救済措置の実現も他産業に比べて遅れたこと、第二に、対策の根幹となる生産制限が、多数の群小製糸業者の存在のためにきわめて困難であったこと、第三に、全国無数の養蚕農家に対する配慮が問題解決を複雑にしたこと、第四に、そのために対応が著しく難航したことにあると述べている[56]。

具体的な対策の最初は、五月三日に横浜蚕糸貿易商組合が最低価格を定め、それ以下では販売しないという「売止め」を決議したことであったが、これは励行されず、失敗に終わった[57]。価格協定や販売ないし生産制限についてはその後しばらく目立った動きはなく、同組合は、六月下旬に横浜入荷量の制限を決議したが市況の回復は見込めず、そのため七月二二日に全国の製糸家に対して生産制限を勧告する決議を送った。この動きを受けて、ようやく八月一〇日に全国蚕糸業者大会が開かれることになった。市況の悪化が本格化するのが遅かったとはいえ、綿糸に比べて三ヵ月余り対応は遅れていた。

全国蚕糸業者大会は、生産制限と横浜への出荷停止を内容とする決議を採択し、この決議に呼応して、蚕糸業同業組合中央会や全国製糸業者大会も減産を決議した。この間、全面的な操業停止を求める横浜蚕糸貿易商組合と操業短縮に止めたいとする製糸家との間で意見の対立が生じ、輸出商側の要求は容れられなかった。製糸業者は生産の制限に逡巡していた。

しかも、妥協の産物であったこの減産協定は徹底せず、滞貨の累増と糸価の低迷を打開するには役立たなかった。そのため、減産決議から一ヵ月後の九月一〇日に蚕糸業同業組合中央会は、資本金一〇〇〇万円のシンジケートの創立案をまとめ、糸価維持に要する資金を政府から低利で借り受けるという方針を決定した。同会がシンジケート案の検討を最初に決議したのは六月三日のことであるから、それから三ヵ月で滞貨処理の具体案がようやく動きはじめた。

業界の要請に対して、政府は閣議で興業銀行・勧業銀行を経由して預金部から五〇〇〇万円の低利資金を融資することを決定し、二五日に帝国蚕糸株式会社（第二次、資本金一六〇〇万円、半額払込）が設立された。同社は、一一月から市場在庫の買い上げを開始し、翌二一年二月には追加資金三〇〇〇万円を受けて事業を継続し、同年六月までに九万梱余り、六五〇〇万円の生糸を買い上げた。買い入れた製品の売却は、二一年一二月から翌二二年九月にかけての二年にわたる在庫の買い上げ・保管・売却処分の事業によって約八七二万円の純利益を計上した(58)。

政府の低利資金供給による市場在庫の買上品が、市況回復を待って輸出処分されたことが、綿糸の輸出シンジケートとは対照的なこの好成績につながった。しかし、その成立までの混乱は、蚕糸業の組織化が綿業に比べて弱体だったことを表現していた。横浜蚕糸貿易商組合の要請も十分な効果がなかったし、帝国蚕糸設立に動いた中央会も府県単位の蚕糸業同業組合の連合体にすぎず、組織化に有効な手段をもたなかった。

十分なリーダーシップを欠いたにもかかわらず、帝国蚕糸設立を可能にした背景には、大戦開始直後の同様の経験が意味をもっていたように思われる。第一次世界大戦勃発の混乱のなかで市価の低落に直面した大日本蚕糸会は、一九一四年一〇月に救済資金四〇〇〇万円の融資を政府に求めた。このとき、蚕糸会と日本銀行や有力民間銀行の間を斡旋したのは、渋沢栄一であった。財界世話役といわれた渋沢の行動が、翌一五年五月に政府の助成金を受けた帝国蚕糸株式会社（第一次）の設立に結実した。重要輸出品であり、養蚕業に従事する農家への社会政策的な配慮を要するという、この産業の特殊な事情が、政府の救済出動を正当化させる条件であり、そのためのお膳立てを財界世話役が果たした。この経験からみれば、一九二〇年恐慌の対策として買上機関を設立することは何ら新しい工夫を必要としないものであったし、世評の逆風が吹いていた綿業界とは異なり、政府が救済出動しても受け入れられる十分な理由があったのである。

しかも、政府が果たした役割は、単に救済資金の提供だけではなかった。帝国蚕糸の滞貨処理を有効に行うためには、中央会の決議に従って製糸家が自らの手で生産を制限する必要があった。しかし、中央会もあるいはその下部の各同業会も生産制限を励行させるだけの組織力をもっていなかった。これに代わって、政府はたとえば地方長官会議で農商務大臣が減産協定遵守に努めるよう要請し、制裁規定のない協定を結んでいる組合に対して制裁規定を設けるよう指導することを、次官通牒で各地方政府に要求した(59)。しかも、この通牒に基づいて、一一月下旬には、最大の生糸産地である長野県で、各地域の警察署長に対して協定遵守の監視と違反者の報告を求める通達が出されるなど、政府は、行政・警察機構の末端まで動員して、製糸家の減産協定遵守を監視しようとした。そればかりか、横浜生糸検査所は、農商務大臣の命令を受けて、協定に違反した場合には、輸出に必要とされた検査所の品質証明を与えない旨を明らかにしたのである。蚕糸業対策は農村対策であり、都市と農村の格差が顕在化し、日露戦後には地方振興が政策題として浮上していたことが、こうした政府の積極的な対応の背景にあった。

それ故、政府の救済資金供給の実効を期するためとはいえ、製糸業に対する恐慌対策は、多数の企業によって不況期には「過当競争」に陥りやすく、組織的対応に欠ける傾向のあったこの産業の特質に対応し、徹底した政府の行政的な指導・監視によって実行されたものであり、大紡績会社のリーダーシップのもとで「自治的」な対策が図られた綿業とは、対照的であった。

### 4 日本銀行の救済融資

業界団体や政府の行政的な介入と並んで恐慌対策の主役を演じ、前述の綿業や絹業の対策にも大きな影響を与えるなど、各業界の組織的対応を支えたのが、日本銀行であった。

この日本銀行の対応で注目すべき点は、一般的金融緩和策だけでなく、前述の綿糸の例にみられるように、特定産業に対する特別融資を実行したことであった[60]。具体的には、商事会社（一〇九六万円）、株式市場・東京（四五〇〇万円）・大阪（一二〇〇万円）・名古屋（三〇〇万円）、砂糖滞貨資金（三二〇〇万円）、羊毛輸入資金（二七〇〇万円）、綿糸輸出シンジケート（四八〇〇万円）、帝国蚕糸（五〇〇〇万円）、日本産銅組合（六〇〇万円）、銑鉄同業会（不詳）などの特別融資が各事業分野で実行された。このような特別融資は前例のないものであり、二〇年恐慌対策の根幹をなす特徴であった。

重要な点は、これらの産業に対する特別融資に際して、日本銀行は、「当業者ヲシテ生産制限ノ必要ヲ自覚セシムルト共ニ主トシテ滞貨処分及ヒ解合ニヨリ市場整理ニ要スル資金ヲ其々其取引銀行ヨリ供給セシメ、取引銀行ニハ之カ為メ必要トスル資金ヲ適宜本行ヨリ供給スル[61]」という建前をとったことであった。業界が自ら生産制限を行い、さらに滞貨処分の方法を講じるのであれば、必要資金は日本銀行が普通銀行を介して供給する点に特徴があった。このような前例のない対応には、一九二〇年四月三〇日に大阪商業会議所が行った「財界善後方法」に関する決議などの[62]、民間側からの要望に応えた側面があった。しかし、それ以上に重要であったのは、当時の日本銀行総裁・井上準之助の状況認識と判断であったように思われる。

一九二〇年年頭の銀行集会所新年宴会で、井上は「日本の財界には遠からず反動が来ます」と発言し[63]、投機思惑の抑制の必要を強調していた。しかし、井上の警戒論も「財界投機の行き過ぎ」への批判を意図したものであり、一般にも、また政府も「あの時期にわが財界の大反動が襲来するとは殆んど予想」せず、欧米の景気が後退局面に入らない限り、先行きに不安感は小さいと考えていた。そのため三月一五日の株式市場崩壊に際して、「財界も政府も、当初はこれを株界特殊の局部的現象と見て、左程重大視してはいなかった[64]」。たとえば、株式市場崩壊後に、東洋経済はその社説（四月一〇日）で、「戦後の世界的物資の欠乏状態は未だ容易に回復せぬ。したがって、世界の戦後景気はなお続く。そうである限り、たとえ金融が引き締ってもわが財界そのものに反動は起らぬ」と主張していた[65]。この「正常性バイアス」とも評すべき楽観・判断のズレが、株式市場の崩壊に続いて起こる各商品市場の崩壊、在庫の累増に対して、個別的な対策に追い込まれた要因であり、救済のあり方自体を大きく変質させた。

楽観論を共有していた井上は当時の状況を、過剰な在庫の累積が問題であり、そのために生産制限と滞貨処分、滞貨金融が必要と認識していた[66]。また、通貨が膨張し銀行の資力も充実しているときだから、金融緩和の一般的な施策は必要がないと判断していた。こうして各産業別の組織を救済する方針がとられた。井上は、その方針を、一つの機械がどれかの部分に油が切れて止まってしまったら、その切れた箇所を探してそこに油をさすのが本当で、故障箇所もわからずに全体に油をかけるような「一般金融の緩和」は必要がない、「悪い所が分ったならば、……従来使用し来った油差、即ち其組織に関係をして居る銀行を通じて資金を疎通するのが本当ではないか[67]」と説明している。この井上の状況判断は、日本銀行が個々の産業に対して、たとえば綿糸輸出シンジケートや日本産銅組合などのように、滞貨処理や生産制限を目的とした組織の結成を促しつつ実行した特別融資に結実し、この時期の救済措置に前例のない特徴を付与したのである。

もっとも、このような方針に対しても、「市中銀行は危険を惧れて、その融資に二の足を踏む傾向が少なくなかった」といわれ、『銀行通信録』は、「市中銀行は兎角各当業者の信用状態を疑ひ、日本銀行より資金を仰ぎて他に貸付くるを危険とし、容易に之を承諾せず」、そのためにシンジケートの結成も「行き悩みに陥れるものが多きが如し」と伝えた(68)。銀行家たちは慎重であったが、それは相当数の有力銀行が個々の関係企業への固定貸付けに難渋していたためでもあった。台湾銀行と鈴木商店、安田銀行と浅野系企業など、その例をあげることは難しいことではない。そうした事情もあって動きの鈍かった金融業界をパイプ役に押し出し、救済を実現したのは、日本銀行の積極的な姿勢であった。

このような対応については、日本銀行の内部でも批判があった。「一応正当な融資と仮定したのであるが、実際においては、時の政権と結び付いた政商の破綻救済的政略融資が少なくなかった」ことが、批判の第一であった(69)。

しかし、より根本的には、通貨の番人たる中央銀行の使命から逸脱して救済銀行化したことが問題視された。その点は深井英五の井上批判にみることができる。深井は、当時を「一事件毎に歩を進めて益々深入りすること、なった」と回想し、「特別の貸出とは、常規の範囲を超え、通貨の健全性を維持する見地から好ましからざるもので」あるにもかかわらず、「目前の事情に重きを置いて主張する人が」いたために、「一件毎に引摺られて行」った結果、「終には財界の救済を日本銀行の主たる仕事と看做すが如き感想を世間に生ぜしむるに至った」と記している。このように、井上が自己の創案になると自負する個別産業への特別融資、つまり「故障箇所に油をさす」対応策を、深井は苦々しい想いで回想し、救済を当然視する風潮や、その実施にあたっての専断的決定を批判していた(70)。

井上の政策については、深井のような中央銀行の金融政策についての「正当派」的な観点からの批判が可能であろう。高橋亀吉も、日銀の救済銀行化が一九二〇年代の慢性的な不況の原因の一つと指摘している。高橋の場合には、井上の判断が状況認識の誤りに基づいており、そのため「結果的には六月ころからはじまった世界的な景気後退が、それまでの救済措置のプラン進行に大きな齟齬を来たし、整理の目的を達せず不徹底に終わらせ」[71]たことを重視している。整理の不徹底は事実であったから、その点について繰り返す必要はない。むしろここで付け加えておきたいのは、井上が予期してはいなかった結果についてである。市場の動揺を日本の特殊な状況とみて、これまで紹介したような個別的な対策を講じたことは、後に詳しくみるように、産業の組織化、すなわち産業部門における独占組織の形成を促す重要な契機となったと考えられるからである。

## 四　重点産業政策の展開

### 1　キー産業論の登場

第一次世界大戦の経験は産業政策の面でも新しい動きを生み出した。その特徴はキー産業の育成政策が登場したことであった。産業振興という点では、国際収支の安定を意図した輸出振興・輸入防遏を狙いとした繊維産業や海運業への金融面からの支援や補助金の支給、軍事生産の自立という観点からの兵器・鉄鋼生産の官営事業などが、それまでの産業への施策の重点であった。このうち前者は、織物・輸出雑貨などに対象を広げ、輸出振興と中小工業の過当競争防止という社会政策的な介入へと政策目的を拡張していった。地方振興政策の必要性という課題認識がこれを後押ししていた。後述の「産業統制」、つまりカルテル政策につながる重要輸出品工業組合法や輸出組合法は、このような政策展開の文脈から生まれた代表的な措置であった。

他方で、軍事工業の育成策は日露戦争の経験を基礎に兵器・兵器素材生産の官営の限界が明白となり、民間重工業への依存が拡大していた。とくに大戦期の民間重工業の成長が、鉄鋼などの素材や造艦の分野で民間企業の役割を大きくしていた。しかし、このような民間企業に対して軍事的な観点から補助が拡大したわけではなかった。この時期には、産業構造の高度化に対応しながら、高度化の鍵を握る基礎的な産業への保護育成策が、国民経済的観点から不可欠のものとして捉えられるようになったからである。

具体的には、一九一五年六月に染料とグリセリンを対象とする染料医薬品製造奨励法[72]、一七年七月に製鉄業奨励法が制定された。前者は二五年の染料製造奨励法に、後者は片岡直温商工大臣の鉄鋼政策の展開につながり、一九二〇年代半ばに保護関税政策を含めて産業政策が、「市場機構を制限ないし修正して、「基礎工業」の発展の条件をつくり出す基礎的経済条件改善策」の一環に組み込まれるうえで要となる施策となった[73]。「基礎工業」への重点施策の展開について、橋本寿朗は、商工省官僚である吉野信次の言葉を引きながら次のように説明している。「つまり、産業のなかには「一国産業の基礎根底を為すものと然らざるものとの区別が存する」。前者は、たとえ産業の規模が小であっても、「他の幾多の事業の発展の途を啓く鍵となるもの」であって、これを「基礎工業」と称す。染料工業、鉄鋼業、石油・石炭産業、電気事業、ソーダ等の化学薬品工業が基礎工業と考えられた。そして、「基礎工業保護の為には国家が特別なる方策を採るべき」であり、その政策手段としての関税は「其事業の確立迄の間に徒らに一般消費者に犠牲を強いる結果になる」から、「財政上の援助」が必要であるとしたのである[74]」。

注目すべきことは、こうした吉野の認識が日本に固有のものではなく、総力戦を経験したヨーロッパ諸国に共通した同時代的なものだったことであった。吉野は染料政策の開始に関連して「基礎工業」という捉え方を、当時のイギリスの産業保護政策から説明している[75]。それは自由貿易に対する保護貿易というような単純な後進国的産業保護論ではなかった。

第一次世界大戦期のイギリスではドイツへの依存から脱却する目的で財政資金を投入して一九一五年三月に英国染

料（British Dyes Ltd.）が設立された。日本の染料医薬品製造奨励法に先立つこと三ヵ月のことであった[76]。同社は一八年一一月に民間の有力会社などと合同して英国染料会社（British Dyestuffs Corporation）となった。大戦期にはさらに、一五年に財政法の改正によってマッケンナ関税と呼ばれる保護関税制度が導入されていた。しかも、このような産業保護政策は、一六年七月に任命された、いわゆるバルフォア委員会（Committee on Commercial and Industrial Policy after the War）の中間報告（一七年一一月提出）で、大戦後の産業政策の基本方針として強調されることになった。中間報告は、「「国家の将来の安全にとって不可欠である」「枢軸」（key or pivotal）産業を列挙し、これらは「いかなる危険を冒してもまたいかなる犠牲を払っても」保護育成されるべきものであるとした[77]」ほか、外国品の投資に対して防止策を講じ課税すること、一般保護政策は認められないが工業を選択して保護を与えるべきこと、海外の植民地に対して特恵を供与すべきことなどを提案した[78]。これが、橋本が示した日本の産業政策における「基礎工業」の捉え方と、ほぼ一致することは容易に理解できるであろう。

このようなキー産業論は、一九二〇年代のドイツ社会政策学会の「資本主義構造転化論争」にもみられた[79]。世界経済の構造転換を論じたハルムス（F. Harms）は、①国民的経済政策・国家理念の強化、②国際分業における変化、③「旋回軸産業」（モノカルチュアー）の後退、④キー産業の一層の発展を、この時期の主要な変化の方向と捉えていたのである。イギリスとドイツの議論がどのような関連にあるかはつまびらかにしないが[80]、両者とも総力戦を念頭に置いたアウタルキー志向がそれまでとは異なる産業政策を必要としていることに着目していた。農業保護が食料自給を目標に正当化されただけでなく、産業構造上あるいは国家の安全保障上で鍵を握る産業を積極的に保護することが、国民経済の発展に不可欠だとの考え方を受け入れたものであった。

こうしてイギリスでは、戦時のマッケンナ関税が戦後にも継承されただけでなく、一九二一年には染料の輸入許可制、保護関税と反ダンピング措置を定めた産業保護法（Safeguarding of Industries Act）、さらに産業振興法（Trade

Facilities Acts）が制定された。前者の保護法は前述のキー産業論に基づいてそれに対する保護を規定したものであり、後者の振興法は恐慌対策をきっかけとして炭鉱業、造船業、鉄鋼業などの基幹産業への政策的な補助を実施するものであった。こうしてイギリスの産業政策は「自由貿易から大きく離脱した」と評価されることになった(81)。その後、二六年の電力法による卸売電力部門の集中や、イングランド銀行による鉄鋼、造船、綿の各分野における産業再編成へのテコ入れへと続くことになる。

一九一〇―三〇年代の日本の産業政策の重点が、鉄鋼と化学工業にあったこと、少額ながら補助金の交付と関税政策が併用されたこと、これによって国民経済の発展の鍵を握る産業部門の保護振興が図られたことは、すでに指摘されているとおりである(82)。また、一九二六年関税政策については三和良一が産業保護とともに、「社会政策」を必要とする政治状況の変化に対応した全面改正」と評価している(83)。産業保護一辺倒ではなく、消費者側の要求を組み込んだ改正だったのであり、この点は、税制改革における「社会政策的効果」の標榜と共通するものであった。

しかし、関税改正では、よく知られているように綿工業との利害調整が必要となって銑鉄関税の引上げが実現できないなど、産業保護手段としては制約があった。そればかりか、吉野信次らが構想していたイギリス流の産業振興法も財源不足を理由に大蔵省が反対して、日の目をみなかった(84)。イギリスを模範とする保護措置は、その限りでは十分な展開をみなかったのである。

こうした考え方が受け入れられ、政策の焦点がキー産業の保護育成に絞り込まれていったことは、第一次世界大戦後のヨーロッパにも共通する同時代性を産業政策がもっていたことを明らかにしていた。産業構造の重化学工業化が進展するなかで、主要国で同質的な産業構造をもつことを目標とした政策的介入が、国家の安全保障の側面からも支持されて、正当化されていった。そのことが、日本の産業政策の方向を基本的には規定していた。他面で、第一次世界大戦期からの軍用自動車保護法や海軍の燃料国策＝石油政策の提唱にもかかわらず、それらは、一九二〇年代の軍縮の進展という環境もあって産業保護の中心的な課題とはならなかった。それは、直接的な軍事的要請に基づいた産業育成策が、右のような国民経済的課題に比べて優先される状況にはなかったことを示していた。

## 2　産業統制とカルテル化

ヨーロッパでは、さらに基幹的な工業部門に関して、トラスト化の進展とでもいうべき大合同による産業再編成が進んでいた。それは一方で私的な企業間の協定から合同へという動きであったと同時に、他方では政策的な介入による合同促進政策の結果でもあった。ドイツの合同製鋼の成立、前述のイギリスにおける電力法やイングランド銀行の介入を梃子とした産業再編成がそれであった[85]。

このような考え方は製鉄合同論に表出したが、日本でトラスト化が進むのは一九三〇年代のことであり[86]、二〇年代から三〇年代初めにかけては、むしろカルテル化の進展を特徴としていた。それは輸出品工業組合法や輸出組合法に基づく中小工業部門の過当競争の防止という観点から導入されたものであった。しかし、同時に、大企業部門のカルテル化を促すきっかけが一九二〇年恐慌時の救済融資にあったことも注目されてよい。

前節でふれたように、一九二〇年三月半ば以降、商品価格の暴騰に直面して手持ち品の滞貨金融を求めた産業界に対して、当時の日本銀行総裁・井上準之助は、融資の条件として滞貨処理のための組織的な活動を各産業に求めた。こうして、製鉄組合、日本産銅組合など各産業にカルテルないしは類似の組織が結成された。これらの組織は、本来の目的からすれば恐慌対策としての一時的性格のものであったが、多くの場合にはそれが母体となって本格的なカルテルが成長していった。それは決して平坦な途ではなかったが、ほぼ一九二〇年代半ばには、そのような経歴をもつ組織をはじめとして各産業分野で順次結成されていったカルテルが機能しはじめ、寡占間の協定や商社との関係の調整によってその基礎を固めたと考えられる[87]。このようなカルテル活動は、脆弱な国際競争力をカバーしながら、市場機構が引き起こす悪循環、あるいは橋本寿朗の表現を借りれば[88]、「規模の経済性に基づく悪循環」を回避して価格の安定に貢献することになった。

しかし、一九二〇年代に展開した大企業部門でのカルテル化は、あくまでも企業間の自主的な協定に基づくものであり、営業の自由の延長線上で「独占の自由」をも承認するものであった。実際、吉野信次は、一九二〇年代に石炭鉱業連合会や紡績連合会などのカルテル活動に関して、商工省は「つんぼ《（ママ）》桟敷」で全く関与していないと説明し、「自由主義で育ったくせがあるので、われわれは統制という考えが当時は浮かばなかったのです。統制という政策は昭和五、六年の産業合理化運動以後の考え方で、それまでは自由主義ですね」と告白している[89]。「独占の自由の制限」、つまり反独占政策の展開に現代の産業政策の特徴があるとするならば[90]、一九二〇年代までこのような捉え方は、産業政策には大きな影響を及ぼしてはいなかった。

転換の兆しは、中小工業部門でのカルテル活動への政策的介入が承認された一九二〇年代の半ばに現れていた。独占組織による市場の組織化を否定する考え方は、自由主義的な市場経済のメカニズムに対する信頼に基づくものであったが、そうした根強い信頼は、不安定な経営状態を脱却しえない中小工業の実態によって揺らぎはじめ、何らかの手段によって過当競争を終わらせる必要があると考えられるようになった。

このような考え方を支えたのが、当時ドイツで展開しはじめた「カルテル新学説」と呼ぶべきものであった[91]。生産費の引下げなど生産力の向上に有効だとの観点からカルテル活動を是認したこの考え方は、産業の組織化を促進する政策に理論的根拠を与えた。金解禁政策の一環として制定された一九三一年の重要産業統制法は、このような方向転換が実を結んだものであった。制定当初は恐慌対策としての色彩が濃厚であり、恐慌下の過当競争の防止と価格の下支えをカルテルに期待し、これを保護助成しようとしたのである。しかも、組織化を通して産業の合理化を期待するこの法律は、同時に「反独占政策」の面をもっていた。つまり、組織的活動に介入することによって組織の強化を図ると同時に、公共の利益の観点から、カルテル活動の行き過ぎを是正することを目的とするものであり、「独占の自由」を制限できるものだったからである。

この場合、政策介入の基本的な目標は価格支持・引上げというよりは、その乱高下の防止による市場の安定を図ることであったと評価することができる。そのために需要産業の利益を損なうような一方的な価格操作は認められなかった。大戦期のブームに登場する物価対策が、投機思惑による市場の失敗に対応する社会政策的な介入・物価の引下げであったとすれば、重要産業統制法は、市場の組織化を前提とした価格釣上げの防止というように、介入の前提と方向に大きな違いがあった。問題にされたのは市場の失敗というよりは、組織化の弊害であった。それは、アメリカで先行して登場した反独占政策という現代的な産業組織政策に共通点を有するものであり、日本のカルテル促進的な産業介入は、その登場からまもなく、現代的な特質を帯びるようになっていた。

このような「反独占」的な考え方は、景気が回復する一九三〇年代半ばにかけて現実的な意味をもつことになった。同法に基づくカルテルに対して、その活動を監視して価格の安定を図ることが課題となったからである。しかも、電力や鉄などの組織化政策・大合同の推進でも、これらの基礎的・基幹的な産業分野では「豊富で低廉な」基礎的な資源の供給を求める方向が産業政策の基本方針として定着していった(92)。

## 五　財政運営と在外正貨

### 1　積極財政の展開

社会政策的な租税改革を阻んだ最大の要因は、政府財政がこの時期に膨張傾向を辿り、減税財源を見出しえなかったためであった。財政動向を、中央財政収入の推移と原朗が整理した政策目的別の財政支出の推移からみると、次のような特徴が見出される[93]。

まず、歳入面では、第一次世界大戦中の急膨張後、一九二〇年代に高原状態が続いた（図5-1）。大戦中の経済規模の膨張とその後の税制改革による租税収入の増大が、この高い水準を支えていた。しかし、その反面で、二〇年代を通して政府の収入はそれほど大きくは伸びなかったことにも注意しておかなければならない。この間、官業収入の

図5-1　一般会計歳入内訳（年平均）

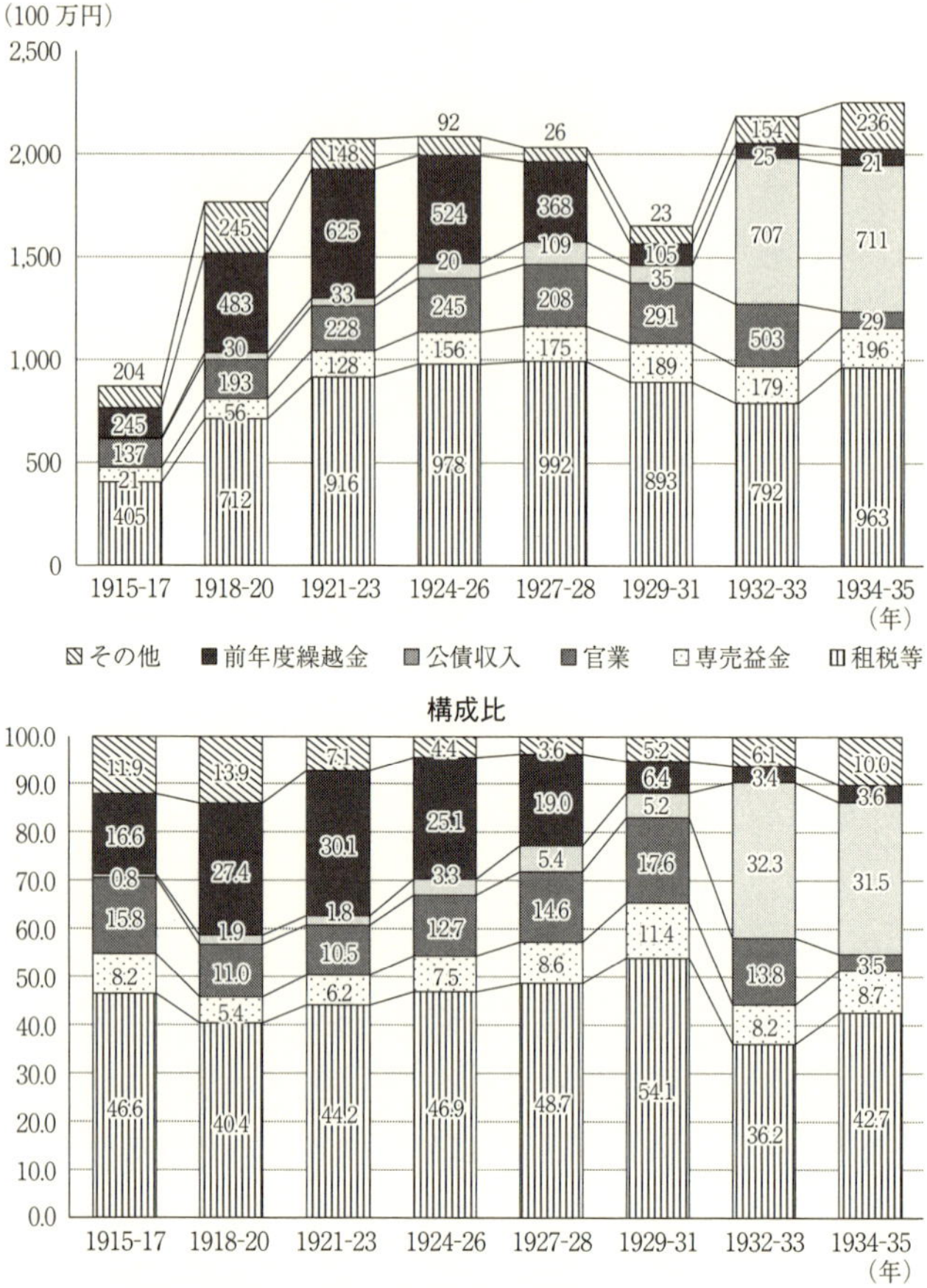


出典）日本銀行統計局編『本邦主要経済統計』（1966年）132-133頁.

増大と繰越金の減少が目立ち、とくに後者は、この時期に実質的には蓄積財源の食いつぶしによる歳出増大の補塡を意味した。しかし、このような食いつぶしが可能であったのは二〇年代末までであった。昭和恐慌期には繰越金の急減と不況による税収の減少のために、歳入は大きく落ち込み、高橋財政期には公債による収入の確保が図られた。こうして昭和恐慌を挟んで、財政収入の内容は大きな変化を蒙ったのである。

図5－2の歳出は、中央・地方の両財政支出を合わせたものであるから、図5－1と直接比較はできないが、第一次世界大戦から一九二〇年代末にかけて増大の一途を辿った。この間の歳入・歳出の不均衡な動きが前述の繰越金の急減をもたらしたものであり、財政支出の膨張に見合う増税が要請されながらも、財源の充実が十分には実現できなかったことを反映していた。増税を狙いとして企図された税制改正は、減税を想定させる「社会政策的効果」を理念として標榜したとはいえ財源の充実も租税負担の実質的な公平の実現も中途半端に終わり、その結果、著しい財政の不均衡が生じていた。財源不足が公債の発行ではなく、繰越金の食いつぶしによって賄われたところに、政府在外正貨の払下げを通じて国際収支の不均衡を調整し、金本位制を離脱したまま変動相場制的な枠組みのなかで震災後の大幅な為替下落を除いて、平価水準よりはやや低位ながら比較的安定した為替相場を維持しつづけた方法と連動した「第一次世界大戦の遺産」が認められた。

積極的な財政支出の要因は、戦前の日本財政を特徴づける軍事費ではなかった。ヴェルサイユ体制下で進展した軍縮の影響で、軍事費・植民地経費の比率が減少したことがこの時期の特徴であった。他方で歳入面での公債依存度の低さにもかかわらず、二〇年代から公債費が急増して歳出の硬直化要因になっており、この傾向は三〇年代に入って高橋財政の公債大量発行によって加速されていた。この公債費増加が軍事費比率を低く抑えた要因の一つであった。

金解禁政策によって特徴づけられる昭和恐慌期の井上財政は、このような財政の膨張傾向を切断するものであった。歳入面との関係でみれば、蓄積財源の枯渇という条件のなかで非募債主義を前提とすれば、税収の減少もあって大幅

図5-2　政策目的別平均支出額

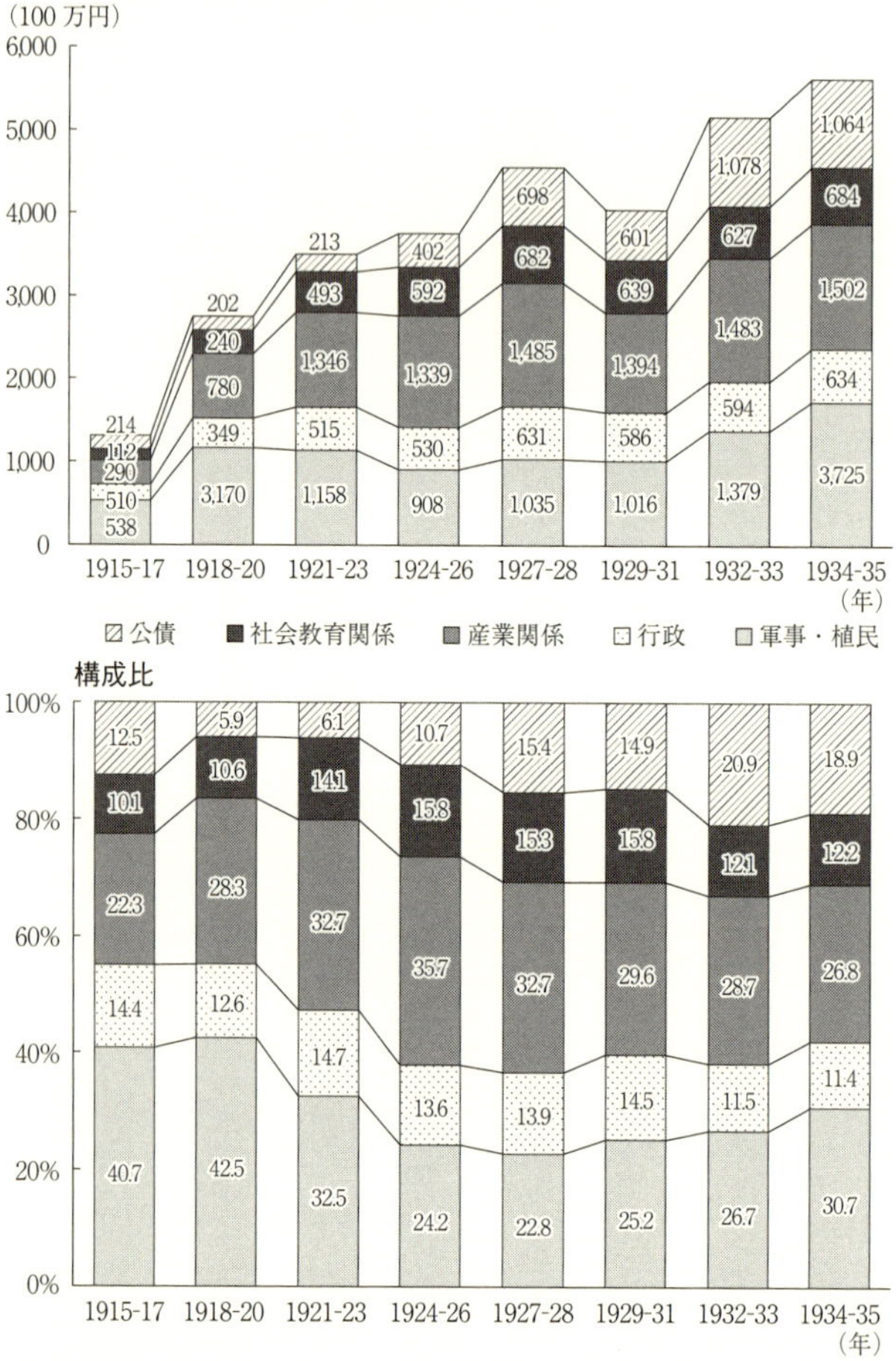


出典）　図5-1に同じ.

な財政の縮小は免れえない状況下にあったとはいえ、その財政運営はそれまでとは対照的な非連続性を示した。この点に井上財政の特異性があった。

　ところで、以上のような財政支出の動向について、政友会と憲政会＝民政党が対照的な政策運営を行ったといわれる一九二〇年代を中心に分析した原朗は、[94]「公債費を控除した財政支出総額の示す動向が、一九三〇年代初頭に至る

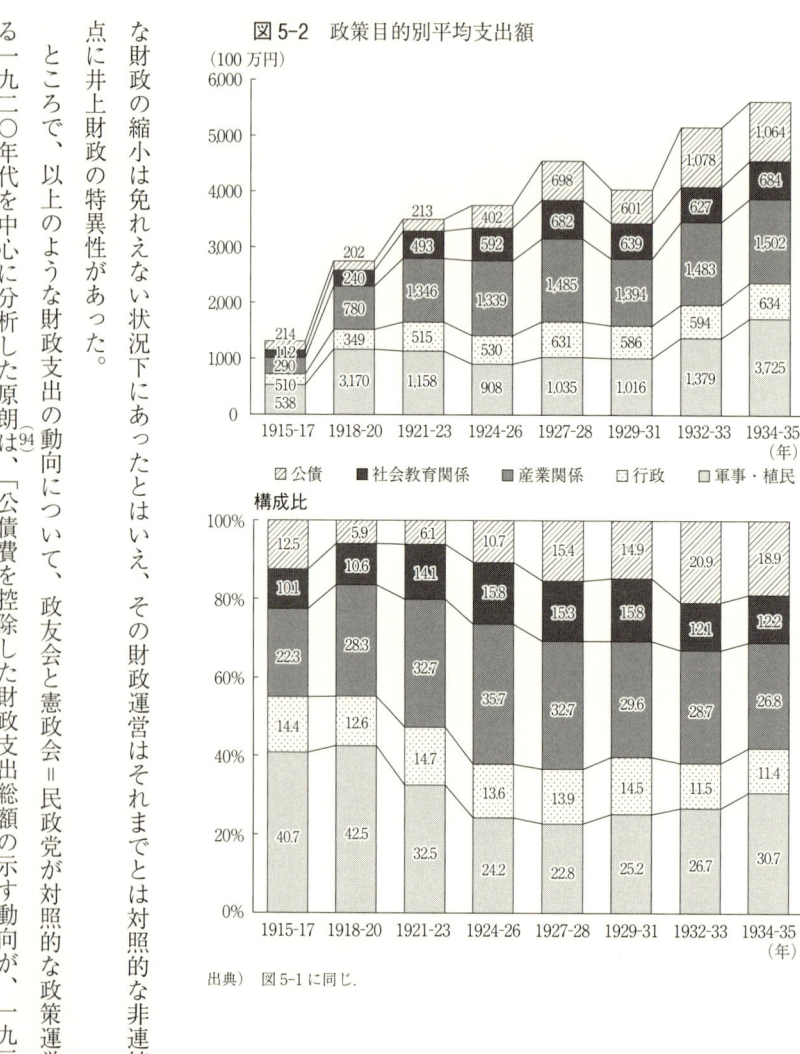

まで全体として景気循環の動向と驚くほど一致しており、景気変動を増幅する傾向をすら示している」こと、さらに「反循環的な動向はまず一九二七年に若干認められるが、一九三二年以降の高橋財政期にいたってはじめて明確に反循環的な動きを示し、不況の影響がなお強かった一九三二・三三年に巨額の財政支出を行い、好況が進んできた一九三四・三五年に財政支出削減をはかったこと」を明らかにしている。つまり、よく知られているように、二大政党の政策路線としては膨張と緊縮の対照性がきわめて明確であり、その差異が明白であるとしながら、この間の財政支出を全体としてみると膨張を基調としていたというのである。それは、「一九二〇年代には、不況の結果として財政規模を縮小するという自然な方向とは逆に、むしろ不況であるが故に財政支出を増大させて企業救済政策を続行する方向が選ばれた」からであった。

このような見方からすれば、前述の井上財政が展開した一九二九―三一年の民政党政権を例外として、一九二〇年代の財政運営は、「財政的手段によって不況のより一層の深刻化を減殺する効果をもちえた限りにおいて、一九三〇年代における高橋財政の政策路線をいわば先どりしたもの」であった。二つの政策路線は、政友会の地方分権と憲政会の自治権拡張のような類似点も示したが、それ以上に両者に共通していたのは、「構造変化に対処するための政策路線」としての政策目的に対して、不況の継続と社会的緊張の増大という基本的な制約条件であった。「積極政策は財政収支と国際収支の限界に突き当り、消極政策は不況の深刻化と未曽有の震災と貧富の対立の激化の三要因を共通の与件として、両政策路線の選択の幅は意外に狭く、政権交替も瀕々たるを免れなかった」ことが、この時期の財政政策に一貫した特徴を付与したのである。

## 2　軍縮下の財政運営と在外正貨

他方、前節でみたように、三〇年代にかけて産業政策が市場の競争を制限する共同行為を促進し、破綻の危機を回避し産業を救済する方向で展開したが(95)、その具体的な実現は、財政面からの制約によって補助金の支給などの手段が難しく、限界があった。これに対して、実際には、財政政策の拡張的な性格こそが、組織化を図る産業に必要な時間的余裕を与えるものであり、一九二〇年代の経済構造を特徴づけた。

財政面で重要なことは、慢性的な貿易収支の逆超によって、緊縮財政を求められているとされながらも一〇年余りにわたって、拡張的な政策が継続しえた根拠である。これまで、多くの論者は、政府所有の在外正貨の払下げによって対外的な不均衡が調整され、国内的には正貨の流失による通貨の収縮を回避したことを指摘してきた(96)。しかしながら、この指摘はコインの半面しか表現していない。これまでも、一九二〇年代には在外正貨は金本位制の基礎となる通貨準備とは制度的に切り離されることになったことが指摘されてきた。しかし、ここで注意しなければならないのは、指摘されている措置は日本銀行保有の在外正貨に関するものであり、これに対して、この措置以前から金不胎化政策による買い上げによって発生した多額の政府保有在外正貨は、通貨準備から除かれていたことである(97)。したがって、政府所有在外正貨払下げを通貨発行量との関連で論じることは不適切であろう。前述の深井英五の言葉をまねて裏返して表現すれば、輸入業者が代金の支払いのために為替銀行に円資金を支払い込む限り、その時点で市場資金の供給量は減少するはずであり、為替銀行がそれを中央銀行に持ち込んで正貨を買い取るか、政府から在外正貨を買い取るかにかかわらず、その資金は日本銀行に収納される。違いが生じるのは、前者であれば、正貨準備に対応した通貨の減少に直結するのに対して、後者であれば、日銀の政府預金残高の増加という形で処理が行われることになる。しかも、政府所有在外正貨は、その原資となった財政剰余金に限ってみれば、財政収支に記載され、政府支出の隠れた調整財源となっていたから、それは財政剰余金として国庫資金の保管の形態の変化を示すものであった。政府の側からみれば、在外正貨として運用されている国庫資金を日本銀行を経由して為替銀行に払い下げることによって、その固定を解き、日銀預金（円資金）として自由に引き出しうる財源を確保したことになる(98)。その意味では、正貨払下げは通貨膨張の直接的な要因となりうるものであったが、その影響の出方は、財政運営のあり方に依存していた。

現実には、すでに指摘したように、二〇年代には財政収支が当年度のみの収支（前年度繰越金を除く）と公債収入を考慮しても赤字基調であり、その差額は剰余金によって充当された。外債の元利払いや海軍経費の支弁などの政府の海外調達以外、そうした歳出に剰余金を充当するためには、保有正貨として固定された資金を解放する必要があった。つまり、政府保有正貨の払下げは、政府側からみれば、不足する歳出財源を回復・確保する意味をもっていた。したがって、政府・大蔵省が政府所有正貨を払い下げるにあたって考慮すべきことは、為替調節に資するように為替銀行に不足する決済外貨を供与することだけでなく、その裏面で、その結果として得られた財源の余裕をどのような使途に充当するのかという問題であった。

この点に留意しつつ、大戦後の財政政策について、もう少し立ち入って表5-2によって、その特徴を確認しておこう。財政規模はいわゆる「転移効果」によって一五億円前後に拡大したが、一九二〇年度末には約六・四億円の剰余金が計上されていた。これらは、大戦中に剰余金を除く当年度の収支が連続して黒字であったことに基づいていたが[99]、その結果として政府は大戦前に比べると、約一〇億円の正貨保有額の増加を実現していた。

この剰余金を組み込んで歳出の規模拡大が予算ベースで計画されるようになったのは、一九二〇年度の追加予算からであった[100]。積極整理を唱えた原内閣のもとで、表5-3のように、二億円近い剰余金を財源とする追加予算が組まれ、二一年度になると当初予算で二億円弱、二二年度でも一億円余りの剰余金が財源として計上された。しかも、その後、各年度の追加予算の策定においては、その財源のほとんどを剰余金に求めた。たとえば、二一年度には二八七四万円の追加予算に対して二七五一万円、二二年度には三五四三万円の追加に対して二七九二万円、二三年度（震災復興関係を除く）には三〇一七万円に対して二九八九万円というようにである[101]。この傾向は、二三―二四年度に震災復興債券を発行して編成された二億八九四〇万円の追加予算が五二八一万円を剰余金から充当しただけであった場合を例外として、剰余金が費消しつくされる三一年度まで続いた。

この間、ワシントン軍縮の結果、二一―二三年度に軍事費が大きく削減される一方で、税制改正の影響で税収が九・八億円に増加した結果、一九二二年には当年度の収支のみで八〇〇〇万円超の剰余金が追加されることとなり、多額の剰余金の財源充当にもかかわらず、財政剰余金は六億円を超える水準を維持した。この軍縮の意味は、二一―二二年度において歳出合計額に対する軍事費の割合が四八％に達していた日本にとってとくに大きかった[102]。同じ期間にアメリカは三四％、イギリスは一八％であったことと対比すると、国際協調による軍縮の実現は財政面の負担を大きく削減し、財政整理を進める絶好機の到来を意味していたことが理解されよう。それ故、関東大震災による税収の減少がなければ、二三年も同様に安定した収支を示すはずであったことは、二三年度予算において、「軍備の制限若しくは整理による減額」が、陸軍節減額二三八六万円、海軍節減額一億二四〇一万円、ほかに繰延べ額七三〇万円となり、さらに「行政整理に依る減額」として六七〇七万円が予定されていたことからも窺い知ることができる[103]。これがこの年、前年までとは異なって剰余金の財源充当が大きく削減された理由の一つでもあった。金解禁の絶好の時期と指摘されるのは、対外関係の安定と財政面の均衡とがともに望ましい方向へと歩んでいたからであった。

しかし、この財政面での余裕はあくまでも見かけ上の一時的なものにすぎなかった。一九二〇年の第四三議会において、原内閣が「国防充備の為にする財源の一部に補塡する目的」で「国債償還資金の繰入を為さざることに関する件」を施行して二三年度まで国債償還資金の繰入を中止し、国債費の計上を抑え込んでい

（100万円）

| その他 | 小計 | 当年度収支 | 次年度繰入金 |
|---|---|---|---|
| 67 | 586 | △62 | 86 |
| 112 | 862 | 127 | 350 |
| 203 | 1,365 | 5 | 641 |
| 166 | 1,424 | △66 | 576 |
| 141 | 1,512 | 82 | 658 |
| 136 | 1,408 | △113 | 524 |
| 112 | 1,603 | △22 | 502 |
| 108 | 1,569 | 44 | 546 |
| 55 | 1,509 | △70 | 478 |
| 73 | 1,585 | △181 | 297 |
| 75 | 1,709 | △106 | 190 |
| 83 | 1,636 | △100 | 90 |
| 76 | 1,507 | △52 | 39 |
| 98 | 1,491 | 13 | 54 |
| 102 | 1,991 | 41 | 95 |
| 256 | 2,319 | 38 | 90 |

の前年度剰余金受入額を年度を繰り上げ

**表 5-2　財政収支の動向（1914-36 年）**

| | 一般会計歳出 | | | | | | 一般会計歳入 | | | |
|---|---|---|---|---|---|---|---|---|---|---|
| | 行政費 | 軍事費 | 国債費 | 年金・恩給 | 皇室費 | 合計 | 租税等 | 専売益金 | 官業収入 | 公債収入 |
| 1914 | 297 | 171 | 143 | 33 | 5 | 648 | 372 | 55 | 81 | 11 |
| 1917 | 272 | 286 | 136 | 36 | 5 | 735 | 483 | 78 | 172 | 17 |
| 1920 | 555 | 650 | 95 | 55 | 5 | 1,360 | 780 | 124 | 204 | 54 |
| 1921 | 570 | 731 | 112 | 73 | 5 | 1,490 | 872 | 124 | 209 | 53 |
| 1922 | 631 | 605 | 115 | 74 | 5 | 1,430 | 983 | 130 | 231 | 27 |
| 1923 | 770 | 499 | 163 | 84 | 5 | 1,521 | 894 | 130 | 213 | 35 |
| 1924 | 852 | 455 | 188 | 125 | 5 | 1,625 | 980 | 148 | 235 | 128 |
| 1925 | 726 | 443 | 221 | 130 | 5 | 1,525 | 986 | 153 | 275 | 47 |
| 1926 | 774 | 434 | 233 | 133 | 5 | 1,579 | 969 | 167 | 284 | 34 |
| 1927 | 848 | 492 | 282 | 139 | 5 | 1,766 | 980 | 173 | 298 | 61 |
| 1928 | 865 | 517 | 286 | 142 | 5 | 1,815 | 1,003 | 177 | 297 | 157 |
| 1929 | 811 | 495 | 280 | 145 | 5 | 1,736 | 973 | 178 | 302 | 100 |
| 1930 | 689 | 443 | 273 | 149 | 5 | 1,559 | 905 | 198 | 290 | 38 |
| 1931 | 650 | 455 | 214 | 154 | 5 | 1,478 | 801 | 190 | 282 | 120 |
| 1932 | 858 | 686 | 241 | 160 | 5 | 1,950 | 762 | 178 | 289 | 660 |
| 1936 | 656 | 1,078 | 363 | 180 | 5 | 2,282 | 1,146 | 215 | 92 | 610 |

出典）日本銀行統計局編『本邦主要経済統計』（1966 年）132-133 頁より作成．ただし，次年度繰入金は，原表
て計上している．

**表 5-3　予算編成と財源としての剰余金（1917-31 年）**　（1,000 円）

| | 予算総額 | 内訳 | | | 決算時剰余金繰入額 | 差引剰余金増減 |
|---|---|---|---|---|---|---|
| | | 政府案 | 当初予算 | 追加予算 | | |
| 1917 | 88,232 | | | 63,793 | 222,513 | |
| 1918 | 76,711 | 26,616 | 27,186 | 49,524 | 349,901 | 127,388 |
| 1919 | 27,327 | | 0 | 27,327 | 460,080 | 110,179 |
| 1920 | 223,263 | 104,172 | 27,327 | 195,935 | 636,305 | 176,225 |
| 1921 | 220,603 | | 193,096 | 27,506 | 640,674 | 4,369 |
| 1922 | 138,110 | | 110,193 | 27,917 | 575,856 | △ 64,818 |
| 1923 | 63,697 | | 32,053 | 31,645 | 657,656 | 81,800 |
| 1924 | 152,897 | 63,902 | 63,697 | 89,199 | 524,348 | △ 133,308 |
| 1925 | 134,241 | | 78,004 | 56,237 | 502,349 | △ 21,999 |
| 1926 | 183,469 | | 125,112 | 58,357 | 546,381 | 44,032 |
| 1927 | 190,343 | | 166,330 | 23,664 | 477,535 | △ 68,846 |
| 1928 | 129,983 | 138,053 | 30,402 | 96,738 | 297,032 | △ 180,503 |
| 1929 | 55,483 | | 81,563 | -31,969 | 190,836 | △ 106,196 |
| 1930 | 49,552 | | 7,428 | 40,644 | 90,127 | △ 100,709 |
| 1931 | | | | | 39,108 | △ 51,01 |

出典）『明治大正財政史』4 巻，『昭和財政史』3 巻より作成．

たからである。[104] ワシントン軍縮はその前提となる軍備拡張の要件を消滅させたから、二三年度から国債償還基金への繰入が再開された。大戦後の積極財政のもとで、軍事費を除いても一億五〇〇〇万円程度の起債が

続けられ、それも特別会計の財源などに充当されており、二二年末現在で国債残高は、内国債二三億六三一四万円、外国債一三億五八九七万円の合計、三七億二二一一万円に達していた。このほか臨時国庫証券などの発行残高が八億円弱あり、これらに対する法定の償還資金繰入額、利子、借換費などの「国債費」は二三年度予算ベースで一億七〇〇〇万円と、同年の予算額一三億八九〇〇万円の一二％を占めていた。[105] 前年も同様の水準とすれば約六〇〇〇万円近い金額が二二年度には国債費の計上を免れていたわけで、繰入中止期間を通算すれば一億円強程度に達するとみられる、[106] この措置がなければ、毎年の収支は表示された状況よりも苦しく、剰余金の減少は大戦後に加速していたはずであった。

財政面からみた剰余金の財源充当は、剰余金の多くが正貨の買い上げ資金となっていただけに、正貨払下げによる国内資金の確保が必要であった。二〇―二一年に日本銀行所有の在外正貨が国内準備として取り寄せられる一方で、貿易収支の入超のもとで絶対的に不足する決済資金を為替銀行に外貨として追加供給したのは、専ら政府所有外貨の払下げによるものであった。二〇年には九四一一万円、二一年には五一〇五万円、そして、二二年には一億五〇五二万円が、日本銀行の海外正貨勘定に政府から受け入れられ、横浜正金銀行などへ売却された。[107] 同じ期間に日本銀行所有の在外正貨の払下げは、約五〇〇〇万円であったから、逼迫する正金銀行の外貨資金繰りを政府正貨が支えたといってても過言ではない。通常、この二二年九月までの時期における政府正貨の払下げには、金解禁政策の実施を想定した円為替相場の維持機能はなかったと指摘されているが、[108] そうした為替市場に対する介入的な政策のためではないとすれば、[109] 一面で対外決済資金の量的な不足を補い、他面で国内歳出の財源を取り戻すことがこの時期の正貨払下げの基本的な理由であったと捉えることが許されよう。

## 3　正貨保有の推移

以上のような理解を前提に、日本銀行の資料によって、この時期以降の正貨の動きを確認しておこう。日本銀行の管理する正貨勘定は一九二二年に三・七億円の政府勘定の有価証券を払い出すなどして、海外保管有価証券勘定が正貨勘定から分離されて大きく組み替えられている。そのため、表5-4は、前後の対照が可能なように組み替え後の基準に従って二一年以前についても原史料の数値を組み替えて示している。正貨勘定に計上されるのは、一般会計・預金部・臨時国庫証券収入金などを原資とする「寄託金」「利付預金」「為替基金」「預金運用証券」などの流動性の高いと推測される運用資金であり、保管有価証券は預金部と臨時国庫証券収入金を原資とする「運用証券」であった。

そのことに留意して、表5-4を検討すると、一九一九年末には日本銀行は、内地正貨七億円余と海外預金を含めた海外正貨二・九億円の合計一〇億円弱の正貨を保有し、そのうち九・五億円が発券準備となっていた[110]。これに対して、政府は海外正貨として一般会計などで六・二億円、海外保管有価証券として四・三億円の合計一〇・五億円を保有していた[111]。

その後、二二年にかけて日本銀行が内地準備を金輸入などで充実させる一方で、政府在外正貨は、二つの理由によって大きく減少した。その一つは、一般会計において保有していた小額紙幣引替準備を内地正貨に振り替えたことで、これによる海外正貨減少額は一・五―一・七億円に達した。もう一つは、為替資金としての在外正貨の払下げであった。後者の原資は、まず、政府勘定の海外正貨の払下げによって行われており、その結果、海外正貨残高は二二年末には一・五億円を切る水準まで減少している。したがって、一九―二二年にかけて海外正貨および海外保管有価証券が一〇・五億円から五・八億円と大幅に減少したが、そのうち一・五億円は内地正貨に転換されており、差引三・二億円の政府正貨が対外支払いのために減少したことになる。大戦後の貿易入超によって必要となった正貨払下げ額は二〇―二二年に合計二・五億円ほどであったから、その他の理由で七〇〇〇万円ほどの減少が生じたことになろう[112]。

この政府正貨減少のなかで特徴的なことは、二二年まで海外保管有価証券の残高水準に大きな変化はなく、減少分は専ら海外正貨からの減少であり、その中心が一般会計の剰余金を原資としたものであったことであろう。二〇年から二一年にかけて保管証券残高が増加しているとはいえ、この間の数値には「その他」の計上の点で不連続であるから、その点を強調することは適当ではない。原資別に再計算した表下部の参考欄に示したように、内地正貨と「その他」を別とすると、保有額減少四・三億円（五・六億円から一・三億円へ）のほとんどが一般会計分によって説明され、内地正貨分（一・五億円）を一般会計剰余金によって保有していたとみても、差引二・八億円の減少が一般会計分であった。したがって、これに相当する金額だけ、財政当局は大戦中の不胎化政策によって正貨に固定されていた剰余金を支出可能財源として取得したことになろう。前述のように、この時期に政府は予算ベースで最大二億円の規模の剰余金の

（1,000 円）

| 1925 年 | 1926 年 | 1927 年 | 1928 年 | 1929 年 |
|---|---|---|---|---|
| 1,070,052 | 1,074,116 | 1,081,544 | 1,084,133 | 1,122,606 |
| 1,057,000 | 1,058,133 | 1,062,737 | 1,061,636 | 1,072,277 |
| 1,056,999 | 1,058,132 | 1,062,737 | 1,061,636 | 1,072,275 |
| 1 | 1 | 0 | 0 | 2 |
| 13,052 | 15,983 | 18,807 | 22,497 | 50,329 |
| 12,031 | 14,524 | 16,064 | 19,742 | 34,437 |
| 1,021 | 1,459 | 2,743 | 2,755 | 15,892 |
| 204,056 | 182,432 | 120,292 | 74,325 | 194,592 |
| 98,439 | 68,980 | 24,645 | 23,391 | 15,939 |
| 105,617 | 113,452 | 95,647 | 50,934 | 178,653 |
| | | | | |
| 58,483 | 50,004 | 36,290 | 29,352 | 26,034 |
| 19,483 | 3,401 | 972 | 1,331 | 810 |
| | 5,983 | | | 6,928 |
| 39,000 | 40,620 | 35,318 | 28,021 | 18,296 |
| | | | | |
| 37,913 | 59,661 | 57,797 | 21,296 | 152,530 |
| 12,530 | 11,412 | 4,952 | 576 | 15,778 |
| | | 30,856 | | |
| 10,552 | 37,769 | | | 17,910 |
| 14,831 | 10,480 | 21,989 | 20,720 | 118,842 |
| | | | | |
| | | | | |
| 9,222 | 3,788 | 1,560 | 286 | 89 |
| 0 | 0 | | | |
| 1,274,108 | 1,256,548 | 1,201,836 | 1,158,458 | 1,317,197 |
| 1,155,439 | 1,127,113 | 1,087,382 | 1,085,027 | 1,088,216 |
| 118,669 | 129,435 | 114,454 | 73,431 | 228,981 |
| 227,030 | 232,702 | 186,040 | 192,879 | 205,869 |
| 68,738 | 71,923 | 74,865 | 78,232 | 66,097 |
| 158,292 | 160,779 | 111,175 | 114,647 | 139,772 |
| 133,574 | 97,899 | 49,048 | 12,325 | 17,320 |
| | | | | |
| 4,990 | 3,018 | 22,607 | 28,561 | 8,707 |
| | | | | |
| 19,728 | 59,862 | | | |
| 1,501,138 | 1,489,250 | 1,387,876 | 1,351,337 | 1,523,066 |
| 1,138,790 | 1,146,039 | 1,156,409 | 1,162,365 | 1,188,703 |
| 362,348 | 343,211 | 231,467 | 188,972 | 334,364 |
| 51,787 | 62,353 | 38,339 | 2,193 | 41,515 |
| 192,395 | 152,017 | 128,963 | 89,627 | 163,164 |
| 0 | 0 | 0 | 0 | 0 |

二月より作成．表の形式を 1922 年現在で統一．

表5-4　正貨保有額の推移（1919-29年）

| | 1919年 | 1920年 | 1921年 | 1922年 | 1923年 | 1924年 |
|---|---|---|---|---|---|---|
| 正貨保有額 | | | | | | |
| 　本行勘定 | 994,354 | 1,236,781 | 1,289,536 | 1,163,233 | 1,127,328 | 1,076,555 |
| 　　内地正貨 | 702,049 | 1,052,351 | 1,139,189 | 1,063,898 | 1,057,501 | 1,059,026 |
| 　　　内地準備 | 702,016 | 1,007,253 | 1,139,184 | 1,063,886 | 1,057,472 | 1,059,024 |
| 　　　準備外 | 33 | 45,098 | 5 | 12 | 29 | 2 |
| 　海外正貨 | 292,305 | 184,430 | 150,347 | 99,335 | 69,827 | 17,529 |
| 　　海外準備 | 249,960 | 137,657 | 106,391 | 77,456 | 67,295 | 10,635 |
| 　　海外預金等 | 42,345 | 46,773 | 43,957 | 21,879 | 2,532 | 6,895 |
| 　政府勘定 | 620,957 | 473,320 | 330,089 | 296,680 | 267,865 | 253,186 |
| 　　内地正貨小額紙幣引替準備 | | 3,009 | 86,130 | 150,810 | 150,810 | 116,389 |
| 　　海外正貨 | 620,957 | 470,311 | 243,959 | 145,870 | 117,055 | 136,797 |
| 　　　小額紙幣引替準備 | 126,219 | 175,463 | 75,108 | 0 | | |
| 　　　英貨 | 189,258 | 87,979 | 87,684 | 44,741 | 52,608 | 49,868 |
| 　　　　一般会計普通勘定 | 37,222 | 9,923 | 73,116 | 26,337 | 18,244 | 3,504 |
| 　　　　一般会計短期証券勘定 | 102,737 | 47,414 | 0 | 13,616 | 12,170 | |
| 　　　　預金部普通勘定 | 49,101 | 30,630 | 14,548 | 4,777 | 22,183 | 46,364 |
| 　　　　臨時国庫証券収入金普通勘定 | 197 | 12 | 21 | 11 | 11 | |
| 　　　米貨 | 296,499 | 199,265 | 71,788 | 89,407 | 52,709 | 76,917 |
| 　　　　一般会計普通勘定 | | 64,077 | 61,025 | 58,147 | 12,215 | 62,180 |
| 　　　　一般会計為替元勘定 | | 6,356 | 1,618 | | | |
| 　　　　一般会計短期証券勘定 | | 115,261 | | 21,867 | | 3,096 |
| 　　　　預金部普通勘定 | 6,176 | 13,526 | 8,172 | 9,393 | 40,494 | 11,641 |
| 　　　　臨時国庫証券収入金普通勘定 | 887 | 45 | 973 | 358 | 55 | |
| 　　　　国債整理基金普通勘定 | | | | | | 775 |
| 　　　仏貨一般会計普通勘定 | 7,057 | 5,705 | 7,480 | 9,466 | 9,784 | 10,012 |
| 　　　独貨 | 1,924 | 1,899 | 1,899 | 1,899 | 1,899 | 0 |
| 　　　　一般会計普通勘定 | | 1,870 | 1,870 | 1,870 | 1,870 | |
| 　　　　一般会計為替元勘定 | | 29 | 29 | 29 | 29 | |
| 合計 | 1,615,311 | 1,710,101 | 1,619,625 | 1,459,913 | 1,395,193 | 1,329,741 |
| 　内地 | 702,049 | 1,055,360 | 1,225,319 | 1,214,708 | 1,208,311 | 1,175,415 |
| 　海外 | 913,262 | 654,741 | 394,306 | 245,205 | 186,882 | 154,326 |
| 海外保管有価証券 | | | 616,456 | 614,184 | 369,621 | 249,582 |
| 　本行勘定 | 不明 | 不明 | 114,367 | 182,232 | 55,543 | 58,382 |
| 　政府勘定 | 429,836 | 411,078 | 502,089 | 431,952 | 314,078 | 191,200 |
| 　　英貨預金部諸証券 | 161,045 | 179,447 | 205,969 | 223,559 | 240,493 | 170,557 |
| 　　臨時国庫証券収入金諸証券 | 36,192 | 39,205 | 42,288 | 43,979 | 17,123 | |
| 　　米貨 預金部諸証券 | 170,592 | 172,821 | 184,242 | 94,012 | | |
| 　　臨時国庫証券収入金諸証券 | 62,008 | 19,605 | 28,320 | 8,728 | | |
| 　　その他 | 不明 | 不明 | 41,270 | 61,674 | 56,462 | 20,643 |
| 総計 | 2,045,148 | 2,121,179 | 2,236,081 | 2,074,097 | 1,764,814 | 1,579,323 |
| 　本行勘定 | 994,354 | 1,236,781 | 1,403,903 | 1,345,465 | 1,182,871 | 1,134,937 |
| 　政府勘定 | 1,050,794 | 884,398 | 832,178 | 728,632 | 581,943 | 444,386 |
| 参考　政府保有分のうち一般会計分 | 564,596 | 426,098 | 220,246 | 131,332 | 54,312 | 78,792 |
| 　同上　預金部保有分 | 386,914 | 396,424 | 412,931 | 331,741 | 303,170 | 228,562 |
| 　同上　臨時国庫証券収入金分 | 99,284 | 58,867 | 71,602 | 53,076 | 17,189 | 0 |

出典）日本銀行『内外正貨』大正8-昭和元年，および日本銀行営業局『内外正貨』自大正十二年八月至昭和四年十

注）1. 1918-19年は総計に海外保有有価証券本行分および政府勘定その他が不明のため，これを含まない．

2. 政府所有内地正貨には「別口」を含む．1921年の仏貨は『議会参考書』では890万円となっている．

3. 各年12月末の数値．

財源繰入を計画していたから、一連の正貨払下げ措置と財政計画とは符合していた。正貨の払下げが、二〇年一―三月、二一年一〇月から翌年五月と、通常では年間の資金収支のサイクルでみたときに国庫金の収支が払い超になり、短期証券の発行を必要とする時期に重なることも、その財政的意味を窺わせるものであろう。別言すれば、貿易の入超下で不足する為替資金を正貨払下げという形で実現することは、放置すれば発生する円の暴落を防ぐこととともに、否それ以上に、財政面から積極政策を展開するための財源の確保という視点から望ましかった。[113] こうして、大戦中に棚上げされた剰余金のうち払下げ額に相当する金額だけ、繰延べ支出に充当することが可能となった。

もっとも、この措置は結果からみると、対外決済資金の供給という点にのみ効果があった。というのは、すでにふれたような理由でこの時期には財政収支が好転した結果、予定した剰余金の使用を実現しなくとも財源上の問題が生じなかったからである。二〇年の当年度収支がほぼ均衡し、二一年が六六〇〇万円の赤字、二二年が八二〇〇万円の黒字に示されるように、市場への通貨供給に関して、この期間に財政の役割は後の時代に比べれば中立的であった。それ故、この時期に行われた政府正貨の移動は、一面ではのちに正貨現送の原資となる政府所有内地正貨を生み出すとともに、不胎化された財政資金を解放し、将来の調整財源として円資金の形で蓄積するものであった。[114] もちろん、これらの財源は内国債の償還や一時的な減税などに充当するという選択も可能であった。それは内国債に投資されていた民間資金を解放し、実質的な通貨膨張に当面つながる可能性があったが、他面で将来の国債費負担を軽減する積極的な意味をもちえたはずであった。しかし、「積極整理」を標榜する原内閣は、国債償還基金への繰入を棚上げにしてまで、財政面からの拡張的な政策を追求していたのであり、その意味で積極政策は独自の意義を有していた。正貨払下げは、その実現の手段であった。

## 4　震災後の政府在外正貨と財政運営

しかし、このような状況は、震災の影響による財政負担の増加によって大きく変容し、以後剰余金は一挙に減少することになる。そして、それと並行して、正貨の払下げが保有有価証券の処分の形で実施され、一九二五年には、政府在外正貨払下げの余地はほとんど失われた。

こうした変化は表5－5に表現されている。二二年には政府勘定の有価証券が公債勘定に払い出されたほか、政府「海外正貨」が払い出されて日本銀行勘定に移され、その全額が横浜正金銀行などへ売却された。これに対して、二三年には、日本銀行が同行勘定で保管していた海外証券を主とし、これに表5－4から窺えるように海外預金の引出しなどによって一・七億円超の正貨を横浜正金銀行などに提供した。他方で、政府も預金部資金で保有していた米貨証券類などの処分によって一億円超の正貨を決済資金として払い下げた。翌二四年には日本銀行勘定では海外準備の五〇〇〇万円強など六七〇〇万円、外債発行の募集金を受け入れた政府勘定で一・九億円近い正貨の払下げが行われた。二年間通算で五億円を大きく上回る正貨の流失が生じていた。

以上のように、震災の前後には、それまで留保されていた預金部資金を原資とする海外証券などの売却が進んだが、それは、すでに海外正貨の払下げの余地がきわめて限られており、短期の運用資金の充当では必要な外貨資金を賄いえなかったからであった。政府勘定の海外証券残高は、二二年の四・三億円から二四年には二億円を切り、二五年には一・六億円弱にすぎなくなった。外債が募集されたとはいえ、これによる外貨は二四年中には払い出されていたこともあって、在外正貨による対外調整の基盤はこうして消滅し、日本銀行の保有証券類や海外準備による決済資金の供給が要請された。さらに、二四年からは内地正貨の現送が計画され、また、有力企業や自治体発行外債の手取金が買い上げられて正貨の補充が行われた。この点は、表5－5の内地正貨・政府勘定において二四—二七年に相当額の払出しがみられること、また、海外正貨・政府勘定において二四、二六—二八年の外貨の買い入れに示されているとおりである。

同時に表5－5において注目すべきことは、二五―二七年に政府勘定において、その保有残高の二倍を超える多額の外国証券の売買が実行されていたことであった。この時期に固有のこうした証券売買は、政府・日本銀行が為替維持に主導権を握ることとした二五年九月の決定に時期的に符合する。寺村泰によると、この時期に政府は、円為替水準維持のための市場介入方式を「投機土壌利用型」に転換したとされるが[115]、そうした政策転換のもとで、金現送とは別に、このような政府勘定における多額の証券売買が続いていたとすれば、為替市場への影響を意図したものと推定することは難しくはないであろう[116]。そして、こうした政策手法は、正貨の払下げという実体的な介入の根拠を失ったが故に生じたのである。

以上の正貨政策の展開の意味を財政面から検討しておこう。関東大震災が財政面でみても大きな打撃であったことは言うまでもないことであろうが、「帝都復興費と震災復旧費との計画総額は一般会計に近い高額となった。そして、それに必要な財源も高利の外債にたよらなければならなかった[117]」から、財政の整理が課題となった。しかしながら、実際には前掲図5－2のように財政の規模は二〇年代の後半にむしろ拡大し、二八年には一八億円を超える規模に達した。一方で繰り返し行財政の整理が試みられ、官吏の減員や冗費の節約が重ねられながら、他方で政府は新規の施

（1,000円）

| 1927年 | 1928年 | 1929年 |
|---|---|---|
| 7,428 | 2,588 | 38,473 |
| 4,604 | △1,101 | 10,641 |
| 2,824 | 3,690 | 27,832 |
| △62,140 | △45,967 | 120,267 |
| △44,335 | △1,254 | △7,452 |
| △17,805 | △44,713 | 127,719 |
| △46,662 | 6,839 | 12,990 |
| 2,942 | 3,367 | △12,135 |
| △49,604 | 3,472 | 25,125 |
| | | |
| 585,478 | 114,374 | 350,349 |
| 4,660 | 1,007 | 21,654 |
| 4,660 | 1,007 | 21,654 |
| | | |
| 580,818 | 113,367 | 328,695 |
| 19,671 | 22,942 | 84,343 |
| 0 | 0 | |
| 13,042 | 15,865 | 53,283 |
| | | 20,362 |
| 561,147 | 90,425 | 244,352 |
| 11,676 | 8,888 | 9,779 |
| 425,187 | | |
| | | |
| | | |
| 48,566 | 71,901 | |
| 640,185 | 188,522 | 204,845 |
| 44,389 | 3,359 | 18,467 |
| 55 | 2,106 | 11,015 |
| 44,334 | 1,253 | 7,452 |
| 595,796 | 185,163 | 186,378 |
| 16,848 | 19,255 | 56,514 |
| | | 15,211 |
| | | |
| | | |
| 16,760 | 19,231 | 41,148 |
| 578,948 | 165,908 | 129,864 |
| | | |
| | | |
| 78,965 | 30,243 | |
| 15,341 | 14,870 | 8,297 |
| 80,444 | 73,909 | 81,053 |
| 3,814 | 43,639 | 26,100 |
| 353,999 | | |

二月，より作成.
11ヵ月分の集計.

**表 5-5　正貨の増減と日本銀行の受け払い（1920-29 年）**

| | 1920 年 | 1921 年 | 1922 年 | 1923 年 | 1924 年 | 1925 年 | 1926 年 |
|---|---|---|---|---|---|---|---|
| 正貨の増減 | | | | | | | |
| 日銀 | 242,427 | 52,755 | △126,303 | △35,905 | △50,773 | △6,503 | 4,064 |
| 内地正貨 | 350,302 | 86,838 | △75,291 | △6,397 | 1,525 | △2,026 | 1,133 |
| 海外正貨 | △107,875 | △34,083 | △51,012 | △29,508 | △52,298 | △4,477 | 2,931 |
| 政府 | △147,638 | △143,230 | △33,409 | △28,815 | △14,679 | △49,130 | △21,624 |
| 内地正貨 | 3,009 | 83,121 | 64,680 | 0 | △34,421 | △17,950 | △29,459 |
| 海外正貨 | △150,647 | △226,351 | △98,089 | △28,815 | 19,742 | △31,180 | 7,835 |
| 保管有価証券の増減 | 不明 | 不明 | △2,272 | △244,563 | △120,039 | △22,552 | 5,672 |
| 日銀 | 不明 | 不明 | 67,865 | △126,689 | 2,839 | 10,356 | 3,185 |
| 政府 | △18,759 | 91,011 | △70,137 | △117,874 | △122,878 | △32,908 | 2,487 |
| 日本銀行の正貨受け払い | | | | | | | |
| 受入 | | | 377,327 | 469,045 | 893,263 | 679,495 | 757,005 |
| 内地正貨 | | | 88,884 | 21,540 | 80,785 | 111 | 85,152 |
| 本行勘定 | | | 24,204 | 21,540 | 80,748 | 7 | 85,152 |
| 政府勘定 | | | 64,679 | 0 | 0 | 104 | |
| 海外正貨 | | | 288,443 | 447,505 | 812,478 | 679,384 | 671,853 |
| 本行勘定 | | | 215,179 | 259,811 | 203,948 | 13,088 | 17,516 |
| 政府より受入 | | | 150,515 | 109,516 | 186,660 | 6,119 | 0 |
| 外国証券償還・売却 | | | 24,479 | 118,117 | 5,423 | 1,018 | 11,244 |
| 横浜正金銀行より買戻 | | | 23,437 | | | | |
| 政府勘定 | | | 73,264 | 187,694 | 608,530 | 666,296 | 654,337 |
| 預金・証券利息 | | | 26,888 | 14,508 | 15,094 | 11,560 | 9,846 |
| 外国証券償還・売却 | | | 29,196 | 68,759 | 77,851 | 612,179 | 517,048 |
| 償還金 | | | 14,761 | | 69,629 | | |
| 国債募集金 | | | | | 232,716 | | |
| 興銀等より買入外貨 | | | | 102,717 | 51,032 | | 78,504 |
| 払出 | | | 619,145 | 519,098 | 958,156 | 735,131 | 774,568 |
| 内地正貨 | | | 97,283 | 27,891 | 113,679 | 20,086 | 113,478 |
| 本行勘定 | | | 97,283 | 27,891 | 79,260 | 2,032 | 84,020 |
| 政府勘定 | | | | 0 | 34,419 | 18,054 | 29,458 |
| 海外正貨 | | | 521,862 | 491,207 | 844,477 | 715,045 | 661,090 |
| 本行勘定 | | | 273,080 | 290,629 | 256,244 | 17,567 | 14,584 |
| 正金銀行等へ売却 | | | 35,660 | 169,564 | 67,433 | | |
| 政府受入正金銀行等へ売却 | | | 150,511 | 110,114 | 186,657 | 6,119 | |
| 本邦外債買入 | | | 25,769 | 5,670 | 2,119 | | 2,720 |
| 外国証券買入 | | | 53,699 | 5,277 | | 11,375 | 11,833 |
| 政府勘定 | | | 248,782 | 200,578 | 588,233 | 697,478 | 646,506 |
| 公債勘定へ払出 | | | 372,005 | 20,957 | | | |
| 本行へ払出 | | | 141,896 | 106,689 | 177,149 | 8,469 | |
| 正金銀行等へ売却 | | | | | | | |
| 海軍省経費 | | | 14,426 | 6,554 | 6,742 | 14,644 | 10,659 |
| 国債元利払基 | | | 35,481 | 35,027 | 205,329 | 82,736 | 98,040 |
| 本邦外債買入 | | | 7,904 | 355 | 56,530 | | 46,492 |
| 外国証券買入 | | | 27,406 | 15,004 | 30,130 | 580,279 | 480,547 |

出典）　増減額は表 5-4 より算出，受け払い状況は，日本銀行『正貨受払日表』自大正十一年三月至昭和四年十

注）　22 年は 12 月分が不明のため，11 月までの 11ヵ月分の集計．また，23 年は 8 月分が不明のため，同じく

策に対する予算措置を行わざるをえなかったから、国債費の負担などが加わって財政規模はむしろ拡大したのである。

この規模拡大を歳入面から可能にしたのは、剰余金の充当であった。国内債の発行も行われたが、その規模は抑制され、預金部の引受けや郵便局売り出しなど市場への影響に配慮したものとなったといわれている[118]。この預金部引受けによる公債発行は、預金部所有海外有価証券の減少と反比例するように増加したが、それは、大戦中に預金部資金を動員して行われた正貨買い上げを事後的に国内財源に転換するものだった。こうした措置がとられた理由の一つは、預金部資金の形態で保有されていた政府在外正貨の払下げが、直接的には一般会計財源の補充とはならなかったからである。別の角度からみれば、預金部資金の運用先となっていた正貨の払下げは、新たな運用先を必要とするものであったから、正貨払下げと国債引受けとはむしろ一対のものであった[119]。一般会計であるにせよ特別会計であるにせよ、預金部資金を財源に充当するためには、こうした措置が必要であった。預金部の正貨＝在外正貨保有が大戦中の郵便貯金の急増によって実現されたものであったことを考えれば、それは当然の成り行きであった。

しかし、財政の緊縮を求められ、政友会といえども過度の国債依存を表面に出しえないという政治状況のもとでは、正貨払下げの財政的意味は、その量的な限界以上に限定された。そして結果的には政府は財源を剰余金の費消に求めたのである。それは直接的に通貨膨張につながるものであり、対外均衡の回復にマイナスであった[120]。剰余金の充当は二六―二七年にかけて当初予算規模で一億円を大きく超える規模に達し、追加予算を含めると、一・八―一・九億円に達していた（前掲表5－3参照）。その結果、二七年度決算から財政剰余金は目に見えて減少しはじめ、それから四年余りで五億円ほどあった剰余金はほとんど食いつぶされ、二九年度予算の成立時には「国庫剰余金は皆無に近い状態となった。すなわち、二年度（一九二七年度…引用者）の決算上の剰余金二億九千四百余万円のうち、翌年度繰越財源四千余万円、三年度実行予算財源一億二千七百余万円、同財源追加二百余万円、同予算外支出の財源三千四百余万円、四年度予算財源八千九百余万円を差し引けば、残額は二百余万円であった[121]」。こうして、財政面からみれば、国債の発行による財源の補塡と歳出の切りつめ以外に、もはや残された道はないものとなった。

## 5　回収不能となった対中・対ロ投資

第一次世界大戦期の「遺産の食いつぶし」とも評される一九二〇年代の財政運営は、対外的な側面では、その遺産そのものの喪失の危機に直面していた。財政剰余金による金不胎化政策と同時に過剰な正貨対策として実施された資本輸出のうち、短期の英仏公債などへの投資は大戦後に速やかに回収されたのに対して、ロシア政府大蔵省証券の引受けなどによる対ロシア投資と「西原借款」と総称される対中国「投資」は、実質的には不良債権化して大戦後には全く果実を生まなかった。

前者については、政府や民間資金で引き受けたロシア政府大蔵省証券二・四億円のほかに同国政府の支払証明四八八二万円など二・九億円の債権があり、これらは民間帰属分二億円弱も買い上げられて臨時国庫証券特別会計の資産に計上されていた[122]。ソビエト革命政権はこれらの債務の継承を拒否していたから、その回収の見込みはなかった。そして、これらの債権は加藤高明内閣の財政整理に際して、臨時国庫証券特別会計が閉鎖され、国債に振り替えられることを通して国民負担に転嫁された。

後者の西原借款については、その内実が軍事援助であったことの当然の帰結として回収の可能性はなかった[123]。しかも、段祺瑞の政治的な影響力は期待したものとはならなかったから、そうした形での見返りにも乏しく、鉄道建設を名目とする借款などについても、「取得」したとされる新たな利権の実質化のために追加的な負担を必要とした。

正常な対外投資であれば――それは望みうべくもなかったが――それらは元利払いの形で日本の国際収支の改善に貢献するはずのものであったが、その実際は、政治的思惑に基づいて行われた軍事援助であったから、遺産となるべき資産の一部は、こうして浪費された。それればかりか、強引な利権の確保は、大戦後の民族自立の動きのなかで中国民衆の厳しい反発を買い、日本品の不買運動あるいは満鉄包囲網の形成という形で、満州を中心とする日本の大陸政策に強い抵抗を生むことになった。[124]

中国における民族運動の高揚は、三・一独立運動に示された植民地朝鮮民衆の抵抗にも共通するものであった。一九一〇年の併合強行後、日本は朝鮮における土地調査事業を推し進めていたが、二〇年代に入ると、民衆の蜂起に直面してそれまでの植民地支配の枠組みを見直さざるをえなくなった。その結果、「文化統治」への転換と評される統治政策が、一方で「同化政策」を柱とする「民族としての抹殺」を意図しつつ、他方で、農業振興政策による民衆生活の改善による融和の道を探ることとなる。[125] しかし、産米増殖計画の推進には、日本市場向け品種を生産するという輸出志向型の農業への切り替えが必要であり、この品種転換の強制と輸出志向は、朝鮮域内での食糧供給の不足、つまり「飢餓輸出」に帰結した。[126] 同様の試みは、製糖業を中心に発展しはじめていた台湾でも行われたが、米の作付けの増加は、精糖原料である糖黍作付けと競合する面があり、「糖米相克」と呼ばれる問題を生んだ。結果的にみると、こうした農業振興政策の展開は、植民地を日本経済の一環に組み込み、日本への食糧供給基地化するとともに、[127] 食料輸入の抑制によって貿易収支の改善＝正貨不足に寄与するものであったが、その反面で植民地住民に対する代替的な食料としての粟や高梁などの供給を、満州に求めることによって、東アジアにおける独自の経済圏を形成させるなかで、当該地域における民族間の対立を解消することはできないばかりか、むしろ激化するものであった。[128] そしてこうした緊張は、山東出兵などの日本の軍事行動によって一段と強まったのである。

(1) このような視点は、古くはレーニンなどの全般的危機論として登場し、加藤栄一、馬場宏二らによって国家独占資本主義への移行の契機として強調されてきたものであろう。この点については、とりあえず、桜井毅ほか編『経済学Ⅱ』(有斐閣、一九八〇年)の平易な解説を参照。このほか加藤栄一『ワイマル体制の経済構造』(東京大学出版会、一九七三年)、馬場宏二『世界経済　基軸と周辺』（東京大学出版会、一九七三年）、宇野弘蔵監修『講座 帝国主義の研究2――両大戦間におけるその再編成』（青木書店、一九七五年）など参照。

（2）このような視点を切り拓いたものとして、橋本寿朗編『20世紀資本主義1――技術革新と生産システム』（東京大学出版会、一九九五年）、同「二〇世紀システムの形成と動揺」（東京大学社会科学研究所編『20世紀システム1　構想と形成』東京大学出版会、一九九八年）など参照。

（3）武田晴人「一九二〇年代史研究の方法に関する覚書」（『歴史学研究』四八六号、一九八〇年）。

（4）武田晴人「産業政策と重化学工業化」（『日本近・現代史』岩波書店、一九九三年）。同論文は、本章第4節の基礎となった。

（5）こうした一連の政策体系については、三和良一「高橋財政期の経済政策」（東京大学社会科学研究所『戦時日本経済――ファシズム期の国家と社会2』東京大学出版会、一九七九年）、同「経済政策体系」（社会経済史学会編『一九三〇年代の日本経済――その史的分析』東京大学出版会、一九八二年）を参照。

（6）かつて、国家独占資本主義論では、管理通貨制度によるマイルドなインフレーションが実質賃金の上昇を抑制することで資本蓄積の制約を解除してきたと論じてきた（その代表的な見解として大内力『国家独占資本主義』東京大学出版会、一九七〇年）。しかしながら、このような見解は、現代資本主義が可能とした先進工業国の「豊かさ」の内実を説明できないという難点をもっており、その意味では成長の経済史を二〇世紀システム論として構想する橋本寿朗の構想力は継承すべきものである。しかしながら、序章でもふれたように、われわれはそうした構想に学びながら、さらに一歩進んで、二〇世紀システムのもつ限界性、たとえば過剰富裕化や環境問題、貧困や飢餓などの未解決を視野に入れなければならない。そうした視点から、現代資本主義＝「二〇世紀システム」に対する根源的な批判をわれわれは再構築すべき時期であろう。なお、政治学の視点から同様の批判を志向するものとして、ドミニク・メーダ『労働社会の終焉――経済学に挑む政治哲学』（若森章孝・若森文子訳、法政大学出版局、二〇〇〇年）も参照されたい。

（7）筆者のこの時期の描く全体像については、とりあえず武田晴人『帝国主義と民本主義』（集英社、一九九二年）参照。

（8）武田晴人、前掲「一九二〇年代史研究の方法に関する覚書」および同「独占段階の経済と社会」（『講座日本歴史9　近代3』東京大学出版会、一九八五年）参照。

（9）武田晴人、前掲『帝国主義と民本主義』第7、8章参照。

（10）原朗「階級構成の新推計」（安藤良雄編『両大戦間の日本資本主義』東京大学出版会、一九七九年）三六〇―三六一頁。

（11）同前、三六二頁。

(12) 同前、三五九頁。
(13) 三和良一「第一次大戦後の経済構造と金解禁政策」(安藤良雄編『日本経済政策史論』上、東京大学出版会、一九七三年)、橋本寿朗『大恐慌期の日本資本主義』(東京大学出版会、一九八四年)、および前掲注(8)の武田晴人、二論文参照。
(14) 三和良一、前掲「第一次大戦後の経済構造と金解禁政策」二九四―二九五頁参照。
(15) 同前、および、武田晴人「国際環境」(一九二〇年代史研究会編『一九二〇年代の日本資本主義』東京大学出版会、一九八三年)参照。後者は本書第3章に加筆のうえ収録した。
(16) 以下、この項の具体的記述・引用は、高橋亀吉『大正昭和財界変動史』上(東洋経済新報社、一九五四年)一〇五―一〇九、二〇九―二二五頁による。引用末尾に( )で頁数を注記。
(17) これらの問題についての最も包括的な研究として、伊藤正直『日本の対外金融と金融政策――一九一四―一九三六』(名古屋大学出版会、一九八九年)を参照。また、日本銀行による各種の調査(日本銀行調査局編『日本金融史資料』明治大正編、第二二巻、一九五八年)を参照。
(18) 伊藤正直、前掲『日本の対外金融と金融政策』五三頁。
(19) 同前、五四頁。
(20) 深井英五『新訂 通貨調節論』(日本評論社、一九三八年)二八八―二八九頁。
(21) 伊藤正直、前掲『日本の対外金融と金融政策』五四頁、原史料は『議会参考書』とされている。ただし、この数値については、集計対象となる期間が明示されていない。
(22) 伊藤正直、前掲『日本の対外金融と金融政策』四九頁。
(23) 東洋経済新報社『経済年鑑』各年版による。
(24) 能地清「第一次大戦期国家財政の一断面」(能地清遺稿・追悼集編集委員会編『日本帝国主義と対外財政』一九八五年、非売品)五六頁。なお、関連して筆者による解説(同書七五頁)も参照されたい。
(25) 東京銀行編『横浜正金銀行全史』第二巻(東洋経済新報社、一九八一年)一九四頁。
(26) 神野直彦「社会政策的租税政策の展開――一九二〇年代の租税政策」(『経済雑誌』八六巻三号、一九八五年)一五頁。以下、租税改革についての記述は、同論文の二四頁以下による。
(27) 同前、三〇頁。
(28) ただし、この前後の時期の所得税改正が、第一種税(現在の法人税)について、戦時の利得税の賦課だけでなく、一九二〇年には留保所得に対する課税を新設し、非課税であった受取配当への課税を行うように改めたこと、さらに二六年にかけて「保全会社」による課税逃れを抑止する改正を重ねたことなどに示されるように、「資本軽課」とされた所得税制の構造の改革が着手されていたことは留意されてよい。所得税制については、大蔵省調査資料『所得税・法人税制草稿』（一九五五年）を参照。

(29)　両税移譲問題については、金澤史男「両税委譲論展開過程の研究――一九二〇年代における経済政策の特質」（『社会科学研究』三六巻一号、一九八四年）を参照。引用は一四二頁より。同論文は、のちに金澤『近代日本地方財政史研究』（日本経済評論社、二〇一〇年）に収録されている。

(30)　第一次世界大戦期から提起された「生活改善」のための諸方策が、国民運動としては、財政的な制約が強い政府からみると「金のかからない」政策手段であり、啓蒙的な国民運動を起こすことによって、動揺する国民統合の絆を回復する手段でもあった。しかし、その実質においては、よりよい生活を実現するために所得の分配の仕組みに介入し、階層間の不平等を是正していくような政策志向に乏しかった。それは戦前期日本の統治の構造と、経済システムの限界による制約を脱することができず、結果的には、消費面の限界を画していた。これについては、二〇一〇年度国立民族学博物館秋季国際研究フォーラムでの筆者の報告「生活改善運動の経済的背景――生活の質へのまなざしの多様な思惑」（未刊行）がある。

(31)　そうした限界は、当時の経済認識・経済学の限界でもあった。

(32)　高橋亀吉、前掲『大正昭和財界変動史』上、一七二頁。

(33)　野尻孝編『大戦後ニ於ケル綿業界動揺ノ回顧』（大阪綿糸商同盟会事務所、一九二一年）「序」一九頁。

(34)　高橋亀吉、前掲『大正昭和財界変動史』上、二九五頁。

(35)　高橋亀吉は、このほか、債務支払い延期その他の非常措置と取引方法の改善による取引の再開措置を対策の柱として指摘している。高橋、前掲『大正昭和財界変動史』上、二九五―二九七頁。

(36)　同前、二九七頁。

(37)　同前、三二八頁。なお、『東洋経済新報』によると、「名古屋を中心とする中京系、其の他の新進者及び多くの商事会社」などの損失が最も大きかったと伝えられている。

(38)　野尻孝、前掲『大戦後ニ於ケル綿業界動揺ノ回顧』「本篇」一五頁。

(39)　同前、「序」二〇頁。

(40)　高橋亀吉、前掲『大正昭和財界変動史』上、三二七頁。

(41)　イギリス綿業については、日高千景『英国綿業衰退の構図』（東京大学出版会、一九九五年）を参照。

(42)　庄司乙吉『紡績操業短縮史』（日本綿業倶楽部、一九三〇年）三六一―三六二頁。

(43) 野尻孝、前掲『大戦後ニ於ケル綿業界動揺ノ回顧』「本篇」一六—一七頁。日本銀行調査局編、前掲『日本金融史資料』明治大正編、二二巻、五五七頁。
(44) 高橋亀吉、前掲『大正昭和財界変動史』上、三三一—三三二頁。
(45) 日本銀行調査局「世界戦争終了後ニ於ケル本邦財界動揺史」(前掲『日本金融史資料』明治大正編、二二巻)五五八頁。
(46) 宮島清次郎の回想による。宮島は、「対応策ニ関シテ議論百出容易ニ帰一セズ、為メニ施策其時機ヲ失シタ」と述べている(野尻孝、前掲『大戦後ニ於ケル綿業界動揺ノ回顧』「序」一二頁)。
(47) 日本銀行調査局、前掲「世界戦争終了後ニ於ケル本邦財界動揺史」五五八頁。
(48) 野尻孝、前掲『大戦後ニ於ケル綿業界動揺ノ回顧』「序」一六頁。
(49) 同前、「本篇」九三頁以下参照。
(50) 斡旋に動いたのは、棉花の輸入商であり、綿糸布の輸出商であった大手の貿易商であった。帝国綿花の横尾社長は、シンジケートの組織化に際しては、銀行も紡績業者も「自己ノ意見ヲ固執シテ容易ニ屈セズ」(野尻孝、前掲『大戦後ニ於ケル綿業界動揺ノ回顧』「序」二五頁)、そのために交渉が難航したと述べている。しかし、ここでは、シンジケート案の発案者も、知りうる限り紡績業者であり、大手輸出商の斡旋を成功させたのも紡績業者の損失負担への同意であったことに注目しておきたい。
(51) 野尻孝、前掲『大戦後ニ於ケル綿業界動揺ノ回顧』「序」二二—二三頁。
(52) たとえば、高橋亀吉、前掲『大正昭和財界変動史』上、三三九頁参照。
(53) 野尻孝、前掲『大戦後ニ於ケル綿業界動揺ノ回顧』「序」六頁。
(54) 同前、「序」一三—一四頁。
(55) 日本銀行調査局、前掲「世界戦争終了後ニ於ケル本邦財界動揺史」五六六—五六七頁。
(56) 高橋亀吉、前掲『大正昭和財界変動史』上、三四〇頁。
(57) 以下、日本銀行調査局、前掲「世界戦争終了後ニ於ケル本邦財界動揺史」五八〇—五八八、六三〇—六三九頁。
(58) 同前、六三八頁。
(59) 高橋亀吉、前掲『大正昭和財界変動史』上、三四三—三四六頁。
(60) 以下、特別融資については、同前、三〇〇—三〇四頁。
(61) 同前、三〇四頁。
(62) 同前、三〇〇—三〇一頁。

(63) 井上準之助『戦後に於ける我国の経済及金融』(岩波書店、一九二五年) 六三頁。なお、井上が明確な景気の見通しをもっていたかについては疑問がないわけではない。井上は、休戦反動のころについて、「此の状態に於て、翌大正八年の四月乃至五月までは、殆んど何人と雖もハッキリした見込を付け得なかったのであります。若し私が自分の過去を白状致しますれば、私もハッキリ見込が付かなかった一人であります」と告白している。同、二三頁。
(64) 高橋亀吉、前掲『大正昭和財界変動史』上、二四四—二四五頁。
(65) 同前、二四七—二四九頁。
(66) 井上準之助、前掲『戦後に於ける我国の経済及金融』七八頁。
(67) 同前、八〇頁。
(68) 高橋亀吉、前掲『大正昭和財界変動史』上、三〇四頁。
(69) 同前、三一二頁。
(70) 深井英五『回顧七十年』(岩波書店、一九四一年) 一九七頁。深井は、救済策の実施について、「特別施為の正式決定は勿論重役会議に附せられたが、其の大綱は井上総裁の方寸に出で、理事麻生二郎氏が主として実行に当たった」と指摘している。
(71) 高橋亀吉、前掲『大正昭和財界変動史』上、二七四頁。
(72) 吉野信次『商工行政の思い出』(商工政策史刊行会、一九六二年) 六一頁。
(73) 橋本寿朗「経済政策」大石嘉一郎編『日本帝国主義史2　世界大恐慌期』東京大学出版会、一九八八年、九三頁。
(74) 同前、九二頁。なお、財政補助の実態とその不十分性については後述する。
(75) 吉野信次、前掲『商工行政の思い出』五九頁。
(76) イギリス政府は、英国染料に対しては、一七〇万ポンドの社債を全額保有し、英国染料会社に対しては、株式一七〇万ポンドを保有したほか、研究費の助成などの介入・育成策を実施した (森恒夫『講座 帝国主義の研究4　イギリス資本主義』青木書店、一九七五年、五六—五七頁)。
(77) 同前、五九—六〇頁。
(78) 商工省商務局『日英貿易と英国経済事情』(工政会出版部、一九二七年) 二六六頁。
(79) 柳澤治「資本主義構造転化論争——一九二〇年代社会政策学会を中心に」(岡田与好編『現代国家の歴史的源流』東京大学出版会、一九八二年) 参照。なお、この議論と講座派の日本資本主義認識との類似性については、武田晴人「日本における帝国主義経済構造の成立をめぐって」(『社会科学研究』三九巻四号、一九八七年) で指摘したことがある。

(80) バルフォア委員会が key 産業あるいは pivotal 産業として一括していたのに対してハルムスはその両者を区別して用い、前者で表現される産業分野をより重視していた。
(81) J. H. Richardson（リチャードソン）による。引用は森恒夫、前掲『講座 帝国主義の研究4 イギリス資本主義』一四一頁。
(82) 産業政策については、橋本寿朗、前掲「経済政策」、および本宮一男「一九二〇年代における化学工業保護政策——商工省『三大政策』の歴史的意義」（『史学雑誌』九五編一一号、一九八六年）を参照。
(83) 三和良一「一九二六年関税改正の歴史的意義」（逆井孝仁ほか編『日本資本主義 展開と論理』東京大学出版会、一九七八年）一八二頁。
(84) 吉野信次、前掲『商工行政の思い出』二二九頁。
(85) 同前、一四八頁、および森恒夫、前掲『講座 帝国主義の研究4 イギリス資本主義』一四八—一五一頁。
(86) 武田晴人「資本蓄積(3) 独占資本」（大石嘉一郎編、前掲『日本帝国主義史2』）、同『日本経済の発展と財閥本社——持株会社と内部資本市場』（東京大学出版会、二〇二〇年）第3章参照。
(87) 武田晴人、前掲「独占段階の経済と社会」、および橋本寿朗・武田晴人編『両大戦間期 日本のカルテル』（御茶の水書房、一九八五年）参照。
(88) 橋本寿朗、前掲「経済政策」七九頁。
(89) 吉野信次、前掲『商工行政の思い出』一〇〇頁。
(90) 橋本寿朗、前掲『大恐慌期の日本資本主義』、宮島英昭「産業合理化と重要産業統制法」（『年報 近代日本研究6 政党内閣の成立と崩壊』山川出版社、一九八四年）参照。
(91) カルテル新学説については、有沢広巳『日本工業統制論』（有斐閣、一九三七年）、および宮島英昭、前掲「産業合理化と重要産業統制法」参照。
(92) 橋本寿朗、前掲『大恐慌期の日本資本主義』、および宮島英昭、前掲「産業合理化と重要産業統制法」、同「一九三〇年代日本の独占組織と政府——重要産業統制法の運用と三六年法改正」（『土地制度史学』一一〇号、一九八六年）参照。
(93) 原朗「一九二〇年代の財政支出と積極・消極両政策路線」（中村隆英編『戦間期の日本経済分析』山川出版社、一九八一年）参照。
(94) 同前。以下、この項の終わりまでの引用は順に、七—八九、一〇五、一〇八頁による。
(95) こうした見方の初出は、武田晴人、前掲「産業政策と重化学工業化」。なお、産業政策をここでは、産業構造の同質化を追求する先進国間の覇権争いの中で発生する政策課題と捉えている。工業化初期の政策との差異を明確化しないと、現代資本主義における「生産力保障政策」としての意義を見失うからである。したがって、橋本寿朗（『戦後日本経済の成長構造——企業システムと産業政策の分析』有斐閣、二〇〇一年、第六章）のようにその根拠を「後進性」一般に解消するかのような捉え方には賛成できない。もちろん、日本でも航海奨励法・造船奨励法などにみられるように、特定産業の育成を目指した工業化政策の展開は、後進国の工業化過程で広くみられたということもできるが、それは別の話であろう。

(96) たとえば、伊藤正直、前掲『日本の対外金融と金融政策』一二八頁、橋本寿朗『現代日本経済史』（岩波書店、二〇〇〇年）一九頁など。

(97) 深井英五によれば、「政府所有の在外正貨は指定預金となって、日本銀行が自己の裁量を以て処理すべ資産中の在外正貨とは厳然区別されて居る」と明確にされている（深井、前掲『新訂 通貨調節論』二八八頁）。

(98) 後述するように、預金資金を原資とする正貨の保有の場合には事情を異にする。

(99) 一九一六—一八年度の三年間通算で、経常部では予算に比して税収増四・四億円、印紙収入・官業収入増二・四億円、戦時利得税七〇〇〇万円など合計八・八億円が歳入予算を超過し、財政剰余金をもたらした。以上は、大蔵省『予算参考書』各年版記載の「前年度剰余金の計算」より算出。

(100) 正確には二〇年度政府予算案からであったが、議会の承認を得られなかった。

(101) 大蔵省編纂『明治大正財政史』第四巻（経済往来社、一九五六年）四〇七、四一四、四八五、五四五頁。

(102) 鈴木憲久『最近日本財政史』（東洋経済新報社、一九二九年）八六—八七頁。

(103) 大蔵省編纂、前掲『明治大正財政史』第四巻、四四四頁。

(104) 鈴木憲久、前掲『最近日本財政史』一六六頁。

(105) 同前、五八、一六五—一六六、一九四—一九五頁。

(106) 鈴木憲久、前掲『最近日本財政史』五八頁によれば、二一年度に繰入が中止された推定額は、三二四〇万円であった。

(107) 円換算額は、『第五七議会参考書』（東京大学経済学部図書館所蔵）により算出。

(108) この点については、伊藤正直、前掲『日本の対外金融と金融政策』および、斉藤寿彦「金輸出禁止下の在外正貨払下げ政策」（玉野井昌夫・長幸男・西村閑也編『戦間期の通貨と金融』有斐閣、一九八二年）を参照。

(109) 結果として円為替支持の効果をもっていたことは何人も否定できないであろう。ここで問題としているのはその政策意図が主としてどこにあったかである。

(110) これには、二一年以降判明する日本銀行勘定の海外保管有価証券が含まれていない。

(111) これには、二一年以降判明する英・米貨以外の保管有価証券が含まれていない。

(112) 主として、海軍経費および対外利子支払いと推定される。念のため付言しておけば、この間の政府正貨払下げを、二〇年恐慌前後の大幅な入超にその原因のすべてを帰するのは誤りである。

(113) 『横浜正金銀行史』によれば、二〇年一一―三月に正金の外貨資金繰りは逼迫し、一〇〇〇万ドルの米貨の払下げを受けた（前掲『横浜正金銀行全史』二巻、二三九頁）。また、翌二一年一〇月のニューヨーク支店からの資金繰りの電報には、「政府が金を払下げまたは輸出を解禁しなければ、当店は来年一月以降五カ月間引続き苦境に立つ憂いがある」と報告し、これに対して同月一〇日の頭取席返電には「一〇月から三月までの六カ月間に米貨四五〇〇万ドルを電信で払下げの了解を得た」（同前、二九七頁）とある。この措置は、翌日の発電で、四八ドル維持の狙いがあることも表明されている（同前、二九八頁）から、払下げの時期やその狙いが外貨資金の供給と為替水準の維持にあったことは間違いないが、本書では、財政的な側面からも望ましかったことを強調している。

(114) 積極財政が通貨膨張を招いたというのは、その限りでは適切ではない。当年度収支はバランスしていたからである。

(115) 寺村泰「一九二〇年代の対外為替政策――二〇年代中葉における政策転換の解明」（『土地制度史学』一〇八号、一九八五年）。

(116) この点は状況証拠からの推測にすぎない。本格的な実証的解明は今後の課題であろう。

(117) 大蔵省昭和財政史編集室『昭和財政史』第三巻（東洋経済新報社、一九五五年）五頁。

(118) 鈴木憲久、前掲『最近日本財政史』五三七―五四八頁。

(119) 一九二五年の改革後、「預金部の運用に関する根本方針が確立せられ、有利確実を旨とし国家公共の為に運用すべき要求の下に、国債に対する運用額は年々増加」したといわれている。このように、「有利確実」が求められた預金部にとって、海外証券への運用を解かれた資金の運用先が確保される意味は大きかった。引用は、大蔵省理財局資金課『大蔵省預金部史』一九四一年（一九六四年復刻版）三二〇頁。

(120) 「金解禁は財政上よりも亦急要」（『東洋経済新報』一九二五年一月二四日）参照。

(121) 前掲『昭和財政史』二一〇―二一一頁。

(122) 鈴木憲之、前掲『最近日本財政史』四四八―四五七頁。

(123) 西原借款については、とりあえず鈴木武雄監修『西原借款資料研究』（東京大学出版会、一九七二年）参照。

(124) この対中国投資問題については、とりあえず、能地清「一九二〇年代日本の対中国政策の一断面」（能地清、前掲『日本帝国主義と対外財政』）を参照されたい。

(125)「産米増殖計画」は、米騒動の勃発をきっかけに痛感されることになる国内食糧供給の不安定さ、供給の不足という本国日本の事情と、朝鮮域内での民生の安定のための農業振興という植民地政府（総督府）の意図とが合致したところで展開することになる。このような政策の展開は、第3章でもふれたように、一九二〇年代に食料輸入の増大が国際収支不均衡の要因の一つになっていたことを考慮すると、より一層切実な意味をもっていた。これについては、松本俊郎「植民地」（前掲『一九二〇年代の日本資本主義』）参照。

(126) そのうえ、計画が軌道に乗って日本向けの米の輸出（移出）が増加しはじめるころには、当初の思惑とは異なって米の価格は低迷していたからである。同前。

(127) 山本有造『日本植民地経済史研究』（名古屋大学出版会、一九九二年、第三章）参照。

(128) 本文で詳細に論じえないが、これらの植民地政策のなかで、中心の事業主体となった満鉄や東洋拓殖などの企業が、専ら日本国内の資本市場で資金を調達していたことの財政的な意味を検討しておく必要がある。追加的な政府資金の代替としての国策会社の資金調達は、民間資金の資本輸出を迂回的に実現するという意味では、国内の逼迫した財政状況と照応するものであった。この植民地財政については、平井廣一『日本植民地財政史研究』（ミネルヴァ書房、一九九七年）参照。なおまた、対外関係としては、紡績業における対中国投資が視野に入れられるべきであるが、これについては本章では言及する余裕がない。しかし、こうした形式的にみれば民間ベースの工場移転でさえも、日中間の緊張を伴うものであったことは、時代状況として見逃すことはできない。このほか、植民地研究では、金子文夫『近代日本における対満州投資の研究』（近藤出版社、一九九一年）、平山勉『満鉄経営史――株式会社としての覚醒』（名古屋大学出版会、二〇一九年）、林采成『東アジアのなかの満鉄――鉄道帝国のフロンティア』（名古屋大学出版会、二〇二一年）、湊照宏・齊藤直・谷ヶ城秀吉『国策会社の経営史――台湾拓殖から見る日本の植民地経営』（岩波書店、二〇二一年）などがある。

# 第6章　大企業の構造

## はじめに

本章の課題は、両大戦間期の日本に成立してくる大企業体制の構造的な特質を、経営史的な視点を生かしつつ解明することである。対象となる大企業の主要なグループの一つは財閥と呼ばれた企業群であり、財閥に即して考えれば、第一次世界大戦期に進展するコンツェルン的な組織の整備を起点にして「財閥の転向」が問題になる一九三〇年代半ばまでが、分析対象とされる時期にあたる。

一般的にみて、企業はその内部で人為的な、あるいは目的意識的な調整活動を行うことによって、蓄積された経営資源を有効に利用し企業そのものの成長を追求する。市場における競争を介した資源配分のシステムに対して、企業の役割は、その市場での調整活動の一部を切りとって企業内の組織的な調整に委ねるところに特徴がある。大企業の成立とともに整備される企業の内部組織は、このように市場に代替する調整活動の場であるが、そうした意識的調整は恒常的な企業組織だけの機能とは限らない。企業と企業との関係が株式所有などの紐帯を介して緊密化し、あるいはカルテルなどの協定によって産業の組織性を高めていくと、そのような市場と組織との中間の領域でも意識的な調整と市場での競争とが相互に絡み合い、依存し合いながら調整手段としてともに利用されることになる。大企業の時代とはそうした特徴をもっていると考えられる。そこで本章では、企業の内部組織および企業間関係に注意を払いながら大企業体制の特徴を探っていくことにしたい。

## 一　大企業の構造

### 1　大企業の位置

まず、大企業が日本の会社企業全体に占めた位置と、その特徴を明らかにしておこう。両大戦間期の大企業を公称資本金一〇〇〇万円以上のものと考えると、『会社統計表』でそれがはじめて分類される一九二一年に二七七社、払込資本金総額（合資合名会社の出資額も含む）約四四億円であったが、二九年には四〇八社、七七億円、三七年には五三九社、一一二億円と増加する。しかし、麻島昭一も論じているように[1]、この時期には企業数が急速に増加したために、大企業の比重は社数でみると傾向的に低下していた。この社数での比重低下にもかかわらず、出資・払込資本額に占める割合は、一九二一年の四七・三％から一九二〇年代を通して傾向的に上昇し、一九三〇年代には五五％前後を占めるようになった。少数の企業により多くの資本が集中されるようになったのである。大企業の成長と優位は明らかであろう。

もっとも、この『会社統計表』は、分類を公称資本金で行ったのち資本金額などを集計しているため、払込資本金基準でみると、多数の払込一〇〇〇万円未満の企業が一〇〇〇万円以上の企業として数えられているという欠陥がある。この点を補正するため『銀行会社要録』第四二版によって、一九三七年基準で公称資本金額一〇〇〇万円以上の企業を抽出すると[2]、合計で五三八社、その払込総額一一四億円となる。右の『会社統計表』とでは、東京・大阪・神奈川・北海道などで社数や資本金額に不一致があるため、社数で一社、払込額で一・七億円の差異があるが、大勢を比較するうえでは影響がないであろう。

抽出された五三八社には、多くの損害保険会社のように公称資本金一〇〇〇万円、四分の一払込で二五〇万円という少額の払込資本金のものが含まれており、払込額の最少は一〇〇万円（一〇分の一払込）である。そこで、このリストから払込資本金一〇〇〇万円以上に限って集計しなおすと、該当するのは三〇九社で、払込総額約一〇〇億円となる。したがって全体に占める比率は社数で〇・三六％、払込額で五〇・三％というのが、本章が対象とする時期の終わりにあたる一九三七年時点での大企業の比率である。

同じデータによって大雑把な業種の分類も可能となるが、それを資本金額の階級別に示したのが表６－１である。これによると、公称資本金基準で一〇〇〇万円以上のほぼ半数は広義の鉱工業に属するが、電力・ガス・鉄道などの公益部門に一〇一社、商業部門に四五社、持株会社を含めた金融部門に一一九社が分布し、とりわけ鉱工業や銀行・保険などでは公称一〇〇〇万円以上・払込一〇〇〇万円未満が多いのに対して、払込一〇〇〇万円以上には電力・大銀行・持株会社が多く存在する。

このように、一九三七年でみると日本の大企業のリストには財閥本社などの持株会社や大銀行、さらには電力会社などが並んでいる。こうした特徴は、同様のデータを総資産額で再集計しなおすと、さらに明白になる。

表６－２は、表６－１の五三八社のデータに総資産額が五〇〇〇万円を超える生命保険会社を加えて分類したものである。当然のことではあるが、預金・保険料などを集めて運用資産を形成する銀行・保険が他業種に比べて大きくランクアップし、両者を合わせて総資産五〇〇〇万円以上の企業一五八社の四割に達し、鉱工業部門を圧倒する。また電力・ガス・鉄道などの公益部門もかなり高位に位置している。これらの企業の払込資本金や総資産額の合計からみると、資本金では鉱工業・電力・銀行の順であるが、総資産では半数が銀行であり、鉱工業部門の位置は大きく低下する。大企業群のなかで鉱工業企業の位置はそれほど高くないのである。

**表 6-1** 大企業の業種別分布（払込資本金基準，1937 年）

（社）

| 払込資本額 | 電力 | ガス | 鉄道 | 海運 | 商業 | 鉱工業他 | 銀行 | 保険・信託 | 持株会社 | 小計 |
|---|---|---|---|---|---|---|---|---|---|---|
| 2 億円以上 | 2 | | | | | 2 | | | 1 | 5 |
| 1 億円以上 | 3 | 1 | | | 1 | 3 | 2 | | 2 | 12 |
| 7,000 万円以上 | 2 | | | 1 | | 7 | 2 | | | 12 |
| 5,000 万円以上 | 2 | | 3 | 1 | | 7 | 5 | 1 | 1 | 20 |
| 3,000 万円以上 | 8 | 2 | 7 | | 4 | 16 | 1 | | 5 | 43 |
| 2,000 万円以上 | 5 | | 2 | 3 | 5 | 27 | 2 | | 8 | 52 |
| 1,000 万円以上 | 15 | 4 | 14 | 1 | 16 | 83 | 10 | 2 | 20 | 165 |
| 1,000 万円未満 | 20 | 1 | 10 | 5 | 19 | 117 | 21 | 27 | 9 | 229 |
| 小計 | 57 | 8 | 36 | 11 | 45 | 262 | 43 | 30 | 46 | 538 |

出典）東京興信所編『銀行会社要録』第 42 版，1938 年により公称資本金 1,000 万円以上の会社を抽出し，その中から払込資本金を基準に分類した．同資料所載の会社のうち 1938 年 1 月以降設立の会社は除いた．

注）東洋拓殖などの投資会社も持株会社に含む．倉庫・取引所などは商業に含む．

**表 6-2** 大企業の業種別分布（総資産基準，1937 年）

（社，百万円，%）

| 総資産額 | 電力 | ガス | 鉄道 | 海運 | 商業 | 鉱工業他 | 銀行 | 保険・信託 | 持株会社 | 小計 |
|---|---|---|---|---|---|---|---|---|---|---|
| 10 億円以上 | | | | | | | 10 | | | 10 |
| 5 億円以上 | 1 | | | | 1 | 1 | 1 | 1 | | 5 |
| 2 億円以上 | 4 | | | 1 | 1 | 7 | 7 | 9 | 4 | 33 |
| 1 億円以上 | 3 | 1 | 3 | 2 | 2 | 14 | 7 | 6 | 3（1） | 41 |
| 7,000 万円以上 | 5 | 1 | 4 | | 1 | 9 | 5 | 3 | 1 | 29 |
| 5,000 万円以上 | 2 | 1 | 4 | | 2 | 13 | 5 | 9 | 4（1） | 40 |
| 小計 | 15 | 3 | 11 | 3 | 7 | 44 | 35 | 28 | 12（2） | 158 |
| 構成比 | 9.5% | 1.9% | 7.0% | 1.9% | 4.4% | 27.8% | 22.2% | 17.7% | 7.6% | 100% |
| 払込資本金 | 1,635 | 192 | 464 | 161 | 270 | 2,666 | 961 | 148 | 748 | 7,245 |
| 構成比 | 22.6% | 2.7% | 6.4% | 2.2% | 3.7% | 36.8% | 13.3% | 2.0% | 10.3% | 100% |
| 総資産額 | 3,195 | 237 | 1,004 | 485 | 1,540 | 6,021 | 19,803 | 5,473 | 1,846 | 39,654 |
| 構成比 | 8.1% | 0.6% | 2.5% | 1.2% | 3.9% | 15.2% | 49.9% | 13.8% | 4.7% | 100% |

出典）表 6-1 と同じ．

注）1．ここで「総資産」として基準にしているデータは，各社の貸借対照表に記載されている資産合計額から未払込資本金額を差し引いたもの．

2．（ ）内は総資産が不明のために払込資本金額によってランクしたものの内数．したがって，この 2 社については，過小評価のランキングとなっている．

表6-3　総資産1億円以上の大企業（1937年）

| | 金融 | 持株会社 | 商業 | 公益 | 鉱工業 |
|---|---|---|---|---|---|
| 10億円以上 | 日銀，勧銀，正金，三和，*安田*，第一，**住友**，**三井**，**三菱**，興銀 | | | | |
| 5億円以上 | 第百，三井信託 | | **三井物産** | 東京電灯 | 日本製鐵 |
| 2億円以上 | 日本生命，六九，**三菱信託**，野村，**住友信託**，**明治生命**，十五，第一生命，帝国生命，千代田生命，北拓，神戸，*安田信託*，愛知，共同信託，名古屋 | **三井合名**，**三菱合資**，**住友合資**，**東洋拓殖** | **三菱商事** | 東邦電灯，大同電力，日本電力，宇治川電灯，**日本郵船** | **王子製紙**，**鐘淵紡績**，日本窒素，**三菱重工業**，日本鉱業，川崎造船所，**三菱鉱業** |
| 1億円以上 | 昭和，**東京海上**，野村信託，芸備，第一徴兵生命，鴻池信託，関西信託，日本昼夜，*安田生命*，中国，静岡三十五，十二，十七 | 東電証券，王子証券，*安田保善社* | 東株取引所，東洋棉花 | 京阪電気，阪神電鉄，阪神急行，九州水力電気，京都電灯，広島電気，東京瓦斯，**大阪商船**，国際汽船 | 東洋紡，**三井鉱山**，大日本紡，日立，日本化成工業，日本石油，日本水産，日本鋼管，日本綿花，大日本製糖，大日本麦酒，日本毛織，**住友金属**，**北海道炭礦汽船** |

出典）武田晴人「大企業の構造と財閥」（『岩波講座 日本経営史3』岩波書店，1995年）84頁．ゴチックは三大財閥系，イタリックは安田系．

ところで、これらの大企業群のなかで財閥がどのような位置を占めているかは、表6－3から知ることができる。金融部門の最上層に日本銀行以下政府系金融機関と並んで財閥系銀行が並ぶほか、持株会社、商社などでもそれぞれ財閥系が上位に位置する。傍系会社として支配力が小さくなる鐘紡、王子製紙などを財閥系に含めうるかは問題があるが(3)、これを含めると鉱工業部門でも日本製鐵に次ぐグループの半分は財閥系と見なすことができる。

各クラス別でみると一〇億円以上で一〇分の三（政府系金融機関を除くと六分の三）、五億円以上で五分の二、二億円以上で三三分の一二、一億円以上で四一分の七と、上位にいくほど財閥系企業のウェイトは高い。大企業の構造を財閥を中心に論じるのは、以上のような特徴に基づいている。

確かに鉱工業部門に限ると大企業のなかで財閥の占める地位は低く、そこでの大企業像を財閥系企業で代表することには問題があろう。[4] しかし、その反対に非財閥系の製造企業を日本の大企業の代表格とするのにも問題がある。金融機関を別にしても、総資産規模でみると大企業中の大企業には財閥本社や財閥系商社などが大電力会社などと並んで存在しており、それが財閥の日本経済に占める位置を明らかにしているのである。

## 2　大企業と株主

前項でみた巨大企業群から示唆される重要な点は、表6－3の左側に位置する金融部門や持株会社が、右側にリストされる企業への資金の出し手ないしは仲介者として鉱工業部門の企業を圧倒する規模を示していたことであり、そのなかで持株会社や保険などの機関投資家が主要な位置を占めたことである。ことに持株会社の存在は、第二次世界大戦後とは異なる戦前の大企業体制の特質として明記されるべき点であろう。大企業の資金調達のあり方については、第1章でもふれており（前掲表1－11）、また、麻島昭一の研究など[5]もあるから、ここでは右のような持株会社の存在が株主のあり方にどのような特質を刻印したのかに限って考えておこう。

戦間期の株式所有の変化については、志村嘉一の研究が、個人株主優位から法人株主優位への転換などの特徴を明らかにしている。[6] この研究に沿って、株主の法人化の実態を示すと表6－4のとおりである。

最も注目する点として、上位一二人を基準として集計された「大株主」が株主層全体に占める比率は人数比で低下、保有株式数比で増加している。一社当たりの平均株主数が一・八倍になっていることをあわせて考えると、両大戦間期に大企業の株主については、一方で小零細保有株主層の増加による「所有の分散」が展開しつつ、他方で上位大株主の保有比率が顕著に増加したことが明らかである。この点は、一株主当たり保有数で大株主の平均保有数が急増する一方、その他株主の保有数は若干減少するという対照にも示されている。

このような変化は大企業が資本市場を介して小零細な投資家の社会的資金を吸収するという株式会社制度の機能を

利用しつつあったことを示しているわけではないが、その反面で株式を介する資金供給全体のなかで、そうした社会的資金への依存度が「外見的には」低下していたという事実をも同時に明らかにしている。

大株主への保有株式数の集中度上昇をもたらした基本的な要因は、法人投資家の増加であった。一九一九—三七年に大株主としての個人の役割が大幅に低下し、保険会社や持株会社、さらには事業会社の株主としての地位が顕著に増加した。志村の研究によれば一九三六年末で上位一二位までの株主に含まれる法人企業（銀行・証券・信託・保険を含む）は、四七七の大企業が発行した株式の二七・六％を保有していた（表6－4から算出）。この比率は一三位以下にランクされている法人企業を含めればさらに増加するはずで、一九一九年の四・四％と比べると、この間に一挙に株主の法人化が進展していた[7]。第二次世界大戦後と比べて、戦前期には株式発行を主とする直接金融が中心であったといわれるが、その内実は両大戦間期に株主の法人化という大きな変化を伴っていた。

**表6-4　大株主の保有比率（1919・1936年）**

| | | | 1919年 | 1936年 |
|---|---|---|---|---|
| 対象企業数 | | （社） | 379 | 477 |
| 大株主比率 | 株主数 | （%） | 0.59 | 0.36 |
| | 株式数 | （%） | 21.0 | 37.4 |
| 個人 | | （%） | 15.5 | 5.9 |
| 銀行 | | （%） | 0.8 | 2.1 |
| 保険・信託・証券 | | （%） | 0.5 | 4.8 |
| 法人会社 | | （%） | 3.1 | 20.7 |
| 平均株主数 | | （人） | 2,040 | 3,589 |
| 1人当たり保有数 | 大株主 | （株） | 4,644 | 17,434 |
| | その他 | （株） | 103 | 95 |

出典）志村嘉一『日本資本市場分析』（東京大学出版会, 1969年）408-409, 430-431頁より作成.

このような法人化の進展の根拠は、第一に保険・信託などの機関投資家の成長であり、社会的資金がこれらのパイプを通してリスクを回避しながら企業の資金需要を満たすようになったことであった。社会的資金への依存度が「外見的には」低下したと述べたのは、そうした間接的な社会的資金の吸収を考慮しての評価である。第二に税制改正の影響のもとに進展した「法人成り」を背景としつつ、持株会社が成長したことであった[8]。再び志村によれば、一九三六年末に二〇・七％を保有する「法人会社」（表6－4参照）の保有株数の五三・八％は持株会社の手中にあった[9]。第三に事業会社が分社化や系列化のために株式保有を増加させたことであった。このようなケースのうち、東電証券や王子証券のように、増大する株式投資を管理する子会社を設立することで持株会社の増加にもつながるものがあったが、他方、たとえば三井物産、三井鉱山がこの時期に子会社投資への資産運用比率を上昇させるなど、事業会社そのものの持株会社としての機能が増大していた。総資産額で上位に並ぶ大企業には、こうした形で法人株主としての地位を高めるような資産増加を進めていたものが多かった。

これら法人株主のなかでその投資規模で頂点に立つ財閥持株会社と、これに出資する同族は、株主として特異な性格をもっていた。三井を典型とする出資関係の封鎖性への強い志向と、利益の高い再投資率である。こうした特徴は、財閥同族が家業と見なす事業に対して「総有制」と称すべき独特の制約をもつ所有者として関与してきたことに由来する。[10]幕末の危機を経て再生し財閥への道を歩みはじめたときに、三井では、営業資産を分割不可能な、同族が共有する財産と見なし、これを拡大させることを基本的な方針とした江戸時代からの経営理念を再確認した。そのため、他者の共有への参加、つまり他人資本の導入を極力避けて封鎖性を維持しようとしてきたし、そのために限界を画される蓄積資金を、利益留保を拡大して再投資すること、つまり同族への配当を抑えることを基本的な資産管理のあり方としてきていた。[11]

このような株主の存在は、傘下企業の側からみると、強力な発言力・支配力をもつ株主による介入の可能性を意味しており、それ故にこれまでもしばしば財閥本社による「統括」の問題が論じられてきた。[12]しかし、重要な点はそれだけではない。このような株主は、一つには絶対的な安定株主であったし、さらには高い配当を強要しない株主であった。実際、財閥本社から同族への配当率は概して低く抑えられていたし、各直系子会社の配当率も高くはなかった。時に応じて高率の臨時配当を実施した例はあったが、そうした場合のほとんどは子会社の増資に対応する払込資金を本社が得るためであり、子会社が、積立金取り崩しによる臨時配当を行い、それをそのまま増資払込資金として受け取るという手続きによる増資は子会社の資金調達に実質的な意味をもつものではなかった。[13]このような操作そのものが、子会社において内部留保を優先して再投資が進められたことに対応して増加する自己資本によってはじめて可能だった。そして、そのような行動を通して、財閥本社は、金融資産操作に基づく資金の捻出と事業拡張という新しい機能を獲得していった。

大企業体制の中核には、こうして安定性がきわめて高く、財閥系の大企業に内部留保を優先させ、自己金融的な資金調達を基本とさせるような株主が存在した。

もちろん他方で、資本市場の発展とともに商人・地主など比較的富裕な階層の資金が株式にも投資されていった。株式市場の発展とともに、その売買が活発化することで株式のプレミアム発行や譲渡利益を実現する機会も増加していたし、その反面で株価の動向によっては株主から離反されるおそれもあった。このような変化は財閥本社の投資行動をも変えたことは後述するとおりである。

## 3　大企業の組織

### (1)　事業所数の増加

企業規模の巨大化は、その管理的組織の成長を必要とした。コンツェルン化については後に企業間関係の問題に含めて論じることとして、個々の企業における組織上の変化に限定すると、事業所数の拡大と重役組織の変化からこの点を窺い知ることができる。

まず『株式年鑑』(大阪屋商店)によって、一九二〇年に払込資本金五〇〇万円、三七年に一〇〇〇万円以上の企業を抽出し、そのどちらかの条件を満たす企業について一九二〇年、二九年、三七年の事業所数がわかるもののいくつかを例示すると、表6-5のようになる。

紡績・製糖・製紙・麦酒などの大企業で事業所数が一九二〇―三七年に急増していることは明らかであろう。より

**表 6-5　有力企業の事業所数（1920-37 年）**

| 社名 | 種別 | 1920 年 | 1929 年 | 1937 年 |
|---|---|---|---|---|
| 鐘淵紡績 | 工場 | 20 | 31 | 51 |
| 大日本紡績 | 工場 | 14 | 18 | 23 |
| 東洋紡績 | 工場 | 16 | 22 | 46 |
| 日清紡績 | 工場 | 3 | 7 | 9 |
| 日本毛織 | 工場 | 5 | 6 | 5 |
| 片倉製糸紡績 | 工場 | 23 | 35 | 41 |
| 小計 | | 81 | 119 | 175 |
| 明治製糖 | 工場 | 5 | 12 | 12 |
| 大日本製糖 | 工場 | 4 | 10 | 11 |
| 塩水港製糖 | 工場 | 5 | 7 | 8 |
| 小計 | | 14 | 29 | 31 |
| 大日本麦酒 | 工場 | 6 | 9 | 13 |
| 王子製紙 | 工場 | 6 | 16 | 33 |
| 東京電気 | 工場 | 3 | 5 | 6 |
| 小計 | | 15 | 30 | 52 |
| 三菱鉱業 | 鉱山等 | 28 | 27 | 24 |
| 日本石油 | 鉱業所等 | 18 | 12 | 11 |
| 小計 | | 46 | 39 | 35 |
| 日本郵船 | 支店・出張所 | 20 | 15 | 15 |
| 大阪商船 | 支店・出張所 | 24 | 24 | 27 |
| 日清汽船 | 支店・出張所 | 7 | 8 | 8 |
| 小計 | | 51 | 47 | 50 |

出典）大阪屋商店調査部『株式年鑑』各年より作成．サンプルの抽出方法については，本文を参照．

詳しい検討は鈴木良隆がすでに明らかにしているが、それによると、一九三五年時点で製造企業の売上高上位一〇〇社にランクされる企業では、現業部門の事業所が一ヵ所のものは三社、二ヵ所のものは一三社、三ヵ所以上のものは七六社で、「ほとんどすべての企業がすでに三五年時点で複数事業単位企業であった」と指摘されている。[14]

このような変化は、王子製紙が富士製紙・樺太工業と合併して一大トラストを形成したことを典型として企業の合同・合併が進展したことを一つの要因としている。たとえば、紡績では、東洋紡が一九二三年に伊勢紡織、二六年に名古屋絹紡、三一年に大阪合同紡、三六年に和泉紡績を買収・合併し、大日本紡では二三年日本絹毛紡績、二五年鹿児島紡織、鐘紡でも二三年南勢紡績、三五年和歌山紡績などが買収・合併されている。[15]

こうした企業合併の進展による大企業の成長が事業所の統合ではなく、その数の増加を伴っていたことは、一つひとつの工場の規模はそれほど大きく拡大しなかったことを示唆している。生産の最適規模を求めて企業が大規模化したとは直ちには結論できないのである。企業合同が進展した紡績業では、特定の品種に専門化すればその事業規模がそれほど大きいものとならなかったことは、綿紡績業の先進国であったイギリスで多岐にわたる水平的・垂直的な分業が展開していたことからも知られるとおりである。両大戦間期の日本でも綿紡績業では、一方で慢性的な設備過剰により操業短縮を求める同業者の声が強かった反面で、新規参入が相次ぎ、企業数は一九二〇年の五六社から二九年五九社、三七年七四社へと増加した[16]。ことに長く自由操業が続いた一九二〇年代よりも、連続的に操業短縮が繰り返された一九三〇年代前半に企業数が増加したことは、カルテル活動による価格安定化を背景に特定製品分野に営業の範囲を限った小規模な企業の参入が相次いだこと、そうした参入者が一定の競争力を維持しうる条件が存在していたことを示していると考えられる[17]。

このように紡績を例として考えると、合併による大規模化は、特定製品分野に専門化した生産単位の最適化を、支配下工場間の生産品目の調整によって与える可能性をもっていたということができる。第二次世界大戦後の調査であるが、綿糸二〇番手一梱当たりの加工費は三万錘工場を基準（＝一〇〇）にして、五〇〇〇錘で一六五・二、一万錘で一二六・七、二万錘で一〇七・六、四万錘で九七・一、五万錘で九五・五、六万錘で九四・四であったから[18]、三万錘を超えるとそれほど大規模化のメリットは得られないものであった。実際、一九三七年に東洋紡が精紡機を設置する三三工場の平均錘数は五・二万錘で、伏見工場だけが一万錘台、二万錘台が七工場、三万錘台が九工場、四万錘台が五工場、それ以上が一一工場（最大一三・九万錘）であった。このような工場規模と、生産コストの規模別の変化とから明らかなように、紡績大企業は工場ごとの製品の専門化が可能であり、この点を『日本綿業論』の著者である関桂三は、大経営の利益の第一に強調していた[19]。

ところで、表6-5の下の方に表示される鉱業・海運などでは事業所数の増加はほとんどみられず、むしろその統廃合などが進展したことにも注目しておく必要がある。それは、大規模化が生産の最適性を工場単位の専門化によって実現しうるかどうかは、それぞれの産業が備えていた条件に依存していたからである。

事業所数の拡大のもう一つ大きな理由は、経営の多角化が進展したことであった。この点を最もよく示しているのは鐘淵紡績であったが、一九二〇年代初めに国華製糸・若尾製糸（以上、二一年）、日本絹布（二二年）を買収した同社は、このあと岐阜、亀山、福知山、大淀、山科、福島などに次々と製糸工場を建設して製糸業に進出し、さらに三二―三三年には多くの製糸工場を買収していった。[20] こうして絹業に進出した鐘淵紡績は、その後、人絹さらには化学などにも経営の視野を広げることになった。絹紡糸や人絹、毛紡糸などへと進出して繊維の総合的な企業へと展開する試みは程度の差こそあれ、この時期の大紡績の企業行動を特徴づけるものであったが、一九三八年三月末現在で鐘紡には綿糸布工場二〇、毛織工場八、人絹工場一、絹糸布工場一〇、製糸工場一二があり、そのほかに乾繭場なども備えられていたのである。[21]

**（2）　管理組織の成長**

次に、事業所数の増加などによって大規模化した企業において、管理組織はどのように変化したであろうか。これらの企業のほとんどは東京か大阪に本社を置いていたが、両大戦間期に特徴的な点は、本社機能が独立性を備えるようになり、同時に販売・購買などの営業拠点の充実の必要もあって国内支店網などが整備されたことである。

十分な調査ではないが、表6‐5と同じ条件を満たす企業の本店所在地と、東京・大阪・神戸に営業拠点（支店、事業所、営業所、出張所）をもつかどうかとを表6‐6に示してある。資料の性格からみて営業拠点のすべてが記載されているわけではないから、ここからの結論は暫定的なものに止まるが、第一に東京やその他の地区に本社をもつ企業が阪神地区に営業拠点を置く例が顕著に増加しており、その結果、東京・大阪の二大センターの両方に本支店などを置く企業は四から二五に増えた。また、東京に本社を置く企業のなかで、本社とは別に東京支店・事務所などを置くケースも倍増していた。営業拠点の規模や役割を無視しているが、この後者のケースは、それまで工場所在地に本社組織を置いていた製造工業企業などが、金融機関や顧客との関係の緊密化などが必要となって、東京市内のビジネスセンターにも拠点を置くようになっていたことを示している。

本社組織の変化を示すもう一つの点は重役陣の構成であろう。明治・大正期における重役組織については由井常彦の研究があるが[22]、これにならって一九二〇、二九、三七年について表6‐6と同じ企業について、重役の構成パターンを示すと、表6‐7のようになる。

商法制定後に定型化したとされる大企業の「社長―専務―取締役」という構成は[23]、次第に複雑化しており、二九年には七社あった社長空席が三七年には二社に減少する一方、会長職を置くものが三七年には目立って増加している。一九二一年の一七九七社に関する由井の調査によると、一〇七一社が取締役のみ、一五九社が「社長―取締」、三五六社が「社長―専務・常務―取締」であったから[24]、規模が小さい企業を含めると、重役の組織はより簡素なものが増加することは十分に考えられる。しかし、この時期に巨大企業として君臨していた企業群では常勤の役員を増加させ、トップ・マネジメントとしての実質的な機能を分担させようとしていた。そのため、社長と取締役の中間に位置する副社長・専務・常務の一社当たり平均人数は二〇年の一・四三人から二九年一・八七人、三七年二・〇八人と三七年に二人を超えるに至った。専務二人以上の企業数は二〇年七、二九年一〇、三七年一一、同じく常務二人以上は一八、二三、四一と増加し、役員数でみて明確に充実の方向を辿った。

このような傾向を最も明瞭に示しているのが表6‐8である。この表では役職位が一種だけを一層、二種（たとえば、社長―取締役や、専務―取締役）を二層とみて該当する企業数を数え上げている。階層数が増加するほど位階層的な重役組織が成熟しつつあると考えられるが、表6‐8のように一九二〇年から三七年にかけて、有力企業の重役組織はそのような傾向を強めていたのである。地縁的・血縁的な株式資金調達に依存していた初期の株式会社にとって、取締役の「顔ぶれ」は会社の設立に必要な資金を集めるうえで鍵を握るものであり、出資者からみれば、その企業への投資を決断する際に必要な情報の一つであったと考えられる。発起人や、その中から選ばれることの多かった取締

**表 6-7　重役の構成**（1920-37 年）

| | 1920 年 | 1929 年 | 1937 年 |
|---|---|---|---|
| 会－社－副－専／常－取 | | | 2 |
| 会－社－専－常－取 | | | 5 |
| 会－社－専／常－取 | | 1 | 5 |
| 会－社－取 | | | 1 |
| 会－専－常－取 | 6 | 2 | 6 |
| 会－専／常－取 | 8 | 3 | 10 |
| 会－取 | | 3 | 1 |
| 社－副－専－常－取 | | 1 | 4 |
| 社－副－専／常－取 | 1 | 7 | 4 |
| 社－副－取 | 2 | 3 | 1 |
| 社－専－常－取 | 5 | 13 | 9 |
| 社－専／－常－取 | 31 | 29 | 35 |
| 社－専／常－取 | 16 | 10 | 5 |
| 社－取 | | 1 | |
| 副－常－取 | | 1 | |
| 副－取 | | 3 | 2 |
| 専－常－取 | 1 | 1 | |
| 専／常－取 | 4 | 1 | |
| 取 | | | |
| 合計 | 74 | 79 | 90 |

出典）表 6-5 と同じ．
注）会＝会長，社＝社長，副＝副社長，専＝専務取締役，常＝常務取締役，取＝取締役．

**表 6-6　有力企業の本店所在地**（1930・1937 年）

| 本店所在地 | 支店所在地 | 1930 年 | 1937 年 |
|---|---|---|---|
| 東京 | － | 36 | 42 |
| | 東京 | 5 | 10 |
| | 大阪・神戸 | 4 | 16 |
| 大阪 | － | 17 | 16 |
| | 東京 | 0 | 9 |
| その他 | － | 21 | 32 |
| | 東京 | 13 | 13 |
| | 大阪 | 0 | 11 |
| 合計 | A | 74 | 90 |
| 東京に営業拠点あり | B | 49 | 64 |
| | B/A% | 66.2% | 71.1% |
| 大阪・神戸に営業拠点あり | C | 21 | 43 |
| | C/A% | 28.4% | 47.8% |

出典）表 6-5 と同じ．なお，37 年については，『銀行会社要録』第 42 版で補充調査を行った．

役が誰であるかは、未熟な株式発行市場に代替して株主の出資を誘う情報を発信していた。これに対して、両大戦間期に進む重役組織の階層化は、役員層に企業内部での役割分担が模索されつつあることを示していたと推測される。

### (3) 予算統制の展開

企業内での管理的手段として予算制度に着目すると、一九一〇年代半ばから景況の影響を伴いながらも、これを採用する企業数が増加傾向にあった。各期初めに事業所

**表 6-8　重役陣の階層数**（1920-37 年）

| | 1920 年 | 1929 年 | 1937 年 |
|---|---|---|---|
| 5 階層 | － | 1 | 11 |
| 4 階層 | 12 | 23 | 24 |
| 3 階層 | 42 | 39 | 49 |
| 2 階層 | 20 | 15 | 6 |
| 1 階層 | － | 1 | － |
| 合計 | 74 | 79 | 90 |

出典）表 6-7 より作成．

ごとに収支見込予算を作成し、期末にこれと実際とを比較するという手法は、それ以前にも有力な企業では採用されていた。別に論じたように、明治期の財閥のような「分散的な組織」を余儀なくされ、現場から「遠い」本社部門が資金や製品の販売だけを集中的に担う場合には、各事業所ごとの成果を評価するうえでは予算制度は最も簡明な方法の一つだったからであろう(25)。大企業体制の先進国アメリカでも第一次世界大戦後に本格的に採用され、普及したといわれる「予算統制」は、その実質に濃淡の差があるとはいえ、ほぼ同じ時期に大規模化する日本の企業にも用いられるようになった。一九三〇年代に入ってこれに着目した長谷川安兵衛の調査によると(26)、大戦期に「好景気時にある社員の気分の放漫を防止して緊張を促すためには、予算制度が必要であり、また将来の不況に対する過剰設備の回避策としても予算制度が重要であった(27)」などの理由で導入が試みられた予算制度・予算統制は、一九二〇年代半ばころにはアメリカの制度に学びつつ、さらに三〇年代初めの不況下で推進された産業合理化の流れのなかで(28)、より効果的な企業経営を実現する手段として普及していった(29)。「この時代が我予算制度にエポックを作ったことは恐らくは世界戦後以来打続く業界極度の行詰打開の必要と絶えず進行しつつある企業の大規模化とは企業経営の任に当たる者をして自然的に効果的な且つ能率的な経営法に注目せしむるに至り、ここに急進的に科学的予算制度の実施に関心を持つに至った結果と言えよう(30)」というわけである。

この調査によると、回答のあった四二五社（製造業では二一九社）のうち、予算制度を採用している企業数は三一九社（同、一六二社）、このうち比較的発達していると評価されるもの二三一社（同、六七社）、完全に科学的と評価できるもの二九社（同、一七社）であった。何らかの形で予算統制への関心を払う企業がかなり存在したこと、ただし、その内容には格差が大きかったことが知られる(31)。たとえば製造業では、注文生産に依存する機械工業の一部などで自らの業態のために予算統制が不向きだと考える企業もあった。しかし、採用比率でいえば大企業の方が概して高く、製造業では六二社中五四社、電気・ガスでは一一社中一一社、鉱業では五社中四社、金融では二〇社中一九社と高い採用率を示していたことは、前述のような企業の大規模化に対応した管理的手段の一つに、この予算統制が活用されつつあったことを示していた。

このほか、三菱合資と推定される「某大財閥の中枢機関たる合資会社」は「従属の会社に対して収支の単純なる予算を作成するのみ」と答えたが、その直系会社となっている某石炭会社は「模範的予算制度を実施して居り、而して予算対比報告書（%を使用す）を親会社たる合資会社へ毎月及び半ヶ年、一ヶ年毎に送って居った」。また、日本産業とみられる「持株会社として我国に類似のない組織を持つ某産業会社は、回答に当り『予算制度に就いては中々簡単に申上兼候』と述べるに過ぎなかったが、種々の外部的観察を総合してみるとその傘下にある各種産業の三十有余の子会社を或る程度まで予算に依って集中的に統制して居るのではないかと想像される」。このように、この制度は、後述する持株会社組織に編成されているような傘下企業への統制的な手段としても活用されていたようであった[32]。このほか紹介されている例では、某電気会社はこれに関して自分の会社は「多くの子会社を持って居るが、それに対しても、また予算制度を確立せり」と答え、また某ガス会社においては「予算会議には傍系会社の代表者も出席しそれぞれ質疑に応答す」と回答していることからみれば「この方面に於いても予算制度が集中的経営統制に役立てられて居ることが判る」という[33]。

また、牧知宏によると、明治後半期から住友では本社の経理部門（会計課、経理課、経理部など）が「会計見積書」などを各事業部門に提出させ、その見積りの当否を判断し、査定するなどの業務を行っていた。担当者の日記などからルーティンワークにまで立ち入った牧の検討から、住友における本社部門の予算統制の実態を詳細に知ることができる。すなわち、「近代住友における予算制度は事業部門の経費抑制を目的として導入されたという歴史的経緯から、予算管理の上でも支出が特に重要視」され、「資金調達（財務）の面」では多様な選択肢があるため、「必ずしも本社部門による統括を受けていない可能性がある」一方で、資金支出については住友全体の支出として「本社部門の統括を受け続けていた」と指摘されている。具体的な事例に関する貴重な報告であり、大企業組織における資金面で事業管理のあり方を示すものということができる。(34)

さて、再び長谷川の調査に戻って、予算制度のさらに詳しい内容に立ち入ると、採用企業のなかで予算委員会ないしはこれに代わる委員会で予算を審議している企業数は、表6－9のように三分の一強程度であったが、設置されている場合には、製造業では毎月開催されるものが最も多いなど、かなり頻繁に予算制度を基盤にした各部門の現状の掌握が試みられていた。採用されている予算期間は、当時の営業決算が半年一回が通例であったのに対応して六ヵ月と回答するものが多かったが、予算統制からみれば、それらは各種予算を同一期間で作成するという粗い方式のものであり、発達した予算制度をもつ企業では、各種の予算の必要に応じて期間を定めて予算を編成しており、たとえば、ある紡織会社では販売予算、製造予算、製造費予算は三ヵ月ごと、販売費予算、経営費予算は毎月、損益予算は六ヵ月ごとという方法を採っていた。

製造業企業一六二社に限ってどのような種類の予算を作成していたかをみると、表6－10のとおりであった。製造企業であるため、製造・販売関係の予算の作成比率が高くなっている。これに比べて、資本支出や貸借対照表などの普及率は低く、予算統制は企業の日常的な活動の監視に重点を置いていたと推定することができる。日々の生産・販売活動への注視は、これらの予算が一〇社ほどでは毎月作成されていたことからも知られる。そして予算統制を実施していた一六二の製造企業のうち二六社は表示の九種類の予算をすべて作成していた。

問題は、このような予算がどのような役割を果たしていたかであるが、まず第一に、多くの企業が六ヵ月や一二ヵ月という期間で予算を作成していたにもかかわらず、ほとんどの企業で執行状況については少なくとも毎月一回の報告を義務づけていたことに注目すべきであろう。すなわち、表6－11のように、「経営主脳部」や予算委員会への報告回数を回答した製造業企業一二三社（うち五社は不定）でみると、「毎月」と回答した七九社のほか、月数回の報告

表 6-9　予算委員会の設置の有無

| | | 製造企業 | その他企業 | 小計 | 公企業（市電） |
|---|---|---|---|---|---|
| 予算委員会設置 | 常設 | 28 | 27 | 55 | 0 |
| | 臨時 | 5 | 10 | 15 | 1 |
| | 不明 | 1 | 2 | 3 | 0 |
| | 小計 | 34 | 39 | 73 | 1 |
| 代用する委員会 | 常設 | 9 | 4 | 13 | 0 |
| | 臨時 | 5 | 6 | 11 | 0 |
| | 不明 | 8 | 10 | 18 | 0 |
| | 小計 | 22 | 20 | 42 | 0 |
| 採用計 | A | 56 | 59 | 115 | 1 |
| 不採用・回答保留 B | | 106 | 100 | 206 | 2 |
| 調査企業数　A+B=C | | 162 | 159 | 321 | 3 |
| 予算制度設置率 | A/C % | 34.6% | 37.1% | 35.8% | 33.3% |
| 常設予算委員会（代用の委員会も含む）の開催回数 | | | | | |
| 毎週ないし月 2 回 | | 3 | 0 | 3 | 0 |
| 月 1 回 | | 17 | 9 | 26 | 1 |
| 半期に数回 | | 6 | 4 | 10 | 0 |
| 半期に 1 回 | | 5 | 12 | 17 | 0 |
| 年 1 回 | | 2 | 2 | 4 | 0 |
| その他 | | 4 | 4 | 8 | 0 |
| 統一的な予算期間を採用する企業数 | | | | | |
| 総計 | | 115 | 132 | 247 | 3 |
| 予算期間 | 12 ヵ月 | 31 | 29 | 60 | 3 |
| | 6 ヵ月 | 70 | 98 | 168 | 0 |
| | 1 ヵ月 | 13 | 3 | 16 | 0 |
| | 不定 | 1 | 2 | 3 | 0 |

出典）長谷川安兵衛『我企業豫算制度の実証的研究』（同文舘出版，1936 年）105, 111, 126 頁.
注）開催数，期間については解答があった企業の集計値.

となる企業が六社、一部の予算について少なくとも月一回報告している企業が八社あり、これを合わせると回答数の八割弱が少なくとも月に一回以上の報告を求めていることになり、その数は予算を作成していた一六二社と比べても五七%という高率であった。

つまり、作成された各種の予算は、かなりの数の企業でトップ・マネジメント組織に月一回以上報告される営業実績を評価する基準としての意味をもっていたと推定される。位階層的な組織を整備しつつあった重役陣は、こうして製造の現場を監視していたのであろう。

表6-10　予算の種類（製造企業162社）

| | 採用企業数 | 予算期間 | | | | | | |
|---|---|---|---|---|---|---|---|---|
| | | 12月 | 6月 | 3月 | 2月 | 1月 | 不特定 | 不明 |
| 販売予算 | 119 | 31 | 66 | 1 | 0 | 8 | 1 | 12 |
| 販売費予算 | 102 | 29 | 54 | 0 | 0 | 9 | 0 | 10 |
| 経営費予算 | 109 | 30 | 60 | 0 | 0 | 10 | 0 | 9 |
| 製造予算 | 123 | 31 | 63 | 1 | 0 | 12 | 2 | 14 |
| 製造費予算 | 118 | 27 | 61 | 1 | 0 | 13 | 3 | 13 |
| 資本支出予算 | 60 | 20 | 26 | 0 | 0 | 5 | 1 | 8 |
| 現金予算 | 92 | 21 | 40 | 0 | 1 | 10 | 0 | 20 |
| 損益予算 | 111 | 31 | 63 | 0 | 0 | 4 | 0 | 13 |
| 貸借対照表予算 | 41 | 10 | 27 | 0 | 0 | 1 | 0 | 3 |

出典）表6-9と同じ，131，143頁.

表6-11　経営主脳部（または予算委員会）への報告の有無

| | 製造企業 | その他企業 | 小計 |
|---|---|---|---|
| 報告する　A | 123 | 130 | 253 |
| 　うち月1回以上 | 93 | 102 | 195 |
| 報告しない | 15 | 8 | 23 |
| 回答保留 | 24 | 21 | 45 |
| 合計　B | 162 | 159 | 321 |
| 報告比率　A/B% | 75.9% | 81.8% | 78.8% |

出典）表6-9と同じ.
注）1. その他企業には，百貨店の本店より回答がなかった支店2つを含む.
2.「経営主脳部への報告」という中には，大株主または親会社報告する企業も含む.
3. 各部門またはそれぞれの主任にのみ報告している企業は全体で4つあったが，これは経営主脳部への報告として取り扱わず，「報告しない」に含む.
4. 以上の注記は原表のもの.

このような経営陣の関与のあり方は、予算そのものが関係部署だけで作成されるものが全体の三分の一にすぎず、本社部門のスタッフや重役陣が関与して作成していたことにも表れていると考えられる（表6－12）。それは上から一方的に押しつけられるものではなく、分権化の進展を反映して関係部門の意見を徴して作成され、それを基準に各部門の月々の成績を評価する管理的な手段となったのである(35)。

これらの予算制度についての各企業の評価は、表6－13のようにその制度が発達した企業で効果が「有」としたものが多く、未熟なものでは「無」が目立っていたが、その内容についてみると、質問項目のA、D、Eで高い評価を受けており、つまり集中的な管理体制を容易にし、能率の増進と経費の削減に効果的と自己評価されていた。その意味で「予算統制」も、日本が産業合理化の課題を抱えていた時代が生み出したものであった。その反対にCの「部門間の調和」を実現する手段としては全般的に評価が低く、予算制度が大規模化する企業の水平方向での利害の調整手段としては、問題を残していたことを窺わせる。予算制度が各部門の成績の評価に関わるとすれば、評価上で競争関係に立つ各部門の調整手段として限界があったことは当然の結果であったというべきであろう(36)。

以上のように、大規模化する企業はその内部の「統制的」・管理的な手段の整備に努め、不十分な点を残すとはいえ、予算制度などの手段を通して企業組織としての内実を固めていた。もちろん、これまでもしばしば論じられてきたように、大規模な新規投資の決定などが、どのようなプロセスで進められたかなど、企業行動の実態を明らかにするうえでは論ずべき点が残っているが(37)、そうした「非日常的」な意思決定も、予算制度のような「日常的」な業務状況の把握を前提にして、はじめて確からしさが増すものであることは銘記されるべきだろう。

ところで、このような予算制度が整備されるうえでは、いくつかの必要な条件があった。たとえば経営実態の正確な把握が必要であり、その点では、予算統制と同時期に普及した原価計算は、詳論する余裕はないが、予算を通じた管理の充実に不可欠であった(38)。また、予算や原価などを作成する管理的業務に携わる人々の増加が必要であったから、

表6-12　予算（製造企業）の見積作成部署

（社）

| 見積作成部署 | 大会社 | 中会社 | 小会社 | 合計 |
|---|---|---|---|---|
| 各関係部門 | 12 | 20 | 4 | 36 |
| 関係部門および特殊部門・主脳部の共同 | 13 | 13 | 2 | 28 |
| 会計部門（除く販売費予算・製造予算） | 7 | 10 | 1 | 18 |
| 会計部門 | 3 | 9 | 1 | 13 |
| 特殊部門（調査課・統計課） | 0 | 3 | 0 | 3 |
| 経営主脳部（幹事会・重役会・常務・専務・店主） | 1 | 6 | 3 | 10 |
| 合計 | 36 | 61 | 11 | 108 |

出典）表6-9と同じ，174頁．
注）大会社は公称資本金1,000万円以上，中会社は同1,000万円未満100万円以上，小会社は同100万円未満．

その結果として本社・現業とも事務部門の人員が増加した。しかし、それ以上に重要なことは、予算制度が機能するためには、その予測の確からしさが高まる必要があったということである。したがって、人員面での増加以上に予算査定など

表6-13　予算制度の効果の有無に関する回答

| 予算制度の発達の程度 | 発達した企業 | | | | 未熟な企業 | | | |
|---|---|---|---|---|---|---|---|---|
| | 有 | 無 | 保留 | 計 | 有 | 無 | 保留 | 計 |
| 製造企業 | | | | | | | | |
| A 集中的経営統制が容易になる | 38 | 3 | 16 | 57 | 28 | 17 | 24 | 69 |
| B 業務に対して協同的精神を助成する | 33 | 8 | 16 | 57 | 25 | 20 | 24 | 69 |
| C 部門間の諧調（調和）化をうる | 30 | 11 | 16 | 57 | 22 | 23 | 24 | 69 |
| D 能率の増進 | 40 | 1 | 16 | 57 | 32 | 13 | 24 | 69 |
| E 経費節約 | 39 | 3 | 15 | 57 | 34 | 11 | 24 | 69 |
| F 金融状態の円滑 | 36 | 5 | 16 | 57 | 29 | 16 | 24 | 69 |
| その他の企業 | | | | | | | | |
| A 集中的経営統制が容易になる | 41 | 3 | 15 | 59 | 33 | 13 | 16 | 62 |
| B 業務に対して協同的精神を助成する | 37 | 7 | 15 | 59 | 21 | 25 | 16 | 62 |
| C 部門間の諧調（調和）化をうる | 32 | 12 | 15 | 59 | 21 | 25 | 16 | 62 |
| D 能率の増進 | 38 | 6 | 15 | 59 | 30 | 16 | 16 | 62 |
| E 経費節約 | 40 | 4 | 15 | 59 | 44 | 2 | 16 | 62 |
| F 金融状態の円滑 | 36 | 8 | 15 | 59 | 28 | 18 | 16 | 62 |

出典）表6-9と同じ，246頁．

の審査能力の向上は不可欠であったし、さらに予測の前提として経営内の実態だけでなく、経営環境そのものの正確な把握が必要であった。そして、これを可能とするような条件がこの時期には整いつつあったのである。この点は、前述の住友に関する牧知宏の研究が明らかにしている、組織内における調整の進み方からも知ることができる。

長谷川の調査は、次のように報告している。「我実証的研究を通して観察するに斯る産業統制の機構が存在する業種特にその機構が強化している各業種集団の会社に於いては他の会社に比し予算制度発達の顕著なる傾向が明確にあらわれて居る」。つまり、カルテルなどにより産業の組織化が進展している部門の方が予算統制が発達している企業が多いというのであるが、その理由は、「要するに競争関係に立つ同業者が等しく直面せる経営の外部的諸問題例えば生産または販売に関する統制協定及びその機関の設置によって、その組合員たる会社は経営的注意を経営内部の事項に集中し得るのみならず企業活動の安定化と統計資料獲得の便益が与えられ予算の編成が頗る容易となるからである」[(39)]というものであった。産業の組織化が「経営的注意」を内部に集中させたかどうかは議論の余地があるが、少なくとも、カルテル組織などが作成する各種の統計などが「予算統制を有効に行なうために必要な」情報として有益であり、また価格協定の存在が、利益の拡大のためのコスト削減へと「経営的注意」を向かわせる条件となったことは十分に考えられる。

このように大企業の時代は、企業間関係の変化を通じて、大企業の構造を支える条件を作り出していった。次にその点を節を改めて考えていくことにしよう。

## 二　企業間関係の変化

大企業体制の成立とともに企業間の関係にも変化が生じた。その第一は、法人株主の成長に示されるような株式を介した企業と企業との結びつきが広がり、とりわけ持株会社を中核とするコンツェルン組織が整備されたことである。第二の変化はカルテルの結成や企業合同などを介して、同一産業内で企業間の協調的な行動が一般化し、産業の組織性を高めたことである[40]。このような変化は大企業体制の構造的特徴だった。

## 1　持株会社の成長

巨大企業群の一角を成した財閥本社などの持株会社の成長は、その広範な傘下企業の支配を通して日本経済への圧倒的な影響力を財閥に与えたといわれている。この点はすでに繰り返し指摘されている事実であるから、ここでは持株会社の機能的特質に限定して議論を進めることにしよう。

第一に、財閥本社に注目すれば、その機能は「所有者」としての同族の影響力を緩和し、傘下企業への分権化、すなわち各企業の専門経営者の成長をもたらしたことであった。その前史からみれば、独立性の高い事業所を「分散的」に全国に展開していた財閥は、事業全体の調整を可能とするような通信・交通手段の整備に伴って、一九一〇年代には持株会社を頂点とするコンツェルン的な組織を整備していった[41]。事業部門の株式会社化による本社部門の持株会社化は、そこへの権限の集中によって同族の各事業への介入の余地を狭め、内部留保を優先した「家業」の発展を基本的な方針とする財閥の経営の基本的な骨格を完成させた。

しかし、同時に、それ自体として権限の集中を内包するコンツェルン組織の成長は、本社の統括や管理に関わってどこまでを本社部門の権限とし、どこまでを子会社の裁量に委ねるかという問題を財閥の組織上の問題として浮上させた。三菱などで権限に関わる規程の整備が試みられたことは[42]、コンツェルン組織の整備が、こうした意味で集権化と同時に分権化の契機をはらんでおり、両者はコインの両面にすぎなかったことを示している。

この場合、コンツェルンのもつ組織的な特性は異業種の企業群を結合するところにあるが、一九一〇年代に各有力事業家たちが持株会社の設立によって傘下事業を「分社化」していく傾向にあったことは、当時の経営的な技術・手段などからみて、たとえ事業部制的な組織をとるにせよ、それらの事業を一企業内に包摂するよりも、「分社化」することの方が合理性が高いと判断されたとみてよいだろう。すでに明らかにしたように、コンツェルン組織の整備が進展した背景には、税制改正をきっかけとする「法人成り」による節税の目的があり、また株式会社化による有限責任制の導入という意図があった(43)。しかし、そうした事情のもとに選択された組織形態が財閥を中心とする大企業群に定着した基盤には、選択された組織形態が事業の発展に有効な分権化を推し進める有力な方法となったことが指摘されなければならない。

もっとも、この分権化の方向は、財閥に焦点を合わせると一般的な意味とは異なる特異な性格を付与されていたことも重要であろう。たとえば、よく知られているように、将来の幹部候補生となる人材の採用は、多くの場合、財閥本社である持株会社が一括採用しており、また資金の調達についてもその封鎖的所有に由来する特徴をもっていた。資金面について説明を追加すると、持株会社組織が財閥同族という特異な出資者の支配下にあったことは、その所有の封鎖性によって、外見的には本社部門に子会社に対する絶対的な権限を与える一方で、子会社が必要とする資金の調達についての全面的な責任を本社部門に課していた。前節でみたように、子会社からみれば本社は完全な安定株主であったし、高額の配当を要求しない株主であったから、潤沢な内部資金を使えるという意味で子会社の経営者は資金面での高い自由度をもっていたうえ、不足する資金を増資による調達に依存しようとする場合には、払込の責任を負っていた本社を説得すればよく、「高配当」を実現して株価の引上げを図るなどのシグナルを資本市場に対して送る必要はなかった。このような財閥の総有制的な出資の特殊性に由来する特質は、子会社の専門経営者に対して「資本の管理者」としての職責を軽減させ、その現場主義的な志向を育てる土壌となった。換言すれば、分権化は人事や資金についての集権的な傾向を随伴しつつ、専門経営者の各事業分野での専門性を生かす方向で展開していった。このような分業関係は、本社を中心に財閥が内部資本市場を発展させていく基盤となった。

第二に、財閥の外縁に視野を広げて持株会社の役割を検討すると、それは資金導入機関としての意味を色濃くもっていた。たとえば、古河合名ではその所有する直系・傍系企業の株式を担保に古河銀行・第一銀行などから巨額の事業資金を借り入れていた[44]。また、非財閥系の投資会社として巨額の資産を有していた東電証券の場合には、一九三七年現在で総資産の九割近い一億円余りを有価証券に投資していたが、その資金源泉は専ら長期借入金であったし、同族持株会社の中でも浅野同族㈱、森村同族㈱、渋沢同族㈱、若尾保全㈱などが借入金依存度の高いものとして知られている[45]。その限りでは、これらの持株会社は株式担保金融を主流とする銀行融資の媒介機関として機能し、間接金融を外見的な「直接金融」に変換する役割を果たした。自ら株式会社化した持株会社が株式発行による資金吸収を準備しはじめるのは、一般的にこの時期の終わりころから戦時経済期になるが、その間、鮎川義介が久原房之助の事業の再建過程で設立した日本産業でその先駆的な試みを開花させた。

このような状況は、株式が封鎖的に所有されているかどうかにかかわらず、株式会社化した子会社の株式を市場がどのように評価するかが意味をもっていたことを明らかにしている。担保価値としてみた場合には、たとえ市場で取引されていなくとも優良な企業の株式が融資獲得に有利であることは間違いなかったし、その点では財閥本社の持株といえども市場の評価から無縁ではありえなかったが、配当を抑制し自己資金を豊富にもって自己金融化していた財閥系企業の株式は十分に条件を満たしていた。

財閥本社がその持株の一部を公開して譲渡利益を取得し、子会社への投資資金を捻出するような金融的な手段に出るのは、こうした市場との関係をより明確に示したものということができる。そして、資産株の操作により資金を得ることを通して持株会社は、本社組織としての機能だけでなく、内部資本市場を包摂する投資機関としての内実を備え独自の機能を展開することになった。その際、財閥の投資行動を特徴づけるのは、家業ともいうべき直系の事業へ

**表6-14　巨大企業の有価証券保有**（1937年基準）

（1,000円）

| 社名 | 総資産 | 有価証券 | 比率 | 社名 | 総資産 | 有価証券 | 比率 |
|---|---|---|---|---|---|---|---|
| 東京電燈 | 955,692 | 118,858 | 12.4% | 日本製鐵 | 633,558 | - | - |
| 東邦電燈 | 425,164 | 35,174 | 8.3% | 王子製紙 | 457,141 | 19,653 | 4.3% |
| 大同電力 | 333,115 | 49,902 | 15.0% | 鐘淵紡績 | 319,023 | 35,006 | 11.0% |
| 日本電力 | 352,753 | 24,111 | 6.8% | 日本窒素 | 391,549 | 176,234 | 45.0% |
| 宇治川電灯 | 338,354 | 8,822 | 2.6% | 三菱重工業 | 338,336 | 27,949 | 8.3% |
| 日本郵船 | 228,251 | 23,445 | 10.3% | 日本鉱業 | 259,923 | 59,597 | 22.9% |
| 大阪商船 | 197,056 | 15,317 | 7.8% | 川崎造船所 | 235,995 | 61,246 | 26.0% |
| 三井合名 | 394,369 | 329,014 | 83.4% | 三菱鉱業 | 220,406 | 69,220 | 31.4% |
| 三菱社 | 234,640 | 209,300 | 89.2% | 東洋紡績 | 197,245 | 20,849 | 10.6% |
| 住友合資 | 215,455 | 145,100 | 67.3% | 三井鉱山 | 192,628 | 61,010 | 31.7% |
| 東電証券 | 120,585 | 107,552 | 89.2% | 北海道炭礦汽船 | 111,772 | 26,271 | 23.5% |
| 王子証券 | 103,797 | 102,356 | 98.6% | 三井物産 | 740,951 | 115,987 | 15.7% |
| 東邦証券 | 62,030 | 59,193 | 95.4% | 三菱商事 | 361,372 | 18,866 | 5.2% |
| 大同土地興業 | 29,203 | 22,096 | 75.7% | 東洋棉花 | 123,043 | 25,711 | 20.9% |

出典）表6-5に同じ.

注）1. 東邦証券と大同土地興業は参考表示.

2. 有価証券には国債なども含まれるので注意を要するが，持株会社や事業会社の公債保有額はそれほど大きなものでない.

の固着を重視しながら傍系事業などでは次第に持株比率を低下させることも厭わなかったことであり、また直系事業の安定株主としての地位と資金調達の必要とを両立させるために、関係の機関投資家（保険、信託）などを動員して株式を市価で譲渡し、持株会社に譲渡利益を生むような操作を続けたことであった[46]。すでに指摘したことではあるが、この金融資産の操作を中核とする持株会社の機能の拡大は、資本蓄積のあり方の変容を示すものであった。

第三に、事業持株会社ともいうべき大企業が成長し、一九三〇年代にかけて持株会社として重要性を増していた。先にみた総資産額上位企業についてその所有有価証券額を総資産額と対比すると、表6－14のように、日本製鐵など若干の例外を除いて、有価証券比率はかなりの高率に達していた。すでに株主の法人化でも指摘したように、表6－14の右側に示されている事業会社の有価証券保有の増大が顕著であり、その基盤には、第一に取引関係の緊密化などの必要から株式所有が進展したこと、また、第二に各社の事業分野の一部を分社化したことから生じた。たとえば三井物産では東洋棉花の独立をはじめとして玉造船所の分離独立などが著名な例であった。このようにして「三井鉱山、三井物産はそれ自身が一個のコンツェルン的存在として傘下に多数の企業群を抱え込んでいった[47]」といわれるような有力事業会社を頂点としたピラミッド型の企業間関係が形成されていくことになった。

事業持株会社の発展は、関連事業をコンツェルン的な組織のもとで分権的に結合する手段としてこの時期にはかなり多用されることになっていたのであるが、それは同時に同業種内での統合・「統制的支配」の手段としても株式所有が重視されるようになってきたことを反映していた。そうした側面を最も典型的に示しているのが、この時期に証券保有を目的とする子会社が設立されたことである。王子製紙には王子証券という証券保有を目的とした子会社があり、有力電力会社も同様の組織形態をもっていた。すなわち、表示した東京電燈—東電証券、東邦電燈—東邦証券保有、大同電力—大同土地興業のほか、日本電力には日電証券、宇治川電灯には宇治電灯証券と、それぞれ証券保有を主目的とした子会社があった。したがって、これらの企業の有価証券保有は子会社の保有を加えるとさらに大きくなる。事業会社の持株会社化が注目される所以である。

一般的にみれば、こうした子会社の株式保有は、これを梃子にして集中合併を推進するうえでは有効な手段であり、その意味で持株子会社は、このような企業行動の戦略的な拠点であった。アメリカでの持株会社の発展に刺激され、それを模倣したといわれる各電力会社の持株子会社はその典型的な例であった。

これらの持株子会社の特徴の一つは、その証券保有の相当額が親会社の株式であったことである。たとえば、東電証券の三六年五月末の株式保有額は時価で一億八〇〇〇万円ほどであったが、その六一％にあたる六五五八万円は東京電燈株式であった[48]。また、王子証券についても表示された一億二三五万円のうち四分の一にあたる二五三六万円は王子製紙株式であり、このような関係から各親会社の最大級の株主にその子会社の持株会社が並ぶという状態がみられたのである。

このうち、王子証券の場合には証券業務と本業との分離の要請が大きかった可能性が高い。同社の場合には親会社株のほかに樺太鉄道、北海水力、北海道鉄道などの株式を保有していたが、その資金源泉は親会社の出資と「王子製紙及雨龍電力会社勘定」と記載される資金借入であったから、子会社化によって保有する多額の証券の資金負担が軽減されることはなかった。業務の分離による経営の専門化にそれなりの意味があったというべきであろう。

同社が大量の親会社株式を保有するに至った理由は、[49]大合同の直前に王子証券が設立されたこと、同社の王子製紙株保有額が合併前に王子製紙が保有していた富士製紙株式に合併比率からみてほぼ見合うものであることなどから、合併手続きをスムースに進めるために別会社を設立したものと推定される。自社株保有を避けるために富士製紙株保有分を市場で処分すればそれらは浮動株化する。これを避けることのできる子会社の設立は、王子製紙にとっては絶対的な安定株主の創出を意味していた。もともと三井系であった王子製紙にとって、三井合名が次第に保有株を売却していくという三〇年代の経営環境のなかでは、王子証券の果たす役割はさらに大きくなったと推定される。

事実上の自社株保有となるこのような持株子会社の役割については、すでに志村嘉一による電力関係子会社についての実証的な検討があるが、志村は当時電力業界のリーダーであった松永安左衛門の次のような考え方を紹介している。「これら持株会社の目的とするところは、第一に、子会社の統制支配により競争を回避すること、第二に、子会社・系列会社の資金調達（株式、社債、その他によるもの）について便宜をあたえ、親会社の信用でこれを容易にすること、第三に、子会社の事業についても親会社の信用を与えること、第四に、持株会社をつうじての事業危険の分散等々にあったといわれる[50]」。同業種内で企業買収がかなり活発に行われ、また主要な顧客でもあり関連事業として重要な位置を占めた電鉄業の株式への投資も盛んであった電力業の場合には、このような持株会社の役割は株式の所有関係を通じて企業間の紐帯を強化していくうえで重要であったことは間違いないであろう。

しかし、これら持株子会社は、親会社からみて安定株主以上の役割を課せられていったようである。再び志村の研究によると、電力持株会社の自社株保有の主要な目的の一つは「株式市場での自社株相場の操縦」にあり、五大電力会社について自社株保有状況と株価の動向とを比較すると、「株式市場が不振におちいった一九三〇—三二年の不況期に自社株の保有額が増加し、好況期に転じた一九三三年以降それが減少している[51]」ことが明らかにされている。大規模な増資や社債発行による資金調達を必要としていた電力会社は、資本市場での自社への評価に神経を使い株価の動向に敏感にならざるをえなかった。そこには「資本の管理者」としての職責を軽減されていた財閥の専門経営者とは異質の経営者像が浮かび上がってくるが、持株子会社は「株価の操縦」を通して親会社のこうした要請に応え、その資金調達を有利に運ぶ役割も担っていたのである。

## 2　産業の組織化

株主の法人化をもたらすような持株会社や事業会社の株式保有の拡大と並んで、両大戦間期の企業間関係を特徴づけるのが産業内部での組織性の増大であった。前述の電力業における集中合併の進展はその一つの例であり、持株子会社方式を利用して株式取得による支配関係を梃子に競争を制限するような事業の集中が進んでいた。このような動きは、一九三〇年代に入って王子製紙の大合同や日本製鐵の成立など、トラスト的な巨大企業の成立につながるものであった。しかし、「産業の組織化」をこの時代の特徴としたのはカルテル活動の普及であった。

両大戦間期が、産業諸部門におけるカルテルの時代であったことはよく知られている。とりわけ一九二〇年代後半から昭和恐慌期には、一九三一年に重要産業統制法が制定された影響もあって数多くのカルテルが結成され、三〇年代にはほとんどの主要産業で何らかの形の協定が企業間の競争を制限する目的で結ばれるようになった。一九三三年に高橋亀吉がまとめた『日本経済統制論』によると、鉄鋼で一五、銅鉱業三、石炭鉱業七、石油鉱業一、電気三、肥料八、セメント三、製紙四、繊維九などの協定がリストアップされており[52]、その協定の内容も表6-15のように、生産・販売の両面にわたってかなり多面的なものになっていた。

このようにカルテルが多くの産業で結成されていった基盤には、一般的にみて、産業内の生産の集中が進展し、企業数が減少していったことがあるといわれる。したがってカルテルそのものは一面で大企業による寡占的な競争構造の所産でもあったが、それは組織化の進展という点では、緩やかな結合という性格に止まっていた。一九三〇年代初めまで、カルテルよりさらに進んだ組織形態には容易には展開しなかったところに、日本の特徴があった。企業間の協定や協調について寛容な経営環境のもとでは、各企業の自由をカルテル以上に制限することになるシンジケートの結成やトラスト的大合同などは限られた産業で実現したにすぎない。それは、綿紡績業などの産業部門では、合同の利益が、規模の経済性という点からみて限定されていたからでもあった。他方で、一九三〇年代に日本製鐵、王子製紙などのトラスト的大企業が成立したことも同じ理由から合同の有利性が働いたものと考えられる。

**表 6-15　カルテル協定の内容**

| | 重工業 | 化学 | 繊維 | 食料品 | 合計 |
|---|---|---|---|---|---|
| 生産統制 | | | | | |
| 生産制限協定 | 7 | 14 | 9 | | 30 |
| 生産割当協定 | 8 | 3 | | 3 | 14 |
| 材料共同購入 | 5 | 4 | | 1 | 10 |
| 生産分野協定 | 1 | | | | 1 |
| 新設備協定 | 1 | 3 | | | 4 |
| 規格 | 2 | 2 | 2 | | 6 |
| その他 | | | 3 | 1 | 4 |
| 小計 | 24 | 26 | 14 | 5 | 69 |
| 販売統制 | | | | | |
| 価格協定 | 12 | 15 | 2 | 4 | 33 |
| 数量割当 | 7 | 6 | 1 | 1 | 15 |
| 共同保管 | | 6 | | | 6 |
| 販路協定 | 5 | 3 | | 1 | 9 |
| 共同販売 | 15 | 9 | 2 | 2 | 28 |
| 輸出入協定 | 3 | 6 | 1 | 1 | 11 |
| 販売方法協定 | 1 | 3 | 3 | 2 | 9 |
| その他 | | | | 1 | 1 |
| 小計 | 43 | 48 | 9 | 12 | 112 |

出典）　高橋亀吉『日本経済統制論』（改造社，1933 年）129 頁．

カルテル組織による生産制限や価格の協定は、市場の安定化のために、加盟企業の企業行動を制限するものであった。しかし、多くの製造企業にとって協定によって市況が安定化することは、価格変動を見込んだ投機的な利益の追求ではなく、製造業において本来の利益源泉となる費用の削減へと経営努力を傾注させるうえでは大きな意味をもった。また、急激な市況の変化に伴う在庫の急増などを避けることによって、各加盟企業は短期的な流動性の危機に見舞われる危険を軽減することもできた。このようにカルテル協定そのものは企業の行動を制限しつつも、それをより洗練されたものへと展開させる可能性をもつものだった(53)。

もちろん、そうした協定の維持には相互の監視が必要であったし、仮に組織的な規制が行き届いたものであったとしても、企業間の競争を排除するものではなかった。生産の制限のための設備の封印や価格協定に対応した取引条件の報告の義務などが、組織的な規制に伴って生じた新しい仕事となったが、それだけでなく価格の協定を前提にどのようにして自社製品を競争品と差別化して販売するかなどの非価格競争の手段は各企業の裁量の範囲内に委ねられていたからである。

カルテルの時代とは、このような形で市場での競争が制限されつつ、ときにはカルテルの存続そのものを脅かすような形で激しく展開した時代であった。セメント産業における浅野と小野田の対立を例にとると、設備増設をめぐる意見の対立は、両者とも持株支配を梃子にした企業グループ間の対立の様相を呈して泥沼化し、重要産業統制法の発動を呼ぶことになった。しかし、カルテルとしてその規制力に問題が生じたセメント産業（セメント連合会）の場合にも、前述の「予算統制」に関する調査を行った長谷川安兵衛によると「統計資料獲得の便益」の点では最も有効な活動を行い、加盟企業内に「発達した予算制度」をもつ企業を生み出し、管理上の改革に貢献するところが大きかったとされている。実際、セメント連合会は毎年年鑑を公刊するなど着実な情報公開活動を行っており、加盟各社の営業状態全般にわたる情報が開示されていた。銀行、保険、電力などの規制産業部門では、規制に対応して集められた経営情報が規制官庁の手で公開されることも珍しいことではなかった。これに対してその他の産業では、工場法の規制などの限られた分野を除いて規制の網はそれほどきめ細かいものではなかったし、産業レベルでの統計情報も整備されていたわけではなかった。しかし、そのような欠陥を補ったのがこのようなカルテル組織などによる統計情報の収集と公開であり、セメントだけでなく、古くは綿紡績業の『紡績事情参考書』があり、製紙業、鉄鋼業、石炭鉱業などでもかなり詳細な統計が整備・公表されていた。このような統計の整備は、カルテル内でメンバーに公開された情報として共有されることによって、その協調を容易にし競争相手同士の信頼関係を構築していくうえで有効な手段となったと考えられる(54)。とりわけ企業数が多かった紡績業やセメント産業、石炭鉱業ではこのような意味は大きかったであろう。こうしてカルテルの時代は、それ自体として企業間の競争のあり方を変質させ、その組織性の高まりとともに共有される相互監視のための情報によって、企業の経営環境の透明度を高めていくことになった。そして、それは各企業にそれまでとは異なる新しい機能を担いうる経営資源の形成を求めることになり、その結果として多様な職能を内包する大企業を育てていくことになったのである。

## 三　カルテル活動の展開

### 1　大日本紡績連合会の「紳士協定」

産業の組織化の中心となるカルテル活動の具体的な姿を、歴史もある代表的なカルテルである大日本紡績連合会の第一次世界大戦後の活動に即してみておこう。

日本綿業は、第一次世界大戦期以降には輸出市場の変化に象徴されるような転機を迎えていた。変化をもたらした第一の要因は、綿製品関係の世界貿易のあり方であり、輸出数量が綿糸では大幅に縮小し、綿布でも停滞的だったことであった。すでに第3章でもふれたように、国際的な綿製品市場の構成が変化し、日本は一九二〇年代後半に大幅な輸出減（その一部は直接投資による現地生産への切替え）をみたのに対して、イギリスは、三〇年代初頭までマーケットシェア三割台を維持し、インド・日本の凋落もあって二〇年代末にはそれをむしろ高めていた。綿工業が世界的にみて後進地域での追上げから国内産業化して世界貿易量が縮小するなかで、「衰退」を問題にされるイギリス綿業が市場での相対的地位を保ち、イギリスを追い落とした日本が市場から消えていったというのが綿糸の世界市場での競争の軌跡だった。

二〇世紀初頭から輸出依存度を高めつつ成長していた日本の紡績業にとって、海外市場の喪失は、それまでの産業・企業発展のあり方の見直しを迫る問題であった。このような状況のもとで、日本紡績業は海外投資を拡張する一方で、人絹工業への多角化を図るなどの方向を追求したが、それ以上に重要なことは、綿布輸出の拡大を促すことによって、本業の紡績部門そのものの成長を持続させる形で、訪れた転機を乗り切ったことであった。前掲表3-9（第3章）のように「世界市場」でみる限り、イギリスの衰退と日本の興隆という主役の交替は綿布市場で生じた。日本の綿糸が世界市場から急速に姿を消していったのは、日本の綿業がその輸出構成を高度化したからであった。このような変化は、どのようにして実現されたのであろうか。

よく知られているように、日本でも紡・織の二部門はそれぞれ独立に発展した産業分野であり、垂直的な分業が市場を介して成立していた。たしかに、有力大紡績が兼営の織布部門を拡大し、綿布輸出の初期の拡張に重要な役割を果たした。しかし、阿部武司が詳細に明らかにしたように[55]、産地綿布の生産金額は一九二九年時点で兼営綿布の一・五倍、綿布輸出のなかでの比率は一九二〇年代で四割程度を占めるなど、産地綿織物業の展開は紡績にとっても、さらに日本綿業が輸出構成を高度化していくうえでも鍵を握っていた[56]。

このような状況は、綿工業の産業発展をリードしてきた有力紡績業者に、それまでとは異なる市場への対応を迫るものだった。なぜなら、第一次世界大戦前の紡績連合会は国内市況の低迷・滞貨増に対して、一方で生産制限によって組織的に克服することに努めるとともに、他方で次第に開きつつある企業規模間の格差を前提に、高番手糸や兼営部門への供給原糸生産を操短規制から除外する形で、相対的に技術・経営力に優る有力大企業の利益を確保していた。

紡績業内に「二重構造」が存在し、その上位企業の利害が損なわれないように配慮しながら、他方で織物業に対しては、紡績業が一体となった組織力を生かして糸の取引価格で優位に立っていたのである。[57] 紡績連合会が価格の高位安定を操短を通して実現しようとすれば、それは、原料高となった織物業者の競争力を失わせかねない。産業成長の焦点が、綿布輸出にあるという市場構造の転換に際して、それは望ましいものではなかった。

紡績連合会の組織的活動には、一九二〇年恐慌時に実施された第九次操短で変化の兆しがみえはじめていた。それまでの有力紡績会社に有利な免除規定が廃止されて一律操短を原則としたうえで、「小紡績会社ノ利益擁護ノ為メ」に小規模企業への軽減措置がとられた。輸出シンジケートの結成に際してリーダーシップを発揮した大紡績は、紡績連合会の操短実施でも中小会社に譲歩の姿勢をみせた。

もっとも、短期的にこのような対応をみせた大紡績も、一九二〇年代を通して繰り返された中小紡績の操短規制要求には応じなかった。これについては、籠谷直人の詳細な研究があるが、[58] 紡績連合会は一九二一年一二月に規制を撤廃してから、二七年五月まで長期の「自由操業」期に入ったのである。組織規制を放棄したのは、大紡績が紡連委員会で操短に反対したためであった。鐘紡の武藤山治や大阪合同紡の谷口房蔵が絶対反対の態度をとったと伝えられるが、たとえば、武藤は「操業短縮などは……我製品の海外輸出を益々不振に導く反面に於いて、欧米諸国に商機を与ふる結果となりはせぬか」と反対理由を述べている。[59] 国際競争の視点から、価格の引上げよりも織布用原糸のコスト引下げを追求する「生産費の低下・品質改善」が必要と考えていたのである。

カルテル組織としての性格の空洞化につながりかねない紡績連合会の選択の背景には、次のような事情があった。その一つは、一九二〇年恐慌によって打撃を受けた綿糸布商が、国内の綿糸価格形成への影響力を落としたことであった。紡績連合会の市況対策は、彼らによって演じられる投機と投売りから生じた価格の乱高下に対応するものが多かったが、そうした行動をとりうるだけの力を、綿糸布商は失いつつあった。第二は、こうして比較的安定した綿糸市況のなかで、大紡績の製品が品質面で優位に立ち、差別化が進んだことであった。同一番手でも銘柄による価格差が生じたことは、操短へのインセンティブを大紡績には小さいものにした。第三に、織布業者の側では力織機化が進展し、産地間の競争を伴いながら急激に需要を伸ばす者が登場していた。「産地大経営」や工業組合に組織された産地は、輸出志向を強めながら、原料糸の購入者としての地位を高めていた。そのなかには、前述の綿糸商の後退もあって、紡績業者と直接価格交渉を行う者が出るなど、市場のあり方そのものが変わりつつあった。(60)

操短要求を拒絶された中小紡績は、一九二二年以降「月四日休業、昼夜一〇時間操業」の「黙契」を取り交わし、自主的に操短を継続する意向を示した。「紳士協定」であり、紡連の組織決定を経ないこの自主規制は、比較的よく守られたといわれる。籠谷直人の示すデータによれば、一九二二年から二四年にかけては、一〇大紡の平均操業率が九五％前後の水準にあったのに対して、その他は八六―八七％と操業率の格差が恒常化した。一九二五―二六年にその格差は二―三％に縮小するとはいえ、操短規制が組織的に行われた時期には両者がほぼ一致することからみて、「紳士協定」にある程度の効果があったと評価することはできる。(61)

結果からみれば、大紡績の「自由操業」という選択は、中小紡績を自主規制による低操業状態に追い込み、両者間の利益率格差をもたらすなど、大紡績に有利に作用した。同時に、それは国内糸価格の人為的な「吊上げ」を回避することを通して、日本綿業に綿布輸出拡大による発展の持続という途を拓いた。そのすべてが、意図されたものではないが、国際競争を焦点に据えて、自らの企業や産業の発展の方向を判断していた武藤山治ら有力紡績会社の経営者たちの果たした役割は無視できないものであった。価格引上げという目前の利益に走らなかったことが、より長期の成長をもたらした面があったと考えられる。もちろん、大戦期の高利潤を持ち越した豊富な自己資金に基づく資金コストの低さが競争優位を作り出し、このような大紡績の経営者の判断を支えていたことは、強調されすぎることはないであろう。こうした財務的な余裕は、深夜業の禁止という新しい事態（労働政策面からの政府の介入）に対応しながら、ハイドラフトの採用という生産技術の合理化・改善をも可能にした。そこには、資本水増しの後遺症に悩むイギリス綿業とは対照的な状況があった(62)。

## 2 カルテルと商社

カルテル組織として「空洞化」したかにみえる紡績連合会と対比して、他の産業分野では市況の低迷を価格協定や生産制限などの自主的な共同行為で克服しようとする試みが、一九二〇年代には繰り返された。そうした試みが直ちに成功を収めたわけではないが、数々の失敗の後に、いくつかの産業分野では市場を統制し需要家との協調により市価を安定させ、対外競争に効果をあげるものが出てくることになる。企業間の協定によって競争を抑制し、市場機構の機能を制限するような「産業の組織化」が進展したのである。

その代表的な事例として、銑鉄と銅のカルテルをあげることができる。二つの産業はともに対外競争力を欠いたまま、成長する国内市場において強大な輸入圧力にさらされていた。技術の後れ、規模の矮小性など理由はさまざまで、合理化による生産費の切下げが必要であったが、価格の低落は合理化では対応できずに退出を促しかねないものであった。紡績との差異をあらかじめ強調しておけば、カルテルに参加する企業が少ない寡占的産業組織であったこと、輸出拡大ではなく輸入防遏が焦点だったことであった。

銑鉄共同組合と水曜会に結実する金属工業分野の二つのカルテルの発端は、前節でふれた日本銀行の特別融資にあった。一九二〇年六月初め、主要銑鉄企業五社が「日本興業銀行外四行ノ各取引銀行ニ対シ救済資金ノ融通ヲ依頼」したときに、銀行側の意向で結成されることになった製鉄同業会（銑鉄同業会）が銑鉄共同組合の母体となる組織であった(63)。この時期の他の組織と同様に、資金難を乗り切るため、製鉄同業会は手持ち在庫を担保とする融資の条件となっていた生産制限を目的に組織された。臨時の組織とみられた製鉄同業会は、しかし、その後満鉄を加えた六社をメンバーに存続し、「たびたび生産制限の申合せを行ったり、また大正一三年には関税改正に関する意見書を公表するなどの活動を行い、次第にカルテル的機能を果たすようになっていった」[64]。

しかし、製鉄同業会が市場の安定に果たした役割はきわめて限られたもので、一九二四年下期以降、「三井物産を中心として販売競争が激化」して価格が急落するなどの問題が生じた[65]。このような状況に対して、価格維持の必要を強調して新組合の結成を提案したのは、インド銑鉄輸入商の岸本商店であったが、同業会側はこれに応じなかった。翌二五年春には同業会が輸入商に対して協調を提案したが、そのときにも同業会が強硬に自らの利害を主張したために実現しなかった。

組織が改まるのは、一九二五年一一月に片岡商工大臣が鉄鋼政策の基本方針を明らかにし、銑鉄・鋼材の関税引上げが確実視されるようになったためであった。関税が引き上げられればインド銑鉄との協定を必要としないという見込みのもとで、銑鉄共同組合が一九二六年六月に日本・朝鮮・満州の製鉄企業によって成立した。本格的な組織の結成に政府の鉄鋼政策が産婆役を果たしたのである。もっとも、問題の銑鉄関税の引上げが見送られたうえに、インド銑鉄が海外市況の変化のなかで対日輸出圧力を強めたため、インド銑鉄輸入商との協調が共同組合にとっては重要な問題となった。

銑鉄共同組合の機能については、すでに岡崎哲二による精緻な研究があるから、その結論だけを紹介しておく[66]。第一に、需要が拡大傾向にあった一九二〇年代の後半に「銑鉄共同組合は買取制限を通じて短期的な需給不均衡を数量調節に吸収しながら販売価格を維持し、それにインド銑輸入商が追随したことによって価格安定が実現した」。第二に、価格の安定のもとで各企業の合理化が進展して収益性が改善され、二〇年代の後半にかけて設備の改良・増設が開始された。第三に、昭和恐慌期には、インド銑鉄などのアウトサイダーに対する「全面的価格競争」を通して、組合はインド銑鉄を排除し、問屋を系列化して組合による販路の排他的支配を強化し、さらに「買手独占組織としての製鋼共同購買会との間に製鋼用銑鉄価格決定のルールが定置し、銑鉄独占と製鋼独占が相互に前提し合う形でリンク」することになったのである。

このような銑鉄カルテルの歩みは、産銅カルテル水曜会の歩みと類似点が多い。製鉄同業会と同じ一九二〇年六月に日本銀行特別融資を契機に日本産銅組合が結成されたが、同組合は翌二一年に住友と三菱が入れ替わって水曜会に改組された(67)。産銅組合に三菱が不参加であったのは、あえて特別融資を受ける必要がないとの判断からといわれ、住友が水曜会に不参加であったのは、加工分野を財閥内にもつ住友が、その垂直的な分業関係故に原料銅の市場への販売に関心が薄かったからであった。そこに日本産銅組合から水曜会への改組に際しての組織の性格の変化が表現されていた。

水曜会は、価格協定を試みたが当初は十分な効果をあげえず、銅輸入関税の引上げを政府に要望して実現する一方、統制協定・共同行為の範囲を販売比率協定からさらに生産制限協定へと次第に拡張していった。協定の効果は、一九二五―二六年には水曜会建値の実際販売価格に対する規制力の上昇として現れたが、その半面で、同じ時期には、アメリカ銅の輸入圧力が増大し、これを輸入する三井物産などの商社の活動がカルテルの統制力を制約することになった。輸入圧力を抑えつつ国内市場の掌握力を飛躍的に高めたのは、原料銅需要の八割を占める電線製造用の原料銅供給に関して、四大電線メーカーが結成した電気銅共同購買会と水曜会との協定(二四木会協定)が成立し、共同購買会側がアメリカ銅の使用を原則的に放棄する代わりに、水曜会が輸入価格より有利な価格で供給責任を負うことになったことによる。これ以後、昭和恐慌期には滞貨の組織的なダンピング輸出を試み、さらにそれまでアウトサイダーであった住友の加入を実現するなど、水曜会は銅市場での統制力を一段と強めていったのである。

以上の二つの部門は、①一九二〇年恐慌期に日本銀行の特別融資を前提に結成された臨時的な性格の濃いカルテルを組織上の出発点とし、②輸入圧力に対抗しつつ一九二〇年代後半には、統制協定を整備して市場支配力を強め、③

需要側の買手独占組織との協調によって競争を大幅に制限する方向で「産業の組織化」を推進していった。それは、競争的な市場での企業と企業との関係から、一定のルール・協定に基づいた比較的長期の安定的な取引への転換が、これらの分野で図られたことを示していた。つまり、独占組織の活動は「価格の引上げを第一義的な目的としたわけではなく、価格と数量の両面で市場の安定を重要課題」としていたのである(68)。

五―六社で構成される寡占的なこれらの産業では、相互の協調と反発の繰り返しのなかでこの協定が維持され、市場の安定が銑鉄で指摘されているような各企業の合理化の環境を整え、それを促したことは重要であった。産銅業でも、この間に採鉱の機械化や選鉱における浮遊選鉱法の導入などの合理化が、安定をみせる市場環境のもとで推進された。寡占間の競争は、生産費の切下げへと向かったのである。

寡占的企業間の協調に対する脅威は、海外からの輸入圧力であった。それ故に、しばしば輸入貿易商社が国内市場ではアウトサイダーとして機能した。銅における三井物産がその好例であり、銑鉄では岸本商店などのインド銑鉄輸入商がこの役割を担った。このような貿易商に対して、需要者側との寡占間協定によってこれを排除したり、協定への追随を求める形で対立回避が試みられた。あるいは一九二〇年代半ばに再編成された石炭鉱業連合会のように、高い競争力をもつ輸入品（撫順炭）の取扱商社を協定に取り込む形でカルテルの強化が図られたりしたのである。

国内流通ではそれまでの金物問屋が排除される傾向が一般的であった。水曜会は原則として実需家への販売しか認めなかったし、銑鉄共同組合は問屋の系列化を推進した。市況品としての性格が強いこれらの金属類は、しばしば問屋の思惑によって市価が乱高下していたが、流通過程へと組織の影響力を伸ばすことによって、市価の安定度は一段と強化された。それは、一九二〇年恐慌で激しい投機のために大きな損失を蒙った綿工業で綿糸布商の影響力が低下し、市価が比較的安定するようになったことと軌を一にしていた。二〇年恐慌の教訓はこのような形で生かされていったのである。

### 3　産業の組織化時代の特質

一九二〇年恐慌を経て生じた日本の企業と企業との関係の変化には、現代的な大企業体制を考えるうえで注目すべき特徴がみられた。

まず、企業と企業との関係でみると、独占的組織に対する寛容な環境のもとで、一般的には、協定・協調が受け入れられていったことが指摘できる。このような方向は、同一産業内では、輸出競争や輸入圧力という「外圧」のもとで、これに対抗していくためには協調的行動が有効だという判断から生まれていた。こうしてカルテルの時代が訪れる。銑鉄のケースが示しているように、狭い国内市場での「消耗戦」による価格低下は産業発展の脅威になるおそれがあり、カルテルによる「産業の組織化」は、こうした問題を克服していく企業間の協調の試みのなかで達成された。しかも、相手のみえる競争を展開していた鉄や銅のように比較的協調が容易で共同行為の監視が可能であったケースばかりでなく、紡績業のように、二〇年恐慌期の危機に際して大紡績がリーダーシップを発揮して協調を維持するケースもみられた。もっとも紡績業では、二〇年代に入ると中小紡績の自主減産（紳士協定）に委ねることによって、大紡績は自らの利益を図ることになった。カルテル活動のなかで、右のようなリーダーとなる企業が協調維持的行動をとることによって「産業の組織化」を図った例としては、過燐酸石灰のカルテルにおける大日本人造肥料の例が知られている。「小人国のガリバー」ともいうべき地位を有していた大日本人肥は、競争力の弱い企業へ市場シェアを保証する形で譲歩し、カルテルの統制力を維持しようとした(69)。

このようにして進展した「産業の組織化」は、カルテル活動による市場の安定化とともに、一方で産業内では各企業が生産費の切下げを可能とするような合理化の努力へ経営資源を重点的に投入することを可能にした。独占的な企業間の競争が生産費の切下げを焦点に展開した。他方で、需要側との関係では、中間財のケースで需要産業の企業群と寡占的組織間の協定による相互依存体制がみられるようになった。それはカルテルの市場規制力を増大させた。

企業（メーカー）と流通業者との関係では、まず、大手の貿易商社が「産業の組織化」の鍵を握るケースが多かった。「外圧」は商社を有力なアウトサイダーとして登場させ、組織化を脅かすこともあったからである。逆に有力商社はそうした力をもつが故に、産業の組織化のリーダーとしての役割も果たした。他方、国内市場では、メーカーがそれまで依存していた問屋商人たちを系列化し、あるいはそれを排除してユーザーとの直接取引に努める傾向がみられた。取り上げられたケースが、綿糸、銑鉄、鋼など原料品であったことが影響しているかもしれないが、他方で、綿糸のケースから知られるように、一九二〇年恐慌を機にこれらの伝統的な流通網を握る商人たちの力が落ちたことも要因の一つであった。

次に企業と政府との関係では、恐慌下の短期的な対応において政府が危機克服のために積極的な役割を果たした。とくに製糸業に対する措置のように徹底的な介入措置による産業の救済が、輸出品保護や農村への社会政策的配慮から正当化された（本書第5章第三節）。それは、その産業が組織性を高めるうえで必要な条件（寡占的構造やリーダーの存在）を欠いている場合には決定的であった。他面で長期的な対応では、銑鉄における片岡商工大臣の新政策発表による誘導や[70]、関税引上げによる対外競争圧力の緩和など間接的に組織化を促し、その産婆役を果たす程度に止まった。

普通銀行の果たした役割もそれほど大きいものではなかった。企業が資金逼迫によって銀行による介入を受け入れやすい条件をもっていた恐慌期でも、普通銀行は企業経営に積極的に関与することは少なく、銀行の対応は消極的であった。反対に積極的な役割を果たしたのが日本銀行であった。通貨の番人として期待される役割を逸脱した日本銀行の救済出動は、井上総裁の個性的なリードのもとで、企業間の関係にある種の革新をもたらした。カルテルの時代を切り拓く組織の母体は、この日銀の行動に条件づけられて結成された。綿糸輸出シンジケートの結成や自由操業の継続にみせた大紡績の経営者の認識と判断、あるいは、前者のまとめ役となった貿易商社の経営者や、第一次帝国蚕糸の設立に動いた財界世話役・渋沢栄一の役割など、組織間の関係の変容をもたらすターニング・ポイントでは、企業家の個性的な姿を見出すことができる。それらは、正確な状況認識のもとで創案され実行された結果というよりは、むしろ推進者の意図とは別の形で後の産業・企業のあり方に大きな影響を与えたケースも多かったが、そうしたさまざまな「革新」をもたらす行動による変化の積み重ねの結果として、第一次世界大戦後に日本では、企業間関係が大きく変容していった。

（1）麻島昭一「大企業の資金調達」（由井常彦・大東英祐編『日本経営史3　大企業時代の到来』岩波書店、一九九五年）二二四―二二五頁。
（2）同資料では決算期などの採録時期にズレがあるので、一九三七年を基準とし、明白に三八年以降に設立の企業は除いた。
（3）武田晴人「独占資本と財閥解体」（大石嘉一郎編『日本帝国主義史3　第二次大戦期』東京大学出版会、一九九四年）二四九―二五〇頁、および同『日本経済の発展と財閥本社――持株会社と内部資本市場』（東京大学出版会、二〇二〇年）第2章参照。
（4）岡崎哲二「戦時計画経済と企業」（東京大学社会科学研究所編『現代日本社会4　歴史的前提』東京大学出版会、一九九一年）三七〇頁。
（5）麻島昭一、前掲「大企業の資金調達」、および武田晴人「戦間期日本企業の資金調達と投資行動――産業別企業財務データベースに基づく再検討」（『金融研究』三一巻一号、二〇一二年）。
（6）志村嘉一『日本資本市場分析』（東京大学出版会、一九六九年）第七章参照。なお、武田晴人『大正九年版「全国株主要覧」の第一次集計結果』（東京大学経済学部日本産業経済研究施設研究報告43、東京大学出版会、一九八六年）も参照されたい。
（7）同族会社の簇生については、粕谷誠・武田晴人「両大戦間の同族持株会社」（『経済学論集』五六巻一号、一九九〇年）。
（8）一九二〇年代の「法人成り」については、武田晴人、前掲『日本経済の発展と財閥本社』、および同「同族会社認定と所得税負担」（『三井文庫論叢』五五号、二〇二一年）を参照されたい。
（9）志村嘉一、前掲『日本資本市場分析』四一三頁。
（10）武田晴人『日本人の経済観念』（岩波書店、一九九九年、岩波現代文庫、二〇〇八年）を参照。
（11）武田晴人、前掲『日本経済の発展と財閥本社』。基礎となる論点の初出は、武田晴人「多角的事業部門の定着とコンツェルン組織の整備」（橋本寿朗・武田晴人編『日本経済の発展と企業集団』東京大学出版会、一九九二年）、および、同「財閥と内部資本市場」（大河内暁男・武田晴人編著『企業者活動と企業システム――大企業体制の日英比較史』東京大学出版会、一九九三年）。

(12) このような視点のあいまいさについては、橋本寿朗「高橋亀吉の財閥論」（『証券研究』八九巻、一九八九年）参照。

(13) 具体的な事例については、武田晴人、前掲『日本経済の発展と財閥本社』第2章で分析されている。

(14) 鈴木良隆「経営戦略と組織」（米川伸一編著『経営史』同文舘出版、一九八六年）二一五―二一七頁参照。

(15) 各社の社史による。

(16)『紡績事情参考書』各年版による。

(17) 阿部武司「綿業」（武田晴人編『日本産業発展のダイナミズム』東京大学出版会、一九九五年）参照。

(18) 関桂三『日本綿業論』（東京大学出版会、一九五四年）二〇四頁。

(19) 同前、二〇六―二〇七頁。

(20) 阿部武司、前掲「綿業」、および鐘紡株式会社社史編纂室編『鐘紡百年史』（一九八八年）九三―九五、一三九―一六一頁、巻末年表参照。

(21) 大阪屋商店調査部編『株式年鑑』一九三八年版、六九四頁。

(22) 由井常彦「日本における重役組織の変遷――明治大正期の研究」（『経営論集』二四巻三・四号、一九七七年）、同「明治時代における重役組織の形成」（『経営史学』一四巻一号、一九七九年）参照。

(23) 由井常彦、前掲「日本における重役組織の変遷」三七頁。

(24) 同前、四四頁。

(25) 武田晴人、前掲『日本経済の発展と財閥本社』第1章参照。この論点の初出は、武田晴人、前掲「多角的事業部門の定着とコンツェルン組織の整備」。

(26) 長谷川安兵衛『我企業豫算制度の実証的研究』同文舘出版、一九三六年。この調査については、米川伸一編、前掲『経営史』において山口一臣がすでに紹介し、関連して三菱電機の具体的な事例を検討している。

(27) 同前、二〇頁。この回答は電機会社からのものとして紹介されている。

(28) この点では、他の会計諸制度の整備が三〇年前後から進んだことも大きな意味をもっており、たとえば二七年には計理士法が制定されており、また商工省産業合理局の諮問機関として設置された財務管理委員会が財務諸表準則の作成を進めたことなどが指摘できる（黒沢清編著『わが国財務諸表制度の歩み――戦前編』雄松堂出版、一九八七年、参照）。

(29) 予算を作成するという経営管理の手法について、その起源はつまびらかにできないが、三菱、古河などの明治期の経営資料からも、作成されていたことは確認できる。
(30) 長谷川安兵衛、前掲『我企業豫算制度の実証的研究』二二六頁。
(31) 以下、同前、第三章による。
(32) 同前、六四—六五頁。
(33) 同前、六四—六九頁。
(34) 牧知宏「近代住友における本社部門経理部の機能」(『住友史料館報』五〇号、二〇一九年)。引用は、一一五、一二一頁。なお付言すれば、牧自身が慎重に留保しているように、住友の場合には、支出に関する厳格な査定が行われる一方で、各事業部門の資金調達については裁量性があった可能性があり、なお、今後検討を深めて明らかにすべき論点があるように思われる。
(35) もっとも、報告していないと明言した企業が、一六二社中一五社存在したことも見落としてはならないかもしれない。
(36) このほか、予算統制の利益として、全般に無駄の排除に有効であるばかりか、従業員が「工場の経済」に関心をもつようになり、「各部門の主任者が会社の考えをよく諒解するやうになつた」などの指摘もある(松本俊蔵『書類による執務能率増進法』新経営社、一九三四年、一一〇—一一二頁)。
(37) たとえば、麻島昭一は、住友と三菱に関する研究において、持株会社である本社の統轄的な権限を強調するが(『戦間期住友財閥経営史』東京大学出版会、一九八三年。および『三菱財閥の金融構造』御茶の水書房、一九八六年)、他方、橋本寿朗は分権化の進展を重視している、などの意見の対立がある(橋本寿朗・武田晴人、前掲『日本経済の発展と企業集団』第三章)。筆者の見解については、武田晴人、前掲『日本経済の発展と財閥本社』終章を参照されたい。
(38) 原価への関心は、古河日光精銅所における鈴木恒三郎所長の「万斤仕上り」と称する試みなどが第一次世界大戦前からの先駆的な事例として知られている(星野理一郎編『仮刷日光電気精銅所史』日光電気精銅所、一九五一年)。しかし、一般的には、一九二九年に『工場経営と会計』を公刊した川崎造船所の神馬新七郎によると、彼が一九一〇年に同社に入社して会計業務についたころには「原価計算の言葉すら知る者も無く」という状態であった。そして、大戦後の不況のなかで「工場経営上の絶対至上の武器は製品の改善と生産原価の切下げとである事が一般に認識」されるようになり、企業利潤の維持拡大のための合理化・能率向上が追求されることになった。その際、問題解決の根拠となるのが「原価計算の記録」であり、これについての文献も数多くみられるようになったといわれている(『工場経営と会計』共立社、一九二九年、一—二頁)。なお、戦前期の概観についてはさしあたり、津曲直躬「戦前・戦中の原価計算基準」(岡本清編『原価計算基準の研究』国元書房、一九八一年)を参照。

(39) 長谷川安兵衛、前掲『我企業豫算制度の実証的研究』六二頁。
(40) そして第三の変化として、大企業を頂点とする階層的な生産のあり方が明確化するようになったことが指摘できる。しかし、この点は本章で取り上げる余裕がない。
(41) 武田晴人、前掲『日本経済の発展と財閥本社』第1―2章参照。
(42) 詳しくは長沢康昭「三菱財閥の経営組織」、同「三菱財閥のマネージメント方式」(三島康雄編『三菱財閥』日本経済新聞社、一九八一年)、および麻島昭一、前掲『三菱財閥の金融構造』を参照。
(43) 武田晴人、前掲『日本経済の発展と財閥本社』第2章参照。
(44) 伊牟田敏充「両大戦期における日本の企業金融」(『経営史学』一二巻一号、一九七七年)、および武田晴人「第一次大戦後の古河財閥」(『経営史学』一五巻二号、一九八〇年)参照。
(45) 粕谷誠・武田晴人、前掲「両大戦間の同族持株会社」参照。
(46) 武田晴人、前掲「財閥と内部資本市場」および同「独占資本と財閥解体」、同『日本経済の発展と財閥本社』第5章参照。
(47) 春日豊「三井財閥」(麻島昭一編『財閥金融構造の比較研究』御茶の水書房、一九八七年)二二二頁。
(48) 東京電燈株式会社編『東京電燈株式會社開業五十年史』(一九三六年)二一三頁。
(49) 成田潔英『王子製紙社史』(一九五八年、第3巻)参照。
(50) 志村嘉一、前掲『日本資本市場分析』四一八―四一九頁。原資料は松永安左衛門の意見。
(51) 同前、四二〇頁。
(52) 高橋亀吉『日本経済統制論――産業を中心として見たる』(改造社、一九三三年)九四―九五頁。
(53) このようなカルテル活動を前提とした企業の対応については、武田晴人「昭和恐慌期の三菱鉱業――生産の合理化とコスト低下」(『三菱史料館論集』創刊号、二〇〇〇年)に一つの事例が示されている。
(54) 公刊されていないとしても、産銅水曜会のように詳細な会議録が作成され、カルテルメンバー企業で情報が共有されていたことが知られている。こうした記録を利用した研究として、武田晴人「産銅独占の成立」(『三井文庫論叢』一二号、一九七八年)などを参照。
(55) 阿部武司『日本における産地綿織物業の展開』(東京大学出版会、一九八九年)三頁。
(56) 籠谷直人「大日本紡績連合会」(橋本寿朗・武田晴人編『両大戦間期　日本のカルテル』御茶の水書房、一九八五年)三八〇頁。
(57) この点を強調したのは、高村直助『日本紡績業史序説』(塙書房、一九七一年)である。これに対して、阿部武司は織物業者のなかにも「産地大経営」が誕生し、次第に紡績業者に対して綿糸取引で対等な関係を築くようになったことを強調し、高村の「二重構造」論的な固定的捉え方を批判している(阿部武司『日本綿業史』名古屋大学出版会、二〇二二年)。

(58) 籠谷直人、前掲「大日本紡績連合会」。

(59) 同前、三八六頁。

(60) 産地綿織物業については、阿部武司、前掲『日本における産地綿織物業の展開』参照。

(61) 籠谷直人、前掲「大日本紡績連合会」三七〇―三七一頁。

(62) ハイドラフトについては、阿部武司、前掲『日本綿業史』に詳しい。なお、紡連については、連合会がその初期から詳細な各企業・工場単位の操業状態、設備、労務関係などのデータを収集公表しており、その中核機関の委員会が十分な産業の情報を得て方針を決定できたことは、カルテルの役割として重要であり、そうした情報収集の意味をビジネスシステムの問題としては考慮しておく必要があろう。

(63) 日本銀行調査局編「欧州戦争ト本邦金融界」、「世界戦争終了後ニ於ケル本邦財界動揺史」、「関東震災ヨリ昭和二年金融恐慌ニ至ル我財界」(『日本金融史資料』明治大正編、二二巻、一九五七年)五二七頁。

(64) 『現代日本産業発達史Ⅳ　鉄鋼』(交詢社、一九六九年)二七〇頁(水谷駿執筆)。

(65) 岡崎哲二「銑鉄共同組合」(橋本寿朗・武田晴人編、前掲『両大戦間期　日本のカルテル』)三四頁。以下、鉄鋼業のカルテルについては、同論文による。なお、同業会の名称については、日本銀行調査局、前掲「関東震災ヨリ昭和二年金融恐慌ニ至ル我財界」が「銑鉄同業会」と表記しているが(五二七頁)、岡崎は「当時の新聞記事から判断して製鉄同業会が正確な名称と考える」と指摘している(岡崎、前掲論文、三七頁)。あるいは一九二〇―二四年の間に名称の変更があったかもしれないが、以下の記述は岡崎論文に従っている。

(66) 岡崎哲二、前掲「銑鉄共同組合」八七―八八頁。

(67) 以下、産銅カルテルについては、武田晴人、前掲「産銅独占の成立」による。

(68) 橋本寿朗・武田晴人編、前掲『両大戦間期　日本のカルテル』四一四頁参照。

(69) 武田晴人「過燐酸石灰同業会」(前掲『両大戦間期　日本のカルテル』)参照。

(70) 片岡商工大臣の関与については、岡崎哲二『日本の工業化と鉄鋼産業――経済発展の比較制度分析』(東京大学出版会、一九九三年)第3章参照。

# 第7章　昭和恐慌と日本経済

## はじめに

昭和恐慌が日本の経済・社会に与えた影響を明らかにすることが、本章の主題である。この課題に応えるために、まずはこれまでの本書の分析を踏まえて第一次世界大戦期以降の日本の経済状況を概観し、そのうえで昭和恐慌の歴史的な位置を論ずることにしたい。

第一次世界大戦の衝撃による産業構成の重化学工業化は、大戦終了に伴う国際環境の変化のもとで一時的に後退した。しかし、一九二〇年代の後半には実質的な産業成長が進展することになった。不均衡成長と評価されたこの経済状態は、大戦期に投資制約のために遅延した電力業などの投資と、都市への大規模な人口移動に伴う都市化に対応した社会的施設などへの投資とが牽引した。それによって実質的な成長率はアメリカを別にすれば、国際的にみて高い水準を保った(1)。

この第一次世界大戦の衝撃は、物価高に対処する政策的措置を政府の経済政策の一環として取り組む必要を生じさせるとともに、産業発展の一層の促進のために「重点産業」の保護育成策という産業構造政策の萌芽ともいうべき政策課題を認識させた。産業発展を背景に発言力を増した資本家階層に対して政策実現の財源の負担を求める租税制度改革の必要性も高まっていた。高い利益を享受した企業部門と比較して勤労者の生活水準は物価高騰のために不安定となっていた。そのため賃金上昇を求める労働運動が激化し、農村と都市という不均衡だけでなく、労働者らの不満の爆発を抑制するような社会政策的な措置がとられることになり、単に治安対策だけでなく、社会政策的な意図をもつような租税政策なども政策課題となった。つまり、大戦の衝撃は、単に産業面だけでなく、経済社会の広い範囲に及んだ。欧米諸国が第一次世界大戦前に形成しつつあった経済構造へと日本が同質化していくなかで、一九二〇年代には、国際競争圧力による価格の低迷、高賃金、高金利という「三重苦」によって企業の業績は改善の兆しすらみせなかった。産業発展の制約を緩和した最大の要因は、在外正貨であった。貿易収支の悪化により正貨の流失が国内通貨供給を減少させ、金融面からデフレ圧力による企業の整理が進むような金本位制のもとで働くメカニズムの作用が、第一次世界大戦中に蓄積された多額の正貨を基礎とする財政金融政策によって中断されていたからであった。つまり、不足する外貨決済資金を為替銀行に追加供給したのは、専ら政府所有外貨の払下げであり、それによって逼迫する正金銀行の外貨資金繰りを支え、対外決済資金の量的な不足を補いながら、他面で、在外正貨の保有のために固定されていた財政資金の繰越余剰分を円資金に転換し、国内歳出財源を政府が取り戻す一石二鳥の方策であった。

しかし、関東大震災の影響などもあって正貨の流出が続き、対外調整の基盤は消滅していた。それは、剰余金という積極的財政の基盤となる財源の減少を同時に意味した。一九二七年度決算から財政剰余金は目に見えて減少し、二九年度予算の成立時には国庫剰余金は皆無に近い状態となった。こうして、財政面からみれば、国債の発行による財源の補塡と歳出の切りつめ以外に、もはや残された道はないものとなった。金解禁政策は、このためには他に選択の余地がないものと考えられていた。

# 一　金解禁政策と昭和恐慌

## 1　浜口内閣の金解禁政策

一九二九年七月に成立した民政党浜口雄幸内閣は、外相に幣原喜重郎、大蔵大臣に井上準之助を迎え、政策の刷新を訴えて一〇項目の新政策を公表した。それは、政治の公明、民心の作興、綱紀革正、対支親善、軍縮促進、整理緊縮、非募債と減債、金解禁断行、社会政策の確立、教育の更新であった。中心をなすのは金解禁政策であったが、それはよく知られているように、同時に掲げられた他の方針と緊密に関連し、それなりに合理的で体系的な配慮がとられていた(2)。

金解禁によって金本位制に復帰するためには、一割ほど円安となっている為替レートを平価の水準にまで回復する必要があり、そのためには国内物価水準を引き下げるために通貨を収縮させる必要があった。その手段が行財政の整理・緊縮であり、そのなかでも効果を期待したのが軍事費の削減＝ロンドン軍縮会議における海軍軍縮の実現であった。そして、軍縮の実現には欧米との協調外交によって中国との関係を改善する必要もあった。また、緊縮による不況を予想して社会政策の充実を課題に掲げたことは、そうした政策の意図を示していた。それ故、その後の景気後退の深刻化にもかかわらず、一九三〇年一月の総選挙で民政党内閣は大勝し、翌三一年に公表された日本経済連盟会と日本工業倶楽部の調査や東京手形交換所の調査では、不況を金解禁に伴う調整過程と見なして、一層の緊縮政策の継続を求める意見がみられるなど、この政策選択はかなり広い支持を得ていた(3)。

金解禁政策として提示された政策体系は、一九二〇年代の日本経済が恐慌期の救済融資を起点に通貨膨張による割高な物価に悩まされていたことなどの事情を根本的に解決することを求めるものであり、二〇年代とは対照的な構図のもとに構想されていた。(4) そして、とりわけて重要なことは、ここでの課題は、金本位制への復帰それ自体ではなかったということである。金本位制への復帰によって国際経済秩序にソフトランディングするのであれば、円高への誘導は無用な摩擦を国内に生むだけであったから、当時一部の論者によって指摘されたように「新平価」での解禁を考慮すべきであった。(5)

しかし、浜口内閣が金解禁政策の目的としたのは、産業の合理化によって日本の産業企業の国際競争力を強化・改善することであった。金解禁断行をひかえて具体的に着手すべき政策として、産業の合理化、産業振興、能率増進などを取り上げたことは、そうした政策の意図を反映していた。

こうした井上財政の政策意図と判断を評価することは難しい。すでに明らかにしてきたように、剰余金の枯渇によって均衡財政か国債依存かの選択肢が残されていただけであり、前者が井上準之助の選択であり、後者が高橋是清のものであった。当時の正統的な経済観念からすれば、前者が望ましい選択であった。世界恐慌後にルーズベルトが採用した拡張的な財政政策は、ケインズが提唱した新しい時代の経済政策を反映したものであったが、古い経済観念から脱却することができなかった財界の不信を買い、事業信認の低下から景気回復政策として必ずしも成功しなかった時代のものなのである。(6) 他方で、現状の為替水準の追認では貿易収支の均衡は望めなかった。改善されつつあるとはいっても、一九二〇年代後半の日本は依然として巨額の入超を抱えており、償還期に来ている外債の借り換えに加えて追加的な外資の導入なしには、この対外不均衡をカバーすることは不可能であった。在外正貨も使い尽くされていたからである。とりうる可能性は、円の切上げによる均衡であって、為替支持政策のもとでかろうじて対平価一割安の水準を保っている円為替の水準での金本位制への復帰ではなかった。少なくとも、「新平価」という将来の為替切下げのリスクを伴うような為替設定では、外資導入の可能性を開くという意味でも不十分との危惧を伴うものであった。(7) したがって、国債発行による赤字財政という非正統的な政策を避けるとすれば、緊縮政策を基盤とする金解禁によって貿易収支の基礎的な不均衡そのものを改善するような合理化を推進することであった。実際、金本位制への復帰によって「国際金融市場で低利の資金を確保する」選択は、三〇年五月に外債の借り換えが発行条件の改善を伴って実現しており[8]、問題は対外的な均衡を可能にする条件を得て、狙いとなる産業合理化を促進できるかであった。ただし、その時間的余裕を井上は得ることはできなかった。

急いで付け加えれば、井上と高橋の相違点は基盤となる経済思想の相違というよりは、置かれた状況の差による側面があったが、それだけでなく日本の経済政策が国際的にどのような影響をもつかに対する判断の相違もあったように思われる。井上の金解禁政策は軍事外交面での協調的な枠組みだけでなく、相対的安定期の国際金融面での協調を重視するとともに、日本の選択が与える影響に配慮していたと推測される。これに対して、高橋は先進国が国内政策を優先するようになっていた現実に即しながら、日本の選択が他国に与える影響を重大視していなかった。後述するような高橋財政期の為替放任政策は、経済的には小国であるという自己認識を表出させている[9]。

## 2　世界大恐慌と昭和恐慌

金本位制復帰のための体系性をもった政策を実施することによって、日本の経済状態を正常な姿に戻すという浜口内閣の判断と選択に合理性があったとしても、その決意は、ロンドン軍縮問題から生じた統帥権干犯問題によって政治的に揺さぶられ、世界的な大恐慌の襲来によって経済的には大打撃を受けて、実を結ぶことはなかった[10]。

一九二九年一〇月二四日、ニューヨークの株式市場が前例のない大暴落を引き起こし、二七年からのやや異常と思われたアメリカ株式ブームは破局を迎えた。繁栄の一九二〇年代を謳歌したアメリカは、これから四年以上にわたって深刻な恐慌に打ちのめされることになる。アメリカの恐慌はアメリカの問題に止まらなかった。第一次世界大戦後の世界経済は、繁栄のアメリカから供給される資金に支えられていた。膨大な賠償を抱えたドイツをはじめ、戦争の痛手を脱却しえなかったヨーロッパ諸国、農産物の過剰・価格低下により国際収支の不安を高めていた第一次産品諸国など、いずれもアメリカの対外投資を支えとしていた。ニューヨークの証券市場での国債、株式等の発行によって資金を得ていたこれらの国々への資金供給が、このアメリカの恐慌によりストップし、各国の経済状態は不安定さを増し、やがて互いに足を引っ張り合うようにして大恐慌のどん底に沈んでいった。三一年九月に起こったオーストリアの有力銀行の破産をきっかけとするヨーロッパの金融恐慌によって、このような大恐慌の世界的なひろがりは決定的となり、ついには再建金本位制に終止符を打つこととなった。世界経済は三三年まで、永く、広く、深い大恐慌に呻吟することになったのである。

次第に悪化する世界経済の影響を受けて、日本も深刻な恐慌状態を呈することになった。一九二〇年恐慌が国際的にみて日本で先行して発生したのと対比すると、昭和恐慌の発生は、国際的な景気後退の影響が大きく、それは、一九〇七年恐慌など日本の景気循環には共通するものであった。ただし、それは〇七年と対比しても、その直前に明白な好況局面がないという意味で特異であった。

## 二　昭和恐慌の社会経済史

### 1　労働者・農民運動と調停法体制

第一次世界大戦中に急速な伸張をみせた労働運動は、一九二〇年代半ばにかけて政治的指導方針の対立により四分五裂する状況になった。大企業部門では、工場委員会制の外観を伴った協調的な労使懇談制が普及するとともに、企業内における労働条件の改善などに労働者の関心を引き寄せる方策がとられた(11)。それは、労働者の権利を承認し経営への発言権を認めるドイツの先例とは似て非なるものであった。「人格承認要求」を基盤として組織を拡大した労働運動への期待は、八時間労働制や団体交渉権の要求に示されるような労働者の権利拡張への動きを内包していたが、それが戦間期の日本では全面的に開花することはなかった。組合運動に期待を寄せた労働者の多くは「人格承認要求」というスローガンに「人間として認めてほしい」という願いと、そのために必要な生活費を補償しうるような賃金の支払いを期待していた。労使懇談制は、この要求に外見的に応え、制限された権限のもとでも労働条件などについて労働者側が意見を表明する機会を与えるものであった。それ故、経営環境の悪化から失業圧力が強まるなかで雇用機会を確保できた基幹的な労働者たちは、この労資関係の変化を受け入れ、治安維持法の制定などの治安政策の強化もあって、急進的な社会主義運動から距離を置くようになった(12)。

他方、大企業を中心とした労資関係の新しい枠組みは中小経営の労資関係には及ばず、そのために中小企業では、運動の左傾化と激化が一九二〇年代に入って進展した(13)。労働運動の指導部の分裂はこのような状況に対応したものであり、中小企業における小規模な争議の頻発は昭和恐慌期を含めて継続した。その背景には大企業における年功的賃金体系の端緒的形成の一方で、中小企業労働者の労働条件が不利化し、企業規模間の賃金格差は明確に拡大していたことが、彼らの困難を強めていた(14)。

農業・農民についてみると(15)、一九二〇年代に農業生産の増加テンポが鈍化した。作付け面積に限界が生じたうえに、反当たり収量＝土地生産性の上昇が止まったためであった(16)。米と並ぶ主要商品作物であった繭については生産増加が持続する一方で、すでにふれたように生糸の輸出価格が低迷した結果、その数量的拡大にもかかわらず生産金額は伸び悩んだ。畜産品や近郊野菜など都市化に対応した生産構造の緩やかな構造変化が生じていたとはいえ、製造業を中心とする産業構造が漸進的に構造転換を遂げつつあったことと対比すると、農業部門の「米と繭の経済構造」は変化に乏しかった。それが昭和恐慌の打撃を農業部門で深刻化した基盤となった。

農家戸数は一九一五―三五年に微増ないし停滞を示し、そのなかで一九二〇年代後半から三〇年代半ばにかけて兼業農家が減少し、専業農家が増加する傾向にあった。これは農外就業機会の減少を反映したものであった。全般的に零細規模の農家が支配的ななかで、農産物価格の下落基調と兼業機会の制約が生じたことは、農家経営に暗い影を投げかけた。

零細農家経営は、小作地の借入を主要な支柱の一つとしていた。農家のうち小作地の借入をしていない農家は全体の三割程度に止まり、地域差はあったものの「自小作」が増加傾向にあった。小作地率は全国的には一九三〇年ころをピークとして増加から減少へと転じたが、その変化は緩慢で地主制度の改革はなかなか進まなかった。

小作農の家計はきわめて厳しく、労働者同様に各階層とも生活の豊かさを享受するにはほど遠い存在であった(17)。それ故、労働運動に半歩遅れて一九二〇年代に入ると、小作争議が農業生産性の相対的に高い近畿などの地域で活発化した。それは、第一次世界大戦期以降に発生した大きな所得格差を背景として、①土地生産性の低迷のもとで耕地からの限られた成果の配分をめぐる争いが強まったこと、②商業的農業の展開と都市労働市場での雇用機会の増大のもとで、農民たちが自己の労働に対する評価の低さを自覚し、正当な労働の成果が得られる範囲に小作料率を抑えるべきだと主張するようになったこと、③先行する労働運動が農民たちの組織化を促したことなどの条件によっていた。①は、土地生産性が上昇する限りで可能であった地主の温情主義的な小作料の減免の余地が失われることによって地主・小作の利害対立が鮮明になったことを意味した。小作人は農業経営者として経営の採算性や自らの労働報酬の正当な獲得を前提に、小作料の引下げを要求するようになった。それは農民たちの農業経営に対する意識の変容を示唆しており、農業部門への市場経済原理が浸透するに従って、農業小経営においても主体的な努力が進みはじめていることを表現していた(18)。小作農民たちは、その経営努力の成果を自らのものにするうえで立ちはだかる小作料率の高さの不当性を訴えていた。しかし、彼らが声をあげるようになった時期には、労働力市場は買い手市場化して脱農による賃労働者化が難しくなっていた。また地主も大戦期の米価高騰の教訓から進められた物価対策＝「低米価政策」によって価格変動による利得の機会を失っていた[19]。

こうした条件のもとで増加した小作争議は、結果的には小作料率水準をゆっくりと引き下げることになった。それは、第一次世界大戦前まで預金や株式投資並みであった田畑の賃貸利回りを悪化させた[20]。土地投資が不利化したことは地主の土地投資への関心を後退させ、追加的な資金が、そして一部には土地を売却した資金が証券市場への投資や、食糧基地化に対応した植民地の土地投資などに向かうきっかけとなった[21]。もっとも、こうして売却された土地を自小作・小作人層は購入できる資金をもたなかったから、地主的土地所有は一面で解体に向かいながらも強固に存続しつづけることになった[22]。重要なことは、こうした変化を通して農村内部で機能していた地主らによる秩序維持機能の限界が露呈し、社会の底辺部分を不安定化したことであった。

労働争議や小作争議などにみられたような現行体制に対する批判的な意識の高まりは、世界的な社会主義運動の展開に強く影響されていた。政府は、男子普通選挙権の承認と治安維持法という体制的な安定を実現するための「アメとムチ」の政策によって対応した。成年男子に対する選挙権付与は、労働者たちが求めていた人格承認要求に対して社会の成員としての認知を政治的に実現した。他方で争議などの経済的紛争の解決に際しては、労働者や農民の基本的権利を認めないまま、事実上の解決を図るための手続きを調停法として制定することにとどめた。「調停法体制」と筆者が表現した社会的摩擦・紛争解決へ対抗するためのこの枠組みは、労働争議調停法や小作調停法などによって紛争解決の道が用意され、それらの実質的な調停者として、それまでの農村社会秩序の担い手だけでなく、警察署長や学校長など行政機構の末端に位置する人々も加わることによって、変容しつつある秩序意識を体制的に再編しようとしていた[23]。

このような紛争解決手続きだけでは、しかし、社会的な弱者が直面する現実の経済問題を解決することはできなかった。高い失業圧力のもとで労働者階層の不満を宥和するために失業対策事業や労働組合法の制定などの社会的な施策が求められた[24]。また、農村部では各府県の実情に沿いながら、限られた現金収入の機会を拡張するための副業調査や雇用機会に対する監視（域外からの労働者募集における不正の監視）[25]などが行われた。

普選・治安維持法とセットになった調停法体制による経済問題への対応は、一九二〇年代に日本が社会政策的な関与などを政策課題とするような政治経済体制へと転換したことを示唆するものであったが、他面でそれは労働者の権利を否認したことにみられるように、先進資本主義国からは二重に後れた制度的条件下で安定的な社会体制を構築する試みでもあった[26]。第一次世界大戦後のドイツでは労資同権化が進み、国民の生存権を保障するような福祉国家への希望が表明されていたことと対比すると、日本の後進性は際立っていた。しかし、普通選挙が実施され、合法的な左翼政党の候補者が擁立されるようになっても、国政レベルではそれらの候補者が議席をわずかしか獲得できなかった現実に即したとき、政府の対応が状況を見誤ったものであったと評価することはできない。もちろん、地方レベルでは合法的な革新政党が一九三〇年代にかけて無視しえない議席を獲得し[27]、身近な問題を中心にその政治的な活動が支持を受けていたことは看過しえない。国政レベルでの政党内閣制と地域や職場の社会的な紛争解決の枠組みとしての調停法体制とは対をなしており、昭和恐慌は、その両者の基盤を動揺させることになった。ただし、注意すべきことは、「調停法体制」によって運動の活力を削がれた労働者や小作農民たちの動きは、運動指導部の分裂もあって、昭和恐慌下において体制批判の政治勢力としては大きな役割を果たすことはなかったことである。彼らは生活に追われており、強い弾圧を跳ね返す力には乏しかった。その結果、支配体制側の危機意識の強さにもかかわらず、反共・反社会主義は政治的争点にはならず、戦時体制にかけて経済構造が再構築されていく際には、ナチスの国家社会主義だけでなく、ソ連型の計画経済に対して親和的な構想さえも許容される雰囲気を残していた。反体制運動の脆弱さは、このような形で一九三〇年代の政治・経済社会のあり方を特徴づけた。

## 2　恐慌下の国民生活（1）——都市勤労者たち

金解禁政策によるデフレの進行のなかで、世界大恐慌が重なって発生した昭和恐慌は、その直前に明確なブームを伴わないという意味で特異な恐慌であったが、物価の下落や雇用数の減少を介して、一九二〇年代に部分的に安定を取り戻すかにみえた労働者や農民の生活を根底から揺さぶるものとなった。

第二次産業の労働者数がボトムとなった一九三二年を基準に前後の推移をみると（表7-1）、二九年から三二年にかけて一九万人を超える労働者が第二次産業から排出され、あふれた労働者の多くは第三次産業に吸収された。解雇労働者の帰趨調査では、この時期に全体の四割前後が「帰農者」とされているから(28)、一人ひとりのキャリアに即してみると実家のある農村部へと帰農したものが多数存在したが、他方で農村部からも引き続き流出が続いていたために、結果的には都市を中心とする第三次産業、それも雑業的な就業が限られた雇用機会となった。

男女別でみると、第二次産業労働者の減少の一九万人中一七万人弱が女子であった。製糸業を中心に繊維産業に従事する女子労働力が、雇用の削減という点では最も大きな影響を受けた。農家からの出稼的労働の機会であり、家計補充的な現金収入源を奪った恐慌期の雇用調整は、甚大な影響を農家経営に与えた。農村は、農産物価格の下落に伴う農業経営の困難化に加えて帰農者の扶養、出稼ぎによる現金収入機会の減少など、鉱工業部門の不振による影響を社会的に吸収する受け皿としての役割が期待されていたが、農村の扶養力は限界に達していた。

この激しいショックが国民生活に与えた影響は、雇用機会を確保・維持できたかどうかによって大きく異なった。もちろん、幸いに仕事の機会を確保できた人たちにとっても、恐慌の圧力は、名目賃金率の引下げと労働時間短縮を介して、所得の減少につながった。しかし、作業時間と作業日数に関する調査結果によれば(29)、繊維工業で作業時間の減少がやや大きかったとはいえ、全般的に作業時間数も日数も減少はわずかに止まった。雇用調整は労働時間の短縮ではなく人員削減によるものであった。

表 7-1　労働者数の推移（1926-35 年）

（1,000 人）

| 男女計 | 1926 | 増減 | 1929 | 増減 | 1932 | 増減 | 1935 |
|---|---|---|---|---|---|---|---|
| 全産業合計 | 28,565 | 738 | 29,302 | 913 | 30,215 | 1,430 | 31,645 |
| 第 1 次産業 | 14,410 | 304 | 14,714 | 289 | 15,003 | △4 | 14,999 |
| 第 2 次産業 | 6,211 | △71 | 6,140 | △192 | 5,947 | 747 | 6,694 |
| 第 3 次産業 | 7,943 | 505 | 8,448 | 816 | 9,265 | 687 | 9,952 |
| 男 | | | | | | | |
| 全産業合計 | 18,128 | 651 | 18,779 | 711 | 19,490 | 712 | 20,202 |
| 第 1 次産業 | 8,047 | 220 | 8,267 | 209 | 8,475 | △135 | 8,341 |
| 第 2 次産業 | 4,574 | 11 | 4,585 | △24 | 4,561 | 506 | 5,068 |
| 第 3 次産業 | 5,507 | 420 | 5,927 | 526 | 6,453 | 340 | 6,793 |
| 女 | | | | | | | |
| 全産業合計 | 10,436 | 86 | 10,523 | 202 | 10,724 | 719 | 11,443 |
| 第 1 次産業 | 6,363 | 84 | 6,447 | 80 | 6,527 | 131 | 6,658 |
| 第 2 次産業 | 1,637 | △82 | 1,555 | △169 | 1,386 | 241 | 1,627 |
| 第 3 次産業 | 2,436 | 85 | 2,521 | 290 | 2,811 | 348 | 3,159 |

出典）梅村又次ほか編『長期経済統計 2　労働力』（東洋経済新報社，1988 年）により作成．

図 7-1　賃金指数の推移

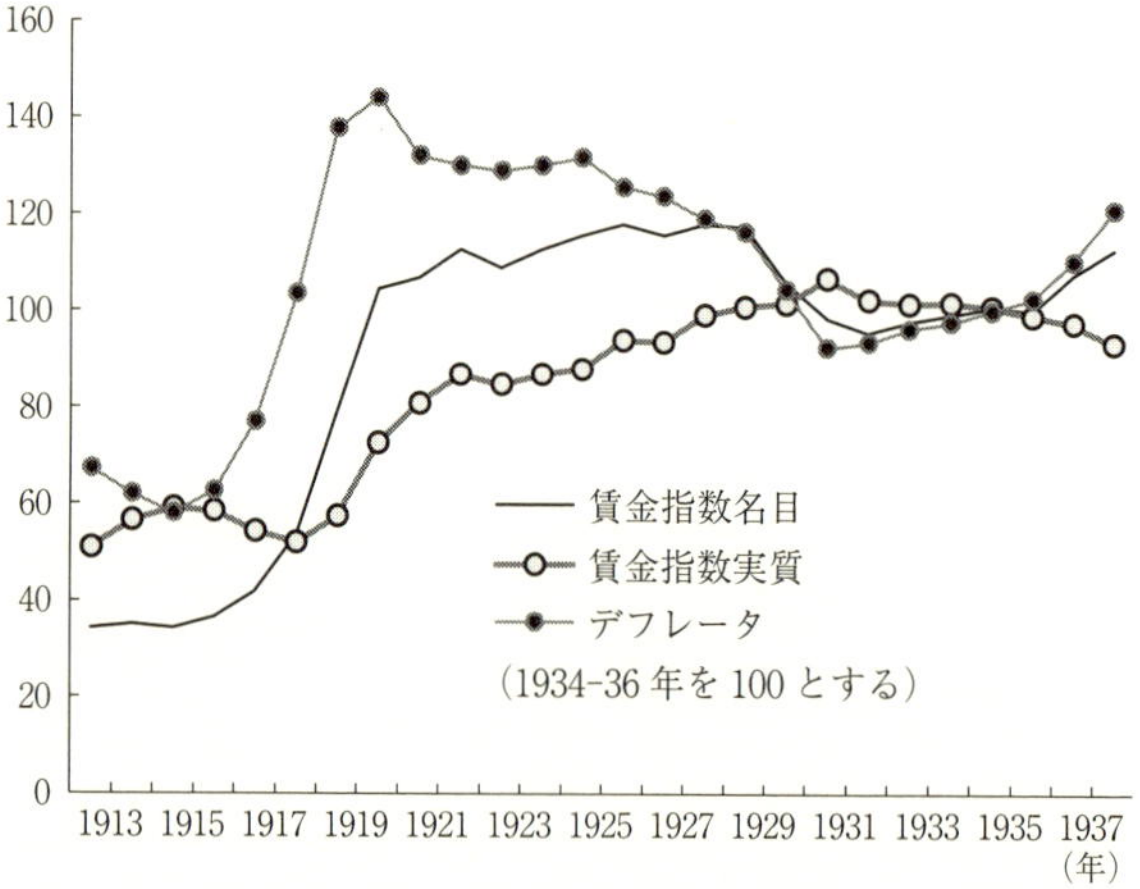


出典）大川一司ほか編『長期経済統計 8　物価』（東洋経済新報社，1967 年）134，243 頁より作成．

名目賃金は一九二八年から三一年にかけて一五％ほど下落し、その後も長期にわたって横ばいを続けた（図７－１）。しかし、賃金の引下げはおおむね物価の変動に対応していたから、実質賃金は安定し、三二年からの景気回復期に緩やかに減少した。国民所得統計に基づく一人当たり個人消費支出は、名目的には恐慌期に大きなV字型の急減と急増を示したが、実質的には比較的安定していた（後掲図７－７参照）。つまり、物価下落の影響は、賃金の名目的な減少をカバーし消費生活水準を維持する方向に作用した。

生活水準の推移を知るために、実質的な消費水準の推移を推定してみると（図7－2）、米の消費量が極端に減少することはなく、労働者ではむしろ一九二六／二七年よりも増加し、三四／三五年を転機に給与生活者でも労働者でも減少に向かった。この飲食費の動向に規定されて実質生活費についても極端な落ち込みはみられず、むしろ一九三〇年代後半にかけて低下していた。景気回復による物価上昇によって恐慌期からみられた生活水準の低下傾向が日中戦争期に向かって加速し、勤労者全般にわたり実質的な生活水準の悪化が進行した。つまり高橋財政による景気回復が国民生活の改善につながったとは必ずしもいえなかった。こうして家計収支は三五年ころまで「なべ底型」の低迷期が続いた。こうした状況は、家計の回復に必要な実質賃金水準の引上げにつながるはずの分配面に、重大な制約があったからであった。

もちろん、職を失った人々の生活難は改めて指摘するまでもなかった。失業統計の信頼度はあまり高くないが[30]、失業率がピークとなったのは一九三二年のことであり、日雇労働者のそれが最も高かった（図7－3）。また、一九三〇年の国勢調査によると、男女別では男子の失業率が高く、年齢別では二〇歳代を中心に若年労働者の方がやや高い傾向にあった[31]。ただし、このような状況は、女子や中高齢者層が雇用機会に恵まれていたことを意味しなかった。彼らの雇用機会は限られていたし、それ故に失業状態が潜在化していたからである。

失業状況のなかでやや特異なのは、「知識階級失業者」であった（表7－2）。一九三二年の失業状況調査によると、工場解雇者では、失業期間六ヵ月未満が四五・八％を占め、一年未満に拡張すると七割を超えるのに対して、「知識階級失業者」では六ヵ月未満が一七・一％にすぎず、一年未満合計でも三四・八％と大きく異なった[32]。昭和恐慌下で大学等の卒業者の就職率が極端に低く、高学歴のエリート層にまで雇用機会が閉ざされ[33]、雇用調整に伴う失業の危機に差別なく直面させられていた。

図 7-2　実質消費水準と米の推定消費量

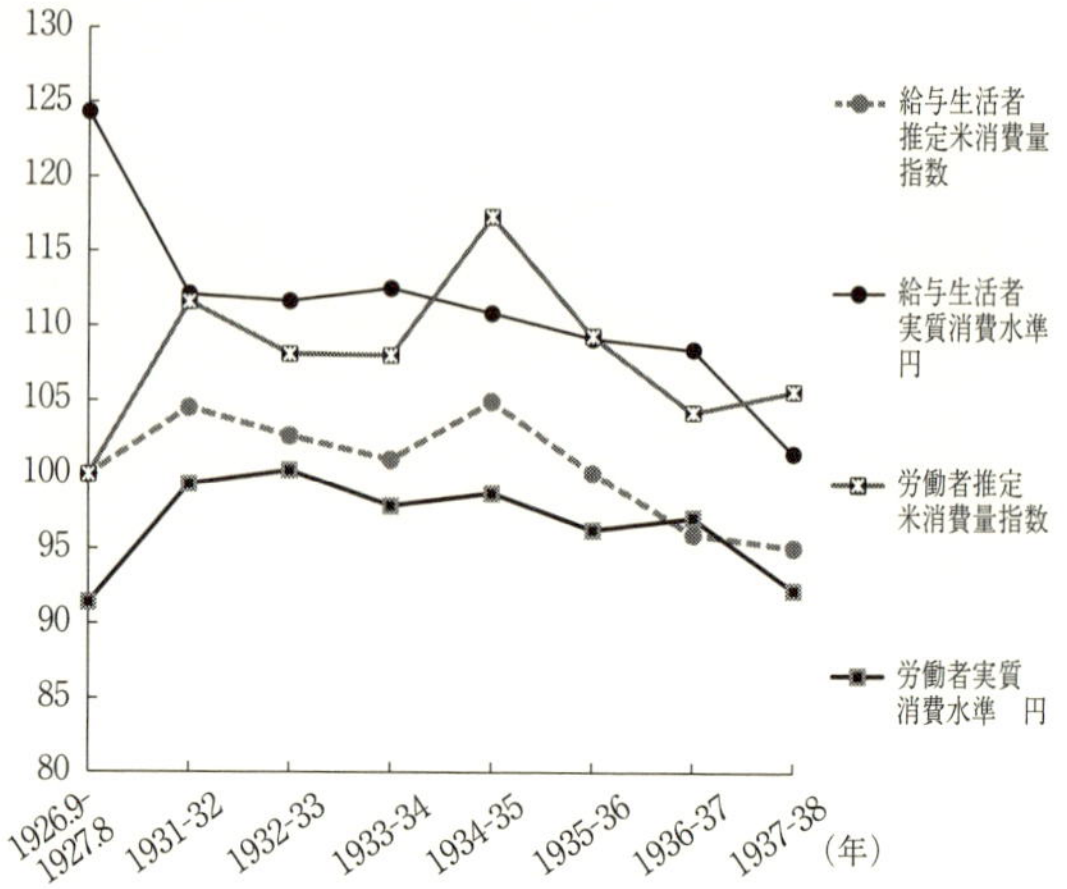


出典）内閣統計局『家計調査報告』，および大川一司ほか編『長期経済統計 8 物価』（東洋経済新報社，1967 年）より作成.

注）飲食費中の「米麦費」を米価変動によって実質化して米消費量を推計し，同時に名目家計費を物価変動で実質化して示した．指数は，1926-27 年を基準とするもの.

図 7-3　推定失業率の推移

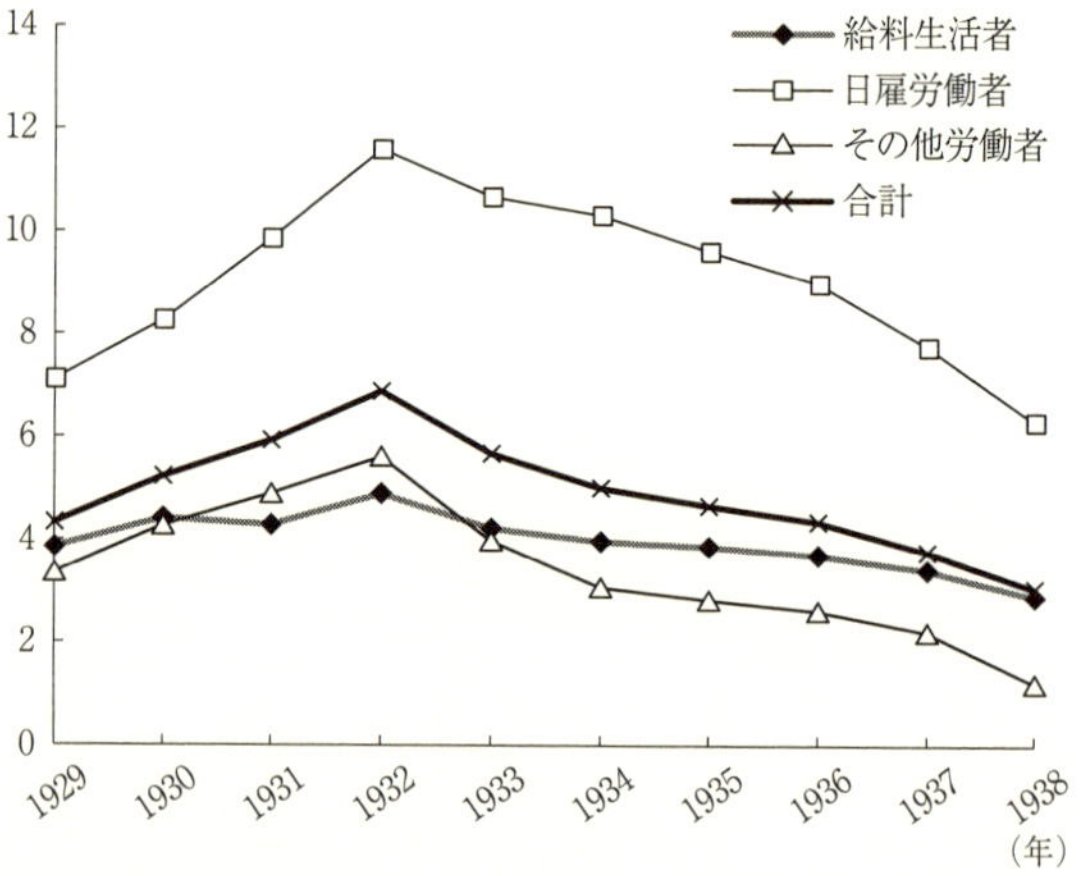


出典）労働運動史料委員会編『日本労働運動史料』10 巻（中央公論出版事業部，1959 年）190-191 頁.

失業者を含む都市下層の人々の生活は、勤労者家計と比べて一段と厳しい貧窮状態にあった。都市の「被救護世帯」の一九三二—三三年時点での実収入は二七円ほどであり、これより上層の都市下層世帯でも四一円程度であった[34]。工場労働者や給与生活者が八〇—九〇円の収入を得ていたのに比べて、半分から三分の一程度の収入にすぎなかった。そのため実支出水準も低く、飲食費が支出の過半を占めた。また、一九三二年の失業者家計の調査では、収入額は知識階級で三七円弱、工場労働者で三〇円強、日雇労働者で一九円弱であった。収入水準では、失業者は都市下層と同水準であった[35]。

表7-2　失業期間別失業者数（1932年）

（人）

| | 工場労働被解雇者 | | 知識階級失業者 | | 交通労働被解雇者 | | 日雇労働失業者 | |
|---|---|---|---|---|---|---|---|---|
| 合計 | 4,563 | 100.0% | 5,792 | 100.0% | 2,560 | 100.0% | 47,456 | 100.0% |
| 1ヵ月未満 | 568 | 12.4% | 118 | 2.0% | 1,326 | 51.8% | 9,519 | 20.1% |
| 3ヵ月未満 | 725 | 15.9% | 318 | 5.5% | 398 | 15.5% | 2,106 | 4.4% |
| 6ヵ月未満 | 799 | 17.5% | 557 | 9.6% | 169 | 6.6% | 2,277 | 4.8% |
| 1年未満 | 1,131 | 24.8% | 1,024 | 17.7% | 357 | 13.9% | 4,751 | 10.0% |
| 2年未満 | 860 | 18.8% | 1,254 | 21.7% | 122 | 4.8% | 8,226 | 17.3% |
| 3年未満 | 227 | 5.0% | 924 | 16.0% | 96 | 3.8% | 8,047 | 17.0% |
| 4年未満 | 131 | 2.9% | 659 | 11.4% | 39 | 1.5% | 5,470 | 11.5% |
| 5年未満 | 50 | 1.1% | 336 | 5.8% | 18 | 0.7% | 2,847 | 6.0% |
| 5年以上 | 72 | 1.6% | 602 | 10.4% | 35 | 1.4% | 4,148 | 8.7% |

失業原因別失業者数

| | 工場労働被解雇者 | | 知識階級失業者 | | 交通労働被解雇者 | | 日雇労働失業者 | |
|---|---|---|---|---|---|---|---|---|
| 合計 | 4,563 | 100.0% | 5,792 | 100.0% | 2,560 | 100.0% | 47,456 | 100.0% |
| 業務の縮小・休廃止 | 2,267 | 49.7% | 1,607 | 27.7% | 271 | 10.6% | 4,936 | 10.4% |
| 雇用期間満了 | 198 | 4.3% | 227 | 3.9% | 85 | 3.3% | 616 | 1.3% |
| 労働争議による解雇 | 125 | 2.7% | 2 | 0.0% | 2 | 0.1% | 47 | 0.1% |
| 雇い主の都合 | 408 | 8.9% | 297 | 5.1% | 156 | 6.1% | 1,367 | 2.9% |
| 兵役 | 53 | 1.2% | 102 | 1.8% | 15 | 0.6% | 87 | 0.2% |
| 疾病老廃 | 510 | 11.2% | 506 | 8.7% | 323 | 12.6% | 1,336 | 2.8% |
| 自己都合 | 757 | 16.6% | 1,733 | 29.9% | 283 | 11.1% | 3,525 | 7.4% |
| 不景気 | 20 | 0.4% | 797 | 13.8% | 1,137 | 44.4% | 29,011 | 61.1% |
| その他 | 225 | 4.9% | 521 | 9.0% | 288 | 11.3% | 6,531 | 13.8% |

前職別失業者数

| | 工場労働被解雇者 | | 知識階級失業者 | | 交通労働被解雇者 | | 日雇労働失業者 | |
|---|---|---|---|---|---|---|---|---|
| 合計 | 4,563 | 100.0% | 5,792 | 100.0% | 2,560 | 100.0% | 47,456 | 100.0% |
| 農耕・畜産 | 1 | 0.0% | 14 | 0.2% | | 0.0% | 3,364 | 7.1% |
| 鉱業 | 8 | 0.2% | 13 | 0.2% | | 0.0% | 179 | 0.4% |
| 機械金属工業 | 1,529 | 33.5% | 91 | 1.6% | 1 | 0.0% | 2,303 | 4.9% |
| 紡織工業 | 815 | 17.9% | 48 | 0.8% | 0 | 0.0% | 1,057 | 2.2% |
| その他製造業 | 1,136 | 24.9% | 119 | 2.1% | 1 | 0.0% | 2,224 | 4.7% |
| 土木建設 | 51 | 1.1% | 116 | 2.0% | 26 | 1.0% | 19,902 | 41.9% |
| 商業 | 42 | 0.9% | 550 | 9.5% | 4 | 0.2% | 2,692 | 5.7% |
| 運輸 | 37 | 0.8% | 350 | 6.0% | 2,466 | 96.3% | 2,389 | 5.0% |
| 官公吏 | 2 | 0.0% | 904 | 15.6% | 5 | 0.2% | 538 | 1.1% |
| その他 | 942 | 20.6% | 3,587 | 61.9% | 57 | 2.2% | 12,808 | 27.0% |

出典）前掲『日本労働運動史料』10巻，204-206頁より作成．

図7-4　世帯種別生計費の推移（月額：円）

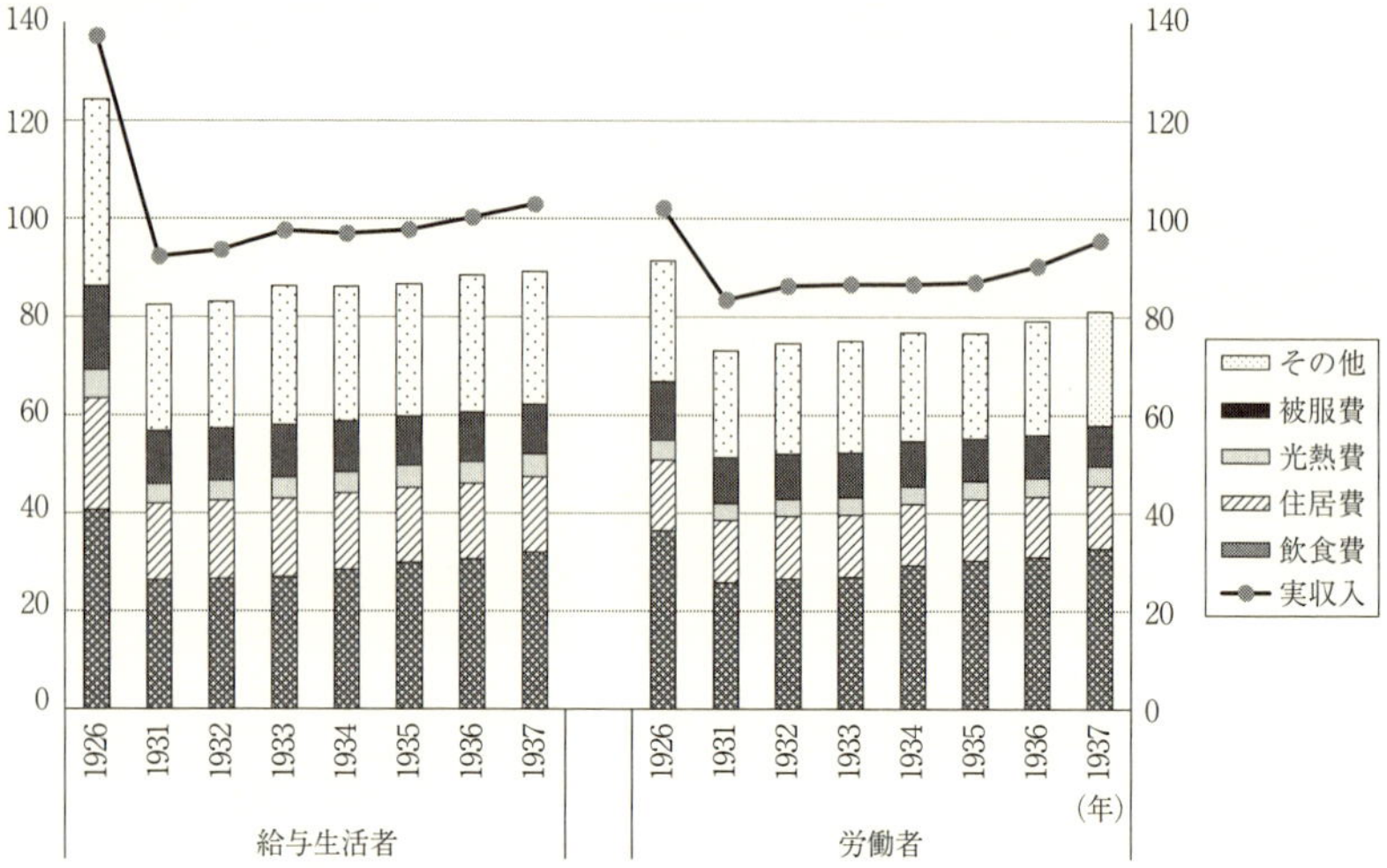


出典）　内閣統計局『家計調査報告』1926-41 年より作成.

一九三二年刊行の東京市役所『東京市に於ける中小商工業者の実際』では、一年一人当たり三〇〇円を最低標準生活費と見なしたうえで、三〇年に東京市で年一人当たり二五〇円までの者が全商工業者の五八％にのぼると指摘し、それを「動物的生活費」と評している(36)。この年一人当たり二五〇円は月にして二〇円強であり、世帯人員四人で計算すれば、月当たりの家計支出は八〇―九〇円という水準となる。この条件を満たしているのは、前述の工場労働者と給与生活者であり、都市下層以下、被救護世帯、失業者世帯は、これに遠く及ばなかった(37)。こうした失業者の存在が有業者家計の回復の遅れの背後にあった。そして、このような状況は一九三〇年代半ばにかけても改善しなかった。内閣統計局の調査に基づく世帯別の家計調査によると（図7－4）、給与生活者も労働者も一九二六年に比べてかなり低い水準の生計費水準であり、労働者のそれは三五―三六年まで横ばいで推移していた。しかも、この調査対象となる世帯は、前述の生計費水準との関係でみると、いずれも八〇円程度の月額生計費を計上しているから、これは年額で一〇〇〇円に近く、「動物的生活費」とはかけ離れた比較的恵まれた階層の勤労者であった。そうした相対的に富裕な勤労者でも、生活状態の改善が進んでいなかったことが知られる。

## 3　恐慌下の国民生活（2）――農家家計

恐慌の影響が最も深刻であった農業部門では、農業粗収益が米価や繭価の下落幅を超えて大幅に減少した。一九二八年に一五七四円であった粗収益は、三一年には六九七円弱と四割水準に落ち込んだ。その後若干の回復を示すとはいえ、粗収益が恐慌前の水準に達するのは三八年のことであり、農家経営の深刻な悪化が長期に継続した(38)。

家計費も一〇〇〇円台から五〇〇円台へとほぼ半減した。農業経営の悪化に対処するための農外所得も、減少の一途を辿っていたからであった。一九二八年に三五五円、二九年に二七九円であった農外所得は、三一年には一三七円、三二年には一三三円と大幅に減少した。そのため、農家の純資産は家計の赤字を賄う借金や保有資産の処分のために二八年の一・四万円から三一年に五〇〇〇円台となり、三九年にようやく六〇〇〇円を超えるまで回復をみせなかった。このような深刻な経営状態は、自作・自小作、小作などの種別、あるいは経営規模（耕地面積）別の収支状況をみても大きな差異は見出せないほど、ほとんどすべての農家経営が深刻な危機に沈み込んだ(39)。

農家の年間労働時間調査によると（図7-5）、農業収入の減少に対して、経営規模一・五―二町層は家族労働の投入増加によって農業経営での収入増加を図っていた。恐慌前に六五〇〇時間前後であった年間労働時間は、一九三〇年以降七〇〇〇時間を大きく超えるようになったからである。この間、一・五―二町層では臨時雇いなどの雇用労働時間数が年間六〇〇時間から二〇〇時間程度に大きく減少していたから、投下労働時間の増加はこれを埋め合わせながら、それまで以上に農業経営に労働投入を集中していたことを示している。そしてこのような行動が農村内では、雇用機会を減少させた。それにもかかわらず、一町未満の零細農家は、農業への家族労働の投入量を減少させ、一九三一年以降は五〇〇〇時間を下回るようになった。

図 7-5　経営規模別の投下労働時間

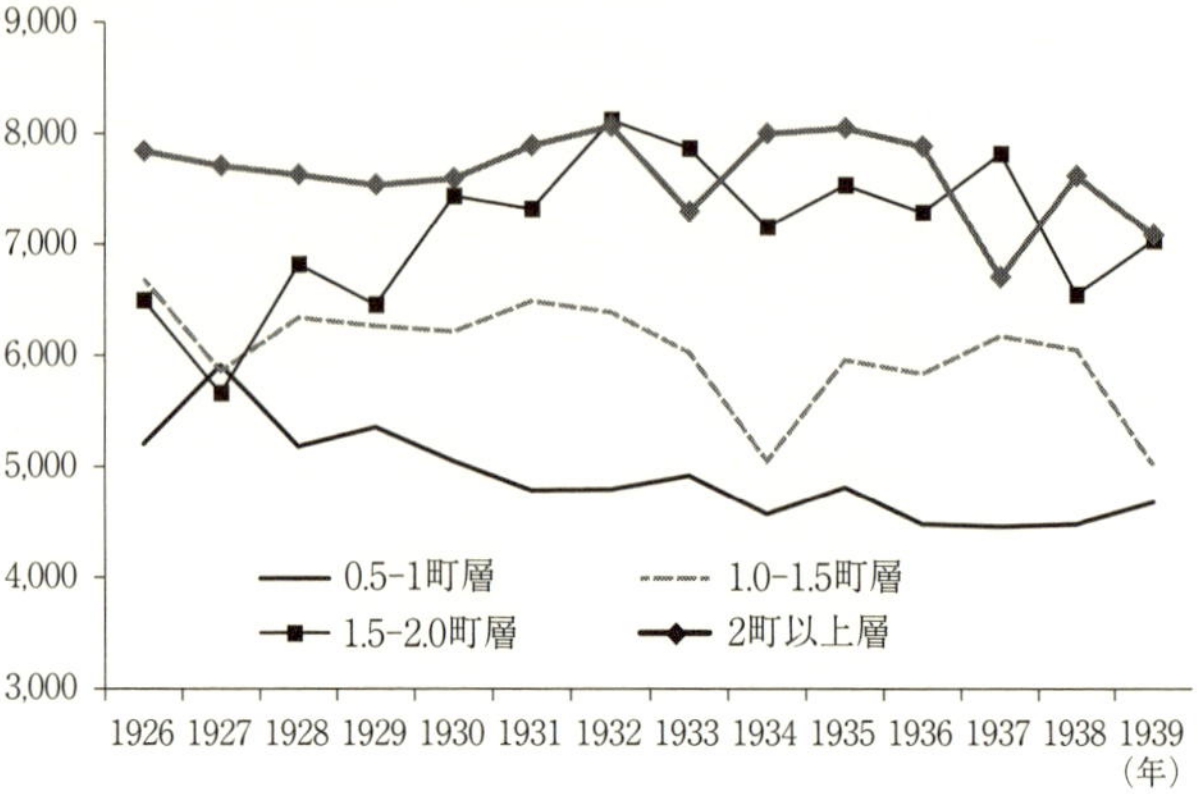


出典）　加用信文編『日本農業基礎統計』（農林水産業生産性向上会議，1958 年）461-463 頁．
注）　単位は時間．

図 7-6　経営規模別農外労働時間

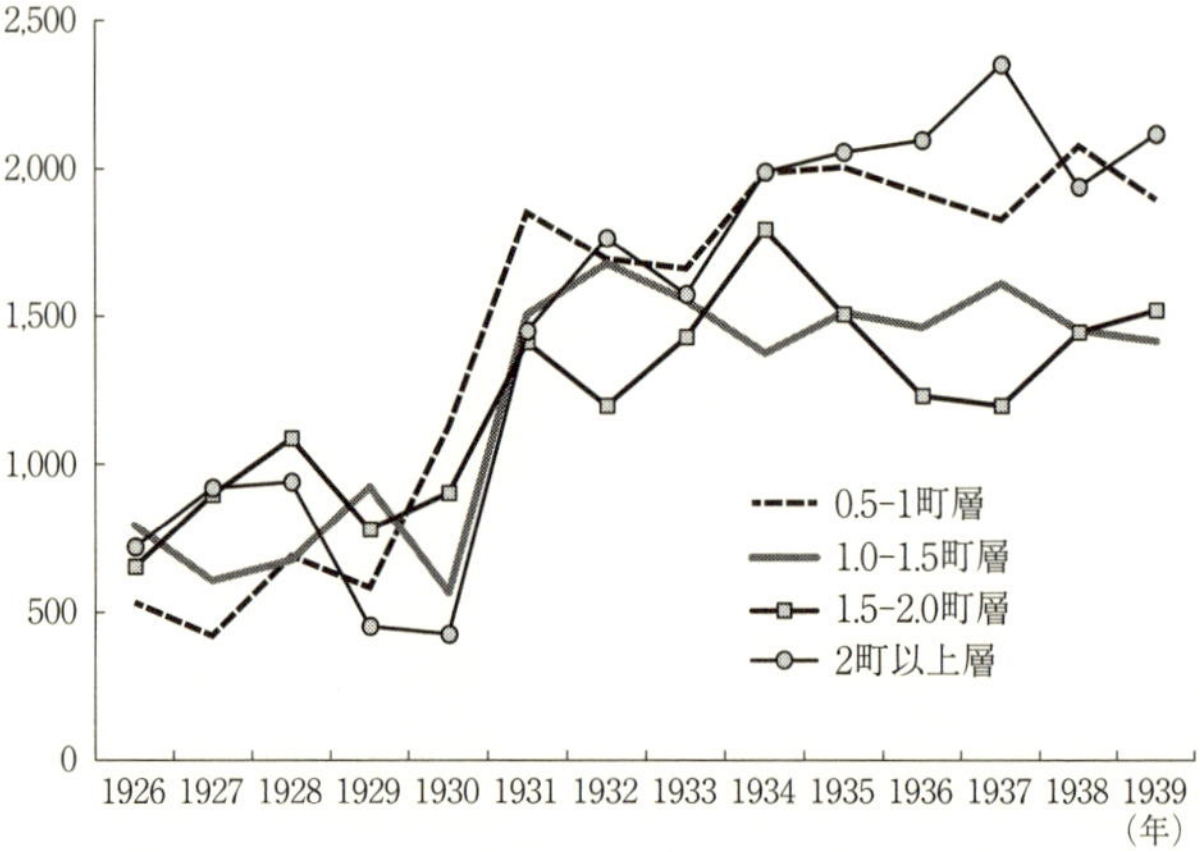


出典）　図 7-5 に同じ．

さらに印象的なことは、各階層ともに一九二九—三一年にかけて農外の労働時間数を大きく増加させたことであった（図7-6）。一九二九年には五〇〇—九〇〇時間であった農外労働時間数は、三一年には各階層とも一五〇〇時間前後に急増し、その後も増加傾向にあった。現金収入を求めた行動であったが、前述のように農外所得はこのような大量の労働投入に見合うほどには増加せず、むしろ半減した。その理由の一端は、農村部における労賃水準が恐慌下

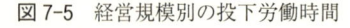

で都市部以上に大幅に低下したためであった(40)。それでもなお少しでも稼ぎを得るために、農業外の稼得機会に農家の人々は敏感に反応していた。帝国農会が一九三一年に『不況打開と農業経営の改善』において、農業経営の多角化を目標に「夫々の地方に適した事業を多数採用」することを奨励したのも同様の趣旨であったと考えられる(41)。

以上みてきたように、潜在的な失業者層を抱え込んだ都市下層も農家経営も厳しい生活状態を強いられ、しかもその危機的な状況は長期にわたって持続し、景気回復に取り残されたままであった。この点は、図7-7にみられるように、国民生産が一九三二年から順調な回復基調に入るのに対し、一人当たり個人消費支出は三二―三四年には回復をみせたものの、三四年以降は国民生産の伸びと対比して停滞的であり、二つのグラフの推移は、はさみ状の乖離を示した。これが三〇年代の景気回復のもとの国民生活の実態であった。それは次節でみるような高橋財政下で進展する景気回復の特徴であり、限界であった。

図7-7　1人当たり粗国民生産と個人消費支出

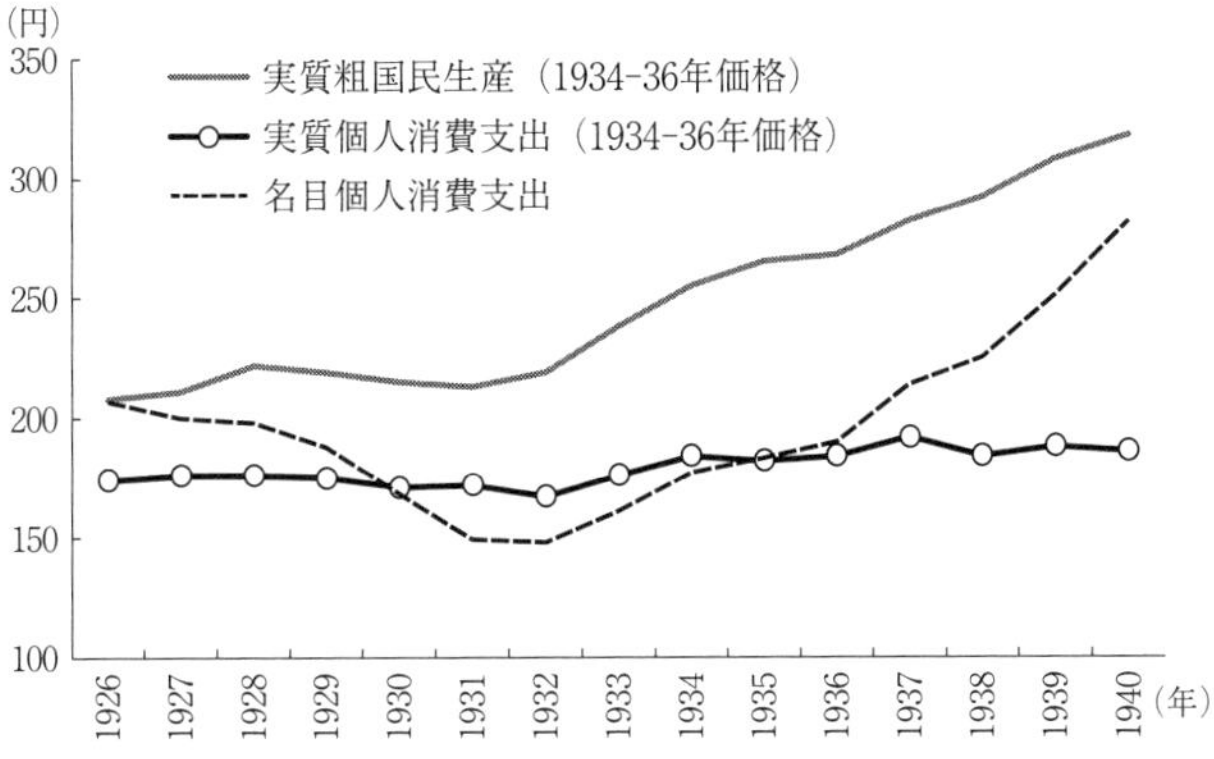


出典）　大川一司ほか編『国民所得』237頁.

## 三　恐慌脱出の構造的特質

### 1　高橋財政と内部循環的景気回復

イギリスの金本位制が停止された一九三一年九月以降、満州での軍事行動が問題となるなかで、経済面では、日本の金本位制の維持が困難であろうと判断した有力銀行などが、金本位制停止の際に生じるであろう円の暴落による為替損失のカバーの必要から円売りドル買いの動きをみせ、政府

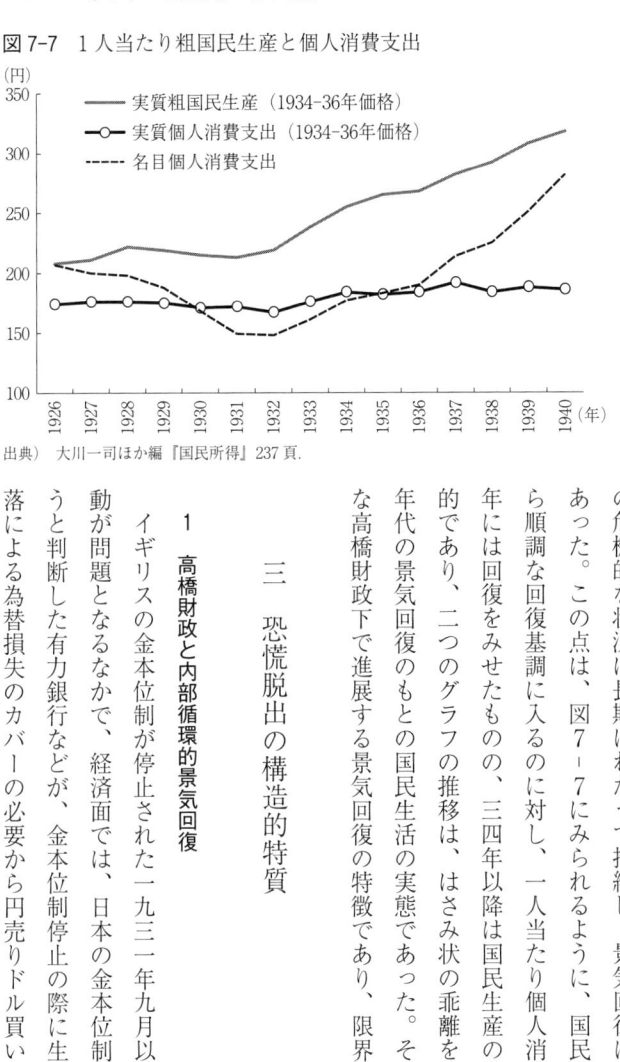

の円為替維持政策と鋭く対立することになった。(42) その結果、金解禁政策の継続が困難になった民政党内閣は一二月に総辞職に追い込まれた。

これに代わって登場した政友会犬養毅内閣は直ちに金本位制を停止し、円の暴落を放任するとともに、軍事費の増加などによる積極的な財政資金の撒布によって需要の創出に努めた。この政策は、円の切下げによって輸出拡大・輸入抑制が実現したことも相まって不況の克服策としては効果をあげ、日本は三二年には他の諸国に先駆けて恐慌からの回復過程を辿った。

ケインズ政策の先取りといわれる高橋是清大蔵大臣の財政政策の特徴は、①景気の低迷の原因を需要不足と判断して、財政面から景気刺激のための支出拡大＝有効需要創出を行うこととし、②そのため財源を赤字公債の発行に求めるという、それまでの均衡財政主義の原則からの逸脱を敢行し、③赤字公債を直接日本銀行に引き受けさせることで、公債消化面での懸念をなくし、④通貨供給の増加のもとで、一層の低金利への誘導によって、公債依存の財政の負担を軽減した。また、⑤金輸出再禁止後の為替市場に対しては、それまでの為替支持政策を放棄して円安の進行を放任した。(43)

財政支出の拡大は、主として軍事費の拡大によって実現されたが、緊縮から積極へ、金本位から管理通貨へ、軍縮から軍拡へと、高橋財政は、先行する井上準之助大蔵大臣の政策とは対照的な枠組みによって推進されることになった。(44)

高橋財政の効果を、総需要の構成の変化を示す表7‐3によってみると、第一に際立っているのは、三二年度において総需要の対前年増加額の二割に達した軍備拡張の需要拡大効果であった。軍事費はそれまで、対GNP比率で三％台であったが、三二年度からは五％台に上昇した。(45) しかし、第二に、前年比で二倍という軍事費の増加は、一回限りの呼び水効果をもたらしただけであった。その意味では、高橋財政期の軍備拡張は、日中戦争期以降（正確には高

表 7-3　高橋財政期の諸指標（1931-37 年）　（100 万円）

| 年 | 個人消費支出 | 民間固定資本形成 | 政府固定資本形成 | うち軍事 | 非軍事 | 政府経常購入 | 輸出 | 総需要 |
|---|---|---|---|---|---|---|---|---|
| 1931 | △1,127 | △249 | △70 | 2 | △72 | 315 | △418 | △1,549 |
| | *72.8%* | *16.1%* | *4.5%* | *-0.1%* | *4.6%* | *-20.3%* | *27.0%* | *100.0%* |
| 1932 | △44 | △127 | 347 | 178 | 169 | 278 | 419 | 873 |
| | *-5.0%* | *-14.5%* | *39.7%* | *20.4%* | *19.4%* | *31.8%* | *48.0%* | *100.0%* |
| 1933 | 1,074 | 289 | 77 | 2 | 75 | 247 | 585 | 2,272 |
| | *47.3%* | *12.7%* | *3.4%* | *0.1%* | *3.3%* | *10.9%* | *25.7%* | *100.0%* |
| 1934 | 1,287 | 359 | △3 | 97 | △100 | △43 | 379 | 1,979 |
| | *65.0%* | *18.1%* | *-0.2%* | *4.9%* | *-5.1%* | *-2.2%* | *19.2%* | *100.0%* |
| 1935 | 566 | 283 | 101 | 20 | 81 | 216 | 457 | 1,803 |
| | *31.4%* | *15.7%* | *5.6%* | *1.1%* | *4.5%* | *12.0%* | *25.3%* | *100.0%* |
| 1936 | 641 | 337 | 60 | 60 | 0 | 86 | 256 | 1,200 |
| | *53.4%* | *28.1%* | *5.0%* | *5.0%* | *0.0%* | *7.2%* | *21.3%* | *100.0%* |
| 1937 | 1,861 | 11 | 1,471 | 1,433 | 38 | 1,991 | 681 | 6,015 |
| | *30.9%* | *0.2%* | *24.5%* | *23.8%* | *0.6%* | *33.1%* | *11.3%* | *100.0%* |

出典）宇野弘三監修『講座 帝国主義の研究 6』（青木書店，1973 年）244 頁より作成．
注）前年に対する増減額．下段イタリックは総額に対する構成比．

橋是清が暗殺された二・二六事件後）と比べれば抑制の効いたものであった。第三に、需要拡大に持続的な効果をもったのは、輸出の拡大であった。介入的な為替支持を放棄して市場に委ねることによって生じた円安が輸出ドライブをかけることになり、世界恐慌下の国際貿易の萎縮のなかでも輸出が増加して需要拡大を支えた[46]。そして、第四に、三三年度からは民間設備投資（固定資本形成）が拡大の中心的な役割を果たした。

財政面からの有効需要拡大政策と、低為替や対満州投資に伴う輸出拡大を背景に、一九三〇年代の日本経済は、急テンポの景気回復過程に入った[47]。輸出面では円切下げに加え、①アメリカの不況を背景とする世界的な棉花価格の低落（原料安）、②綿製品などに関する積極的な市場開拓などの条件が支えた。しかし、アジア市場向け織物輸出の拡大は対外的な経済摩擦・対立を呼ぶものとなった。国内では重化学工業分野において、一九三二年の関税改正を契機に大幅な価格上昇が実現し、国内企業に有利な競争環境が整った。その結果、鋼材や機械にみられるように自給度が向上し産業間の有機的な相互関係を通して「内部循環的な経済拡大」が実現した[48]。

操業率の上昇によって開始された生産の拡大は、次第に設備拡張を必要とするものとなり、それが新たな投資需要となって市場を拡大していった。操業率の上昇やこれに少し遅れて進展した新設備の導入は、ともに各産業で「付加価値生産性」に表現される労働生産性を上昇させるなかで、労働への分配が抑制されていたこともあって企業の収益性を高めた。鉄鋼業や機械工業の発展の結果、製造工業生産額に占める重化学工業比率は、一九三〇年の三二・八%から四〇年には五八・九%に上昇した[49]。このように、海外からの競争圧力が大幅に低下するなかで、重化学工業を中心とした産業間の有機的な相互関係、すなわち「内部循環的関連」が実現したことに一九三〇年代の特徴があった[50]。それは、操業率の上昇によって開始される生産の拡大が、次第に設備投資に向かうに従い、その設備投資それ自体が国内の重工業部門に新たな投資需要となって市場を拡大し、この市場拡大が、鉄鋼などの素材需要を喚起し、重工業部門の投資をさらに呼び起こすというような関連が形成されたことを意味した。

重化学工業化は、雇用面にも反映し、重化学工業部門の従業員の構成比は一九三〇年の二三・八%から四〇年には五七・一%に達した[51]。この重化学工業の発展には、労働市場の変化と賃金コストの低下も大きな役割を果たしていた[52]。昭和恐慌期に急増した労働者の解雇＝失業の増大を前提に、三二年からは工業部門で反転して雇用拡大に移行したが、三〇―三五年に実質賃金はわずかながら低下した。この点は、不況が長引いたアメリカでも、恐慌下で急落した賃金が三三年には低落に歯止めがかかって反転上昇をみせたのと対比しても、日本の特徴であった。部分的には三四年ころから熟練工の不足が問題になったとはいっても、全般的には農村の不況を背景に過剰な不熟練労働力が大量に存在したことが背景となっていたが、この賃金の低落には恐慌下の鉱工業部門における特殊な条件が関わっていた[53]。すなわち、①恐慌期に賃金水準が低落していたこと、②年長の高給者が解雇されたこと、③回復期に雇用の拡大が主として若年者を中心に進み、雇用者の年齢構成の変化が平均賃金を引き下げる方向に働いたこと、④また、臨時工制度や外注によるコスト引下げが試みられ、より低い賃金水準の就業者を利用した生産形態が普及し、産業レベルでの賃金水準を引き下げたことなどであった。

この間、恐慌期には、大経営では解雇手当の支給をめぐる紛争が発生したが、全般的には産業の平和が保たれ、労資関係は一九二〇年代に定着していった労使の懇談制を基盤に安定していた。その反面で中小の経営では労働条件は悪化し、争議が小規模分散的な形で継続した。なお、急いで付け加えておけば、ここで強調される賃金低下は統計上の平均値での観察であることには留意が必要であろう。家計単位での生活改善が進まなかったということを一概には断定できないからである。ただし、これについては限られた事例であるが、家計簿の記録が残されている図7－8の事例などからみると、二〇年代半ばまでにはそれぞれ収入増加がみられるとはいえ、昭和恐慌期以降には目立った改善がなかった。また、第一次世界大戦期から官民がそれぞれに展開した生活改善運動が、三〇年代には矮小化され、推進力を失ったことなども[54]、生活水準の改善が進まない状況を反映していたと考えられる。

図7-8　家計実収入の推移

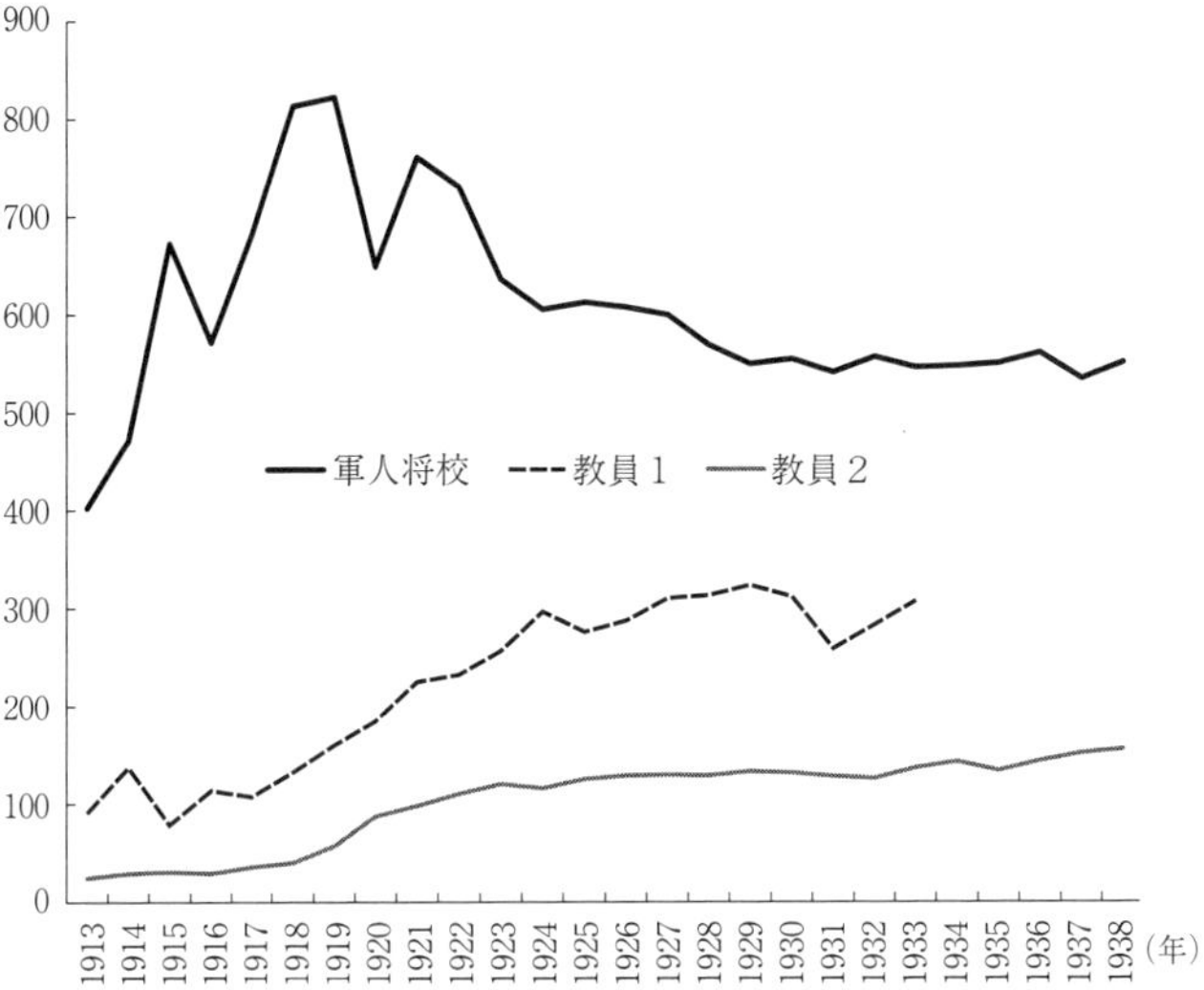


出典）　中村隆英編『家計簿からみた近代日本生活史』（東京大学出版会，1993年）より作成.

## 2　高橋財政の特質

これまでの検討を踏まえつつ、高橋財政の歴史的位置と一九三〇年代の景気回復の特質をまとめておこう。

一九二〇年代の財政運営の積極性は、金本位制への復帰を目標とする限り、一定の経過的期間ののちには「国内均衡優先」という方針を放棄し、金本位制が想定するような内外均衡の同時達成を図る調整メカニズムに席を譲るべきものであった。そのような方針の修正が、緊縮政策を政策路線とする民政党政権によって実現したとはいえ、すでに指摘されているように、転換・修正は政友会・田中内閣の三土蔵相のもとで始められていた[55]。積極政策の中断も二つの路線の交替の帰結ではなかったのである。蓄積財源の食いつぶしによって破綻に瀕した財政を再建し、在外正貨の枯渇によって継続不能に陥った為替調整政策を見直していくためには、金解禁政策は余儀ない選択だった。この選択を橋本寿朗は、「価格機構の需給調整を通じた合理化メカニズムに委ねる古典派的政策」であったと評価している[56]。古典派的政策への回帰が必要であった限りで、一九二〇年代の財政政策が示した三〇年代の政策に連続する現代的性格への遷移は、不徹底なものであった。

代わって登場する高橋是清蔵相の拡張的な財政政策は、第一次世界大戦期の原敬内閣において大蔵大臣として高橋自身が実施した諸政策に原型を見出しうるものであった。原朗は、ケインズ政策の先駆的政策と呼ばれる高橋の政策運営について、「高橋が本来もっていた政策理念が一貫して表れたもの」で、「とくに、原内閣期の第一次高橋財政が、金本位停止下の積極財政として、第二次高橋財政と相当に共通する性格を濃厚に示していた点は、従来の研究では十分に注目されていない」と指摘し、さらに「同時に、三四―三五年の後期高橋財政ではむしろ相当強度の緊縮方針がとられ、その緊縮度は一九二〇年代なかばの憲政会政権にも劣らぬほどのものだったことである。一九二〇年代末の民政党政権は、日本経済が耐えうる限度以上に緊縮政策を強行して、満州事変への暴発と政権の崩壊をまねいたが、すでに徹底的な膨張財政の軌道に移行したのちに行われた後期高橋財政における相対的緊縮方針の堅持は、二・二六事件と華北への侵略をひき起こした」と評価している[57]。この点は、高橋の政策の評価としては十分傾聴に値する。

しかし、このような膨張・緊縮の座標軸での評価以上に重要なことは、原朗自身が指摘しているように、「第二次」高橋財政に至ってはじめて財政運営の反循環的性格が明確化したことであった。均衡財政に固執しない国内均衡優先の財政運営といっても、一九二〇年代のそれは景気動向に追随しながら傾向的な膨張を示したものであり、三〇年代の高橋財政は、三二―三三年の膨張から三四―三五年の緊縮へと転換することで不況からの脱出と景気過熱の予防を意図したという点で、現代的な財政運営の特徴をみせた。高橋蔵相は、赤字公債の市場消化によるインフレ抑制の必要性は明確に認識していた。この緊縮への転換の試みが軍部などの反発を招いて高橋蔵相の致命傷になったが、拡張的な財政政策の成功の基盤には、一九二〇年代後半から再開された産業構造の重化学工業化の進展があった。財政による需要創出が軍事費を中心に行われるなかで、その波及効果を受けとめられる生産力的な基盤がすでに存在したことが重要であり、この条件があったことが景気回復への道を容易にした。拡張的な政策が成功するためには、財政による需要創出が国内産業の生産拡大に直結しうるような条件が必要であり、それが効果的であるためには産業の有機的な関連の核になる部門（つまり波及効果の大きい部門）への需要が生み出されねばならなかった[58]。為替の下落や関税の引上げによって、拡大する需要がこうした部門の国内企業の生産拡大につながったことも大きな意味をもった。

成功のもう一つの条件は、このような国内均衡優先が対外的な対立を生み出す可能性が小さいことであった。拡張的な財政政策はインフレ的な影響によって貿易収支に悪影響を及ぼす可能性があり、これに対して、一九二〇年代のような在外資産の取り崩しか、為替の下落による調整が必要であった[59]。第二次世界大戦後の国際通貨基金のような国際的な金融調整の機構を欠いていた一九三〇年代に、高橋財政は為替の下落によってこの条件を満たしたが、それは意図的な誘導ではなく、反対に為替支持政策の一時的な放棄の帰結であった。その意味では、日本の経済システムがこの面で組織性を高めたというよりは、当面の措置としては市場機構の徹底的な利用によって低為替が実現されたことに注意しておく必要がある。拡張的な財政政策の実現のために、日銀引受けによる国債発行など組織的な取り組みをみせた高橋財政は、為替調整では市場機構の利用、つまり不介入によって必要な条件を満たした。

しかし、大恐慌という異常な混乱に乗じての為替下落は、為替ダンピングという国際的な非難を浴びるなど問題を伴った。そのために、主としてインドやオランダ領インドなどとの間で貿易不均衡を改善するための二国間交渉が必要となった。また、為替放任政策については早期に修正されることになった。鎮目雅人が明らかにしたように、日本の為替水準は高橋財政初期に大きく下落した後、三三年ころからはポンド・リンクというべき水準に落ち着くように誘導された[60]。それは当時の日本の国際的地位を反映したものであった。為替支持政策の「一時的放棄」とは、そのような意味であった。

それだけでなく、財政による需要創出効果は、時局匡救事業が試みられたとはいえ農業不況を克服することはできなかった。農村への波及効果は限られたものであった[61]。産業の活況が雇用者や農業者の所得の増大を通じて個人消費支出水準を引き上げていく試みは、新たな政策的挑戦であり、それ自体として注目すべきであるが、その効果には限界があり、労働分配率は緩やかに低下しつづけた。民政党内閣が準備していた労働組合法案などは省みられることはなく放棄され、労働者の無権利状態が続いたことによって労働条件の改善を求める労働者の組織的な活動は抑え込まれていた。総合的な経済政策としてみたときには、高橋財政は反循環的な景気対策という現代的な性格を帯びるようになったが、経済格差を改善するような分配面への施策は行き届くことはなかった。高橋財政による景気回復過程は、このような限界をもっていた。所得配分への介入的調整という面では成功とは言いがたかったのである[62]。

### 3　回復への道の二面性

賃金水準の改善を妨げた農業部門の恐慌からの回復の遅れは、恐慌過程における経済主体の対応の一つのあり方を示していた。それは、価格の低下を補うために労働時間を延長するなどして増産し、その供給の増加がさらなる価格の下落をもたらすという累積的な悪循環に陥るものだった。市場経済メカニズムは、このような形で小経営を奈落の底に突き落とし、そこからの脱出口を見出しにくくした。市場経済に期待される自律的な調整機能の限界を示すものであった。

　このような限界は、製造業を中心とする各産業分野の動向にも表出した。一九二〇年代に産業の組織化が進みカルテル的調整が自主的に行われるようになっていた産業部門では、その組織性故に価格の下落が抑制されたのに対して、それ以外の産業部門では価格の下落幅が大きかった(63)（図7－9）。このカルテル部門と非カルテル部門の対照性は、農工間の不均衡とともに、昭和恐慌の影響とそこからの回復の二面性を示唆するものであった。

図7-9　カルテル価格と非カルテル価格（1930-34年）

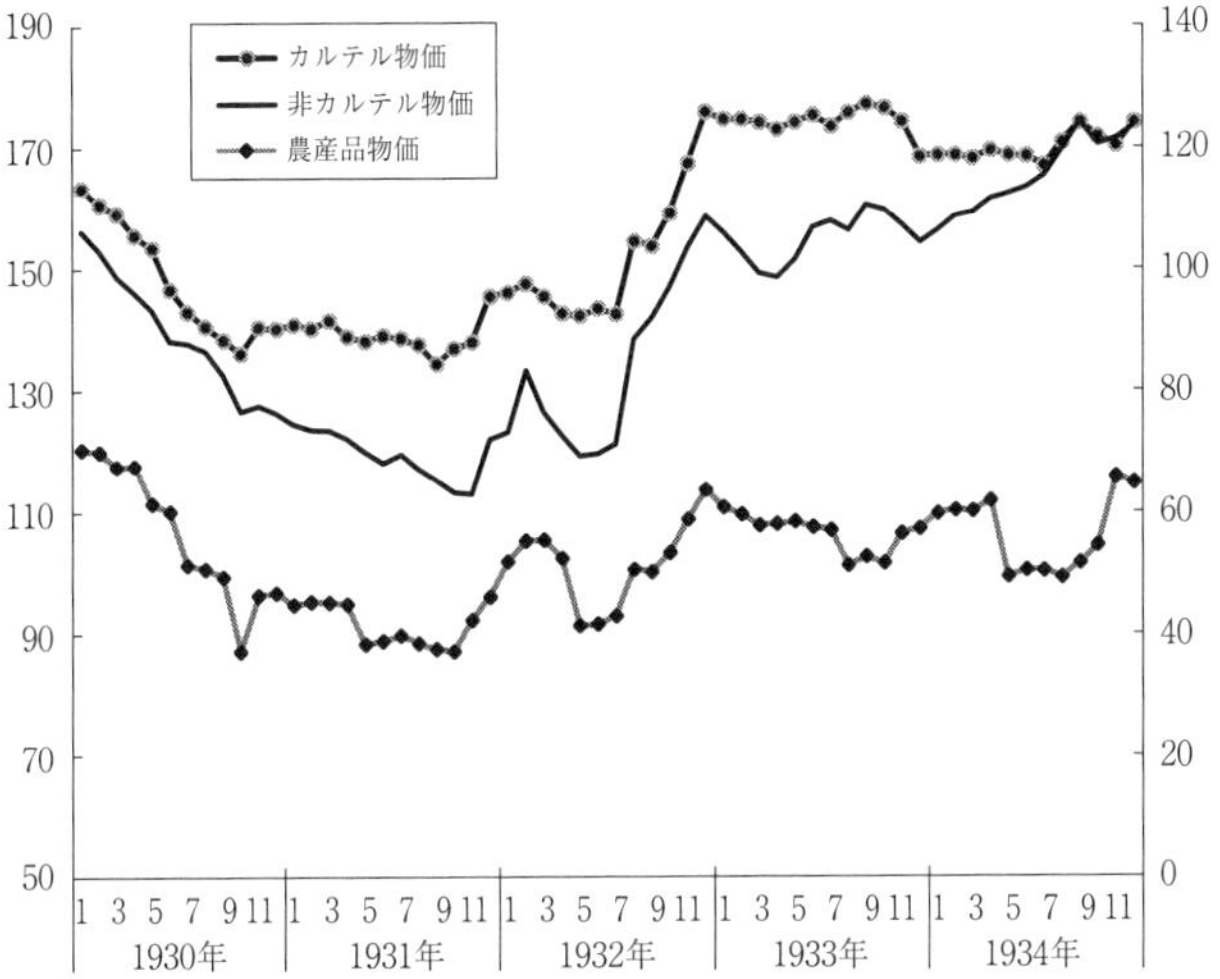


出典）『東洋経済経済年鑑』1932，35年版より作成．
注）　カルテル商品とは小麦粉，砂糖，綿糸，麻糸，銅，棒鋼，石炭，セメント，洋紙，硫黄．

　価格の下落が抑制されたカルテル部門では恐慌の影響を最小限に止め、需要の回復に素早く反応することを可能とした。つまり早い景気回復は、恐慌の影響が軽微であった部門の素早い反応によって可能となった面があった。それは、二〇年代に進展した産業の組織化が基盤であった。産業構造の高度化と産業の組織化とは、こうした形で一九三〇年代の構造変化の前提となった。

　主要企業の財務状態の変化をまとめた表7－4によると、一九二八―三〇年に短期負債の圧縮が手持品の処分を通して進み、三三年にかけて長期負債は整理された。恐慌の影響で利益が急減し設備投資も大きく減少したなかで、集計対象となっている約三〇〇社の国内主要企業は、有利子負債の整理を進めていた。この在庫投資の圧縮は、カルテル的統制が価格の下支えをしていたことを考慮すれば、市場への組織的介入による効果とみることができる。限られた事例だが、産銅カルテルでは価格維持のために生産者在庫を組織的にダンピング輸出して需給調整を行っていたことが明らかにされている(64)。

設備投資は、一九三一―三三年にかけて電力設備投資の急減により縮小したが、その後、三四―三七年には明確な回復過程に入り、三八―四一年の日中戦争期に急増に転じた。また、この回復過程では、日中戦争期にかけて全般的に流動資産への投資が活発になり、固定資本投資を上回る資金需要を発生させた。それは昭和恐慌期に在庫投資の過度な圧縮が行われたことへの反動という側面をもったが、他方で準戦時体制下の統制による原材料確保の必要や価格上昇を反映していた。長期負債の整理は、高橋財政期にも引き続き継続しており、景気が回復過程に入り、株式による資金調達が可能になるとともに分厚い内部留保資金などを基礎に財務状態の改善が進行した(65)。この点は、株式払込を目的別にみると、三〇年代半ばまで「借入金返済」目的が少なくない比率を占めていたことにも示されている(66)。

なお付言すれば、財閥系企業は恐慌期に外部負債比率が高く、償却金の比率がきわめて小さかった。また、財閥系企業は同系の銀行などからの資金供与を受けていた。このような状況は一九三四年以降も大きくは変化せず、財閥系企業は在庫投資などの流動資産形成に対応して十分な銀行借入を行いえていた。また、設備投資面では、財閥系企業は一九三三―三六年まで、設備投資に積極的であったとはいえず、非財閥系企業の積極的な設備投資と比べると大きく立ち後れた(67)。

このような差異を含むとはいえ、総じて大企業部門の企業経営は、カルテル的な統制などの支えもあって、昭和恐慌の打撃にかなり柔軟に対応していた。有利子負債の整理を進めて財務の健全性を図り、その基盤に立って景気回復期には内部留保を原資に投資を拡大した。負

（100万円，社）

| 運用 | |
|---|---|
| 1934-36 | 1937-40 |
| 1,999 | 4,459 |
| 1,708 | 9,780 |
| 210 | 641 |
| 182 | 1,440 |
| 456 | 2,704 |
| 545 | 3,345 |
| 312 | 1,656 |
| 3 | △6 |
| 3,707 | 14,239 |
| 299 | 296 |

究』日本銀行金融研究所，
西重郎『日本金融の数

**表7-4　主要企業の財務状態（1928-40年）**

| | 資金調達 | | | |
|---|---|---|---|---|
| | 1928-30 | 1931-33 | 1934-36 | 1937-40 |
| 自己資本 | 361 | 831 | 3,038 | 7,176 |
| 払込資本金 | 246 | 252 | 1,252 | 3,583 |
| 内部資金小計 | 116 | 580 | 1,785 | 3,593 |
| うち償却金 | 230 | 410 | 1,027 | 1,581 |
| 負債 | 455 | △105 | 666 | 7,069 |
| 長期負債 | 683 | △51 | △176 | 2,122 |
| うち社債 | 522 | △3 | △78 | 864 |
| 短期負債 | △228 | △55 | 842 | 4,947 |
| うち支払手形 | △148 | △135 | 155 | 1,327 |
| 調達合計 | 816 | 726 | 3,704 | 14,245 |

| | 投資・ | |
|---|---|---|
| | 1928-30 | 1931-33 |
| 固定資本 | 991 | 528 |
| 流動負債小計 | △155 | 201 |
| 現金及預け金 | 4 | 90 |
| 受取手形等 | △59 | 58 |
| 有価証券 | 144 | 86 |
| 手持品 | △256 | 33 |
| 其他 | 12 | △69 |
| 不整合 | 19 | 3 |
| 合計 | 835 | 729 |
| 社数 | 313 | 311 |

出典）武田晴人「戦間期日本企業の資金調達と投資行動：産業別企業財務データベースに基づく再検討」（『金融研
31巻1号，2012年）による．原資料は，東洋経済新報社編『事業会社経営効率の研究』1932年，藤野正三郎・寺
量分析』東洋経済新報社，2000年より作成．

**表7-5　工業会社・商業会社の経営（1927-40年）**　（100万円）

| | 社数A | 出資金・公称資本金B | 積立金C | 純益金D | 配当金 | 純損金E | 1社当たり自己資本 (B+C)/A | 自己資本利益率 (D-E)/(B+C) |
|---|---|---|---|---|---|---|---|---|
| | 工業 | | | | | | (1,000円) | |
| 1927 | 14,382 | 7,095.0 | 803.6 | 447.5 | 325.2 | 107.2 | 549.2 | 4.3% |
| 1930 | 18,205 | 7,543.6 | 822.6 | 374.1 | 305.3 | 110.4 | 459.6 | 3.2% |
| 1933 | 24,719 | 8,008.1 | 905.2 | 493.7 | 310.2 | 40.1 | 360.6 | 5.1% |
| 1936 | 30,986 | 10,701.3 | 1,371.3 | 839.8 | 542.0 | 40.9 | 389.6 | 6.6% |
| 1940 | 34,122 | 18,709.8 | 2,856.4 | 1,864.7 | 986.9 | 51.9 | 632.0 | 8.4% |
| | 商業 | | | | | | (1,000円) | |
| 1927 | 19,586 | 7,931.0 | 1,650.0 | 507.7 | 271.4 | 182.2 | 489.2 | 3.4% |
| 1930 | 27,691 | 8,462.4 | 1,781.3 | 440.1 | 258.9 | 139.9 | 369.9 | 2.9% |
| 1933 | 38,850 | 8,350.7 | 1,803.0 | 479.7 | 251.0 | 73.9 | 261.4 | 4.0% |
| 1936 | 47,090 | 9,105.4 | 2,205.0 | 608.2 | 319.6 | 58.7 | 240.2 | 4.9% |
| 1940 | 41,710 | 10,885.4 | 2,487.0 | 953.4 | 388.8 | 64.2 | 320.6 | 6.6% |

出典）日本銀行統計局編『本邦主要経済統計』（1966年）328-330頁より作成．原史料は『会社統計表』．

債整理のために圧縮された在庫の回復のための流動資産投資は、設備投資と並んで景気回復の重要な要因となったという意味では、このような対応が早期の回復に貢献していた。また、鉱工業会社の債務整理進展は、借入金返済や社債償還によって発生した金融機関の余裕資金が、高橋財政の基礎となる国債買い受けの原資となった可能性が高く、この点も三〇年代の素早い景気回復を実現するうえで重要な要素であった。

これらの大企業部門と対比すると、債務累積によって資産を失った農家経営や都市の中小経営は対極にあった。農家経営の実態についてはすでにふれたとおりであるが、中小規模経営については、適切な資料が得られない。そこで、代替策として『会社統計表』を用いて、企業部門の実態について若干の情報を追加すると（表7－5）、工業部門・商業部門の企業数は増加傾向にあるものの、一社当たりの資本金（公称、出資金も含む）や積立金は工業会社で一九三六年ころまで、商業会社でも同様に減少傾向にあり、経営的な発展を見出すことは難しい。利益率は改善の兆しをみせていたが、これらのデータから、表7－4でみた大企業部門が一九三〇年代半ばにかけて記録した回復基調を差し引くと、それ以外の中小企業部門の経営に対する景気回復の追い風は弱かったということであろう。以上のように、景気回復の主役となった大経営と、農家経営や都市の中小経営など危機的な状況とが併存していたことに高橋財政期の景気回復の限界が示されていた。

## 4　「内部循環的蓄積」の限界

景気回復過程の二面性は、景気回復に成功したと評価される高橋財政が国民経済全体の改善・回復を実現するには限界があったことを示唆している。「内部循環的」とされる拡大過程が、勤労者や農民の生活の改善につながらなかったのは、産業発展の不均衡な展開に規定されて雇用拡大が十分ではなかったためであった。

産業別の設備投資動向によると（表7－6）、設備投資の主役は時期を追うごとに変化した。紡織工業が恐慌期にも

**表7-6　主要企業の産業別投資動向（1928-40年）**

| | 設備投資動向 | | | | 流動資産投資動向 | | | |
|---|---|---|---|---|---|---|---|---|
| | 1928-30 | 1931-33 | 1934-36 | 1937-40 | 1928-30 | 1931-33 | 1934-36 | 1937-40 |
| 産業一般 | 990,684 | 528,030 | 1,998,824 | 4,458,723 | △155,279 | 200,667 | 1,707,681 | 9,780,398 |
| 鉱業（鉱山＋石油） | 48,257 | △17,207 | 58,014 | 730,623 | △34,203 | 46,921 | 151,760 | 697,762 |
| 製造工業（含製材） | 258,023 | 27,981 | 1,306,019 | 2,980,438 | △195,356 | 48,367 | 1,154,037 | 6,427,890 |
| 染織工業 | 78,988 | 58,302 | 351,087 | 360,858 | △122,301 | 41,301 | 129,851 | 765,031 |
| 窯業 | 45,365 | 21,002 | 92,267 | 65,295 | 3,797 | 6,957 | 59,097 | 169,578 |
| 化学工業 | 84,539 | 644 | 322,531 | 711,564 | 74,874 | △10,675 | 276,291 | 1,248,034 |
| 機械工業 | 4,558 | △12,302 | 69,744 | 707,346 | △53,816 | △26,215 | 342,251 | 2,494,274 |
| 金属工業 | 2,694 | △7,887 | 408,505 | 1,000,955 | △2,099 | 35,661 | 241,908 | 1,458,916 |
| 食料品工業 | 42,676 | △31,603 | 48,086 | 124,349 | △91,465 | 1,977 | 95,285 | 274,038 |
| 其他製造工業 | 3,804 | 1,485 | 2,483 | 10,071 | △4,752 | △1,018 | 2,317 | 18,019 |
| 瓦斯及電気業 | 344,256 | 259,148 | 450,027 | 210,396 | 188,639 | 23,819 | 43,795 | 603,793 |
| 運輸及倉庫業 | 302,575 | 186,951 | 166,884 | 397,223 | 73,116 | △27,631 | 16,191 | 412,411 |
| 商業 | 18,845 | 11,891 | 18,940 | 60,827 | △215,905 | 116,680 | 285,792 | 1,514,219 |
| 其他 | 18,728 | 36,018 | 17,605 | 79,117 | 28,430 | △14,526 | 63,143 | 124,323 |

出典）　三菱経済研究所『本邦事業成績分析』各年より作成.

堅調な投資水準を維持していちはやく回復過程に入り、一九二八―三〇年に相対的に投資が活発であった化学と食品は三一―三三年には大きな落ち込みを記録し、三四年以降になると化学と金属とが設備投資の拡大に重要な地位を占めるようになった。これに対して、景気回復が進んだにもかかわらず、「投資が投資を呼ぶ」ような投資財部門の内部循環的な拡大において金属工業とともに主役となるべき機械工業の投資拡大は、三七年以降にずれ込んだ。

したがって高橋財政による需要創出効果は、機械工業への波及という点では必ずしも即効性のあるものではなく、重工業部門における波及的な発展は産業間にかなりのラグを伴って発生した。雇用吸収力の高い機械工業の拡大が遅れたことは、賃金水準を引き上げていくような労働力市場の圧力を小さくした[68]。もちろん、厳しい弾圧・監視下にあって影響力を弱めていた労働組合運動や、あるいは背後にある農村の過剰人口が重要であったことはいうまでもない。農村の長期不況は、景気回復過程での追加的労働力の供給価格を低い水準に押しとどめていた。また、時局匡救事業などが行われ、農村に現金収入の機会を与えるような土木事業などが実施されたが、それらは持続的な政策として分配面の不平等を是正する措置とはならなかった[69]。政友会は一九三一年一月に『浜口内閣の不況及失業対策と地方財政』を公表して、失業対策の必要性を強調していたが、政権を獲得した後には、このような主張に沿った政策にはあまり熱心ではなかったというべきだろう。こうして高橋の書いた処方箋は、農村不況を置き去りにしたままで、製造業の突出した回復に帰結した。高橋財政を分析した井手英策は、高橋の救貧対策の素朴さに、その失敗の一因を見出している。すなわち、「高橋の素朴な救済思想は、団体交渉権、最低賃金、最高労働時間などの労働者の権利、救済支出や社会保障制度を通じた社会宥和などニューディールが実現した福祉国家的な施策の萌芽を摘み取ることになってしまった」というわけである。(70)

一九三二年に公表された『長野県の不況実情』は、「経済恐慌事象たる繭価の惨落は農民から食を奪ひ、養蚕経営規模の縮小と製糸家の休業減釜は多大なる農村失業者を増大し製糸家の倒産は金融界を攪乱し金融梗塞は極度に甚しい、これ等は直接農民の生活を脅威し上述の経済事象の生々しき解剖図として悲惨なる生活哀話の数々を醸生《ママ》して居る。殊にこの農村の不況が農村に生れ出たる頑是なき幼き魂に如何に響いて居るかを見るとき農村の夜は底なき暗黒にして痛々しき眼りである」と総括している。(71)

著しい「分配の不平等」の発生は、この時期の日本では現代資本主義が解決すべき課題が未解決であることを意味していた。製造工業部門の早い回復とは対照的に、農村不況は長期化したことに、高橋財政期の景気回復策の限界を見出すことができる。繰り返しとなるが、農村の長期不況は、景気回復過程での追加的労働力の供給価格を低い水準に押しとどめ、企業の採算条件を改善するものであった。高橋財政期には時局匡救事業などが行われ、農村に現金収入の機会を与えるような土木事業などが実施された。しかし、そうした方策も、財政赤字を懸念する高橋自身が、軍事費を削減できないという政治環境のもとで、財政支出を圧縮するために早期に予算を削減したために、あまり大きな意味をもたず、高橋の書いた処方箋は、農村での不況を置き去りにしたままで、製造業の突出した回復に帰結した。

このような限界は、同時代の観察者によっても指摘されていた。高橋亀吉は一九三三年に金輸出禁止によって展開されるべき「インフレーション政策」は「経済匡救を目的とするもの」であったにもかかわらず、それが「全く性質の異る軍費インフレーション」にすり替えられたと、高橋蔵相の財政政策を批判していた[72]。高橋亀吉が批判したのは、本来の時局匡救を目的とするインフレ政策として、具体的には「農村、中小商工業、失業者の救済ならびに産業一般の金融極度の窮迫状態の緩和策」を実施すべきときに、政府はこれを極力拒否しながら、軍費に対しては「初めから、その全部をインフレ政策に訴えて毫も怪しまなかった」という点にあった。「軍費インフレ」は「幾何のインフレで、もって終息するか見当が容易につかず」、また、「都会を潤すのみ」であることも指摘されていた。需要不足の経済に対してどのような処方箋を描くかという政策選択にあたって、二人の高橋（是清と亀吉）の判断には明白な差があった。

高橋財政が軽視した貧困や失業問題の未解決、「分配の不平等」の未解決による経済格差の拡大は、財閥批判の社会的な基盤ともなり、さらには、深刻な社会不安を通して政治的危機意識を醸成し、軍部の政治進出による強権的な政治統合への試みにつながり、民衆の不満のはけ口としての対外侵略へと結びつくことになった。ケインズ政策の「先取り」とされる高橋財政は、その政策手段の類似性にもかかわらず、現実には世界恐慌期の失業問題に解決策を見出そうとしたケインズとは、似て非なるものであった。

（1）中村隆英『戦前期日本経済成長の分析』（岩波書店、一九七一年）参照。

（2）武田晴人『日本経済史』（有斐閣、二〇一九年）二三九頁の第5-3図を参照されたい。

（3）日本経済連盟会・日本工業倶楽部『最近財界不況の実状並に之が原因と対策』、東京手形交換所『財界不況ノ象徴、原因及対策ニ就テ』、いずれも武田晴人編『昭和恐慌下の日本経済』（クレス出版、二〇一三年）第2巻所収。

（4）金解禁政策の歴史的な意味については、三和良一「第一次大戦後の経済構造と金解禁政策」（安藤良雄編『日本経済政策史論』上、東京大学出版会、一九七三年）参照。のちに同『戦間期日本の経済政策史的研究』（東京大学出版会、二〇〇三年）に所収。

（5）金解禁論争については、長幸男『昭和恐慌――日本ファシズム前夜』（岩波書店、一九七三年）以来の研究の蓄積がある。

(6) H・W・アーント『世界大不況の教訓』(小沢健二ほか訳、東洋経済新報社、一九七九年)参照。
(7) 短期資金の移動が活発化している投機的な為替市場の展開を前提とすると、外資の借り換えに伴うリスクは十分に現実性をもっていた。なお、戦間期の国際的な短資移動についての詳しい分析は、ブラウン(Brown, Jr. W. E.)の *The International Gold Standard Reinterpreted, 1914-1934*, 1940 がある。
(8) 鎮目雅人『世界恐慌と経済政策――「開放小国」日本の経験と現代』(日本経済新聞社、二〇〇九年)一八四頁。
(9) このような捉え方については、鎮目雅人、前掲『世界恐慌と経済政策』に示唆を受けている。
(10) 世界恐慌については、吉富勝『アメリカの大恐慌』(日本評論社、一九六五年)、侘美光彦『世界大恐慌 一九二九年恐慌の過程と原因』(御茶の水書房、一九九四年)参照。
(11) 兵藤釗『日本における労資関係の展開』(東京大学出版会、一九七一年)、および本書第2章参照。
(12) これらの点については、兵藤釗、前掲『日本における労資関係の展開』、二村一夫「労働者階級の状態と労働運動」(『岩波講座 日本歴史18』一九七五年)、佐口和郎『日本における産業民主主義の前提――労使懇談制度から産業報国会へ』(東京大学出版会、一九九一年)などを参照。
(13) この点を強調しているのが、西成田豊『近代日本労資関係史の研究』(東京大学出版会、一九八八年)である。
(14) 斉藤修『賃金と労働と生活水準――日本経済史における18―20世紀』岩波書店、一九九八年。なお、規模別賃金格差については、橋本寿朗『大恐慌期の日本資本主義』(東京大学出版会、一九八四年)一三六頁の表5-73も参照。
(15) この時期の農業部門の動向については、暉峻衆三『日本農業問題の展開』上・下(東京大学出版会、一九七〇、一九八四年)および、中村政則『近代日本地主制史研究――資本主義と地主制』(東京大学出版会、一九七九年)、西田美昭『近代日本農民運動史研究』(東京大学出版会、一九九七年)などを参照。
(16) 一〇アール当たりの米の収量は一九一五―三四年の期間、五ヵ年平均で二八〇キロに停滞した。データは三和良一・原朗編『近現代日本経済史要覧』補訂版(東京大学出版会、二〇〇七年)一五頁。
(17) 渋谷定輔『農民哀史――野の魂と行動の記録』(勁草書房、一九七〇年)、および安田常雄『日本ファシズムと民衆運動――長野県農村における歴史的実態を通して』(れんが書房新社、一九七九年)参照。
(18) こうした動きは、小作争議において「自小作前進」と評価されるような動きに結実している。この点をとりわけ強調した代表的な論者が、栗原百寿(『日本農業の基礎構造』農山漁村文化協会、一九七九年など)であり、西田美昭(前掲『近代日本農民運動史研究』)である。農民意識の変化は、地主・小作関係に止まらず、広い範囲に痕跡を残している。たとえば、高嶋修一が明らかにした東京・世田谷の「耕地整理事業」では、整理の実施に不可欠な換地などに関する合意形成で、農民たちが自ら所有する耕地の資産価値を認識することによって、時代とともに合意形成が進捗したことが明らかにされている（高嶋修一『都市近郊の耕地整理と地域社会——東京・世田谷の郊外開発』日本経済評論社、二〇一三年）。
(19) 米価政策については、川東竫弘『戦前日本の米価政策史研究』（ミネルヴァ書房、一九九〇年）などを参照。
(20) 三和良一・原朗編、前掲『近現代日本経済史要覧』補訂版、一〇七頁。
(21) 植民地投資に関心を示した具体的な事例として、大石嘉一郎編『近代日本における地主経営の展開——岡山県牛窓町西服部家の研究』（御茶の水書房、一九八五年）に紹介されている西服部家の事例が知られている。
(22) 小作経営が不利化するなかで、土地の買い手は、売却価格の下落によって土地の収益性の改善をある程度見込めたことが土地の売却の基盤にあったものと思われる。
(23) 「調停法体制」の初出は、武田晴人「一九二〇年代史研究の方法的覚書」（『歴史学研究』四八六号、一九八〇年）である。
(24) 加瀬和俊『戦前日本の失業対策——救済型公共土木事業の史的分析』（日本経済評論社、一九九八年）参照。
(25) 西成田豊『近代日本の労務供給請負業』（ミネルヴァ書房、二〇一五年）を参照。
(26) 「二重に後れた」とする含意は、労働者の基本的な権利（団結権、団体交渉権、争議権）など欧州では第一次世界大戦前に実現した権利の承認が未達であることに加えて、大戦後に進展する労資の同権化も実現していないということを指している。
(27) 坂野潤治『昭和史の決定的瞬間』（筑摩書房、二〇〇四年）などを参照。
(28) 労働者の帰趨に関する調査結果については、労働運動史料委員会編『日本労働運動史料』第一〇巻（労働運動史料刊行会、一九五九年）二二〇—二〇九頁による。
(29) 労働運動史料委員会編、前掲『日本労働運動史料』第一〇巻、二二二—二二三頁より作成。
(30) 隅谷三喜男『昭和恐慌——その歴史的意義と全体像』（有斐閣、一九七四年）二五三—二五五頁。
(31) 労働運動史料委員会編、前掲『日本労働運動史料』第一〇巻、二〇二—二〇三頁による。
(32) 労働運動史料委員会編、前掲『日本労働運動史料』第一〇巻、二〇四—二〇五頁より算出。
(33) 青野末吉『サラリーマン恐怖時代』（先進社、一九三〇年）、向坂逸郎『知識階級論』（改造社、一九三五年）などが出版されたことに示されるように、「インテリ」の雇用問題に関心が集まったのがこの時代の特徴であった。
(34) 中川清『日本の都市下層』（勁草書房、一九八五年）三一六—三一七、三二〇頁。
(35) 同前、三一五頁。
(36) 東京市役所編『東京市に於ける中小商工業者の実際』上編（工政会出版部、一九三二年）七二九頁。
(37) 労働運動史料委員会編、前掲『日本労働運動史料』第一〇巻、五八六—五八七頁による。

（38）加用信文『日本農業基礎統計』（農林水産業生産性向上会議、一九五八年）四三六―四三七頁による。なお、基礎となっている農家経済調査はサンプル数が少ないという問題がある。
（39）このような状況を中村政則らの農業史研究者は、「全般的落層化」と表現している。詳しくは、中村政則、前掲『近代日本地主制史研究』を参照。
（40）隅谷三喜男編、前掲『昭和恐慌』二九三頁、第4－22表によれば、一九二九―三三年に農業雇賃金は三八％減少したのに対して、繊維職工では二三％、機械職工は二〇％の減少に止まり、賃金低下圧力は農村部により強くかかっていた。
（41）帝国農会『不況打開と農業経営の改善』一九三一年（武田晴人、前掲『昭和恐慌下の日本経済』第5巻所収）。
（42）問題のドル買い事件については、小倉信次『戦前期三井銀行企業取引関係史の研究』（泉文堂、一九九〇年）、山崎広明「〝ドル買い〟と横浜正金銀行」（山口和雄・加藤俊彦編『両大戦間の横浜正金銀行』日本経営史研究所、一九八八年）、および伊藤正直『日本の対外金融と金融政策――一九一四―一九三六』（名古屋大学出版会、一九八九年）などを参照。
（43）ただし、この国債発行に関する日銀引受けという考え方は、高橋是清蔵相の創案によって前例なく導入されたわけではなく、それ以前から日本銀行と大蔵省が検討してきた枠組みによるものであった。この点を明らかにした井手英策『高橋財政の研究――昭和恐慌からの脱出と財政再建への苦闘』（有斐閣、二〇〇六年）は、きわめて重要である。
（44）井上と高橋の政策理念の対立が、しばしば安直に比較されるような、自由と統制との対立ではないことには注意すべきであろう。なお、高橋財政に関しては、何よりも三和良一の研究（「経済政策体系」「高橋財政期の経済政策」東京大学社会科学研究所編『ファシズム期の国家と社会2　戦時日本経済』東京大学出版会。のちに三和良一、前掲『戦間期日本の経済政策史的研究』所収）を参照されたい。
（45）三和良一・原朗編、前掲『近現代日本経済史要覧』補訂版、一一九頁。
（46）この輸出拡大については、満州事変後の満州国建設に伴う需要が日本の重工業輸出にとって重要な新市場となったことも忘れるべきではない。
（47）諸要素間の関連については、武田晴人、前掲『日本経済史』二四六頁に概念図を示してあるので、参照されたい。
（48）橋本寿朗、前掲『大恐慌期の日本資本主義』第5章参照。
（49）三和良一・原朗編、前掲『近現代日本経済史要覧』補訂版、一一頁。
（50）橋本寿朗、前掲『大恐慌期の日本資本主義』三〇〇頁。
（51）同前、一一頁。
（52）岡崎哲二「一九三〇年代の日本における景気循環と資本蓄積」（『社会科学研究』三九巻二号、一九八七年）参照。

(53) この特徴的な賃金低下のメカニズムを明らかにしたのは、橋本寿朗、前掲『大恐慌期の日本資本主義』である。なお関連して、加瀬和俊「就業構造と農業」(石井寛治ほか編『日本経済史3　両大戦間期』東京大学出版会、二〇〇二年)も参照。
(54) 武田晴人「生活改善運動の経済的背景――生活の質へのまなざしの多様な思惑」二〇一〇年度国立民族学博物館秋季国際研究フォーラム報告(未刊行)。
(55) 橋本寿朗「経済政策」(大石嘉一郎編『日本帝国主義史2　世界大恐慌期』東京大学出版会、一九八八年)九七―九八頁。
(56) 同前、一〇二頁。
(57) 原朗「一九二〇年代の財政支出と積極・消極両政策路線」(中村隆英編『戦間期の日本経済分析』山川出版社、一九八一年)一〇七―一〇八頁。高橋財政に関する研究としては、井手英策、前掲『高橋財政の研究』も参照。
(58) 経済政策の効果が対象となる経済構造それ自体によって異なることに注目し、一九三〇年代の経済発展が有効需要創出政策のもとで可能になった基盤に、二〇年代に進んでいた産業構造の高度化があることに注目したのは三和良一の業績である。これについては、三和良一、前掲『戦間期日本の経済政策史的研究』を参照。
(59) アメリカのように貿易依存度がかなり低いことや、イギリスのように高くても広大な従属地域との関係で調整が可能であることが、この時期に国内均衡優先策を採用しうる条件であり、さもなくば国内均衡優先のつけは暴力的に解決するしかなかったのである。
(60) 鎮目雅人、前掲『世界恐慌と経済政策』による。
(61) 時局匡救事業については、中村隆英(「『高橋財政』と公共投資政策」中村隆英編『戦間期の日本経済分析』山川出版社、一九八一年)が農業所得の増大に関して、また三和良一(前掲「高橋財政期の経済政策」一九七九年、一四四―一四五頁)がセメント・鉄鋼業などの産業への波及効果を含めて需要創出効果があったと指摘している。しかし、三〇年代前半の農工間の展開の軌跡は全く異なっており、そうした効果がみられたとしても農業不況の対策としては限界があったと考えるべきであろう。
(62) この労働分配率への影響については、第二次世界大戦後の高度成長期以降と対比して、三〇年代の構造的限界とみるべきではないかと考えられる。
(63) 橋本寿朗、前掲『大恐慌期の日本資本主義』三四一頁参照。
(64) 武田晴人「一九三〇年代の産銅カルテル」(『社会科学研究』三三巻二号、六号、一九八一年)、同「昭和恐慌期の三菱鉱業――生産合理化とコスト低下」(『三菱資料館論集』一号、二〇〇〇年)など参照。
(65) 多くの研究は、原価償却を推計せずに設備投資資金の源泉を論じ、資本市場・貸出市場の果たした役割を論じているために、ここで強調するような負債整理の実態や留保利益に基づく投資拡大というメカニズムを見逃している。その一つの例が、歴史研究ではないが原田泰・佐藤綾野『昭和恐慌と金融政策』（日本評論社、二〇一二年）である。この時期の企業金融の実態については、武田晴人「戦間期日本企業の資金調達と投資行動――産業別企業財務データベースに基づく再検討」（『金融研究』三一巻一号、二〇一二年）を参照されたい。

(66) 内部留保や償却資金が資金源泉としての重要性を高めたことは、一九三〇年代の資金調達面での特徴であり、企業部門の収益率改善を基礎としていた。同時に、配当率が抑制されたことも影響しており、大企業部門では、配当の抑制による内部留保の充実によって資金調達市場の制約から自由になる条件が以前に比べれば強まっていたことを示唆している。

(67) この点は、財閥の内部資本市場の意味を考えるうえで重要な論点を示しているが、とりあえずの筆者の見解は、武田晴人『日本経済の発展と財閥本社――持株会社と内部資本市場』（東京大学出版会、二〇二〇年）を参照されたい。

(68) 機械工業の拡大の後れは、第二次世界大戦後の高度成長期と対比して、一九三〇年代の構造的限界とみるべきではないかと考えられる。

(69) 小島庸平『大恐慌期における日本農村社会の再編成――労働・金融・土地とセイフティネット』（ナカニシヤ出版、二〇二〇年）四八―四九頁。小島は、救農土木事業について、質的側面では現実の社会不安によって強いられたものであり、量的な面では、実労賃が記録より少ない可能性があり、就業機会の喪失という面でも絶対量が不足していたと評価している。この小島の研究は、昭和恐慌期の農村社会構造の分析として最新の最も重視すべき研究である。

(70) 井手英策、前掲『高橋財政の研究』二四三頁。なお、井手は、ニューディールとの対比のなかで、「最終的には労働者や小作農の社会的自立に対して十分な関心を払うことなく、敗戦とともに財政破綻へと結びついていった高橋財政をファシズム国家の財政運営として総括することは十分に根拠のあること」と指摘しているが、このような形で直接的に高橋財政をファシズムと結びつけることは適切とは思われない。社会的な弱者への配慮に欠け、適切な政策手段をとらなかったことは事実であるが、そのような経済政策を推進する国家体制がファシズムであるとは限らないからである。

(71) 武田晴人編、前掲『昭和恐慌下の日本経済』第5巻所収。

(72) 高橋亀吉「軍費インフレーション論」（『エコノミスト』一九三三年一月一五日号）一三―一五頁。

# 終章　一九二〇年代の日本帝国主義
## ——調停法体制の形成

本書は、第一次世界大戦による大規模な構造変化を経て、昭和恐慌を挟んだ一九二〇年代から三〇年代にかけての経済構造の変容を明らかにすることを課題とした。結論的にいうと、序章で明らかにしたような帝国主義的経済構造と金融資本的蓄積という分析視角からみて、ほぼ一九二〇年代半ばころに、日本においても帝国主義的経済構造がそれなりに定着し、金融資本的蓄積の特質を具備するようになったこと、そして、これに照応した形で、支配体制の再編成が一応完了したと考えることができると思われる。その理由は、具体的には、産業諸部門での独占組織の形成、労資関係の変化、景気循環の形態変化と、これに対応する諸政策の実施に求めうる。以下、本書の各章の分析を要約するとともに、本書の分析方法の有用性についても、論点をまとめておきたい。

### 1　独占的産業構造の形成

帝国主義的経済構造への移行が始まる日露戦後において、その変化は、重工業部門の国際競争力の低位性に規定されて、きわめて緩慢なままであった。しかし、紡績・製糸を主軸とする産業構造は、電力などの新興産業や、造船・金属製錬などが技術的な変化を伴いつつ大規模な固定資本を要する産業部門として展開しはじめることによって、徐々に構造的な変化をみせはじめていた。こうした変化は、第一次世界大戦期の温室的な条件のなかで、部門間の不均等をみせながら一挙に加速された。その点については第1章で詳しく論じられているが、第一次世界大戦期という特殊条件に支えられながら、膨大な戦時利潤を基礎とする金融緩慢を背景に、株式ブームに象徴される資本市場の構造変化、財閥コンツェルンの成立を典型とする「独占的」資本構造の形成、「自前」の資本輸出機構の成立、労資関係と階級構成の変容、地主制の「構成的意義の低下」という特徴的な変化をみせた[1]。その意味で、第一次世界大戦は帝国主義経済構造の形成にとって重大な転換点であった。

しかし、大戦中の大規模な構造変化は、その温室的条件の消滅によって修正再編を蒙ることになった。大戦中に新規参入をみて流動化していた競争構造は、大戦後の国際競争圧力のもとで一層熾烈なものとなり、激しい競争を介して合併集中が進み、カルテルによる市場統制が図られることになった。各産業部門における独占組織の形成とその具体的な活動については、一九二〇年恐慌期の救済融資を契機として、第5章で詳述したように第一次世界大戦前には、紡績業を除けば一時的かつ部分的性格の強かった諸カルテルの活動が、一九二〇年代に主な産業で一応定着するに至った。鉱山業では、一九二一年設立の石炭鉱業連合会が二六年に撫順炭輸入協定を結んで統制力を強め、他方、銅では一九二一年設立の水曜会が、二七年の二四木会成立で市場支配力を固めた[2]。また、各製造工業では、日本製紙連合会が一九二〇年より生産制限を実施したほか、同年日本羊毛工業会が成立し、二三年にはセメント連合会が設立され、主に減産協定による市場制圧を試みた。さらに二六年に製粉・製糖でも生産制限が本格化し、鉄鋼業でも条鋼分野協定が成立して関東鋼材連合会が活動を開始し、銑鉄共同組合が結成されるなど、カルテル的統制が拡大していった[3]。このほか、電力・造船など独占組織が成立しなかったものの独占的な産業組織が形成維持された部門もあり、また、電線業や鉄道車両工業のように、上位企業が大口需要者である逓信省や鉄道省の指定納入者になることによってその独占的地位を固めたものもあった[4]。こうして、製造価格ベースでみて二〇年代の主要な産業部門と思われるもののうち、清酒・織物など在来産業的色彩の強いものを除き、かなりの産業部門で独占組織が形成された[5]。産業構造の重化学工業化が進展したことが、海外からの強いダンピング圧力に対抗した、産業諸部門における独占組織の形成につながり、産業活動の組織性を高めたということが確認できる。

独占組織は、石炭・羊毛など一九二〇年恐慌期に活動が開始されながらも二〇年代半ばに再編強化されたものも含めて、ほぼ二〇年代半ばに出揃い、以降カルテル規制は恒常的な性格をもつようになった。二〇年代前半は、いまだ恐慌後の集中過程にあり、また、二二年ころまでの設備投資の継続によって市況が比較的堅調な部門もあったうえに、震災の復興需要を見込んで新親参入をみる産業もあるなど、全般に競争構造が流動的だった[6]。また、震災復興に資するために関税が一時減免されたことは、対外競争圧力を強め、競争力の弱い資本に打撃を与えた。その意味では、一九二三年の関東大震災は、産業部門の組織化に大きな影響を与えたのである。

このような主要産業における独占形態に対応して、大戦以降になると、それまで部分的に行われていた関税引上げ政策は、一九二六年の関税定率法の改正によって、産業保護政策として定着した[7]。

この時期の独占組織の機能については、「カルテルは市場価格引上げ機関としてよりは、むしろ国家的助成に支えられた輸入防遏のための共同機関として機能した」と評され[8]、また、重化学工業部門の独占組織はその「形式を整えたにとどまった」とも指摘されている[9]。確かに、第3章で明らかにしたように、先進国のダンピング的な輸出攻勢に圧倒されて、市場価格は重化学工業品を中心に低落傾向にあり、カルテルの価格規制には限界があった。ダンピング圧力がカルテル結成の契機であるとはいえ、その強さがもたらしたカルテル活動への制約も見逃すべきではないだろう。国際的にみれば、それが日本の産業の地位であり、先進国並の堅固な独占体制の形成は望むべくもなかった。こうした条件のため国際競争力が一段と脆弱な日本の諸産業は、国内市場の確保が第一の課題となっていたといえよう[10]。一九二六年の関税改正に支えられた独占組織の活動は、生産の数量的な拡大のなかで自給率を好転させることによってこれを実現した[11]。その主要な手段は、生産制限と、銑鉄共販の「外銑相場追随主義」や産銅水曜会の価格規制のように、国際価格を基準とする市価統制であった。重要なことは、こうした価格統制が、海外相場の変動と国内需要の動向に規定されながら生じる国内価格の投機的な変動を封じることによって、市価の安定を達成したことである[12]。この市価の安定と市場の統制を前提にして、各企業が賃金の「高位安定」という制約を個々の合理化努力により克服していくことが可能だったからである。ここに独占成立の意義があると思われる。世界経済が構造的不均衡のもとでまがりなりにも相対的安定期を迎え、基軸国の産業独占が再編強化され、関税引上げに対抗するダンピング的な国際競争が激しく展開されはじめた劈頭に、日本はこれに対抗する体制を関税引上げと主要産業のカルテル化によって不十分ながらも整えていたということができる。

## 2　資本構造と金融市場

独占的な産業構造に対して財閥は、自らの傘下産業企業や商社がカルテルの構成員として重要な役割を果たすことを通して、カルテルによる横断的組織化を縦断的に結合していった。それは単純に、コンツェルンを主とし、カルテルを従とするという形で捉えうるものではなかった[13]。むしろ、カルテル活動によって当該産業での資本蓄積を安定化しつつ、その基盤の上に立って財閥が多様な投資活動を展開した[14]。

財閥の資本蓄積基盤は、一九二〇年代には金融部門へと傾斜していった。銀行ばかりか保険・信託へとその金融的力量を増大させていった財閥は、これにより集められた社会的な資金や傘下企業の余裕資金を背景に企業統合などの事業再編過程の主導権を握っていった。とくに重要な点は、第一次世界大戦期以降、コンツェルン組織を整えた三井・三菱・住友などの有力財閥が、本社部門における金融資産の操作によって独自に資金を獲得して内部資本市場を形成し、その独自の機能を基盤に企業成長を実現できるようになったことであった[15]。こうして生じた金融的な力量の多寡が、二流財閥の没落と、三井・三菱・住友の支配的地位の確立との明暗を分けた。もともと、日露戦後からの二流財閥の動向は、その大戦期の急成長が銀行の設立や有力銀行への借入金依存、あるいは株式市場への依存に支えられたことに示されるように、日本資本主義の蓄積構造が金融資本的蓄積へと転換しはじめたことを象徴するものであった。一九二〇年恐慌は、これら二流財閥が借入金に過度に依存していたという金融的限界を露呈させ、その没落整理のなかで産業諸部門における支配関係を変化させる契機となった。その典型的事例を鈴木商店系企業にみることができよう(16)。資本構造のこうした変化は、日本銀行の救済活動が二〇年恐慌後の整理を不徹底にしたため、二七年の金融恐慌をまって一応の画期として完了したと考えられる。産業諸部門の独占形成に対応して二流財閥系の諸企業は、カルテルの主要企業の一つとなることによって、あるいはまた、財閥傘下に組み込まれることによって、独占的大企業としての地位を確保し、財閥持株会社を中心とする縦横の組織化の一翼を担うことになった(17)。

こうしたなかで、第6章で明らかにしたように、企業の組織も多角的な事業活動の展開に対応して整備され、予算管理などの手法を用いて、事業活動の情報を集約し、より効率的な運営を行えるような改編が進んでいった。それは事業所数の増加などに対応し、本社と事業所との集権と分権との関係を整序していくものであった。これは、持株会社を頂点とするようなコンツェルン的な組織をもつ財閥だけでなく、紡績などの大企業などにも共通するものであった。重役組織も階層化し、分権と集権とに配慮した組織構造になる一方、本社機能は、東京・大阪などのビジネスセンターに軒を連ねるようになった。それは、大企業の組織の進化を示し、企業による組織的な調整能力が確実に成長していることを明らかにしていた。

ただし、そのような変化にも限界が伴っていた。とくに一九二〇年恐慌後の整理の不徹底さは、金融面での制約を大きくし、不振企業の整理などが遅れたこともあって、日本銀行を頂点とする重層的金融構造の再編を二七年の金融恐慌にまで引き延ばすことになった(18)。固定貸の増大によってすでに破綻状態に近かった朝鮮銀行・台湾銀行の両行はもとより(19)、大戦期の地方をまきこんだ投機ブームの崩壊によって五大銀行を除く諸銀行は、程度の差こそあれ経営状態の悪化は免れなかった。とりわけ二〇年恐慌は、ブーム期の激しい投機の反動として流通部門の諸企業や中小商人への打撃が深刻であったことが特徴であり、その結果、全国的な商品流通網の再編の契機ともなったが、それによって地方諸銀行の受けた影響はきわめて大きかったからである。日銀の救済出動後の金融市場は、こうした破綻を糊塗するために生ずる「後ろ向き」の資金需要が根強く、全般に逼迫感を強め、とくに地方金融市場では顕著であった。

全般的な高金利状態を反映して、財閥銀行の高利潤が生み出されて財閥の資本蓄積基盤となったが、カルテル活動によって財閥傘下の主要産業である鉱山業でも利益率が一〇%前後に回復していた。これに対して、対外競争圧力のもとで全体として低収益・過剰設備にあえいでいた重工業部門の投資資金需要は小さかった。そのため、財閥資本内部で蓄積資金に余裕が生じ、それを銀行を介して活用することが図られた。資金的余裕の一部はコール市場を通して台湾銀行などに貸し付けられて二〇年恐慌後の破綻の弥縫に費やされることになり、またその一部は、三井銀行を典型として、二〇年代に最大の投資部門となった電力業の拡張資金として資本市場・金融市場を介して注入された[20]。それは、財閥の資金運用に関して、「自己金融的な性格」を強めたが、そのなかでも内部資本市場における資金運用は財閥の戦略的な拡大を後押しするものであった。これに対して、金融市場の制約要因となっていた「後ろ向き」の資金需要の連鎖が立ち切られ、金融構造の再編成が促進される画期が、二七年の金融恐慌であった。これによって、財閥系銀行を中核とする資金集中機構は、大戦の負の遺産を一応清算した。

この時期の電力業は、電鉄部門を含めて、その投資規模の大きさと所要資金の巨額さとによって、大戦中に形成された社会的資金の集中機構を媒介として発展する代表的な部門となった[21]。そして、大量の資金を吸収して拡大を遂げる電力業は、その投資需要に関連する産業の成長を促し、また電力料金の低下による工場電化の進展を通じて、この時期の主導産業として産業構造の高度化に重要な役割を果たした[22]。また、より低利の資金を求めて実行された外債募集は、日本の対外決済資金の不足を補うことに貢献し、その面からも電力業は二〇年代の日本経済の発展において基軸的な位置を占めた。

とはいえ、その有機的構成の高さと外部資金依存度の高さ、資金コストの増大、さらには料金問題にみられる公共性の制約などによって、電力業は、相対的にはそれほど高収益部門ではなかった。むしろ、高金利水準を示す金融市場のもとで、資金吸収のために高資金コストを甘受したことが圧迫要因となって、収益性は悪化する傾向すらあった。そのために、戦時高利潤を持ち越して多額の資金的余裕をもっていた紡績大企業などからみると、必ずしも有利な余資運用先とはならず、この余裕資金は投資先を失って過剰資本化する傾向にあった。つまり、電力業を主導部門とする一九二〇年代の産業的蓄積の特徴的な構造が、紡績大企業における「過剰資本」形成を規定していたのである。[23] 過剰化した資金の一部は、中小紡績の買収や隣接分野である絹業などへの進出などにも用いられた。こうして財閥の内部資本市場とともに株式・社債などの有価証券の流通市場を介して、資本の流動性を高める機構が日本資本主義の蓄積構造にビルトインされていった。

## 3　労資関係

独占的産業構造の形成とこれに対応する資本構造の変化、金融構造の再編と並行して、金融資本的蓄積の特質を成す労資関係の変容も進展した。その起点は、日露戦後の大争議であった。財閥資本の産業基盤となっていた鉱山業や造船業では、日露戦後に、生産工程の変化に対応して親方制的な労資関係が解体しはじめた。

鉱山業では、飯場制度の解体が生産工程の近代化——とりわけ採鉱作業の組織化の要請によって本格化し、飯場制度改革を焦点として一九〇七年の足尾・別子などの大争議が惹起された。[24] 飯場制度にみられる間接的管理は、大鉱山の場合には一九二〇年代初めころまでに基本的機能を喪失したが、それは金属鉱山では製錬部門の拡大を契機とする生産の大規模化と生産技術体系の変化が進展し、日露戦後の不況過程における合理化要請のもとで、石炭部門を含めて坑内作業の組織化が進んだからである。[25]

造船業でも一九〇七年争議を画期として、その後の生産工程の技術進歩のもとで労務管理方式が変質しつつあった[26]。それは、この技術進歩が作業の分業化・専門化のもとで、新しい質の労働力を必要とするようになり、企業内養成制度が創出されていったからである。このように、経済発展を牽引する主導部門・基軸部門において財閥系企業など有力企業では、その生産力的な発展に応じて熟練の変質と労務管理方式の変化が進んだ。こうして財閥系企業を中心に金融資本的蓄積への変容が具体化していった[27]。

日露戦後からのこうした動きは、大戦中の物価騰貴のなかで、労資の対抗関係を鮮明にし、労働者の意識を覚醒させて、一九一七—二二年の「大争議段階」と呼ばれる労働運動の高揚期を生み出す基礎条件となった[28]。この点については、第2章で詳しく論じたように、大戦期には、労働力市場の逼迫と戦時高利潤に基づく資本の支払能力の増大とを背景に、名目賃金の引上げが実現され、労働者の組織的抵抗はその限りで成功を収めた。この間、労働者の階級的結集の焦点は、治安警察法一七条撤廃と普通選挙の実現という政治的要求に傾斜していったが、戦後には、これに国際労働会議代表派遣問題が加わり、そのために労働運動はきわめて活発であった。米騒動とロシア革命の影響に加えて戦後には労働者の地位向上が世界的な趨勢となるなかで、労働運動の活発化は、労資関係を変容せしめる決定的な契機となった。

日露戦後から労働力の質的変化に伴い徐々に変質しはじめていた労資関係[29]は、大戦中の雇用の急増と労働力市場の流動化という事情のもとで、不熟練労働力の大量動員に示されるように労働力の量的確保が優先され、そのなかで、労働運動の本格化と賃金面での資本の譲歩は、資本蓄積の新たな制約要因となっていた。二〇年恐慌は物価下落による実質賃金の上昇、人員整理に対する労働者の抵抗という形で、この制約要因を一挙に顕在化させた。そのため、労働運動に対して、八時間制の導入や工場委員会制の採用という譲歩の姿勢をみせながら、資本は過剰雇用の切り捨てによる合理化整理を進めた。この要請は、大戦中の熟練不足による労働生産性の低下などの事情もあり、対外競争圧力のもとできわめて切実なものであった。そのため、資本の攻勢は熾烈であり、労働運動は二一年の三菱・川崎争議の敗北を転機に後退を余儀なくされた。しかし、この労資関係の動揺は、一方で合理化要請に伴う労働力の質的な向上の必要もあり、また、大戦中の熟練不足の経験もあって、基幹的な熟練工を温存するために賃金加給などによって対応することを余儀なくさせる面があった。それは恐慌を介した資本賃労働関係の再編成、とりわけ賃金の下方修正に限界があったことを示していた。他方で、過剰雇用の切り捨てが大戦中の新規雇用の不熟練労働力を中心に進んだ結果、賃金の二重構造にみられる分断的支配を成立せしめていった[30]。こうして、ほぼ一九二〇年代半ばには独占的大企業での労資関係の一応の安定と労働組合の排除が進み、また、官営企業や海員などの組合の右傾化のもとで、総同盟、評議会がそれぞれその運動の基盤を中小経営の労働組合に移していった[31]。また、労働力市場の二重構造化に対応し、下層の低賃金労働力の補充が朝鮮人労働者の流入増加という形で果たされていった。

こうして、大戦から一九二〇年恐慌後の労資関係の動揺を経て、独占的産業構造の形成に照応して、日本では、金融資本的蓄積の特質と呼びうるような、独占的大経営での労資関係の基幹部分での安定と分断的な支配が――賃金水準の高止まりという制約を抱えたままであったが――成立した。このこと自体は、世界史的にみれば後れた特質を日本が備えていたことを示すものにほかならなかった。その理由は、大戦期の総力戦体制の経験の深刻さという点で決定的な相違があったために、労資の「同権化」が実質的にではなく、観念的に導入され、労資関係の具体的なあり方に関わる争点となるよりはむしろ、それをスローガンとする政治闘争に戦闘的な労働運動が傾斜し、その結果、労働者の組織的な運動が分裂に追い込まれ、その発言力が低下していったためではないかと思われる。

### 4　新たな経済政策の展開

前述のごとき労資関係の変容に対応した国家の政策的な枠組みも、一九二〇年代の半ばに形成されたと考えられる。

第一次世界大戦をきっかけとする労働者・農民運動の高揚、就業構成や産業構造の変容は、経済政策にも大きな変質を迫るものであった。増大する民衆の不満の声は、選挙権の拡張に結びつく一方で、政策運営の目標を修正させつつあったからである。国民生活の安定という観点から物価対策が問題となり、社会政策的な効果を狙った租税制度の改革が論じられるようになったのは、政府が経済政策の及ぼす影響の範囲をより広く捉え、民衆的な要求を治安対策的な意味から取り込まなければならなくなったことを示していた。このような状況は、国際競争力が弱い産業を抱え、対外的な不均衡（正貨流出）が続く一九二〇年代に、金本位制への復帰による自立的な調整メカニズムに立ち戻ることを遅らせ、国内均衡を優先させる「現代的」性格をもった政策運営を強いることになった。このような政策運営が可能になったのは、第一次世界大戦期の「金不胎化政策」によって蓄積された政府保有正貨が、対外決済のために為替銀行に払い下げられる一方で、払下げによって政府が取得した円資金によって財政収支の赤字を補塡するという二重の役割を果たしたからであった。しかし、この政策運営は正貨保有によって上限を画されていたために、選択の幅は狭く、政治的には明確な対立路線を提示していた二大政党が、景気に追随した財政運営を余儀なくされた。第一次世界大戦中に「中進国」としての繁栄を享受した「遺産」がこのような政策運営の支柱であった。しかし、それが可能であったのは二〇年代末までであった。井上財政を経て、一九三〇年代の高橋財政が明確な反循環的な財政運営を示すことによって、財政面の転換を一段と進め、マクロ的な政策運営は拡張的な財政政策の展開によって現代的な特質を備えるものとなった。

また、産業政策では、第一次世界大戦後にキー産業論が取り入れられ、国民経済的観点から重要と考えられる産業の保護が実行されることになり、一九三〇年代初めには独占組織による産業再編成の促進とその弊害の除去という、独占政策としては二面性をもった重要産業統制法が制定された。「営業の自由」の制限を容認したこの政策も、各種の産業保護育成政策も、総力戦体制を経験した欧米で新しく登場した考え方と共通する同時代性をもつものであった。

貿易に基づく国際分業よりは、国民経済の自立性が優先され、そのために貿易の利益を多少損なっても各国は同質的な産業構造を構築することを目標に産業政策を展開しはじめていた。日本もそうした形で立ち後れていた主要な重化学工業部門の保護育成を図り、その組織性を高めるような方向へと誘導していった。その結果、産業構造の高度化がある程度進んで拡張的財政政策が効果を発揮しうる基盤が作られる一方で、政策的な誘導・助成のもとで企業間のカルテル協定が一九二〇年代後半には定着し、さらに日本製鐵・王子製紙のようなトラスト的大企業が三〇年代前半に出現するなど産業の組織性が着実に増大していった。このような経済構造や経済システムのあり方の変化は、現代的な経済社会への転換が進展しつつあることを表現していた。

しかし、この「転換」は、租税改革が社会政策的な配慮を十分に実現できず、財政支出でも社会政策費の比率が低いなど「政策転換」と呼ぶには不十分な面が大きかった。とりわけ、産業政策の面での転換がかなり進んだのに対して、これに比べて財政政策の転換は微温的か、やや遅れて進展した。それは、日本の産業がその後進性の故に抱えていた問題点がより重要な課題として認識されたことに基づいていた。激変した国際情勢、国内の政治的・社会的な状況のなかで、治安対策として要請された「社会政策的な」施策を現実化するほどには国内の政治的対立が激化せず、したがって体制的な危機と呼び得る状況が成熟しなかったことが、このような「転換」の不均等をもたらしていた。国際的に軍縮が推進された時代背景のもとで、日本の財政史上でも例外的に軍事費比率が低下し、財政支出面での余裕があったにもかかわらず、社会政策的な施策への支出の重点化は実現しなかった。欧米と同質の問題を抱え込んで同様の方向での解決を政策課題とした面があったとはいえ、そこにみられる「現代社会への転換」は未熟であり、未完であった。産業の保護が優先され、所得配分の調整が政策的に実行されなかったことは、分裂する反体制運動の力の弱さを反映しており、一九三〇年代に入って拡張的な財政政策によって産業構造の重化学工業化が進んだとはいえ、分配面での施策が未熟で、耐久消費財生産の拡大に基盤をもつような第二次世界大戦後的な大衆消費社会が未形成であったことは、日本経済の「転換」が未完であったことを表現していた。

こうしたなかで、経済政策運営のあり方に強く影響を与え続けた景気循環に着目すると、産業発展を主導する産業部門は第一次世界大戦期の重工業部門から一九二〇年代には電力業に移るなかで、産業構成に基軸的な位置にあった綿糸紡績業に加えて重工業部門の比率が高くなって基軸性を高めていたが、それらの基軸部門の設備投資は低調であった。それ故、電力関連産業部門の発展によってマクロ的な指標では実質的な成長が記録されているにもかかわらず、企業部門では「ミクロの不況」が継続していた。対外競争圧力のために業績の回復が進まなかった鉄鋼業や、戦時の特需が消失して不況部門となった造船業などの低収益に加えて、中国市場における日貨排斥や銀貨低落の影響によって傾向的に利益率が低下していた紡績業などが、基軸産業の活力を奪っていた。個々の企業は独占組織の活動のもとで価格の安定化を図り、合理化に努力していたが、大戦後の負の遺産ともいうべき「高賃金」「高金利」は、企業の収益性の回復を阻んでいたからであった。一九二〇年恐慌の過程で、市場経済的な企業整理が金融面から抑え込まれたことなどによってミクロの不況が長期化しており、それが「慢性不況」という評価も生んだ。この景気循環のあり方は、循環的な恐慌の発生による資本主義の、自律的で「強靱な」再生力が大きく制約されていたことを示していた。それは、産業革命期とは異なる資本蓄積の条件のもとに日本資本主義が新たな発展の道を模索せざるをえない状況に追い込まれていたことを景気循環の変容という形で示していた。これが、日本における金融資本的蓄積の姿であった。

## 5　調停法体制の形成

転換の不徹底さは、労資関係・労働政策にもみられた。この面では、第一に、工場法体制の変質が重要であり、労働運動の高揚のなかで、これに対応する治安対策の立法強化へとつながっていった[32]。第二に、労働組合法制定問題は政治的争点の一つとして登場した面が強く、ＩＬＯ代表権問題をめぐる処理のなかで労働組合の存在が事実上承認されるに及んで、その制定の客観的根拠が稀薄化していった、昭和恐慌期の法案提出を除いて、独占資本家が概してこの問題に冷淡であり、対応が消極的であったのは、自らの統轄下にある労使関係が、そうした枠組みを必要としなかったとみるべきであろう[33]。その意味では、組合法制定問題は日露戦後以降動揺をみせはじめた天皇制国家の支配体制の再編方向をめぐる政治的な争点であり、組合法によって金融資本的蓄積の前提条件を与えるというよりは、むしろ逆に、金融資本的蓄積の形成を前提としてその周辺部分へどう対応していくかという問題となっていた。極論すれば、それは、労資関係の枠組みを国家が介入して法的に与えるというよりは、むしろ治安対策上の問題として処理されることになった。この点は、労働組合法が不成立となるなかで、労働争議調停法が制定されたことにも示された。体制的な動揺を醸成するような労働争議に対して現実的な解決策の枠組みを備えていくことは、争議が小規模分散化していくなかでも、支配体制の維持のために不可欠だったからである。

　この労働問題への対応にみられる特徴、すなわち、母法となるべき実体法を欠いた調停法による紛争の現実的解決という方向は、帝国主義的経済構造を補完する国家の諸政策のなかで、きわめて日本的な特徴であった。紛争の事実上の解決を、所轄の警察署長など行政機構の末端に位置する官僚層などによる和解に委ねるこの方式は、「共同体思想が新たな法制度の名を借《ママ》りて再編成され」たものとして評価されている。それは、「大正デモクラシー」の政治社会的帰結であり、「調停法体制」とも呼ぶべき制度的枠組みを作り上げた[34]。すなわち、一九二二年の借地借家調停法、和議法、二四年の小作調停法、二六年の商事調停法など一連の立法に示されている。注意すべきは、この枠組みは、「共同体思想」だけでは足りず、新たに調停法という法的枠組みを必要としたこと、そして、それによる調停は、伝統的な共同体的な枠組みを超えて、行政機構などに配置される人々をも動員して実現されるものであったことである。その限りで、伝統的な秩序意識とは、外見的な同一性にもかかわらず、異質のものへと展開していた。もちろん、「調停法体制」と総括しうるためには、その法的枠組みを明確にしていくと同時に、それが紛争解決に果たした現実的な機能を具体的に検討していかなければならない[35]。それによって、労働争議や小作争議の現実的な解決に果たした調停法の役割を明らかにすることによって、諸運動の特質も逆に照射しうると思われるからである。

とくに、小作調停法は、日本資本主義における農業問題の特殊性に関わり、小作争議の高揚への対応策としてきわめて重要であった[36]。労農同盟によるロシア革命の成立という現実のまえに、農民対策は支配体制の再編、国民的統合の実現に不可欠であったことは言うまでもない。その場合、日本農業が稲作中心であるために世界農業不況の影響からは一面で切断されていたことが、農業問題にやや異なった様相を与えた。しかし、米騒動を契機とする植民地米移入体制の整備を前提とした米価安定策の実施のもとで、全般的には米価の下げ圧力が強まり、地主制下の農業生産力上昇が天井にぶつかったことも相まって、農業問題は深刻化しつつあった。

一九二〇年恐慌が地方経済に与えた打撃は、商品流通網の再編に伴い米穀商を兼ねる地主層の地位を不安定にしており、株価暴落による資産運用面への影響などの回路を通して、地主経営への圧迫要因となった。影響の程度は、各経営の商品経済への組み込まれ方、資本主義的な経済とのつながりの度合いによって異なり、個別的な差異を残していたが、先進地域ほど深刻だったと考えられる[37]。その点は地帯構造との関連を含めて吟味すべき問題であるが、ともかく、二〇年代後半には近畿の先進地帯を中心に小作争議が増加し、その紛争解決が課題となった。小作人の運動が、他の社会運動との関連で変質していくなかで、日露戦後の地方改良運動によって再建が企てられてきた農村内の社会的秩序が再び動揺し、紛争解決の能力を失っていった[38]。そのために、地主、小作人ともに小作調停法成立に期待するところが大きかったという。こうして、小作官を主軸とする官僚機構の支配が、「調停法体制」として下降し、支配体制の再編成を支えていく装置の一つとなっていくのである。

## 6　支配体制の再編

日露戦後以降、日比谷焼打事件から米騒動へと連なる都市下層の民衆による騒擾と、大経営の労働争議とを両極として重層的に展開しはじめた諸階層の運動は、明治憲法体制によって定置された天皇制的支配秩序に動揺をもたらした。大戦中の就業構造の大規模な変化のなかで、こうした運動を支える諸階層の利害はますます多様化しつつ、運動相互に影響を与えた。労働運動・農民運動や、中間的諸階層の運動も、その独自な利害を主張し、その結果として大正デモクラシー状況を作り出していった。

こうして政党内閣制を基本とする政治システムが、元老・官僚・軍部などとの緊張関係をはらみつつ形成された。そこでは、護憲三派内閣によって男子普通選挙が実現し、治安立法の強化などが行われるなど民主化を前進させる一方で、反体制運動を体制内化することが基本線となった。この政治的な方向性は、経済面では、金解禁政策の実施がタイミングを別にすれば、避けがたいとみられるようになっていったことから、政治的にも経済的にも、政策上の争点に乏しい状況となった。これが一九二〇年代後半の政党内閣制を取り囲む実態であった。そうしたなかで、議院内閣制が常道とされるようになったために、議会は二大政党の対立を演出する場となり、対立の調整は、帝国経済会議、行政制度審議会、人口食糧問題調査会、資源審議会、経済審議会など相次いで作られた大型の審議会における「官民の叡知」を集めた会合で正当化される政治状況となった[39]。それは狭められた政策選択のなかで選挙では与野党の対立を鮮明にしながら、実際の政策選択では現実路線を取りうる可能性を開くものであった。こうして政党内閣を中核とする政治システムは、まがりなりにも国内的な安定を図る役割の一端を担った。

支配体制の底辺部分にまだ視野を広げると、労働運動の指導的な位置にあった友愛会・総同盟は、治安対策の強化の影響も受けて指導方針で対立し、運動の凝集力を失い、大企業を中心に進展する労資の協調的な枠組みの浸透と、中小企業分野の労働者の急進的な運動が目立つようになった。他方で小作争議は、労働争議に少し遅れて運動のピークを迎えるとはいえ、これも小作調停などの紛争解決の枠組みに取り込まれていった。つまり、反体制的な諸運動は、一九二〇年代半ばにかけての帝国主義的経済構造が定着するなかで、金融資本的な組織化にその基幹部分を抑え込まれ、周辺的な紛争の解決を「調停法体制」と呼ぶべき方策に委ねる形で萎縮させせられていった。そうしたなかで男子普通選挙の実施によって、諸階層の運動は、議会へ代表を送り込むことを目標とするような形で議会主義への期待を強めていく。いわば、普選の実施によって、擬似的にせよ大衆民主主義的な状況を作り出すことを通して、議会を統合の象徴としながら、天皇制国家は国民的統合の実現へと誘導されていった。その場合に重要な点は、そうした統合に抵抗し、こぼれ出てくる運動に対しては、治安維持の名のもとに厳しい弾圧が加えられたことと同時に、こうした国民的統合のあり方が、明治憲法体制によって定置された天皇制支配の枠組みを、その根本においては変えなかったことであろう(40)。普選による議会民主主義といっても限定されたものであったし、軍部や官僚の独自な位置には手がつけられなかった。制度的枠組みに抵触する可能性のある実体法を制定せずに、明治期には「名望家的秩序」に委ねられていた支配の末端にまで「調停法体制」を通して官僚的な支配・秩序意識の浸透が図られるようになった。伝統的な村落秩序を再編しつつ結合することを通して、支配体制は再編強化されていった。それは、帝国主義的経済構造の定着と金融資本的蓄積の形成に対応し、その組織化の部分性を、天皇制国家が克服して、その独特の方策をもって補完しようとしていったものであった。

### 7　一九三〇年代への展望

こうしたなかで、昭和恐慌の打撃を克服して国際的にみても早期の回復を示した日本資本主義は、反循環的な財政金融政策を試み、軍事費を呼び水とし、為替放任（円の下落）などによって「内部循環的な経済拡大」を生み出した。しかし、この成功の反面で、高橋財政の試みは、軍備拡大を優先する政治的圧力のもとで、農村などに対する恐慌対策が十分には実行されず、分配の不平等による経済格差の拡大を招いた。この回復の二面性は、ファシズム的な国民統合の方策の模索と、対外的な強硬政策を支持するような社会状況を作り出していった。
世界がブロック化の悪循環に陥るなかで、二・二六事件以後、財政面の歯止めを失った日本経済は、軍の要求のままに軍事費の拡張を続けた。しかし、それは突然訪れた軍事への傾斜ではなかった。第一次世界大戦期以降の経済政策は、その都度の余儀ない選択を強いられた面は否定しえないものの、たとえば将来の国債費の負担を削減したり、国内の分配の不公正に積極的に介入する機会を捉えることはなかった。その累積のなかで、三〇年代には景気回復という課題に「成功」したという限りで高橋財政は反循環的な性格を備えていたが、それによって現代的な課題に応えるまでには至らなかった。そして高橋財政が軽視した貧困や失業問題の未解決のなかで、現実には戦争への道が準備されることになる。

一九三〇年代に発生した経済社会問題について政治的対応が不十分だった理由の一つは、五・一五事件をきっかけに政党内閣が機能を大きく損なったことにあった。もともと、議会の勢力分布からみると、無産政党の議席は僅少で、この回路を通して社会的弱者の声が届きにくかったが、地方議会を別にして、帝国議会では社会的な弱者の声を反映しうる回路が細く、要求を声高に叫ぶ運動にも力強さを欠いていた。厳しい貧困下にあえいでいたことに加えて、「調停法体制」のもとで体制内化が進んだ労働運動は政治的な要求を明確化することができないまま、それぞれの労働の現場での労働条件などの改善を労使懇談制を通じて実現することに傾斜していた。そこでは、全体主義的な政治的な主張に共鳴する力は部分的であった。他方で、全般的な落層化という危機的な状況にあった農民たちにとって、地主の土地取り上げなどの攻勢に対抗しながら、自らの生活基盤を再建する方策を見出すことは難しかった。昭和恐慌下の農村・農家経済の維持を図るためには、農業生産のあり方を再編する必要が生じていた。

このような状況に対処するために、農業・農民に対して一九三〇年代には「農民の経済的組織化（産業組合・農家組合など）の支配体制再編にしめる意義を強調(41)」する森武麿は、経済更生運動に注目し、そのなかでの「農村中堅人物」

の形成を重視して、「小作争議指導層を国家的救済策による経営の安定拡大をテコに、逆に体制補強の別働隊に転化し、ファシズム推進のため社会的基盤にまで培養」したと指摘している。[42] このような捉え方は昭和恐慌によって危機に瀕した農村・農民に対して支配体制の再編成が必要となったこと、それ故に小作争議などの農村の社会的動揺に対処する方策が恐慌前後で断絶していることなどを強調するものとして、本書が主張する「調停法体制」に批判的な位置に立つ議論である。[43] 森は経済更生運動を通して地主的土地所有が否定される方向を辿ると捉え、そこに二〇年代とは異なる戦時体制下の農村の姿、ファシズム的な社会基盤が形成されたことを見出している。

これに対して暉峻衆三は、「国家権力が高額現物小作料収取と賃借権圧倒の「所有の論理」に一定の法令上の制約をくわえるに至るのは、三〇年代後半以降の戦時体制にはいってからのこと」であり、経済更生運動による地主的土地所有に対する否定を過度に強調したものであると森説を批判している。[44] 暉峻によれば、経済更生運動の指導的な役割を果たした市町村農会役員は、一九三五年段階でも会長の七〇％が地主であった。運動の指導的な役割を果たしていた圧倒的部分は地主や自作農であった。つまり、「ファシズム的な社会基盤」の形成が仮に進んだとしても、それは戦時体制への国民動員に焦点が移ってからのことであり、これを過大に評価することは適当ではない。戦争遂行のための強権的な農民への働きかけによって同意を調達することが、農業政策・農村対策の基本線であり、それをファシズム的統合と呼ぶことには慎重である必要があろう。なお、森が強調する「経済更生運動」などの実態については、「中農層の「経営の論理」に基づく合理的な行動が、従来の階層間分業関係を毀損し、農村社会をかえって危うくする側面を有していた」と小島庸平が指摘していることも、経済更生運動を中心とする農村対策、農民の社会的統合政策の限界を示している。[45]

こうしたなかで政治指導は混迷していた。米山忠寛によると一九三二―三六年に立憲制は危機の時代を迎えた。それは既成政党の存在意義が低下したからであった。[46] しかし、それでも統帥権に象徴される「天皇大権」と「議会の存在」の双方が並立する状態に大きな変化はなく、米山によれば、「戦争への賛否が国内政治において争点になることは事実上なかった」状況が継続し、政党政治家たちの関心は、「政党政治と資本主義を中心とした深刻な政治・経済的な対立への対処」を優先していたと評価している。ただし、その「危機の時代」には、政党の弱体化のなかで、大蔵省が政党・政治家たちから予算編成の主導権を回復したといわれているように(47)、官僚的な組織が存在感を増す一方で、政党政治家たちが議会を基盤に政治的発言権を回復するまでには至らなかった。

軍部＝関東軍の独自の構想と情勢判断によって開始された満州事変と満州国建国は、「満州」（中国東北部）の経済的資源に着目し、それを基礎に重化学工業基地を建設し、日本と一体となった強力な軍事国家体制を作り上げようとするものであった。しかし、それは国際連盟脱退に結びついたように、列強からの批判を招いて日本の孤立化をもたらしたばかりか、中国民衆の激しい怒りを買い、長期にわたる日中間の軍事的な対立、日本の侵略に対する抵抗運動を呼び起こすものとなった。しかも、期待されていた経済建設では、三三年三月に策定された満州国経済建設綱要により、一業一社を原則として、財閥を排除しつつ特殊会社に独占的な権益を与えて一挙に実現を図ったものの、予期した成果をあげえなかった。満州国建設は、日本の景気回復過程で重化学工業部門に絶好の輸出市場を提供したが、対満州投資は三六年には伸び悩みをみせはじめるなど、資源の開発などの面で順調には進まなかった。その主たる原因は、経済的な資源の開発に関する見通しの甘さであり、関東軍の構想そのものが現実性をもっていないずさんなものだったことであった。

一方的な軍事主導の対外政策が大局的な観点ももたないままに泥沼化するなかで、戦争遂行の財源対策などの喫緊の課題が争点の一つとなった。しかし、増税問題の解決のためには、財界との対話が必要であったが、その障碍となったのが、政治指導に対する異議申立てを背景とする新体制運動であった。そこでは、明確にナチスドイツの政治理念にしたがった「公益優先」「指導者原理」「経済団体の組織化」などが声高に叫ばれるようになった(48)。しかし、政策構想の中心の一つであった企画院の示した社会主義的な経済理念への親和性が、財界の強い反発を呼んだことはよく知られている。このような新体制運動がはらんだ問題点は、もともと一九二〇年代から進展する国内政治経済体制への反体制運動側からの批判が脆弱で、政治的指導部に体制的な危機感が乏しくなったことが背景にあった。経済の計画化などが重要な手段であり、私権の制限が必要となることは、戦時経済体制の成立には不可欠な要素であった。しかし、その過度の強調のためにかえって財界などからの同意を調達することはできず[49]、大衆的な支持を獲得することもできなかった。このような対立を内包したこともあってナチス的な原理が国民統合に果たした意義を過大評価することはできない。米山によれば、戦時体制にかけて、現実的な選択肢が狭められていくなかで、「戦争を運営する上でも国内の統合と合意の調達が必要であった」が、「その際には急進的な改革は、戦争運営に際して説得力を失」ったということになる[50]。その結果、軍部の戦争指導が独自の位置を占めつづけるとはいえ、戦時期の軍部は体制批判の政治勢力ではなく、国民に負担と協力を求める立場に変わっていった。その一方で、議会・政党政治を通した財界からの同意調達、大企業の協調的な労使関係や社会的な紛争解決の装置などが重畳的に構築されるなかで、官僚組織による農村の組織化の試みも含めて、戦時体制に向かって、国民の総動員を実現するような強権的な政治統合が試みられていくことになる[51]。

（1） 本書第1章、一〇六頁。
（2） 独占組織の動向については、美濃部亮吉『カルテル・トラスト・コンツェルン』下（改造社、一九三一年）および小島昌太郎「我国主要産業に於けるカルテル統制」（雄風館、一九三二年）などの古典的研究があるが、有力産業部門を広く対象とした研究として、橋本寿朗・武田晴人編『両大戦間期　日本のカルテル』（御茶の水書房、一九八五年）を参照されたい。なお、銅については、武田晴人「産銅独占の成立」（『三井文庫論叢』一二号、一九七八年）がある。
（3） 鉄鋼については、長島修の「日本における鋼材カルテルの成立」（『経済論叢』一一九巻一―二号、一九七七年）など一連の研究（のちに長島『戦前日本鉄鋼業の構造分析』ミネルヴァ書房、一九八七年）がある。また、岡崎哲二「銑鉄共同組合」、同「関東鋼材販売組合と鋼材連合会」（橋本寿朗・武田晴人編、前掲『両大戦間期　日本のカルテル』）は、現在までの鉄鋼カルテル研究の到達点となっている。

（4）電線については、武田晴人「産業の組織化」（大東英祐・和田一夫・粕谷誠『ビジネス・システムの進化——創造・発展・企業者活動』有斐閣、二〇〇七年）、鉄道車両工業については、沢井実『日本鉄道車輌工業史』（日本経済評論社、一九九八年）を参照。

（5）山崎広明が作成した一九二九年の「産業構造概観図」（宇野弘蔵監修『講座 帝国主義の研究6　日本資本主義』青木書店、一九七三年、一二四—一二五頁）によると、生産額一億円以上の産業は、鉱山、軽工業、重化学工業合計で一九が数えられている（軍工廠、官営八幡製鉄所を除く）。このうち、カルテル的統制を指摘しうるものは綿糸以下一〇部門で、それ以外は、広幅綿織物、清酒、広幅および小幅絹織物、印刷などであった。

（6）この例としては、セメント産業をあげることができよう。セメント産業では、一九二二年末ころから市況にかげりがみえ、生産過剰状況を呈してきたのにもかかわらず、震災に際し、秩父・宇部の二社が参入した結果、競争が激化し連合会の設立をみた（美濃部亮吉、前掲『カルテル・トラスト・コンツェルン』下、一六三頁および、橋本寿朗「セメント連合会」橋本寿朗・武田晴人編、前掲『両大戦間期　日本のカルテル』参照）。

（7）関税改正の意義については、三和良一「一九二六年関税改正の歴史的位置」（逆井孝仁ほか編『日本資本主義　展開と論理』東京大学出版会、一九七八年。この論文は、のちに三和『戦間期日本の経済政策史的研究』東京大学出版会、二〇〇三年に収録）を参照されたい。

（8）宇野弘蔵監修、前掲『講座 帝国主義の研究6　日本資本主義』一六六頁。

（9）橋本寿朗「戦間期における重化学工業の展開」（日高晋ほか編『マルクス経済学　理論と実証』東京大学出版会、一九七八年）二一一頁。

（10）この事実をもって日本の重工業部門の脆弱性を強調することはたやすい。世界的にみればその矮小性や相対的な技術的低位性は免れがたいところであろう。しかし、重工業史研究のなかに、単に当該部門の脆弱性を検証することをもって事足れりとしているものがあるのは、疑問と言わざるをえない。そうした研究の多くは山田盛太郎『日本資本主義分析』（岩波書店、一九三四年）の規定を引き合いに出すのだが、同書に示される二部門定置説は、日本資本主義の国民経済的な再生産構造という視角からみて、顚倒的であり脆弱であるにせよ、第一部門が展開することが必須の条件と考えていたのである。したがって、もし、この視角を継承するのであれば、重工業部門の再生産構造上の位置とその段階的変化こそが問題にされるべきであり、単純に軍事的性格と直結させたり、脆弱性をことさらに強調するだけでは不十分だと思われる。

(11) 一例として、電機工業については、長谷川信「一九二〇年代の電機機械市場」(『社会経済史学』四五巻四号、一九七九年)を参照されたい。

(12) 鋼材カルテルの指定商社制と外注追随も同様の効果をもったと考えられるが、これについては長島修、前掲「日本における鋼材カルテルの成立」を参照されたい。なお、長島が、一九二六年段階に形成される右のような市場統制機構を、独占的流通機構の確立と評価し、これと区別して独占の本格的成立を一九三四年の日鉄トラストに求めている点は、独占の捉え方としては厳格に過ぎ、若干疑問を感じざるをえない。何をもって独占の成立を論じうるかという独占分析の基準が明確化される必要があろう。

(13) コンツェルンを主軸とする把握を典型的に示したのは、柴垣和夫『日本金融資本分析』(東京大学出版会、一九六五年)である。これについては不十分ながら、武田晴人、前掲「産銅独占の成立」(一八三—一九四頁)で関説したことがあるが、より詳しくは、橋本寿朗「硫安独占体の成立」(『経済学論集』四五巻四号、一九八〇年)四四—四八頁を参照されたい。

(14) この時期の財閥資本の動向については、松元宏『三井財閥の研究』(吉川弘文館、一九七九年)、同「財閥資本の蓄積構造」(東京大学社会科学研究所編『昭和恐慌』東京大学出版会、一九七八年)、旗手勲『日本の財閥と三菱——財閥企業の日本的風土』(楽游書房、一九七八年)、麻島昭一「一九二〇年代の住友財閥に関する一考察」(『専修大学経営学論集』二四号、一九七八年)がある。筆者の見解については、武田晴人『日本経済の発展と財閥本社——持株会社と内部資本市場』(東京大学出版会、二〇二〇年)を参照されたい。

(15) この点については、武田晴人、前掲『日本経済の発展と財閥本社』参照。

(16) 鈴木商店については、とりあえず武田晴人『鈴木商店の経営破綻——横浜正金銀行から見た一側面』(日本経済評論社、二〇一七年)を参照。

(17) この点については、山崎広明が第一五回経営史学会大会共通論題「大正期における中規模財閥の成長と限界」に関するコメントで提示した「中規模財閥の概念」に示唆を受けている。なお、山崎の見解は『経営史学』一五巻一号、一二二頁に紹介されている。

(18) 金融構造については、朝倉孝吉編『両大戦間における金融構造——地方銀行を中心として』(御茶の水書房、一九八〇年)所収の諸論文、とくに、伊牟田敏充および石井寛治の論考を参照されたい。

(19) 朝鮮・台湾両行の経営悪化に関しては、伊藤正直「一九一〇—二〇年代における日本金融構造とその特質——対外金融連関を軸とする一考察」(『社会科学研究』三〇巻六号、一九七九年、二一—一九頁。のちに同『日本の対外金融と金融政策——

1914-1936』名古屋大学出版会、一九八九年に収録）を参照されたい。
(20) 三井銀行の動向については、浅井良夫「一九二〇年代における三井銀行と三井財閥」（『三井文庫論叢』一一号、一九七七年）を参照されたい。なお、資本市場との関連では、志村嘉一が、金融市場における資金の偏在を指摘したうえでその構造的な連関を明らかにしている（『日本資本市場分析』東京大学出版会、一九六九年、とくに第二章、第三章）。
(21) これについては、志村嘉一、前掲『日本資本市場分析』後編を参照されたい。
(22) この点に関し、重電機市場を通じる投資需要を重視した研究に、長谷川信、前掲「一九二〇年代の電機機械市場」が、また、工場電化との関連を重視した研究に、松島春海「重化学工業化の過程」（『社会経済史学』三三巻六号、一九六八年）がある。
(23) 資本輸出については、満鉄を基礎とする市場圏の確保、権益の維持とともに原料資源の確保に果たした国家の主導的役割を位置づける必要があろう。対外競争力の低位性に制約されていた重工業部門にとっては、植民地的収奪による低廉な原料の確保が大きな意味をもっていたし、相対劣位にあったとはいえ、日本の重工業生産力の水準は対外的な原料資源の依存なくしては維持しえなかった。他方、国際的な資源確保競争の焦点は、この時期には石油に移行していたが、日本の要求する石炭や鉄鉱石については主要帝国主義国が比較的恵まれた国内資源を有していたために、相対的には国際的な制約が小さかったように思われる。石原産業を介するマレー鉄鉱石の取得には、そうした事情も影響していたと思われる。したがって、問題は、資源の取得と重工業製品とのそれぞれについての世界的な競合関係、競争構造という点からも考える必要があると思われる。
(24) 足尾に関しては、二村一夫「足尾暴動の基礎過程——『出稼型』論に対する一批判」（『法学志林』五七巻一号、一九五九年。のちに同『足尾暴動の史的分析——鉱山労働者の社会史』東京大学出版会、一九八八年に所収）、別子については、大野盛直「別子労働争議の研究——大正十四年—大正十五年」（『愛知大学地域社会総合研究所研究報告』Aシリーズ一号、一九五四年）などを参照されたい。なお、これらについては、武田晴人『日本産銅業史』（東京大学出版会、一九八七年）でも検討されている。
(25) この時期の金属製錬の動向については、武田晴人「日本産銅業における買鉱制度の発展——産銅独占分析のための序論」（『社会経済史学』四二巻四号、一九七七年）を参照されたい。この論文は、のちに加筆修正のうえ、武田晴人、前掲『日本産銅業史』に収録されている。
(26) この時期の造船業に関しては、西成田豊「日露戦後期における財閥造船企業の経営構造と労資関係（1）—（4）」（『龍谷大学経済経営論集』一八巻一—四号、一九七八年）が詳細な分析を行っている（のちに、同『近代日本労資関係史の研究』

東京大学出版会、一九八八年に収録)。また、中西洋「第一次大戦前後の労資関係」(隅谷三喜男編著『日本労使関係史論』東京大学出版会、一九七七年)も参照されたい。

(27) 筆者とは異なって、金融資本を実態的概念と考え、財閥資本を日本型金融資本と評価する場合でも、その金融資本への転化を分析するにあたって、単に資金運用やコンツェルン的支配を経営組織面から論じるだけでなく、その統轄下にある労資関係の変化を組み込む必要があると思われる。財閥史研究の課題とすべき論点の一つではあるまいか。この点では、加藤幸三郎が、鉱山業における賃労働のあり方に注目すべきだとの提言を行っていることは、重視すべきだと思われる(『シンポジウム日本歴史19 日本の帝国主義』学生社、一九七五年、二〇〇頁)。なお、一九七九年の歴史学研究会報告では、「財閥資本が自ら金融資本的蓄積を体現する資本へと展開していった」(武田晴人「日本帝国主義の経済構造」『歴史学研究』一九七五年別冊特集、一九七九年、一五〇頁)と表現していたが、金融資本を実体的な概念と誤解される懸念があるために改めた。

(28) この時期の労働問題については、二村一夫「労働者階級の状態と労働運動」(『岩波講座 日本歴史18』岩波書店)、および中西洋、前掲「第一次大戦前後の労資関係」を参照されたい。

(29) もっとも、労働力の移動防止のためにとられた賃金の加給方式自体が、分断的支配を可能とするような賃金構造の形成を促したことも見逃しえないであろう。

(30) 中西洋、前掲「第一次大戦前後の労資関係」五二一—五三頁。

(31) この点については、二村一夫、前掲「労働者階級の状態と労働運動」、および一九八〇年歴史学研究会大会近代史部会における安田浩報告「日本帝国主義確立期の労働問題」(『歴史学研究 一九八〇年別冊』一九八〇年)が関説している。

(32) 工場法体制については、隅谷三喜男「工場法体制と労使関係」(隅谷編著、前掲『日本労使関係史論』)を参照されたい。なお、工場法に関しては、一九二五年の施行に伴い夜業禁止が必至となり、繊維産業の合理化を促したこと、また、これと並行して鉱夫労役扶助規則の改正における保護鉱夫問題が石炭鉱業の合理化と密接な関連を有していたことに注目すべきであろう。なお、後者については、田中直樹・荻野喜弘「保護夫問題と採炭機構の合理化」(社会経済史学会編『エネルギーと経済発展』西日本文化協会、一九七九年)を参照されたい。

(33) 西成田豊、前掲『近代日本労資関係史の研究』を参照。

(34) 藤田省三『転向の思想史的研究——その一側面』岩波書店、一九七五年、一二一—一三頁。

(35) 制度的枠組みについては、利谷信義・本間重紀「天皇制国家機構・法体系の再編」(原秀三郎ほか編『大系 日本国家史5』東京大学出版会、一九七八年)がある。しかし、支配体制の再編との関わりでより重要な問題は、そうした制度的枠組みが具体的にどう機能していったかではないかと思われる。その意味では、政策史分析が、労働組合法問題に典型的に示されるように立案に携わった官僚の意図や政策理念、これに対する諸階層の対応という形で法案制定過程に重点が置かれているのは、研究としては不十分ではないかと考える。鈴木邦夫が自作農創設維持政策に関して、その実施過程の分析が立ち遅れていると指摘していたが（「農民運動と自作農創設」『土地制度史学』八五号、一九八〇年、一七頁）、同様のことは、労働争議調停法、小作調停法についてもあてはまるように思われる。

（36）小作調停法については、小倉武一『土地立法の史的考察』（農林省農業総合研究所、一九五一年）第二編第二章、安達三季生「小作調停法」（『講座 日本近代法発達史』第七巻、勁草書房、一九五九年）、金原左門「小作調停法実施状況の政治的分析のための覚書」（『法学新報』七二巻九・一〇号、一九六五年）がある。

（37）この点では、一九二〇年恐慌における製糸・養蚕業への影響も、具体的に検討しておく必要があろう。

（38）この点に関しては、庄司俊作が村落の共同体的な秩序をむしろ重視した見解を明らかにしている（「小作争議と地主制の後退――近畿先進農業地域一農村の変容過程を中心として」『土地制度史学』八三号、一九七九年）。

（39）争点を失った状況のもとで争点を無理やり作り出すこの政治手法については、本書第5章第一節を参照。

（40）この点については、大石嘉一郎が、「原敬は……明治憲法体制の枠内での政党支配力の強化をはかったにとどま」ったと指摘し、普選実施後の政党内閣制のもとでさえ、「天皇制支配体制は、ブルジョア的変容をうけてむしろ強化された」と主張している（高橋幸八郎・永原慶二・大石嘉一郎編『日本近代史要説』東京大学出版会、一九八〇年、一六二頁）。

（41）森武麿『戦時日本農村社会の研究』（東京大学出版会、一九九九年）六頁。

（42）同前、三〇頁。初出は「日本ファシズムの形成と農村経済更生運動」（『歴史学研究』一九七一年別冊特集）。

（43）このような視点からの「調停法体制」への批判の一例として、浅井良夫「政治経済史の復権」（『年報 現代史』二六号、二〇二一年）がある。浅井によれば、武田の論ずる「調停法体制＝共同体的農村秩序の再編成という図式は、森武麿によって否定された石田雄の共同体再編成論に立ち戻ったような印象を与え、農村史との接点を作れなかったような気がする。そのことは、換言すれば、一九二〇年代＝帝国主義確立期と規定したことにより、ファシズムを論じうる道をとざしてしまったということである」と批判している。ただし、この批判は、日本においてもファシズムが成立したことを当然の前提としているかの「印象」を与えるもので、どのような特徴をもった支配体制が成立したのか、その特徴はどのようなものであり、それは欧米で成立したファシズムとどのような点で共通するのかなどの、立ち入った議論の道を閉ざす危険がある。

（44）暉峻衆三『日本農業問題の展開』下（東京大学出版会、一九八四年）一七七―一七八頁。

（45）小島庸平『大恐慌期における日本農村社会の再編成――労働・金融・土地とセイフティネット』（ナカニシヤ出版、二〇二〇年）一二一頁。

(46) 米山忠寛『昭和立憲制の再建——1932-1945年』(千倉書房、二〇一五年)三三三頁。
(47) 井手英策『高橋財政の研究——昭和恐慌からの脱出と財政再建への苦闘』有斐閣、二〇〇六年、二六六頁。
(48) 経済新体制運動に関わる比較史的な研究として、柳澤治『戦前・戦時日本の経済思想とナチズム』(岩波書店、二〇〇八年)を参照されたい。
(49) この時期の財界の動向については、松浦正孝『財界の政治経済史——井上準之助・郷誠之助・池田成彬の時代』(東京大学出版会、二〇〇二年)を参照。
(50) 米山忠寛、前掲『昭和立憲制の再建』三一六、三五三—三五四頁。
(51) 本書では、全体主義的な政治的主張が大衆的な基盤をもたないために、一九三〇年代の政治体制を日本におけるファシズム体制と評価することができないと考えている。

# あとがき

一九七九年の歴史学研究会近代史部会における報告「日本帝国主義の経済構造」を起点に、翌八〇年の「一九二〇年代史研究の方法に関する覚書」『歴史学研究』四八六号などの研究報告を重ねていくことになった。東京大学経済学研究科の大学院生による自主ゼミや若手研究者の会（東京大学だけでなく、一橋大学、早稲田大学、東京教育大学などの若手院生が組織した合同研究会）、そして一九二〇年代史研究会などの共同研究がその基盤となった。産銅業史を主テーマとしていた当時の私には、このような大きな枠組での研究にかかわることは想像していなかった。しかし、その頃、石井寛治先生のゼミの先輩である橋本寿朗さんとの出会いがあって、いろいろと議論を重ねていくうちに、橋本＝武田説などと表現されるような研究視角が形作られていった。

そうしたなかで、一九二〇年代史研究会では『一九二〇年代の日本資本主義』（東京大学出版会、一九八五年）をまとめるにあたって、「国際環境」と「恐慌」と題する論考を書いた。さらに橋本さんと私が働きかけて大石嘉一郎先生を中心とした日本帝国主義史研究会が結成され、これに参加した。その成果は、一九八五年、八七年、九四年の三巻に及ぶ『日本帝国主義史』（東京大学出版会）に結実したが、このなかで三巻を通して財閥に関する論文を書くとともに、第一巻では「労資関係」に関する執筆を分担した。「国際環境」「恐慌」「労資関係」はいずれもそれまでの私の研究の文脈からはだいぶ飛躍した分野への挑戦だったが、本の構成上からみると不可欠の主題であり、力不足を承知のうえで引き受けることにしたものだった。

一九八〇年代後半からは出版社の企画に誘われて執筆機会を得ることも多くなり、一九九三年に岩波書店の『シリーズ日本近現代史3　構造と変動』（坂野潤治ほか編）に「重化学工業化と経済政策」を執筆した。さらに九五年には同じく岩波書店の経営史講座の『大企業時代の到来』（由井常彦・大東英祐編）に「大企業の構造と財閥」を、また、東京大学出版会で石井寛治・原朗両氏と共同編集した『日本経済史』全六巻の第三巻で「景気循環と経済政策」を執筆した。それからしばらく間が空いて、二〇一四年に『岩波講座　日本歴史17』（岩波書店）に「昭和恐慌と日本経済」を公表することになった。これらの共同研究などで執筆された論文が本書の基礎となっている。

最近の若い研究者たちが公刊する研究書では、博士論文の執筆が一般化したこともあって、まとまった構想に基づいて論文を順次公表し、これが一段落すると一冊の本が出来あがっているという例も少なくない。しかし、本書は、右に述べてきたように一貫した構想のもとで執筆されたものではない。それぞれの共同研究や出版企画に即して執筆された論文を素材としてまとめ直したものである。長期間にわたって執筆されたものであること、それぞれの企画の意図を汲んでまとめられたものであることなどのために、論点の揺らぎや重複なども少なくなかった。それ故、これらを一つの本としてまとまりのあるものにするために、できる限り重複を避けるようにして、一つの筋の通ったものにするように努めた。それでも重複があり、予想以上に長大なものになってしまったことは読者に申し訳なく思う。

それだけでなく、一九七〇年代末から今日に至るまで、日本経済史研究のトレンドは大きく様変わりしている。そうした現状に即してみたときに、本書は昔ながら枠組みに依拠したという批判を免れないことを危惧している。若い読者には、「古くさい」と思われるかもしれない。しかし、研究史を継承し、それに基づいて研究を前に進めることに少しでも役に立つのであればとの願いで本書はまとめられている。何か意味があるはずだと考えているが、その判断は読者に委ねる以外にはない。

この「古くさい」枠組みの骨格は、これまでの私の研究生活のなかで出会うことのできた多くの先達、友人たちとの討論によって形作られたものである。若手研究者の会、日本帝国主義史研究会などの研究会での忌憚のない意見の交換はとても刺激的であった。そして、最近ではより若い世代との交流も増えて、私の研究に新しい視点を追加させてくれている。そうした人たちの一人一人のお名前をあげると際限のないことになる。すでに鬼籍に入った人も少なくない。

ところで、ここ数年には、鈴木邦夫、下谷政弘、加瀬和俊、長谷川信など大学院時代の盟友たちの訃報に呆然とすることも増えている。同世代だから、私もそろそろ年貢の納め時がきているということもできるが、若くして先立った友人も少なくない。安田浩、林宥一は私を歴史学研究会の報告に引っ張り出し、松井担、能地清、金澤史男は財政史の分野から刺激的な議論を仕掛けてきたことは今でもよく覚えている。これらの人たちは、まだ道半ばで私をおいて先立ってしまった。

そのなかでも、最も大きな喪失だったのは、二〇〇二年一月の橋本寿朗さんの急逝だった。帝国主義段階論を前進させ、現代資本主義に関する認識枠組みを作り出したいという橋本さんの意欲に引っ張られて、私も少しでも貢献できればとの思いで研鑽する日々が二〇年以上にもわたって続いていた。それが突然に中断されたことは痛恨の極みだった。すでに戦後史に主たる舞台を移し、「成長の経済史」を構想していた橋本さんが何を成し遂げようとしていたかを知るよしもない。おそらく本書を読むことができたら、橋本さんは「武田はまだそんなことを言っているのか、まだそこに止まっているのか」と叱責を受けるだろう。それでも、「やっとここまで来ました」と返す以外にはない。橋本さんの急逝からすでに二〇年以上が経過し、喪失感を抱えながら悪戦苦闘してきた結果に、「進歩がない」と言われても仕方ない。しかし、少しは二人の共通点とともに相違点も示すことができていればと願っている。本書は、そうした私の歩みの現在地を示すものである。

本書の刊行は、東京大学出版会の好意的な申出によって実現した。二〇二〇年の『日本経済の発展と財閥本社』に続くもので、もう少し早くまとめたいと思っていたものの、私の怠惰のせいで遅れてしまった。その間、編集の山本徹さんには前回同様にこちらの作業の遅延を我慢強く待っていただいただけでなく、提出した原稿についてもさまざまな不備を指摘していただいた。それによって本書は格段に読みやすくなったように思う。もちろん、もともとの悪文のために改善には限界があったが、編集面での山本さんの力添えなくしては、本書の刊行はおぼつかなかっただろう。なお、本書の装丁も前著に引き続き、旧友である板谷成雄さんに引き受けていただいた。硬派な学術書の表紙の考案には、素人の想像を超える苦心が求められていると思うが、とても満足できるものになった。山本さん、板谷さんの貢献について感謝の意を記して結びとしたい。

二〇二四年九月三〇日

武田晴人

# 索　　引

## 人名索引

さ　行



た　行



な　行



は　行

# 事項索引

## あ 行



## か 行

## た　行

## な　行



## は　行



## ま　行

**著者紹介**
1972年東京大学経済学部卒業．現在，東京大学名誉教授，三井文庫常務理事・文庫長．主要著書：『日本産銅業史』（1987年，東京大学出版会），『日本経済史』（2019年，有斐閣），『日本経済の発展と財閥本社』（2020年，東京大学出版会），『三菱財閥形成史』（共著，2020年，東京大学出版会），『高成長期日本の産業発展』（編，2021年，東京大学出版会）．

日本帝国主義の経済構造

2024年10月31日　初　版

［検印廃止］

著　者　武田晴人《たけだはるひと》

発行所　一般財団法人　東京大学出版会
代表者　吉見俊哉
153-0041 東京都目黒区駒場4-5-29
http://www.utp.or.jp/
電話 03-6407-1069　Fax 03-6407-1991
振替 00160-6-59964

組　版　有限会社プログレス
印刷所　株式会社ヒライ
製本所　牧製本印刷株式会社


ISBN 978-4-13-040319-1　Printed in Japan